डॉ. उदयनारायण राय

जन्म : 1928; ग्राम-बनकटा, जनपद-गोरखपुर (उ.प्र.।

शिक्षा : प्रारम्भिक शिक्षा गोरखपुर से। इलाहाबाद विश्वविद्यालय से सन् 1951 में एम.ए. एवं डॉक्टर ऑफ़ फ़िलासफ़ी की उपाधि 1957 में। इलाहाबाद विश्वविद्यालय के ही इतिहास विभाग तथा तदुपरान्त प्राचीन इतिहास संस्कृति एवं पुरातत्त्व विभाग में क्रमानुसार लेक्चरर, रीडर, प्रोफ़ेसर एवं विभागाध्यक्ष। सन् 1989 ई. में अवकाश ग्रहण।

विशेष : भारतीय इतिहास अनुसन्धान परिषद् के सीनियर रिसर्च फ़ेलो, अगस्त सन् 1989 से। प्राचीन इतिहास संस्कृति एवं पुरातत्त्व विभाग, इलाहाबाद विश्वविद्यालय में प्रोफ़ेसर इमेरिटस दिसम्बर 1991 से जून 1993 तक।

प्रकाशन : 'प्राचीन भारत में नगर तथा नगर-जीवन', 'शालभञ्जिका', 'भारतीय कला', 'भारतीय लोक परम्परा में दोहद', 'गुप्त-राजवंश तथा उसका युग', 'विश्व सभ्यता का इतिहास', 'हमारे पुराने नगर', आदि प्रमुख कृतियाँ हैं। अनेक शोध-पत्र राष्ट्रीय-अन्तरराष्ट्रीय पत्र-पत्रिकाओं में प्रकाशित।

पुरस्कार एवं सम्मानोपाधियाँ : 'मंगलाप्रसाद पारितोषिक', 'आचार्य नरेन्द्रदेव पुरस्कार', 'इमेरिटस फ़ेलोशिप', 'विद्याभूषण सम्मान' (उत्तर प्रदेश, हिन्दी संस्थान लखनऊ), 'साहित्य वाचस्पति' (मानद डी.लिट्.), इलाहाबाद विश्वविद्यालय में लगभग 40 वर्षों तक अनुसन्धान-कार्य का पर्यवेक्षण, अनेक अन्तरराष्ट्रीय संगोष्ठियों में भाग एवं अध्यक्षता, शैक्षणिक एवं सांस्कृतिक प्रसंगों में विदेशी राज्यों का पर्यटन—सोवियत भूमि (रूस), तुर्कमेनिस्तान (अश्काबाद), उज्बेकिस्तान (ताशकन्द), संयुक्त राज्य अमेरिका, कनाडा, इंग्लैंड, वेल्स, फ़्रांस।

निधन : 16 नवम्बर, 2007

उदयनारायण राय

प्राचीन भारत में नगर तथा नगर–जीवन

लोकभारती पेपरबैक्स

प्रथम सजिल्द संस्करण
लोकभारती प्रकाशन द्वारा
1965 में प्रकाशित

प्रथम पेपरबैक संस्करण : 2023

लोकभारती पेपरबैक्स : उत्कृष्ट साहित्य के लोकप्रिय संस्करण

लोकभारती प्रकाशन
पहली मंजिल, दरबारी बिल्डिंग, महात्मा गाँधी मार्ग,
प्रयागराज-211 001

वेबसाइट : www.lokbhartiprakashan.com
ईमेल : info@lokbhartiprakashan.com

शाखाएँ : 1-बी, नेताजी सुभाष मार्ग, दरियागंज, नई दिल्ली-110 002
अशोक राजपथ, साइंस कॉलेज के सामने, पटना-800 006 (बिहार)
1, अनमोल सोराबजी संतुक लेन, मरीन लाइंस
मुम्बई-400002

आस्था पेपर कन्वर्टर
प्रयागराज द्वारा मुद्रित

मूल्य : ₹ 450

PRACHIN BHARAT MEIN NAGAR
TATHA NAGAR-JIVAN
by Udai Narain Rai

ISBN : 978-81-19996-46-9

अभिनव संस्करण के विषय में

इस प्रबन्ध के द्वितीय संस्करण की आवश्यकता पिछले दो दशकों से भी अधिक समय से निरन्तर चली आ रही थी, परन्तु दुर्लंघनीय कारणों से यथासमय इस कार्य का सम्पन्न होना संभव नहीं हो सका। इसके चिरप्रतीक्षित प्रकाशन की प्रक्रिया की परिस्थितियाँ मेरे सतत कठिन प्रयासों के परिणामस्वरूप अब साकार हो सकी हैं।

अद्यतन शोध-सामग्री के आधार पर इस रचना को अधिकाधिक सज्य बनाने का अभिमत प्रयास किया गया है। प्रायः प्रत्येक अध्याय में नवीन तथ्य समाविष्ट हैं। प्रथम एवं चतुर्दश अध्याय तो पूर्ण रूप से नवीन कर दिये गये हैं। अद्यतन प्रकाशित पुरातत्वीय दृष्टान्तों से मंडित चित्रफलक एवं मानचित्र विवेचन को रोचक एवं सारगर्भित बनाने के उद्देश्य से यथास्थान संयुक्त हैं। आशा एवं विश्वास है कि अभिनव संस्करण अपने वर्तमान रूप में पहले से अधिक उपादेय एवं अभीष्ट की पूर्ति में सफल सिद्ध होगा।

—उदयनारायण राय

महाशिवरात्रि पर्व
फाल्गुन कृष्णपक्ष, त्रयोदशी, विक्रम संवत् २०५४
(७ मार्च, १९९७)

भूमिका (प्रथम संस्करण)

सभ्यता को प्राय: नागरिक जीवन या उसकी देन के रूप में माना जाता है। इस दृष्टि से मनुष्य के विकास में वह अवस्था अत्यन्त महत्त्वपूर्ण थी जब कृषि और पशु-पालन के द्वारा यह सम्भव हुआ है कि अन्न का उत्पादन उसके तात्कालिक उपभोग से अधिक हो और इस अतिरिक्त उत्पादन के विनिमय के द्वारा उपभोग्य सामग्री का वैचित्र्य-विस्तार किया जा सके। इस विनिमयप्रधान व्यवस्था के परिणामस्वरूप उत्पादन में विशेष-योग्यता एवं उत्पाद्य में समृद्धि के विकास की एक उत्तरोत्तर वृद्धिशालिनी प्रक्रिया का जन्म होता है और इस प्रकार प्रागैतिहासिक युग की दीर्घ स्थिरता या जड़ता के स्थान पर सभ्यता के इतिहास की वेगवती प्रगतिशीलता का आविर्भाव होता है। उद्योग, वाणिज्य और नगर-जीवन की परिवर्तनशीलता और विभिन्न समुदायों को पारस्परिक सम्पर्क—और संघर्ष—में डालने की योग्यता ऐतिहासिक प्रगति में महत्त्वपूर्ण कारण रहे हैं। इस प्रकार नगर और नगर-जीवन के विकास का विवरण सभ्यता के इतिहास का प्रधान सूत्र बन जाता है।

वास्तव में इस प्रकार की धारणा वहीं तक ठीक है जहाँ तक हम सभ्यता के भौतिक पक्ष को अपनी दृष्टि के सामने रखते हैं। यदि सभ्यता के आन्तरिक और आध्यात्मिक पक्ष को देखा जाय तो उसे एक विश्व-दर्शन या जीवन-दर्शन की परम्परा मानना होगा। अनुभूति का संरक्षण और परत्र संक्रमण, शब्द अथवा प्रतीक के सहारे होता है और अन्त:संस्कृति की परम्परा एक अभिव्यंजना-समर्थ 'नाम-रूप' की परम्परा हो जाती है, जिसमें लिपि और भाषा, वाङ्मय और कला-प्रतीक शीर्ष-स्थानीय होते हैं। यदि भौतिक सभ्यता कारकता-सम्पन्न साधनों और अन्य अर्थों का कर्मभोगात्मक, ऐतिहासिक आयाम में आयत्त 'नगर' है, तो अध्यात्म-दर्शन-रूप सांस्कृतिक सार भावनीय अर्थ-बोधक शब्दों और रूपों का स्वर—ग्राम है। इस दृष्टि से सभ्यता का विकास साक्षरता के विकास का सहभागी है। अब यह प्राय: स्वीकार कर लिया जाता है कि सभ्यता और बर्बरता का भेद मूलत: नागरिकता और अनागरिकता पर आश्रित न होकर साक्षरता और निरक्षरता पर आश्रित है तथापि यह मानना होगा कि अधिकांश देशों और युगों में साक्षरता और अन्त:संस्कृति का विकास नगर-जीवन में प्रतिबिम्बित समृद्धि और भौतिक विकास पर आधारित रहा है।

भारतीय संस्कृति के विकास में अरण्य, ग्राम और नगर तीनों का अपना पृथक्-पृथक् स्थान रहा है। यदि भारत-माता को केवल ग्रामवासिनी मानना एक भावुकता है तो उसे नगर-देवता मात्र मानने में और अधिक दोष है। पाश्चात्य संस्कृति में विकास के साथ अरण्य और ग्राम की उपेक्षा कर दी गयी। अरण्य की उपेक्षा चीनी संस्कृति में भी

है, किन्तु भारत में उसकी महिमा निरन्तर संरक्षित रही। रविबाबू ने भारतीय आत्मा को वन-देवता के अंक में पली हुई बताया है। यदि मोक्षचर्या के लिए अरण्य की शरण उपादेय रही है, तो ग्राम-जीवन के परिवेश में ही परम्परागत संयुक्त कुटुम्ब-जीवन की मान्यताएँ, वैदिक कर्म-काण्ड एवं सांवत्सरिक धर्म-चक्र का प्रवर्तन और अनुवर्तन रहा है। अर्थ और काम का उत्कर्ष अवश्य नगर-जीवन का अवलम्बी हुआ है। राजनीतिक और आर्थिक प्रगति तथा शिल्प, कला एवं विद्या का बहुमुखी विकास नागरिकता के विकास के साथ ही सम्पन्न हुआ है।

भारतीय संस्कृति के इस भौतिक पक्ष पर और उसके अपूर्व परिष्कार पर प्रस्तुत पुस्तक ने श्लाघनीय प्रकाश डाला है। प्राचीन नगरों का मापन, उनकी समृद्धि और शोभा, उनके विकास के युग और महत्त्व के आधार, इन सभी विषयों पर डॉ० राय ने परिश्रमपूर्वक सभी आकरों से—साहित्यिक एवं पुरातत्त्वीय—सामग्री का आकलन कर प्रांजल भाषा में एक रोचक एवं विचारशील विवरण प्रस्तुत किया है, जिसके लिए वे बधाई के पात्र हैं। मुझे इस पुस्तक का स्वागत करते हुए विशेष हर्ष होता है, क्योंकि जिस सामाजिक इतिहास के अन्वेषण-कार्य में डॉ० राय मेरे साथ कई वर्ष पूर्व संलग्न थे उसे यह सब विद्वज्जनों के समक्ष उपस्थित करती है। मुझे विश्वास है कि इसमें उन्हें परितोष होगा।

—गोविन्दचन्द्र पाण्डेय

जयपुर

दिनांक १६ फरवरी, १९६५

अध्यक्ष

इतिहास व भारतीय संस्कृति विभाग

राजस्थान विश्वविद्यालय

पूर्वपीठिका (प्रथम संस्करण)

प्राचीन भारतीय संस्कृति की त्रिवेणी आरण्य, ग्रामीण तथा नागरिक जीवनधाराओं से सम्पन्न होती है। निवृत्तिमार्ग के प्रचार के कारण भारतीय सभ्यता की सुविकसित अवस्था में भी अरण्य-जीवन का महत्त्व बना रहा तथा इस दृष्टि से नगर-जीवन के प्रति अवज्ञा की भावना प्राचीन साहित्य में भी अनेकत्र उपलब्ध होती है (यथा बौधायन तथा शाकुन्तल आदि) और फिर कृषिप्रधान भारतवर्ष में ग्राम-जीवन का महत्त्व तो सदा ही विशिष्ट रहा है, तथापि यहं निर्विवाद है कि प्रगतिशील लौकिक-जीवन के मुख्य समाश्रय प्रत्येक युग में नगर ही रहे हैं। कला एवं विज्ञान के अधिक विकास के लिए आर्थिक समृद्धि तथा राजकीय ऐश्वर्य का जितना समुच्चय अपेक्षित है, उतना वाणिज्य एवं व्यवसाय पर आश्रित नगर-जीवन में ही सम्भव है। इतना ही नहीं, भारतीय सभ्यता तथा संस्कृति के प्राय: समस्त मूल्यवान् उपादानों का केन्द्र है यह नगर-जीवन। इस प्रकार प्रवृत्ति एवं निवृत्ति के समन्वय द्वारा निर्मित भारतीय संस्कृति के प्रासाद में नागरिक जीवन का अत्यन्त विशिष्ट स्थान है और इसका विवरण तथा आलोचन ही प्रस्तुत गवेषणा का विषय है।

यह शोध-प्रबन्ध मेरे सतत अनुशीलन एवं अनवरत अध्यवसाय का परिणाम है। इसे अधिकाधिक प्रामाणिक एवं सर्वांगीण बनाने के हेतु नाना मूलभूत संस्कृत, पाली एवं प्राकृत आदि ग्रन्थों, पुरातत्त्व-साधनों तथा विदेशी यात्रियों के विवरण को उपयोग में लाने की यथाशक्ति चेष्टा की गयी है और स्थान-स्थान पर उनका निर्देश भी किया गया है। यह प्राचीन भारतीय नगर एवं नगर-जीवन पर प्रथम रचना है। इस प्रकार के ग्रन्थ की अतीव आवश्यकता थी, अतएव विद्वज्जनों के समक्ष इसे प्रस्तुत करते हुए मुझे हार्दिक परितोष का अनुभव होता है। उनका सन्तोष ही मेरी सफलता है—

''आ परितोषाद्विदुषां न साधु मन्ये प्रयोगविज्ञानम्।
बलवदपि शिक्षितानामात्मन्यप्रत्ययं चेतः॥''

वक्तव्य की समाप्ति के पूर्व अपने पूज्य गुरुवर डॉ० गोविन्दचन्द्र पाण्डे (प्रोफेसर एवं अध्यक्ष, इतिहास एवं भारतीय संस्कृति विभाग, राजस्थान विश्वविद्यालय, जयपुर) के प्रति हार्दिक कृतज्ञता प्रकट करना मैं अपना धर्म समझता हूँ। उनके अमूल्य मार्ग-दर्शन तथा सक्रिय सहायता के निमित्त मैं उनका ऋणी हूँ। ग्रन्थ की भूमिका इस बात का प्रमाण है कि उनका सहज स्नेह मुझे उपलब्ध है। उनकी कृपा के अभाव में ग्रन्थ की रूपरेखा का निर्माण होना असम्भव था। आदरणीय गुरुवर्य श्री गोवर्द्धन रायजी शर्मा (डायरेक्टर, इन्स्टीट्यूट ऑफ आर्क्यालोजी, तथा प्रोफेसर एवं अध्यक्ष, प्राचीन इतिहास, संस्कृति एवं पुरातत्त्व विभाग, प्रयाग विश्वविद्यालय) के प्रति भी आभार-

प्रदर्शन करना मैं उतना ही आवश्यक समझता हूँ। इस अनुसन्धान-कृति के सम्पादन तथा प्रकाशन-कार्य में उन्होंने मेरी यथेष्ट सहायता की है। उनकी नैसर्गिक अनुकम्पा तथा शुभ कामनाओं के लिए मैं उनका कृतज्ञ हूँ। मैं अपने प्राध्यापकप्रवर श्री जसवन्त सिंह नेगी के प्रति भी हार्दिक कृतज्ञता प्रकट करता हूँ, जिन्होंने मुझे कतिपय महत्त्वपूर्ण सुझाव दिये हैं। श्री विद्याभास्कर (मन्त्री तथा कोषाध्यक्ष, हिन्दुस्तानी एकेडेमी, उत्तर प्रदेश, इलाहाबाद) तथा डॉ० रघुवंश (प्राध्यापक, हिन्दी विभाग, प्रयाग विश्वविद्यालय) का भी मैं आभार मानता हूँ, जिन्होंने अल्प समय में ही मुद्रणकार्य को सम्पन्न कराने में मेरी पर्याप्त सहायता की है। शब्दानुक्रमणिका को तैयार करने में मेरे शोध-छात्र श्री सरस्वती प्रसाद श्रीवास्तव, एम० ए० ने जो परिश्रम किया है, उसके लिए वे साधुवाद के भाजन हैं। मैं उन सभी प्राचीन एवं अर्वाचीन विद्वानों का आभारी हूँ, जिनकी रचनाएँ इस ग्रन्थ के प्रणयन में उपयोगी सिद्ध हुई हैं। ग्रन्थ में यत्र-तत्र मुद्रण-सम्बन्धी अशुद्धियाँ रह गई हैं। आशा है कि सहृदय विद्वज्जन उनका स्वयं मार्जन कर अपनी उदारता का परिचय देंगे।

प्रस्तुत शोध-प्रबन्ध मेरी अद्यावधि सरस्वती-साधना की चरम परिणति है। ग्रन्थ की उपादेयता के विषय में विद्वानों की सम्मति ही उत्कृष्टतम कसौटी होगी—

''हेम्नः संलक्ष्यते ह्यग्नौ विशुद्धिः श्यामिकाऽपि वा।''

यह ग्रन्थ अपने पवित्र उद्देश्य की सम्पूर्ति में सफल हो—यही मेरी कामना है और यही है ईश्वर से अभ्यर्थना भी—''त्वत्तो नास्ति दयानिधिर्यदुपते मत्तो न मत्तोऽपर:।''

प्रयाग विश्वविद्यालय

फाल्गुन शुक्ल पक्ष

—उदयनारायण राय

विषय-सूची

फलक सूची

युक्तियाँ

मानचित्र

सौजन्य-स्वीकृति

चित्रों के पुनरुत्पादन एवं प्रस्तुत प्रबंध में उनके प्रयोग की आज्ञा के निमित्त मैं निम्नलिखित सज्जनों एवं संस्थाओं का अत्यन्त आभारी हूँ—

१. आर्म्यालॉजिकल सर्वे ऑफ इण्डिया, दिल्ली—फलक संख्या/आकृति संख्या-१-१, २-१, ३-१, ४-१, ५-२, ६-१, ७-१ एवं २, ८-१, ९-१, १०-१, १६-२, २१-१, २२-१, २३-१, २४-१, २५-१, २७-१, २८-१.

२. निदेशक, कौशाम्बी उत्खनन शिविर, प्रयाग विश्वविद्यालय—फलक संख्या/आकृति संख्या-२६-१, ३२-१, ३३-१, ३४-१, ३५-१, ३६-१, ३७-१, ३८-१, ३९-१, ४०-१.

३. अधीक्षक, राजकीय संग्रहालय, मद्रास—फलक संख्या/आकृति संख्या-१६-१, १७-१ व २, १८-१ (अ, ब, स, द) व २, १९-१, २०-१.

४. बोर्ड ऑफ ट्रस्ट्रीज़, इण्डियन म्यूज़ियम कलकत्ता—फलक संख्या/आकृति संख्या-११-१, १२-१, १३-१.

५. निदेशक, राजकीय संग्रहालय, मथुरा—फलक संख्या/आकृति संख्या-५-१, १४-१, १५-१.

प्राचीन भारत में नगर
तथा
नगर-जीवन

१

उद्भव एवं प्रारंभिक विकास

प्रादुर्भाव की परिस्थितियाँ—नगर एक ऐसा विशाल जनसमूह है, जिसकी जीविका के साधन उद्योग एवं व्यापार हैं। वह व्यावसायिक उत्पादनों के विनिमय द्वारा ग्राम से खाद्यान्न प्राप्त करता है। नगर तत्त्व एवं ग्राम तत्त्व का यह प्रधान भेद भारतवर्ष में चिरकाल से चला आ रहा है। इस देश में नगरों के आविर्भाव की यह प्राचीनता ताम्राश्म काल में हड़प्पा एवं मोहनजोदड़ो नामक स्थानों पर बने हुए नगरों के सन्निवेश एवं उनके सामाजिक एवं आर्थिक जीवन के दृष्टान्त से सिद्ध हो जाती है। ताम्राश्म-काल से तात्पर्य ऐसे समय से है, जब ताँबे के अतिरिक्त प्रस्तर का भी प्रयोग साथ-साथ होता था।

प्रादुर्भाव के प्रेरक कारणों की दृष्टि से प्राचीन भारतीय नगरों का विभाजन दो वर्गों में किया जा सकता है। प्रथम वर्ग में उन नगरों की गणना की जा सकती है, जो योजनारहित स्वाभाविक विकास के फल थे तथा द्वितीय वर्ग में वे नगर आते हैं, जिनका उद्गम सोद्देश्य एवं संकल्पपूर्वक था। प्रथम वर्ग के नगर प्रारम्भिक दशा में वस्तुतः ग्राम ही थे। जिन अनेक कारणों से उनमें नगर-तत्त्व का क्रमिक आगमन सम्भव हुआ, उनमें वाणिज्य का स्थान सर्वश्रेष्ठ प्रतीत होता है। नदियों एवं समुद्रों के तट पर सुप्रसिद्ध मार्गों पर बसी हुई साधारण बस्तियों का नगर-रूपान्तर व्यापारिक संबंध के कारण नितान्त स्वाभाविक था। व्यापारिक केन्द्रों के अतिरिक्त प्रधान व्यावसायिक, धार्मिक एवं शिक्षण-केन्द्रों में भी कालान्तर में नगर-तत्त्व के क्रमिक उद्भव की प्रक्रिया आरम्भ हुई। द्वितीय वर्ग के नगरों की उत्पत्ति के कारण प्रायः राजकीय आवश्यकताएँ थीं। सुरक्षा के साधन, शासन की सुदृढ़ता एवं सुव्यवस्था, सैनिक प्रबन्ध तथा प्रसिद्ध राजभवनों एवं राजप्रासादों की सुस्थिति के प्रश्न नाना भारतीय नगरों के शीघ्र आविर्भाव में सक्रिय कारक सिद्ध हुए थे।

ताम्राश्म काल—भारतीय इतिहास में सैन्धव सभ्यता काल युगान्तर का प्रवर्तक था। यह ताम्रयुगीन सभ्यता हमारे देश की प्रथम नागरिक सभ्यता का प्रतिनिधित्व करती थी, जो पाश्चात्य मनीषियों के भी अनुसार, कलात्मक विकास, अभियान्त्रिकी एवं अर्थ संघटन की दृष्टि से मेसोपोटामिया एवं मिस्त्र-सदृश देशों की तत्कालीन उन्नत सभ्यताओं की तुलना में भी कहीं अधिक बढ़-चढ़ कर थी। इसकी प्राचीनता पर प्रकाश डालते हुए पुरातत्त्व-सुविज्ञ सरजॉन मार्शल ने इसकी तिथि ३२५० ईसा पूर्व से

लेकर २७५० ईसा पूर्व के बीच निर्दिष्ट की थी।[१] परन्तु कालान्तर के वैज्ञानिक उत्खननों के आधार पर प्रमाणित किया गया कि इस लोकविश्रुत सभ्यता की सम्भावित काल-सीमा २५०० ईसा पूर्व एवं १५०० ईसा पूर्व के मध्य निर्धारित करना ज्ञात तथ्यों के आलोक में कहीं अधिक समीचीन होगा।[२] सिन्धु-उपत्यका में सुशोभित ताम्रयुगीन नगरों की तिथि-संबंधी यह अवधारणा अब क्रमशः सर्वमान्य सिद्ध हो रही है। इसके मूलभूत तत्त्व प्रमाणित करते हैं कि आज से लगभग साढ़े चार हजार साल पहले भारतीय शिल्पियों एवं अभियन्ताओं द्वारा प्रदर्शित श्लाघनीय उपलब्धियाँ समकालीन विश्व में अद्वितीय थीं तथा उनका अध्ययन जिज्ञासुओं के लिए सर्वथा रोचक एवं ज्ञानवर्द्धक है।[३]

सिन्धु-उपत्यका में नगर-सन्निवेश—इस सभ्यता के विकास में सिन्धु एवं उसकी सहायक नदियों का विलक्षण योगदान था। इनकी उपत्यकाओं में अवस्थित हड़प्पा एवं मोहनजोदड़ो-सदृश भव्य नगर ताम्रयुग के आदर्श ऐतिहासिक केन्द्र थे। हड़प्पा नामक पुर पश्चिमी पंजाब (सम्प्रत्ति पाकिस्तान) के मांटेगोमरी जिले में रावी नदी के तट पर स्थित था, जिसके स्थान पर आज वहाँ एक विशाल ग्राम बसा हुआ है। इसके भग्नावशेषों में प्राप्य प्राचीन ईंटें स्थानीय नागरिकों द्वारा गृह-निर्माण के अभिप्राय से बहुशः स्थानान्तरित की गई थीं। लाहौर-मुल्तान रेलवे के निर्माण-कार्य में भी वहाँ की ईंटों को उपयोग में लाया गया था। इसका समकालीन एवं समकक्ष नगर मोहनजोदड़ो, सिन्ध के लाड़खान जिले में सिन्धु नदी के तट पर बसा हुआ था। भारतवर्ष के ये दोनों ही आदि पुर वास्तुकला के समान आदर्शों एवं सिद्धान्तों के आधार पर निर्मित थे। इससे प्रमाणित होता है कि उस युग में भारतीय शिल्पी नगर-मापन की निश्चित विधि से अवगत हो चुके थे। यह विशेषता विचारणीय हो जाती है, क्योंकि विश्व के कई देश अभी ग्राम-स्तर से ऊपर नहीं उठ पाए थे।

सामान्य विशेषताएँ—इन दोनों ही स्थानों पर बसे हुए पुर अपने युग के महानगर थे, जिनके निर्माण की कला में कतिपय मूलभूत विशेषताएँ स्पष्ट रूप में द्रष्टव्य थीं। दोनों ही लगभग तीन मील के घेरे में बसे हुए थे। इनमें से प्रत्येक के दो भाग थे—एक तो दुर्ग भाग, जो नगर का पश्चिमी हिस्सा था तथा दूसरा अवम् नगर (लोवर सिटी)। पुर-निर्माण की यह ऊर्ध्वाधर-योजना (उच्चस्थ एवं अवरस्थ) निर्माण पद्धति थी, जो भारतीय अभियन्ताओं की मौलिक देन थी। दुर्ग-भाग महापुर का विशिष्ट भाग था, जिसमें राजसत्ता एवं अधिकारिमण्डल के आवास तथा विशिष्ट भवन विद्यमान थे। इसका निर्माण धरातल से ४० फीट ऊँचे एक चबूतरे पर किया गया था।[४]

---

१. **जान मार्शल, मोहनजोदड़ो एण्ड दी इंडस सिविलाइज़ेशन, पृष्ठ १०६।**

२. **मार्टिमर ह्वीलर, दी इंडस सिविलाइज़ेशन, पृष्ठ ८६।**

३. **यहाँ उल्लेखनीय है कि अद्यतन संशोधित मत इस सभ्यता का काल-सम्पुट २७५० ई० पू० से १७५० ई० पू० तक एक सहस्त्राब्द निर्धारित करता है।**

४. **मार्टिमर ह्वीलर, दी इंडस सिविलाइज़ेशन, पृष्ठ १६।**

इसके चतुर्दिक् सुरक्षा-भित्ति, प्रहरी-कक्ष एवं अट्टालक (बुर्ज) निर्मित थे। दुर्ग-सन्निवेश की क्रिया में शिल्पियों ने सतर्कता एवं कुशलता प्रदर्शित की थी। दुर्ग का आकार समान्तर चतुर्भुज होने के कारण भव्य लगता था। अवरस्थ नगर में सामान्य जनता निवास करती थी। अतएव पुर का यह भाग प्राकार-युक्त नहीं था तथा इसके निर्माण में उस कोटि का शिल्प एवं उत्कृष्टता अप्राप्य हैं। दोनों ही स्थानों के दुर्ग उत्तर से दक्षिण की ओर ४०० गज से लेकर ५०० गज तथा पूर्व से पश्चिम की ओर २०० गज से ३०० गज की दूरी में प्रसरित थे। उपर्युक्त रोचक समानताएँ इस तथ्य के ज्वलन्त प्रमाण हैं कि सभ्यता के उस आदिम युग में भारतीय अभियन्ताओं ने नगर-निर्माण की एक सुव्यवस्थित योजना का आविष्कार कर लिया था।

हड़प्पा

सन्निवेश का स्वरूप— कतिपय विद्वानों (रमेशचन्द्र मजूमदार, वासुदेवशरण अग्रवाल एवं मार्टिमर ह्वीलर) ने हड़प्पा का समीकरण ऋग्वेद में उल्लिखित हरियूपीया' (६, १७, ५) से किया है, जहाँ पर वृचीवन्त, अभ्यावर्ती चायमान द्वारा परास्त किए गए थे। वृचीवन्त जाति का उल्लेख मात्र यहीं पर ही हुआ है। इस ग्रन्थ में यदि कहीं अन्यत्र भी इसका सन्दर्भ आता, तो वर्णनों के आधार पर इसकी पहचान की समस्या यथार्थ रूप में सुलझाई जा सकती थी। ह्वीलर का अनुमान है कि वृचीवन्त से तात्पर्य वरशिख से हो सकता है, जो इन्द्र का शत्रु था। इन्द्र आर्यों के एक प्रमुख देवता थे। अतएव हड़प्पा (हरियूपीया) एक ऐसे स्थान का प्रतिनिधित्व करता है, जहाँ आर्य जाति ने अनार्य जाति को परास्त किया था। इधर विद्वानों का विश्वास बढ़ता जा रहा है कि आर्यों ने ही हड़प्पा के दुर्ग का संहार किया था। उक्त समीकरण के संबंध में अभी कुछ निश्चयात्मक निर्णय देना दुष्कर है। इस विषय पर अन्तिम निष्कर्ष निकालने के पूर्व गहराई के साथ छानबीन की आवश्यकता है; क्योंकि हड़प्पा, हरियूपीया का अपभ्रंश हो सकता है, यह कुछ विश्वसनीय नहीं लगता तथा दोनों के तादात्म्य के संबंध में स्पष्ट प्रमाणों का शोचनीय अभाव है।[१]

हम इस बात की ओर पहले ही ध्यान आकृष्ट कर चुके हैं कि हड़प्पा का नगर दो भागों में विभक्त था—(१) ऊर्ध्व नगर एवं (२) निम्न नगर (अध:स्थपुर)। इस प्रकार यह 'ऊर्ध्वाधर'—योजना के अन्तर्गत आता था। दुर्ग—भाग पुर का सबसे महत्वपूर्ण एवं आकर्षक अंग था। इसे हम अपने देश के एक प्राचीनतम किले के रूप में ग्रहण कर सकते हैं, जिसमें दुर्ग-सन्निवेश की मूलभूत विशेषताएँ बीज रूप में वर्त्तमान थीं। इसके स्थान पर अब एक उच्च टीला वर्तमान है, जिसे पुराविदों ने 'माउण्ड ए-बी' की संज्ञा

---

१. **मार्टिमर ह्वीलर, दी इंडस सिविलाइजेशन, पृष्ठ २६ (प्रथम संस्करण); इस मत के संबंध में अब विद्वानों की अवधारणा होती जा रही है कि आर्य शब्द जातिबोधक नहीं है तथा हड़प्पा से तात्पर्य हरियूपीया से ही है। द्रष्टव्य, भगवानसिंह, वैदिक हरप्पन्स, पृष्ठ ११३-३५।**

प्रदान की है। यह आकार में समान्तर चतुर्भुज के तुल्य था, जो उत्तर से दक्षिण की ओर ४६० गज एवं पूर्व से पश्चिम की ओर २१५ गज था।[१] हड़प्पा के दुर्ग का स्वरूप भारतीय वास्तुशास्त्र के इतिहास में महत्वपूर्ण स्थान रखता है। समान्तर चतुर्भुज-सदृश आकृति शुभ एवं श्रेयस्कर मानी जाती थी। यही कारण है कि ऐतिहासिक काल के नगरों का आकार बहुधा इसी रूप में निर्धारित होता था। उदाहरणार्थ मेगस्थनीज़ के अनुसार लोक-विश्रुत एवं भव्य पाटलिपुत्र नगर समान्तर चतुर्भुज के तुल्य था।

यह दुर्ग एक चबूतरे पर बना हुआ था, जो धरातल से २० फीट से २५ फीट तक ऊँचा, तथा अंशतः मिट्टी एवं अंशतः कच्ची ईंटों द्वारा सुदृढ़ निर्मित था। इसके भीतर राजकीय भवन, कर्मचारियों के आवास तथा श्रमिकों के गृह बने हुए थे। चौड़े राजमार्ग सुव्यवस्थित योजना के अनुसार निर्मित थे तथा देखने में भव्य थे। सुरक्षा की दृष्टि से यह दुर्ग मिट्टी की एक दीवाल (प्राचीर) द्वारा चतुर्दिक् परिवेष्ठित था, जो अपने आधार पर ४५ फीट चौड़ी थी। इस प्रकार की सुरक्षा भित्ति (प्राकार) के निर्माण की परम्परा हमारे देश में चिरकाल तक वर्तमान थी। इस कोटि के 'प्राकार' को प्राचीन भारतीय साहित्य में 'पांसुप्राकार' अथवा 'मृद्दुर्ग' कहा गया है, जिसको कालान्तर में (मध्य-काल में) धूल-कोट कहने लगे थे। हड़प्पा का प्राकार, मृद्दुर्ग का प्राचीनतम भारतीय उदाहरण था। इस सुरक्षा-भित्ति में द्वार एवं बुर्ज़ बने हुए थे। यहाँ विचारणीय है कि इस परम्परा के आधार पर युग-युगान्तर में भारत के प्रत्येक भाग में नगर प्राकार द्वारा (गोपुर) एवं बुर्ज़ (अट्टालक) से युक्त हुआ करते थे। महाभारत एवं रामायण में हस्तिनापुर, इन्द्रप्रस्थ, मथुरा एवं अयोध्या आदि महापुरियों के वर्णन-प्रसंग में गोपुरों एवं अट्टालकों से युक्त प्राकारों के मनोरम विवरण प्राप्य हैं। यही तथ्य इस बात का प्रमाण है कि हड़प्पा के दुर्ग की निर्माण-विधि ने सुनिश्चित वास्तुशैली का रूप धारण किया था, जिसके आदर्श ने गंगा-घाटी तथा यहाँ तक कि दक्षिणापथ के नगरों की भी रूपरेखा को निर्धारित किया था।

अग्रतर सुरक्षा की दृष्टि से हड़प्पा का दुर्ग चतुर्दिक् एक खाई (परिखा) के द्वारा भी परिवेष्ठित किया गया था। हड़प्पाकालीन यह पद्धति ऐतिहासिक काल में अभियन्ताओं द्वारा आदर्श रूप में ग्रहण कर ली गई थी। महाभारत, रामायण, हरिवंश, कौटिल्य-प्रणीत अर्थशास्त्र, शुक्रनीति, समरांगणसूत्रधार एवं युक्ति-कल्पतरु में दुर्ग-सन्निवेश के प्रसंग में गहरी एवं चौड़ी परिखाओं के मनोरम एवं आह्लादित वर्णन उपलब्ध होते हैं। उक्त दृष्टान्तों से प्रमाणित है कि भारतीय वास्तुशास्त्र के इतिहास में हड़प्पा की दुर्ग-निर्माण पद्धति का स्थान विशिष्ट एवं प्रभावोत्पादक है।

दुर्ग के ठीक उत्तर की दिशा में लगभग ३०० गज के पेटे में त्रिविध निर्माण किया गया था। इस क्षेत्रफल में ३० फीट ऊँचा एक टीला वर्त्तमान है, जिसे 'माउण्ड एफ' की संज्ञा प्रदान की गई थी। इसके उत्खनन की क्रिया में तीनों ही कोटि के निर्माण प्रकाश में लाये गये। प्रथम वर्ग के निर्माण-कार्य के पुरातत्त्वीय प्रमाण सब से पहले दुर्ग के

१. ह्वीलर, दी इंडस सिविलाइजेशन, पृष्ठ २६।

समीप ही उत्तर-दिशा में प्राप्य हैं। इस कोटि में श्रमिकों के घर आते थे, जो दो पंक्तियों में निर्मित थे। उत्तर की पंक्ति में सात एवं दक्षिण की पंक्ति में आठ गृहों के वर्त्तमान होने के दृष्टान्त प्राप्य हुए हैं। ये श्रमिक-आवास राजकीय योजना के अनुसार निर्मित थे। ये आयताकार (५४ फीट × २४ फीट) हैं तथा इनके निर्माण की पद्धति ठीक एक जैसी है। साधारण चहारदीवारी द्वारा ये घिरे भी थे। प्रत्येक दो घर तीन से लेकर चार फीट गली (वीथिका) द्वारा परस्पर विभक्त थे। इनमें तीन कमरे (कोष्ठ) एवं एक छोटा आँगन प्राप्य था। घर के भीतर की फर्श पर पकी ईंटों की ठोस चुनाई की गई थी।[१]

इन श्रमिक-गृहों के समीप ही १६ भट्ठियों के वर्त्तमान होने के प्रमाण उपलब्ध हुए हैं। इनमें अनुमानतः कोयले एवं गोबर के द्वारा ईंधन (समिधा) का कार्य लिया जाता था। अग्नि को प्रज्वलित करने के निमित्त सम्भवतः धौकनी प्रयोग में लाई जाती थी। इन भट्ठियों में काँसे को गलाने का काम लेते रहे होंगे।

इनकी समीपस्थता इस बात का प्रमाण है कि उक्त आवास श्रमिक-गृह ही रहे होंगे। इन गृहों की शिल्पविधि की एकरूपता तथा दुर्ग के साथ उनका सान्निध्य सूचित करता है कि वे राज्य की ओर से ही निर्मित थे। बहुत संभव है कि उनके निवासी श्रमिक, सरकार के द्वारा ही नियुक्त किए गए हों। अतएव राजकीय निर्माणों में उनकी सेवाओं का लाभ उठाया जाता होगा। एक सम्भावना यह भी हो सकती है कि वेतन अथवा दैनिक पारिश्रमिक प्रदान करने के अतिरिक्त राज्य उनसे बेगार भी लेता रहा हो।

यहाँ उल्लेखनीय है कि इस प्रकार की परम्परा दजलाफरात घाटी एवं नील-उपत्यका के नगरों में भी प्रचलित थी। श्रमिकों के आवास मुख्य नगर के बाहर कहीं एकान्तिक स्थान पर पृथक् रूप में बने होते थे। उदाहरणार्थ तेल-एल-अमर्ना (चौदहवीं शताब्दी ईसा पूर्व) में समाधि-निर्माताओं के घर प्रधान नगर से लगभग एक मील की दूरी पर बने थे। देर-एल-मदीनह (सोलहवीं शती ईसा पूर्व) में मिस्र-सम्राटों की समाधियों के निर्माता शिल्पियों के गृह सब से अलग बने हुए थे। गिज़ेह में पिरेमिड बनाने वाले स्थापत्यकार रहते थे। इन श्रमिकों एवं शिल्पियों से राज्य विष्टि (बेगार) ले सकता था। यह प्रथा-साम्य सैन्धव सभ्यता तथा मिस्र एवं मेसोपोटामिया की समकालीन सभ्यताओं के पारस्परिक सम्पर्क को अभिव्यंजित करता है।[२]

हड़प्पा में उक्त श्रमिक-आवासों के ठीक उत्तर में द्वितीय कोटि के निर्माण किए गए थे, जिसमें गोल चबूतरे आते थे। इनमें अठारह चबूतरों के प्रमाण उत्खनन-क्रिया में उपलब्ध हुए थे। इनका व्यास दस से ग्यारह फीट के लगभग था। ये श्रमिक-चबूतरे एक केन्द्रीय चार अथवा कभी पाँच वृत्त के रूप में थे तथा ठोस ईंटों द्वारा सुदृढ़ निर्मित थे। इनके नाभि-स्थान में एक गोलाकार गड्ढा छोड़ दिया गया था, जिसमें लकड़ी की ओखली बिठाई गई थी। उत्खनन-क्रिया में इनमें अन्न एवं भूसे के प्रमाण उपलब्ध हुए

---

१. ह्वीलर, दी इंडस सिविलाइजेशन, पृष्ठ २७।

२. वही, पृष्ठ २९-३०।

हैं। इससे लगता है कि ये चबूतरे अनाज को कूटने के प्रयोजन से बनाये गए थे। अन्न कूटने का कार्य लकड़ी के मूसल से लिया जाता था। यह काम उन्हीं श्रमिकों से लिया जाता था, जो इनके समीपस्थ आवासों में रहते थे। इस प्रकार का एक गोल चबूतरा (संख्या १६) मार्टिमर ह्वीलर के द्वारा १९४६ ईसवी में प्रकाश में लाया गया था। इसके प्रमाण से स्पष्ट है कि लकड़ी की ओखली एवं मूसल द्वारा अन्न कूटने की परम्परा भारतवर्ष में सैन्धव सभ्यता-काल से ही चली आ रही थी।

इन गोल चबूतरों के ठीक उत्तर लगभग एक सौ गज की दूरी पर अन्न के बखार ९०० वर्ग फीट के क्षेत्र में रावी नदी के तट के समीप ही निर्मित थे। इनकी संख्या कुल बारह थी। ये दो पंक्तियों में वर्तमान थे। प्रत्येक पंक्ति में इनकी संख्या छह थी। इनका परिमाण भी लगभग समान था (५० फीट × २० फीट)। इनकी शिल्प-विधि का सादृश्य सूचित करता है कि ये राजकीय निर्माण-योजना के अन्तर्गत आते थे। रावी-तट के सन्निकट इनकी अवस्थिति प्रमाणित करती है कि जल-मार्ग द्वारा अन्न मँगाया एवं बाहर भेजा जाता होगा।

हड़प्पा के नागरिक जीवन में इन धान्यागारों का स्थान महत्त्वपूर्ण था। ये राजकीय कोष-विभाग के अन्तर्गत आते थे तथा इनके निर्माण के उद्देश्य विविध थे। मुद्रा-विहीन युग होने के कारण तत्कालीन आर्थिक जीवन वस्तुविनिमय पर आश्रित था। अतएव राज्य को अन्न के बड़े बखारों की आवश्यकता थी, जिससे कर्मचारियों को वेतन एवं श्रमिकों को दैनिक मजदूरी देना सम्भव हो सके। राजकीय कर भी अन्न के रूप में एकत्र होते थे। परिणामतः विशाल अन्नागारों का निर्माण आवश्यक प्रतीत हुआ, जिनमें प्रभूत मात्रा में अन्न-संचय का अवकाश सम्भव हो सके। दुर्भिक्ष एवं आकस्मिक अवसरों पर भी अनाज के इन गोदामों का एक विशेष महत्व था। उनका अस्तित्व सूचित करता है कि उस समय के नगर-जीवन का मूलाधार अन्न ही था। यहाँ उल्लेखनीय हो जाता है कि दजला-फरात घाटी के नगरों में भी उस समय अन्न के विशाल कोठारों के निर्माण की परम्परा विद्यमान थी। उर के एक लेख (लगभग २१३० ईसा पूर्व) से ज्ञात होता है कि वहाँ के एक ताम्रयुगीन धान्यागार से ४०२० दिनों तक श्रमिकों को दैनिक पारिश्रमिक दिया जा सकता था। उर के एक अन्य प्राचीन लेख (लगभग २००० ईसा पूर्व) के अनुसार वहाँ के किसी धान्यागार का अधीक्षक इससे १०,९३० श्रमिकों की दैनिक मजदूरी के वितरण की व्यवस्था करता था। बड़े धान्यागारों में आपसी शर्तों के आधार पर लेन-देन की प्रथा प्रचलित थी। एक ताम्रयुगीन लेख के अनुसार मेसोपोटामिया के लुलमू नामक स्थान के एक अन्नागार के ऋण में दिए हुए अनाज को सूद-सहित संबंधित धान्यागार को लौटाया था। आभिलेखिक साक्ष्य के अनुसार सीरिया में नरमसिन नामक स्थान पर २३०० ईसा पूर्व में एक कोष्ठागार विद्यमान था। मिस्र में भी कर-संग्रह के उद्देश्य से इस समय विशाल धान्यागार निर्मित थे।[१]

---

१. मार्टिमर ह्वीलर, दी इंडस सिविलाइजेशन, पृष्ठ ३४।

राजकीय कोठारों के निर्माण की उक्त सैन्धव सभ्यता-परम्परा ऐतिहासिक काल में दूरतर विकसित हुई थी। पालि साहित्य से ज्ञात होता है कि राजकीय कोष (स्टेट बैंक) के तीन विभाग होते थे—धन्कोष्ठागार (मुद्रा-कोष), धान्य कोष्ठागार (अन्न का गोदाम) एवं वस्तु कोष्ठागार (जिसमें जीवनोपयोगी वस्तुएँ संगृहीत हों)। इनमें से प्रथम दो कोटि के राजकीय कोषों का उल्लेख बंगला देश के बोगरा जिले में स्थित महास्थान से प्राप्त शिलालेख (तृतीय शताब्दी ईसा पूर्व के मौर्य-अभिलेख) में उपलब्ध है। इसके अनुसार महामात्रों को आदेश दिया गया था कि वे इन्हें गण्डक (मुद्राओं) एवं धान्य (अन्न) द्वारा परिपूर्ण करने का अनवरत प्रयास करें।[१] इस प्रमाण से स्पष्ट है कि दुर्भिक्ष एवं अन्य संकटकालीन परिस्थितियों का सामना करने के निमित्त राज्य कितना सतर्क एवं प्रयत्नशील रहता था।

यहाँ उल्लेखनीय है कि सोहगौरा के लेख में वंशग्राम (आधुनिक बाँसगाँव जो इस नाम के विश्रुत तहसील का मुख्य अधिष्ठान है एवं जो सोहगौरा के समीप ही पश्चिम में स्थित है) के दो कोष्ठागारों का उल्लेख हुआ है। कतिपय विद्वानों ने इस लेख को प्राक्-मौर्ययुगीन माना था परन्तु लिपि के आधार पर अब इतिहासकारों की अवधारणा दृढ़मूल होती जा रही है कि यह अशोक के समय का एक ऐतिहासिक अभिलेख है। इसके अनुसार ये दोनों ही कोष्ठागार तीन मंजिलों ('त्रिगर्भ' अथवा 'त्रितल') से युक्त थे। कांस्यपट पर उत्कीर्ण इस लेख के ऊर्ध्वांश में तीन मंजिलों से युक्त दो घरों की आकृतियाँ प्रदर्शित की गई हैं। मेरे अनुसार ये गृह वस्तुत: उन्हीं दोनों कोष्ठागारों के प्रतिनिधि हैं, जिनका उल्लेख इस अभिलेख में हुआ है। सम्भव है कि इन कोष्ठागारों की त्रिमंजिलों में उपर्युक्त तीनों प्रकार के राजकीय कोष पृथक्-पृथक् विद्यमान रहे हों। इस अभिलेख में श्रावस्ती (आधुनिक सहेठ महेठ) के महामात्रों को आज्ञा दी गई है कि दुर्भिक्ष आदि संकटजन्य आपदाओं (आत्यायिक) से बचने के निमित्त इनमें अधिकाधिक धनधान्य एकत्र कर दिए जायँ।[२]

हड़प्पा के पुर-सन्निवेश के सिद्धान्तों के अनुसार दुर्ग के दक्षिण का भाग श्मशान-भूमि (शवाधान-स्थान) के रूप में निर्दिष्ट था। इसका वर्गीकरण प्राय: दो भागों में किया जाता है—(१) खण्ड-समाधियाँ ('सिमेटरी एच') एवं (२) पूर्ण-समाधियाँ ('सिमेटरी आर ३७')। प्रथम वर्ग की कब्रगाह (शवाधिस्थान, 'सिमेटरी एच') दुर्ग के ठीक दक्षिण में विद्यमान था, जिसमें धरातल की दो परतें प्राप्त हुई हैं। निचली परत (स्ट्रेटम २) आधुनिक धरातल से छह फीट नीचे थी, जो अधिक प्राचीन थी। उत्तरी सतह (स्ट्रेटम) वर्त्तमान भूतल से तीन फीट नीचे थी। इसका काल निचली परत के उपरान्त के समय का द्योतक था। दोनों में ही शव बिना किसी तैयारी के ही विसर्जित कर दिए गए थे। लगता है कि संक्रामक रोग अथवा भयावह युद्ध के अवसरों पर जो व्यक्ति भीषण संहार के शिकार हुए, उनके शव कुछ समय तक खुले मैदान में पड़े रहे।

---

१. **सरकार दिनेश चन्द्र, सेलेक्ट इंसिक्रप्शंस, पृष्ठ ८०।**

२. **वही, पृष्ठ ८३।**

जब शान्ति-काल की पुनः स्थापना हुई, उस समय अस्थिपंजरों के अवशेष शीघ्रतापूर्वक समाधिभूमि (सिमेटरी एच) की दोनों परतों में दो विभिन्न कालों में गाड़ दिए गए थे।

इसके प्रतिकूल समाधि-भूमि (सिमेटरी आर ३७) में पूर्ण-समाधियों के प्रमाण उपलब्ध हैं। यह शवाधिस्थान 'एच' के ठीक दक्षिण में वर्त्तमान था। इनमें मृतकों को दैनिक जीवन की उपयोगी सामग्रियों (उदाहरणार्थ चूड़ियाँ, कण्ठाभरण, अँगूठी, दर्पण आदि शृंगार-सामग्री) के साथ विधिपूर्वक गर्भित किया गया था। इससे लगता है कि भारतवर्ष के लोग उस समय में भी परलोक के अस्तित्व में विश्वास करते थे। इस प्रकार की अवधारणा कतिपय बाह्य सभ्यताओं में भी प्राप्य थी। उदाहरणार्थ मिस्त्र एवं मेसोपोटामिया में शव के साथ खाद्य-सामग्री एवं शृंगार-प्रसाधन के गाड़ने की परम्परा प्रचलित थी। जनविश्वास था कि मृतात्मा को लोकोत्तर जीवन में ये उपयोगी सिद्ध हो सकती हैं।

यहाँ पर एक अन्य तथ्य भी विशेष रूप से विचारणीय है। नगर-मापन के नियमानुसार श्मशान-भूमि पुर के बाहर दक्षिण दिशा में निर्दिष्ट होती थी। कौटिल्य के अर्थशास्त्र में नगर-निवेशन के प्रसंग में इस प्रकार की व्यवस्था का स्पष्ट निर्देश हुआ है। पुर-मापन के इस सिद्धान्त की परम्परा का स्त्रोत सैन्धव सभ्यताकाल में निर्दिष्ट किया जा सकता है। हड़प्पा के दुर्ग-निर्माण की पद्धति की मूलभूत विशेषताओं का अनुकरण कालान्तर में गंगा-घाटी के शिल्पियों द्वारा किया गया। इस सांस्कृतिक केन्द्र की वास्तुकला मौलिक कोटि की थी, जिसमें स्वदेशीयता की छाप बहुशः परिलक्षित होती है। इस प्रकार भारतीय स्थापत्य के विकास में सैन्धव सभ्यता का स्थान महत्वपूर्ण माना जा सकता है।

मोहनजोदड़ो

सन्निवेश का स्वरूप— हम पीछे इस तथ्य की ओर ध्यान आकृष्ट कर चुके हैं कि मोहनजोदड़ो के नगर का भी सन्निवेश उन्हीं मूलभूत आदर्शों द्वारा निर्धारित था, जिनके आधार पर हड़प्पा के पुरमापन की क्रिया सम्पन्न हुई थी। इस सादृश्य से स्पष्ट है कि सैन्धव सभ्यता-काल तक भारतीय अभियन्ताओं ने प्रामाणिक नगर-निर्माण-पद्धति का सृजन कर लिया था। मोहनजोदड़ो का नगर भी दो प्रधान भागों में विभक्त था—(१) दुर्ग-भाग एवं (२) नीचस्थ-पुर (लोअर सिटी[१])। इस प्रकार यह पुर भी 'ऊर्ध्वाधर द्व्यंग नगर-निर्माण की पद्धति का ही एक अति प्राचीन भारतीय दृष्टान्त था। दुर्ग-भाग नगर के पश्चिम में वर्तमान था। इसके ध्वंसावशेषों का प्रतिनिधित्व उच्च टीलों द्वारा किया जाता था। इस नगर-भाग में राजपुरुषों के आवास एवं विशिष्ट नागरिकों के गृह वर्तमान थे। नीचस्थ-पुर (अवम नगर अर्थात् 'लोअर सिटी') पूर्व की दिशा में स्थित था, जिसमें सामान्य पुरवासी निवास करते थे। यह दुर्ग भी समान्तर चतुर्भुज की

---

१. **मार्टिमर ह्वीलर, दी इंडस सिविलाइजेशन, पृष्ठ २७।**

आकृति के सदृश था तथा इसके भी निर्माण की क्रिया में शिल्पियों ने उच्च प्रतिभा का परिचय दिया था। यह एक उन्नत कृत्रिम स्थान (चबूतरे) पर बसा हुआ था, जिसकी ऊँचाई उत्तर दिशा में धरातल से ४० फीट एवं दक्षिण में २० फीट के लगभग रही होगी। यह मूलतः मिट्टी एवं अंशतः ईंटों द्वारा भी ठोस निर्मित था। इसके चतुर्दिक् मिट्टी का थूहा खड़ा किया गया, जो ४३ फीट के लगभग चौड़ा था। महाभारत,[१] अर्थशास्त्र,[२] युक्तिकल्पतरु[३] एवं समरांगणसूत्रधार[४] के 'वप्र' (उन्नत एवं विस्तृत वेदिका) के साथ यह समीकरणीय है। मोहनजोदड़ो के थूहे (वप्र) के ऊपर सुरक्षा-भित्ति निर्मित की गई, जिसकी तुलना हम प्राचीन भारतीय साहित्य के 'प्राकार' (परकोटे) से कर सकते हैं। कौटिल्य के अर्थशास्त्र में उल्लिखित है कि 'वप्र' के ऊपर 'प्राकार' (परकोटे) का निर्माण किया जाय (वप्रस्योपरि प्राकारम्)।[५] इस रूप में यह प्रथा अतिप्राचीन प्रमाणित हो जाती है। मिट्टी के इस 'प्राकार' को 'पांसुप्राकार'[६] अथवा 'मृद्दुर्ग'[७] कहा जाता था।

मोहनजोदड़ो के प्राकार में शिखर (अट्टालक) भी निर्मित थे। दुर्ग के दक्षिण-पूर्व कोने पर पकी ईंटों द्वारा निर्मित शिखर (अट्टालक) के अवशेष प्राप्य हैं। इसके पश्चिम किनारे पर भी एक तत्कालीन बुर्ज़ (कंगूरा या मीनार) के खण्डहर उपलब्ध हैं, जो ईंटों द्वारा निर्मित था। इसकी ऊँचाई अब भी दस फीट के लगभग है। नगर-प्राकार में प्रत्येक प्रधान दिशा में द्वार (गोपुर) खोले गए थे, जिनके समीप भीतर की ओर प्रहरी-कक्ष बने हुए थे। सुरक्षा-व्यवस्था की यह परम्परा हमारे देश में मध्यकाल तक वर्तमान थी। चौड़े राजमार्गों द्वारा यह दुर्ग सुविभक्त था। प्राचीन भारतीय साहित्य में इस प्रकार के राजपथों के लिए 'महापथ'[८] एवं 'महारथ्या'[९] शब्दों का प्रयोग हुआ है। दुर्ग के भीतर चौड़ी एवं सुथरी गलियाँ भी खुली थीं, जो शिल्पशास्त्रों की 'वीथी' अथवा 'वीथिका' का स्मरण दिलाती हैं। इन प्रमाणों से सिद्ध होता है कि प्राचीन भारतीय नगर-निर्माण पद्धति के बीज सैन्धव सभ्यता के पुर-सन्निवेश में प्राप्य हैं। हड़प्पा एवं मोहनजोदड़ो के दुर्ग यूनानी गढ़ियों (ऐक्रोपोलिस, जिनके निर्माण की परम्परा आठवीं शताब्दी ईसा पूर्व में स्थापित हुई थी) का स्मरण दिलाते हैं। सम्भव है कि इन भारतीय महानगरों का राजनीतिक संघटन भी यूनानी नगर-राज्य ('पोलिस') के सदृश रहा हो,

---

१. महाभारत, शान्ति पर्व, अध्याय ८७।
२. 'खाताद्वप्रं कारयेत्' अर्थशास्त्र, पृष्ठ ५१ (शामा शास्त्री-संस्करण)
३. युक्तिकल्पतरु, पृष्ठ २४।
४. समरांगणसूत्रधार, पृष्ठ ४०।
५. अर्थशास्त्र, पृष्ठ ५२ (शास्त्री-संस्करण)।
६. हरिवंश, हरिवंशपर्व, अध्याय ५४, पंक्ति ११६।
७. महाभारत, शान्ति पर्व, अध्याय ८७।
८. बह्माण्ड पुराण, अध्याय ७, पंक्ति २२५।
९. अष्टमार्ग महारथ्याम हरिवंश, विष्णु पर्व, अध्याय ९८।

जो समस्त राज्य का केन्द्रबिन्दु हुआ करता था। यहाँ पुनः स्मरणीय है कि हड़प्पा एवं मोहनजोदड़ो के तुल्य गढ़-निर्माण का आदर्श पूर्णतः स्वदेशी था, जो हमारे देश के अभियन्ताओं की विलक्षण सूझबूझ एवं मौलिक मेधा का परिचायक है।

विशिष्ट निर्माण— दुर्ग के भीतर के महत्वपूर्ण विन्यासों में विशाल स्नानागार, बृहत् धान्यागार एवं सभामण्डप उल्लेखनीय हो जाते हैं। ये अपने निर्माण की उत्कृष्टता एवं मौलिक योजना के लिए इतिहासकारों के ध्यान को तत्काल आकृष्ट कर लेते हैं। पुरवासियों के सामाजिक एवं सांस्कृतिक जीवन में उनका स्थान महत्वपूर्ण था तथा दुर्ग की शोभा के वे महाप्राण थे। अपनी वैज्ञानिक निर्माण-पद्धति के कारण तत्कालीन वास्तुकला के इतिहास में उनका स्थान सर्वथा अद्वितीय था।

(१) विशाल स्नानागार— विद्वानों ने दुर्ग के भीतर सबसे विशिष्ट निर्माण प्रायः इसी भवन को माना है। उत्तर से दक्षिण की ओर यह १८० फीट तथा पूर्व से पश्चिम की ओर १०८ फीट तक विस्तृत था। इसकी बाहरी दीवालें अपने आधार पर ७ से ८ फीट तक चौड़ी थीं। इसके केन्द्रीय खुले आँगन के मध्य में एक जलकुण्ड वर्तमान था; जो २९ फीट लम्बा, २३ फीट चौड़ा एवं ८ फीट गहरा था। आँगन के चतुर्दिक् बरामदे बने हुए थे, जिनमें तीन के पीछे गलियारे एवं कोठरियाँ बनी थीं। दक्षिण के बरामदे के दोनों कोनों पर एक छोटी कोठरी एवं गलियारा वर्तमान था। उत्तरी बरामदे के पीछे छोटे-बड़े कई कमरे बने हुए थे। पूर्वी बरामदे के पीछे एक ही पंक्ति में कई छोटी कोठरियाँ निर्मित थीं, जिनमें से एक (कमरा-संख्या १६) में जलकूप खुदा हुआ था। इस कुँए के कुण्ड के भीतर जल भरने की व्यवस्था की गई थी।[१] स्नानागार की भीतरी दीवालें जल को रोकने में पूर्णतया समर्थ थीं। इन भित्तियों की ईंटों में एक विशेष प्रकार का मसाला लगाया गया था, जिसमें विलोचिस्तान में पाए जाने वाले चट्टानों का चूर्ण (बिटूमेन), बालू (ऐंसफाल्ट) एवं खड़िया मिट्टी की बुकनी मिलाई जाती थी। इस स्नान-कुण्ड के दक्षिण-पश्चिम कोने पर एक छिद्र बना हुआ, जिसका मुख समीपस्थ नाले की ओर खुलता था। इस प्रकार की व्यवस्था के कारण आवश्यकतानुसार कुण्ड का जल बाहर निकाल दिया जाता था। यह तत्कालीन उन्नत अभियान्त्रिकी का ज्वलन्त प्रतीक है। इष्टका-निर्मित इस सुदृढ़ भवन की कोठरियों में सीढ़ियों के निर्माण के प्रमाण उपलब्ध हैं, जिससे प्रतिपादित होता है कि इसमें कम-से-कम एक मंजिल और भी अवश्य रही होगी। इस गृह के अवशेषों में राख एवं लकड़ी के कोयलों के भी उदाहरण प्राप्य हैं। इससे स्पष्ट है कि इस भवन के निर्माण में अभियन्ताओं ने काष्ठ-शिल्प का भी प्रयोग किया था। जान मार्शल का अनुमान है कि लकड़ी की कारीगरी में शिल्पियों ने काट-छाँट के काम का अच्छा दृष्टान्त प्रस्तुत किया होगा, क्योंकि काष्ठ-

---

१. उसकी फर्श में गढ़ी हुई पकी ईंटें उनके किनारों के सहारे बिठाई गई थीं। उनके बीच खड़िया मिट्टी का गारा देकर काफी मज़बूती लाई गई थी। कुण्ड के भीतर उतरने एवं चढ़ने के उद्देश्य से सीढ़ियाँ बनी थीं तथा उनके निचले भाग के सन्निकट स्नान-कर्ताओं की सुविधा के निमित्त छोटी वेदिकाएँ निर्मित थीं।

शिल्प भारत की एक अति प्राचीन परम्परा थी।

यहाँ उल्लेखनीय है कि यह भवन मूलतः इष्टका-निर्मित ही था। इसके ध्वंसावशेषों में प्राप्य ईंटें बताती हैं कि उनके निर्माण की कला उस युग में कितनी विकसित दशा में थी। मोहनजोदड़ो के विशाल स्नानागार के विन्यास का प्रयोजन अभी तक यथातथ्य निर्धारित होने से रह गया है। यह्र कोई वैयक्तिक गृह था अथवा सार्वजनिक, यह भी इतिहास का एक विवादास्पद प्रश्न है। कतिपय पाश्चात्य विद्वानों का अनुमान है कि इसका संबंध नगर के धार्मिक जीवन से किसी रूप में रहा होगा। अवसर-विशेष पर इसमें स्नान करना पवित्र कृति के रूप में परिगणित किया जाता होगा।[१] मार्टिमर ह्वीलर का तो यहाँ तक अनुमान है कि इस भवन की कोठरियों में पुजारी लोग निवास करते थे, जो धार्मिक प्रक्षालन के अभिप्राय से निश्चित समय पर जलकुण्ड में उतरते रहे होंगे।[२] दुर्ग-प्रांगण में इस स्नानागार की अवस्थिति अभिव्यंजित करती है कि ये पुजारी राज्य की ओर से नियुक्त थे। एक अन्य सम्भावना यह भी हो सकती थी कि यह एक राजकीय भवन था, जो विशेष पर्वों पर पुरवासियों के सार्वजनिक प्रयोजन-निमित्त सुनिर्मित हुआ हो।

एक द्वितीय स्थिति यह भी सम्भाव्य थी कि धनसम्पन्न विशिष्ट नागरिकों द्वारा यह निर्मित रहा हो। इस स्नानागार का प्रयोग सम्भवतः उन्हीं तक सीमित रहा हो। इस प्रकार की परम्परा ऐतिहासिक काल में विद्यमान थी। छठी शताब्दी ईसा पूर्व में लिच्छवियों द्वारा निर्मित वैशाली का सुप्रसिद्ध तटाक मात्र उन्हीं के स्नान-प्रयोजन से निर्मित था। इस सिद्धान्त का पालन बड़ी कड़ाई के साथ किया जाता था। उन्होंने इस जलकुण्ड पर लोहे की एक घनी चादर बिछा रखी थी, जिससे पशु-पक्षियों तक का जल के साथ सम्पर्क असम्भव था। उनके आदेशानुसार उक्त लौह पर्दा खोला एवं ढका जाता था। सरोवर-निर्माण गंगा-घाटी के नगर-मापन का एक अभिन्न अंग था। प्राचीन भारतीय साहित्य एवं अभिलेखों में सरोवर के निमित्त वापी, पुष्करणी, सर एवं तटाक आदि शब्द प्रयुक्त मिलते हैं। महाभारत के अनुसार हस्तिनापुर पुष्करणी से सुशोभित था (सर्वपुष्करणीभिश्च)।[३] इस ग्रन्थ में वर्णन मिलता है कि इन्द्रप्रस्थ के नगर में सरोवर सुशोभित थे, जिनका जल खिले हुए कमलों के द्वारा सुगन्धित हो उठता था। इनकी कमनीय छटा हंस, कारण्डव एवं चक्रवाक आदि पक्षियों के कारण दर्शनीय थी।[४]

४७३ ईसवी के मन्दसौर के लेख के अनुसार दशपुर (मध्य प्रदेश के सिवनी नदी के तट पर स्थित आधुनिक दसोर) में मनोरम 'सर' (जलकुण्ड) बने हुए थे, जिनमें

---

१. अल्चिन, दी बर्थ ऑफ इंडियन सिविलाइज़ेशन, पृष्ठ २४६।

२. ह्वीलर, दी इंडस सिविलाइज़ेशन, पृष्ठ २६-२७।

३. ''सर्वपुष्करणीभिश्च उद्यानैश्च समावृत्ताम्।''

—महाभारत, आदिपर्व, अध्याय ९६, पंक्ति ११५।

४. ''सरोभिरतिरम्यैश्च पद्मोत्पलसुगन्धिभिः।
हंसकारण्डवयुतैश्चक्रवाकोपशोभितैः॥'' —वही, आदिपर्व, अध्याय १९९।

निरन्तर राजहंस तैरते रहते थे। इनके तट पर उगे हुए वृक्षों के पुष्पों के गिरने के कारण इन सरोवरों का जल विभिन्न रंगों से युक्त कान्ति को धारण कर लेता था। इनमें कमल खिले हुए थे, जिनके बीच तैरते हुए राजहंस पद्मों के पराग से भूरे हो जाते थे। अन्यत्र ये 'अम्बुरुह' (पद्म) अपने ही केसरों के भार से झुक जाते थे।[१] सार्वजनिक लाभ के ही उद्देश्य से मौर्य-काल में सुराष्ट्र प्रान्त में सुदर्शन-तटाक् का निर्माण कराया गया, जिसका स्थान पुरवासियों के आर्थिक एवं सांस्कृतिक जीवन में सदियों तक विशिष्ट था। उपर्युक्त से प्रतिपादित हो जाता है कि पुर-मापन के प्रसंग में तटाक्-निर्माण की परम्परा सैन्धव काल से ही चली आ रही थी।

विचारणीय है कि मोहनजोदड़ो का जलकुण्ड एक विलक्षण कोटि का निर्माण था। तटाक् होने के अतिरिक्त यह एक आवासगृह भी था। यह विशेषता अन्यत्र अप्राप्य थी। अतएव इसे स्नानागार की संज्ञा प्रदान करना कहीं अधिक सार्थक होगा। जल को भरने एवं खाली करने की व्यवस्था, चतुर्दिक् सीढ़ियों एवं वेदिकाओं के निर्माण तथा भीतरी दीवालों में जल को रोकने की क्षमता के वर्तमान होने की दृष्टि से स्थापत्य का यह ताम्रयुगीन भारतीय उदाहरण समकालीन किसी भी उच्च सभ्यता में अप्राप्य था। अपने निर्माण की उत्कृष्टता के कारण इसने विदेशी विद्वानों को भी स्वत: स्वीकार एवं घोषित करने के निमित्त बाध्य किया था कि आभियान्त्रिकी का यह एक मौलिक दृष्टान्त था, जिसकी तुलना समकालीन विश्व में अनुपलब्ध थी। इससे प्रतिपादित होता है कि सैन्धव सभ्यता एक स्वदेशी सभ्यता थी। कतिपय विदेशी मनीषियों द्वारा इसे बाह्य सभ्यता की देन निर्दिष्ट करने की जो भ्रान्तिमूलक अवधारणा प्रतिपादित की जाती है, वह उपर्युक्त वास्तु-दृष्टान्त से निर्मूल सिद्ध हो जाती है।[२]

---

१. ''तटोत्थ-वृक्ष-च्युतनैक-पुष्प-
विचित्र-तीरान्त-जलानि भान्ति।
प्रफुल्ल-पद्माभरणानि यत्र।
सरांसि कारण्डव-संकुलनि॥'' —सरकार, सेलेक्ट, इंस्क्रिप्शंस, पृष्ठ ३०१।

२. यहाँ उल्लेखनीय है कि इस स्नानागार के उत्तर की दिशा में समीप ही आठ स्नानगृह (एक कमरे के गुसलखाने) बने हुए थे, जो दो पंक्तियों में विभक्त थे। इनमें से प्रत्येक ९१/२ फीट लम्बा एवं ६ फीट चौड़ा था। दोनों पंक्तियों के बीच एक नाला विद्यमान था, जिसमें इनमें गुसलखानों का पानी बहाया जाता था। इन स्नानगृहों में सीढ़ियाँ बनी हैं, जिनसे व्यक्त होता है कि ये कम-से-कम एक ऊपरी मंजिल से भी संयुक्त थे। इनके प्रवेश-द्वार इस रूप में बने थे कि भीतर की एकान्तता भंग न हो सके। कुछ लोगों का अनुमान है कि विशाल स्नानागार एवं ये आठों स्नानगृह मोहनजोदड़ो के किसी देवालय से सम्पृक्त थे। इन स्नानगृहों के ऊपरी कमरों में मंदिर के पुरोहित रहते होंगे। इस मत के लिए देखिए—ह्वीलर, इंडस सिविलाइज़ेशन, पृष्ठ ३१, दी वंडर दैट वाज़ इंडिया, पृष्ठ १८।

(2) धान्यागार (धान्यकुसूल)— मोहनजोदड़ो के दुर्ग-प्रांगण में द्वितीय विलक्षण निर्माण वहाँ का विशाल धान्यागार था। यह हड़प्पा के बखारों से कहीं विस्तृत था। मार्शल महोदय इसका केवल आंशिक उत्खनन कर पाए थे। उन्हें पाँच फीट की ऊँचाई में ईंटों से निर्मित कई सुदृढ़ खण्ड दिखाई दिए थे, जिनसे संशय हो गया था कि वे हमाम रहे होंगे। परन्तु उन्हें भी अपनी इस अवधारणा पर सन्देह था। जब कालान्तर में १९५० ईसवी में मार्टिमर ह्वीलर ने इसके पूर्ण भाग का उत्खनन किया, उस समय पहली बार यह ज्ञात हुआ कि यह खण्डहर वहाँ पर निर्मित किसी विशाल धान्यागार का मूलाधार (चबूतरा) था। इसकी बाहरी दीवालें इतनी ठोस एवं ढालुआ कोटि की हैं कि वे किले की दीवाल-सदृश लगती हैं। सम्पूर्ण धान्यागार की लम्बाई अपने मूल काल में १५० फीट एवं चौड़ाई ७५ फीट रही होगी। इसके भीतर समान रूप, किन्तु भिन्न परिमाण वाले इष्टका-निर्मित अन्न के २७ खत्ते (कुठले) विद्यमान थे। प्रत्येक दो खत्तों (कोठारों) के बीच आने-जाने के रास्ते भी छोड़ दिए गए थे। इस धान्यागार के गर्भ-भाग के नीचे वैज्ञानिक पद्धति पर वायु-संचार की अपेक्षित व्यवस्था की गई थी। इस प्रकार इसमें अन्न भरने एवं खाली करने का भी सुप्रबन्ध था। इन रूपों में इसका बृहत् वास्तु-दर्शकों एवं कठिन आलोचकों को भी प्रभावोत्पादक सिद्ध होता है। ईंटों के प्रयोग के अतिरिक्त इसके निर्माण में काष्ठ-शिल्प के वैभव का भी प्रदर्शन द्रष्टव्य था।

मोहनजोदड़ो के नगर के राजनीतिक एवं आर्थिक जीवन में इस धान्यागार का स्थान हड़प्पा के कोठारों के सदृश ही महत्वपूर्ण था। परन्तु जहाँ तक इसके स्थापत्य का प्रश्न है, यह हड़प्पा के बखारों से कहीं अधिक विषम एवं संकुलित था। अन्नागार-निर्माण की परम्परा, कालान्तर में, नगर से लेकर ग्राम तक विशेष रूप से प्रचलित हो गई। प्राचीन भारतीय साहित्य में कुशूल, कुसूल, धान्यकुसूल, शाला, धान्यशाला, कौष्ठी एवं कोष्ठागार शब्द बहुशः प्राप्य हैं। अन्न की कोठी के निमित्त कुशूल (कुश + ऊलच) शब्द हितोपदेश में पठनीय है (को धन्यो बहुभिः पुत्रैः कुशूलापूरणाढकैः)। पाणिनि ने अन्न के कोठार के निमित्त कुसूल (धान्यकुसूलं) एवं शाला (धान्यशाला) आदि शब्दों का प्रयोग किया है। (सूत्र ६, २, १०२)। मनु ने 'धान्यकुसूल' का उल्लेख किया है। (कुसूलधान्यको वा स्यात् कुम्भीधान्यक एव वा)। शतपथ ब्राह्मण में 'कौष्ठी' शब्द का उल्लेख प्राप्य है (१, १, २, ७)। अन्न के गोदाम को आजकल कहीं-कहीं 'कुठला' या 'कोठी' भी कहा जाता है, जो इसी 'कौष्ठी' शब्द से उद्भूत है। ऐतिहासिक काल से राजकीय कोष्ठागारों के अतिरिक्त व्यक्तिगत एवं सार्वजनिक अन्नागारों के भी निर्माण की परम्परा विशेष रूप से व्यापक हो गई थी।

(3) सभा-मण्डप— मोहनजोदड़ो के दुर्ग-सन्निवेश में वहाँ के सभा-मण्डप का भी स्थान महत्वपूर्ण था। यह एक ९० फीट वर्गाकार भवन था। अपनी कोटि का यह प्रथम पुरातत्त्वीय उदाहरण था। आद्योपान्त सुदृढ़ ईंटों द्वारा इसका विन्यास किया गया था तथा अपने युग में एक विशिष्ट निर्माण के रूप में यह प्रसिद्ध रहा होगा। इसमें चार

पंक्तियों में ईंटों से बने हुए बीस स्तम्भ प्राप्य हैं। प्रत्येक पंक्ति में स्तम्भ-संख्या पाँच है। अनुमान किया जाता है कि विशिष्ट जनों के बैठने के निमित्त इसमें आसन भी निर्मित थे। सम्भवत: प्रधान व्यक्ति के बैठने के उद्देश्य से मुख्य आसन की भी व्यवस्था पृथक् रूप से कर दी गई थी। दुर्ग के भीतर इसकी स्थिति प्रमाणित करती है कि मोहनजोदड़ो के नगर-जीवन में इसका स्थान अत्यन्त विशिष्ट रहा होगा। सम्भव है कि सार्वजनिक लाभ के ध्येय से यह स्वयं राज्य द्वारा ही निर्मित रहा हो। नृत्य-वाद्य अथवा विशेष पर्वों एवं समारोहों का आयोजन तथा विशिष्ट पुरवासियों की सभा एवं बैठक आदि की व्यवस्था इसमें की जाती होगी। मोहनजोदड़ो के उत्खनन में प्राप्त सुप्रसिद्ध नर्तकी-मूर्ति इस बात का स्पष्ट प्रमाण है कि तत्कालीन नागरिक नृत्य एवं वाद्य के कार्यक्रम द्वारा पारस्परिक मनोविनोद करते रहे होंगे। इस सभा-भवन के निर्माण का प्रयोजन जन-समुदाय का लाभ एवं कल्याण रहा होगा। कालान्तर में 'शतस्तम्भीय मण्डप' ('हाल ऑफ हंड्रेड कॉलम्स') एवं 'साहसी महाकक्ष' ('हॉल ऑफ थाउज़ेंड कॉलम्स') के निर्माण की परम्परा आरम्भ हुई। ईरान में हख़ामीनश सम्राटों ने 'शतस्तम्भीय महाकक्ष' का विन्यास कराया था, जिनमें उनका दरबार लगता था। मोहनजोदड़ो का उक्त मण्डप इस कोटि के महामण्डपों का पूर्वगामी था।

उपर्युक्त के अतिरिक्त एक अन्य सम्भावना यह भी हो सकती है कि सैन्धव सभ्यता-कालीन यह मण्डप राजसभा अथवा राजपुरुषों या कुलीन वर्ग के विशिष्ट सदस्यों की बैठक के निमित्त बना हो। बुद्धकालीन कपिलवस्तु, कुशीनगर एवं वैशाली-सदृश प्रधान नगरों में सभाभवन (संस्थागार, पाली 'संथागार') निर्मित थे, जिनमें गण-मुख्य प्रधान राजकीय प्रश्नों पर विमर्श करते थे। राजप्रासाद के प्रांगण में भी सभामण्डपों के निर्माण की परम्परा विशेष प्रचलित होने लगी थी। तक्षशिला-उत्खनन में मार्शल को दो महाकक्षों के प्रमाण उपलब्ध हुए थे। प्रथम महाकक्ष २७ फीट १० इंच लम्बा एवं २० फीट ५ इंच चौड़ा था। यह प्रस्तर-खण्डों द्वारा सुदृढ़ निर्मित था। इसमें राजा के परमस्नेह भाजन एवं विश्वसनीय व्यक्ति ही प्रवेश पाते थे। द्वितीय विशालकक्ष में, जिसका परिमाण लगभग इसके ही सदृश था राजा का दरबार लगता था जिसमें वह सम्मानित लोगों से मिलता भी था। इन दोनों महाकक्षों की तुलना मुगलों के 'दीवानेखास' एवं 'दीवाने आम' से क्रमश: की जा सकती है जो दिल्ली के लाल किले में अब भी दर्शनीय हैं। कहने का तात्पर्य यह है कि सैन्धव-काल में सभामण्डप के निर्माण की जिस परम्परा का आरम्भ हुआ, उसका निर्वाह भारतवर्ष के नागरिक जीवन में सदियों तक (यहाँ तक कि मध्य-काल पर्यन्त) चलता रहा। कुमारगुप्त द्वितीय के राज्यकाल के मन्दसौर-लेख (४७३ ईसवी) से ज्ञात होता है कि लाट-प्रदेश (केन्द्रीय गुजरात) में मनोरम सभा-गृह विद्यमान थे।[१] बृहस्पति ने नागरिकों के सामूहिक

---

१. ''कुसुमभरानततरुवर-दैवकुल-सभा-विहार-रमणीयात्।
लाटविषयान्नगावृत-शैलाज्जगति-प्रथितशिल्पा:॥''

—सरकार, सेलेक्ट, ईस्क्रिप्शंस, पृष्ठ ३०१।

कल्याण-निमित्त सभा-मण्डप का निर्माण करना श्रेयस्कर निर्धारित किया था।[१]

अवम नगर— पहले निर्दिष्ट किया जा चुका है कि अवम पुर (लोवर सिटी) मोहनजोदड़ो के नगर का पूर्वी भाग था, जिसका प्रतिनिधित्व आधुनिक निम्न किन्तु विस्तृत क्षेत्र में प्रसरित टीलों द्वारा किया जाता है। पुरातत्त्ववेत्ताओं का अनुमान है कि यह पुरभाग न तो प्राकारयुक्त था और न परिखा परिवेष्ठित ही था। इससे स्वाभाविक निष्कर्ष यह निकलता है कि इसमें जनसाधारण के निवासगृह वर्तमान थे। यही कारण है कि इसके चतुर्दिक् सुरक्षा-भित्ति के उठाने की आवश्यकता नगर-मापन के अधिकारियों को प्रतीत नहीं हुई थी। तथापि इस नगर-भाग का भी सन्निवेश सतर्कतापूर्वक सुव्यवस्थित योजना द्वारा किया गया था। विशेषतः राजमार्गों के निर्माण में अभियन्ताओं ने कार्य-कुशलता का श्लाघनीय परिचय प्रदान किया था। पुरातत्वीय योजना द्वारा प्रकाश में लाई गई वहाँ की सड़कें एक दूसरे के समानान्तर तथा परस्पर समकोण पर विभक्त करती हुई देखी जा सकती थीं। इस विशेषता ने पाश्चात्य पुराविदों को अभिमत प्रभावित किया था। चत्वरों पर प्रहरी-कक्ष निर्मित थे। इस निर्माण-पद्धति द्वारा अवम नगर सम परिमाण के आयताकार मण्डलों में विभक्त हो गया था। प्रत्येक मण्डल लगभग ४०० गज लम्बा एवं २७० गज चौड़ा था। पुरातत्त्वीय उत्खननों द्वारा सात पुर-मण्डल प्रकाश में लाए गए थे। इन मण्डलों का पारस्परिक विभाजन सुनिर्मित ठोस राजमार्गों द्वारा किया गया था, जिनमें से कुछ तो तीस फीट तक चौड़े थे। प्रत्येक मण्डल ५ फीट से लेकर १० फीट चौड़ी वीथिकाओं द्वारा उपमण्डलों में विभक्त हो गया था।

पुराविद मार्टिमर ह्वीलर ने अवम नगर के गृहसन्निवेश एवं स्वच्छता-व्यवस्था की विशेषताओं की उच्च प्रशंसा की है। राजमार्गों के किनारे पकी ईंटों द्वारा निर्मित नालियाँ विद्यमान थीं, जिनके माध्यम से पुर की गन्दगी बाहर निकाल दी जाती थी। सड़कों की पटरियों अथवा उनके बगल में यथोचित स्थानों पर कूड़ा फेंकने के निमित्त व्यवस्था की गई थी। राजकीय स्वच्छता-श्रमिकों द्वारा एकत्र अशौच समयानुसार स्थानान्तरित कर दिया जाता था। प्रत्येक घर का गन्दा पानी मिट्टी के प्रणालक अथवा व्यक्तिगत नालियों द्वारा राजमार्गों के किनारे की नालियों में पहुँचाया जाता था। इस कोटि की स्वच्छता-व्यवस्था तत्कालीन जगत् में सर्वथा अद्वितीय थी। यह पद्धति उस प्राचीन युग में ही, भारतीय अभियन्ताओं की प्रवीणता एवं विज्ञानपरक मेधा का विलक्षण परिचय प्रदान करती है। यहाँ उल्लेखनीय हो जाता है कि अवम नगर की निर्माण-पद्धति कतिपय दृष्टियों से सदोष भी थी। उदाहरणार्थ, गृह-मुख राजमार्गों की ओर न होकर गलियों की ओर खुले हुए थे। स्पष्ट है कि यह योजना अवैज्ञानिक एवं हानिकर थी। कालान्तर में ऐतिहासिक युग के शिल्पियों ने इस परम्परा का परित्याग कर दिया था। शिल्पशास्त्रों एवं राजनीति-विषयक ग्रन्थों में स्पष्ट निर्दिष्ट किया गया है कि

---

१. **''सभाप्रपादेवतटाकारामसंस्कृतिः।**
तथानाथदरिद्राणां संस्कारो यजनक्रिया॥'' **—बृहस्पति, वीरमित्रोदय, पृष्ठ ४२५।**

नागरिक अपने-अपने घरों का मुख अनिवार्य रूप से सड़कों की ओर ही खोलें।[१]

अवम नगर की निर्माण-पद्धति में एक अन्य दोष यह भी इंगित किया जा सकता है कि उसकी सड़कें कच्ची एवं मटियारी थीं। यद्यपि अन्य देशों की तुलना में उस समय सिन्धु-उपत्यका में ईंटों के निर्माण का व्यवसाय विकसित अवस्था में था, तथापि शिल्पियों ने पक्की सड़कों के निर्माण की ओर ध्यान नहीं दिया। इन दोषों के होते हुए मोहनजोदड़ो का नगर-मापन उस युग के लिए उन्नत कला एवं अभियान्त्रिकी का एक ज्वलन्त प्रतीक था। कतिपय पाश्चात्य पुराविदों के अनुसार हड़प्पा एवं मोहनजोदड़ो के नगर तत्कालीन विश्व के लन्दन एवं वेस्टमिंस्टर थे। लैम्ब्रिक का अनुमान है कि मोहनजोदड़ो की जनसंख्या कुल पैंतीस सहस्र (३५,०००) के लगभग रही होगी। उनकी यह अवधारणा उस गणना पर अवलम्बित है, जिसके अनुसार सिन्ध में १८४१ ईसवी में समान परिमाण के नगर की औसत जनसंख्या इसी के लगभग हुआ करती थी। हड़प्पा के नगर का विस्तार मोहनजोदड़ो के ही सदृश था। अतएव इस पुर की भी जनसंख्या इसी के लगभग रही होगी।[२]

नागरिक शालाओं के निर्माण

वास्तु-सिद्धान्त—पुरातत्त्वीय प्रमाणों से अभिव्यंजित होता है कि सैन्धव सभ्यता काल में ही गृह-सन्निवेश की सुनियोजित शैली भारतीय शिल्पियों द्वारा आविर्भूत की जा चुकी थी। उस समय के स्थपतियों का दृष्टिकोण व्यावहारिक एवं उपयोगितावादी था। ये भवन मनुष्य के दैनिक जीवन की आवश्यकताओं की सम्पूर्ति में सक्षम थे। हड़प्पा एवं मोहनजोदड़ो के गृह हमारे देश के सुखद आवासों के प्राचीनतम उदाहरण माने जा सकते हैं। इन भवनों के विन्यास में सादगी के सिद्धान्त का प्रतिबिम्ब स्पष्ट रूप में परिलक्षित होता है। प्रयोगवादी भावना के कारण ही अभियन्ताओं ने इनके वास्तु में अलंकरण अथवा सजावट को महत्त्व नहीं प्रदान किया था। इस तथ्य की ओर ध्यान आकृष्ट करते हुए सर जान मार्शल ने प्रतिपादित किया था कि इन भवनों में प्रयुक्त काष्ठ-शिल्प में ही कारीगरों द्वारा काट-छाँट अथवा विशेष बारीकी को उभाड़ने का प्रयास किया गया था। स्थापत्य के इस पहलू का संभावित कारण यह हो सकता है कि लकड़ी की महीन गढ़ाई का कार्य भारतवर्ष की अति प्राचीन लोकप्रिय परम्परा थी। यही कारण है कि वर्द्धकी (बढ़ई) के व्यवसाय को प्राचीन ग्रन्थों में बड़ी श्रद्धा की दृष्टि से देखा गया है। परन्तु जहाँ तक इनके वास्तु के अवशिष्ट पक्षों का प्रश्न था, उनमें अलंकरण के प्रयास से बचने की प्रवृत्ति द्रष्टव्य है।

यद्यपि ये भवन सादगी के सिद्धान्त पर निर्मित थे, तथापि वे अपनी सुदृढ़ता एवं निर्माण की उत्कृष्टता के लिए प्रख्यात थे। इनकी नींव काफी गहराई तक दी गयी थी।

---

१. "राजमार्गमुखानि स्युः गृहाणि सकलान्यपि।
गृहपृष्ठे सदा वीथिर्मलनिर्हरणस्थलम्॥" —शुक्रनीति, अध्याय १, श्लोक २६७।

२. अल्चिन, दी बर्थ ऑफ इंडियन सिविलाइज़ेशन, पृष्ठ २४५-४६।

अनगढ़ ईंटें आधार वाले भाग में ही प्राय: बिठाई गई थीं। परन्तु धरातल के ऊपर की भवन-भित्ति में गढ़ी हुई पकी ईंटों की चुनाई की गई थी। विशाल आवास-गृहों की दीवालें अपेक्षाकृत ऊँची थीं। उनके ऊपर प्राय: मिट्टी का लेप चढ़ाने की परम्परा प्रचलित थी। बालू, शिलाचूर्ण, चूना एवं खड़िया मिट्टी से मिश्रित किसी प्रकार के विशेष मसाले का सम्भवत: उस समय आविष्कार हो चुका था। बाहरी एवं भीतरी दीवालों को प्राय: सीधी उठाने की प्रथा विद्यमान थी। सुदृढ़ता के अभिप्राय से कभी-कभी बड़े भवनों की बाहरी दीवालें तिरछी उठाई जाती थीं। परन्तु यह प्रथा अति सीमित थी। भवन-भित्तियों को प्राय: लम्बवत् (प्रलम्ब) ही निर्मित किया जाता था। कतिपय भवनों की भित्तियों के बाह्य रूप में ईंटों को रगड़ कर सहज प्रभा उभाड़ दी जाती थी। यह प्राचीन प्रथा भारतवर्ष में मध्यकाल तक कतिपय क्षेत्रों में प्रचलित थी।

स्थापत्य-विशेषताएँ— प्रत्येक घर के मुख्य द्वार (प्रवेश-द्वार) के भीतर घुसते ही भवन का भीतरी दृश्य सामने आ जाता था। केन्द्रीय स्थान में एक खुला आँगन हुआ करता था, जिसके चतुर्दिक् बरामदे एवं कोठरियाँ बनी होती थीं। धनिक नागरिकों अथवा सत्ताधारियों के घरों में गलियारे एवं बड़े कक्ष हुआ करते थे। इन्हीं के सिद्धान्तों के आदर्श पर कालान्तर में ऐतिहासिक काल में 'चतुश्शाल-गृह' निर्मित होने लगे, जिनका वर्णन प्राचीन साहित्य में बहुश: प्राप्य है। भवनों की छत प्राय: सपाट हुआ करती थी। इसके भार को सँभालने के निमित्त लकड़ी की कड़ियाँ एवं बड़ेरें बिठाई जाती थीं। यह प्रथा हमारे देश में अब भी विद्यमान है। कच्चे घरों की छत खपरैलों से छाई जाती थी। आदर्श घरों की फर्शों में मजबूती पकड़ने के लिए पकी ईंटों की चुनाई की प्रथा प्रचलित थी। स्नानगृह की फर्श को अधिक सुदृढ़ करने का प्रयास किया जाता था, क्योंकि उनका प्रयोग विशेष रूप में हुआ करता था। मार्शल का अनुमान है कि सैन्धव सभ्यताकालीन महत्वपूर्ण गृहों में शिखरों के निर्माण की भी प्रथा प्रचलित रही होगी। इस तथ्य की अभिव्यंजना उनकी दीवालों की स्थूलता, ऊँचाई एवं सुरक्षा-उपायों से उपलब्ध होती है। मार्शल को ९७ फीट लम्बे एवं ८५ फीट चौड़े नागरिक शालाओं के पुरातत्वीय दृष्टान्त उपलब्ध हुए थे। इनकी बाहरी दीवालें सामान्यतया ४ से ५ फीट तक चौड़ी हुआ करती थीं।

मार्शल के अनुसार इस कोटि के कतिपय घरों के आँगन कभी-कभी ३२ फीट लम्बे एवं इतने ही चौड़े भी थे। इनकी फर्श में ठोस ईंटें जड़ दी गयी थीं एवं उनके किनारे-किनारे नालियाँ बनी होती थीं। उनका मत है कि सिन्धु-उपत्यका के नगर-निवासी अपने देवालयों को भी विशाल मापदण्ड पर निर्मित करते थे। उनके अवशेषों में अँगूठी की आकृति से सादृश्य रखने वाले गोल पत्थर सम्भवत: पूजा एवं आराधना के विषय थे। समकालीन मेसोपोटामिया के नगरों में भी प्रासाद-तुल्य विशाल मन्दिरों के निर्माण की प्रथा प्रचलित थी। यह तथ्य उभय सभ्यताओं के पारस्परिक सम्पर्क को अभिव्यंजित करता है। कतिपय भवन चहारदीवारी से युक्त हुआ करते थे। जल की सुविधा की दृष्टि से इनमें कुँआँ भी हुआ करता था। भवन के ज़िस प्रकोष्ठ में कूप

विद्यमान होता था, वहाँ कभी-कभी बाहर से पहुँचने के निमित्त रास्ता भी खोल देते थे जिससे आवश्यकता पड़ने पर बाहरी व्यक्तियों द्वारा भी उनका प्रयोग सम्भव हो सके। यह व्यवस्था उन्हीं नागरिकों के गृहों में प्राप्य थी, जो जनकल्याण अथवा सार्वजनिक लाभ को भी महत्ता प्रदान करते थे। सिन्धु-उपत्यका की नगर-शालाओं का निर्माण अंशत: ईंटों और अंशत: लकड़ी द्वारा भी हुआ था। अर्द्ध काष्ठ-निर्मित भवनों के दृष्टान्त साँची एवं भरहुत की कला में भी अंकित हैं। सर जान मार्शल के अनुसार उनका स्थापत्य सैन्धव वास्तु की परम्परा में ही आता था।

प्रासाद-मंजिल—मोहनजोदड़ो एवं हड़प्पा के अवशेषों द्वारा सोपानों के निर्माण के प्रमाण भी प्रकाश में आए हैं, जिनसे अनुमान लगाया जा सकता है कि वे कम-से-कम एक ऊपरी मंजिल से भी युक्त अवश्य ही रहे होंगे। सुविधा की दृष्टि से इनके सोपानों के दोनों ही किनारों पर लकड़ी अथवा ईंटों के कठघरे निर्मित होते थे। तत्कालीन जीनों का निर्माण सदोष केवल इसी दृष्टि से था कि इनकी सीढ़ियाँ पतली एवं किंचित् झुकी होती थीं, परन्तु अन्य अर्थों में इनका वास्तु उस युग के अनुसार अनवद्य था। सम्भव है कि कतिपय भवनों में सीढ़ियाँ सम्पूर्ण रूप से लकड़ी की ही बनी हों। परन्तु प्रचलित प्रथा के अनुसार ईंटों के ही सोपान बहुधा निर्मित हुआ करते थे। ऊपरी मंजिलों पर भी शयन-कक्ष, स्नान-गृह एवं विविध प्रयोजनों के निमित्त कमरे (प्रकोष्ठ) निर्मित थे। सबसे ऊपरी मंजिल की छत पर किनारे-किनारे सुरक्षा की दृष्टि से वेदिका अथवा ईंटों के कठघरे बने होते थे। इन भवनों की ऊपरी छत हवादार हुआ करती थी, जिसके एकान्तिक वातावरण में अन्त:पुर के सदस्यों के मनबहलाव के लिए व्यवस्था उपलब्ध हो जाती थी।

स्वच्छता-व्यवस्था—सैन्धव सभ्यता-काल के शिल्पी गृह-सन्निवेश की क्रिया में स्वच्छता के उपायों को प्रधानता दिया करते थे। यही कारण है कि प्रत्येक गृह में ईंटों की व्यक्तिगत नालियाँ बनी होती थीं, जिन्हें वैज्ञानिक रूप प्रदान करने के निमित्त ऊपर से ढक दिया जाता था। इनका मुँह राजमार्गों के समीप की मोड़ियों से लगा होता था। ऊपर की मंजिलों के स्नानगृहों से पानी को बहाने के निमित्त पाइप के सदृश आकार की पकी मिट्टी की नालियाँ निर्मित की जाती थीं। टूटने से बचाने के निमित्त मिट्टी की दोहरी परत द्वारा ईंटों की खोल चढ़ा कर चारों ओर से इन्हें ढक भी दिया जाता था। कभी-कभी भवन-भित्तियों के निर्माण के समय ही उनकी चौड़ाई में मोटे छिद्र नाली के रूप में बना दिए जाते थे, जिनके माध्यम से ऊपर का गन्दा पानी सड़कों की नालियों में गिरा दिया जाता था। राजमार्गों के दोनों किनारों पर वर्तमान इन मोड़ियों द्वारा समस्त दूषित तत्त्वों को नगर के प्रमुख परनालों में बहाने की व्यवस्था कर दी जाती थी। यह स्वच्छता-व्यवस्था सिन्धु-उपत्यका के शिल्पियों के मस्तिष्क की मौलिक देन थी, जिसकी तुलना समकालीन बाह्य सभ्यताओं में अप्राप्य थी। पाश्चात्य विद्वानों ने तत्कालीन भारतीय अभियन्ताओं के वैज्ञानिक दृष्टिकोण की प्रचुर प्रशंसा की है। स्वच्छ वायु एवं प्रकाश की सुव्यवस्था के निमित्त चौड़े दरवाज़ों के निर्माण की प्रथा

प्रचलित थी। इन्हें बन्द करने के लिए लकड़ी के कपाट बने होते थे। घर की भीतरी दीवालों में खिड़कियों के अधिक खोलने की परम्परा विद्यमान थी। इस प्रकार की सुव्यवस्था द्वारा भवन के भीतर हवा एवं उजाले का प्रबन्ध संभव हो जाता था। बाहरी दीवालों में भी खिड़की एवं कभी-कभी रोशनदान भी बनाए जाते थे, परन्तु यह प्रथा अभी सीमित ही थी। इन्हें बन्द करने के निमित्त काष्ठ-फलक हुआ करते थे।

ताम्रयुगीन जन-सन्निवेशों का विस्तार

क्षेत्र— पहले लोगों की सामान्य अवधारणा यह थी कि लौह से परिचय के अभाव में दो ही नगर (हड़प्पा एवं मोहनजोदड़ो) इस समय विकसित हो सके थे, जिनका विस्तार सिन्धु उपत्यका तक ही सीमित था। इसी कारण भारत की प्रथम नगरीय सभ्यता का नाम सैन्धव सभ्यता रखा गया। पर स्वतंत्रता-प्राप्ति (१९४७ ई०) के उपरान्त पिछले कई दशकों में हड़प्पा-प्रकार के कई जन-सन्निवेश क्रमानुसार प्रकाश में आए, जो कि सिन्धु नदी के अतिरिक्त कई अन्य नदियों एवं उनकी सहायक सरिताओं के किनारे स्थित थे (यथा-घग्घर-प्राचीन सरस्वती, दृशद्वती-सतलज, व्यास, चेनाब, यमुना, गोदावरी)। इस प्रकार के नगरीय केन्द्र उत्तर में मांडा (जम्मू) से लेकर दक्षिण में दैमाबाद (महाराष्ट्र) तक पश्चिम में सुक्तेजेन्दोर (बलूचिस्तान) से लेकर पूर्व में हुलास (पश्चिमी उत्तर प्रदेश) तक फैले हुए थे। उत्तर से दक्षिण १४०० किमी० तथा पश्चिम से पूर्व तक १५५० किमी० के विस्तृत क्षेत्र में ताम्रयुगीन पुरा-स्थलों का जाल विस्तृत था। २७५० ई० पू० से १७५० ई० पू० तक एक सहस्राब्द के इस काल-सम्पुट में हड़प्पा-संस्कृति का देशगत विस्तार मिस्र देश के नील नदी के उपकण्ठ से दजला फरात घाटी तक की अन्तर्वेदी में विकसित समकालीन ताम्रयुगीन संस्कृति-क्षेत्र से भी बढ़-चढ़ कर था। इन जन-सन्निवेशों की एक विशेषता यह थी कि हड़प्पा-मोहनजोदड़ो-सदृश समकालीन प्रथम भारतीय नगरों में अधिकांश सामान्यतया प्राकार-युक्त तो थे, पर परिखा-सदृश परिवेष्ठन का इनमें अभाव था। इस तथ्य का कारण इस युग में लौह से परिचय एवं उसके बहुविध प्रयोग का अभाव था। चूँकि इनका विस्तार-क्षेत्र इतनी अधिक नदियों के उपत्यकाओं में प्रसरित था तथा उनमें हड़प्पा सबसे प्रमुख एवं प्राचीन था, अतएव अब विद्वान् इसे बहुधा सैन्धव सभ्यता के स्थान पर हड़प्पा-सभ्यता के नाम से जानने लगे हैं।[१]

उल्लेखनीय स्थान— संस्कृति के कतिपय उल्लेखनीय पुरा-स्थल इस प्रकार थे—

सुत्केगेन्डोर (बलूचिस्तान), मांडा (जम्मू), कोटडिजी (सिन्ध), चन्हूदड़ो (सिन्ध), रोपड़ (प्राचीन नाम रूपनगर, पंजाब के अम्बाला जिले में सतलज के तट पर

---

१. **द्रष्टव्य : ग्रिगोरी एल पोसेल—सम्पादित हड़प्पा-सभ्यता, १९८२ ई०; बी० बी० लाल, फ्रंटियर्स ऑफ दी इंडस सिविलाइज़ेशन (सर मार्टिमर ह्वीलर स्मृति ग्रन्थ) १९८४।**

स्थित), कालीबंगा (राजस्थान), लोथल (गुजरात प्रान्त के अहमदाबाद जिले में भोगहो एवं साबरमती नदियों के संगम पर), रंगपुर (गुजरात, लोथल से ३० मील दक्षिण-पश्चिम), सुरकोट्डा (गुजरात के कच्छ जनपद में अदेसर से १२ किमी० उत्तर-पूर्व), आलमगीरपुर (उत्तर प्रदेश के मेरठ जनपद में जमुना की सहायक नदी हिंडन के तट पर), रोजडी (गुजरात प्रान्त के राजकोट से लगभग ५५ किमी० दूर मादर नदी के दक्षिण), बनावली (बाणावली), (हरयाणा, हिसार जनपद का फतेहाबाद संभाग, प्राचीन सरस्वती की उपत्यका), राखीगढ़ी (हरयाणा, जीन्द जनपद), मिताथल (हरयाणा के भिवानी से उत्तर-पश्चिम में स्थित मिथावल), दाबरकोट (बलूचिस्तान, ज़ोब घाटी), देसरपुर (गुजरात प्रान्त का कच्छ जनपद), दैमाबाद (महाराष्ट्र, गोदावरी की सहायक प्रवरा नदी), हुलास (सहारनपुर जनपद, पश्चिमी उत्तर प्रदेश), धौलावीरा (गुजरात), प्रभास-पाटण (गुजरात), संघोल (लुधियाना, पंजाब), भगवानपुर (हरयाणा, कुरुक्षेत्र), आहार (प्राचीन आघाट, राजस्थान उदयपुर के सन्निकट)।

पुर-विनाश—इन आदि भारतीय नगरों का विनाश किस प्रकार हुआ, यह भारतीय इतिहास का एक विलक्षण रहस्य है। आपाततः समस्या अवतरित होती है कि यह लोप क्या कोई आकस्मिक घटना थी, अथवा इन पुरों के विघटन में क्रमिक वृत्तान्तों, अवस्थाओं या कालावधि का योगदान था? विश्व के महानगरों के विलय के सम्भावित कारणों में जलप्लावन, अग्निदाह, राजनीतिक एवं आर्थिक महत्व का ह्रास तथा भूकम्प या महामारी-सदृश आकस्मिक परिस्थितियाँ निर्दिष्ट की जा सकती हैं। यद्यपि बाँध-निर्माण (सेतुबन्ध) की पद्धति प्राचीन भारतीय अभियन्ताओं को सुष्टु रूप में ज्ञात थी, तथापि कभी-कभी बाढ़ को रोकने की उत्कृष्ट व्यवस्था नहीं भी हो पाती थी। फलतः नगर, प्रायशः जलप्लावन के शिकार हो जाया करते थे। प्राचीन भारतीय इतिहास में इसके उदाहरण प्राप्य हैं। पुराणों में पाण्डव-राजधानी हस्तिनापुर के विनाश का कारण गंगा की बाढ़ को उल्लिखित किया गया है। (गंगयापहृते पुरे)।[१] तदुपरान्त पाण्डव हस्तिनापुर को छोड़कर कौशाम्बी चले आए थे। महापरिनिब्बानसुत्त में पाटलिपुत्र के विनाश के सम्भावित कारणों में जलप्लावन (उदकतो) का उल्लेख प्राप्य है।[२] कनिंघम का मत है कि यह पुर सत्य ही गंगा की बाढ़ द्वारा बहा दिया गया था।[३]

जहाँ तक अग्निदाह का प्रश्न है, यह भी महानगरों के आकस्मिक विनाश का कारण सिद्ध हुआ करता था। महापरिनिब्बानसुत्त का रचयिता अग्निदाह (अग्नितो) के कारण भी पुर-संहार से परिचित था।[४] हूण-आक्रान्ताओं (उल्दीन, रुगिला एवं अत्तिल आदि) ने रोम-साम्राज्य के कई नगरों को जला डाला था। श्वेत हूणों के इस कोटि के

---

१. विष्णु पुराण, चतुर्थ अंश, अध्याय २१, ८१।

२. दीघ निकाय, १६, १, २८।

३. जर्नल ऑफ बिहार ऐण्ड-उड़ीसा रिसर्च सोसाइटी, १९२०, पृष्ठ ३२।

४. दीघ-निकाय, १६, १, २८।

अमानुषिक व्यवहारों के कारण उन्हें प्राचीन भारतीय साहित्य में बर्बर एवं नृशंस के रूप में देखा गया है। कभी-कभी स्वाभाविक कारणों से भी नगरों में भयानक आग लग जाती थी। कौटिल्य के अर्थशास्त्र में हुतवह (भयानक अग्नि) से घिरे (परीत) नगर को इसके खतरे से बचाव-निमित्त विविध उपायों के वर्णन प्राप्य हैं। राजधानी के स्थानान्तरण की परिस्थितियों में भी पुर-विनाश हुआ करता था। राजगृह से पाटलिपुत्र में मगध-राजधानी के परिवर्तन के परिणामस्वरूप यह नगर ह्रासोन्मुखी हो उठा था। राजधानी के स्थानान्तरण के कारण अवध-राजधानी अयोध्या के उजड़ने का मार्मिक वर्णन रघुवंश में प्राप्य है। नवीन विशिष्ट वाणिज्य-पथों के खुलने पर प्राचीन व्यापारिक मार्गों की महत्ता समाप्त हो जाती थी। परिणामत: उनके किनारे स्थित नगर क्रमश: वीरान होने लगते थे। भूकम्प द्वारा जनसन्निवेशों का विनाश इतिहास का एक सुविदित वृत्तान्त है।

पहले विद्वानों का ऐसा अनुमान था कि सिन्धु एवं रावी नदियों की बाढ़ के कारण ही हड़प्पा एवं मोहनजोदड़ो के नगर ध्वस्त हुए थे। कतिपय चिन्तकों द्वारा इस वृत्तान्त में भूकम्प-सदृश आकस्मिक कारण की भी आशंका की जाती थी। एक सामान्य प्रचलित अवधारणा यह थी कि आक्रान्ता आर्य ही इनके संहार के वास्तविक उत्तरदायी थे। ऋग्वेद में दुर्गों के विध्वंस के जो उल्लेख मिलते हैं, उनसे तात्पर्य वस्तुत: उन गढ़ियों के संहार से है जो उक्त स्थानों में निर्मित थे। इस ग्रंथ में दास एवं दस्युओं के वर्णन प्राप्य हैं। वे कृष्ण वर्ण के थे। आर्यों के कर्मकाण्डों एवं धार्मिक विश्वासों के प्रति उनकी कोई श्रद्धा नहीं थी। वे संगठन-बद्ध होकर प्राचीर-परिवेष्ठित दुर्गों में निवास करते थे। वे समृद्ध जन थे। संभवत: वे लिंगोपासक भी थे।[१]

इन 'दास' एवं 'दस्युओं' की पहचान उपर्युक्त नगरों के निवासियों के साथ करना समीचीन होगा। अनुमान किया जाता है कि वहाँ के पुरवासी 'प्रोटोआस्ट्रोलायड' जाति के थे, जो कृष्ण वर्ण के हुआ करते थे। ऋग्वेद के अनुसार 'दास' एवं 'दस्यु' काले रंग के थे। आर्यों के देवता इन्द्र 'पुरन्दर' (दुर्गविनाशक) कहलाते थे। उनकी अवधारणा के अनुसार सुदृढ़ दुर्गों के संहार की विलक्षण प्रतिभा एवं शक्ति से वे युक्त थे। इस देवता के ऋग्वेद-वर्णित गुण सिन्धु-उपत्यका के दुर्गों के संहार की ओर संकेत करते हैं। उनके निवासियों के साथ आर्यों का गहरा संघर्ष हुआ होगा तथा इन गढ़ियों को जीतने में उन्हें जटिलताओं का अनुभव हुआ होगा। अतएव ऋग्वेद में उल्लिखित दुर्ग-विनाश से वास्तविक तात्पर्य हड़प्पा एवं मोहनजोदड़ो के विनाश से लगता है।[२] इन नगरों के निवासियों के पास सुरक्षा-शस्त्रों का अभाव था। अतएव वे अन्ततोगत्वा पराजित हो गए होंगे। आर्यों ने अपने अश्वों की गतिशीलता द्वारा उन्हें चमत्कृत कर दिया होगा। इन्द्र द्वारा दुर्गों को आग से जलाने के उल्लेख ऋग्वेद में बहुश: प्राप्य हैं। सम्भव है कि आर्यों

---

१. पिगट, प्री-हिस्टारिक इंडिया, पृष्ठ २६१-६२।

२. पिगट, प्री-हिस्टारिक इंडिया, पृष्ठ २६३।

ने इन केन्द्रों के किलों को जलाने का प्रयास भी किया हो।[१] उन्होंने पथों पर अवरोध लगा कर अन्य स्थानों से इनके सम्पर्क को छुड़ा दिया होगा। रणनीति के अतिरिक्त आर्यों की यह कुशल नीति भी उक्त भारतीय नगरों के विलय में सक्रिय हुई होगी।

भ्रान्तिमूलक अवधारणा— यहाँ विचारणीय हो जाता है कि हमारे देश की प्रथम नगरीय सभ्यता जो एक सहस्राब्द के काल-सम्पुट (२७५०-१७५० ई० पू०) में पल्लवित होती रही तथा उत्तर में मांडा (जम्मू) से लेकर दक्षिण में दैमाबाद (महाराष्ट्र) तक तथा पश्चिम में सुत्केजोन्दोर (बलूचिस्तान) से लेकर पूर्व में हुलास एवं आलमगीरपुर (पश्चिमी उत्तर प्रदेश) तक एक विशाल भू-क्षेत्र में प्रसरित थी, उसका विघटन एवं विनाश किसी आकस्मिक कारण या विदेशी आक्रान्ता (आर्य जाति) के आक्रमण के फलस्वरूप एक ही समय सहसा घटित हो गया, इस प्रकार की अवधारणा असंभाव्य थी। इस मत की असमीचीनता मात्र इतने से ही प्रतिपादित हो जाती है। जहाँ तक हड़प्पा-कालीन नगरों पर आर्य जाति के आक्रमण-संबंधी सिद्धान्त का प्रश्न है, यह काल्पनिक होने के अतिरिक्त राजनीति प्रेरित भी है। सर विलियम जोन्स एवं मैक्समूलर (१८८१ ई०) आदि विद्वानों ने तुलनात्मक भाषा-विषयक कल्पना के आधार पर इण्डो-आर्य (आर्य) जाति की कल्पना की, जो धीरे-धीरे समतावादी भाषा-विज्ञान के प्रति सम्मान रखने वाले विद्वानों द्वारा समर्थित किया गया। परिणामस्वरूप आर्य शब्द ने जाति-बोधक रूप धारण कर लिया, जिसका प्रयोग इस अर्थ में रूढ़ हो चला।[२]

वैदिक साहित्य से लेकर संस्कृत, पाली, प्राकृत या किसी भी साहित्य में आर्य-आक्रमण जैसे विदेशी आक्रान्ता का उल्लेख नहीं मिलता। जाति-बोधक अर्थ में आर्य शब्द का प्रयोग यूरोपीय विद्वानों की कोरी कल्पना है, जो कि उन्नीसवीं शती के अन्तिम चरण में प्रचलित की गई। उसके पूर्व यह शब्द वस्तुतः संस्कृति-बोधक शब्द था। यह एक सम्मान-सूचक शब्द है, जिसका परंपरित प्रयोग प्राचीन ग्रंथों में आदरणीय, सम्माननीय, कुलीन, नियम एवं धर्म के प्रति निष्ठावान, गुणवान, चरित्रवान तथा संबोधन की आदरणीय पद्धति के अर्थ में होता रहा। संस्कृत नाटकों में नट-नटी संवाद में 'आर्य', 'आर्ये' एवं 'आर्यपुत्र'—सदृश संबोधन श्रेष्ठ जनों के प्रति प्रयुक्त है। इसके आलोक में सिद्ध होता है कि जाति-बोधक रूप में आर्य शब्द का प्रयोग एक मिथक है, न कि वास्तविकता। जाति के अर्थ में इस शब्द का प्रयोग धीरे-धीरे इतना रूढ़ हो चला है कि कुछ लोग अब भी इससे असहमत होने में घबड़ाते हैं, जबकि इसके प्रतिकूल हाल के वर्षों में स्पष्टवादी विचारक खुल कर बोलने लगे हैं कि आर्य शब्द का जाति-बोधक सिद्धान्त ब्रिटिश एवं यूरोपीय विद्वानों द्वारा साम्राज्यवादी नीति के समर्थन से अनुप्रेरित है।[३]

---

१. **पिगट, प्री-हिस्टारिक इंडिया, पृष्ठ २६३।**

२. **द्रष्टव्य : भगवान सिंह, वैदिक हरप्पन्स, पृष्ठ ११३-३५।**

३. **स्वराज प्रकाश गुप्त, आर्य—ए मिथ ऑर रिएल्टी, पृष्ठ १९।**

इस सम्बन्ध में यह भी विचारणीय है कि नृविज्ञान सुविज्ञ भी अब इस बात की ओर झुकने लगे हैं कि आर्य-आक्रमण के कारण हड़प्पा-सभ्यता का विनाश संबंधी मत भ्रान्तिमूलक है। उदाहरणार्थ केनीथ के०आर० केनेडी (कार्नेल विश्वविद्यालय, संयुक्त राज्य अमेरिका) ने उन नरकंकालों का बड़ी गहराई के साथ अध्ययन किया जिनका विनाश बाह्य-आक्रमण के कारण माना जाता है। उनका मत है कि इसमें से किसी पर भी चोट के लक्षण नहीं हैं।[१] बर्कले विश्वविद्यालय के प्रोफेसर जी० एफ० डेल्स का मत है कि मोहनजोदड़ो से प्राप्त नरकंकाल विभिन्न कालों के हैं और सिन्ध नदी में अलग समयों में बाढ़ आने के कारण इस नगर का विनाश हुआ। परिणामतः ये अस्थिपंजर पृथक् स्तरों से प्राप्त होते हैं।[२]

मानवमिति के विशेषज्ञों का ऐसा अनुमान है कि सिन्धु-उपत्यका से प्राप्त ३२५ नरकंकाल आधुनिक सिन्ध एवं लोथल से प्राप्त अस्थिपंजरों से साम्य रखते हैं। यदि हड़प्पा एवं मोहनजोदड़ो पर विदेशी आक्रमण होते, तो पश्चिमोत्तर सीमा से बाहर से अस्थिपंजरों के किसी वर्ग-विशेष (मंगोलाइड, नार्डिक एवं मेडिटरेनियन) से मेल खाते।[३] अमलानन्द घोष ने भी स्वीकारा कि सिन्ध एवं लोथल के अस्थिपंजर आधुनिक सिन्धी एवं गुजराती नरकंकालों से सादृश्य रखते हैं।[४]

स्वदेशी उद्‌भव एवं कृतित्व— भारतीय नगर-जीवन का यह प्रथम उद्‌भव पूर्णतः स्वदेशी था। कुछ विद्वानों ने समकालीन ताम्रयुगीन सभ्यताओं से साम्य रखने के कारण इस सभ्यता पर बाह्य प्रभाव निर्दिष्ट किया था। पर यह भ्रामक एवं सारहीन है। हड़प्पा-सभ्यता में कुछ ऐसे विशिष्ट देशीय लक्षण दृष्टिगोचर होते हैं, जो इसकी स्वतंत्र उत्पत्ति एवं स्थानीय विकास को प्रमाणित करते हैं। गृह्य पशुओं का पालन, विशाल स्नान-कुण्ड की स्थापत्य-विशेषताएँ, बर्तनों को अलंकृत करने की शैली, रूई का प्रयोग, मौलिक लिपि एवं स्वच्छता-व्यवस्था तथा नगर-मापन की मौलिक शैली आदि इसकी स्वतंत्र प्रकृति को इंगित करते हैं।

हड़प्पा संस्कृतिक के कृतित्व के प्रश्न के संबंध में अमलानन्द घोष ने सरस्वती एवं दृशद्वती की उपत्यकाओं की गहराई के साथ छानबीन की थी। उनका स्पष्ट मत है कि यह सभ्यता अद्वितीय एवं लाक्षणिक स्वदेशी विशेषताओं से युक्त थी, जिसकी समता अन्यत्र (भारत के बाहर) अप्राप्य थी। यह भारत की स्थानीय भूमि का ही सृजन थी एवं इस देश के मूल जनों द्वारा विकसित की गई थी। सैन्धव सभ्यता क्षेत्र के

---

१. **हड़प्पन सिविलाइज़ेशन, केनेडी, के० आर० स्कल्स, आर्यन्स ऐण्ड फ्लोइंग ड्रेन्स, ग्रिगोरी पोसेल द्वारा संपादित, पृष्ठ २८९-९०।**

२. **हड़प्पन—सिविलाइज़ेशन, ग्रिगोरी आर० पोसेल्स द्वारा संपादित, पृष्ठ ९७-१०७, डेल्ब का 'मोहनजोदड़ो एण्ड मिस्लेनरी' शीर्षक लेख।**

३. **वरद पाण्डे का लेख 'आर्यन इनवेजन एक मिथक' शीर्षक; राधाकान्त वर्मा—संपादित ग्रन्थ 'आर्यन्स-मिथ ऐण्ड रियैल्टी, पृष्ठ २४-३३।**

४. **इंडियन प्री हिस्ट्री, १९६४, पृष्ठ ११३-११४।**

कुछ प्रतिनिधि नरकंकालों का अध्ययन सिद्ध करता है कि इस प्रकार की शारीरिक विशेषताएँ आज भी प्रादेशिक जनों में अक्षुण्ण हैं।[१] अतएव किसी बाहर से आने वाली जाति के साथ इसके उद्‌गम के प्रश्न को संबद्ध नहीं किया जा सकता। इस सभ्यता की मौलिक विशेषताएँ इस बात के प्रमाण हैं कि इस पर बाह्य प्रभाव निर्दिष्ट करना ज्ञात तथ्यों के आलोक में एक विरोधाभास है।

द्वैतसिद्धान्त का विश्लेषण— ऋग्वैदिक सभ्यता के ग्रामीण स्वरूप तथा सैन्धव सभ्यता के नगरीय कलेवर-संबंधी वैषम्य को लेकर दोनों में विभाजन करते हुए कृतित्व-भेद का जो प्रश्न यूरोपीय विद्वानों द्वारा खड़ा किया गया, वह भी क्रमशः इतना रूढ़ हो चला कि उससे असहमति व्यक्त करने में अब भी कुछ लोग संकोच खाते हैं, परन्तु दोनों का ही तुलनात्मक अध्ययन इसके प्रतिकूल प्रमाणित करता है कि वस्तुतः द्वैत न होकर समकालीन थीं तथा साथ-साथ पनपती रहीं। ग्राम एवं नगर का सह-अस्तित्व एवं सहभागिता आज भी स्वाभाविक है। दोनों में भेद मात्र आर्थिक संघटन की दृष्टि से है। ग्राम नगर को अपना अतिरिक्त खाद्यान्न प्रदान करता है तो नगर इसके बदले में ग्राम को अपना अतिरिक्त व्यावसायिक उत्पादन की आपूर्ति करता है। यही विशेषता ग्राम-नगर-संबंध में उक्त सभ्यताओं में भी द्रष्टव्य थी।

ऋग्वेद में 'पुर' शब्द के उल्लेख मिलते हैं, जिसका अर्थ आरम्भ में मैकडानेल, कीथ एवं पिशेल ने मिट्टी के दुर्ग (अर्थेन पैलीसेड) के रूप में लिया था, जो सुरक्षा की दृष्टि से ग्राम के मध्य में निर्मित किए जाते थे। पर वस्तुस्थिति तो कुछ और ही थी। उनसे तात्पर्य ऐसे नगरों से था जो सुरक्षा-प्राकार से परिवेष्ठित थे। यह विशेषता हड़प्पा की सुरक्षा-व्यवस्था की ओर संकेत करती है। 'पुर' शब्द के प्रयोग द्वारा ऋग्वेद नगर से अपना परिचय इंगित करता है। दोनों की सभ्यताएँ असंबद्ध न होकर वस्तुतः एक ही थीं और दोनों के कर्त्ता एक थे। हड़प्पा-सभ्यता के नगरों में (यथा—स्वयं हड़प्पा, रंगपुर, लोथल, कालीबंगा में) हवनकुंड, अग्निशाल या वेदी के प्रमाण मिलते हैं, जो इसकी वैदिक उत्पत्ति को प्रमाणित करते हैं। विचारणीय है कि ऋग्वेद में प्राप्य अयस एवं अश्मन शब्द क्रमानुसार ताँबे एवं प्रस्तर के बोधक हैं, जो ताम्राश्मकाल (सैन्धव सभ्यता काल) की ओर संकेत करता है जिसमें ताँबे, काँसे या पत्थर के प्रयोग होते थे।

हड़प्पा-संस्कृति की परंपरानुकूलता के विषय में विद्वानों ने पहले भी संकेत किया था। उदाहरणार्थ—इस दिशा में कार्य करते हुए लक्ष्मण स्वरूप ने सैन्धव सभ्यता को ऋग्वेदिक सभ्यता का उत्तर विकास निर्दिष्ट किया था।[२] समान मत का प्रतिपादन कालान्तर में पुसालकर ने भी प्रतिपादित किया था।[३] इन विद्वानों के अनुसार ऋग्वैदिक

---

१. द्रष्टव्य; अमलानन्द घोष का लेख 'दी इंडस सिविलाइज़ेशन; इट्स ओरिजिन्स आथर्स, एक्सटेण्ट' शीर्षक पृष्ठ ११३-१३४, इंडियन प्रीहिस्ट्री (१९६४), दक्कन कालेज पूना सीरीज़, नं० ३२।

२. ऐनाल्स ऑफ भंडारकर ओरियंटल रिसर्च इंस्टीट्यूट, जिल्द १७, भाग ४, पृष्ठ ३८५-९५।

३. इंडियन कल्चर, जिल्द ४, पृष्ठ १४९-१६८।

ग्रामीण जीवन का कालान्तर में नगर-सन्निवेश में रूपान्तरित होना स्वाभाविक था।

प्रथम नगरीय सभ्यता का वैदिक स्वरूप— हड़प्पा-सभ्यता के नगरीय जीवन के वैदिक स्वरूप के विषय में कुछ अन्य तथ्यों पर भी यहाँ विचार प्रासंगिक होगा, जिनमें धौलावीरा-उत्खनन विषयक प्रमाणों का सन्दर्भन वांछनीय है। धौलावीरा (कच्छ जनपद, गुजरात) के उत्खनन-कर्त्ता (१९९३ ई०) आर० एस० विष्ट ने इस नगर के ध्वंसावशेषों के साक्ष्य एवं ऋग्वेद के प्रासंगिक सन्दर्भों के तुलनात्मक अध्ययन के आधार पर इसे वैदिक पुर होने का दृष्टान्त माना है। उत्खनन-क्रम में इस नगर के तीन भागों में विभक्त होने की संभावना प्रकाश में आई—(1) केन्द्रीय पुर-भाग—इसमें दुर्ग (कोट) आता था, जो कि चतुर्दिक् भित्ति द्वारा सुरक्षित था। यह परकोटा आधार पर १८ मीटर एवं शीर्ष पर १० से १२ मीटर चौड़ा था। इसमें अट्टालक (बुर्ज़), प्रहरीकक्ष एवं द्वार (४ से ७ फीट ऊँचे) बने हुए थे। (२) मध्यवर्ती भाग—दुर्ग के उत्तर की ओर एक सुदृढ़ सुरक्षा-भित्ति द्वारा परिवेष्ठित था, जिसमें चारों कोनों पर बुर्ज़ बने थे तथा केन्द्र में दरवाज़े खोले गए थे। (३) तीसरा पुर-भाग—मध्यवर्ती भाग के पूरब की दिशा में विद्यमान था, जिसे हम अवम पुर की संज्ञा दे सकते हैं। इसकी विशेषता यह थी कि यह भी चतुर्दिक् प्राकार-परिवेष्ठित था।

धौलावीरा के तीन उक्त पुर-भाग ऋग्वेद में वर्णित पुर-निर्माण व्यवस्था से समीकरणीय हैं। इसके अनुसार यह उत्तम, मध्यम एवं अवम इन तीन भागों में विभाजित था (५. ६०. ६)। इन तीन पुरभागों को ऋग्वेद में अन्यत्र अवम, परम एवं मध्यम (१०. १५. १) तथा परम, मध्यम एवं अन्तम् की संज्ञा दी गई है (१. २७. ५)। अवम अवरम या अन्तम् से तात्पर्य किसी निम्न पुर भाग से नहीं है, जो कि साधारण जनसंख्या के निवास-निमित्त बना हुआ था। इसका समर्थन धौलावीरा के अवम पुर-भाग की निर्माण पद्धति से होता है, जो कि सुरक्षा-भित्ति द्वारा परिवेष्ठित था। स्पष्ट है कि यह भी एक विशिष्ट पुर-भाग था, जहाँ सुरक्षा की दृष्टि से किलेबन्दी की गई थी। अवरम्, अवम् अन्तम् पुर-भाग से तात्पर्य नये पुर-भाग या सीमान्त पुर-खण्ड अथवा विवर्द्धित नगर-खण्ड से है। कालान्तर में जनसंख्या के बढ़ने की दशा में पुरवर्द्धन या सीमान्त पुर के बसाने की व्यवस्था हुआ करती थी। इस प्रकार ऋग्वैदिक साक्ष्य एवं धौलावीरा के पुरातत्त्वीय सामग्री का तुलनात्मक अध्ययन हड़प्पा-संस्कृति के देशगत विस्तार-क्षेत्र में आने वाले इस सौराष्ट्र नगर (धौलावीरा) को वैदिक नगर प्रमाणित करता है। इस साक्ष्य के आलोक में भी आर० एस० विष्ट के मत के समर्थक भगवान सिंह ने इस सभ्यता के प्रतिनिधि जनों को 'वैदिक हरप्पन्स' की संज्ञा दी है।[१]

हड़प्पा-सभ्यता के वैदिक स्वरूप के विषय में ऋग्वेद में उल्लिखित हरियूपीया-संग्राम-विषयक वृत्तान्त भी विचारणीय है। वासुदेवशरण अग्रवाल ने सबसे पहले इंगित किया था कि ऋग्वेद में संदर्भित हरियूपीया (६. २७. ५) हड़प्पा का प्राचीन नाम

१. **द्रष्टव्य, भगवान सिंह, वैदिक हरप्पन्स, प्रथम संस्करण, १९९५।**

था। यह आधुनिक नाम इस प्राचीन नाम का अपभ्रंश है। ऋग्वेद के अनुसार यह स्थान ययावती (आधुनिक रावी) के किनारे स्थित एक नगर था, जिसका अन्य नाम ऊर्णावती एवं परुष्णी भी था। यहाँ 'वरशिख'—वंशज वृचीवान ने अपने सेना के साथ चायमान-पुत्र अभ्यवर्ती द्वारा आयोजित यज्ञ को नष्ट करने के निमित्त आक्रमण किया था। इस अनुष्ठान में पात्रों को नष्ट करने के प्रयास-कर्त्ता (पात्रा भिन्दाना) वृचीवान के एक सौ तीन कवचधारी (त्रिंशच्छतं वर्मिण) पुत्रों (त्रिंशच्छतं वृचीवन्तः) को इस यज्ञ में आहूत इन्द्र ने नाश कर डाला था (ऋग्वेद, ६. २७. ५-६)। इससे इस पुर (हरियूपीया—हड़प्पा) का वैदिक नगर होना प्रमाणित होता है।[१] इस तादात्म्य के आधार पर हड़प्पा-सभ्यता का शुद्ध नाम हरियूपीया-सभ्यता लगता है, जो कि वैदिक नाम है। हरियूपीया विषयक यह वृत्तान्त हड़प्पा-संस्कृति का वैदिक स्वरूप प्रमाणित करता है।[२] यहाँ उल्लेखनीय है कि कालान्तर में मार्टिमर ह्वीलर ने भी स्वीकार किया कि आधुनिक नाम हड़प्पा ऋग्वेद (६. २७. ५) में उल्लिखित हरियूपीया लगता है, जहाँ अभ्यावर्ती चायमान ने वृचीवन्तों को परास्त किया था।[३]

इस संबंध में ऋग्वेद के कतिपय अन्य साक्ष्यों पर भी विचार करना प्रासंगिक होगा। यह ग्रन्थ प्रायः दुर्ग की सुरक्षा का उल्लेख करता है न कि उनके विनाश का—"हे इन्द्र! शत सुदृढ़ दुर्गों के द्वारा आप हमारी रक्षा करें।" सिन्धु-उपत्यका में प्राप्त देव-प्रतिमाएँ वैदिक देवताओं के लक्षण से मेल खाती हैं। ऋग्वेद में विषाणयुक्त त्रिमुख देव का उल्लेख मिलता है तथा अश्वत्थ वृक्ष का सन्दर्भन भी प्राप्य है। इसके दो श्लोकों में प्राप्य शिश्नदेव से तात्पर्य लिंगोपासना से है। इस ग्रंथ में प्रतिमा-पूजा का उल्लेख प्राप्य है। इसके एक श्लोक (४. २४. १०) में इन्द्र की प्रतिमा को दस गायों में बेचने का उल्लेख मिलता है। कालीबंगा से प्राप्त हवनकुण्ड इस बात के प्रमाण हैं कि हड़प्पा-संस्कृति के लोग याज्ञिक क्रियाओं से परिचित थे तथा अग्नि के उपासक थे। इससे सैन्धव वैदिक सभ्यता लगती है। ऋग्वेद की प्रधान नदी सरस्वती थी, जो कि १८०० ई० पू० के लगभग सूख चुकी थी। सैन्धव सभ्यता के अधिक नगर सरस्वती की उपत्यका में प्राप्य थे, जो कि यमुना एवं सतलज के बीच बहती थी। अतएव सैन्धव सभ्यता का सारस्वत सभ्यता नामकरण कहीं अधिक समीचीन होगा।[४]

---

१. "वधादिन्द्रो वरशिखस्य शेषोऽभ्यावर्तिने चायमानस्य शिक्षन्।
वृचीवन्तः यद हरियूपीयायां ह्नन पूर्वे अर्धे मियसापरो दर्त।
त्रिच्छतं वर्मिणं इन्द्र साकं ययावत्यां पुरुहूत श्रवस्या।
वृचीवन्तः शखे पत्यमानाः पात्राः भिन्दाना न्यर्थान्यायन्।"—ऋग्वेद, ६. २७. ५-६।

२. भगवान सिंह, वैदिक हरप्पन्स (प्रथम संस्करण, १९९५), पृष्ठ ८४-८५।

३. मार्टिमर ह्वीलर, इंडस सिविलाइज़ेशन (तृतीय संस्करण), पृष्ठ २७।

४. राधाकान्त वर्मा, आर्यन्स—ए मिथ आर रियैल्टी, वरद पाण्डे (एन० आर०) का लेख, पृष्ठ ३२-३३।

नगर-जीवन का तथाकथित विषकम्भक काल—प्रचलित अवधारणा के अनुसार १७५० ई० पू० से ७५० ई० पू० के बीच का एक सहस्राब्दीय काल-सम्पुट नगरीय जीवन के इतिहास में विषकम्भक या खण्ड-काल का बोधक था।[१] यह मत उस भ्रान्तिमूलक अवधारणा पर अवलम्बित है, जिसके अनुसार आर्य शब्द जाति-बोधक (इंडोआर्यन) का बोधक है। इस काल-सम्पुट में आर्य-आक्रमणकारियों का संघर्ष-क्रम मूल निवासियों के साथ सप्त-सैन्धव एवं सरस्वती-दृशद्वती क्षेत्र में सत्ता की स्थापना-निमित्त निरन्तर चलता रहा। उनका जीवन इस दीर्घ कालावधि में न तो व्यवस्थित हो सका और न ही राजनीतिक दृष्टि से क्षेत्र-विशेषज्ञ के साथ दृढ़ संबंध के अभाव में सुरक्षा के साधनों से युक्त गढ़ियों के रूप में स्थापित हो सका था। वे एक हजार वर्षों (१७५०-७५० ई० पू०) के इस काल-सम्पुट में सत्ता-स्थापना की निरन्तर लड़ाई लड़ते रहे। इस मत की मीमांसा के संबंध में पहली बात तो यह विचारणीय है कि आर्य शब्द जाति-बोधक नहीं है, जिसका प्रतिपादन पूर्व तथ्य-समीक्षा में किया जा चुका है। यह शब्द मात्र सम्मान-सूचक संबोधन है, जिसका प्रयोग श्रेष्ठ एवं आदरणीय व्यक्ति के सन्दर्भ में हुआ करता था। दूसरी बात जो इस मत के विषय में ध्यातव्य एवं गहराई के साथ मन्थन-योग्य है, वह यह कि यदि एक ओर सैन्धव उपत्यका, तो दूसरी ओर सरस्वती एवं दृशद्वती उपत्यकाओं में विकसित यह सभ्यता पश्चिमोत्तर भारत की मूलभूमि में उद्‌भूत एवं विकसित हुई थी। यही कारण है कि वह अपने आप में मूलभूत विशेषताओं को सँजोये हुए है जिसकी समता अन्यत्र अनुपलब्ध है।[२] तीसरी बात विचारणीय है कि इसी कारण इस सभ्यता के पुरातत्त्वीय अवशेष इस भौगोलिक क्षेत्र के विभिन्न पुरा-स्थलों से प्राप्त होते हैं। इस सभ्यता के कर्त्ताओं को ऋग्वैदिक जनों से पृथक् मान कर उक्त एक सहस्र वर्षीय काल-सम्पुट में सत्ता संघर्ष की अवधारणा काल्पनिक होगी।

नगर-जीवन का सातत्य—नगर-जीवन के सातत्य-मीमांसा के संबंध में गंभीरता के साथ विचारणीय हो जाता है कि सैन्धव सभ्यता के विलय एवं विघटन के पश्चात् यदि एक हजार वर्षों तक (१७५०-७५० ई० पू०) भारत में नगर-जीवन का अभाव रहता और सामाजिक एवं आर्थिक संघटन ग्रामों एवं कृषि तक ही सीमित होता, तो इस दीर्घान्तर के उपरान्त एक अधिक उन्नत एवं विकसित नगर-निर्माण पद्धति के सहसा उद्‌गम होने का प्रश्न ही नहीं खड़ा होता। इस काल-सम्पुट में नगर-जीवन के खंडित होने पर समस्त सैन्धव कालीन आभियान्त्रिकी का ज्ञान ही समाप्त हो जाता। अतएव भारतीय इतिहास का यह काल नगर एवं नगर-जीवन का विष्कम्भक-काल न होकर नगर के उद्‌भव एवं विकास का सातत्य-काल था।

---

१. **अमलानन्द घोष, दि सिटी इन अर्ली हिस्टारिकल इंडिया, पृष्ठ २।**

२. **द्रष्टव्य : अमलानन्द घोष का लेख, इंडस सिविलाइज़ेशन; 'इट्स ओरिजिन्स आथर्स, एक्सटेण्ट' शीर्षक, दी इंडियन प्रीहिस्ट्री, १९६४, पृष्ठ ११३-१२४।**

नगर-जीवन के सातत्य के विषय में विचार प्रकट करते हुए बी० पी० सिन्हा ने अपने एक विचारपूर्ण लेख में प्रतिपादित किया था कि सैन्धव सभ्यता ठीक १७५० ई० पू० में उल्का या पुच्छलतारा की भाँति सहसा लुप्त होने वाला आकाशीय दृश्य या चमत्कारिक घटना नहीं थी, जिसका बाद में कोई चिह्न ही नहीं रह गया था।[१] इस संबंध में यह भी विचारणीय है कि पश्चिमी उत्तर प्रदेश में आलमगीरपुर, हुलास, आम्बखेड़ी एवं बारा आदि हड़प्पा-संस्कृति के पूर्वतम सीमान्त हैं। पुराविदों की अवधारणा है कि जखेड़ा एवं अत्रंजीखेड़ा-सृदश पुरा-स्थल चित्रित-धूसर-मृण्भाण्डकाल (पी० जी० डब्ल्यू० स्तरों में) में विस्तृत जन-सन्निवेश का स्वरूप धारण करने लगे थे।[२] कौशाम्बी के प्रारंभिक स्तर में हड़प्पा-प्रकार की पकी इष्टका-निर्मित सुरक्षा-भित्ति के प्रमाण उपलब्ध होते हैं। स्वयं पुराविद मानते हैं कि हड़प्पा-सभ्यता के विनाश के उपरान्त वहाँ के निवासी भारत के अन्य भागों में फैलने लगे और इस प्रसरण-क्रिया में वे गांगेय घाटी में भी आकर बस गए।[३] यही कारण है हड़प्पा-संस्कृति में प्राप्य धर्म एवं जन-विश्वास-विषयक लक्षण उत्तर काल में हिन्दू धर्म में समाहित होने लगे। इसी प्रसरण-क्रिया में हड़प्पा-कालीन वास्तु एवं अभियान्त्रिकी के मूल तत्त्वों के प्रभाव गांगेय उपत्यका के नगर-मापन में दृष्टिगोचर होने लगते हैं। हस्तिनापुर, इन्द्रप्रस्थ, कांपिल्य, अहिच्छत्र एवं कौशाम्बी आदि नगरों की सुरक्षा-व्यवस्था में अट्टालक (बुर्ज़) एवं गोपुर (नगर-द्वार),—युक्त प्राकार से नगर को परिवेष्ठित करने की परंपरा इस क्षेत्र के पुर-मापन में प्राप्य थी।

इस संबंध में प्रोफेसर जी० आर० शर्मा के मत को यहाँ सन्दर्भित करना प्रासंगिक होगा, जिसके अनुसार कौशाम्बी की प्रारंभिक सुरक्षा-भित्ति (१०२५ ई० पू०) हड़प्पा की दुर्ग-व्यवस्था का स्मरण दिलाती है। इसकी वास्तुगत विशेषताएँ हड़प्पा-प्राकार की किलेबन्दी से प्रभावित लगती हैं। उनके अनुसार कौशाम्बी के तत्कालीन नगर-प्राकार के भीतर मिट्टी का ठोस जमाव देकर ऊपर से पकी ईंटों का आच्छादन या कंचुक सुदृढ़ता हेतु पहनाया गया था। इसमें ईंटों के चिनाई तथाकथित 'इंगलिश बांड' पद्धति (क्रमिक स्तरों में लम्बाई एवं चौड़ाई में बैठाई गई व्यवस्था) के अनुसार की गई थी। कौशाम्बी के परकोटे का भी मुहार हड़प्पा के प्राकार के मुखौटे के सदृश ढालुआ था। इस प्राकार के समान अन्तर पर निर्मित बुर्ज़ एवं आयताकार मीनारें हड़प्पा के दुर्ग-विन्यास-पद्धति का स्मरण दिलाने लगती हैं। इससे प्रमाणित होता है कि प्रथम सहस्राब्द ईसा पूर्व के आरंभ होने से कुछ पूर्व ही (ग्यारहवीं शती ई० पू० में) हड़प्पा की दुर्ग-निर्माण-संबंधी अपनी योजना में कोटले से बाहर निकलता भूमिगत रास्ता

---

१. **बी० पी० सिनहा, 'हड़प्पन फाल आउट इन दी मिड-गैंजेटिक वैली' शीर्षक लेख पोसेल—ग्रिगोरी संपादित ग्रन्थ; हड़प्पन सिविलाइज़ेशन, पृष्ठ १३५-१४०।**

२. **एम० डी० साही, ऐस्पेक्ट्स ऑफ इंडियन आर्क्यालॉजी, पृष्ठ ७७।**

३. **पोसेल ग्रिगोरी एल, हड़प्पन सिविलाइज़ेशन, पृष्ठ १३६।**

आपातकाल में प्रयोगार्थ गुप्त मार्ग या सुरंग का कार्य करता था।[१] इसी प्रकार के भूमिगत मार्ग को ऐतिहासिक काल में कौटिल्य ने छन्नपथ या प्रधावनिका की संज्ञा दी है।[२] मानना पड़ेगा कि कौशाम्बी के किले में वर्तमान यह भूमिगत निष्क्रमणपथ प्रधावनिका या छन्नपथ (सुरंग) का प्रारंभिक उदाहरण था। यदि यमुना की सहायक हिंडन नदी के तट पर स्थित आलमगीरपुर तक हड़प्पा की नगरीय संस्कृति का प्रवेश एवं विस्तार हो चुका था, तो स्वयं प्रधान नदी यमुना के तट पर स्थित प्राचीन नगर कौशाम्बी तक इसका प्रसार कोई आश्चर्य का विषय नहीं हो सकता। वैदिक साहित्य में भी इसका उल्लेख प्राप्य है। यह आलमगीरपुर से मात्र ३०० मील पूर्व में स्थित है।[३]

गांगेय उपत्यका में नगरीकरण के वैदिक साक्ष्य— यहाँ उत्तर वैदिक साहित्य में प्राप्त उन उल्लेखों पर भी विचार उचित होगा, जिनमें गांगेय उपत्यका में नगरीकरण के प्रयास सन्दर्भित हैं। तैत्तिरीय ब्राह्मण (१, ७, ७५), ऐतरेय ब्राह्मण (१, २२, २, ११) तथा शतपथ ब्राह्मण (३, ४, ४, ३) में 'पुर' शब्द पर विचार अभिव्यक्त करते हुए मैकडानल एवं कीथ ने पहले ही निर्दिष्ट किया था कि यहाँ यह शब्द प्राकार एवं परिखा से परिवेष्टित नगर का बोधक है।[४] तैत्तिरीय संहिता (१, २, ३१, ४) में प्राप्य 'नगर' शब्द 'पुर' का समानार्थी है। यजुर्वेद संहिता (१, ७, १-३) में 'महापुर' शब्द का भी उल्लेख मिलता है, जिस पर अपना मत व्यक्त करते हुए मैकडानल एवं कीथ ने कहा था कि 'महापुर' कोई काल्पनिक सन्दर्भ नहीं माना जा सकता। 'पुर' एवं 'महापुर' में अन्तर आकार की दृष्टि से था।[५]

'महापुर' की ओर संकेत करते हुए उत्तर वैदिक साहित्य में 'नवद्वारपुर' एवं 'एकादशद्वारपुर' का उल्लेख मिलता है, यथा—श्वेताश्वतरोपनिषद् (३, १८) एवं कठोपनिषद(१, ५, १)। यह सही है कि प्रत्यक्षत: ये लाक्षणिक या अन्योक्ति सन्दर्भ-सदृश लगते हैं, पर इससे इतना तो स्पष्ट है कि लेखक ने ऐसे नगरों को देखा होगा, जिसके परकोटे में एक से अधिक द्वार वर्तमान था। जहाँ तक सुरक्षा-भित्ति या परकोटे का प्रश्न है जिनमें द्वार खुले हुए थे, विचारणीय है कि शांखायन श्रौतसूत्र (१६, १८, १४) में 'प्राकार' शब्द का प्रयोग नगर की दीवाल के अर्थ में हुआ है। इसके अतिरिक्त 'रैम्पर्ट' के अर्थ में प्रयुक्त 'वप्र' शब्द (अथर्ववेद, ७, ७१, १) का भी सन्दर्भन तत्कालीन सुरक्षा-व्यवस्था के विषय में प्रासंगिक है, जो परकोटे के आधारभूत उच्छ्रित

---

१. एक्सकैवेशन्स ऐट कौशाम्बी, पृष्ठ ३३, इस मत से असहमत होने वाले विद्वानों में विशेष रूप से अमलानन्द घोष (१९७३) एवं बी० बी० लाल (१९८२ ई०) उल्लेखनीय हैं, द्रष्टव्य—ग्रिगोरी जी, पोसेल-संपादित ग्रंथ (हड़प्पा-सभ्यता), पृष्ठ १३५-१३६।

२. अर्थशास्त्र, २, ३, १४।

३. जी० आर० शर्मा, एक्सकैवेशन्स ऐट कौशाम्बी, पृष्ठ ६।

४. वैदिक इंडेक्स, जिल्द १, पृष्ठ ५३९।

५. वही, पृष्ठ २, १, ५१।

थूहे पर निर्मित होता था। उत्तर वैदिक साहित्य में प्राप्त 'देही' शब्द परिखा के अर्थ में प्रयुक्त है (कात्यायन श्रौत सूत्र, २, १, २२ तथा कौशिक सूत्र ३, ५)।

गंगा की उपत्यका में शोभायमान उत्तर वैदिक कालीन नगरों में काम्पील, कौशाम्बी, अयोध्या एवं आसन्दीवन्त के उल्लेख तत्कालीन साहित्य में सन्दर्भित हैं। तैत्तिरीय संहिता में काम्पील (कांपिल्य) में रहने वाली महिला को 'काम्पील-वासिनी' (७, ४, १९, १) कहा गया है। इसी प्रकार मैत्रायिणी संहिता (३, १२ ,२०) में सुभद्रिका नामक महिला को इस नगर की निवासिनी कहा गया है। (सुभद्रिका काम्पील-वासिनी)। यहाँ पंचाल की राजधानी थी। कौशाम्बी के सन्दर्भ में पहले ही कहा जा चुका है कि शतपथ ब्राह्मण (१२, २, २, ३) एवं गोपथ ब्राह्मण (१, २, २४) में 'कौशाम्बेय' शब्द का उल्लेख मिलता है। (प्रोतिर्हिकौशाम्बेयः)। हरिस्वामी की शतपथ ब्राह्मण-टीका के अनुसार इसका अर्थ कौशाम्बी का निवासी होता है। अयोध्या शब्द का उल्लेख ऐतरेय ब्राह्मण (१२, ३, १) में प्राप्य है। आसन्दीवन्त का सन्दर्भ जन्मेजय परीक्षित की राजधानी के रूप में व्यवहृत है।[१] भारतीय नगर-जीवन के इतिहास में इन नगरों की भूमिका विभिन्न कालों में उल्लेखनीय थी।

■

१. वैदिक इंडेक्स, १, ७२।

२

सन्निवेश-भेद

प्राचीन पथ एवं नगर-सन्निवेश—नगरों के आर्थिक जीवन का मूल प्रधानतः वाणिज्य है। यही कारण है कि प्राचीन भारत के नगरों की स्थिति उन प्रसिद्ध मार्गों पर देखने को मिलती है, जो व्यापार के साधन थे। अत्यन्त प्रारम्भिक युग में ही इस देश के लोगों ने मार्गों की महत्ता का अनुमान लगा लिया था। अथर्ववेद के एक सूत्र में इनको मानवों के यातायात का साधन (जनायन) माना गया है। इस सूत्र से विदित होता है कि इसके रचनाकाल में भारत-भूमि पर मार्गों की संख्या अनेक थी (पन्थानो बहवो)। उन पर रथ तथा शकट आदि चलते थे (रथस्य वर्त्मानसश्च यातवे) तथा सभी प्रकार के लोगों को संचरण का अधिकार प्राप्त था। इस सूक्त में मार्गों से चोरों एवं डाकुओं के भय को हटाने तथा उन्हें सब प्रकार से सुरक्षित और कल्याणकारी बनाने के लिए प्रार्थना भी की गई है।[१] कतिपय अन्य प्राचीन ग्रन्थों में भी इस देश में मार्गों की स्थिति का निर्देश मिलता है। उदाहरणार्थ, महाभारत में दक्षिणापथ की ओर जाने वाले अनेक मार्गों का उल्लेख किया गया है।[२]

प्रारम्भिक काल में मार्ग बनाने वाले शिल्पी हुआ करते थे। प्राचीन ग्रन्थों में इस प्रकार के कारीगरों का उल्लेख मिलता है। रामायण में इन्हें 'वर्त्मकर्मणि कोविदाः'[३] तथा शुक्रनीति में 'मार्गकाराः'[४] कहा गया है। इन कारीगरों (कर्मान्तिकाः) में भूमि का नाप-जोख करने वाले (सूत्रकर्मविशारदाः), खोदने वाले (खनकाः), निर्माण-सम्बन्धी यन्त्रों का प्रयोग करने वाले (यन्त्रकाः), थवई (स्थपति), बढ़ई (वर्धकि), मार्गविरोधक वृक्षों को काटने वाले (मार्गिणो वृक्षतक्षकाः), कुआँ बनाने वाले (कूपकाराः) तथा बाँस और चमड़े का काम करने वाले (वंशचर्मकृतः) सम्मिलित थे।[५] रामायण के अनुसार इस प्रकार के कारीगरों ने रामचन्द्र जी से मिलने के निमित्त भरत के लिए एक मार्ग तैयार किया। ये शिल्पी ऊँची तथा नीची जमीन को बराबर करने में

---

१. अथर्ववेद, १२, १, ४७।

२. ''एते गच्छन्ति बहवः पन्थानो दक्षिणापथम्'' —वनपर्व, ५८, २।

३. रामायण, अयोध्याकाण्ड, अध्याय ८०।

४. शुक्रनीतिसार, अध्याय २, पंक्ति ३९६।

५. अयोध्याकाण्ड, ८०, १...४।

बहुत ही दक्ष थे।[१] उन्होंने मार्ग बनाने की क्रिया में लता, वल्ली, गुल्म, काँटे एवं पत्थरों को रास्ते से हटा दिया तथा वृक्षों को काटकर उन्हें स्थानान्तरित किया। इन लोगों ने वृक्षों के थूहों को उखाड़कर फेंक दिया तथा इस प्रकार दुर्गम स्थान को भी चलने के योग्य बना दिया। रास्ते में पड़ने वाले कुएँ मिट्टी से भर कर इनके द्वारा बराबर कर दिये गये। जो नदियाँ पुल बाँधने योग्य थीं, उन पर पुल बाँधा गया। जहाँ की कंकरीली जमीन चूर कर देने लायक थी, वह चूर कर दी गई तथा जो काटने योग्य स्थान था, वह काट दिया गया। निर्जल स्थान में बहुत उत्तम कुएँ खोदे गये तथा तालाबों एवं उनके पास चबूतरों का निर्माण किया गया। वे चबूतरे पक्के तथा चूने से पुते हुए थे। स्थान-स्थान पर भरत के ठहरने के लिए निवेश बनाये गये। निपुण कारीगरों के द्वारा बनाया हुआ यह नवनिर्मित मार्ग उसी प्रकार सुशोभित हो रहा था, जिस प्रकार रात्रि में निर्मल आकाश चन्द्रमा तथा तारिकाओं से युक्त होने पर सुशोभित होता है।[२]

प्राचीन भारत के प्रसिद्ध स्थलमार्गों में उत्तरमार्ग यातायात तथा व्यापार की दृष्टि से सबसे अधिक महत्त्वपूर्ण था। इसे अष्टाध्यायी में उत्तरपथ[३] तथा जातकों में उत्तरापथ कहा गया है।[४] यूनानी लेखकों ने इसी रास्ते को 'नादर्न रूट' कहा है।[५] यह मार्ग बङ्गाल के समुद्रतट पर स्थित ताम्रलिप्ति के बन्दरगाह से लेकर उत्तर-पश्चिम में पुष्कलावती तक निकल जाता था। पुष्कलावती से आगे बढ़ते हुए भारत की सीमा के बाहर वाह्लीक तक इसके निकल जाने की भी सूचना मिलती है। इस पथ के पुष्कलावती वाह्लीक भाग को ही कौटिल्य ने सम्भवतः 'हैमवतपथ' कहा है।[६] इस महापथ के पुष्कलावती-ताम्रलिप्ति भाग पर तक्षशिला, शाकल, हस्तिनापुर, कान्यकुब्ज, वाराणसी, वैशाली, गया, राजगृह, पाटलिपुत्र तथा चम्पा आदि ऐसे नगर स्थित थे, जिनमें भारत के अनेक प्रसिद्ध राजवंशों की राजधानियाँ समय-समय पर प्रतिष्ठित थीं।[७]

दूसरा महाजनपथ पश्चिम में पाटल से प्रारम्भ होकर पूर्व में कौशाम्बी तक आकर 'उत्तरपथ' में मिल जाता था। इस प्रकार इसका सम्बन्ध कौशाम्बी के पूर्व में स्थिति ताम्रलिप्ति तक के नगरों के साथ हो जाता था। पालि-साहित्य के 'पुब्बन्तापरन्त' (पूर्व-पश्चिम) महाजनपथ से तात्पर्य भारत के पश्चिम (पाटल) से पूर्व (ताम्रलिप्ति) तक जाने वाले इसी मार्ग से है।[८]

---

१. ''क्रियतां शिल्पिभिः पन्थाः समानि विषमाणि च'' —वही, ७१ पंक्ति २५।

२. ''सचन्द्रतारागणमण्डितं यथा नभः क्षपायाममलं विराजते।
नरेन्द्रमार्गः स तदा व्यराजत क्रमेण रम्यः शुभशिल्पिनिर्मितः॥'' —वही, ८०, २२।

३. अष्टाध्यायी ५, १, ७७।

४. जातक, २, ३१।

५. भारत की मौलिक एकता, पृष्ठ ११५।

६. सार्थवाह (भूमिका), पृष्ठ ३।

७. भारत की मौलिक एकता, पृष्ठ ११५; सार्थवाह, पृष्ठ १३, १७।

८. सार्थवाह, पृष्ठ १७।

तीसरा महाजनपथ दक्षिण में प्रतिष्ठान से उत्तर में श्रावस्ती तक जाता था। यह लम्बा मार्ग भारत का दक्षिण-उत्तर महाजनपथ कहा जा सकता है। इस पर माहिष्मती, उज्जयिनी, गोनद्ध, विदिशा तथा कौशाम्बी स्थित थे।[१] इस मार्ग का जो भाग विंध्य वनों के बीच से जाता था, उसे पाणिनि ने 'कान्तारपथ' की संज्ञा दी है।[२]

चौथा प्रसिद्ध स्थलमार्ग भृगुकच्छ से लेकर मथुरा तक जाता था। इस रास्ते पर उज्जयिनी का नगर स्थित था।[३] प्रसिद्ध जलमार्गों (विशेषतया समुद्रतट) पर भी भारतीय नगरों के सन्निवेश प्रचुर संख्या में देखने को मिलते हैं, उदाहरणार्थ—द्वारका, प्रभास तथा शूर्पारक आदि नगर भारत के पश्चिमी समुद्रतट पर स्थित थे। इसी प्रकार नागपत्तन, कावेरीपत्तन, मसुलीपत्तन तथा विशाखापत्तन पूर्वी समुद्रतट पर विद्यमान थे।[४] जलकूल पर स्थित इन नगरों में अनेक का उल्लेख पेरिप्लस ने किया है।

सन्निवेश की विभिन्नता— प्राचीन भारतीय ग्रन्थों में नगरों का विभाजन उनके सन्निवेश की दृष्टि से निम्न भागों में किया गया है:—(१) राजधानी, (२) पत्तन, (३) द्रोणमुख, (४) पुटभेदन, (५) निगम, (६) स्थानीय, (७) खर्वट तथा (८) खेट। साथ ही उनमें प्रत्येक की परिभाषा दी गई है तथा उनके पारस्परिक विभेद को समझाया भी गया है।

राजधानी— राजधानी-वर्ग का नगर सबसे बड़ा जनसन्निवेश था। इसका प्रधान कारण यहाँ पर राजप्रासाद का वर्तमान होना था। प्राचीन ग्रन्थों में राजधानी शब्द का प्रयोग बहुधा राजा की प्रधान नगरी के अर्थ में हुआ है, उदाहरणार्थ—रघुवंश में इक्ष्वाकु राजाओं की नगरी अयोध्या को राजधानी कहा गया है।[५] बिल्हण ने विक्रमाङ्कदेवचरित में अयोध्या को राजधानी कहा है (राजधानीमयोध्याम्)।[६] समराङ्गणसूत्रधार के लेखक ने स्पष्ट शब्दों में कहा है कि राजधानी उस नगर को कहते हैं, जहाँ पर राजा रहता है।[७] राजधानी की यही परिभाषा मयमतम् में भी दी गई है। इस ग्रन्थ में कहा गया है कि राजधानी वह नगर है, जहाँ राजप्रासाद वर्तमान होता है।[८] इससे स्पष्ट है कि राजधानी से तात्पर्य राजा का प्रधान अधिष्ठान समझा जाता था। इसका समर्थन शब्दकल्पद्रुम से भी होता है। इस ग्रन्थ में राजधानी को राजा की नगरी (राज्ञांधानी नगरी) कहा गया है।[९]

---

१. सार्थवाह, पृष्ठ २४।

२. इ० नो० पा०, पृष्ठ २४२।

३. भारत की मौलिक एकता, पृष्ठ ११५।

४. वही, पृष्ठ ११५।

५. ''अयोध्यामनुराजधानीम्।'' —रघुवंश, सर्ग १३, ६१।

६. विक्रमाङ्कदेवचरित, सर्ग १८, ९४।

७. ''यत्रास्ते नगरे राजा राजधानीं तु तां विदुः'' —समराङ्गणसूत्रधार, पृष्ठ ८६, पंक्ति ३।

८. ''या नृपवेश्मसमेता सा कथिता राजधानीति'' —मयमतम्, अध्याय १०, पंक्ति ४९।

९. शब्दकल्पद्रुम, भाग ४, पृष्ठ ११७।

शुक्रनीति तथा मानसार में राजधानी के लक्षणों का निरूपण मिलता है। शुक्रनीति के अनुसार इस प्रकार के नगर के चतुर्दिक्, परिखा, प्राकार एवं नगर-द्वारों का वर्तमान होना अनिवार्य है तथा इसके भीतरी भाग में चौड़े राजमार्गों, सुन्दर उपवनों, भवनों एवं सरोवरों का निर्माण वाञ्छनीय है।[१] मानसार में भी राजधानी का लक्षण लगभग इसी प्रकार बताया गया है। इस ग्रन्थ के अनुसार भी राजधानी की चारों दिशाओं में चार नगर-द्वारों का वर्तमान होना (चतुर्दिक्षु चतुर्द्वारम्) तथा इसके भीतर यथास्थान धार्मिक भवनों की स्थिति (पूर्णं नानादेवालयैरपि) आवश्यक है।[२] मयमतम् में राजधानी के सम्बन्ध में इनसे मिलते-जुलते हुए लक्षण गिनाये गये हैं। वे इस प्रकार हैं:—(१) इस प्रकार का नगर चारों ओर परिखा के द्वारा परिवेष्ठित रहता है (परितः परिखा बाह्ये), (२) इसकी रक्षा के लिए नगर-द्वारों के सामने सैनिकों के शिविर बने रहते हैं (शिविरयुतानेकमुखरक्षा), (३) नगर के भीतर तथा बाहर शत्रु के आक्रमण को रोकने के लिए राजा की सेना नियुक्त रहती है (राजबलयुक्ता), (४) इसमें स्थान-स्थान पर ऊँचे द्वारों का निर्माण किया जाता है (उन्नतगोपुरयुक्ता), (५) इसके आन्तरिक भाग में विभिन्न प्रकार की शालाएँ बनी रहती हैं। (नानाबिधमालिकोपेता), (६) इसमें सब प्रकार के धार्मिक भवन (सर्वसुरालयसहिता), गणिकाएँ (नाना-गणिकान्विता), उद्यान (बहूद्याना) तथा सब प्रकार के व्यक्ति (सर्वजनयुक्ता) वर्तमान होते हैं।[३] इस स्थान पर उल्लेखनीय है कि राजधानी के जो लक्षण शिल्पशास्त्रों में गिनाये गये हैं, उनमें से अनेक प्राचीन भारत की राजधानियों में विद्यमान थे। पाटलिपुत्र, कान्यकुब्ज, हस्तिनापुर, द्वारका तथा मथुरा आदि इस कोटि के सभी नगर प्राकार, परिखा, गोपुर, शिविर तथा विशाल महलों से युक्त थे। जिन प्राचीन ग्रन्थों में इन नगरों का वर्णन मिलता है, उनसे विदित होता है कि सचमुच ही इनके भीतर उद्यान, मन्दिर, सरोवर तथा राजमार्ग आदि विद्यमान थे जिनके कारण इनकी शोभा अन्वेक्षणीय थी।

पतन—प्राचीन ग्रन्थों में पत्तन शब्द समुद्री बन्दरगाह के अर्थ में प्रयुक्त हुआ है। अर्थशास्त्र में बन्दरगाह को 'पण्यपत्तन' कहा गया है।[४] जैनसाहित्य में इसे जलपट्टन कहा गया है। (अर्थात् वह नगर जहाँ विदेशी माल उतारा जाता था तथा देशी माल का निर्यात होता था)।[५] अमरकोश में भी पत्तन शब्द आता है। इस ग्रन्थ पर क्षीरस्वामी ने जो टीका लिखी है, उसमें पत्तन शब्द की व्याख्या करते हुए कहा गया है कि पत्तन वह केन्द्र है, जहाँ पर चारों दिशाओं से सामान आता है (पतन्त्यस्मिन्पत्तनम्)।[६] पत्तन शब्द की इस व्याख्या से समुद्री बन्दरगाह का ही बोध होता है। शिल्पशास्त्रों में भी समुद्री

---

१. शुक्रनीति, अध्याय १।
२. मानसार, अध्याय १०, पृष्ठ ५३।
३. मयमतम्, अध्याय १०।
४. अर्थशास्त्र (शामा शास्त्री का अनुवाद), पृष्ठ ३२८।
५. सार्थवाह, पृष्ठ १६३।
६. अमरकोश, (हरदत्तशर्मा सम्पादित), पृष्ठ ७४।

बन्दरगाह को ही पत्तन कहा गया है। मानसार के अनुसार उस नगर को पत्तन कहते हैं, जो कि समुद्रतट पर स्थित होता है (अब्धितीरप्रदेशे), जिसमें विशेषत: बनिये रहते हैं (वणिग्जातिभिराकीर्णम्), जहाँ वस्तुएँ सर्वदा खरीदी तथा बेची जाती हैं (क्रयविक्रयपूरितम्) तथा जो बाहरी देशों से (द्वीपान्तरैः) विक्रय के निमित्त लाई गई सामग्री से परिपूर्ण होता है।[१]

पत्तन की यही परिभाषा कालान्तर में भी शिल्पशास्त्रों में दी गई है, उदाहरणार्थ-मयमतम् में इसे सागर के किनारे बसा हुआ (सागरबेलाभ्याशे), क्रय-विक्रय के वातावरण से परिपूर्ण (क्रयविक्रयकैर्युतम्) तथा विदेशों की वस्तुओं से युक्त (द्वीपान्तरागतवस्तुभिर्युक्तम्) कहा गया है।[२] शिल्परत्न में भी पत्तन को समुद्र के तट पर वर्तमान (सागरानूपसंश्रितम्) तथा व्यापारियों एवं जहाज चलाने वालों से परिपूर्ण (सायन्त्रिकवणिग्जुष्टम्) कहा गया है।[३] इस प्रकार के नगरों में कावेरीपत्तन तथा मसुलीपत्तन आदि उन नगरों का दृष्टान्त प्रस्तुत किया जा सकता है, जो कि समुद्रतट पर स्थित थे तथा जिनके नाम के अन्त में पत्तन शब्द मिलता है। इन नगरों में सचमुच ही विदेशों के जहाज आकर लगते थे तथा यहाँ से सामान बाहरी देशों को प्रचुर मात्रा में भेजा जाता था। प्राचीन ग्रन्थों में इन नगरों का व्यापारिक वातावरण वैसा ही मिलता है, जैसा कि पत्तन की परिभाषा के सम्बन्ध में शिल्पशास्त्रों में कहा गया है। यहाँ पर उल्लेखनीय है कि 'पत्तन' शब्द कहीं-कहीं राजधानी के अर्थ में भी प्रयुक्त हुआ है (पत्तनं यत्र राजधानी स्थिता)।[४]

द्रोणमुख अथवा द्रोणीमुख— इस सन्निवेश से तात्पय उस नगर से प्रतीत होता है, जो कि घाटी (द्रोणी) के मुख अर्थात् नदी के मुहाने पर स्थित होता था। जैन-साहित्य में 'द्रोणमुख' शब्द का उल्लेख मिलता है। इससे विदित होता है कि यहाँ पर जलमार्ग तथा स्थलमार्ग दोनों से ही माल उतरते थे।[५] इसका कारण जलमार्ग तथा स्थलमार्ग से द्रोणमुख का सम्बन्ध माना जा सकता है। मानसार में इस सन्निवेश के लिए द्रोणान्तर शब्द का प्रयोग किया गया है। (द्रोणान्तरमुदाहृतम्)। इस ग्रन्थ के अनुसार यह नगर समुद्रतट के पास नदी के मुहाने पर स्थित होता है (समुद्रतटनीयुक्तम्), इसमें वणिक् तथा नाना जाति के लोग रहते हैं। (वणिग्भिः सह नानाभिर्जनैर्युक्तं जनास्पदम्) तथा वस्तुओं का क्रय-विक्रय खूब होता है (क्रयविक्रयसंयुक्तम्)।[६]

कालान्तर के शिल्पशास्त्रों में द्रोणान्तर के स्थान पर द्रोणमुख अथवा द्रोणीमुख शब्द आते हैं। उनमें भी इसका समान वर्णन उपलब्ध होता है। मयमतम् के अनुसार द्रोणमुख

---

१. **मानसार, अध्याय १०।**

२. **मयमतम् अध्याय १०।**

३. **शिल्परत्न, अध्याय ५।**

४. **कामसूत्र, टीका, १, ४२।**

५. **सार्थवाह, पृष्ठ १६३।**

६. **मानसार, अध्याय १०।**

नदी तथा समुद्र के सन्धिस्थल अर्थात् नदी के मुहाने पर स्थित होता है (नद्याब्धि-दक्षिणादक्षिणाभागम्) तथा उसमें वणिक् विशेष रूप से रहते हैं (वणिगादिसंयुक्तम्)।[१] द्रोणमुख से इसी प्रकार के जनसन्निवेश का भाव बहुत बाद तक माना जाता रहा क्योंकि सोलहवीं शताब्दी के 'शिल्परत्न' नामक एक शिल्पशास्त्र में इसकी स्थिति नदी तथा समुद्र के सङ्गम पर मानी गई है (अब्धेश्च नद्याश्च सङ्गमागतपोतकम्) तथा विदेशों से आये हुए वणिकों से इसे परिपूर्ण बताया गया है (द्वीपान्तर्वणिग्जुष्टम्)।[२] इस वर्ग के नगरों में उस ताम्रलिप्ति का उदाहरण दिया जा सकता है, जो समुद्र तथा नदी के सङ्गम पर बसा हुआ था तथा जो आयात एवं निर्यात का प्रतिष्ठित केन्द्र था।

पुटभेदन—बड़े व्यापारिक केन्द्रों को पुटभेदन कहा जाता था। उदाहरणार्थ, मिलिन्दप्रश्न में शाकल को पुटभेदन कहा गया है।[३] इसी प्रकार 'महापरिनिब्बानसुत्त', में पाटलिपुत्र को पुटभेदन कहा गया है।[४] अमरकोश में भी बड़े नगर के लिए पुटभेदन शब्द का प्रयोग हुआ है।[५] शिशुपाल वध में इन्द्रप्रस्थ को पुटभेदन कहा गया है।[६] बड़े नगरों में थोक माल की गाँठें आती थीं, जो कि मुहरबन्द हुआ करती थीं। पुरातत्त्व-विभाग के द्वारा की गई हुई खुदाइयों में इस प्रकार की मुहरें प्राप्त हुई हैं। मुहर को तोड़कर गाँठ खोली जाती थी और उसके उपरान्त उसमें भरा हुआ माल फुटकरियों के हाथ बेच दिया जाता था।[७] मुहरों के इस प्रकार तोड़ी जाने के कारण ही विशिष्ट व्यापारिक केन्द्र पुटभेदन कहलाने लगे।[८] क्षीरस्वामी ने भी अमरकोश की टीका में पुटभेदन शब्द की व्याख्या लगभग इसी प्रकार की है। उनका कहना है कि पुटभेदन में भरे हुए वर्तनों के बन्द ढक्कन खोले जाते थे।[९] समराङ्गण-सूत्रधार में पुटभेदन की जो परिभाषा दी गई है, उससे विदित होता है कि इसमें वणिक बहुसंख्या में रहते थे।[१०]

निगम—प्राचीन ग्रन्थों में 'निगम' शब्द का प्रयोग व्यापारियों की समितियों के अर्थ में हुआ है पर कहीं-कहीं यह शब्द नगर के रूप में भी प्रयुक्त मिलता है। अमरकोश में निगम को एक प्रकार का नगर माना गया है।[११] जैन-साहित्य में निगम के विषय में जो उल्लेख मिलते हैं, उनसे विदित होता है कि यह व्यापारियों का नगर

---

१. मयमतम्, अध्याय १०।

२. शिल्परत्न, अध्याय ५।

३. ''नानापुटभेदनं सागलंनाम नगरम्'' —मिलिन्दपञ्हो, पृष्ठ २।

४. ''पाटलिपुत्तं पुटभेदनम्'' —दीघनिकाय (द्वितीय भाग), पृष्ठ ७२।

५. अमरकोश, द्वितीयकाण्ड, पृष्ठ ११६।

६. शिशुपालवध, सर्ग १३, २६।

७. सार्थवाह, पृष्ठ १६।

८. भारत की मौलिक एकता, पृष्ठ १२१।

९. ''पुटा भाण्डा वासनानि भिद्यन्तेऽस्मिन् पुटभेदनम्''
—अमरकोश (हरदत्तशर्मा), पृष्ठ ७४।

१०. ''बहुस्फीतवणिग्युक्तं तदुक्तं पुटभेदनम्।'' —समराङ्गणसूत्रधार, पृष्ठ ८७, पंक्ति १०।

११. अमरकोश (हरदत्तशर्मा के द्वारा सम्पादित), पृष्ठ ७४।

था, क्योंकि यहाँ पर प्रधानतः लेन-देन तथा ब्याज-बट्टे का काम होता था।[१] बसाढ़ से मिली हुई एक मुहर पर 'कुलिक-निगम' शब्द उत्कीर्ण मिलता है। डॉक्टर भण्डारकर[२] तथा मजूमदार[३] महोदयों का कहना है कि यहाँ पर निगम शब्द का अर्थ नगर है। यदि इन विद्वानों के मत को सत्य मान लिया जाय तो 'कुलिक-निगम' शब्द का अर्थ वह नगर होता है, जिनमें प्रधान रूप से कुलिक रहते हों। इससे यह सिद्ध होता है कि कारीगरों की बस्ती को भी कभी-कभी निगम कहा जाता था। शिल्पशास्त्रों में निगम शब्द कारीगरों अर्थात् व्यावसायिकों का नगर माना गया है। मानसार में निगम को कर्म्मकारों (कारीगरों) से परिपूर्ण बताया गया है।[४] मयमतम् में निगम को कर्म्मकारों (कारीगरों) की बस्ती कहा गया है।[५] शिल्परत्न में भी स्पष्ट शब्दों में कहा गया है कि निगम में कर्म्मकार तथा कर्मोपजीवी रहते हैं (कर्म्मकारैर्नानाकर्मोपजीविभिः)।[६] प्राचीन ग्रन्थों के अध्ययन से इतना तो स्पष्ट है कि व्यावसायिकों की कभी-कभी अलग बस्तियाँ हुआ करती थीं। उदाहरणार्थ, एक जातक में वाराणसी के पास ही स्थित एक ऐसी विशाल बस्ती का नाम लिया गया है, जहाँ पर एक हजार बढ़ई रहते थे।[७] इसी प्रकार एक दूसरी जातक में कारीगरों के एक बहुत बड़े पुरवे का नाम मिलता है, जिसमें उनकी संख्या एक हजार के लगभग थी।[८] इस प्रकार की बस्तियों का आविर्भाव व्यवसाय के केन्द्रीकरण के कारण हुआ होगा। शिल्पशास्त्रों का निगम से तात्पर्य कारीगरों की उन बस्तियों से है, जिन्होंने नगर का रूप धारण कर लिया था।

स्थानीय—इस शब्द का उल्लेख सर्वप्रथम अर्थशास्त्र में मिलता है। इस ग्रन्थ में कहा गया है कि स्थानीय ८०० ग्रामों के मध्य में स्थित जनसन्निवेश था।[९] क्षीरस्वामी की टीका में भी स्थानीय को ८०० ग्रामों के बीच में स्थित नगर माना गया है।[१०] कौटिल्य के ८०० ग्रामों वाले भाग से किसी बड़े राजनीतिक भाग का बोध होता है, क्योंकि उन्होंने जिन ग्रामों का उल्लेख किया है, उनकी सीमा अर्थशास्त्र में एक से

---

१. सार्थवाह, पृष्ठ १६३।
२. कारमाइकेल लेक्चर्स, पृष्ठ १७०।
३. कारपोरेट लाइफ, पृष्ठ ४४-४५।
४. "बहुकर्मकरैर्युक्तं निगमं तदुदाहृतम्" —मानसार, अध्याय १०, पंक्ति ८४।
५. "बहुकर्म्मकारयुक्तं यन्निगमंतत् समुदिष्टम्" —मयमतम्, अध्याय १०।
६. शिल्परत्न, अध्याय ५।
७. "महावड्ढकिगामो" —जातक, ४, १५९।
८. "कम्मारगामो"—जातक, ३, २८१। यही "कम्मारगाम" जब नगर का रूप धारण कर लेता होगा, उस समय उसे लोग "कम्मारनगर" अर्थात् "कर्मकारनगर" (निगम) कहने लगे होंगे।
९. "अष्टशतग्राम्या मध्ये स्थानीयम्" —अर्थशास्त्र (शामा शास्त्री), पृष्ठ ४६।
१०. "तिष्ठन्त्यस्मिन्नित्यष्टशतग्रामीमध्ये स्थानीयम्" —अमरकोश (शर्मा सम्पादित), पृष्ठ ७४।

लेकर दो कोस तक बताई गई है[१] तथा उनमें परिवारों की संख्या एक सौ से लेकर पाँच सौ तक बताई गई है।[२] सम्भव है कि यहाँ पर उनका सङ्केत जनपद अर्थात् जिले की ओर हो, जिनमें कई सौ ग्राम सम्मिलित होते थे। इससे यह तात्पर्य निकाला जा सकता है कि अर्थशास्त्र में स्थानीय शब्द का उल्लेख जनपद के प्रधान अधिष्ठान के रूप में हुआ है।

शिल्पशास्त्रों से भी स्पष्ट होता है कि यह एक महत्त्वपूर्ण जनसन्निवेश था। मानसार में कहा गया है कि यहाँ पर रक्षकों की एक सेना रहती थी (बहुरक्षसमा-युक्तम्), जिसके कारण यहाँ के निवासी बहुत अधिक सुरक्षा एवं सुख का अनुभव करते थे (बहुसुखावहम्)।[३] मयमतम् में भी इस बात का उल्लेख मिलता है कि यहाँ पर बहुत से रक्षक (सबहुरक्षम्) तथा राजकीय गृह विद्यमान हुआ करते थे (नृपभवन-युतम्)।[४] ऐसा प्रतीत होता है कि कालान्तर में स्थानीय शब्द नगर के स्थान पर पुलिस की चौकी के अर्थ में प्रयुक्त होने लगा था। इसकी सूचना 'शिल्परत्न' से मिलती है, जिसकी तिथि सोलहवीं शताब्दी है। इस ग्रन्थ में कहा गया है, कि राष्ट्र के सीमाप्रान्तों पर स्थानीय विद्यमान होते थे, जहाँ पर राजकीय सेना रहती थी (राजबलाविन्तम्) तथा सीमा का रक्षा-सम्बन्धी प्रमुख अधिकारी (राष्ट्रस्यान्तकपालाश्च) रहता था।[५] इससे विदित होता है कि यहाँ पर इस शब्द का अर्थ रक्षकों का स्थान है न कि नगर। ऐसा प्रतीत होता है कि आधुनिक थाना (जहाँ पुलिस की चौकी रहती है) शब्द इसी स्थानीय (जहाँ रक्षकों का स्थान हुआ करता था) शब्द का अपभ्रंश है।

खर्वट अथवा कर्वट—यह स्थानीय से छोटा जनसन्निवेश था, क्योंकि अर्थशास्त्र में स्थानीय को यदि ८०० ग्रामों वाले भाग का प्रधान अधिष्ठान कहा गया है तो खर्वट को २०० ग्रामों वाले भाग का प्रधान अधिष्ठान कहा गया है।[६] सम्भव है कि यह जनपद (जिले) के किसी (आधुनिक तहसील जैसे) भाग का प्रधान नगर रहा हो। अर्थशास्त्र में इस सन्निवेश के लिए पाठान्तर के साथ खार्वटिक तथा कार्वटिक दोनों शब्दों का प्रयोग किया गया है।[७] विष्णुपुराण में खार्वटिक के लिए खर्वट शब्द आता है।[८] वात्स्यायन ने खर्वट को 'सज्जनाश्रय' अर्थात् सभ्य नागरिकों के निवास के अनुकूल

---

१. ''क्रोशद्विक्रोशसीमानम्'' —अमरकोश (शर्मा सम्पादित), पृष्ठ ४५।
२. ''कुलशतावरं पञ्चशतकुलपरं ग्रामम्'' —अर्थशास्त्र (शामा शास्त्री), पृष्ठ ४५।
३. मानसार, अध्याय १०।
४. मयमतम् अध्याय १०।
५. शिल्परत्न, अध्याय ५।
६. ''द्विशतग्राम्या खार्वटिकम्''—अर्थशास्त्र (शास्त्री—सम्पादित), पृष्ठ ४६। इस स्थान पर उल्लेखनीय है कि क्षीरस्वामी ने खर्वट को ४०० ग्रामों का प्रधान केन्द्र माना है। ''खर्वटश्चतुःशतग्रामाणां संग्रहस्थानम्''—अमरकोश (शर्मा सम्पादित), पृष्ठ ३५४।
७. वही, पृष्ठ ४६।
८. विष्णुपुराण, अंश १, अध्याय ६, पंक्ति ३६।

कहा है।[१] समराङ्गण-सूत्रधार में इसे कर्वट कहा गया है तथा इस बात का निर्देश किया गया है इसमें नगर-तत्व अधिक होता है।[२]

शिल्पशास्त्रों में इसे प्रायः खर्वट ही कहा गया है। उनके द्वारा इसके सन्निवेश पर प्रकाश पड़ता है। मानसार के अनुसार खर्वट बहुधा पर्वत के सन्निकट स्थित होता है (परितः पर्वतैर्युक्तम्) तथा उनमें प्रायः सभी जाति के लोग रहते हैं (नानाजाति-गृहैर्वृतम्)।[३] मयमतम् में खर्वट की ठीक यही परिभाषा दी गई है। इस ग्रन्थ में भी खर्वट को पर्वत के समीप स्थित (पर्वतयुक्तं खर्वटम्) तथा सब प्रकार के लोगों से परिपूर्ण (सर्वजनसहितम्) कहा गया है।[४] इसमें प्रायः सभी वर्गों के निवास का कारण यही बताया जा सकता है कि पर्वत के समीप स्थित होने के कारण खर्वट को सुरक्षा का एक प्राकृतिक साधन मिल जाता था।

खेट अथवा खेटक— पाणिनि ने खेट को गर्हित नगर कहा है।[५] इसी प्रकार अमरकोश में इसे 'कुत्सित' तथा 'अवद्य' नगर कहा गया है।[६] इससे विदित होता है कि खेट बहुत साधारण प्रकार का सन्निवेश था तथा इसमें सभ्य लोग नहीं रहते थे। मानसार में भी बताया गया है कि इसमें बहुधा शूद्र ही रहते थे (शूद्रालय-समन्वितम्..खेटमुक्तं पुरातनैः)।[७] इसी प्रकार मयमतम् में भी शूद्रों की बहुसंख्या बताई गई है। (शूद्रैरधिष्ठितं...तु तत्खेटम्)।[८] शिल्परत्न से विदित होता है कि खेट बहुधा ग्रामों के बीच वर्तमान होता था (ग्रामयोः खेटकम् मध्ये)।[९] इससे यह निष्कर्ष निकाला जा सकता है कि ग्रामों के मध्य में स्थित होने के कारण खेट में ग्रामतत्त्व का भी सम्मिश्रण रहता होगा। डॉक्टर अग्रवाल का मत है कि आधुनिक खेड़ा शब्द इसी खेट से निकला है।[१०] इस स्थान पर उल्लेखनीय है कि पश्चिमी जिलों में खेड़ा नामक कई गाँव मिलते हैं। इससे भी यही प्रतिपादित होता है कि प्राचीन खेट (जिसका अपभ्रंश खेड़ा है) कोई महत्त्वपूर्ण सन्निवेश नहीं था। धरसेन द्वितीय के दो ताम्रपत्रों में खेटक नामक एक जनसन्निवेश का उल्लेख मिलता है। यह वेत्रवती नदी के तट पर स्थित था। इसकी एकता वात्रक नदी के तट पर वर्तमान आधुनिक 'केरा' से की जाती है।[११]

■

१. कामसूत्र, पृष्ठ ४२, सूत्र २।
२. ''कर्वटं नगरोपमम्'' —समराङ्गणसूत्रधार, पृष्ठ ८६।
३. मानसार, अध्याय १०।
४. मयमतम्, अध्याय १०।
५. ''चेलखेटकटुककाण्डं गर्हायाम्'' —अष्टाध्यायी, ६, २, १२६।
६. अमरकोश, (शर्मा-सम्पादित), पृष्ठ २४७।
७. मानसार, अध्याय १०।
८. मयमतम्, अध्याय १०।
९. शिल्परत्न, अध्याय ५।
१०. द्रष्टव्य, पाणिनिकालीन भारत, पृष्ठ ७८।
११. अल्तेकर, ऐ०सि०गु०क०, पृष्ठ १९।

३

युग-भेद

परिच्छेद (क) : महाजनपद-काल एवं वैशाली का उत्कर्ष

महाजनपदों के काल से भारतीय नगर-जीवन के इतिहास में युगान्तर का प्रवर्तन होता है। उत्तर-पश्चिम में तक्षशिला से लेकर दक्षिण में शूर्पारक तक भारत में नगर-जाल विस्तृत था। भारतीय नगर-जीवन में यह विशाल परिवर्तन राजनीतिक, सामाजिक एवं आर्थिक परिस्थितियों के कारण सम्भव हुआ।

राजनीतिक परिस्थितियाँ— भारतवर्ष में अब भी राजनीतिक एकता का अभाव था। देश अनेक राज्यों में विभक्त था। पालिग्रन्थों में उन्हें 'महाजनपद'[१] कहा गया है तथा उनकी संख्या सोलह बताई गई है। अंगुत्तर निकाय में काशी, कोशल, अङ्ग, मगध, वज्जि, मल्ल, चेदि, वत्स, कुरु, पाञ्चाल, मत्स्य, शूरसेन, अश्मक, अवन्ति, गन्धार तथा कम्बोज आदि नामों से उनको गिनाया गया है।[२] राजकीय परिस्थितियों के कारण प्रत्येक ने अपनी राजधानी अधिकारक्षेत्र के भीतर किसी सुरक्षित तथा आवश्कताओं के अनुकूल भाग में बनाई। उसे रक्षा के साधनों से युक्त कर राजप्रासादों, प्रधान राजभवनों एवं कार्यालयों की स्थापना के द्वारा अलंकृत भी किया। इस प्रकार की योजना ने खाइयों एवं दीवालों से घिरे हुए अनेक दुर्गों को जन्म दिया। कपिलवस्तु, कुशीनगर, वैशाली, श्रावस्ती तथा पाटलिपुत्र आदि इस काल के प्रधान नगरों का आविर्भाव सर्वप्रथम इसी रूप में हुआ है।

आर्थिक जीवन-व्यवसाय—इस काल में आर्थिक क्षेत्र में नवीन परिवर्तन हुए। उद्योग-धन्धों का प्रचार तथा विकास हुआ। कलाकारों ने सोने, चाँदी, ताँबे, काँसे तथा लोहे आदि से विविध वस्तुओं का निर्माण सीखा।[३] विभिन्न प्रकार के सुगन्धित द्रवों तथा अनुलेपों का आविष्कार हुआ।[४] कताई तथा बुनाई कार्य में तन्तुवायों ने और भी दक्षता प्राप्त की। अन्य भी कलाओं तथा शिल्पों के उन्नत दशा में होने की सूचना मिलती है। यही कारण है कि जातक बढ़ई, लोहार, स्वर्णकार, चर्मकार, कुम्हार,

---

१. अंगुत्तर निकाय, १, २१३।

२. वही, ४, २५२।

३. जातक, ३, २८१।

४. वही, ५, २८२।

तेली, हाथीदाँत पर काम करने वाले, रंगरेज, जौहरी तथा चित्रकारादि अनेक प्रमुख व्यावसायिकों का नाम लेते हैं। धनुषकार, रजक, खनक तथा कम्बलकार आदि कर्मकारों के भी वर्तमान होने का उल्लेख पाणिनि ने अष्टाध्यायी नामक सुप्रसिद्ध व्याकरण-ग्रन्थ में किया है।[१] श्रम-विभाजन के भी सिद्धान्त का प्रचार हुआ तथा व्यवसाय वंशानुगत होने लगा। प्रत्येक व्यवसाय तथा शिल्प के लोग बस्ती के बहुधा एक ही भाग में सङ्गठन बना कर रहते थे। इस सङ्गठन के लिए पालिग्रंथों में 'श्रेणी' शब्द प्रयुक्त हुआ है। प्रत्येक श्रेणी का एक प्रधान होता था, जिसे लोग 'ज्येष्ठक' कहते थे।[२] श्रेणी के सदस्यों को समुदाय के द्वारा बनाये हुए नियम तथा व्यवस्था का सम्मान एवं पालन करना पड़ता था। शिल्पी तथा व्यावसायिक जनाकीर्ण निवास-स्थानों में ही रहते थे, क्योंकि उनकी कला का मूल्य, क्रय-विक्रय की सुविधा के कारण वहीं पर था। अल्पजनसंख्यक ग्रामों में उनके व्यवसायों का सुचारु रूप से चलना अत्यंन्त दुष्कर था। कला तथा शिल्प के इस प्रकार के विकास तथा केन्द्रीकरण ने ऐसे अनेक व्यावसायिक केन्द्रों को जन्म दिया जिन्होंने कालान्तर में शीघ्र ही सुविकसित नगरों का रूप धारण किया।

यहाँ पर उल्लेखनीय है कि बौद्ध-ग्रन्थों के अतिरिक्त महाभारत तथा रामायण से भी विदित होता है कि विभिन्न व्यावसायिक तथा शिल्पी इस समय सङ्गठनबद्ध थे। इस प्रकार के आर्थिक सङ्गठन को पालिग्रन्थों के समान महाभारत में भी 'श्रेणी' कहा गया है। रामायण में 'श्रेणिमुख' शब्द का उल्लेख मिलता है।[३] महाभारत के लेखक ने श्रेणिमुख्यों में भेद को शत्रुविजय का मूल मन्त्र बताया है।[४] वनपर्व में गन्धर्वों से पराजित दुर्योधन श्रेणिमुख्यों के सामने जाने में लज्जा का अनुभव करता है।[५] हरिवंश से विदित होता है कि राज्य के बड़े-बड़े उत्सवों में 'श्रेणी' के अध्यक्षों को उच्च पदाधिकारियों की पंक्ति में स्थान दिया जाता था।[६] शान्तिपर्व में 'श्रेणिधर्म' के उल्लङ्घन करने वाले को जघन्य अपराध का भागी ठहराया गया है।[७] प्राचीन महाकाव्यों में

---

१. पाणिनिकालीन भारतवर्ष, पृष्ठ २३०।

२. जातक, २, १२८।

३. ''न त्वां प्रकृतयः सर्वाः श्रेणिमुख्याश्च भूषिताः''

—रामायण, अयोध्याकाण्ड, अध्याय २६, पंक्ति २७।

४. अग्निदैर्गरदैश्चैव प्रतिरूपककारकैः।
श्रेणिमुख्योपजापेन वीरुधश्छेदनेन च॥ —महाभारत, शान्तिपर्व, अध्याय ५८, ४९।
श्रेणिमुख्योपजापेषु बल्लभानुनयेषु च।
अमात्यान् परिरक्षेत् भेदसंघातयोरपि। —वही, शान्तिपर्व, अध्याय १४१, ६४।

५. महाभारत, वन पर्व, अध्याय २४८, १६।

६. हरिवंश, अध्याय ८६, श्लोक ५।

७. जातिश्रेण्यधिवासानां कुलधर्माश्च सर्व्वतः।
वर्ज्जयन्ति च ये धर्म्मं तेषां धर्मो न विद्यते॥

—महाभारत, शान्तिपर्व, अध्याय २५, १९।

तत्कालीन भारतीय नगरों को व्यवसाय का केन्द्रबिन्दु कहा गया है। महाभारत के अनुसार हस्तिनापुर में नाना प्रकार के शिल्पी रहते थे (सर्वशिल्पविदस्तत्र वासायभ्यागमस्तदा—महाभारत, आदि पर्व, अध्याय १९९, पंक्ति ७६)। रामायण के अनुसार अयोध्या में सम्पूर्ण प्रकार के शिल्पी रहते थे (सर्वयन्त्रायुधवतीमुषितां सर्वशिल्पिभि:—रामायण, बालकाण्ड, सर्ग ५, पंक्ति ३०)।

व्यापार—बौद्ध-ग्रन्थों से ज्ञात होता है कि शिल्पियों की निपुणता तथा व्यावसायिक केन्द्रीकरण ने अन्त:प्रान्तीय व्यापार के विकास को सरल किया। व्यापारी, वस्तुओं को उत्पादन-केद्रों से एकत्र करते थे तथा धनलाभ के निमित्त उन्हें सुदूर भागों में विक्रय के निमित्त भेजते थे। मार्गों में चोर तथा डाकुओं के भय के कारण इस प्रकार का व्यापार अकेले ही करना अत्यन्त दुष्कर था, अतएव सहभागिता के सिद्धान्त पर वे संघ बनाते थे तथा वस्तुओं के विक्रय के निमित्त सहस्रों गाड़ियों में भर कर बड़ी व्यापार-मण्डली के साथ ही बाहर भेजते थे। व्यापार-पद्धति में इस परिवर्तन के कारण व्यक्ति-विशेष के हाथ में अतुल धनराशि का सञ्चय होने लगा, जिससे 'श्रेष्ठि' नामक व्यापारिक मुखियों तथा नेताओं की उत्पत्ति हुई। इनके कोष में ८० करोड़ तक मुद्राओं के वर्तमान रहने का उल्लेख मिलता है।[१] देशमध्यस्थ वाणिज्य के साथ सामुद्रिक व्यापार का भी विकास हुआ। जलपोत-निर्माण इस काल का प्रिय व्यवसाय बनने लगा। अधिक संख्या में यात्रियों के बैठने तथा व्यापारिक वस्तुओं के रखने की सुविधा के दृष्टिकोण से लोग बड़े जहाजों का निर्माण करते थे। समुद्रतट पर उनके रुकने तथा माल को लादने एवं उतारने की आवश्यकता के प्रश्न ने बन्दरगाहों को जन्म दिया, जिन्हें 'पत्तन' तथा 'पत्तनगाम' की संज्ञा दी गई। भृगुकच्छ, शूर्पारक, रोरुक तथा ताम्रलिप्ति आदि समुद्रतट पर स्थित व्यापारिक नगरों के उद्‌गम का यही कारण था।

महाभारत एवं रामायण से भी ज्ञात होता है कि इस काल में व्यापार एवं वाणिज्य का सन्तोषजनक विकास हो रहा था। व्यापार के क्षेत्र में प्रादेशिक विशेषताएँ दृष्टिगोचर हो रही थीं। आसाम घोड़े एवं हाथीदाँत के लिए विख्यात था। मगध पच्चीकारी के साज, चारपाइयों, रथों एवं यानों के निर्माण का प्रतिष्ठित केन्द्र था। वङ्ग तथा कलिङ्ग देश कपड़ों तथा अच्छी राशि के हाथियों के लिए प्रख्यात थे।[२] कम्बोज तेज घोड़ों, खच्चरों, ऊँटों, कपड़ों तथा खालों के लिए प्रसिद्ध था।[३] महाभारत के अनुसार इस समय के नगर वाणिज्य के प्रतिष्ठित केन्द्र थे। इसमें वर्णन मिलता है कि नाना दिशाओं के वणिक् धनप्राप्ति की इच्छा से इन्द्रप्रस्थ आते थे।[४] रामायण में अयोध्या की व्यापारिक समितियों को 'निगम' कहा गया है। इस ग्रन्थ से विदित होता है कि महत्त्वपूर्ण

---

१. जातक, ४, १२८।

२. सार्थवाह, पृष्ठ ६८।

३. वही, पृष्ठ ६७।

४. ''वणिजश्चाययुस्तत्र देशे दिग्भ्यो धनार्थिन:''

—महाभारत, आदि पर्व, अध्याय १९९, पंक्ति ७५।

अवसरों पर निगमों के प्रतिनिधि राजसभा में आमन्त्रित किये जाते थे।[१]

मुद्राएँ— इस काल में मुद्रा को क्रय-विक्रय का साधन बनाया जा चुका था। महाभारत में निष्क तथा सुवर्ण आदि मुद्राओं का उल्लेख मिलता है। द्यूत-क्रीड़ा के अवसर पर युधिष्ठिर राजकोष की प्रशंसा करते हुए कहते हैं कि मेरे अक्षय-भण्डार में चिह्नों से अङ्कित सहस्र सुवर्ण मुद्राओं की सौ पेटियाँ भरी हैं।[२] सभापर्व में युधिष्ठिर एक स्थान पर कहते हैं कि मेरे यहाँ ताँबे के पात्रों में आहत स्वर्ण से भरी हुई चार सौ निधियाँ पड़ी हैं। इनमें से प्रत्येक सुवर्ण की तौल पाँच द्रोण के बराबर है।[३]

पालिग्रन्थों में सोने, चाँदी तथा ताँबे के सिक्कों के पर्याप्त उल्लेख मिलने लगते हैं। सुवर्ण मुद्रा के लिए 'निष्क',[४] 'सुवर्ण',[५] 'सुवर्णमासक',[६] तथा 'हिरण्य'[७] आदि शब्दों का प्रयोग इसमें प्रचुर मात्रा में हुआ है। ताँबे के सिक्कों को 'कार्षापण'[८] कहा जाता था तथा उनका प्रचार विशेष रूप में था। अष्टाध्यायी में भी निष्क, सुवर्ण, सुवर्णमासक, शतमान, शाण तथा कार्षापण आदि मुद्राओं का उल्लेख मिलता है।[९]

कला— कला के क्षेत्र में भी परिवर्तन हुआ। लकड़ी पर सुन्दर काम करने वाले बढ़ई (वर्धकि),[१०] थवई (स्थपित),[११] तक्षक[१२] तथा चित्रकार[१३] कां उल्लेख मिलता है। सभ्यता के अन्य क्षेत्र के समान सामाजिक व्यवस्था में भी परिवर्तन हुआ। समाज में एक नवीन वर्ग की उत्पत्ति हुई, जिसकी जीविका का साधन पूर्णरूप से व्यापार तथा व्यवसायमात्र था। दासप्रथा, सङ्कीर्णता तथा जटिलता का रूप धारण कर रही थी।

---

१. "पौरजानपदश्रेष्ठ नैगमाश्च गणैः सह"
—रामायण, अयोध्याकाण्ड, अध्याय १४, पंक्ति ८०।

२. इमे निष्कसहस्त्रस्य कुण्डिनो भरिताः शतम्।
कोशो हिरण्यमक्षय्यं जातरूपमनेकशः॥ —महाभारत, सभा पर्व, अध्याय ५४, ८

३. ताम्रलोहैः परिवृता निधयो में चतुःशता।
पञ्चद्रौणिक एकैकः सुवर्णस्याहतस्य वै। —महाभारत सभापर्व, अध्याय ५४, २८।

४. जातक, ४, ४६०।

५. वही, ६, ६९।

६. वही, ४, १०६।

७. वही, ५, १६४।

८. वही, १, ७।

९. पाणिनिकालीन भारतवर्ष, पृष्ठ २५८-२६६।

१०. जातक, २, १८।

११. स्थपतिर्बुद्धिसम्पन्नो वास्तुविद्याविशारदः।
इत्यब्रवीत् सूत्रधारः सूतः पौराणिकस्तदा॥ —महाभारत, १, ५१, १५।

१२. जातक, १, ४७८।

१३. वही, २, १५१।

'दासी-पुत्र',[१] दण्ड-दास[२] तथा 'ध्वजाहृत'[३] आदि विभिन्न प्रकार के दासों का उल्लेख जातकों में मिलता है। गणिकाओं ने भी समाज में स्थान बना लिया था।[४]

लौह का बहुविध प्रयोग

लोहे के परिचय एवं इसके बहुविध प्रयोग के कारण इस काल (लगभग १००० ई० पू० से लेकर ५०० ई० पू०) में एक व्यापक स्तर पर सुनियोजित पद्धति के अनुसार नगर एवं नगर-निर्माण की प्रक्रिया आरंभ हुई। इस काल के साहित्य में लोहे का प्रचुर उल्लेख मिलता है। छान्दोग्योपनिषद् (६, १, ५) में तथा अन्यत्र कृष्णायस, श्यामायस एवं कालायस शब्दों का उल्लेख मिलता है, जो इसे श्याम वर्ण की धातु के होने की ओर संकेत करता है। इससे तात्पर्य लोहे से है। इससे विभिन्नता स्थापित करने के लिए ताँबे को लोहितायस (लाल वर्ण की धातु) कहा गया है। लौह उपकरणों के लिए समकालीन साहित्य में मूल शब्दों के प्रयोग मिलते हैं। लोहे की कुठार के प्रयोग के कारण वृक्ष-तक्षण एवं फलस्वरूप निर्वनीकरण में सहायता प्राप्त हुई, जिससे नगर के निर्माण के लिए समुचित स्थलों का लाभ प्राप्त हो सका। इसी प्रकार लोहे की कुदाल के निर्माण के फलस्वरूप सहज़ उत्खनन का कार्य आरंभ हुआ, जिससे गहरी एवं चौड़ी परिखाओं के निर्माण का होना प्रारंभ हुआ। यही कारण है कि जहाँ ताम्राश्मकालीन नगर मात्र प्राकार द्वारा ही परिवेष्ठित थे, वहाँ लौहकालीन नगरों में प्राकार (परकोटा) एवं परिखा (खाई) दोनों के ही निर्माण होने लगे। लौह के प्रयोग के फलस्वरूप इस समय से परिखा-भेद (जल-परिखा, कर्दम-परिखा एवं शुष्क-परिखा), प्राकार-भेद (प्रस्तर-प्राकार, ऐष्टक प्राकार एवं पांसु प्राकार) तथा प्राकार-अवयव (गोपुर, प्रतोली, अट्टालक, इन्द्रकोश एवं देवपथ आदि वास्तुगत अंगों से सुशोभित उन्नत एवं सुदृढ़ परकोटे) के निर्माण की परंपरा आरंभ हुई।

पाणिनि ने लौहकार के लिए कौटिलिक तथा उसके द्वारा कोयले की अंगार से दहकती भट्ठी (कुटिलिका) का उल्लेख किया है (कुटिलिकायाम् हरति अंगारान, ४, १, ४२)। उन्होंने लोहे का हथौड़ा (अयोघन), विघन (घान) एवं द्रुघन (आरा) आदि उपकरणों को भी सन्दर्भित किया है, जिनके प्रयोग का लौहकार की दैनिक चर्या में विशेष स्थान था। हलों में लोहे की फाल की सुविधा के कारण गहरा कर्षण एवं फलस्वरूप ग्रामीण प्रयोग से अधिक (अतिरिक्त) अन्न का उत्पादन तथा विविध लौह उपकरणों के प्रयोग के फलस्वरूप प्रचुर व्यावसायिक उत्पादन एवं उद्योग-धंधों का विकास हुआ। इससे ग्राम अपने अतिरिक्त खाद्यान्न द्वारा नगर से अपने अतिरिक्त व्यावसायिक उत्पादों का विनिमय करने लगा। ग्राम एवं नगर का यह घनिष्ठ आर्थिक

१. जातक, पृष्ठ १, ४५२।
२. वही, ६, २८५।
३. जातक, ३, १४७।
४. जातक ३, ६०।

संबंध इस समय विशाल मापदण्ड पर द्रष्टव्य होने लगता है। राजमार्गों के निर्माण की सुविधा के साथ उनके किनारे नये व्यापारिक केन्द्रों, बाज़ारों एवं नये नगरों के उद्‌भव एवं विकास की प्रक्रिया तेजी से आरंभ हुई। इस पृष्ठभूमि में उत्तर में पुष्कलावती एवं तक्षशिला से लेकर दक्षिण में प्रतिष्ठान तक तथा पश्चिम में भृगुकच्छ (आधुनिक भड़ौंच) से लेकर पूर्व में पश्चिमी बंगाल के समुद्र-तट पर स्थित ताम्रलिप्ति (आधुनिक तामलुक) तक भारतवर्ष में नगर-जाल विस्तृत हो चला। इस प्रकार पुर-मापन एवं नगरीकरण के क्षेत्र में लौह काल ने उल्लेखनीय परिवर्तन-विन्दु का निर्माण किया तथा परिणामस्वरूप भारत के आर्थिक इतिहास में यह सीमा-चिह्न की भाँति प्रमुख सिद्ध हुआ।[१]

नगर-तत्त्व— इस प्रकार के सामाजिक एवं आर्थिक वातावरण में जिन नगर-तत्त्वों का आविर्भाव हुआ, उसका निरूपण शान्ति पर्व के ८७वें अध्याय में मिलता है। युधिष्ठिर के द्वारा आदर्श नगर की परिभाषा तथा लक्षणों के पूछने पर[२] भीष्म कहते हैं कि नगर छह प्रकार के होते हैं—(१) धन्व दुर्ग, (२) महीदुर्ग, (३) गिरिदुर्ग, (४) मनुष्य दुर्ग, (५) मृदुर्ग तथा (६) वनदुर्ग। वे सुदृढ़ प्राकार एवं परिखाओं से युक्त होते हैं (दृढ़प्राकारपरिखं), उनमें हाथी, घोड़े, अश्व एवं रथ बहुलता के साथ मिलते हैं (हत्यश्वरथसंकुलम्), उनमें विद्वान्, धार्मिक एवं शिल्पी आदि रहते हैं,[३] उनका वातावरण उत्सव आदि के मनाने के कारण प्रफुल्लित रहता है (समाजोत्सवसम्पन्नम्), उनमें भाण्डागार एवं आयुधागार बने होते हैं (भाण्डागारायुधागारम्), तथा वहाँ पर आचार्य, पुरोहित, स्थपति, चिकित्सक, प्राज्ञ, मेधावी, दक्ष, शूर, बहुश्रुत, कुलीन एवं सत्वसम्पन्न व्यक्ति रहते हैं।[४]

नगर-सूची—इस काल के नगरों में वाराणसी, राजगृह, कौशाम्बी, श्रावस्ती, उज्जयिनी, तक्षशिला, साकेत, वैशाली, कपिलवस्तु, पावा, कुशीनगर, भृगुकच्छ, शूर्पारक, काम्पिल्य, मथुरा, मिथिला, रोरुक, शाकल, पुष्कलावती, पाटल, द्वारका,

---

१. देखिए, मेरा लेख ''आयरन एण्ड अर्बनाइजेशन इन फर्स्ट हॉफ ऑफ दी फर्स्ट मिलेनियम बी०सी०'' शीर्षक, प्रोसीडिंग्स ऑफ इंडियन हिस्ट्री कांग्रेस, १९८४, पृष्ठ ८८५-८६।

२. कथं विधं पुरं राजा स्वयमावस्तुमर्हति।
कृतं वा कारयित्वा वा तन्मे ब्रूहि पितामह॥ —महाभारत, शान्ति पर्व, अध्याय ८७, १।

३. विद्वांसः शिल्पिनो यत्र निचयाश्चसुसंचिताः।
धार्मिकश्च जनो यत्र दाक्ष्यमुत्तमास्थिताः॥ —वही, शान्ति पर्व, अध्याय ८७, ७।

४. सत्कृताश्च प्रयत्नेन आचार्यर्त्विक्पुरोहिताः।
महेश्वासाः स्थपतयः सांवत्सरचिकित्सकाः॥
प्राज्ञामेधाविनो दान्ता दक्षाः शूराः बहुश्रुताः।
कुलीनाः सत्वसम्पन्नाः युक्ताः सर्वेषु कर्मसु॥
—वही, शान्ति पर्व, अध्याय ८७, १६-१७।

इन्द्रप्रस्थ, ताम्रलिप्ति, दन्तपुर, विदिशा तथा पाटलिपुत्र आदि उल्लेखनीय हैं। पालि-साहित्य में वाराणसी, राजगृह, चम्पा, कौशाम्बी, श्रावस्ती, साकेत, वैशाली तथा पाटलिपुत्र को इस समय का प्रधान नगर बताया गया है। उज्जयिनी तक्षशिला, कपिलवस्तु, पावा, काम्पिल्य, मथुरा, मिथिला, पुष्कलावती तथा ताम्रलिप्ति की भी ख्याति इस समय के नगरों में विशेष रूप से थी।

सामान्य परिचय— बौद्ध-ग्रन्थों में **वाराणसी** को काशी जनपद की राजधानी कहा गया है। आनन्द ने इसकी प्रधानता के कारण ही इसे गौतम बुद्ध के 'परिनिब्बान' के योग्य बताया था। यह नगर गहरी खाई तथा ऊँची दीवाल के द्वारा चारों ओर से घिरा हुआ था। नगर की दीवाल में दरवाजे बने हुए थे, जो सुरक्षा की दृष्टि से रात्रि को बन्द कर दिये जाते थे।[१] यह नगर इस समय शिल्प एवं व्यवसाय का एक प्रतिष्ठित केन्द्र था। यहाँ पर पतले एवं चिकने मलमल बनाये जाते थे, जो अत्यन्त लोकप्रिय थे।[२] बौद्धग्रन्थों में **राजगृह** की महत्ता का निर्देश मिलता है। इनमें इस नगर को चम्पा, श्रावस्ती, साकेत, कौशाम्बी तथा वाराणसी आदि प्रधान नगरों की समकक्षता में ठहराया गया है। इसमें नाना उपवन एवं उद्यान सुशोभित थे। पालिग्रंथों में वेलुवन नामक प्रसिद्ध नगर-उद्यान का उल्लेख मिलता है। मगध-नरेश बिम्बिसार ने इसे भिक्षुसंघ को दान में दिया था। इस नगर की छटा जलाशयों की शोभा के कारण द्विगुणित हो उठती थी।[३] इस काल के नगर-जीवन की एक प्रमुख विशेषता वैभव एवं समृद्धि के क्षेत्र में **वैशाली** की प्रधानता थी। यहाँ पर लिच्छवियों की राजधानी वर्तमान् थी। गौतम बुद्ध के समय में यह नगर अपने अभ्युदय की पराकाष्ठा पर पहुँच चुका था। जातकों के अनुसार इस नगर में अगणित विशाल भवन, केलिवन तथा कमलतड़ाग बने हुए थे। सुरक्षा की दृष्टि से यह नगर परिखा एवं प्राकार के द्वारा परिवेष्ठित था। नगर-वेश्या अम्बपालिका की कीर्ति उसके सौन्दर्य एवं वैभव के कारण लिच्छवियों के गणराज्य में सर्वव्यापिनी थी।[४]

कपिलवस्तु में शाक्य-गणराज्य की राजधानी वर्तमान थी। इस नगर की दीवाल १८ हाथ ऊँची थी। सम्बोधि के उपरान्त गौतम बुद्ध इस नगर में कई बार आये थे। शाक्यों ने उनके विश्राम की सुविधा के निमित्त निग्रोधाराम नामक मठ का निर्माण किया था।[५] कपिलवस्तु की समकक्षता में मल्लों का पावा नामक नगर आता था। पालिग्रन्थों में इस नगर का वर्णन भारतवर्ष के एक प्रसिद्ध केन्द्र के रूप में आता है। गौतम बुद्ध धर्म-प्रचार के उद्देश्य से इस नगर में कई बार आ चुके थे। यह बौद्धों, जैनों

---

१. **जातक, १, ९८।**
२. **जातक संख्या, ५४०।**
३. राइस डेविड्स, बुद्धिस्ट इण्डिया, पृष्ठ ३७।
४. मललसेकर, २, ९४१।
५. वही, १, ५१८।

तथा निर्ग्रन्थों का निवासस्थान था।[१] **कुशीनगर** में मल्लों की एक दूसरी शाखा की राजधानी थी। गौतम बुद्ध को यह नगर अत्यन्त प्रिय था। उनका निर्वाण यहीं पर हुआ था। इसके अनन्तर यह बौद्धों का तीर्थ-स्थान बन गया। इस नगर का सम्बन्ध उत्तरी भारत के व्यापारिक मार्गों के साथ था।[२]

चम्पा की भी गणना इस काल के प्रसिद्ध नगरों में की जाती थी। यहाँ पर अङ्ग की राजधानी थी। आनन्द ने गौतम के 'परिनिब्बान' के उपयुक्त नगरों में इसकी भी गणना की थी। जातकों के अनुसार यह नगर खाइयों तथा शिखरयुक्त प्राकारों के द्वारा परिवेष्ठित था।[३] गौतम बुद्ध इस नगर में अनेक बार आ चुके थे। यह नगर वाणिज्य का भी एक प्रतिष्ठित केन्द्र था। यहाँ के व्यापारी सुवर्ण-भूमि तक व्यापार के निमित्त जाया करते थे। इस काल में **पाटलिपुत्र** की भी स्थापना हो चुकी थी। प्रारम्भिक पालि साहित्य में इसका नाम पाटलिग्राम दिया गया है। लिच्छवियों के विनाश की तैयारी में अजातशत्रु ने कूटनीतिज्ञ सुनीध तथा वस्सकार नमक मन्त्रियों की सहायता से इसका निर्माण गङ्गा एवं सोन नदियों के सङ्गम पर एक विशाल दुर्ग के रूप में किया था। **मिथिला** में विदेह गणराज्य की राजधानी वर्तमान थी। महाउम्मग जातक के अनुसार इस नगर के चतुर्दिक् तीन परिखाएँ विद्यमान थीं—जलपरिखा, पङ्कपरिखा एवं रिक्तपरिखा। इसके अनुसार इसमें सुन्दर राजमार्ग, उपवन एवं सरोवर विद्यमान थे।[४] **ताम्रलिप्ति** का नगर पूर्वी भारत का सबसे प्रसिद्ध बन्दरगाह था। कलिङ्गराजधानी **दन्तपुर** के उत्कर्ष की क्रिया इस समय प्रारम्भ हो चुकी थी। कतिपय विद्वानों का मत है कि गौतम बुद्ध के दाँत के यहीं पर सुरक्षित होने के कारण इसका यह नाम पड़ा।

कौशाम्बी भी इस काल का एक सुप्रसिद्ध नगर था। वत्सों की राजधानी होने के कारण भारतवर्ष में इस नगर की कीर्ति सर्वव्यापिनी थी। यमुना के तट पर स्थित होने के कारण यहाँ पर वाणिज्य का महान् विकास हुआ। जलमार्ग के द्वारा अनेक नगरों के साथ इसका व्यापारिक सम्बन्ध था। अनेक स्थलमार्ग भी इससे होकर जाते थे, जिसके कारण वाणिज्यविषयक विकास में इस नगर को सहयोग उपलब्ध हुआ।[५] इस नगर में अनेक लक्षपति व्यापारी रहते थे, उदाहरणार्थ, कुक्कुट, घोषित तथा पावरिक। **श्रावस्ती** का नगर भी इस काल में वैभवशाली नगर समझा जाने लगा था। गौतम बुद्ध के समय में यहाँ पर प्रसेनजित की राजधानी थी। पालि ग्रन्थों के अनुसार उत्कर्ष के दिनों में यह नगर वाणिज्य का केन्द्र माना जाता था। यह अचिरावती (राप्ती) नदी के तट पर स्थित तथा तत्कालीन सुप्रसिद्ध नगरों के बीच वर्तमान था। यहाँ के व्यापारियों में अनाथपिण्डिक सब से प्रसिद्ध था। उसने जेतवन नामक विहार भिक्षु-संघ को दान में

---

१. मललसेकर २, १९४।

२. वही, १, ६५३।

३. जातक, ६, ३२।

४. वही, ३, ३६५।

५. राइस डेविड्स, बुद्धिस्ट इण्डिया, पृष्ठ ३६।

देकर अमर यश कमाया।

श्रावस्ती के अतिरिक्त **साकेत** भी कोसल का प्रसिद्ध नगर माना जाता था। सुप्रसिद्ध वाणिज्य-केन्द्र होने के कारण समकालीन नगरों के साथ इसका घनिष्ठ व्यापारिक सम्बन्ध था। धर्म-प्रचार के उद्देश्य से गौतम बुद्ध इस नगर में कई बार आ चुके थे। इसकी सीमा पर कालकाराम नामक विश्रामगृह बना हुआ था। यहाँ पर कालक नामक एक व्यापारी रहता था, जिसकी पुत्री चुल्लसुभद्द गौतम बुद्ध में असीम भक्ति रखती थी।[१] **काम्पिल्य** नामक नगर गङ्गा के उत्तरी तट पर बसा हुआ था। यहाँ पर पाञ्चालों की राजधानी थी। यमुना के तट पर स्थित **मथुरा** शूरसेनों की राजधानी थी। इसके शासक का नाम पालि ग्रन्थों में अवन्तिपुत्तो बताया गया है। यह इस बात का द्योतक है कि वह अवन्ति-राजवंश से संम्बन्धित था। बुद्ध के धर्म-प्रचार का मथुरा भी एक केन्द्र था। उनके उपदेशों से प्रभावित होने के कारण यहाँ के नागरिक विशेष संख्या में उनके अनुयायी बन गये थे।[२]

पुष्कलावती नामक नगर का भी उल्लेख पालि ग्रन्थों में यत्रतत्र मिलता है। वह पश्चिमी गन्धार का प्रधान नगर था। रामायण के अनुसार इसकी स्थापना भरत ने की थी। उन्होंने अपने पुत्र पुष्क के नाम पर इसका नाम रखा था।[३] **तक्षशिला** पूर्वी गन्धार का प्रधान नगर था। यह नगर एक विशिष्ट वाणिज्य-केन्द्र था। इस नगर की प्रधानता का कारण सुप्रसिद्ध व्यापारिक मार्गों पर इसकी स्थिति थी। शिक्षा के केन्द्र के रूप में भी यह भारतवर्ष के सुदूर भागों में विख्यात था। जातकों के अनुसार देश के प्रत्येक कोने से विद्यार्थी यहाँ अध्ययनार्थ एकत्र होते थे।[४]

अवन्ति राज्य की राजधानी होने के कारण सुप्रसिद्ध प्राचीन भारतीय नगर **उज्जयिनी** की विकासोन्मुखी क्रिया इस काल में प्रारम्भ हो चुकी थी। तत्कालीन सुप्रसिद्ध नगरों के साथ इसका घनिष्ठ व्यापारिक और सांस्कृतिक सम्बन्ध था।[५] **भृगुकच्छ** पश्चिमी समुद्रतट का सबसे प्रसिद्ध बन्दरगाह था। जातकों में इसे भरुकच्छ कहा गया है। **शूर्पारक** (सोपारा) की महत्ता वाणिज्य के क्षेत्र में थी। यह भी पश्चिमी समुद्रतट का विशिष्ट बन्दरगाह माना जाता था। इसका समकालीन समकक्ष नगर **रोरुक** था। जातकों में इसे सौवीर की राजधानी बताई गई है तथा कच्छ की खाड़ी के दाहिने तट पर स्थित बताया गया है।[६]

पालि साहित्य में **शाकल** को मद्रों की राजधानी बताई गई है।[७] इसके पहले

---

१. मललसेकर, २, १०८६।
२. राइस डेविड्स, बुद्धिस्ट, पृष्ठ ३५।
३. रामायण, ७, ११४, २०१।
४. मललसेकर, १, ९८२।
५. कनिंघम, ऐंशेण्ट ज्याग्रफी, पृष्ठ १३३।
६. जातक, २, ४७०।
७. वही, ४, २३०।

महाभारत-काल में यहाँ मद्र-राज शल्य की राजधानी थी।[१] **गया** की महत्ता केवल धार्मिक क्षेत्र में थी। महाभारत में इसे एक धार्मिक केन्द्र के रूप में चित्रित किया गया है।[२] इस समय **पातनप्रस्थ (पाटल)** नगर क्रमशः विकासोन्मुख होने लगा था। द्वारका का सुन्दर वर्णन महाभारत की पंक्तियों में मिलता है। समुद्र-तट पर स्थित होने के कारण इसकी शोभा इन्द्रपुरी का स्मरण दिलाती थी (भूषयन्ती समुद्रं सा स्वर्गमिन्द्रपुरी यथा)।[३]

परिच्छेद (ख) : पाटलिपुत्र का ऐश्वर्य-युग

पाटलिपुत्र की प्रधानता— पाँचवीं शताब्दी ईसा पूर्व से लेकर छठी शताब्दी ईसवी के पूर्वार्द्ध तक के काल को नगर-जीवन के क्षेत्र में पाटलिपुत्र का ऐश्वर्य-युग कहा जा सकता है। इस दीर्घ अवधि में इसे अनेक भारतीय राजवंशों की राजधानी बनने का गौरव उपलब्ध हुआ। राजनीतिक कारण के अतिरिक्त इस नगर के बौद्धिक तथा वाणिज्य-विषयक विकास की गणना इसके उत्थान के अन्य कारणों में की जा सकती है।

मौर्य-नरेशों के काल में इस नगर की समृद्धि का विशेष विकास हुआ। यूनानी राजदूत मेगस्थनीज़ ने पाटलिपुत्र को भारतवर्ष का प्रधान नगर उल्लिखित किया है। उसके अनुसार यह एक उच्च प्राकार तथा गहरी परिखा के द्वारा परिवेष्ठित था। वह लिखता है कि मौर्यों का राजप्रासाद शूषा (सूसा) एवं एकबतना में निर्मित पारसीक महलों से अधिक भव्य था।[४] शुङ्गों के काल में भी यहाँ मगध-साम्राज्य की राजधानी वर्तमान थी। पतञ्जलि ने महाभाष्य में पाटलिपुत्र के प्रासादों (पाटलिपुत्रकाः प्रासादाः) तथा प्राकारों (पाटलिपुत्रकाः प्राकाराः) का उल्लेख किया है।[५] इस नगर का वैभव गुप्त-नरेशों के काल में अपने उत्कर्ष की पराकाष्ठा पर पहुँच चुका था। फाह्यान के आगमन के समय यहाँ मौर्यों का राजप्रासाद वर्तमान था। वह उसे देख कर आश्चर्यचकित हो उठा। उसे ऐसा आभास हुआ कि उस विशाल भवन का निर्माण देवों ने किया था, मनुष्य ने नहीं। उसके अनुसार पाटलिपुत्र मध्य देश का सबसे श्रेष्ठ नगर था।[६] दण्डी ने दशकुमारचरित में इसको मगध का सर्वोत्तम पुर (मगधदेशशेखरीभूता) तथा समस्त

---

१. महाभारत, ३, ३२।

२. "ततो गयां समासाद्य ब्रह्मचारी समाहितः।
अश्वमेधमवाप्नोति कुलं चैव समुद्धरेत॥
तत्र चाक्षय्यवटो नाम त्रिषु लोकेषु विश्रुतः।
तत्र दत्तं पितृभ्यस्तु भवत्यक्षयमुच्यते।"

—महाभारत, वनपर्व, अध्याय ८२, श्लोक ८१-८२।

३. हरिवंश, हरिवंशपर्व, अध्याय ५८, पंक्ति ५७।

४. एरियन, इण्डिका १०।

५. महाभाष्य, २, ३२१ (कीलहार्न)।

६. गाइल्स, पृष्ठ ५८।

नगरों की महत्ता की पहचान की कसौटी (समस्तनगरीनिकषायमाणा) माना है।[१]

पाटलिपुत्र के इस ऐश्वर्य-युग में भारत-भूमि पर नगर-जाल विस्तृत था। इसकी सूचना विदेशी यात्रियों के लेखों से मिलती है। मेगस्थनीज के अनुसार उसके आगमन के अवसर पर भारतवर्ष में संख्यातीत नगर विद्यमान थे।[२] अन्य यूनानी लेखकों के अनुसार सिकन्दर के आक्रमण के समय केवल उत्तर-पश्चिम भारतवर्ष में ही नाना नगर विद्यमान थे।[३]

सामान्य नगर-परिचय— उत्तर-पूर्व भारत के नगरों में पाटलिपुत्र के पश्चात् **मथुरा** सर्वप्रधान नगर था। ललितविस्तर में इसे ऐश्वर्य-युक्त (ऋद्धा), विशाल (स्फीता), मङ्गलमय (क्षेमा) तथा बहुत से मनुष्यों से परिपूर्ण (चाकीर्णबहुजन-मनुष्या) कहा गया है।[४] पतञ्जलि ने मथुरा के निवासियों को साङ्काश्य तथा पाटलिपुत्र के निवासियों से अधिक सुन्दर (अभिरूपतराः) उल्लिखित किया है।[५] चीनी यात्री फाह्यान ने मथुरा की जनसंख्या, सभ्यता एवं समृद्धि की अत्यन्त प्रशंसा की है।[६]

उत्तर-पूर्व भारत के सुप्रसिद्ध नगरों में **कौशाम्बी, वैशाली, अहिच्छत्र, काम्पिल्य, मिथिला, वाराणसी, हस्तिनापुर, साङ्काश्य, ताम्रलिप्ति, कान्तिपुरी तथा नालन्दा** की भी गणना की जा सकती है। इस काल के साहित्य में **कौशाम्बी** का उल्लेख अनेक स्थलों पर हुआ है। स्वप्नवासवदत्तम्, ललितविस्तर, प्रतिज्ञायौगन्धरायण तथा मेघदूत आदि ग्रन्थ उदयन की कथा एवं उसकी राजधानी (कौशाम्बी) में बौद्ध धर्म के प्रचार पर प्रकाश डालते हैं। मौर्यों के शासन-काल में यह नगर सुप्रसिद्ध राजनीतिक तथा व्यापारिक केन्द्र था। इस महत्ता के कारण ही अशोक ने कौशाम्बी में स्तम्भ-लेखों को उत्कीर्ण किया था।

कौशाम्बी के समान वैशाली का नगर भी सुप्रसिद्ध राजनीतिक केन्द्र था। अनेक शताब्दियों की इस कालावधि में **वैशाली** को तीरभुक्ति प्रान्त की राजधानी बनने का सुअवसर उपलब्ध हुआ। इस स्थान से गुप्त वंश के अनेक सिक्के तथा उत्कीर्ण लेख उपलब्ध हुए हैं, जो कि इसके एक प्रसिद्ध केन्द्र होने की ओर सङ्केत करते हैं। फाह्यान ने अपने यात्रा-विवरण में इस नगर का उल्लेख किया है।[७]

अहिच्छत्र एवं **काम्पिल्य** की बौद्धकालीन प्रतिष्ठा इस समय वर्तमान थी। पतञ्जलि ने इन नगरों का उल्लेख प्रसिद्ध स्थलों के रूप में किया है।[८] भास के नाटकों

१. दशकुमारचरित, पृष्ठ १।
२. एरियन, इण्डिका १०।
३. प्लिनी, ६, १७।
४. ललितविस्तर, अध्याय ३।
५. महाभाष्य, २, ४१६।
६. लेग्गे, फाह्यान, पृष्ठ ४२।
७. गाइल्स, फाह्यान, पृष्ठ ३६।
८. महाभाष्य, २, २४३।

में भी काम्पिल्य का नामोल्लेख अनेक स्थानों पर मिलता है। गुप्तों के आविर्भाव-काल में अहिच्छत्र राजनीतिक केन्द्र था। समुद्रगुप्त के समय में यहाँ पर अच्युत नामक नरेश शासन करता था। कालान्तर में सम्भवत: इन नगरों की प्रतिष्ठा विलुप्त हो गई, क्योंकि उत्तरकालीन साहित्य में उनका नाम नहीं मिलता। ललितविस्तर में **मिथिला** को अतीव रमणीया (इयं मिथिला नगरी अतीव रमणीया)[१] तथा **हस्तिनापुर** को महानगर (हस्तिनापुरे महानगरे)[२] कहा गया है। **साङ्काश्य** के नागरिकों की तुलना पतञ्जलि ने पाटलिपुत्र के निवासियों से की है।[३] इससे स्पष्ट है कि पाटलिपुत्र के समान साङ्काश्य भी सभ्यता एवं संस्कृति का प्रख्यात केन्द्र था। फाह्यान के विवरण से ज्ञात होता है कि इस नगर में अनेक मठ तथा विहार बने हुए थे।[४]

वाराणसी को पूर्व-काल की भाँति राज्य-अधिष्ठान बनने का सुअवसर उपलब्ध नहीं हुआ। मौर्य-काल में इसकी ख्याति प्रधानत: सारनाथ के कारण थी। यहाँ के मठों में रहने वाले बौद्ध भिक्षुओं की संख्या अनेक थी। लगता है कि अशोक के काल में सारनाथ के भिक्षु-सङ्घ में आन्तरिक वैमनस्य था। सारनाथ के लेख से ज्ञात होता है कि इस भेद को रोकने के निमित्त अशोक ने महान् प्रयत्न किया।[५] **ताम्रलिप्ति** का नगर इस समय भी पूर्वी समुद्रतट का सब से बड़ा बन्दरगाह था। फाह्यान ने यहीं पर जहाज में बैठ कर स्वदेश के लिए प्रस्थान किया था।[६] **नालन्दा** के विश्वविद्यालय की स्थापना इस समय हो चुकी थी। विद्वानों का मत है कि कुमारगुप्त प्रथम इस सुविशाल महाविहार के जन्मदाता थे। य्वान् च्वाङ्ग के वर्णन से ज्ञात होता है कि इस सम्राट् के उत्तराधिकारियों ने इसके विकास में विशेष सहयोग दिया था, उदाहरणार्थ बुधगुप्त, बालादित्य एवं वज्र।

उत्तर-पूर्व भारत के अन्य नगरों में **कपिलवस्तु, पावा, कुशीनगर, गया, अयोध्या, चम्पा तथा कान्यकुब्ज** की गणना की सकती है। कपिलवस्तु, पावा तथा कुशीनगर का पूर्व रूप विलीन हो चुका था। शाक्यों एवं मल्लों के अध:पतन के साथ इन तीनों नगरों का विनाश प्रारम्भ हो गया। गौतम बुद्ध के जीवन से सम्बन्धित होने के कारण कालान्तर में बौद्ध धर्म के क्षेत्र में ही इनकी प्रतिष्ठा वर्तमान थी। फाह्यान ने इनके पूर्व ऐश्वर्य के अवसाद का उल्लेख किया है।[७] **साकेत का विनाश बाह्य आक्रमणकारियों की देन थी।** पतञ्जलि ने यवनों के द्वारा साकेत एवं माध्यमिका के अवरोध का उल्लेख किया

---

१. **ललितविस्तर, अध्याय ३।**
२. **वही, अध्याय ३।**
३. **महाभाष्य, १, २७३।**
४. **लेग्गे, फाह्यान, पृष्ठ १००।**
५. **सरकार, सेलेक्ट इंसक्रिप्शंस, पृष्ठ ७५।**
६. **लेग्गे, फाह्यान, पृष्ठ १००।**
७. **गाइल्स, फाह्यान, पृष्ठ ३३।**

है ('अरुणद्यवनः साकेतम्', 'अरुणद्यवनः माध्यमिकाम्')।[१] कान्यकुब्ज इस काल का एक गौण नगर था। फाह्यान ने गङ्गा के तट पर इसकी स्थिति का निर्देश किया है। उसके वर्णन से विदित होता है कि यहाँ के नागरिकों की संख्या अत्यल्प थी।[२] राजगृह के ह्रास का कारण पाटलिपुत्र नगर का निर्माण था। मगध-नरेशों ने पाटलिपुत्र के विकास के लिए अनवरत प्रयास किया, जिससे राजगृह की राजनीतिक महत्ता नष्ट हो गई थी। फाह्यान के यात्राविवरण में यह नगर एक निर्जन तथा विविक्त स्थान के रूप में वर्णित है।[३] **प्रयाग** की गणना मोक्षदायिका तीर्थ के रूप में होती थी।[४] **गया**[५] तथा **चम्पा**[६] की प्रसिद्धि धार्मिक केन्द्र के रूप में अधिक थी।

पश्चिम भारत के नगरों में **उज्जयिनी** की प्रधानता थी। मौर्यों के काल में यह भुक्ति-अधिष्ठान (प्रान्तीय राजधानी) के रूप में वर्तमान था।[७] प्रथम शताब्दी ईसा पूर्व (विक्रम संवत् के प्रवर्तक शकारि विक्रमादित्य के राज्यकाल) में इसे पुनः राजधानी बनने का सुअवसर उपलब्ध हुआ। कतिपय विद्वानों का मत है कि कवि-कुल-कुमुद-कलाधर कालिदास का आविर्भाव-काल यही था तथा उपर्युक्त नरेश उनके आश्रयदाता थे। इस नगरी के वैभव एवं सम्पत्ति पर मुग्ध होकर उन्होंने इसे स्वर्ग का एक चमकता हुआ टुकड़ा कहा है (दिवः कान्तिमत्खण्डमेकम्)।[८] पेरिप्लस ने इसे एक महान् व्यावसायिक तथा व्यापारिक नगर के रूप में चित्रित किया है।[९] मृच्छकटिक में उज्जयिनी के ऐश्वर्ययुक्त प्रासादों का वर्णन मिलता है।[१०]

सौराष्ट्र में स्थित **गिरिनगर** की ख्याति भी इस समय एक प्रसिद्ध केन्द्र के रूप में स्थापित हो चुकी थी। रैवतक गिरि के समीप स्थित होने के कारण इसका यह नाम पड़ा। मौर्यों के समय में यहाँ सौराष्ट्र-प्रान्त की राजधानी थी। चन्द्रगुप्त मौर्य के काल में पुष्यगुप्त तथा अशोक के काल में यवनराज तुषास्फ यहाँ राज्यपाल के रूप में रहते थे। स्कन्दगुप्त के सिंहासनारोहण के समय यहाँ पर्णदत्त नामक व्यक्ति राज्यपाल था। पाटलिपुत्र-काल के द्वितीयार्द्ध में मालवा का दशपुर नामक नगर सहसा अत्यधिक प्रसिद्ध हो गया था। मन्दसौर की प्रशस्ति के अनुसार यहाँ पर सुन्दर सरोवर तथा वाटिकाएँ सुशोभित थीं। यहाँ के भवन कई मञ्जिलों से युक्त थे। कुमारगुप्त प्रथम के

---

१. **महाभाष्य, ३, १११।**

२. **लेग्गे, फाह्यान, पृष्ठ ५३।**

३. **वही, पृष्ठ ८०।**

४. **रघुवंश, सर्ग १३, श्लोक ५८।**

५. **लेग्गे, फाह्यान, पृष्ठ ८७।**

६. **वही, पृष्ठ १००।**

७. **सरकार, सेलेक्ट इंसक्रिप्शंस, पृष्ठ ४४।**

८. **(पूर्व) मेघदूत, ३०।**

९. **पेरिप्लस, पृष्ठ १११।**

१०. **मृच्छकटिक, अङ्क ४।**

काल में यहाँ विश्ववर्मा नामक व्यक्ति राज्यपाल था। यहाँ पर जुलाहों की एक समिति थी, जिसके सदस्य कपड़ा बुनने के कार्य में अत्यन्त दक्ष थे। वे कताई और बुनाई के कार्य के अतिरिक्त कुछ अन्य विद्याओं में भी पारङ्गत थे। इनमें से कतिपय धनुर्विद्या में निपुण, कतिपय कलाविद एवं कतिपय धार्मिक कर्तव्यों के बताने एवं हितकारी वचन कहने में समर्थ थे।[१]

इस काल के द्वितीय भाग में **वलभी** का भी आविर्भाव हो चुका था। इसकी स्थापना का श्रेय भटार्क नामक व्यक्ति को है। इस काल के पश्चात् इस नगर की विकासोन्मुखी क्रिया वेगवती होती है। पतञ्जलि के अनुसार उज्जयिनी-नागरिक एक दिन की पैदल यात्रा के पश्चात् माहिष्मती पहुँच सकता था। (उज्जयिन्याः प्रस्थितो माहिष्मत्यां सूर्योद्गमनं सम्भाव्यते सूर्यमुद्गमयतीति)।[२] गुजरात के **प्रभास** नामक स्थान की गणना तीर्थस्थान के रूप में होती थी। अभिलेखों के द्वारा पुण्य-लाभ के निमित्त इस क्षेत्र में धर्मशीलों के आगमन की सूचना मिलती है।[३]

भृगुकच्छ भी पश्चिमी भारतवर्ष का एक प्राचीन नगर था। परम्परा के अनुसार भृगु मुनि ने यहाँ कठिन तपस्या की थी। इन्हीं के नाम के आधार पर इस नगर का नामकरण भृगुकच्छ अथवा भृगुपुर हुआ।[४] अत्यन्त प्राचीन काल से ही धर्म-केन्द्रों में इसकी गणना की जाती थी। लोकमत में प्रतिष्ठित भृगुकच्छ-माहात्म्य से आकर्षित होकर शक-क्षत्रप नहपान के दामाद उषवदात ने इस स्थान पर आराम, तटाक तथा उदपान की स्थापना की थी।[५] जल-कूल पर स्थित होने के कारण इसकी महानता वाणिज्य के क्षेत्र में प्रतिपादित हो चुकी थी। पेरिप्लस के वर्णन के अनुसार यह नगर भारतीय आयात एवं निर्यात का सुप्रसिद्ध पाश्चात्य केन्द्र था।[६] सुप्पारक जातक में भृगुकच्छ के वणिकों की व्यापारिक कृतियों का उल्लेख मिलता है।[७] सुस्सोंदि जातक में भी इस नगर का वर्णन एक वाणिज्य-केन्द्र के रूप में मिलता है।[८]

उत्तर-पश्चिम भारतवर्ष के सुप्रसिद्ध नगरों में **तक्षशिला, शाकल, पुरुषपुर, पाटणंप्रस्थ, कनिष्कपुर, पुष्कलावती** तथा **श्रीनगर** की गणना की जा सकती है। विदेशी यात्रियों के विवरण में **तक्षशिला** के वैभव का वर्णन मिलता है। एरियन ने इसे

---

१. सरकार, सेलेक्ट इंसक्रिप्शंस, पृष्ठ २९१।

२. महाभाष्य, २, ३५।

३. सरकार, सेलेक्ट इंसकिप्शंस, पृष्ठ १६१।

४. ''ततो गच्छेत राजेन्द्र भृगुतीर्थमनुत्तमम्।
यत्र देवो भृगुः पूर्वं देवमाराधयत्पुरा॥'' —कूर्मपुराण, अध्याय ४१।

५. सरकार, सेलेक्ट इंसक्रिप्शंस, पृष्ठ १६३।

६: पेरिप्लस, पृष्ठ ४२।

७. जातक, ४, १४०।

८. वही, ३, १८८।

समृद्धशाली तथा जनाकीर्ण नगर बताया है।[१] स्ट्रैबो के अनुसार तक्षशिला विशाल एवं धनधान्य से सम्पन्न था।[२] प्लिनी ने भी इसके महान् उत्कर्ष का उल्लेख किया है।[३] यवनराज मिलिन्द के शासन-काल में **शाकल** नगर अभ्युदय की पराकाष्ठा पर पहुँच चुका था। मिलिन्दपञ्हो के अनुसार यह नगर व्यापार एवं वाणिज्य का एक प्रतिष्ठित केन्द्र था। यहाँ अनेक आराम, उद्यान तथा तटाक बने हुए थे। इसके चतुर्दिक् शिखरों से युक्त प्राकारों तथा खाइयों का निर्माण किया गया था। नगर के बाजारों में विविध प्रकार के भाण्ड सुसज्जित थे।[४]

सिन्धु-तट पर स्थित **पाटण** अथवा **पाटणप्रस्थ** नामक नगर भी इस भाग का एक विशिष्ट केन्द्र था। यूनानी लेखकों के विवरण में इसके लिए पाटल शब्द प्रयुक्त हुआ है। यहाँ इस नगर को तन्नामधारी राज्य की राजधानी के रूप में हम उल्लिखित पाते हैं। स्पार्टा-शासन-प्रणाली के समान इस नगर-राज्य में दो विभिन्न वंशों के शासक शासन करते थे।[५] पाणिनि ने इस नगर को पातन[६] तथा पतञ्जलि ने पातनप्रस्थ कहा है।[७] विद्वानों ने इसकी एकता सिन्ध में स्थित पोतलपुरी[८] से की है। इस काल के प्राथमिक भाग में **पुष्कलावती** पश्चिमी गन्धार की राजधानी थी। सिकन्दर के आक्रमण के समय इस नगर को पर्याप्त क्षति पहुँची, क्योंकि यहाँ के शासक तथा यूनानी आक्रमणकारियों का भीषण सङ्ग्राम एक मास तक निरन्तर चलता रहा। उत्तर-पश्चिम भारत की सीमा पर स्थित होने के कारण यह नगर यवन, शक तथा कुषाण आक्रमणकारियों का सर्वदा शिकार बना, जिसके कारण इसकी प्राचीन समृद्धि विलुप्त हो गई।

शाकल का समीपस्थ नगर **पुरुषपुर** कुषाणों के शासनकाल में उन्नति के चरम शिखर पर पहुँच चुका था। कनिष्क की राजधानी होने के कारण इसका अत्यधिक विकास हुआ। इस नगर में तथाकथित कुषाण-शिरोमणि सम्राट् ने अनेक भवनों, मठों तथा विहारों को निर्मित किया।[९] ऐसा प्रतीत होता है कि इस शासक के संरक्षण में वास्तुकला तथा शिल्पकला की यहाँ अत्यधिक उन्नति हुई। इस काल में यह नगर स्थापत्य-कला की गान्धार-शैली का प्रधान केन्द्र था। यवन-मूर्तियों की शैलीगत विशेषताओं के आधार पर गौतम की प्रतिमाओं का निर्माण इस नवीन शैली में हुआ।

---

१. **कनिंघम, ऐंशेण्ट ज्याग्रफी, पृष्ठ १०५।**
२. **राय चौधरी, पो० हि० ऐं० इ०, पृष्ठ २४७।**
३. **कनिंघम, ऐंशेण्ट ज्याग्रफी, पृष्ठ १०६।**
४. **मिलिन्दपञ्हो, पृष्ठ १।**
५. **जायसवाल, हिन्दू पालिटी, पृष्ठ ७०।**
६. **पाणिनि, ४, १, १४।**
७. **पतञ्जलि, ४, २, १०४।**
८. **जायसवाल, हिन्दू पालिटी, पृष्ठ ७१।**
९. राय चौधरी, पो० हि० ऐं० इ०, पृष्ठ ७१।

विद्वानों का मत है कि इस नगर के भग्नावशेष पर आधुनिक पेशावर स्थित है।[१] कनिष्क ने काश्मीर में कनिष्कपुर नामक एक दूसरे नगर की स्थापना की थी।[२] कनिंघम का मत है कि श्रीनगर का यह एक समीपस्थ नगर था।[३] आरेल स्ताइन एवं स्मिथ महोदयों ने कनिष्कपुर तथा काश्मीर में स्थित आधुनिक कानिसपुर को एक ही नगर माना है।[४]

दक्षिण भारत के वैभवशाली तथा समृद्ध नगरों में **कल्याण, नासिक्य (नासिक), प्रतिष्ठान, तोसाली, काञ्ची, शूर्पारक, मसुलीपत्तन** तथा **कावेरीपत्तन की** गणना की जा सकती है। कल्याण तथा शूर्पारक की प्रतिष्ठा व्यापारिक क्षेत्र में थी। सातवाहन-सम्राट् शातकर्णि के शासन-काल में यह नगर चरमोत्कर्ष पर पहुँच चुका था। पेरिप्लस के वर्णन से विदित होता है कि कालान्तर में यहाँ स्वतन्त्र वाणिज्य का निषेध था। विदेशी यात्रियों को इस नगर के अधिकारियों के द्वारा पकड़े जाने का सर्वदा भय बना रहता था।[५] शूर्पारक भी इस काल का एक सुप्रसिद्ध भारतीय पोताश्रय था। पेरिप्लस के अनुसार यहाँ पर सुदूर देशों के व्यापारी माल के विषय के लिए आते थे।[६] यह नगर इस काल का प्रसिद्ध धार्मिक केन्द्र भी था। **नासिक** तथा **प्रतिष्ठान** की प्रतिष्ठा व्यापारिक क्षेत्र में थी। सातवाहन-नरेशों के द्वारा इनके उत्कर्ष में महान् योग मिला। पतंजलि ने नासिक का उल्लेख सुप्रसिद्ध भारतीय नगर के रूप में किया है (नासिक्यं नगरमिति)।[७] पेरिप्लस में प्रतिष्ठान का वर्णन दक्षिण भारत के एक व्यापार-केन्द्र के रूप में हुआ है।[८] पतंजलि ने महाभाष्य में **कांची** नाम की व्युत्पत्ति का विवेचना किया है (कांचीपुरकः)।[९] इससे स्पष्ट है कि यह इस काल का एक प्रसिद्ध नगर था। प्रयाग की प्रशस्ति में कांची का उल्लेख मिलता है। इसके अनुसार समुद्रगुप्त के समय में वहाँ विष्णुगोप नामक पल्लव वंशी शासक राज्य करता था। (कांचेयक विष्णुगोप)।[१०] **मसुलीपत्तन**[११] तथा **कावेरीपत्तन**[१२] दक्षिण भारत के प्रसिद्ध बन्दरगाह थे। पेरिप्लस में इनका उल्लेख मिलता है।

---

१. **राय चौधरी, पो० हि० ऐं० इ०, पृष्ठ ४७३।**
२. **राय चौधरी, पो० हि० ऐं० इ०, पृष्ठ ४७४।**
३. **कनिंघम, ऐंशेण्ट ज्याग्रफी, पृष्ठ ११४।**
४. **स्मिथ, अर्ली हिस्ट्री ऑफ इण्डिया, पृष्ठ २७५।**
५. **पेरिप्लस, पृष्ठ ४३।**
६. **वही, पृष्ठ ४३।**
७. **महाभाष्य, ३, ३१९।**
८. **पेरिप्लस, पृष्ठ ४३।**
९. **महाभाष्य, २, २९८।**
१०. **समुद्रगुप्त की प्रयाग-प्रशस्ति।**
११. **पेरिप्लस, पृष्ठ १९६**
१२. **अय्यर, ऐंशेण्ट डकन, पृष्ठ २।**

परिच्छेद (ग) : कान्यकुब्ज का वैभवकाल

कान्यकुब्ज की प्रधानता—छठीं शताब्दी के उत्तरार्द्ध से लेकर बारहवीं शताब्दी तक नगर-जीवन के क्षेत्र में कान्यकुब्ज के वैभव का प्राधान्य दृष्टिगोचर होता है। अनेक आनुक्रमिक राजवंशों (मौखरि, वर्द्धन, प्रतीहार एवं गाहड़वाड़) की राजधानी होने के कारण इस अवधि में यह नगर भारत का सर्वश्रेष्ठ राजनीतिक केन्द्र था। नगर के बौद्धिक, व्यापारिक तथा धार्मिक विकास ने भी इसके उत्कर्ष में योग दिया। इस दीर्घ काल में कान्यकुब्ज का वही स्थान था, जो पूर्वकाल में पाटलिपुत्र का।

नगर के नाम की व्युत्पत्ति पर प्रकाश डालता हुआ चीनी यात्री य्वान् च्वांग लिखता है कि गंगा के तट पर निर्मित कान्यकुब्ज तीन मील लम्बा तथा एक मील चौड़ा था। उसके अनुसार नगर के चतुर्दिक् परिखा एवं सुदृढ़ प्राकार वर्तमान थे तथा भीतर अनेक उपवन, सरोवर और अट्टालिकाएँ विद्यमान थीं। नगर के प्रधान बाजार में सुदूर देशों से विक्रय के लिए संख्यातीत भाण्ड केन्द्रित किये गये थे। इसके भीतर मठ एवं मन्दिर सुशोभित थे तथा नागरिकों का चरित्र-संगठन उच्च कोटि का था।[१] ग्यारहवीं शताब्दी के विदेशी यात्री अल्बरूनी ने भी नगर के ऐश्वर्य की प्रशंसा की है।[२] उत्बी ने इसे गंगा के तट पर स्थित तथा सात पृथक् दुर्गों का समूह कहा है।[३]

सामान्य नगर-परिचय—इस समय **थानेश्वर** का नगर प्रसिद्धि में आ चुका था। हर्षचरित के अनुसार इसमें विभिन्न शास्त्रों में पारंगत विद्वान्, शस्त्रोपजीवी, शिल्पी, व्यापारी, वेश्याएँ, लासक, विद्यार्थी, गायक तथा बन्दी रहते थे।[४] अल्बरूनी लिखता है कि समीपस्थ कुरुक्षेत्र के कारण यह नगर धर्म-केन्द्र भी माना जाता था।[५] उत्बी लिखता है कि इस नगर में सिंहल द्वीप के कुंजरों का बाहुल्य था। ये सेना में अधिक उपयोगी सिद्ध होते थे।[६]

इस समय **नालन्दा** विशेष रूप से शिक्षा का केन्द्र माना जाता था। य्वान् च्वांग लिखता है कि यहाँ देश-विदेश से विद्यार्थी ज्ञानार्जन के निमित्त प्रभूत संख्या में एकत्र होते थे। इस काल के द्वितीयार्द्ध में **भीमनगर** (नगरकोट), **खर्जुरवाहक** (खजुराहो) तथा **त्रिपुरी** की महत्ता प्रतिपादित हो चुकी थी। विदेशी लेखकों के अनुसार यह दुर्ग (नगरकोट) गिरिशिखर पर स्थित था तथा इसमें देश की अतुल धनराशि सुरक्षित थी।[७] खर्जुरवाहक चन्देल-नरेशों का प्रधान अधिष्ठान था। इस नगर का सबसे आकर्षक अंग

---

१. वाटर्स, १, ३४१।

२. सखाऊ, १, १९९।

३. इलियट, हिस्ट्री आफ़ इण्डिया, २, ४६।

४. हर्षचरित, तृतीय उच्छ्वास, पृष्ठ ७१-७२।

५. सखाऊ, १, १४७।

६. इलियट, २, ४०।

७. वही, २, ३४।

उनके द्वारा भव्य मन्दिरों का निर्माण था।[१] त्रिपुरी कलचुरि नरेशों की राजधानी थी। इसकी एकता आधुनिक जबलपुर में स्थित तेवार नामक ग्राम से की जाती है।[२] इस काल में **मथुरा, वाराणसी** तथा **प्रयाग** की गणना धार्मिक केन्द्रों के रूप में होती थी। उत्तरपूर्व भारत के राजनीतिक केन्द्रों में **शाकम्भरी** का नाम भी उल्लेखनीय है। इस नगर को समृद्ध बनाने का श्रेय चौहान-नरेशों को था।

वंगभूमि के सुप्रसिद्ध नगरों में **ताम्रलिप्ति, लक्ष्मणावती, विजयपुर (नवद्वीप-नदिया) तथा रामावती** की गणना की जा सकती है। ख्वान् च्वांग के यात्राविवरण से ज्ञात होता है कि ताम्रलिप्ति का नगर पूर्वी समुद्र-तट का सबसे प्रसिद्ध बन्दरगाह था।[३] बृहत्कथामंजरी के द्वारा इस नगर के वाणिज्यविषयक विकास के सम्बन्ध में सूचना मिलती है।[४] अभिधानचिन्तामणि में इस बन्दरगाह के कई अन्य नाम दिये गये हैं, उदाहरणार्थ—ताम्रलिप्ति, तमालिनी, स्तम्बपुर तथा विष्णुगृह।[५] त्रिकाण्डशेष में ताम्रलिप्ति के लिए वेलाकूल तथा तमालिका नामों का प्रयोग किया गया है।[६] इस काल के द्वितीय चरण में लक्ष्मणावती (लखनौती) के उत्कर्ष का विस्तार हुआ था।[७] धोयी के पवनदूत के अनुसार सेन राजाओं की राजधानी विजयपुर में प्रतिष्ठित थी।[८] इस ग्रन्थ की पंक्तियों में लेखक कहीं नगर के विशाल भवनों का उल्लेख करता है,[९] तो कहीं उनमें विहार करने वाली सुस्निग्ध एवं प्रकृतिमधुर पौरांगनाओं की केलि तथा कौतूहल का।[१०] कवि ने किसी स्थल पर गृहप्रांगण में पुरवासियों के द्वारा आरोपित तरुओं का विवरण प्रस्तुत किया[११] है, तो अन्यत्र प्रणयकलह में कुपित बालाओं की भृकुटिरचना का।[१२] विद्वानों ने इसका तादात्म्य उस नवद्वीप (नदिया) से स्थापित किया है, जिसे समकालीन मुसलमान लेखकों ने राय लखमनिया (लक्ष्मणसेन) की राजधानी बताई है।[१३]

---

१. मजूमदार, ऐंशेण्ट इण्डिया, ३०७।

२. मजूमदार, ऐंशेण्ट इण्डिया, ३०९।

३. वाटर्स, २, १९०।

४. बृहत्कथामंजरी, (चतुर्दारिका) लम्बक, ४ श्लोक ७७।

५. मजूमदार, ऐंशेण्ट इण्डिया, पृष्ठ ३०।

६. वही, पृष्ठ ३०।

७. मजूमदार, हिस्ट्री ऑफ़ बंगाल, पृष्ठ ३२।

८. ''स्कन्धावारं विजयपुरं इत्युन्नतां राजधानीभ्'', पवनदूत, पंक्ति ७१।

९. ''यत्सौधानामुपरिवलभीशालभंजीषु लीनाः'', वही, पंक्ति ७४।

१०. ''सुस्निग्धासु प्रकृतिमधुराः केलिकौतूहलेन'', वही, पंक्ति ७५।

११. ''पौरस्त्रीभिः क्रमुकतरवो रोपिता प्रांगणेषु'', वही, पंक्ति ७६।

१२. ''बालाभ्योऽथ प्रणयकलहैरुढ़कोपांकुराभ्यो
विन्यस्यन्ति भृकुटिरचनां चारुभीमाननाभ्यः।'' —वही, पंक्ति ७४।

१३. मजूमदार, हिस्ट्री ऑफ़ बंगाल, पृष्ठ २५१-५२।

डॉक्टर मजूमदार का कथन है कि इस नरेश की गौण राजधानी **लक्ष्मणावती** में प्रतिष्ठित थी तथा **नवद्वीप (नदिया)** में प्रधान।[१] डॉक्टर अग्रवाल के अनुसार नवद्वीप पाणिनि-अष्टाध्यायी में उल्लिखित नवनगर प्रतीत होता है।[२] नवद्वीप प्राचीन भारत का एक विशिष्ट बौद्धिक केन्द्र था। विद्वानों का मत है कि नवद्वीप को हलायुध, जयदेव तथा धोयी जैसे लब्धप्रतिष्ठ पण्डितों तथा काव्यकारों को उत्पन्न करने का श्रेय था।[३] पाल-शासकों की राजधानी होने के कारण (लक्ष्मणावती की समीपस्था पुरी) रामावती की ख्याति राजनीतिक केन्द्र के रूप में प्रतिष्ठित हो चुकी थी।[४] बारहवीं शताब्दी के लगभग यह नगर बौद्धिक केन्द्र भी बन चुक था। रामपाल नामक बंगाल-शासक के सक्रिय प्रयास द्वारा इसका विश्वविद्यालय पर्याप्त रूप में समृद्ध था। विभूतिभद्र, दानशील, शुभकर तथा मोक्षाकरगुप्त सदृश पण्डितों की विद्वत्ता के कारण उसकी ख्याति का विस्तार हुआ। संस्कृत तथा तिब्बत-भाषाओं के विशेष ज्ञान के फलस्वरूप इन्हें महापण्डित की उपाधि दी गई थी। दानशील ने अनेक बौद्ध ग्रन्थों का तिब्बत-भाषा में अनुवाद किया, जिसके कारण तिब्बत में भारतीय दर्शन का व्यापक प्रचार हुआ। शुभकर को 'सिद्धवीरतंगटीकां' नामक ग्रन्थ को लिखने का श्रेय था, जिसका कालान्तर में तिब्बत-भाषा में अनुवाद किया गया। भिक्षु तथा महापण्डित्त आदि उपाधियों को धारण करने वाले मोक्षाकरगुप्त तर्कभाषा के मर्मज्ञ तथा संस्कृत-साहित्य के प्रसिद्ध विद्वान थे।[५]

इस काल में पाटलिपुत्र का पूर्व ऐश्वर्य विलीन होने लगा था। य्वान् च्वांग के यात्रा विवरण में यह नगर विविक्त तथा निर्जन स्थान के रूप में चित्रित है। उसके आगमन के अवसर पर इसके अधिकांश भवन भग्नावशेष को प्राप्त हो चुके थे।[६] इस काल में पूर्वार्द्ध में कौशाम्बी को हूण-आक्रमणकारियों का शिकार बनना पड़ा। कौशाम्बी के आधुनिक उत्खनन में तोरमाण की एक मुहर उपलब्ध हुई है। इस साक्ष्य में लगता है कि यह नगर इस हूण-सम्राट् के राज्य के अन्तर्गत था। कौशाम्बी में लगभग उसी काल की एक मुद्रा उपलब्ध हुई है, जिस पर ध्रुवदत्त शब्द अंकित है। सम्भव है कि हूण-साम्राज्य की समाप्ति के पश्चात् इस नगर में किसी दत्तवंशीय शासक का आविर्भाव हुआ हो।[७] ऐसा प्रतीत होता है कि इस काल में कौशाम्बी का पूर्व रूप विलुप्त होने लगा था। य्वान् च्वांग

---

१. मजूमदार, हिस्ट्री ऑफ बंगाल, पृष्ठ ३३।
२. अग्रवाल, इ० ए० नो० पा०, पृष्ठ ६३।
३. मुकर्जी, ए० इ० ए०, पृष्ठ ५९८-९९।
४. मजूमदार, हिस्ट्री ऑफ़ बंगाल, पृष्ठ ३३।
५. मुकर्जी, ए० इ० ए०, पृष्ठ ५९५।
६. वाटर्स, २, ८७।
७. निदेशक, कौशाम्बी-उत्खनन—शिविर (प्रयाग विश्वविद्यालय) के सौजन्य से उपलब्ध सूचना।

के आगमन के अवसर पर इस नगर में कतिपय मठ तथा विहारमात्र अवशिष्ट रह गये थे, जिनमें रहने वाले भिक्षुओं की संख्या अत्यल्प थी।[१] कपिलवस्तु, पावा, कुशीनगर, वैशाली, राजगृह तथा श्रावस्ती का पूर्ण विनाश हो चुका था। य्वान् च्वांग के अनुसार **कपिलवस्तु,** विजन तथा त्यक्त स्थान के तुल्य दिखाई देता था।[२] उसने **पावा**[३], **कुशीनगर,**[४] **वैशाली,**[५] **राजगृह,**[६] **श्रावस्ती,**[७] **गया,**[८] तथा **चम्पा**[९] का उल्लेख नष्ट स्थानों के रूप में किया है। इनके भग्नावशेषों के बीच यत्र-तत्र मठ तथा विहार दृष्टिगोचर होते थे, जिनकी संख्या पूर्व काल की अपेक्षा अत्यल्प थी।

काश्मीर-क्षेत्र के विशिष्ट नगरों में **प्रवरपुर, जयपुर, अवन्तिपुर, कल्याणपुर तथा परिहासपुर** की गणना की जा सकती है। राजतरंगिणी के अनुसार काश्मीर के प्रवरसेन द्वितीय नामक शासक ने प्रवरपुर की नींव डाली थी।[१०] विक्रमांक देवचरित में इस नगर के वैभव का चित्रण मिलता है।[११] नवीं शताब्दी में जयपुर काश्मीर का एक विशिष्ट केन्द्र था। राजतरंगिणी से विदित होता है कि जयापीड नामक नरेश ने इस नगर की नींव डाली थी। अपनी भार्या जयादेवी की पुण्य स्मृति में उसने इस नगर को गौतम की मूर्तियों तथा नाना विहारों से अलंकृत किया था। पुर-मध्य में उसके द्वारा एक ऐसे विष्णुमन्दिर की स्थापना की गई, जिसमें शेषशायी भगवान् की चतुर्भुजी मूर्ति प्रतिष्ठित थी।[१२]

स्ताइन के अनुसार नवीं शताब्दी से लेकर बारहवीं शताब्दी तक **अवन्तिपुर** काश्मीर का एक प्रसिद्ध नगर माना जाता था। राजतरंगिणी में इसकी स्थापना का समस्त श्रेय

---

१. वाटर्स, १, ३६६।
२. वही, २, ८७।
३. वही, २, २७।
४. वही, २, २६।
५. वही, २, ६३।
६. वही, २, ८६।
७. वही, २, ३.७७।
८. वही, २, ८७।
९. वही, २, १८१।
१०. राजतरंगिणी, ३, ३४६-४९।
११. विक्रमांकदेवचरित, सर्ग १८।
१२. ''दूतं वित्तैः पूरयित्वा सरोगाधं च राक्षसैः।
चक्रे जयपुरं कोट्टं त्रिविष्टपसमं नृपः॥
बुद्धत्रयं महाकारं विहारं च विधाय सः।
नगरान्तर्जयादेवीं पुण्यकर्मा स निर्ममे॥
तत्पुरे चतुरात्मा च शेषशायी च केशवः।
विष्णुलोकस्थितिं त्यक्त्वा ध्रुवं वध्नाति सन्निधिम्॥''

—राजतरंगिणी, सर्ग ४, ५०६-५०८।

अवन्तिवर्मा नामक सम्राट् को दिया गया है। इसका निर्माण विश्वैकसार नामक उस स्थल पर हुआ, जो भौतिक तथा आध्यात्मिक सुखों का दायक समझा जाता था।[१] इस नगर में कला-प्रेमियों का बाहुल्य था। राजतरंगिणी से सूचना मिलती है कि इस नगर के मम्म नामक एक अन्धे गांधर्विक को अवन्तिवर्मा ने राजकीय गायक नियुक्त किया था।[२]

जयापीड की भार्या कल्याणदेवी ने अपने पति के विजय के उपलक्ष्य में **कल्याणपुर** नामक नगर का निर्माण किया।[३] स्ताइन का मत है कि इस नगर के भग्नावशेष पर कल्याणपुर नामक आधुनिक ग्राम स्थित है। उनके अनुसार आठवीं शताब्दी में इस नगर की नींव पड़ी थी। काश्मीर-प्रान्त के तत्कालीन नगरों में **परिहासपुर** का नाम भी उल्लेखनीय है। इस नगर की स्थापना ललितादित्य नामक सम्राट् ने की थी। यह नरेश परिहासशील था, अतएव उसके द्वारा स्थापित नगर परिहासपुर के नाम से विख्यात हुआ। कल्हण की काव्योक्ति के अनुसार इस नगर के सौन्दर्य के क्षेत्र में इन्द्रपुरी को भी लज्जित किया था। इस लेखक के अनुसार परिहासपुर में ललितादित्य के द्वारा मुक्तेश्वर की रजत-प्रतिमा प्रतिष्ठित की गई थी।[४]

उत्तर पश्चिम भारतवर्ष के अन्य प्रसिद्ध नगरों में **पुष्कलावती, पुरुषपुर, तक्षशिला, सिंहपुर, शाकल, जयपुर** तथा **मूलस्थान** की गणना की जा सकती है। बाह्य आक्रमणों के कारण पुष्कलावती की जो ख्याति पूर्व काल में विलुप्त हो गई थी, उसका कालान्तर में पुनरुज्जीवन हुआ। इस नगर की भौगोलिक स्थिति इसके विकास की क्रिया में उपयोगी सिद्ध हुई। वाणिज्य का प्रतिष्ठित केन्द्र न होने के कारण इसके नष्ट वैभव का उद्धार स्वाभाविक था। य्वान् च्वांग के यात्राविवरण से सूचना मिलती है कि उसके आगमन के अवसर पर यह एक समृद्धिशाली नगर था। उसके अनुसार पुष्कलावती की परिधि लगभग तीन मील थी। इस जनाकीर्ण केन्द्र के निवासी धनधान्य से सम्पन्न थे। नगर के पश्चिम द्वार पर एक देवमन्दिर था, जिसमें स्फटिक-निर्मित-मूर्ति प्रतिष्ठित थी। इसके उपकण्ठ पर अशोक के द्वारा निर्मित स्तूप अब भी विद्यमान था।[५] इसके दर्शनार्थ अनेक

---

१. ''क्षेत्रे विश्वैकसाराख्ये मृतानामपवर्गदे।
भूरिभोगास्पदं राज्ञा तेनावन्तिपुरं कृतम्॥'' —राजतरंगिणी, सर्ग ५, ४४।

२. ''अंधगांधर्विकान्मम्मनाम्नः स्वार्चनसेवकात्।
अवन्तिपुरजं हस्तग्राहद्विव्रजचेलकम्॥'' —वही, सर्ग ६, २९९।

३. ''प्रपेदे यत्र कल्याणं स विरोधविधान्नृपः।
देशे कल्याणपुरकृत्तत्र कल्याणदेव्यभूत्॥'' —वही, सर्ग ४, ४८३।

४. ''ततः परं परिहासशीलो भूलोकवासवः।
विहसद्वासवावासं परिहासपुरं व्यधात्।
विरेजे राजतोदेवो श्रीपरिहासकेशवः।
लिप्तो रत्नाकरस्वापे मुक्ताज्योतिमणेरिव॥'' —वही, सर्ग ४, १९४, ९५।

५. वाटर्स, १, २१४।

बौद्ध धर्मानुयायी देश के विभिन्न भागों से एकत्र होते थे। इस नगर के समीपवर्ती भागों में कुछ स्तूप एवं विहार बने हुए थे।[१]

पुरुषपुर की पूर्वकालीन प्रतिष्ठा इस काल में भी वर्तमान थी।[२] य्वान् च्वांग तथा अल्बरुनी[३] के लेखों से विदित होता है कि यह नगर उत्तर-पश्चिम भारत का एक विशिष्ट केन्द्र था। कालान्तर में इसके उत्कर्ष का दूरतर विस्तार हुआ। पुष्कलावती के समान पूर्व काल में **तक्षशिला** की समृद्धि पर बाह्य आक्रमणों के कारण अवश्यमेव कुठाराघात हुआ, किन्तु अनुकूल परिस्थितियों में पड़ने पर इसकी स्थिति पर्याप्त मात्रा में सुधर चुकी थी। य्वान्-च्वांग के अनुसार इस नगर का प्राकारमण्डल लगभग २ मील था। इस क्षेत्र की साधनसम्पन्नता पर प्रकाश डालता हुआ चीनी यात्री लिखता है कि तक्षशिला के नागरिक अत्यन्त निर्भीक थे।[४] य्वान् च्वांग ने अपने यात्राविवरण में **शाकल** का भी उल्लेख किया है। इस नगर में एक मठ था, जिसमें अनेक बौद्ध मतावलम्बी रहते थे। उपर्युक्त चीनी यात्री के अनुसार वसुबन्धु ने 'परमार्थ-सत्यसार' की रचना यहीं पर की थी।[५] जयपुर चन्द्रभागा के तट पर स्थित था। इस नगर के पश्चिम द्वार पर एक विहार था, जहाँ य्वान् च्वांग ने एक रात्रि में बिताई थी।[६] इस काल के द्वितीय भाग में **मूलस्थान** (मुल्तान) सहसा अधिक विख्यात हो गया था। सन्देशरासक नामक बारहवीं शताब्दी के एक जैन ग्रन्थ से विदित होता है कि तत्कालीन विशिष्ट केन्द्रों में इसकी गणना होती थी।[७] **सिंहपुर** एक गिरिदुर्ग था। य्वान् च्वांग के अनुसार यह नगर तक्षशिला से दक्षिण-पूर्व की दिशा में १४० मील की दूरी पर स्थित था। इस नगर की परिधि तीन मील के लगभग थी।[८]

पश्चिमी भारत के प्रसिद्ध नगरों में उज्जयिनी, वलभी, गिरिनगर, भृगुकच्छ, **अणहिलपुर, सोमनाथ, आनन्दपुर** तथा **धारा** की गणना की जा सकती है। अनेक साक्ष्यों से विदित होता है कि **उज्जयिनी** की पूर्व प्रतिष्ठा इस काल में विद्यमान थी। कादम्बरी के अनुसार यह नगर त्रिभुवन में सर्वश्रेष्ठ था तथा इसके चतुर्दिक् गम्भीर परिखा एवं उच्च प्राकार विद्यमान थे। शिप्रा के तट पर स्थित होने के कारण इसकी शोभा दर्शनीय थी। नगर के भीतर आपण, राजमार्ग, चित्रशालाएँ, सरोवर, उद्यान तथा विशाल भवन

---

१. वाटर्स, १, ११५।

२. वही, १, २०१।

३. साचो, २, ११।

४. वाटर्स, १, २७०।

५. वही, १, २८८।

६. वही, १, २९६।

७. ''तन्मूलस्थानं नाम प्रसिद्धं सर्वैरपि नरामरैः श्रूयते।''

—सन्देशरासक, पृष्ठ २६, (मूल का संस्कृत अनुवाद)।

८. वाटर्स, १, २४८।

यथास्थान सुशोभित थे।[१]

भटार्क के द्वारा स्थापित **वलभी** का नगर पश्चिमी भारत का एक प्रसिद्ध राजनीतिक, व्यापारिक तथा बौद्धिक केन्द्र था। य्वान् च्वांग के अनुसार इस नगर में अनेक मठ तथा विहार बने हुए थे, जिनमें रहने वाले भिक्षुओं तथा भिक्षुणियों की संख्या अनेक थी।[२] वह लिखता है कि नगर की पण्यवीथिका में विविध भाण्ड विक्रय के निमित्त सुसज्जित थे।[३] यह नगर शिक्षा का भी एक प्रख्यात केन्द्र था। य्वान् च्वांग लिखता है कि इस नगर में लगभग एक सौ बौद्ध मठ बने हुये थे, जिनमें रहने वाले शिक्षार्थी भिक्षुओं की संख्या अनेक थी।[४] इत्सिंग के अनुसार सातवीं शताब्दी ईसवी में वलभी की ख्याति नालन्दा के समान थी।[५]

इस काल में **गिरिनगर** को प्रान्त-अधिष्ठान तथा तदुपरान्त राजधानी बनने का सुअवसर उपलब्ध हुआ। वलभी के मैत्रकों का प्रतिनिधि यहाँ राज्यपाल के रूप में शासन करता था। इस कुल की शक्ति के नष्ट हो जाने पर गिरिनगर को चूड़ाश्म नामक एक नवीन राजवंश की राजधानी बनने का गौरव प्राप्त हुआ। इस वंश के राजाओं ने इस नगर को एक सुदृढ़ दुर्ग का रूप प्रदान किया।[६] यही कारण है कि मूलराज नामक महत्त्वाकांक्षी नरेश कठिन परिश्रम के पश्चात् भी इस दुर्ग के तोड़ने में असफल सिद्ध हुआ था।[७] कालान्तर में इस नगर के उपकण्ठ पर नेमिनाथ के उस मन्दिर का निर्माण हुआ, जिसकी रचना में काठियावाड़ की तीन साल की आय लगाई गई थी।[८] इस काल में **भृगुकच्छ** को भी राजधानी तथा प्रान्त-अधिष्ठान बनने का सुअवसर प्राप्त हुआ था। दद्द द्वितीय के एक अभिलेख से विदित होता है कि यह नगर परिखा तथा प्राकार के द्वारा परिवेष्टित था।[९] इसकी प्रतिष्ठा प्रधानतः धार्मिक एवं व्यापारिक क्षेत्रों में थी।

अणहिलपुर (अणहिलपट्टण, अणहिलवाड़) की नींव आठवीं शताब्दी ईसवी के मध्य भाग में पड़ी। परम्परा के अनुसार नगर के स्थापक ने इसके निर्माण के लिए भूमि का संकलन अन्हिल नामक मेषपाल की मन्त्रणा के द्वारा किया था। चावाटक, सोलंकी तथा बघेल आदि गुजरात के अनेक राजवंशों की राजधानी बनने का गौरव इसे प्राप्त

---

१. **कादम्बरी, पृष्ठ ९८-१०४।**

२. **वाटर्स, १, २४६।**

३. **बील, २, २६०।**

४. **वाटर्स, २, २४६।**

५. **इत्सिंग, पृष्ठ १७७।**

६. **अल्तेकर, ऐं० टा० सि० गु० का०, पृष्ठ २१-२२।**

७. **वही, पृष्ठ २२।**

८. **वही, पृष्ठ २२।**

९. **वही, पृष्ठ ३५।**

हुआ। मन्दिरों, महलों, विहारों, सरोवरों तथा उद्यानों के निर्माण के कारण इसकी शोभा दर्शनीय थी। कुमारपालचरित के लेखक के अनुसार यह एक जनाकीर्ण केन्द्र था। इस ग्रन्थ में अतिशयोक्ति के साथ कहा गया है कि समुद्र की बूँदों की भाँति इस नगर के निवासियों की गणना असम्भव थी।[१] यहाँ पर ८४ प्रकार की बाजारें लगती थीं। प्रत्येक में पृथक् वस्तुओं का क्रय-विक्रय होता था।[२] इस स्थान पर उल्लेखनीय है कि पृथ्वीचन्द्रचरित में भी चौरासी बाज़ारों के उल्लेख मिलते हैं।[३] इस नगर के चतुर्दिक् प्राकार तथा परिखा के निर्माण की सूचना प्राप्त होती है। इसके भग्नावशेषों में जैन मूर्तियाँ प्रचुर मात्रा में उपलब्ध हुई हैं। इससे स्पष्ट है कि यहाँ पर जैन धर्म के अनुयायियों का बाहुल्य था।[४]

प्रभास (सोमनाथ) के धार्मिक जीवन में शिव-पूजा की प्रधानता थी। इब्नअसीर के साक्ष्य से ज्ञात होता है कि तीर्थाटन करने वाले सहस्रों की संख्या में प्रतिदिन सोमनाथ आते थे। उसने कुछ अतिरंजित वर्णन करते हुए लिखा है कि तीर्थसेवियों के क्षौरकर्म के लिए वहाँ तीन सौ नापितों की आवश्यकता प्रतिदिन पड़ती थी।[५] ख्वान् च्वांग के अनुसार आनन्दपुर वलभी से १४० मील उत्तर-पश्चिम में स्थित था। इस नगर की परिधि उपर्युक्त चीनी यात्री के अनुसार लगभग चार मील थी। इसके निवासी धनधान्य से सम्पन्न थे।[६] नगर के भीतर बौद्ध विहार भी बने हुए थे, जिनमें भिक्षु तथा भिक्षुणियाँ रहती थीं।[७] आनन्दपुर की प्रशस्ति से विदित होता है कि चिरकाल तक इस नगर में वप्र तथा प्राकार का अभाव था।[८] इससे लगता है कि राजनीतिक दृष्टिकोण से इसका कोई विशेष महत्व नहीं था। धारा नगरी परमार राजाओं की राजधानी थी। राजा भोज के शासन काल में यहाँ साहित्य का विकास प्रचुर मात्रा में सम्पन्न हुआ।

दक्षिण भारत के नगरों में **मदुरा, कांची, कावेरीपत्तन, वंजी, उरगपुर, अचलपुर, वेंगीपुर, अमरावती, बादामी, वनवासी, प्रतिष्ठान, कलिंगनगर तथा नासिक** की गणना की जा सकती है। **मदुरा** में पाण्ड्यों की राजधानी थी। इसके चतुर्दिक् परिखा तथा प्राकार एवं भीतर राजमार्ग, महल, भवन, सरोवर, उद्यान, कार्यालय तथा सार्वजनिक

---

१. अल्टेकर, ऐं० टा० सि० गु० का०, पृष्ठ १२।

२. वही, पृष्ठ १३।

३. प्राचीन गुर्जर-काव्य संग्रह (पृथ्वीचन्द्रचरित), पृष्ठ ९५।

४. अल्टेकर, ऐं० टा० सि० गु० का०, पृष्ठ १३।

५. वही, पृष्ठ ३१।

६. वाटर्स, २, २४७।

७. वही, २, २४७।

८. ''माभूत्तस्य तथापि तीव्रतपसो बाधेति भक्त्या नृपः।
वप्रंविप्रपुराभिरक्षणकृतं निर्मापयामास सः॥'' —ए० इ०, १, पृष्ठ २००।

गृह बने हुए थे।[१] पल्लव नरेशों ने काञ्ची के उत्कर्ष में महान् योग दिया। इस नगर की प्रशंसा करते हुए पवनदूत के रचयिता धोयी ने इसे अमरावती से भी बढ़कर सुन्दर (अमरनगरस्यापि गर्व्वं हरन्ति) तथा दक्षिणी भारत का भूषण (भूषणं दक्षिणस्याः) कहा है।[२] य्वान् च्वांग लिखता है कि इस नगर में ब्राह्मण, क्षत्रिय, वैश्य एवं शूद्र पृथक् पुरभागों में रहते थे।[३] चोलवंश के शक्तिशाली सम्राटों ने इस नगर को जीत कर अपने साम्राज्य में सम्मिलित किया था। ऐसा प्रतीत होता है कि धोयी के काल में इस नगर के चोलों का ही आधिपत्य था, क्योंकि उन्होंने कांची में रहने वाली चोल सुन्दरियों का वर्णन अत्यन्त मनोरम शब्दों में किया है।[४]

कावेरीपत्तन दक्षिणी भारतवर्ष का राजनीतिक, व्यावसायिक तथा व्यापारिक केन्द्र था। चोल-नरेशों की राजधानी होने के कारण इस नगर के वैभव में महान् योग मिला। इसकी सम्पन्नता पर प्रकाश डालते हुए एक कवि ने लिखा है कि यह एक ऐसा क्षेत्र है, जिसका शान्तिपूर्ण इतिहास दुर्भिक्ष, भयंकर, व्याधि तथा शत्रुओं के आक्रमण से सर्वथा अपरिचित है।[५] यह नगर राजप्रासाद, नागरिक शालाओं, सैनिक शिविर, शिल्पगृह तथा पण्यशालाओं से सुशोभित था।[६] **कल्याण** का वर्णन विक्रमांकदेवचरित नामक ऐतिहासिक काव्य में उपलब्ध होता है। बिल्हण ने इस ग्रन्थ में अतिशयोक्ति के साथ कहा है कि उपर्युक्त नगर में हर्म्यों की पंक्तियाँ सुशोभित थीं तथा उनकी ऊँचाई के कारण आकाश में अन्धकार छा गया था।[७] नगर में कहीं खिले हुए कमलों से युक्त सरोवर सुशोभित थे, तो कहीं उत्तुंग भवनों में लगे हुए ध्वज।[८]

चेरों की राजधानी वंजी में प्रतिष्ठित थी। यह एक सुदृढ़ दुर्ग का आदर्श उदाहरण था। सुरक्षा की दृष्टि से इसके चतुर्दिक् एक विशाल प्राकार तथा गहरी खाई का निर्माण किया गया था, जिन्हें शत्रु सरलता के साथ नहीं पार कर सकते थे। राजभवन नगर के मध्य भाग में सुशोभित था।[९] **उरगपुर** (उरैयूर) भी इस काल का एक प्रसिद्ध राजनीतिक केन्द्र था। इस नगर में चोलों ने अपनी राजधानी बनाई थी। धोयी के पवनदूत से विदित

---

१. अय्यर, टाउन प्लैनिंग इन ऐंशेण्ट डकन, पृष्ठ ३१-३९।

२. पवनदूत, १२।

३. वाटर्स, २, २२६।

४. ''मन्ये मोक्षः कठिनसुरतायासलब्धस्य पूर्ण,
दुष्प्रापस्ते भविता चोलसीमन्तनीभ्यः।
कवातासामलकरचनालीननीलसनाथे
गण्डाभोगे मलयजपयः पिच्छले न स्खलन्ति॥'' —पवनदूत, ८।

५. अय्यर, वही, पृष्ठ ८२।

६. वही, पृष्ठ ८२।

७. विक्रमांकदेवचरित, सर्ग २, पंक्ति २।

८. वही, सर्ग २, पंक्ति ११।

९. अय्यर, वही, पृष्ठ ६४।

होता है कि ताम्रपर्णी के तट पर स्थित यह नगर कुछ समय तक पाण्डवों के राज्य में भी सम्मिलित था।[१] धोयी ने पवनदूत में कलिंगनगर का उल्लेख किया है।[२] यह कलिंग का प्रधान नगर प्रतीत होता है। पवनदूत में **ययातिनगरी** नामक एक दूसरे पुर का वर्णन मिलता है।[३] इसकी ऐतिहासिकता के विषय में कुछ निश्चयात्मक रूप से कहना दुष्कर है।

■

---

१. ''श्रीखण्डादेः परिसरातिक्रम्य गव्यूतिमात्रं
गन्तव्यस्ते किमपि जगतीमण्डनं पाण्ड्यदेशः।
तत्राख्यातं पुरमुरगमित्याख्यया ताम्रपर्ण्या-
स्तीरे मुग्धक्रमुकतरुभिर्वद्धरेखे भजेथाः॥'' —पवनदूत, ९।

२. ''अन्धान् हित्वा जनपदवधूगादगोदावरीकान्।
कालिंगास्यानुसर नगरीं नाम तां राजधानीम्॥'' —पवनदूत, २१।

३. ''लीलां नेतुं नयनपदवीं केरलीनां रतेश्चेत।
गच्छेःख्यातां जगति नगरीमाख्यया तां ययातेः॥'' —वही, २६।

४

उत्तर-पश्चिम भारत के प्रमुख नगर

पुष्कलावती—इसका अन्य नाम पुष्करावती भी था। रामायण में इस नगर की स्थापना का श्रेय भरत को दिया गया है। उन्होंने इसका नाम अपने पुत्र पुष्क के नाम पर रखा था।[१] यह पश्चिमी गन्धार का प्रधान नगर था। इसका उल्लेख पालिग्रन्थों में यत्र-तत्र मिलता है। पेरिप्लस के अनुसार यह नगर प्रसिद्ध व्यापारिक मार्गों पर स्थित था।[२] टालमी तथा एरियन ने इसे विशाल राजधानी तथा घनी आबादी वाला नगर कहा है। उत्तर-पश्चिम भारतवर्ष में स्थित होने के कारण इस नगर पर भी तक्षशिला के ही समान आक्रमण होते रहे। सिकन्दर के आक्रमण ने इस नगर को महान् क्षति पहुँचाई थी। यूनानी सैनिकों तथा तत्कालीन स्थानीय शासक की सेना के बीच एक महीने तक भीषण संग्राम चलता रहा।

यह नगर समय-समय पर शकों तथा कुषाणों के आक्रमण का भी शिकार हुआ, जिसके फलस्वरूप इसकी प्राचीन समृद्धि विलीन हो गई। कालान्तर में पुष्कलावती का पुनरुज्जीवन हुआ। सम्भवत: उसकी स्थिति ने इस दिशा में सहायता प्रदान की थी। वाणिज्य का केन्द्र होने के कारण इसके नष्ट वैभव का उद्धार स्वाभाविक ही था। य्वान् च्वांग के यात्राविवरण से विदित होता है कि उसके आगमन के अवसर पर यह एक समृद्ध नगर था। इस लेखक के अनुसार पुष्कलावती की परिधि लगभग तीन मील थी। इस जनाकीर्ण केन्द्र के निवास धनधान्य से सम्पन्न थे। नगर के पश्चिम द्वार पर एक देवमन्दिर था, जिसमें स्फटिकनिर्मित मूर्ति प्रतिष्ठित थी। इसके उपकण्ठ पर अशोक के द्वारा निर्मित स्तूप अब भी विद्यमान था।[३] इसके दर्शनार्थ अनेक बौद्ध धर्मानुयायी देश के विभिन्न भागों से एकत्र होते थे। उपर्युक्त साधन के द्वारा नगर के समीपवर्ती भागों में अन्य स्तूपों एवं विहारों के भी विद्यमान होने की सूचना मिलती है।[४] इस नगर की पहचान सुवास्तु एवं कुभा के संगम पर स्थित आधुनिक चारसद्दा (चारषद्दा) से की जाती है।[५]

---

१. **रामायण, ७, ११४, २०१।**

२. **पेरिप्लस, ५७।**

३. **वाटर्स, १, २१५।**

४. **वही, १, २१५।**

५. **वासुदेवशरण अग्रवाल, पाणिनिकालीन भारतवर्ष, पृष्ठ ५५।**

तक्षशिला— तक्षशिला उत्तर-पश्चिम भारत का एक प्रसिद्ध नगर था। यहाँ पर प्रारम्भ में पूर्वी गन्धार की राजधानी थी। रामायण में इस नगर की स्थापना का श्रेय भरत के पुत्र तक्ष को दिया गया है।[१] महाभारत के अनुसार परीक्षित के ज्येष्ठ पुत्र जन्मेजय का नागयज्ञ यहीं पर हुआ था।[२] कुछ लोग इसके नाम का सम्बन्ध शक्तिशालिनी तक्क जाति से मानते हैं, जो सिन्धु और चेनाब नदियों के बीच रहा करती थी।[३] फाह्यान ने अपने यात्रा विवरण में इसे 'चु-शु-शि-लो' कहा है, जिसका अर्थ चीनी भाषा में 'कटा सिर' होता है।[४] जातक कथाओं के अनुसार गौतम बुद्ध का जन्म एक बार 'दलिद्दी' नामक ग्राम के एक ब्राह्मण-कुल में हुआ था। उन्होंने एक याचक को अपना सिर काट कर इसे भिक्षा के रूप में समर्पित किया था। इस घटना के कारण इस नगर का यह नाम पड़ गया।[५]

बौद्ध ग्रन्थों में इस नगर (तक्कसिला) का वर्णन विशेष रूप से हुआ है.। उनसे ज्ञात होता है कि यह नगर बहुत ही समृद्ध था। एक जातक के अनुसार वाराणसी का कोई शासक आक्रमण के उद्देश्य से प्रेरित होकर अपनी शक्तिशालिनी सेना के साथ तक्षशिला पहुँचा। इस नगर के प्रधान द्वार के ऊपर निर्मित शिखर के सौन्दर्य से वह इतना अधिक प्रभावित हुआ कि उसने आक्रमण की भावना छोड़ दी।[६] इस नगर के भीतर भव्य भवन सुशोभित थे।[७] बौद्ध ग्रन्थों के अनुसार इस नगर की विशेष ख्याति बौद्धिक क्षेत्र में थी। देश के सुदूर भागों से विद्यार्थी यहाँ अध्ययन के निमित्त बहुसंख्या में एकत्र होते थे। यहाँ तक कि राजकुलों से सम्बन्धित व्यक्ति भी मार्ग में अनेक विषम कठिनाइयों का सामना करते हुए इस विद्या-केन्द्र में आया करते थे।[८] काशी के राजकुमारों की शिक्षा प्राय: यहीं पर सम्पादित होती थी।[९] जातकों के अनुसार कोशल के राजकुमार प्रसेनजित तथा बिम्बिसार के अवैध पुत्र जीवक की शिक्षा तक्षशिला में सम्पन्न हुई थी।[१०] पाणिनि एवं कौटिल्य भी सम्भवत: इसी विश्वविद्यालय के छात्र

---

१. ''तक्षस्य दिक्षु विख्याता रम्या तक्षशिला पुरी'', रामायण, ७, ११४, २०१।

२. महाभारत, १, ३, २०।

३. बेनीप्रसाद, स्टेट इन ऐंशेण्ट इण्डिया, पृष्ठ १२३।

४. लेग्गे, फाह्यान का यात्रा-विवरण, पृष्ठ ३२।

५. वही, पृष्ठ ३२।

६. बेनीप्रसाद, स्टेट इन ऐंशेण्ट इण्डिया, पृष्ठ १२३।

७. वही, पृष्ठ १२३।

८. जातक, २, १९३।

९. ''तक्कसिलं गत्वा सव्वसिप्पाणि उग्गहत्वा वाराणसियं—
दिसापामोक्खो आचारियो हुत्वा पंचमाणवकसतानि सिप्पं वाचेति''
—जातक संख्या १५०, द्रष्टव्य : मेरा लेख, पृष्ठ ३-६, हिन्दी अनुशीलन, वर्ष १६, अंक १-२।

१०. जातक, संख्या ४९८।

थे।[१] राजगृह,[२] मिथिला[३] तथा उज्जयिनी[४] के नागरिक भी ज्ञानार्जन के लिए यहीं एकत्र होते थे।

तक्षशिला में केवल उच्च शिक्षा दी जाती थी। यहाँ पर केवल वे ही विद्यार्थी अध्ययन के निमित्त आते थे, जिनका लक्ष्य ज्ञान के किसी एक ही विषय में विशेष योग्यता प्राप्त करना था। जीवक यहाँ पर चिकित्साशास्त्र की शिक्षा लेने आया था। उसने यहाँ इस विषय का सात वर्षों तक अध्ययन किया।[५] काशी के दो नवयुवक इस नगर में धनुर्विद्या सीखने के लिए आये हुए थे।[६] वेद, व्याकरण, दर्शन, नक्षत्रविद्या, ज्योतिष, कृषि, इन्द्रजाल, संगीत, नृत्य एवं चित्रकला में भी विद्यार्थी यहाँ पारंगत बनाये जाते थे।[७] विषय के संकलन में कोई जातिप्रतिबन्ध नहीं था। क्षत्रिय ब्राह्मणों के साथ वेदों का अध्ययन कर सकते थे। ब्राह्मण धनुर्विद्या का अध्ययन कर सकता था। वाराणसी के एक राजकीय पुरोहित ने अपने पुत्र को धनुर्विद्या के अध्यन के लिए तक्षशिला भेजा था।[८] इस नगर में आधुनिक विद्यालयों की भाँति संगठित शिक्षा-संस्थाएँ नहीं थीं। यहाँ विद्वान् पण्डित रहते थे, जिनके घर विद्यालय का कार्य देते थे। एक ही पण्डित के पास पढ़ने वाले विद्यार्थियों की संख्या बीस तक हुआ करती थी। योग्यता की स्वीकृति के लिए विद्यार्थी को परीक्षा नहीं देनी पड़ती थी। प्रतिदिन के अध्यापन-कार्य में शिक्षक विद्यार्थी के ज्ञान का अनुमान लगा लेता था।[९]

इस नगर के विद्यार्थियों को प्रायः निःशुल्क शिक्षा दी जाती थी। आचार्य के घर में विद्यार्थी के भोजन एवं विश्राम की व्यवस्था हो जाया करती थी। बदले में वह आचार्य के घर का कार्य एवं उसकी परिचर्या करता था। केवल धनिक विद्यार्थियों के द्वारा ही दक्षिणा देने का उल्लेख यत्र-तत्र मिलता है। उदाहरणार्थ, काशी के एक राजकुमार ने तक्षशिला में अपने आचार्य को एक हजार मुद्राओं की थैली प्रस्तुत की थी।[१०] कभी-कभी राजकुमार यहाँ पर अलग घर लेकर रहते थे।[११] विद्यार्थी अत्यन्त अनुशासित एवं संयमित जीवन बिताने के लिए बाध्य थे। आचार्य का अपने विद्यार्थी के ऊपर प्रभाव

---

१. अल्तेकर, ए० इ० एँ० इ०, पृष्ठ ११०।
२. जातक, संख्या ३७८।
३. वही, संख्या ४८९।
४. वही, संख्या ३३६।
५. अल्तेकर, वही, पृष्ठ १११।
६. वही, पृष्ठ १११।
७. वही, पृष्ठ १११।
८. वही, पृष्ठ १११।
९. वही, पृष्ठ १११।
१०. जातक, संख्या ४५६।
११ वही, संख्या २५२।

हुआ करता था। जातकों से ज्ञात होता है कि राजवर्ग के लोग भी प्रायः शारीरिक दण्ड के भाजन बनते थे।[१]

पालि साहित्य में तक्षशिला का जो वर्णन मिलता है, उससे इस नगर के बौद्धकालीन अर्थात् छठी शताब्दी ई० पू० की दशा के विषय में परिचय प्राप्त होता है। पाँचवीं शताब्दी के प्रारम्भिक भाग में हखामनीश सम्राट् द्वारा प्रथम के राज्यकाल में यह नगर पारसीक साम्राज्य में सम्मिलित हुआ। इस नरेश के पर्सिपोलिस और नक्शेरुस्तम की समाधि के लेख से ज्ञात होता है कि तक्षशिला के आसपास का भूभाग बहुत ही सम्पन्न और जनाकीर्ण था। इससे पारसीक सम्राट् को बहुत अधिक आय हुआ करती थी।[२] इस आधिपत्य का ऐतिहासिक प्रभाव यह हुआ कि उत्तर-पश्चिम भारत में स्वदेशी ब्राह्मी लिपि के स्थान को खरोष्ठी लिपि ने ले लिया।[३]

चतुर्थी शताब्दी ई० पू० में इस नगर के ऊपर सिकन्दर का आक्रमण हुआ। इस समय यहाँ पर आम्भि शासन कर रहा था। उसका राज्य सिन्ध और झेलम नदियों के बीच में फैला हुआ था।[४] विदेशी विवरण से ज्ञात होता है कि इस समय यह नगर बहुत उन्नति पर था। एरियन ने इसे समृद्धिशाली एवं जनाकीर्ण नगर बताया है।[५] स्ट्रेबो के अनुसार तक्षशिला विशाल एवं धनधान्य से सम्पन्न था।[६] प्लिनी ने भी इसके महान् उत्कर्ष का उल्लेख किया है।[७] यूनानी लेखकों के अनुसार यहाँ बहुविवाह और सतीप्रथा प्रचलित थी।[८] मौर्यों के शासनकाल में यह नगर उनके उत्तर-पश्चिम प्रान्त का प्रधान केन्द्र था। बिन्दुसार के राज्यकाल में अशोक तक्षशिला का राज्यपाल था। इस स्थान से एक लेख मिला है, जिसमें अशोक का नाम प्रियदर्शि दिया गया है।[९] इस नगर के नागरिकों में अशोक बहुत प्रिय था। दिव्यावदान के वर्णन से ज्ञात होता है कि बिन्दुसार के काल में सीमान्त प्रदेशों के कर्मचारी अत्याचारी हुआ करते थे। इनके क्रूर व्यवहार से ऊबकर तक्षशिला के नागरिकों ने बिन्दुसार के विरुद्ध विद्रोह कर दिया। इसके दमन के लिए उन्होंने अशोक को वहाँ भेजा। इसके आगमन का सन्देश पाते ही तक्षशिला-नागरिक श्रद्धा के कारण भारावनत हो उठे। उन्होंने विद्रोह की भावना का पूर्ण रूप से परित्याग कर दिया। उन्होंने कुमार से शोषण करने वाले दुष्ट पदाधिकारियों

---

१. मार्शल, गाइड तक्सिला, पृष्ठ १०।
२. वही, पृष्ठ १०।
३. अल्तेकर, ए० इ० ऐं० इ०, पृष्ठ १०८।
४. रायचौधरी, पो० हि० ऐं० इ०, पृष्ठ १०८।
५. कनिंघम, ऐंशेण्ट ज्याग्रफी, पृष्ठ १०५।
६. वही, पृष्ठ १०६।
७. कनिंघम, ऐंशेण्ट ज्याग्रफी, पृष्ठ १०६।
८. मार्शल, गाइड तक्सिला, पृष्ठ ११।
९. सरकार, सेलेक्ट इंसक्रिप्शंस, पृष्ठ ८२।

की घोर निन्दा की।[१] अशोक के शासन-काल में कुणाल तक्षशिला का राज्यपाल बनाया गया। इस नरेश के राज्यकाल में भी इस नगर के नागरिकों ने एक बार विद्रोह किया। इस विद्रोह के दमन के लिए कुणाल भेजा गया।[२] यहाँ के नागरिक कुणाल से प्रभावित थे। उन्होंने आत्मसमर्पण करते हुए मौर्य कर्मचारियों के क्रूर शासन की ओर उसका ध्यान आकर्षित किया।[३]

अमात्यों के द्वारा प्रजा के ऊपर किये गये उत्पीड़न के सम्बन्ध में अशोक के अभिलेखों में भी प्रमाण मिलते हैं। जौगड़ के शिलालेख से ज्ञात होता है कि सीमान्त प्रान्तों के नागरिक इस कारण बहुत दुखी थे। इनको आश्वासन प्रदान करने के लिए अशोक ने राजवाचनिक महामात्रों की नियुक्ति की थी। इन पदाधिकारियों के द्वारा उसने इनके पास सन्देश भेजा कि वे दुखी न हों। वे राजा में विश्वास रखें। वह उनके सुख की पूर्ण व्यवस्था करेगा।[४] धौली के लेख में स्पष्ट रूप से कहा गया है कि तक्षशिला के नागरिकों के कल्याण के लिए अशोक ने 'नगर-व्यवहारक' नामक महामात्रों की नियुक्ति की थी। उनके पास इसने राजकीय सन्देश भेजा कि वे सभी उसे पुत्र के तुल्य हैं। वह उनके ऐहिक एवं पारलौकिक हित की पूर्ण व्यवस्था करेगा।[५]

मौर्यों के उपरान्त यह नगर 'इण्डो-बैक्ट्रियन' राजाओं के साम्राज्य में सम्मिलित हुआ। उन्होंने लगभग १२५ वर्षों तक यहाँ राज्य किया। तक्षशिला के ऊपर इनके आधिपत्य के सम्बन्ध में बेसनगर का गरुड़ स्तम्भ-लेख सबसे महत्त्वपूर्ण अभिलेख-साक्ष्य है। इसके अनुसार तक्षशिला के यूनानी शासक अन्तियालकिदास के दरबार से भागतव मतावलम्बी हेलिओदोरस नामक राजदूत शुंग-नरेश भागभद्र (भद्रक) के दरबार में आया था।[६] यवनों के काल में एक निश्चित योजना के अनुसार इस नगर का

---

१. ''अथ राज्ञो विन्दुसारस्य तक्षशिला नाम नगरं विरुद्धम्। तत्र राज्ञा विन्दुसारेन अशोको विसर्जितः...यावत् कुमारश्चतुरंगेन बलकायेन तक्षशिलां गतः श्रुत्वा तक्षशिलानिवासिनः पौराः...प्रत्युद्गम्य च कथयन्ति न वयं कुमारस्य विरुद्धाः नापि राज्ञो विन्दुसारस्य अपि तु दुष्टामात्या अस्माकं परिभवं कुर्वन्ति''। —दिव्यावदान, पृष्ठ ३७१।

२. ''राज्ञोऽशोकस्योतरापथे तक्षशिला नगरं विरुद्धम्'' —वही, पृष्ठ ४०७।

३. ''न वयं कुमारस्य विरुद्धा न राज्ञोऽशोकस्यापि तु दुष्टात्मानोऽमात्या आगत्यास्माकं अपमानं कुर्वन्ति'' —वही, पृष्ठ ४०७।

४. ''अनु (विगि) न ह्वे (यू) ममियाये (अ) स्वसेयु च मे सुखमेव च लहे (यू) ममते (नो) (दु) ख'' —सरकार, वही, पृष्ठ ४६।

५. ''सवे मुनिसे पजा मम (।) अथ (।) पजाये इछामि हक ( ) (क्रिति) (स) वै (न) (हि) तसुखेन हिदलो (किक) पाललोकिके (न) (यूजेवू) (ति) तथा (सब) (मुनि) सेसु पि (इ) छामि।'' — वही, पृष्ठ ४२।

६. ''देवदेवस वासुदेवस गरुडध्वजे अयं कारिते इअ हेलिओदोरेण भागवतेन दियसपुत्रेण तखखसिलाकेन योनदूतेन आगतेन महाराजस अन्तलिकितस उप (ता) सकासं रजो कोसीपुत्रस भागभद्रस।'' —वही, पृष्ठ ९१।

पुनर्निर्माण किया गया।[१] इनके शासन काल ने तक्षशिला की कला को विशेष रूप से प्रभावित किया। मुद्रानिर्माण की शैली परिवर्तित हुई। पहले यहाँ पर 'पंच-आहत-मुद्राएँ' प्रचलित थीं, जो कि बनावट में भद्दी और कुरूप हुआ करती थीं। अब यूनानी ढंग पर सिक्के ढाले गये। इनकी तौल एथेंस की मुद्राओं की तौल के आधार पर निर्धारित हुई। इनके ऊपर विरुद यूनानी भाषा में उत्कीर्ण की गई। राजाओं के चित्र एवं मुद्राओं के प्रकार यूनानी आदर्श पर आधारित थे। इस काल के भीतर तक्षशिला के कलाकारों ने जो मृण्मयी मूर्तियाँ एवं बर्तन बनाये, उनके ऊपर यूनानी प्रभाव स्पष्ट रूप में था।[२] विद्वानों का अनुमान है कि इस नगर में शिल्पविद्या के विद्यार्थियों को यूनानी आधार पर मुद्राओं एवं प्रतिमाओं का निर्माण करना सिखाया जाता था। 'इण्डो-बैक्ट्रियन' शासन ने भाषा एवं साहित्य को भी प्रभावित किया होगा। तक्षशिला के यूनानी शासकों को ऐसे पदाधिकारियों की आवश्यकता पड़ी होगी, जो कि यूनानी भाषा से अभिज्ञ हों। इस निमित्त इस नगर के आचार्यों ने यूनानी भाषा एवं साहित्य को सीखा होगा तथा अपने कुछ विद्यार्थियों को इसकी शिक्षा दी होगी।[३] शासक की भाषा के यूनानी होने के कारण बहुतों ने इसे सीखने की चेष्टा की होगी। यूनानी राजाओं ने अपने देश के नाटकों का अभिनय कराया होगा। इससे लोगों की अभिरुचि यूरोपीडिज़ और सोफोक्लिज़ की कृतियों के अध्ययन में जागृत हुई होगी। इस दृष्टि से तक्षशिला की शिक्षापद्धति के ऊपर यूनानी प्रभाव अवश्य पड़ा होगा।[४] ऐपोलोनियस के अनुसार पहली शताब्दी ईसवी में इस नगर के भारतीय एवं यूनानी एक दूसरे के दर्शन को जानते थे। इसके आसपास के ग्रामनिवासी यूनानी भाषा लिख और समझ सकते थे। इससे निष्कर्ष निकाला जा सकता है कि यूनानियों के शासनकाल में यूनानी अनुशीलन तक्षशिला के पाठ्यक्रम में सम्मिलित था।[५]

'इण्डो-बैक्ट्रियन' राज्य के अधःपतन के उपरान्त यह नगर शकों और कालान्तर के पह्लव राजाओं के अधीन था। जिस समय पह्लव सम्राट् फ्राओट्स इस नगर में राज्य कर रहा था, उस समय उसके दरबार में ४४ ई० के लगभग तियाना का ऐपोलोनियस यहाँ आया था। वह लिखता है कि यह नगर 'निनवेह' के समान विशाल आकार का था।[६] यूनानी नगरों की भाँति इसकी किलेबन्दी की गई थी। इसकी सड़कें बनावट में एथेंस की सड़कों से मिलती जुलती थीं। नगर के अधिकांश घर प्रायः एक ही मंजिल के थे। नगर के भीतर एक प्रसिद्ध सूर्यमन्दिर वर्तमान था। यहाँ के राजकीय प्रासाद से बहुत

---

१. मार्शल, गाइड तक्सिला, पृष्ठ १२।
२. अल्तेकर, ए० इ० ऐं० इ०, पृष्ठ १०८।
३. अल्तेकर, वही, पृष्ठ १०८।
४. वही, पृष्ठ १०८।
५. वही, पृष्ठ १०९।
६. मर्शल, गाइड तक्सिला, पृष्ठ १५।

अधिक सादगी टपकती थी। इस दृष्टि से यह बैबीलोनिया के राजप्रासादों से कुछ विभिन्न था।[१] प्रथम शताब्दी ईसवी के उत्तरार्द्ध में यह नगर कुषाणों के द्वारा छीन लिया गया। इन्होंने यहाँ पर कई शताब्दियों तक राज्य किया। तक्षशिला से कुषाणों के काल का एक लेख (तक्सिला सिलवर स्क्राल इंसक्रिप्शन) मिला है। इसमें यहाँ के धर्मराजिका स्तूप का उल्लेख मिलता है। इस लेख के अनुसार उरशादेशीय इन्तप्रिय के पुत्र के द्वारा, जो कि बाह्लिक एवं नवाचल नगर का रहने वाला था, धर्मराजिका स्तूप के समीप वर्तमान अपने बोधिसत्व-गृह में भगवान गौतम बुद्ध का देहावशेष पुण्यार्जन के निमित्त प्रतिष्ठापित किया गया।[२]

चतुर्थ शताब्दी के अन्तिम चरण में फाह्यान तक्षशिला आया था। बोधिसत्व के जीवन से सम्बन्धित स्थानों का उसने दर्शन किया था। वह लिखता है कि यहाँ पर कई स्तूप बने हुए थे, जहाँ सभी वर्गों के लोग बड़ी श्रद्धा के साथ पूजा चढ़ाते थे। उसके अनुसार यहाँ पर फूल चढ़ाने वालों एवं दीपक चढ़ाने वालों की भीड़ बराबर लगी रहती थी।[३] पाँचवीं शताब्दी में इस नगर के ऊपर हूणों के आक्रमण हुए। ये स्वभाव से बहुत ही बर्बर तथा ध्वंसकारी थे। इन लोगों ने नगर के भीतर वर्तमान मठों और विहारों को काफी क्षति पहुँचाई। जिस समय सातवीं शताब्दी के प्रारम्भिक भाग में ख्वान् च्वांग इस नगर में पहुँचा, उस समय इसकी शोभा क्षीण हो चुकी थी। उसके अनुसार इस नगर की परिधि १० 'ली' (लगभग २ मील) थी। इसके अधिकांश मठ ध्वस्त हो चुके थे। नगर के भीतर बौद्धभिक्षुओं की संख्या सब से अधिक थी। वे महायान धर्म के अनुयायी थे। यहाँ का स्थानीय शासक काश्मीर-नरेश के अधीनस्थ था। वह लिखता है कि यहाँ की जलवायु उत्तम थी। उसके अनुसार नगर की उत्तर-पश्चिम दिशा में थोड़ी दूर पर 'एलापत्र का सरोवर' था, जिसके निर्मल जल में विभिन्न रंग के कमल खिले हुए थे। इसके दक्षिण-पूर्व में पास ही अशोक का एक स्तूप था, जिसकी ऊँचाई १०० फीट थी।[४]

नगर के उत्तर में अशोक के द्वारा बनवाया हुआ एक दूसरा स्तूप था। लोग इसके चमत्कार में विश्वास करते थे। तत्कालीन एक जनपरम्परा के अनुसार एक स्त्री इसकी आराधना के फलस्वरूप चर्मरोग से मुक्त हो गयी थी। इसके पास ही एक प्राचीन विहार था, जिसमें कुमारलब्ध नामक सौत्रान्तिक बौद्ध आचार्य ने अपने सिद्धान्तों का प्रवर्तन किया था।[५] नगर के दक्षिणपूर्व में अशोकनिर्मित एक और स्तूप था। यह ऊँचाई में १००

---

१. मार्शल, गाइड तक्सिला, १५।

२. ''तेण इमे प्रविस्तवित भगवतो धतुओ धमरइये तक्षशिलये तणुक्ये बोधिसत्व-गहमि।''
—सरकार, सेलेक्ट इंसक्रिप्शंस, पृष्ठ १२९।

३. लेग्गे, फाह्यान, पृष्ठ ३२।

४. वाटर्स, १, २७०।

५. वही, १, ३८०।

फीट के लगभग था। स्थानीय परम्परा के अनुसार कुणाल की सौतेली माँ ने इसी स्थान पर उसकी आँखें निकलवा ली थी।[१] चीनी यात्री ने नगर के आसपास के कतिपय अन्य स्तूपों और विहारों का भी उल्लेख किया है। उसके अनुसार यहाँ पर श्वेताम्बर सम्प्रदाय के अनुयायी बहुसंख्या में रहते थे। वे अनवरत तपश्चर्या में संलग्न रहा करते थे। इसके सिद्धान्त अधिकांशत: बौद्ध धर्म से लिये गये थे। इनके आचार-सम्बन्धी कतिपय नियम थे, जिनका पालन प्रत्येक के लिए अनिवार्य था। बड़े शिष्य भिक्षु तथा छोटे शिष्य श्रमण कहलाते थे। इन लोगों की देव प्रतिमाएँ गौतम बुद्ध की प्रतिमाओं की भाँति हुआ करती थीं। इनकी धार्मिक क्रियाएँ बौद्ध परिपाटी के तुल्य थीं। वे लोग अपने सिर के बाल को बहुत छोटा रखते थे और प्राय: नंगे रहते थे। उनमें से कुछ कभी-कभी श्वेत रंग का वस्त्र पहन लिया करते थे। इन विभिन्नताओं के कारण वे क्रमश: बौद्धों से पृथक् हो गये थे।[२]

तक्षशिला के अवशेष आधुनिक रावलपिण्डी के उत्तर-पश्चिम में लगभग २० मील की दूरी पर स्थित हैं। इसके दर्शक को आज भी अनुमान होता है कि इसकी प्राकृतिक स्थिति बहुत ही अनुकूल थी। इसकी रक्षा के प्राकृतिक साधन, भूमि की उर्वरता तथा प्राचीन व्यापारिक मार्गों के साथ इसका सम्बन्ध इसके आर्थिक विकास में सहायक सिद्ध हुए होंगे।[३] तक्षशिला के भग्नावशेष एक दूसरे से लगभग साढ़े ३ मील की दूरी पर तीन स्थानों से उपलब्ध हुए हैं—(१) भिर माउण्ड, (२) सरकप तथा (३) सिरसुख। भिर माउण्ड उत्तर से दक्षिण तक १२१० गज और पूर्व से पश्चिम तक ७३० गज लम्बा है। स्थानीय परम्परा के अनुसार तक्षशिला सबसे पहले भिर माउण्ड पर ही बसा हुआ था।[४] उत्खनन साक्ष्य के द्वारा भी इसका समर्थन हुआ है।[५] जमीन की सतह से भिर-माउण्ड की ऊँचाई लगभग ७० फीट है।[६]

इस स्थान पर बसा हुआ नगर वैज्ञानिक ढंग पर बनाया गया। द्वितीय शताब्दी ईसा पूर्व के प्रारम्भिक भाग में पंजाब की विजय के उपरान्त 'इण्डो-बैक्ट्रियन' राजाओं ने सरकप के स्थान पर तक्षशिला के नये नगर का निर्माण किया। तदुपरान्त ईसा की आदिम शताब्दी के अन्त तक यह नगर इसी स्थान पर वर्तमान था। इस काल के भीतर 'इण्डो-बैक्ट्रियन' शासकों के पश्चात् शक, पह्लव एवं कुषाणों ने यहाँ पर राज्य किया। पंजाब की एक स्थानीय परम्परा के अनुसार सरकप का यह नाम तन्नामधारी एक राक्षस के नाम पर पड़ा था।[७] 'इण्डो-बैक्ट्रियन' राजाओं के काल में इस नगर के चतुर्दिक् एक

---

१. वाटर्स, १, २८२।

२. वही, २, २८८।

३. मार्शल, गाइड तक्सिला, पृष्ठ ४१।

४. वही, पृष्ठ ३।

५. वही, पृष्ठ ३।

६. वही, पृष्ठ ३।

७. वही, पृष्ठ ६५।

मिट्टी की दीवाल थी। इसके कुछ भग्नावशेष अब भी विद्यमान हैं। स्थानीय लोग इसे धूलकोट कहते हैं।[१] परन्तु कालान्तर में शक सम्राट् ऐज़ेज प्रथम के काल (५० ई० पू०) में इसके चारों ओर एक पक्की दीवाल खड़ी की गई। इसमें पत्थर चुनकर लगाये गये थे। यह दीवाल लगभग साढ़े तीन मील लम्बी थी। इसकी चौड़ाई १५ फीट से लेकर साढ़े २१ फीट तक थी। इस दीवाल में स्थान-स्थान पर तीन मंजिलों वाला बुर्ज़ बने हुए थे। बुर्ज़ की दूसरी ओर तीसरी मंजिल के ऊपर नगर-रक्षक सैनिक रहा करते थे।[२] बुर्ज़ के ऊपर चढ़ने के लिए अन्दर से सीढ़ियाँ बनी हुई थीं। दीवाल में प्रत्येक दिशा में एक बड़ा द्वार बना हुआ था। इनमें उत्तरी द्वार निर्माण की दृष्टि से सब से महत्वपूर्ण था। यह ऐसे स्थान पर बना हुआ था, जहाँ से आकस्मिक आक्रमण सरलता के साथ रोका जा सकता था। इसमें द्वारमार्ग एक विशाल कमरे के आकार का बना हुआ था, जो ६२ फीट लम्बा तथा ३५ फीट चौड़ा था। इसमें रक्षकों के ४ कमरे भी बने हुए थे। इनमें से दो कमरे द्वार के अत्यन्त समीप तथा दो कुछ दूरी पर बने थे।[३]

सरकप के प्राचीन अवशेषों में सबसे महत्वपूर्ण वहाँ का राजमहल है।[४] यह बहुत ही विशाल बना हुआ था तथा नगर के मध्य में स्थित था। इसकी दीवालों और खम्भों में पत्थर चुनकर लगाये गये थे। इस राजमहल की विशेषता इसकी सादगी थी। यह बनावट की दृष्टि से असीरिया के राजमहलों के समान था। इस राजमहल निर्माण पह्लवों के काल में हुआ था। पह्लव-काल में असीरिया के राजमहलों के उदाहरण पर इस राजप्रासाद का निर्मित होना कोई आश्चर्यजनक नहीं था। असीरिया की सभ्यता का बहुत बड़ा प्रभाव फारस एवं बल्ख आदि समीपवर्ती देशों के ऊपर था। पह्लव इन देशों की प्राचीन सभ्यता की परम्परा में आते थे। नागरिकों के घर भी बहुत सादे बने हुए थे। मार्शल महोदय का मत है कि भिर माउण्ड के घरों से ये अधिक अच्छे थे। शास्त्रों में वर्णित ..तुःशाल घरों की पद्धति पर इनका निर्माण किया गया था। इनकी दीवालों के ऊपर मिट्टी का गाढ़ा लेप मिलता है।[५]

सबसे बाद में यह नगर सिरमुख में बसाया गया। इसका निर्माण कुषाणों के राज्यकाल में पहली शताब्दी में किया गया। इसके चतुर्दिक् एक पत्थर की दीवाल बनी हुई थी, जिसकी चौड़ाई साढ़े १८ फीट थी।[६] सरकप और सिरसुख के दुर्गों में कई दृष्टियों से अन्तर था। सिरसुख के दुर्ग में चिकने पत्थरों की चिनाई की गई थी। इसकी समता में सरकप के दुर्ग में चुने हुए पत्थर खुरदरे थे। सिरसुख की दीवाल के छिद्र बने हुए थे। दुर्ग के भीतर के सैनिक बाहर की शत्रु-सेना के ऊपर इन छिद्रों से बाण फेंका

१. मार्शल, गाइड तक्सिला, पृष्ठ ५-६।
२. वही, पृष्ठ ६५।
३. वही, पृष्ठ ६६।
४. वही, पृष्ठ ६७-७०।
५. वही, पृष्ठ ७१।
६. वही, पृष्ठ ९४।

करते थे। सरकप के बुर्ज़ आयताकार तथा अन्दर से ठोस बने हुए थे। परन्तु सिरसुख के बुर्ज़ अर्द्धवृत्ताकार थे तथा इनका भीतरी भाग ठोस नहीं था। सिरसुख का नगर आयताकार बना हुआ था। रक्षा के प्राकृतिक साधनों के अतिरिक्त कृत्रिम साधनों से भी यह अधिक युक्त था।[१]

तक्षशिला के प्राचीन स्मारकों में धर्मराजिका स्तूप विशेष रूप से उल्लेखनीय है। दिव्यावदान में अशोक की उपाधि 'धर्मराज' दी गई है। इसके आधार पर प्रोफेसर फोगेल का कहना है कि इसका निर्माण अशोक के राज्य-काल में हुआ था।[२] दिव्यावदान में स्पष्ट शब्दों में कहा गया है कि अशोक धर्मराजिका का निर्माणकर्ता था।[३] तक्षशिला में अशोक ने अपने पिता के राज्यकाल में अपने जीवन के कई वर्ष बिताये थे। यह नगर उसके राज्य के उत्तर-पश्चिम प्रान्त का सबसे प्रधान नगर था। अशोक ने तत्कालीन विशिष्ट नगरों में स्तूपों का निर्माण कराया था। ऐसी दशा में तक्षशिला में उसके द्वारा स्तूपों का निर्माण असम्भाव्य नहीं है। इस नगर के स्तूपों में सब से प्राचीन यही है। अतएव इससे भी प्रतिपादन होता है कि यदि अशोक ने यहाँ पर किसी स्तूप का निर्माण कराया, तो वह यही था। यह स्तूप वृत्ताकार है एवं एक चबूतरे के ऊपर बना हुआ है। चबूतरे के ऊपर चढ़ने के लिए चारों ओर सीढ़ियाँ बनी हुई हैं। स्तूप के चतुर्दिक् चबूतरे पर प्रदक्षिणापथ बना हुआ है। इसकी चौड़ाई ११ से लेकर १२ फीट तक है। इस स्तूप के निर्माण में पत्थरों का भी उपयोग हुआ है।[४] तक्षशिला के अन्य स्मारकों में कुणाल का स्तूप है जिसका उल्लेख य्वान् च्वांग ने अपने यात्रा-विवरण में किया है। जिस समय वह भारत में आया, उस समय यह नगर सिरसुख में बसा हुआ था।[५] मार्शल ने इस स्तूप की पहचान इस स्थान पर वर्तमान एक स्तूप से की है। इसका आधार आयताकार है। यह पूर्व से पश्चिम तक ६३ फीट ९ इंच तथा उत्तर से दक्षिण तक १०५ फीट १ इंच है। आधार के ऊपर क्रमशः तीन चबूतरे बने हुए हैं। प्रस्तर-खण्डों के उपयोग द्वारा इसे ठोस बनाने की चेष्टा की गई है।[६]

तक्षशिला की पुरातत्व-सामग्री के अध्ययन के विषय में गान्धार-कल. उल्लेखनीय है। यह नगर इस कला का एक प्रतिष्ठित केन्द्र था। उत्तर-पश्चिम भारत में स्थित होने के कारण अपने इतिहास के प्रारम्भिक काल से ही यह नगर विदेशी सम्पर्क में बना रहा। इस नगर में यूनानियों, पारसीकों, शकों, पह्लवों एवं कुषाणों में अधिकांश बस गये थे। यही कारण है कि यहाँ की कला के ऊपर पाश्चात्य प्रभाव दृष्टिगोचर होता है। गान्धार-कला का विषय यद्यपि पूर्ण रूप से भारतीय है, तथापि

---

१. मार्शल, गाइड तक्सिला, पृष्ठ ९५-९६।

२. वही, पृष्ठ ३७।

३. दिव्यावदान, पृष्ठ ३७२।

४. धर्मराजिका स्तूप के स्थापत्य के लिए द्रष्टव्य —मार्शल, गाइड तक्सिला, पृष्ठ ३५-४८।

५. मार्शल, गाइड तक्सिला, पृष्ठ ६०।

६. वही, पृष्ठ ६२।

इसकी शैली निर्विवाद रूप से यूनानी है। यह कला प्रथम शताब्दी ईसा पूर्व से लेकर पाँचवीं शताब्दी तक विशेष रूप से प्रचलित थी। इस शैली में निर्मित मूर्तियाँ अधिकांशतः गौतम बुद्ध की हैं। तक्षणकारों ने इनके निर्माण में सौन्दर्य को प्रधानता दी थी। इनके निर्माण में स्वातघाटी के भूरेदार प्रस्तर-खण्डों का उपयोग किया गया। मूर्तियों के वस्त्र पतले एवं व्यावर्तनयुक्त दिखाये गये। सिर के बाल यूनानी मूर्तियों में प्रदर्शित बालों की भाँति लहरदार हैं। गौतम की कुछ मूर्तियाँ बनावट की दृष्टि से यूनान की एपोलो की मूर्तियों से साम्य रखती हैं। तक्षशिला से मिले हुए इस कला के उदाहरण इस नगर के तक्षणकारों की कला-कुशलता के ज्वलन्त प्रतीक हैं।

प्रवरपुर—इसकी स्थापना प्रवरसेन द्वितीय ने की थी।[१] यही कारण है कि इसका नाम प्रवरसेनपुर पड़ा। इसका संक्षिप्त नाम प्रवरपुर था। प्रवरसेन द्वितीय का समय छठी शताब्दी का उत्तरार्द्ध था। अतएव इस नगर का इतिहास इसी समय से प्रारम्भ होता है।[२] सातवीं शताब्दी के चीनी यात्री य्वान् च्वांग ने इसे 'नवनगर' कहा है। उसके वर्णन से लगता है कि काश्मीर की राजधानी इसी नगर में प्रतिष्ठित थी। उसने काश्मीर की पुरानी राजधानी पण्ड्रेठन (पुराणाधिष्ठान) से इसकी पृथकता स्थापित करते हुए इसके अचिराधिष्ठित पुर होने की ओर संकेत किया है।[३] राजतरंगिणी में इस नगर की स्थापना के सम्बन्ध में एक आख्यानात्मक वर्णन उपलब्ध होता है।[४]

विक्रमांकदेवचरित में इसे काश्मीर का प्रधान नगर बताया गया है। (काश्मीरेषु प्रवरपुरमित्यस्ति मुख्यं पुराणाम्)।[५] वितस्ता (झेलम) की कुटिल तरंगों के कारण इस नगर की छटा द्विगुणित हो उठती थी (यस्यायान्ति प्रकृतिकुटिलास्ते वितस्तास्तरंगाः)।[६] इसमें शास्त्रों में पारंगत ब्राह्मण रहते थे, जो धार्मिक क्रियाओं के अनुष्ठान में तल्लीन थे। (यस्मादुच्चैः स्फुटितमहसां ब्राह्मणानां निवासाः)।[७] इसके उद्यानों की छटा रमणीक थी।[८] इस नगर की शोभा यक्षपुरी, कुबेरपुरी तथा लंका के सौन्दर्य को झूठा सिद्ध कर देती थी।[९] ग्रीष्मऋतु में तापशान्ति के लिए यहाँ शीतल गृह बने हुए थे।[१०] इस नगर के शिष्ट

---

१. आरेल, स्ताइन, राजतरंगिणी, पृष्ठ १, ८४।
२. वही, पृष्ठ ८४।
३. वही, पृष्ठ ८५।
४. राजतरंगिणी ३, ३३९-४९।
५. विक्रमांकदेवचरित, सर्ग १८।
६. वही, सर्ग १८।
७. वही, सर्ग १८।
८. ''उद्यानेभ्यः सकलभुवनाश्चर्यमाधुर्यधुर्यं।
पीत्वा द्राक्षारसमिव करैर्जातसन्तापशान्तिः॥'' —वही, सर्ग १८।
९. ''यक्षग्रस्ता धनपतिपुरी निष्कलंका न लंका।
सातंकेव त्रिदशनगरी मेरुपृष्ठेऽधिरूढा॥'' —वही, सर्ग १८।
१०. ''भीष्मग्रीष्मक्लमविरतये सर्वसाधारणत्वम्।
यस्मिन्नायान्त्यपि हिमशिलाशीतलानि स्थण्डिलानि॥'' —वही, सर्ग १८।

कुलों की महिलाएँ संस्कृत एवं प्राकृत में बात कर सकती थीं।[१] आठवीं शताब्दी के चीनी लेखों में प्रवरपुर का नाम उपलब्ध होता है।[२]

राजतरंगिणी में प्रवरपुर का प्रचुर उल्लेख मिलता है। इसके अनुसार एक बार ललितादित्य मुक्तापीड ने मदोन्मत्त होकर अपने सचिवों को प्रवरपुर जला डालने की आज्ञा दी। पर उन्होंने चतुराई के साथ कार्य किया। नगर के सीमा-प्रान्त पर घोड़ों के खाने के निमित्त घास की एक ऊँची ढेर लगी हुई थी। उनकी आज्ञा के अनुसार इसमें आग लगा दी गई। ललितादित्य ने अपने प्रासाद की छत से अग्नि की लपटों को देख कर समझा कि मन्त्रियों ने उसकी आज्ञा को पूर्ण किया। पर उन्माद के उतरने पर उसे अपनी इस कृति पर पश्चात्ताप हुआ तथा अत्यन्त दु:ख से वह आक्रान्त हो उठा। मन्त्रियों ने उसकी यह दशा देख कर उसे वास्तविक बात बता दी। इसे सुन कर उसे उसी प्रकार प्रसन्नता हुई, जिस प्रकार कोई व्यक्ति स्वप्न में अपने पुत्र को मरा समझ कर क्लेशयुक्त तथा उसके उपरान्त जगने पर उसे वह देखकर सुखी होता है।[३]

राजतरंगिणी के अनुसार इस नगर में कुछ मठ बने हुए थे, उदाहरणार्थ भट्टारक मठ तथा सङ्ग्रामकक्षेत्र मठ। दिद्दा ने अपने पुत्र को भट्टारक मठ में भेजा था।[४] सङ्ग्रामकक्षेत्र-मठ का निर्माण काश्मीर के अनन्तदेव नामक नरेश के द्वारा किया गया था।[५] वहाँ के हलधर नामक सम्राट् ने इस पुर में झेलम तथा सिन्धु नदी के संगम पर एक मठ बनवाया था।[६] इस नगर में कुछ मन्दिर भी बने हुए थे। उदाहरणार्थ अनन्तदेव की भार्या ने यहाँ एक शिव-मन्दिर का निर्माण किया। इसके समीप एक गोष्ठागार भी बना हुआ था।[७] प्रवरसेन द्वितीय ने भी वहाँ एक शिव-मन्दिर का निर्माण किया था। इसकी छत में एक छिद्र बना हुआ था। इसके सम्बन्ध में काश्मीर में कथा प्रचलित थी कि प्रवरसेन इससे होकर सदेह स्वर्ग गया था। इसका उल्लेख राजतरंगिणी[८] तथा

---

१. ''यत्र स्त्रीणामपि किमपरं जन्मभाषावदेव।
प्रत्यावासं विलसति वचः संस्कृतं प्राकृतं च॥'' —विक्रमांकदेवचरित, सर्ग १८।

२. आरेल स्ताइन, राजतरंगिणी, पृष्ठ ८४।

३. ''श्रुते प्रनष्टे नगरे निःशोकोऽभून्महीपतिः।
स्वप्नान्तर्हारिते पुत्रे प्रबद्धोग्रे इव स्थिते॥'' —राजतरंगिणी, ४, ३११।

४. ''प्रविष्टेषु ततः कोपात्पुरं शुभधरादिषु।
भट्टारकमठे दिद्दा भूयः पुत्रं व्यसर्जयत्॥'' —वही, ६, २४०।

५. वही, ७, १८५।

६. ''तेनायासहृता नीतः कचत्स्वर्णैः सुरास्पदैः।
शोभा मठाग्रहारैश्च वितस्तासिन्धुसंगमः॥'' —वही, ७, २१४।

७. वही, ७, १८०।

८. ''एवं सः भुवनैश्वर्यं भुक्त्वा भूमिभृतां वरः।
अनेनैव शरीरेण भेजे भूतपतेः सभाम्॥'' —वही, ६, ३७७।

विक्रमांकदेवचरित[१] दोनों ग्रन्थों में हुआ है। इस नगर की पहचान आधुनिक श्रीनगर (काश्मीर की राजधानी) से की जाती है। पण्डितवर्ग में अब भी इस नगर को प्रवरपुर कहा जाता है।[२]

शाकल—इसे ब्राह्मण ग्रन्थों में शाकल, बौद्ध साहित्य में सागल तथा यूनानी लेखों में संगल कहा गया है। इसका प्रथम उल्लेख महाभारत में मिलता है। इस ग्रन्थ के अनुसार यहाँ पर मद्र देश की राजधानी विद्यमान थी।[३] एरियन, कर्टियस तथा डिओडोरस ने इस नगर की काफी प्रशंसा की है। इनके अनुसार सिकन्दर के आक्रमण के समय वहाँ कठ जाति के लोग राज्य करते थे। कर्टियस लिखता है कि उस समय इसके चतुर्दिक् एक ऊँची दीवाल तथा गहरी खाई थी। यूनानी सैनिकों से जान बचाने के लिए कुछ नागरिकों नें इसे तैर कर पार किया था।[४] एरियन ने इस परिखा को झील कहा है।[५] इस नगर के बाहर एक छोटी पहाड़ी थी, जिस पर सिकन्दर के आक्रमण के समय कठ लोगों का सैनिक शिविर पड़ा हुआ था।[६]

मिलिन्दपञ्हों में इसे 'योनकानं नगरम्' कहा गया है। इसका कारण है कि यहाँ पर यवनराज मिलिन्द (मेनेण्डर) की राजधानी प्रतिष्ठित थी। इस ग्रन्थ के अनुसार इसमें आराम, उद्यान तथा तड़ाग बने हुए थे। (पवनतडागपोक्खरणीसम्पन्नम्)। नदी एवं पर्वत के कारण इसकी शोभा परम रमणीया थी। (नदीपव्वतवनारामणेय्यकम्)। इसके चतुर्दिक् प्राकार तथा परिखा का निर्माण किया गया था। प्राकार में द्वार तथा बुर्ज़ बने हुए थे (वरगोपुरतोरणं गम्भीरपरिखापण्डरपाकारपरिक्खित)। नगर के भीतर सुन्दर राजमार्ग, नालियाँ तथा चौराहे बने हुए थे (सुविभक्त वीथिचच्चरचतुक्कसिंघाटकम्)। बाज़ारों में अनेक प्रकार के भाण्ड सुसज्जित थे। (सुप्पसारितानेकविधवरभण्ड-परिपूरितन्तरापणम्)। इसमें तरह-तरह के पुष्पों एवं सुगन्धित द्रवों की महक आ रही थी (बहुविधपुप्फगन्धापणगन्धगन्धितम्)। नगर के भीतर श्रेष्ठ उत्तुंग प्रासाद सहस्त्रों की संख्या में पंक्तिबद्ध थे (हिमगिरिसिखरसंकासवरभवनसतसहस्सप्पटि-मण्डितम्)।

वहाँ के नागरिकों के कोष में कार्षापण, रजत तथा सुवर्ण मुद्राएँ बहुसंख्या में एकत्र थीं (कहापणरजतसुवणकंसपत्थरपरिपूरं)। इस नगर में रहने वाले पुरुष तथा स्त्रियाँ शिष्ट थीं (अभिरूपनरनारीगणानुचरितम्)। निरन्तर हाथियों, अश्वों, रथों तथा नगर-महिलाओं के सम्भ्रमण के कारण वीथियों की शोभा अन्वेक्षणीय थी। यह नगर विभिन्न धर्मों के अनुयायियों तथा नाना सदस्यों के द्वारा परिपूर्ण था। लगता था, मानो साक्षात्

---

१. **''यद्यातस्य प्रवरनृपतेर्द्यां शरीरेण सार्धं।
स्वर्गद्वारप्रतिममुपरिच्छिद्रमद्याति धत्ते॥''** **—विक्रमांकदेवचरित, सर्ग १८, २८।**

२. **आरेल स्ताइन, राजतरंगिणी, पृष्ठ ८४।**

३. **कनिंघम, ऐंशेण्ट ज्याग्रफी, पृष्ठ ३६८।**

४. **वही, पृष्ठ ३६९।**

५. **वही, पृष्ठ ३७०।**

६. **वही, पृष्ठ ३७१।**

देवपुरी पृथ्वी पर उतर आई हो (आलकमन्दाविय देवपुरम्)।[१]

इसके अनन्तर इस नगर का उल्लेख ग्वान् च्वांग के यात्रा विवरण में मिलता है। उसके आगमन के समय यह उजड़ चुका था। नगर-प्राकार के भग्नावशेष साफ दृष्टिगोचर हो रहे थे। इसकी नींव २० ली (३१/३ मील) के घेरे में फैली हुई थी। नगर के खण्डहरों के बीच ६ ली (१ मील) के क्षेत्र में एक छोटी आबादी उस समय भी वर्तमान थी। वहाँ पर एक मठ था, जिसमें हीनयान मत के अनुयायी एक सौ भिक्षु रहते थे। उसके समीप दो सौ फीट ऊँचा एक स्तूप भी था। इससे ६ ली (१ मील) की दूरी पर अशोक के द्वारा निर्मित एक दूसरा स्तूप था।[२] इस नगर की पहचान आधुनिक स्यालकोट से की जाती है।[३] ■

---

१. मिलिन्दपञ्हो, पृष्ठ २।

२. वाटर्स, १, २९०।

३. वही, २, ३३७।

५

मध्य-देश के नगर

थानेश्वर

इसका प्राचीन नाम स्थाण्वीश्वर (स्थाणु तथा ईश्वर शब्दों के संयोग से बना हुआ) था। इस नगर के बहुमुखी विकास का मनोरम विवरण हर्षचरित की पंक्तियों में उपलब्ध होता है। इसके सौन्दर्य को देखने से ऐसा आभास होता था, मानो वह स्वर्ग का एक देश हो (एकदेश इव सुरराजस्य)।[१] वहाँ के धवल गृह सुधा-रस से सिक्त लगते थे। उनमें मधुपान की मतवाली कामिनियों के आभूषणों की आवाज व्याप्त रहती थी। दर्शक इसे देख कर आश्चर्यचकित हो उठता था। उसे वह कुबेर की नगरी अलका का बदला हुआ रूप प्रतीत होता था।[२]

काव्यात्मक भाषा में इस नगर के ऐश्वर्य का वर्णन करता हुआ लेखक कहता है कि यह मुनियों को तपोवन, वेश्याओं को कामायतन (कामोपभोग का स्थान), नर्तकों की संगीतशाला, शत्रुओं को यमनगर, याचकों को चिन्तामणि की भूमि, शस्त्रोपजीवियों को वीरक्षेत्र, विद्यार्थियों को गुरुकुल, गायकों को गन्धर्व-नगर, शिल्पियों को विश्वकर्ममन्दिर, वणिकों को लाभभूमि, बन्दियों को द्यूतस्थान, सज्जनों को साधुसमागम, शरणागतों को वज्रपंजर, विदग्धों को विटगोष्ठी, पथिकों को सुकृतपरिणाम, वातिकों को असुरविवर, भिक्षुओं को बौद्ध विहार, कामियों को अप्सराओं का नगर, चारणों को महोत्सवसमाज तथा विप्रों को धन का प्रवाह सा प्रतीत होता था।[३] पुरललनाएँ गजगामिनी, शीलवती, गौरवर्णा, मधुरभाषिणी एवं लावण्ययुक्ता थीं।[४]

य्वान् च्वांग के यात्रा-विवरण में इस नगर का नामोल्लेख (स-त-नी-शी-फ-लो) हुआ है।[५] अल्बरुनी लिखता है कि समीपस्थ कुरुक्षेत्र के कारण यह नगर धर्म का एक प्रतिष्ठित केन्द्र माना जाता था। इसके दर्शनार्थ लोग प्रभूत संख्या में एकत्र होते थे।[६] उसके अनुसार इसकी पवित्रता का कारण महाभारत के युद्ध में वासुदेव की कृतियों के

---

१. हर्षचरित, तृतीय उच्छ्वास, पृष्ठ ७१।

२. ''नामाभिहार इव कुबेरनगरस्य स्थाण्वीश्वराख्यो जनपदविशेषः''

—वही, तृतीय उच्छ्वास, पृष्ठ ७१।

३. वही, तृतीय उच्छ्वास, पृष्ठ ७१-७२।

४. वही, तृतीय उच्छ्वास, पृष्ठ ७२।

५. वाटर्स, २, ३३७।

६. सखाऊ, २, १४७।

साथ इसका सम्बन्ध था।[१] महाभारत में इसे सरस्वती तथा दृषद्वती नामक नदियों के बीच स्थित बताया गया है।[२] महाभारत-काल से ही लोगों का विचार था कि जो कुरुक्षेत्र में रहते हैं, उन्हें स्वर्ग की प्राप्ति होती है।[३]

इन्द्रपस्थ

इस नगर का निर्माण पाण्डवों ने किया था। इस स्थान पर पहले एक वन था, जिसको महाभारत में खाण्डव कहा गया है। इसको काट कर इन्द्रप्रस्थ की स्थापना की गई थी। महाभारत से ज्ञात होता है कि यह नगर कई खाइयों के द्वारा घिरा हुआ था। (सागरप्रतिरूपाभिः परिखाभिरलंकृताम्)।[४] इसके चतुर्दिक् उच्च प्राकार भी था। (प्राकारेण च सम्पन्नम्)।[५] प्राकार में बुर्ज़ (अट्टालक) तथा द्वार (गोपुर) बने हुए थे। प्राकार की ऊँचाई पर विध्वंसकारी शस्त्र एकत्र किये गये थे।[६] धवल एवं उत्तुंग भवनों के कारण इस पुर की छटा अन्वेक्षणीय थी (पाण्डुर्भवनोत्तमैः)।[७] सम्पूर्ण भाषाओं के बोलने वाले लोग इसमें रहते थे। (सर्वभाषाविदस्तथा)।[८] धन-प्राप्ति की इच्छा से वहाँ पर विभिन्न दिशाओं के वणिक् आते थे।[९] इस नगर में प्रायः सभी प्रकार के कारीगर वर्तमान थे। (सर्वशिल्पविदस्तत्र वासायभ्यागमंस्तदा)।[१०] इन उल्लेखों से स्पष्ट है कि यह नगर इस समय एक प्रतिष्ठित केन्द्र था।

इस पुर के विभिन्न भागों में चित्ताकर्षक चित्रशालाएँ बनी थीं (मनोहरैः चित्रगृहैः)।[११] स्थान-स्थान पर वाटिकाएँ थीं, जिनमें तरह-तरह के वृक्ष लगाये गये थे।[१२] यहाँ के सरोवरों का जल खिले हुए कमलों के द्वारा सुगन्धित हो गया था। हंस,

---

१. सखाऊ, २, १४७।

२. ''दक्षिणे सरस्वत्याः दृषद्वत्युत्तरेण च।
ये वसन्ति कुरुक्षेत्रे ते वसन्ति त्रिविष्टपे॥'' —महाभारत, वनपर्व, अध्याय ८१, ४।

३. ''ततो गच्छेत राजेन्द्र कुरुक्षेत्रमभीप्सितम्।
पापेभ्यो विमुच्यन्ते तद्गता सर्वजन्तवः॥
कुरुक्षेत्रं गमिष्यामि कुरुक्षेत्रे वसाम्यहम्।
य एवं सततं ब्रूयात्सोऽपि पापैः प्रमुच्यते॥'' —वही, वनपर्व, अध्याय ८१, १-२।

४. महाभारत, आदिपर्व, अध्याय १९९, पंक्ति ११९।

५. वही, पंक्ति १२०।

६. वही, पंक्ति ११८।

७. वही, पंक्ति १३१।

८. वही, पंक्ति १३७।

९. ''वणिजश्चाययुस्तत्र नानादिग्भ्यो धनार्थिनः।''
—महाभारत, आदिपर्व, अध्याय १९९, पंक्ति १३८।

१०. वही, पंक्ति १३९।

११. वही, पंक्ति १५१।

१२. ''उद्यानानि च रम्याणि नगरस्य समन्ततः।''
महाभारत, आदिपर्व, अध्याय १९९, पंक्ति १४०।

कारण्डव तथा चक्रवाक आदि पक्षियों के कारण उनकी छटा अन्वेक्षणीय थी।[१] यहाँ के नागरिक सुशिक्षित, सभ्य एवं धार्मिक प्रवृत्ति के थे।[२] उनके द्वारा यह नगर अमरावती की शोभा का स्मरण दिला रहा था।[३]

हस्तिनापुर

यह भी प्राचीन भारतवर्ष का एक प्रतिष्ठित नगर था। पाणिनि ने इसे अष्टाध्यायी में हस्तिनापुर कहा है।[४] इस पुर का विशद वर्णन महाभारत की पंक्तियों में उपलब्ध होता है। इस ग्रन्थ के अनुसार हस्तिन् नामक व्यक्ति ने इस नगर की नींव डाली थी।[५] पुराणों में भी इसे हस्तिन् के द्वारा बसाया हुआ नगर कहा गया है (हास्तिनं पुरम्)।[६] महाभारत के अनुसार विभिन्न शस्त्रों के द्वारा सुरक्षित होने के कारण नगर के भीतर शत्रुओं का प्रवेश पाना दुष्कर था।[७] इसके प्राकार में गोपुर में बने हुए थे, जो बहुत ऊँचे थे।[८] नगर का भीतरी भाग कई राजमार्गों के द्वारा विभक्त था।[९] सड़कों के दोनों ओर हर्म्य, प्रासाद तथा आपण सुशोभित थे।[१०] राजमहल नगर के बिल्कुल बीचोबीच था।[११] इसमें अनेक सरोवर एवं उद्यान थे।[१२] इसके नागरिक धनधान्य से सम्पन्न, वर्णाश्रम-

---

१. ''सरोभिरतिरम्यैश्च पद्मोत्पलसुगन्धिभिः।
हंसकारण्डवयुतैश्चक्रवाकोपशोभितैः॥

—महाभारत, आदिपर्व, अध्याय १९९, श्लोक ७७।

२. ''नित्यमार्यजनोपेतं नरनारीगणैर्युतम्।''

—वही, आदिपर्व, अध्याय १९९, पंक्ति १६१।

३. ''शुशुभे तत्पुरं श्रेष्ठं नागैर्भोगवती यथा।''

—वही, आदिपर्व, अध्याय १९९, पंक्ति १२२।

४. अग्रवाल पाणिनिकालीन भारतवर्ष, पृष्ठ ८६।

५. ''जज्ञे हस्ती। य इदं पुरं निर्मापयामास तस्माद्धास्तिनपुरत्वम्।''

—महाभारत, आदिपर्व, अध्याय ३, पंक्ति ३७।

६. विष्णुपुराण, पंचम अंश, अध्याय ३५, ३२।

७. ''शतघ्नीचक्रयन्त्रैश्च गुप्तामन्यैर्दुरासदाम्।''

—वही, आदिपर्व, अध्याय ९६, पंक्ति १०८।

८. ''कैलासशिखराकारैर्गोपुरैः समलंकृताम्।''

—वही, आदिपर्व, अध्याय ९६, पंक्ति ११२।

९. ''राजमार्गेण महता सुविभक्तेन शोभिताम्।''

—वही, आदिपर्व, अध्याय ९६, पंक्ति १११।

१०. ''हर्म्यप्रासादसम्बाधां नानापण्यभूषिताम्।''

—वही, आदिपर्व, अध्याय ९६, पंक्ति १०९।

११. ''एतस्मिन्नगरमध्ये तु राजवेश्वरप्रतिष्ठिम्।''

—वही, आदिपर्व, अध्याय ९६, पंक्ति १२२।

१२. ''सर्वपुष्पकरणीभिश्च उद्यानैश्च समावृताम्।''

—वही, आदिपर्व, अध्याय ९६, पंक्ति ११५।

व्यवस्था के पालन करने वाले, धर्मनिरत, होमपरायण तथा यज्ञादि में श्रद्धा रखते थे।[१] इनके द्वारा नगर की शोभा इतनी बढ़ गई थी कि वह इन्द्रलोक के समान सुन्दर लगता था।[२] इसके भीतर सूत, मागध तथा बन्दी अपने-अपने कर्मों में निरत थे।[३] ललित-विस्तर में इसके पूर्व रूप का वर्णन करते हुए इसे महानगर कहा गया है।[४] पुराणों में इस नगर के विनाश का कारण गंगा की बाढ़ को बताया गया है (गंगायापहृते हस्तिनापुरे)।[५]

मथुरा

उत्पत्ति—यह ऐतिहासिक पुर भारत के उन महानगरों की कोटि में आता है, जिनका योगदान इस देश के सांस्कृतिक विकास में सदा से ही उल्लेखनीय रहा है। पुराणों में भारत की सात मोक्षदायिका पुरियों में इसे भी महत्त्वपूर्ण स्थान प्रदान किया गया है।[६] महाभारत एवं रामायण में इसकी स्थापना का एक परम्परित वर्णन प्राप्य है, जिसके अनुसार यहाँ मधुवन नामक एक सघन वन विद्यमान था। इसमें मधु नामक एक राक्षस निवास करता था, जिसका संघार कर शत्रुघ्न ने इस नगर का निर्माण किया था।[७] इस साहित्यिक उल्लेख में एक विशेष ऐतिहासिक तथ्य प्रतिबिम्बित है। यह उस अवस्था की ओर संकेत करता है, जब गंगा घाटी में जंगलों को काट कर यमुना और गंगा नदियों के किनारे नगरों की स्थापना की प्रक्रिया लोहे के बहुविध प्रयोग के कारण प्रारंभ हुई। इन्द्रप्रस्थ, मथुरा, हस्तिनापुर, अयोध्या, काम्पिल्य एवं कौशाम्बी आदि गंगा-यमुना की उपत्यका में स्थापित प्रथम पुर थे। महाभारत के अनुसार खाण्डवप्रस्थ नामक वन को काटकर पाण्डवों ने इन्द्रप्रस्थ का निर्माण किया था। इसमें मय नामक एक राक्षस रहता था, जो शिल्पविद्या का मर्मज्ञ था। पाण्डवों ने वास्तुविद्या के क्षेत्र में उसकी उपलब्धि को देख कर उसका संहार नहीं किया और उसके द्वारा युधिष्ठिर-

---

१. "कृतयज्ञैश्च विद्वद्भिरग्निहोमपरैः सदा।
वर्जिताकार्यकरणैर्दानशीलैर्दयापरैः॥
अधर्मभीरुभिः सर्वैः सर्वलोकजिगीषुभिः॥"
—महाभारत, आदिपर्व, अध्याय ९६, श्लोक ५८१/२-५९।

२. "एवंविधजनोपेतं इन्द्रलोकमिवापरम्।"
—वही, आदिपर्व, अध्याय ९६, पंक्ति १२०।

३. "संस्तूयमानो...सूतमागधवन्दिभिः।" —वही, आदिपर्व, अध्याय ९६, पंक्ति १२७।

४. "हस्तिनापुरे महानगरे।" —ललितविस्तर, अध्याय ३।

५. विष्णुपुराण, चतुर्थ अंश, अध्याय २१, ८।

६. "अयोध्या मथुरा माया काशी काञ्ची अवन्तिका।
पुरी द्वारावती चैव सप्तैता मोक्षदायिकाः॥"

७. "तस्मिन्मधुवनस्थाने मधुरा नाम्न सा पुरी।
शत्रुघ्नेन पुरा सृष्टा हत्वा तं दानवं रणे॥" —हरिवंश, विष्णुपर्व, अध्याय ५८, ५६।

प्रासाद का निर्माण कराया। इस ग्रंथ में उसे शिल्पियों में सर्वश्रेष्ठ के रूप में परिचित कराया गया है ('विज्ञाय दानवेन्द्राणां मयं वै शिल्पिनां वरम्', आदिपर्व, २२७, ४१)। महाभारत की यह परम्परा अभिव्यंजित करती है कि इन्द्रप्रस्थ, मथुरा एवं हस्तिनापुर आदि गंगा-घाटी के प्रथम पुरों में निर्माताओं ने 'असुर' परम्परा के 'दास' एवं 'दस्यु' के वास्तुज्ञान का लाभ उठाया जो सैन्धव सभ्यता काल में ही नगर-निर्माण का परिचय दे चुके थे।

नामकरण— मधुवन को काट कर बसाये जाने के कारण मथुरा का मूल नाम मधुरा अथवा मधुपुरी पड़ा। महाभारत, रामायण, अंगुत्तर निकाय एवं रघुवंश में इस पुर का यही नाम आता है। कालान्तर में यही नगर मथुरा नाम से प्रसिद्ध हो गया। महाभारत काल में यह नगर तत्कालीन राजनीतिक एवं सांस्कृतिक वृत्तान्तों का केन्द्र-विन्दु था। विदेशी लेखकों ने इसे मेथोरा,[१] म-त-औ-लो[२], मो-तु-लो[३] आदि नामों से उल्लिखित किया है।

परम्परागत वर्णन— हरिवंश में इस नगर को यमुना के तट पर स्थित (यमुनातीरशोभिता) एवं अर्द्धचन्द्राकार (अर्द्धचन्द्रप्रतीकाशा) कहा गया है।[४] पुराणों में इस प्रकार के आकार को मांगलिक[५] एवं नागरिकों के लिए सुखावह[६] कहा गया है। यहाँ उल्लेखनीय है कि यमुना-तटवर्ती कौशाम्बी का नगर भी अर्द्धचन्द्रकार था। हरिवंश में मथुरा की गहरी खाई, अट्टालकों से युक्त प्राकार, रमणीक, उपवनों, सुन्दर बाजारों तथा सम्पन्न नागरिकों का उल्लेख हुआ है।[७] कालिदास ने भी इसका पम्परागत वर्णन करते हुए लिखा है कि पौरुषयुक्त शत्रुघ्न द्वारा निर्मित कालिन्दीतटवर्तिनी मधुरा (मथुरा) परमाकर्षक (मधुराकृति) थी।[८] आदर्श राजा पा जाने के कारण उस नगरी के लोग सम्पन्न एवं सुखी हो गये। लगता था, स्वर्ग में जनसंख्या बढ़ जाने के कारण कुछ लोग यहाँ बसा दिये गये हों।[९]

प्राचीनता—कृष्ण के जीवन से घनिष्ठ रूप में संबंधित होने के कारण प्राचीन साहित्य में इसका प्रचुर सन्दर्भ प्राप्य है। पाणिनि की अष्टाध्यायी में 'अन्धक-वृष्णि'[१०]

---

१. मेक्रिण्डिल, ऐशेण्ट इण्डिया, पृष्ठ ९८।

२. लेग्गे, फाह्यान, पृष्ठ ४२।

३. वाटर्स, १, ३०१।

४. हरिवंश, हरिवंश पर्व, अध्याय ५४।

५. ''अर्द्धचन्द्रं प्रशंसन्ति नदीतीरेषु तद्वसन् —मत्स्य पुराण, अध्याय २१७, पंक्ति २७।

६. ''चापाभं...पुरारम्भे हि शान्तिकृत'' —अग्नि पुराण, अध्याय १०८, पंक्ति १०।

७. हरिवंश, हरिवंश पर्व, अध्याय ५४।

८. ''उपकूलं स कालिन्द्याः पुरी पौरुषभूषणः। निर्ममे निर्ममोऽर्थेषु मधुरां मधुराकृतिः॥
—रघुवंश, १५, २८।

९. वही, सर्ग १५, श्लोक २९।

१०. ''अन्धकवृष्णिषु'' अष्टाध्यायी, ६, २, ३४।

का उल्लेख मिलता है। कौटिल्य[१] ने 'वृष्णि-संघ' का उल्लेख किया गया है। 'वृष्णि-संघ' (वृष्णिगण) का उल्लेख इसकी एक अद्वितीय मुद्रा में मिलता है, जिसमें प्रथम शताब्दी ई० पू० की लिपि का प्रयोग किया गया है।[२] महाभारत में वृष्णि-गण का सन्दर्भ प्राप्य है। वृष्णि वंशी (वार्ष्णेय) वासुदेव (कृष्ण) इसके प्रधान (संघमुख्य) थे।[३] इस गण के सदस्य यादव, भोज एवं बन्धक-वृष्णि थे, जो उनके अधीन थे।[४] इस संघ के भेद एवं विनाश को रोकने के लिए कृष्ण को 'संघमुख्य' चुना गया था।[५] महाभारत के ही साक्ष्य के अनुसार अन्धक एवं वृष्णि की यदुवंशी उत्पत्ति प्रमाणित होती है। महाभारत एवं पुराणों के अनुसार मथुरा का आततायी राजा कंस वृष्णियों का संहार करना चाहता था तथा वृष्णिवंशी वासुदेव कृष्ण ने कंस को वहाँ मार डाला था। इसका उल्लेख पतंजलि के महाभाष्य एवं घट जातक में भी आता है।[६] इससे महाभारत एवं पुराणों में वर्णित उस साहित्यिक परम्परा की सम्पुष्टि होती है, जिसके अनुसार मथुरा के साथ वासुदेव-कृष्ण का निकट संबंध था। उल्लेखनीय है कि घट जातक में मथुरा का नाम 'उत्तर मधुरा' दिया गया है जिसका लक्ष्य दक्षिण भारत के मदुरा के साथ इसका अन्तर निर्दिष्ट करना था।[७]

मेगस्थनीज ने मथुरा के शूरसेनों द्वारा 'हेराक्लीज़' की पूजा का उल्लेख किया है।[८] यूनानी लेखक के विवरण में यह शब्द वासुदेव-कृष्ण (हरिकृष्ण) के अर्थ में प्रयुक्त हुआ है। इस सन्दर्भ से स्पष्ट है कि देवता के रूप में कृष्ण की प्रतिष्ठा चतुर्थ शताब्दी ईसापूर्व में स्थापित हो चुकी थी। यहाँ भागवत धर्म के विशेष विकास को परिलक्षित करते हुए टालमी ने इसे 'देवनगर'[९] कहा है। ग्यारहवीं शताब्दी के विदेशी पर्यटक अल्बरूनी ने भी स्वीकार किया है कि मथुरा की विशेष प्रसिद्धि का कारण वासुदेव-कृष्ण के साथ इस पुर का संबंध था।[१०]

महाजनपद काल— 'षोडश महाजनपद' काल से यहाँ का क्रमबद्ध इतिहास का आरम्भ हो जाता है। इस समय यह पुर शूरसेन-जनपद, यूनानी लेखकों द्वारा

---

१. काशी प्रसाद जायसवाल, हिन्दू पॉलिटी, पृष्ठ ३७।

२. कनिंघम, क्वाय्न्स ऑफ ऐंशेंट इंडिया, पृष्ठ ७०।

३. "भेदाद्विनाशः संघानां" संघमुख्योऽसि केशव।
यथा त्वं प्राप्य नोत्सीदेदयं संघस्तथा कुरु॥"—सभापर्व, अध्याय ८१, श्लोक २५।

४. "यादवाः कुकुरा भोजाः सर्वे चान्धकवृष्णयः।
त्वय्यायत्ता महाबाहो लोका लोकेश्वराश्च ये॥"—सभापर्व, अध्याय ८१, श्लोक २९।

५. "धन्यं यशस्यमायुष्ये स्वपक्षोद्भावनं सदा।
ज्ञातीनामविनाशः स्याद्यथा कृष्ण तथा कुरु॥ —सभापर्व, अध्याय ८१, श्लोक २७।

६. हे० च० रायचौधुरी, पोलिटिकल हिस्ट्री ऑफ ऐंशेण्ट इंडिया, पृष्ठ १४१।

७. वही, पृ० १४१, पा० टि० २।

८. मजूमदार, ऐंशेण्ट इंडिया, पृष्ठ १८२।

९. कनिंघम, ऐशेंट ज्यॉग्राफी, पृष्ठ ३७४।

१०. सखाऊ, १, १९९।

उल्लिखित शूरसेनों की राजधानी के रूप में विख्यात था। 'उत्तर-पथ' (पूर्व में ताम्रलिप्ति से पश्चिम में तक्षशिला-पुष्कलावती की ओर जाने वाला वाणिज्य-पथ) पर स्थित होने के कारण इसका निकट सम्पर्क राजगृह, वैशाली, कौशाम्बी, वाराणसी एवं श्रावस्ती आदि उत्तरी भारत के समकालीन महानगरों के साथ था। इसके अतिरिक्त उज्जयिनी एवं भृगुकच्छ आदि के साथ भी इसका सांस्कृतिक संबंध था। शूरसेन-नरेश अवन्तिपुत्र का नाम इस बात का द्योतक है कि शूरसेन एवं अवन्ति जनपदों के बीच (जिनकी राजधानी क्रमानुसार मथुरा एवं उज्जयिनी थी) विवाह-संबंध भी था। बौद्ध ग्रन्थों में, स्थल-मार्ग के अतिरिक्त जलमार्ग से भी अन्य नगरों में नावों के द्वारा मथुरा के वणिकों के आने-जाने का उल्लेख मिलता है। उदाहरणार्थ, इस तथ्य का आलंकारिक वर्णन करते हुए इनमें एक स्थान पर कहा गया है कि ऐसा लगता था मानो मथुरा एवं पाटलिपुत्र के बीच नावों का पुल बाँध गया हो।[१]

लगता है कि बुद्ध-काल में मथुरा में बौद्ध धर्म का विशेष प्रभाव नहीं हो सका था। संभवतः यही कारण है कि अंगुत्तर निकाय में यह नगर दोषयुक्त एवं घृणित पुर के रूप में वर्णित है। उदाहरणार्थ, इसके अनुसार इसमें भयंकर कुत्ते रहते थे, जंगली जानवरों का खतरा रहता था तथा भिक्षा बड़ी कठिनता के साथ मिल पाती थी (दुल्लभपिण्डा)।[२] अंगुत्तर निकाय का यह विवरण इस नगर के सामान्य वातावरण पर भागवत धर्म की गहरी छाप का द्योतन करता है।

नन्द-मौर्य-काल में शूरसेन-जनपद मगध-साम्राज्य का अंग बन गया। अशोक के आचार्य उपगुप्त मथुरा के नागरिक थे। अतएव इस मौर्य-सम्राट् ने मथुरा में विशेष अभिरुचि दिखाई। मौर्य-काल में इस पुर का विकास कला-केन्द्र के रूप में होने लगा था, जिसका प्रमाण परखम-यक्ष है। इस महाकाय यक्ष-प्रतिमा का पता कनिंघम ने लगाया था। इसकी चरणचौकी पर एक लेख भी मिलता है, जिसमें प्रारम्भिक ब्राह्मी लिपि का प्रयोग इसे मौर्य-कालीन प्रमाणित करता है।

मौर्य-काल के उपरान्त मथुरा शुंग-साम्राज्य में सम्मिलित हो गया तथा संपूर्ण शूरसेन-जनपद अब मथुरा-जनपद के रूप में जाना जाने लगा। पतंजलि ने मथुरा-नागरिकों की प्रशंसा करते हुए लिखा है कि सांकाश्य और यहाँ तक कि पाटलिपुत्र-निवासियों से भी मथुरा-नागरिक कहीं अधिक सभ्य एवं सुसंस्कृत थे।[३] पतंजलि के महाभाष्य द्वारा इस नगर की आदि शुंगकालीन समृद्धि एवं वैभव की ओर संकेत मिलता है। परन्तु दुर्भाग्यवश इस काल में बाख्त्री यवनों के भयावह का यह पुर शिकार हुआ। पतंजलि ने अपने जीवन-काल की घटना के रूप में यवनों के द्वारा साकेत एवं माध्यमिका पर घेरा डालने का उल्लेख किया है (अरुणद् यवनः साकेतम्, अरुणद्

---

१. **दिव्यावदान, पृष्ठ ३८६।**

२. **अंगुत्तर निकाय, ३, २५६।**

३. **''सांकाश्यकेभ्यश्च पाटलिपुत्रकेभ्यश्च माथुरा अभिरूपतरा इति'' महाभाष्य, २, ४१६।**

यवनो माध्यमिकाम्) बाख्त्री यवनों के प्रलयंकारी सैन्य अभियान का मार्मिक शब्दचित्रण युग-पुराण में हुआ है, जिसके अनुसार दुष्ट-विक्रान्त यवनों ने साकेत, पांचाल एवं मथुरा पर आधिपत्य स्थापित कर लिया था।[१] तदुपरान्त गंगा-घाटी में और आगे बढ़ते हुए वे पाटलिपुत्र तक पहुँच गये थे और परिणामतः विभिन्न क्षेत्रों में हाहाकार मच गया था।[२] परन्तु परम दारुण गृह-युद्ध के कारण इन आक्रान्ताओं को स्वदेश वापस लौटना पड़ा।[३] इन साहित्यिक साक्ष्यों का समर्थन हाल में ही प्रकाश में लाये गये पुरातत्वीय प्रमाणों के द्वारा हो जाता है। भारतीय पुरातत्व सर्वेक्षण द्वारा पिछले वर्षों में जो उत्खनन कार्य किया गया, उनमें द्वितीय शताब्दी ईसापूर्व (शुंग-काल) में इस यमुनातटवर्ती नगर में अग्निदाह के संकेत मिलते हैं। अवशेषों में 'दोहरे, नुकीले बाणाग्र' के भी उदाहरण मिले हैं, जो मथुरा पर हिन्द-यवन आक्रमण के प्रमाण हैं।[४] इसी प्रकार द्वितीय शताब्दी ईसा-पूर्व (शुंग-काल) में ही यमुना-तट पर स्थित कौशाम्बी के प्रस्तर-प्रासाद के विनाश में अग्निदाह के लक्षण प्राप्त होते हैं। ध्वंसावशेषों में दो नोकों से युक्त बाणाग्रों के नमूने मिले हैं, जो उक्त काल में कौशाम्बी में हिन्द-यवन आक्रमण के स्पष्ट प्रमाण हैं।[५] हाल ही में उत्तर-प्रदेश के फतेहपुर जिले में यमुना के तट पर स्थित रेह से यवनराज मिलिन्द का एक महत्त्वपूर्ण लेख प्रकाश में आया है, जिसमें उसे 'महाराज राजराजस महांतस त्रातारस' कहा गया है जो कि उसकी यवन उपाधियों 'बैसिलिओस बैसिलिओन मेगलौ सोतरोस' का प्राकृत रूपान्तर है।[६] इससे स्पष्ट है कि शाकलाधिपति यवनराज मिलिन्द गंगाघाटी में द्वितीय शताब्दी ई० पू० में काफी दूर तक बढ़ आया था। गंगाघाटी को बाख्त्री यवनों के शिकंजों से उन्मुक्त करने का श्रेय पुष्यमित्र शुंग को था, जिसने अपने विजयों के उपलक्ष्य में दो अश्वमेध यज्ञ किये थे।

शुंग-काल में (द्वितीय-प्रथम शती ई० पू०) में मथुरा कला-केन्द्र के रूप में पूर्व काल से कहीं अधिक विकसित था। अशोक के प्रयत्नों के कारण इस नगर में बौद्ध धर्म की छाप पड़ चुकी थी। शुंगकालीन स्तूपों के वेदिका-स्तम्भों के जो नमूने मथुरा एवं पार्श्ववर्ती स्थानों से मिले हैं, उन पर जातक-कथाओं का निरूपण एवं स्त्री-जीवन से

---

१. **''ततः साकेतमाक्रम्य पांचालान्मथुरांस्तथा।''**

—युग पुराण, पृ० ३।

२. **''ततः पुष्पपुरे प्राप्ते कर्दमे प्रथिते हि ते। आकुलाः विषयाः सर्वे भविष्यन्ति न संशयः॥''**

—युग पुराण, पृ० ३३।

३. **''तेषामन्योन्यसम्भावद् भविष्यन्ति न संशयः।**
आत्मचक्रोत्थितं घोरं युद्धं परमदारुणम्॥'' **—युग पुराण, पृ० ५५।**

४. रेह इंसक्रिप्शंस ऑफ मेनान्डर ऐंड दि इंडो-ग्रीक इनवेजन ऑफ गंगा वैली, जी० आर० शर्मा, पृष्ठ २७।

५. कुषाण-स्टडीज़, जी० आर० शर्मा, पृष्ठ २२।

६. वही, पृ० ७-८।

संबंधित दृश्यों के अंकन मिलते हैं जो शुंगकालीन समाज एवं संस्कृति के बहुल पक्षों पर श्लाघनीय प्रकाश डालते हैं। मथुरा की शुंगकालीन बौद्ध कला हीनयान धर्म से संबंधित है। यही कारण है कि इस कला में बुद्ध की शारीरिक उपस्थिति बौद्ध धर्म के मांगलिक चिह्नों एवं अभिप्रायों से इंगित की गई है।

प्रथम शताब्दी ईसवी में मथुरा में शक-क्षत्रपों का अभ्युदय हुआ, जिसमें राजूल (रंजुवुल, १-१५ ई०) एवं उसका पुत्र शोडास (१०-२५ ई०) विशेष रूप से उल्लेखनीय हैं। इनके काल के मथुरा के सिंह-शीर्षक शिला-अभिलेख (खरोष्ठी लिपि एवं प्राकृत में उत्कीर्ण) से ज्ञात होता है कि महाक्षत्रप राजूल (रंजुवुल) के काल में वहाँ एक स्तूप का निर्माण किया गया जिसमें भगवान् शाक्यमुनि बुद्ध का 'देहावशेष' गर्भित था। इसके अतिरिक्त वहाँ एक सिंह-शीर्षक शिलास्तम्भ भी उत्थापित किया गया। साथ ही एक संघाराम का भी निर्माण हुआ था, जिसमें सर्वास्तिवादी भिक्षुओं का निवास था।[१] इनके लाभ के निमित्त एक दान भी दिया गया। यह लेख बौद्ध धर्म से संबंधित था। इस लेख से स्पष्ट है कि मथुरा में इस समय खरोष्ठी लिपि का भी प्रयोग विद्यमान था। कंकालीटीला, मथुरा के एक आयागपट-लेख (ब्राह्मी लिपि एवं प्राकृत में उत्कीर्ण) स्वामिमहाक्षत्रप शोडास (१०-१५ ई०) का उल्लेख मिलता है, जिसके राज्य-काल (संवत्सर ७२=१५ ई०) में किसी जैन भिक्षु की शिष्या अमोहिनी तथा उसके पुत्रों (पालघोष, प्रौष्ठघोष एवं धनघोष) के द्वारा आयागपट (पूजाशिला) की स्थापना का इसमें उल्लेख मिलता है। यह लेख जैन धर्म से संबंधित है तथा 'नमो अरहतो वर्धमानस' से आरम्भ होता है।[२] शोडास-कालीन मथुरा के एक अन्य शिलालेख (ब्राह्मी लिपि) में उसके गंजवर नामक कोषाध्यक्ष के द्वारा पुष्करिणी (तटाक), उदपान (कूप), आराम, स्तम्भ एवं शिलापट्ट की स्थापना का उल्लेख मिलता है। इसमें तत्कालीन मथुरा-नरेश का नाम 'स्वामि महाक्षत्रपशोडास' आता है। इसमें युगल पुष्करिणी (युगल तटाकों) के भी उल्लेख मिलते हैं, जिनके पश्चिम में गंजवर ने उपर्युक्त निर्माण किये थे।[३] इन लेखों से स्पष्ट है कि इस समय इस नगर में विभिन्न धर्मावलम्बियों का निवास था।

मथुरा के दक्षिणी उपकण्ठ पर स्थित मिर्जापुर नामक पुरवा से हाल ही में (१९७९ ई० में) शोडास-कालीन एक शिलालेख मथुरा संग्रहालय के तत्कालीन निदेशक रमेश चन्द्र शर्मा द्वारा प्रकाश में लाया गया जिसमें राजा का नाम 'स्वामि महाक्षत्रप शोडास' अंकित है। श्रीवत्स अभिप्राय से आरम्भ होने वाला यह अभिलेख मथुरा-संग्रहालय में संगृहीत है। इसमें एक पुष्करिणी, वाटिका, कूप, सभागृह, शिलास्तम्भ तथा शिलापट के निर्माण एवं श्री (लक्ष्मी) प्रतिमा की प्राणप्रतिष्ठा का उल्लेख मिलता है, जिसका श्रेय लेख के अनुसार भार्गव-गोत्री ब्राह्मण मूलवसु की पत्नी कौशिकी को था। यह

---

१. **सरकार, दिनेशचन्द्र सेलेक्ट इंस्क्रिप्शंस, पृष्ठ ११२-१९।**

२. **सरकार, दिनेशचन्द्र सेलेक्ट इंस्क्रिप्शंस, पृष्ठ १२०।**

३. **वही, (द्वितीय संस्करण), पृष्ठ १२०।**

अभिलेख वैष्णव धर्म से संबंधित है। श्री शर्मा के अनुसार इसमें उल्लिखित पुष्करिणी एवं कूप के दृष्टान्त इस लेख के प्राप्ति-स्थान पर अब भी विद्यमान हैं तथा यहाँ उत्खनन-कार्य ऐतिहासिक महत्ता की दृष्टि से अपेक्षित है। उक्त लेख जो एक आयताकार शिलापट्ट (९६ × ४४ सेमी०) पर उत्कीर्णित है, अपने प्राप्ति-स्थान पर निर्मित एक शिव-मन्दिर के पुजारी बाबा बालकृष्णदास से श्री शर्मा को प्राप्त हुआ था। उनका अनुमान है कि इस लेख में जिस श्री (लक्ष्मी) मन्दिर की अवस्थिति की ओर संकेत है, ठीक उसी स्थान पर उपर्युक्त शिवालय वर्तमान है।[१] लगता है कि लेखयुक्त यह शिलापट्ट वस्तुतः वही है, जिसे इसमें कौशिकी द्वारा प्रदत्त शिलापट्ट कहा गया है।

शोडास-काल में मथुरा में वैष्णव धर्म के प्रभाव के विषय में मोरा (मथुरा से ७ मील दूर स्थित) के लेख (ब्राह्मी लिपि) द्वारा भी प्रकाश पड़ता है, जिसमें वृष्णि-वीरों की पाँच प्रतिमाओं की स्थापना का उल्लेख मिलता है।[२] एक अन्य शोडास-कालीन मथुरा-लेख (ब्राह्मी लिपि) में जो जन्मभूमि (कृष्ण-जन्मभूमि) के स्थान से मिला है, तोरण-वेदिका एवं मन्दिर (देवकुल) के उस पवित्र स्थल पर निर्माण का उल्लेख प्राप्त होता है, जहाँ 'भागवत वासुदेव' का जन्म हुआ था। वसु नामान्त नागरिक ने उक्त का निर्माण कराया था। इस लेख के अन्त में महाक्षत्रप शोडास के मंगलमय एवं दीर्घ राज्यकाल की कामना की गई है।[३] इन लेखों से स्पष्ट है कि मथुरा में भागवत धर्म का प्रसार शोडास-काल में प्रचुर रूप में था तथा वहाँ कुछ वासुदेव (कृष्ण) मन्दिर अवश्य वर्तमान थे।[४] उल्लेखनीय है कि शोडास-कालीन मथुरा के वैष्णव लेखों की भाषा संस्कृत तथा बौद्ध एवं जैन लेखों की भाषा प्राकृत है।

प्रथम शताब्दी के उत्तरार्द्ध से द्वितीय शती द्वितीयार्द्ध तक लगभग एक शताब्दी की अवधि में यह नगर कुषाणों का अधीनस्थ था। इस काल के भीतर सम्राट् कनिष्क एवं उसके उत्तराधिकारियों (वशिष्ठ, हुविष्क एवं वासुदेव) ने इस पुर पर राज्य किया। वस्तुतः यही काल मथुरा के इतिहास का स्वर्णिम काल था, जिसमें राष्ट्रीय जीवन के विविध क्षेत्रों में उल्लेखनीय विकास हुआ। मथुरा के कुषाणकालीन लेख एवं मूर्तियों, मन्दिरों एवं स्तूपों के भग्नावशेषों—जिनमें से अधिकांश मथुरा-संग्रहालय में सुरक्षित हैं—इस तथ्य के प्रमाण हैं। कुषाणकालीन लेखों से स्पष्ट है कि इस समय मथुरा-नागरिक विविध सांस्कृतिक कार्यकलापों में संलग्न थे।

---

१. रमेश चन्द्र शर्मा, नार्दर्न इण्डिया पत्रिका, अगस्त १९७९, पृष्ठ ९।

२. पाँच वृष्णि-वीरों के उल्लेख वायु-पुराण (अ० ७९, श्लोक, १-२) में प्राप्य हैं—
संकर्षणो वासुदेवः प्रद्युम्नः साम्ब एव व।
अनिरुद्धश्च पंचैते वंशवीराः प्रकीर्त्तिता॥ —सरकार, सेलेक्ट इंसक्रिप्शंस, पृष्ठ १२२।

३. "वसुना भगवतो वासुदेवस्य महास्थान-देवकुल तोरणं वेदिका प्रतिष्ठितम्। प्रीतो भगवान् वासुदेवः स्वामिनः महाक्षत्रपस्य शोडासस्य शासनं संवर्त्तयताम्।"
—सरकार, वही, पृ० १२३।

४. सुवीरा जायसवाल, ओरिजिन एण्ड डेवलपमेंट ऑफ वैष्णविज़्म, पृष्ठ १७५।

इस नगर से एक कनिष्ककालीन लेख (उसके राज्यकाल के आठवें वर्ष का) एक नागप्रतिमा की चरणचौकी पर प्राप्त हुआ है। नागदेवता के दोनों ही ओर नागी आकृतियाँ अंकित हैं जो अमृतघट धारण की हुई हैं। अभिलेख में महाराज-राजातिराजषाहि-कनिष्क' के राज्यकाल के आठवें वर्ष की ग्रीष्म ऋतु के चौथे महीने की पंचमी को भूमिनाग के मन्दिर को एक पुष्करिणी (तटाक) एवं आराम (वाटिका) के दान का उल्लेख मिलता है।[१] इस लेख से स्पष्ट है कि कनिष्क-काल में मथुरा में नाग-पूजा प्रचलित थी। नाग-पूजा से ही संबंधित एक अन्य कुषाण-लेख (हुविष्क के काल का) मथुरा से प्राप्त हुआ है। इस अभिलेख में 'महाराज राजातिराज हुविष्क' के राज्य-काल (शक संवत् ४०=१२८ ई०) के हेमन्त ऋतु के दूसरे महीने के तेईसवें दिन वीरवृद्धि नामक मथुरा नागरिक के पुत्रों द्वारा स्वनिर्मित पुष्करिणी के तट पर नाग-प्रतिमा की स्थापना का उल्लेख हुआ है। लेख के अनुसार नाग-देव पुष्करिणी के अधिष्ठातृ देव[२] थे। लगता है कि इस प्रतिमा की प्राण-प्रतिष्ठा पुष्करिणी-तट पर विद्यमान किसी नाग-मन्दिर में हुई थी।

मथुरा के अन्य उल्लेखनीय कुषाणकालीन अभिलेखों में चार, हुंविष्क के काल के हैं। इनमें से एक (शक) संवत् २८ (१०६ ई०) का है जिसके अनुसार 'देवपुत्र षाहि हुविष्क' के राज्यकाल के उक्त वर्ष मेंगुर्पिय नामक (यवन) मास (भारतीय भाद्र-आश्विन मास) के प्रथम दिन रुकमाण नामक किसी मथुरा नागरिक के पुत्र ने एक धर्मशाला (पुण्यशाला) की स्थापना की थी, जिसमें एक सौ ब्राह्मणों को उक्त मास के शुक्लपक्ष चतुर्दशी के दिन भोजन कराया जाता था। इसके अतिरिक्त प्रतिदिन इससे बुभुक्षित एवं पिपासित व्यक्तियों को सत्तू, नमक एवं हरित शाक आदि भोजनार्थ वितरित होते थे। इस धार्मिक कृति से अर्जित पुण्य से देवपुत्र 'पाहि हुविष्क' लाभान्वित हों, इस प्रकार की कामना लेख के अन्त में की गई है।[३]

हुविष्क के राज्यकाल का एक अन्य लेख जैन धर्म से संबंधित है। इसें 'महाराज हुविष्क' के शासनकाल में (शक) संवत्त् ४४ (१२२ ई०) के ग्रीष्म मास तृतीय (पूर्णिमान्तज्येष्ठ) की द्वितीया को किसी मथुरा-नागरिक द्वारा एक जैन प्रतिमा की स्थापना का उल्लेख मिलता है।[४] मथुरा से हुविष्क के शासन-काल का एक भग्न बोधिसत्व प्रतिमा-लेख (शक) संवत् ३३ (१११ ई०) का उपलब्ध हुआ है। इसमें 'महाराज देवपुव हुविष्क' के राज्यकाल के उक्त वर्ष के ग्रीष्म मास प्रथम (पूर्णिमान्त चैत्र) की अष्टमी को त्रैपिटक बलभिक्षु की शिष्या त्रैपिटकी बुद्धिमित्रा नामक भिक्षुणी

---

१. आर० सी० शर्मा, मथुरा म्यूजियम ऐण्ड आर्ट, पृष्ठ ५५।

२. आर० सी० शर्मा, मथुरा म्यूजियम ऐण्ड आर्ट, पृष्ठ ५४।

३. ''य च अत्र पुण्यं तत् देवपुत्रस्य षाहिस्य हुविष्कस्य।
येषां च देवपुत्रः प्रियः तेषामपि पुण्यं भवतु॥''
—सरकार, दिनेशचन्द्र, सेलेक्ट इंसक्रिप्शंस, पृष्ठ १४७।

४. सरकार, दि० च०, सेलेक्ट इंसक्रिप्शंस, पृष्ठ १५६।

की भागिनेयी भिक्षुणी धनवती द्वारा मधुरवन (मथुरा) में बोधसत्व—प्रतिमा (बोधिसत्व-विग्रह), माता-पिता एवं आत्म-पुण्यार्थ किये जाने का उल्लेख किया गया है।[१] यह भग्न लेख इस बोधिसत्व-प्रतिमा की चरणचौकी पर उत्कीर्ण है। हुविष्क-कालीन एक बौद्ध प्रतिमालेख भी मिला है। इसके अनुसार उसके राज्यकाल में (शक) संवत् ५१ (१२९ ई०) के हेमन्तमास प्रथम (पूर्णिमान्त मार्गशीर्ष) में हुविष्क-प्रतिष्ठापित विहार (महाराज देवपुत्र विहार) में बुद्धवर्मा नामक भिक्षु द्वारा शाक्यमुनि-प्रतिमा सर्वबुद्ध-पूजार्त्थ एवं सर्व-सत्व-हित-सुखार्थ स्थापित की गई थी।[२]

उपर्युक्त लेखों के अतिरिक्त मथुरा से दो कुषाण-लेख वासुदेव-काल के मिले हैं, जिनमें से एक (शक) संवत् ६४ (१४२ ई०) का है। इसमें देवपुत्र वासुदेव के राज्य-काल के इस वर्ष के द्वितीय वर्षामास (पूर्णिमान्त भाद्रपद) की दूसरी तिथि को मथुरा के गुहसेन नामक नागरिक (कुटुम्बी) द्वारा माता-पिता के पुण्यार्जन-निमित्त बौद्ध प्रतिमा की स्थापना का भी उल्लेख मिलता है। इसमें मथुरा के महासंघिक आचार्यों का भी सन्दर्भ मिलता है।[३] वासुदेव-कालीन दूसरा लेख (भग्न-लेख) कंकाली टीला मथुरा से (शक) संवत् (८०-१५८ ई०) भी मिला है, जिससे ज्ञात होता है कि इस तिथि के हेमन्त ऋतु के प्रथम मास की द्वादशी को सनकदास की दुहिता द्वारा एक प्रतिमा स्थापित की गई थी।[४]

मथुरा से प्राप्त कुषाणकालीन मूर्तियों में विमकडफाइसिस और कनिष्क-मूर्तियाँ उल्लेखनीय हैं। विमकडफाइसिस-मूर्ति में यह कुषाण-नरेश लंबा, चोगा, तंग मोहड़ी का पायजामा एवं जूता पहने सिंहसनारूढ़ है। दोनों पैरों के बीच वाले भाग में एक लघु लेख उत्कीर्ण है, जिसमें 'महाराज राजातिराज देवपुत्र कुषाणपुत्र षाहि विमकदफिसस' के राज्यकाल में मन्दिर (देवकुल), वाटिका (आराम), तटाक (पुष्करिणी), कूप (उपदान), सभाभवन एवं तोरणद्वार के निर्माण का उल्लेख मिलता है। कनिष्क की कायपरिमाण प्रतिमा में यह कुषाणवंशी सम्राट् युद्ध-वेश में प्रदर्शित है। वह एक लंबा चोगा, तंग मोहड़ी का पायजामा एवं मजबूत जूता पहने है तथा उसका एक हाथ लटकती तलवार की मूठ पर टिका हुआ है। उसके दोनों पैरों के बीच वाले भाग में एक लघु लेख अंकित है, जिस पर 'महाराज राजातिराज देवपुत्र कनिष्को' पाठ मिलता है।

कुषाणकालीन मूर्तियों एवं लेखों से स्पष्ट है कि यह काल समृद्धि एवं ऐश्वर्य का काल था। इस समय मथुरा में बौद्ध प्रभाव बढ़ता जा रहा था। महायान-धर्म से संबंधित होने के कारण कुषाणकालीन मथुरा की बौद्ध कला में बोधिसत्व एवं बुद्ध के मानवीय विग्रह प्रचुर रूप में अंकित होने लगे। मथुरा एवं इसके पार्श्ववर्ती स्थानों से स्तूप-तोरणों

---

१. सरकार, दि० च०, सेलेक्ट इंसक्रिप्शंस, पृ० १५४।

२. वही, पृ० १५७-५८।

३. वही, पृ० १६१।

४. सरकार, दि० च०, सेलेक्ट इंसक्रिप्शंस, पृष्ठ १६२।

एवं वेदिका-स्तम्भों के उदाहरण उपलब्ध हैं, जिन पर विविध सामाजिक एवं सांस्कृतिक दृश्य अंकित हैं। इन वेदिका-स्तम्भों पर उत्कीर्ण स्त्री-आकृतियाँ, अशोक-दोहद, बकुलदोहद, आम्रदोहद एवं शालभंजिका मुद्राओं में अंकित हैं। निशाभिसारिकाओं, सुरासुन्दरियों, परिभोगदर्शिनी एवं प्रसाधिकाओं के भी नृत्य इन पर अंकित हैं, जिनके वर्णन अश्वघोष के बुद्धचरित एवं सौन्दरनन्द तथा कालिदास के रघुवंश में मिलते हैं। इसके अतिरिक्त नृत्याभिनय, तोयक्रीड़ा, कन्दुकक्रीड़ा एवं पुष्प-प्रचायिका आदि स्त्री-समाज से संबंधित दृश्य भी इन वेदिका-स्तंभों पर तराशे गये हैं।

बुद्ध-जीवन से संबंधित घटनाओं के दृश्य एवं जातक-कथाओं के निरूपण कुषाण-कला में देखने को मिलते हैं। कृष्ण-जीवन से संबंधित घटनाएँ (यथा, कृष्ण का जन्म एवं गोवर्द्धनधारण) भी मथुरा की कुषाण-कला में अंकित हैं। इस समय की अन्य मूर्तियाँ विष्णु, कामदेव-रति, दुर्गा, गजलक्ष्मी, सप्तमातृका, कुबेर, सूर्य एवं शिव-पार्वती आदि की हैं। पश्चिम जर्मनी के प्रोफेसर हर्बट हर्टल के निर्देशन में किये हुए उत्खननों द्वारा १९७२ ई० में सोख (मथुरा) से एक कुषाण-कालीन नाग-मन्दिर के स्थापत्य-अवशेष (विशेषत: वेदिका-स्तम्भ के नमूने एवं तोरणद्वार के अवशेष) प्रकाश में लाये गये। तोरणद्वार के एक कोष्ठक में यक्षिणी शालभंजिका मुद्रा में खड़ी है तथा उसके दोनों पैर अपने दोनों घुटनों एवं बाजुओं के बल लेटे, वामयक्ष की पीठ पर अवलम्बित हैं। तोरणद्वार के एक डाट पर नागराज के राज्याभिषेक का दृश्य अंकित है। वह सिंहासन पर ऐश्वर्य एवं तड़क-भड़क के वातावरण में आरूढ़ है। उसके सिर पर नाग के फण का आवरण प्रदर्शित है। उसके दक्षिण पार्श्व नाग-रानी सिंहासनारूढ़ हैं, जिसके सिर पर नाग का फण कुशलता के साथ उकेरा गया है। इस उच्चित्रण में नागराज के अनुचर उसे एक लंगी पगड़ी पहनाने का प्रयास करते निरूपित हुए हैं। कुषाण-काल में मथुरा में नाग-पूजा के विद्यमान होने का यह अन्य पुरातत्वीय प्रमाण है। इस तोरण-द्वार के भग्न डाट-खण्ड पर कोई नागवंशी पुरुषाकृति मगरमच्छ के खुले जबड़े से बाहर निकलती हुई दिखायी गयी है। उसके सिर पर फण का आवरण उसके नागवंशी होने की ओर संकेत करता है। इस दृश्य से किसी विशेष आपत्ति से नागराजवंश का उन्मुक्त होना अभिव्यंजित होता है।[१] संभव है कि यह उच्चित्रण कालान्तर में मथुरा के नागवंशी राजाओं के राज्यकाल में हुआ हो।

कुषाणों के उपरान्त मथुरा नाग-वंशी राजाओं का अधीनस्थ हो गया। इस पुर पर नाग-वंशियों ने लगभग डेढ़ सौ वर्षों तक (१८० ई० से ३३५ ई० तक) राज्य किया। पुराणों के अनुसार इस समय मथुरा, पद्मावती, विदिशा एवं कान्तिपुरी में नव नाग नरेशों

---

१. नवनागास्तु भोक्ष्यन्ति पुरीं चम्पावतीं नृप।
मथुरां च पुरीं रम्या नागा भोक्ष्यन्ति सप्त वै॥

—एफ० ई० पार्जिटर, दि पुराण टेक्स्ट ऑफ दि डाइनेस्टीज ऑफ दि कलि एज, पृ० ५३।

ने राज्य किया।[1] मथुरा का नाग—राजवंश महत्वपूर्ण था। इसी राजवंश में गणपतिनाग का अभ्युदय हुआ था, जिसकी मुद्राएँ मथुरा से मिली हैं। समुद्रगुप्त की प्रयाग-प्रशस्ति में नागसेन (पद्मावती का भारशिव नाग), अच्युत (अहिच्छत्र), नन्दि (विदिशा), नागदत्त एवं गणपतिनाग (मथुरा) आदि नाग नरेशों के नामोल्लेख मिलते हैं। इनमें से गणपतिनाग, अच्युत एवं नागसेन के सम्मिलित दल को समुद्रगुप्त ने आर्यावर्त्त की एक लड़ाई में हरा दिया था। पुनः गणपतिनाग को एक अलग युद्ध में परास्त कर उसने मथुरा को जीत लिया तथा इस समय से लेकर लगभग दो सौ वर्षों तक (३५० ई०-५५० ई०) यह नगर गुप्त-साम्राज्य में सम्मिलित था।

मथुरा से चन्द्रगुप्त द्वितीय, विक्रमादित्य के राज्यकाल के दो लेख मिले हैं, जिनमें से एक तिथियुक्त है (गुप्त संवत् ६१=३८० ई०) इससे ज्ञात होता है कि मथुरा में पाशुपत नामक शैव सम्प्रदाय विकसित हो रहा था। इस लेख में इस सम्प्रदाय के आचार्यों के एक मन्दिर (गुरु-मन्दिर) का उल्लेख मिलता है, जिसमें इनकी प्रतिमाएँ उनके शिष्यों द्वारा स्थापित की जाती थीं। इसमें इस सम्प्रदाय के आचार्य उदिताचार्य का उल्लेख मिलता है, जो कुशिक की दसवीं पीढ़ी में आता था। कुशिक, लकुलीश का शिष्य था जो पाशुपत सम्प्रदाय के जन्मदाता थे। मथुरा के इस लेख में उदिताचार्य का उल्लेख मिलता है जो चन्द्रगुप्त विक्रमादित्य का समकालीन एवं उपमितविमल नामक आचार्य का शिष्य था। उसने अपने गुरुओं की ख्याति की वृद्धि के लिए उपमितविमल एवं उनके आचार्य कपिलविमल की प्रतिमाएँ मथुरा के उक्त गुरु-मन्दिर में स्थापित की थीं। मथुरा से प्राप्त एक अन्य खण्डित लेख (तिथिविहीन, चन्द्रगुप्त विक्रमादित्य कालीन) में इस राजा की वंशावली का उल्लेख मिलता है।

तदुपरान्त कुमारगुप्त प्रथम, महेन्द्रादित्य-कालीन चार लेख मथुरा से प्राप्त हुए हैं। कालक्रम की दृष्टि से मथुरा का जैन लेख सर्वप्रथम उल्लेखनीय है, जिसमें कुमारगुप्त के 'विजय राज्यसंवत्सर' (गुप्त संवत् ११३=४३२ ई०) का उल्लेख मिलता है। यह एक जैन प्रतिमा की चरणचौकी पर उत्कीर्ण है, जिसकी स्थापना शामाढ्या नामक एक जैन महिला ने करायी थी। तदुपरान्त मथुरा का बुद्ध प्रतिमा-लेख (गुप्त संवत् ११५=४३४ ई०) आता है, जो गोविन्दनगर (मथुरा) से हाल ही में प्रकाश में लाया गया है। इस 'शाक्यमुनि-प्रतिमा' का निर्माण संघवर्मा नामक एक भिक्षु ने दिन्न नामक मूर्तिकार से कराया था। मथुरा के तीसरे पट एवं चौथे कुमारगुप्तकालीन लेख गु० सं० १२५ (४४४ ई०) तथा गु० सं० १३५ (४५४ ई०) के हैं। गु० सं० १२५ (४४४ ई०) वाला लेख, जो हाल ही में (१९६४ ई० में) प्रकाश में लाया गया, एक टूटी प्रतिमा की चरणचौकी पर उत्कीर्ण है। इसमें गुप्त संवत् १२५ को कुमारगुप्त प्रथम के राज्यकाल का 'विजयराज्य संवत्सर' कहा गया है। गुप्त संवत् १३५ (४५४ ई०) वाला लेख एक बौद्ध लेख है, जो प्रयाग संग्रहालय में प्रदर्शित है।

---

१. **रमेश चन्द्र शर्मा, मथुरा म्यूजियम ऐण्ड आर्ट, पृष्ठ ६३-६४।**

उक्त चारों लेखों से स्पष्ट है कि गुप्तकाल में मथुरा में विभिन्न धर्मों का विकास स्वाभाविक रूप में हो रहा था। गुप्तकालीन चीनी यात्री फाह्यान ने मथुरा के नागरिकों की शिष्टता एव समृद्धि की प्रचुर प्रशंसा की है। उसके अनुसार इस समय वहाँ कई बौद्ध विहार वर्तमान थे, जहाँ भिक्षु बहुसंख्या में निवास करते थे। इस समय इस नगर में बौद्ध धर्म का अत्यधिक प्रभाव था।[१] मथुरा से प्राप्त गुप्त-कालीन मूर्तियाँ कृष्ण, शिव, विष्णु, बुद्ध, जैन, तीर्थंकर, नाग एवं सप्त मातृकाओं आदि विभिन्न देवी-देवताओं से संबंधित हैं। वे इस बात की सम्पुष्टि करती हैं कि गुप्त-काल में नागरिकों को पूर्ण धार्मिक स्वतंत्रता थी तथा लोगों के व्यक्तिगत मामलों में कोई राजकीय हस्तक्षेप नहीं था। लाक्षणिक विशेषताओं से युक्त गुप्तकालीन मथुरा कला भारतीय कला के इतिहास में उल्लेखनीय स्थान रखती है।

गुप्त-साम्राज्य के पतन के उपरान्त मथुरा कान्यकुब्ज साम्राज्य में सम्मिलित हो गया, जिसमें कई राजवंशों ने राज्य किया, जिनमें मौखरि, पुष्यभूति, प्रतीहार एवं गाहड़वाड़ विशेष रूप से उल्लेखनीय हैं। हर्ष-काल में ह्वेनसांग मथुरा आया था। वह लिखता है कि वहाँ के नागरिक सम्पन्न एवं शिष्ट थे। इस नगर में कई बौद्ध मठ थे जिनमें रहने वाले भिक्षुओं का जीवन सरल एवं पवित्र था।[२] इसके उपरान्त मथुरा मुसलमान आक्रमणकारियों का निरन्तर शिकार होता रहा। १०१७ ई० में महमूद गजनी ने मथुरा के मन्दिरों को बुरी तरह लूटा। उत्बी लिखता है कि महमूद ने नागरिकों के समक्ष इस्लाम या मृत्यु का विकल्प रखा था। गाहड़वाड़ काल में मथुरा पर पुनः मुसलमान आक्रमण हुआ। ११९४ ई० में मुहम्मद गोरी ने जयचन्द्र गाहड़वाल को हरा कर उसका राज्य छीन लिया। फलतः मथुरा पर हिन्दू-राजवंशों के स्थान पर मुसलमान का राज्य स्थापित हो गया। मथुरा से जो मूर्तियाँ ७०० से १२०० ई० के बीच की मिलती हैं, वे देश के राजनीतिक इतिहास की पृष्ठभूमि में रोचक एवं महत्वपूर्ण हैं। समन्वित मूर्तियों के उदाहरण (यथा, हरिहर एवं हरिहर-पितामह आदि) इस बात के प्रमाण हैं कि विभिन्न धर्मावलम्बी साम्प्रदायिक भेदभाव छोड़कर विदेशी आक्रान्ताओं के विरुद्ध सम्मिलित राष्ट्रीय प्रतिरोध स्थापित करने के पक्ष में थे।

इसी प्रकार जैन धर्म में भी हिन्दू देवी-देवताओं के समाहित होने के प्रमाण मिलते हैं। उदाहरणार्थ, तीर्थंकर नेमिनाथ की यक्षी अम्बिका पार्वती का जैन रूप है तथा प्रथम जैन तीर्थंकर आदिनाथ की यक्षी चक्रेश्वरी वैष्णवी देवी का जैन रूप है। वह प्रतिमाओं में चक्रधारिणी एवं गरुडासना रूप में प्रदर्शित है। धर्मसम्मिश्रण के इन पुरातत्वीय दृष्टान्तों से स्पष्ट है कि तत्कालीन राजनीतिक परिप्रेक्ष्य में लोग साम्प्रदायिक भेद भूलने लगे थे तथा फलस्वरूप समन्वित देवी-देवताओं की पूजा में राष्ट्रहित की दृष्टि से नागरिकों की आस्था अधिकाधिक जागृत हो रही थी।

---

१. लेग्गे, फाह्यान, पृष्ठ ४२।
२. वाटर्स, १, ३०१।

कान्यकुब्ज

कान्यकुब्ज भारतवर्ष का एक प्राचीन नगर था। रामायण के अनुसार इसकी नींव कुशनाभ ने डाली थी, जो कि कुश के पुत्र थे।[१] कान्यकुब्ज नाम की व्युत्पत्ति के विषय में रामायण में एक कथा मिलती है। इस कथा के अनुसार घृताची नामक एक अप्सरा से कुशनाभ की सौ पुत्रियाँ उत्पन्न हुईं।[२] ये सभी कन्याएँ परम रूपवती, गुणसम्पन्ना, यौवनशालिनी तथा नृत्य, वाद्य एवं संगीत में निपुणा थीं।[३] एक बार वे विचरण करती हुई पास के उद्यान में आईं। उनके उन्मादक यौवन को देखकर पवनदेव मोहित हो उठे। उन्होंने प्रकट होकर उनसे विवाह का प्रस्ताव किया। इसको सुनकर कन्याएँ हँस उठीं तथा तीखे वचनों के द्वारा उनके विवाह-प्रस्ताव को तिरस्कृत कर दिया। इस पर पवनदेव ने क्रुद्ध होकर इन कन्याओं को शाप दिया, जिसके कारण उनके सम्पूर्ण गात्र टूट गये (भग्नाःकन्याः) तथा उन्हें कूबड़ निकल आया (कुब्जाः)।[४] कन्याओं के इस प्रकार कुब्जत्व के प्राप्त होने के फलस्वरूप (कन्यानां कुब्जत्वं) यह नगर तदुपरान्त कान्यकुब्ज नाम से प्रख्यात हुआ।[५] डॉक्टर रमाशंकर त्रिपाठी के शब्दों में इस कथा में केवल कल्पना का ही प्राधान्य मिलता है पर कोई ऐतिहासिक बात नहीं मिलती। इससे केवल नगर एवं इसके नाम की प्राचीनता मात्र प्रतिपादित होती है।[६]

कतिपय साक्ष्यों में कान्यकुब्ज के स्थान पर **कन्यकुब्ज**,[७] **कन्याकुब्ज**[८] तथा **कन्याकुब्जा**[९] नाम मिलते हैं पर अधिक प्रचलित नाम कान्यकुब्ज ही

---

१. ''कुशनाभस्तु धर्मात्मा पुरं चक्रे महोदयम्।'' —रामायण १, ३२, ६।

२. ''कुशनाभस्तु राजर्षिः कन्याशतमनुत्तमम्।
जनयामास धर्मात्मा घृताच्यां रघुनन्दन॥'' —वही, १, ३२, ११।

३. ''तास्तु यौवनशालिन्यो रूपवत्यः स्वलंकृताः।'' —रामायण, १, ३२, १२।

४. ''तासां तु वचनं श्रुत्वा हरिः परमकोपनः।
प्रविश्य सर्वगात्राणि बभंज भगवान्प्रभुः।'' —वही, १, ३२, २३।

५. ''यद वायुना च ताः कन्याः तत्र कुब्जीकृता पुरा।
कान्यकुब्जमिति ख्यातं ततः प्रभृत्तितत्पुरम्॥'' —वही, १, ३३, ३४-४५।
ह्वान् च्वांग के यात्रा-विवरण में भी कहा गया है कि वायु के शाप के कारण राजकन्याओं के वक्रपृष्ठ हो जाने के कारण नगर का यह नाम पड़ा—वाटर्स, १, ३४१। इस कथन की परम्परानुकूलता का समर्थन राजतरंगिणी की पंक्तियों के द्वारा भी हो जाता है—
''कन्यकानां यत्र कुब्जत्वं व्यधादगाधिपुरे मरुत्।
तत्रैव शंसनीयः स पुंसां चक्रेभयस्पृशाम्।'' —राजतरंगिणी, ३, १३३।

६. त्रिपाठी, हिस्ट्री ऑफ़ कन्नौज, पृष्ठ ३।

७. राजतरंगिणी, १, ११७।

८. एपिग्रैफिआ इण्डिका, १, पृष्ठ २१९।

९. काव्यमीमांसा, पृष्ठ ३२।

था, जिसका प्रयोग अनेक स्थलों पर मिलता है।[१] इसके अतिरिक्त इस नगर के कतिपय अन्य नाम भी थे, उदाहरणार्थ **महोदय**[२], **महोदया**[३], **गाधिपुर**[४], **गाधिनगर**[५] तथा **कुशस्थल**।[६] महोदय इसका पहला नाम था। यह नाम इसके महान् उत्कर्ष की ओर संकेत करता है। गाधिपुर तथा गाधिनगर नाम का सम्बन्ध इसके गाधि नामक शासक के साथ प्रतीत होता है, जो कि महाभारत एवं पुराणों के अनुसार यहाँ का एक प्रतापी सम्राट् था।[७] कुशस्थल नाम की व्युत्पत्ति सम्राट् कुश के नाम से विदित होती है, जो कि इसके संस्थापक (कुशनाभ) के पिता थे। सम्भवतः इसी कारण इसे कौश भी कहा जाता था।[८] य्वान् च्वांग ने इसे कुसुमपुर (कु-सु-गो-पु-लो) कहा है।[९] छठी शताब्दी के प्रारम्भ तक यह नगर अधिक प्रसिद्धि में नहीं आ सका था। इस काल तक के ग्रन्थों में इसका नामोल्लेख यत्र-तत्र मिलता है पर ऐसा कोई वर्णन नहीं उपलब्ध होता जिससे कि इसकी महानता प्रतिपादित हो सके। महाभारत में इस नगर का उल्लेख मिलता है। इस ग्रन्थ में पाण्डव इसे कौरवों से माँगते हुए दिखाये गये हैं।[१०] पतंजलि के महाभाष्य में कान्यकुब्जी शब्द आता है, जिसका अर्थ कान्यकुब्ज में रहने वाली स्त्री होता है।[११] गुप्तों के काल में भारतवर्श का प्रधान नगर पाटलिपुत्र था। कान्यकुब्ज इसकी समता में बहुत पीछे था। चीनी यात्री फाह्यान लिखता है कि यह नगर (कि-जू-ई) गंगा के तट पर स्थित था। इसमें केवल दो संघाराम विद्यमान थे, जिसमें हीनयान मतावलम्बी रहते थे।[१२]

---

१. महाभारत, ३, ११६, १९, हर्षचरित, पृष्ठ ४२५।

२. महोदय के लिए द्रष्टव्य—
(अ) रामायण, १, ३२, ६।
(ब) ''कान्यकुब्जम् महोदयम्'' —काव्यमीमांसा, पृष्ठ १६६।

३. ''कन्यकुब्जा महोदया'' —वही, पृष्ठ ३२।

४. गाधिपुर के लिए द्रष्टव्य—
(अ) ''महोदयम् गाधिपुरम्'' —कल्पद्रुमकोष, १६, पृष्ठ १०।
(ब) राजतरंगिणी, १, ४, १३३।

५. इण्डियन ऐण्टिक्वैरी, १५, ४१।

६. ''कुशस्थलम् कान्यकुब्जम्'' —अभिधानसंग्रह, २, १९३।

७. हिस्ट्री ऑफ़ कन्नौज, पृष्ठ ४।

८. ''कान्यकुब्जम् गाधिपुरम् कौशम कुशस्थलम् च तत्।''
—अभिधानचिन्तामणि, पृष्ठ १६६।

'कौशम' के लिए द्रष्टव्यः—हिस्ट्री ऑफ़ कन्नौज, पृष्ठ ५।

९. वाटर्स, १, ३४१।

१०. महाभारत, ५, ३०, १९।

११. महाभाष्य, २, २३३ (कीलहार्न)।

१२. लेग्गे, ट्रैवेल्स ऑफ़ फाह्यान, पृष्ठ ५४।

छठी शताब्दी के उत्तरार्द्ध से कान्यकुब्ज की वास्तविक उन्नति प्रारम्भ होती है। इस काल में यहाँ पर मौखरियों की राजधानी थी। मौखरि-नरेश बहुत शक्तिशाली थे। उनके बढ़ते हुए प्रताप के साथ इस नगर की ख्याति भी विकासोन्मुखी होने लगी। मौखिरियों के अध:पतन के उपरान्त इसे हर्ष की राजधानी बनने का सुअवसर उपलब्ध हुआ। इस नरेश के काल में चीनी यात्री ख्वान् च्वांग कान्यकुब्ज आया था। वह लिखता है कि गंगा के तट पर निर्मित यह नगर तीन मील लम्बा तथा एक मील चौड़ा था। उसके अनुसार नगर के चतुर्दिक् मेखला एवं सुदृढ़ प्राकार वर्तमान थे तथा भीतर अनेक उपवन, वितान, सरोवर तथा अट्टालिकाएँ विद्यमान थीं। आपण में सुदूर देशों से विक्रय के निमित्त संख्यातीत भाण्ड केन्द्रित किये गये थे। नागरिकों का चरित्र-संगठन उच्च था। वे धनधान्य से सम्पन्न, सभ्य, सुसंस्कृत, धर्मनिष्ठ एवं सरलहृदय थे। नगर के विहारों में भिक्षुओं एवं भिक्षुणियों का बाहुल्य था। स्थान-स्थान पर अनेक ब्राह्मण मन्दिर भी बने हुए थे।[१] हर्ष के काल में कान्यकुब्ज में एक बहुत बड़ी धार्मिक सभा हुई, जिसमें बौद्ध धर्म की महायान शाखा की विशेषताओं का प्रतिपादन किया गया। उस समय होने वाले विविध राजनीतिक तथा सांस्कृतिक कार्यकलापों का केन्द्र यही नगर था। पुष्यभूतिओं के उपरान्त अनेक आनुक्रमिक वंशों (उदाहरणार्थ प्रतीहारों एवं गाहड़बाड़ों) की राजधानी यहीं पर विद्यमान थीं। इस कारण बारहवीं शताब्दी तक यह उत्तरी भारत का सर्वश्रेष्ठ नगर माना जाता था। इस समय यहाँ के नागरिकों की संस्कृति उच्चकोटि की थी। उनका रहन-सहन अनुकरणीय था। राजशेखर ने लिखा है कि कान्यकुब्ज की ललनाओं का केशविन्यास, अलंकार-प्रसाधन, वेशभूषा एवं भाषा सम्पूर्ण भारत में आदर्श मानी जाती थी।[२] राजपूत-काल में आने वाले मुसलमान यात्रियों ने भी कान्यकुब्ज के वैभव की मुक्तकण्ठ से प्रशंसा की है। उदाहरणार्थ, अल्बरुनी ने इसके विस्तार एवं समृद्धि का वर्णन उच्च शब्दों में किया है।[३] उत्बी के यात्राविवरण में भी इसका वर्णन एक प्रसिद्ध नगर के रूप में मिलता है।[४]

कान्यकुब्ज की ख्याति बौद्धिक क्षेत्र में भी सुविशेष थी। यहाँ के शासक मौखरि-नरेश विद्या के प्रेमी थे। हरहा के लेख में कहा गया है कि मौखरि-राज-कुमार सूर्यवर्मा में लक्ष्मी एवं सरस्वती एक दूसरे के प्रति स्पर्द्धा रखती हुई निवास करती थीं।[५] इस अभिलेख के अनुसार महाराजाधिराज ईशानवर्मा के शासनकाल में तीनों वेदों

---

१. वाटर्स, १, ३४१।

२. ''यो मार्गः परिधानकर्मणि गिरां या सूक्तिमुद्राक्रमे।
भंगिर्याकवरीचयेषु रचनं यद्भूषणालीषु च॥
दृष्टं सुन्दरि कान्यकुब्जललना लोकेरिहान्यच्च यच्च-
छिक्षन्ते सकलासु दिक्षु तरसा तत्कौतुकिन्यः स्त्रियः॥''—बालरामायण, १०, ९०।

३. सखाऊ, १, १९९।

४. इलियट, हिस्ट्री ऑफ़ इण्डिया, पृष्ठ २, ४६।

५. ''लक्ष्मीकीर्तिसरस्वती प्रभृतयो यं स्पर्धयेवाश्रिता।'' —ए० इ० १४, ११७।

का पठन-पाठन हुआ करता था।[१] इस प्रशस्ति का रचयिता रविशान्ति (जो कि एक उच्च कोटि का लेखक था) मौखरियों का आश्रित कवि था। ईशानवर्मा के प्रति प्रगाढ़ अनुराग के कारण (नृपानुरागात्) उसने मौखरियों की कृतियों का वर्णन किया था, जो कि हरहा के शिलाखण्ड पर उत्कीर्ण मिलता है।[२] बाण ने कादम्बरी में लिखा है कि मौखरियों ने उसके आचार्य भर्व की वन्दना की थी।[३] सम्राट् हर्ष के काल में कान्यकुब्ज का वायुमण्डल पूर्ण रूप से बौद्धिक हो उठा था। हर्ष एक उच्च कोटि के विद्वान् तथा निपुण लेखक थे। उन्होंने रत्नावली, प्रियदर्शिका तथा नागानन्द की रचना की थी। उनकी शैली की प्रशंसा करते हुए बाण ने लिखा है कि हर्ष की कविता का वर्णन शब्दों में पर्याप्त रूप से नहीं हो सकता।[४] एक दूसरे स्थल पर उन्होंने लिखा है कि वे काव्य एवं कथाओं से अनास्वादित अमृत की वर्षा करते थे।[५] नागानन्द नाटक की प्रस्तावना में कहा गया है कि हर्ष एक निपुण कवि थे।[६] सोड्ढल ने उदयसुन्दरीकथा में हर्ष को विक्रमादित्य, मुंज तथा भोज आदि सम्राट् कवियों की समकक्षता में रखा है।[७] दामोदरगुप्त ने 'कुट्टनीमतम्' में लिखा है कि रत्नावली नाटक का रचयिता एक नरेश था।[८] यहाँ पर हर्ष की ओर संकेत है। जयदेव ने हर्ष को भास, कालिदास, बाण तथा मयूर की समकक्षता में रखते हुए उन्हें एक आदर्श लेखक के रूप में स्वीकार किया है।[९] सुभाषितभाण्डागार में हर्ष को माघ, मयूर, मुरारि तथा भारवि आदि के समान एक उच्च कोटि का कवि माना गया है।[१०] मधुसूदनसरस्वती ने उन्हें रत्नावली का रचयिता कहा है।[११] विदेशी यात्री इत्सिंग ने लिखा है कि हर्ष

---

१. ''यस्मिन्शासति च क्षितिं क्षितिपतौ जातेगभूयस्त्रयी।'' —वही, १६।

२. वही, २३।

३. ''सशेखरैर्मौखरिभिः कृतार्चनम्।'' —कादम्बरी, पृष्ठ १, ४।

४. ''अपि चास्य कवित्वस्य वाचः न पर्याप्तो विषयः।'' —हर्षचरित, पृष्ठ १२१।

५. ''काव्यकथास्वपीतममृतमुद्वमन्तम्'', —वही, पृष्ठ ११२।

६. ''श्रीहर्षो निपुणः कविः'' —नागानन्द, पृष्ठ १।

७. ''कवीन्द्रैश्च विक्रमादित्य-श्रीहर्ष-मुंज-भोजदेवादि-भूपालैः''
—उदयसुन्दरीकथा, पृष्ठ १५०।

८. कुट्टनीमतम्, ८५६वाँ (श्लोक)।

९. ''यस्याश्चोरश्चिकुरनिकरः कर्णपूरो मयूरो।
भासो हासः कविकुलगुरुः कालिदासो विलासः॥
हर्षो हर्षः हृदयवसतिह पंचबाणश्च बाणः।
केषां नैषा कथय कविता कामिनी कौतुकाय॥'' —प्रसन्नराघव, १, २२।

१०. ''माघश्चोरो मयूरो मुररिपुरपरो भारविः सारविद्यः।
श्रीहर्षः कालिदासः कविरथ भूवभूत्याह्वयो भोजराजः॥
श्रीदण्डी डिण्डिमाख्यः श्रुतिमुकुटगुरुर्भल्लाटो भट्टबाणः।
ख्यातश्चान्यो सुबंध्वादय इह कृतिभिर्विश्वमाह्लादयन्ति॥''
—सुभाषितरत्नभाण्डागार, पृष्ठ ३८, ७१।

११. ''रत्नावल्याख्यनाटिकाकर्तुर्महाराजश्रीहर्षस्य।''

जीमूतवाहन (जिन्होंने एक नाग को बचाने के लिए अपना बलिदान कर दिया) की कथा को पद्यबद्ध किया था।[१]

हर्ष के काल में कान्यकुब्ज के दरबार में विद्वानों को संरक्षण प्रदान किया गया था। इनके दरबारी कवियों में बाण प्रधान थे। इनके ग्रन्थों (हर्षचरित एवं कादम्बरी) की गणना संस्कृत-साहित्य की अनूठी निधियों में होती है। अनेक साक्ष्यों से ज्ञात होता है कि हर्ष ने बाण से प्रसन्न होकर उसे प्रचुर सम्पत्ति दान में दिया था।[२] हर्ष के अन्य दरबारी कवियों में मयूर तथा मातंगदिवाकर का नाम आता है। मयूर का सबसे प्रसिद्ध ग्रन्थ 'सूर्यशतक' है, जिसमें १०० श्लोकों में सूर्य की स्तुति की गई है। राजशेखर जैसे कवि ने इसकी काव्यशैली की उत्कृष्टता को स्वीकार किया है। मातंगदिवाकर का कोई ग्रन्थ उपलब्ध नहीं है पर राजशेखर के वर्णन से ज्ञात होता है कि यह अवश्य ही एक उच्चकोटि का कवि रहा होगा। इसके अनुसार मातंगदिवाकर को वाग्देवी का वरदान प्राप्त था तथा फलस्वरूप वह हर्ष की सभा में बाण एवं मयूर के तुल्य सम्मानित हुआ था।[३]

कान्यकुब्ज के बौद्धिक वायुमण्डल की यह परम्परा हर्ष के उपरान्त भी विद्यमान थी। आठवीं शताब्दी में सम्राट् यशोवर्मा की सभा में भवभूति एवं वाक्पतिराज रहते थे।[४] भवभूति ने मालतीमाधव, उत्तररामचरित तथा महावीरचरित की रचना की। वाक्पति ने 'गौडवहो' की रचना की थी, जिसमें भवभूति की काव्यप्रतिभा की प्रशंसा उपलब्ध होती है।[५] यशोवर्मा स्वयं एक कवि थे। उन्होंने रामाभ्युदय नामक नाटक की रचना की, जो कि अप्राप्य है। उनकी कृति के कुछ अंश उद्धरण के रूप में कतिपय अन्य ग्रन्थों में प्राप्य हैं। प्रतीहारों के काल में कान्यकुब्ज का सबसे प्रसिद्ध कवि राजशेखर

---

१. इ० ऐं०, २, (१८७३), पृष्ठ १२७-२८।

२. "सम्पूजितः कनककोटिशतेन बाणः", —उदयसुन्दरीकथा, पृष्ठ २।
तुलनार्ह—
(क) "श्रीहर्षो विततार गद्यकवये बाणाय बाणीफलम्" —रामचरित, २२, १००।
(ख) "हेम्नो भारशतानि वा मदमुचां वृन्दानि वा दन्तिनां।
श्रीहर्षेण समर्पितानि गुणिने बाणाय कुत्राद्य तत्॥
या बाणेन तु तस्य सूक्तिबिसरैरुट्टङ्किता कीर्तय-
स्ताःकल्पप्रलयेपि यान्ति न मनाङ्मन्ये परिम्लानताम्॥"
—सुभाषितरत्नावली, १८०।

३. "अहो प्रभावो वाग्देव्या यन्मातंगदिवाकरः।
श्रीहर्षस्याभवत्सभ्यः समो बाणमयूरयोः॥"
—राजशेखर, सूक्तिमुक्तावली (कवि प्रशंसा) भगदत्तजल्हणकृत

४. "कवि वाक्पतिराजश्रीभवभूत्यादिसेवितः।
जितौ ययौ यशोवर्मा तद्गुणस्तुतिवन्दिताम्॥" —बालरामायण, ३, १४४।

५. "भवभूइ-जलहि-णिग्गय-कव्वामय-रसकणा इव फुरन्ति।
जस्स विसेसा अज्जवि वियडेसु कहा-णिवेसेसु॥" —गौडवहो

था। वह प्रतीहार-नरेश महेन्द्रपाल तथा उसके उपरान्त उनके पुत्र महीपाल का संरक्षित कवि था। उसने इन नरेशों के आश्रय में अनेक ग्रन्थों की रचना की। महीपाल क्षेमीश्वर के भी आश्रयदाता थे, जिन्होंने 'चण्डकौशिक' की रचना की थी।[१] प्रतीहारों के उपरान्त गाहड़वाड़ों ने भी कान्यकुब्ज में बौद्धिक वातावरण उत्पन्न कर रखा था। इस वंश के द्वितीय नरेश मण्डनपाल ने चिकित्साशास्त्र के ऊपर 'मण्डनविनोदनिघण्टु' की रचना की थी।[२] इस वंश के जयचन्द्र नरेश के दरबार में बहुत से विद्वान् रहते थे।[३] इनमें श्रीहर्ष सबसे प्रसिद्ध थे। उन्होंने लिखा है कि महाराज जयचन्द्र स्वयं आसन तथा पान के दो बीड़े दिया करते थे।[४]

कान्यकुब्ज-नरेशों के प्रभाव से दूर स्वतन्त्र रूप से भी यहाँ विद्या का विकास हो रहा था। य्वान् च्वांग ने स्पष्ट रूप से लिखा है कि इस नगर के नागरिक विद्या-व्यसनी थे।[५] राजशेखर ने लिखा है कि कान्यकुब्ज के सुशिक्षित निवासी शास्त्रों का आदर करते थे। यहाँ के कवि अपनी उत्कृष्ट रचनाओं को सुनाकर लोगों को अमृतपान कराते थे।[६] गौडवहो से ज्ञात होता है कि इस नगर में काव्य-गोष्ठियाँ हुआ करती थीं। इन गोष्ठियों में से एक ने इस ग्रन्थ के रचयिता वाक्पति से कान्यकुब्ज-नृपति यशोवर्मा के जीवनचरित का वर्णन करने के लिए अनुरोध किया था।[७] कान्यकुब्ज की महिलाएँ भी सुशिक्षित थीं। राजशेखर की पत्नी इसका ज्वलन्त प्रमाण है। वह एक लेखिका थी। उसी के अनुरोध पर इसने कर्पूरमंजरी की रचना की थी।[८] विक्रमांकदेवचरित के अनुसार कान्यकुब्ज में विद्वान् पण्डित रहते थे। इसके रचयिता बिल्हण का यहाँ के पण्डितों के साथ शास्त्रार्थ हुआ था।[९] इस नगर के भी विद्वान् बाहरी नगरों में शास्त्रार्थ के निमित्त जाया करते थे। श्रीकण्ठचरित से ज्ञात होता है कि गाहड़वाड़-नरेश गोविन्दचन्द्र ने सुहल नामक एक विद्वान् को एक दूसरे नगर में होने वाली पण्डित-सभा में शास्त्रार्थ के हेतु भेजा था।[१०] राजतरंगिणी में कहा गया है कि कान्यकुब्ज के नागरिक ज्ञान में

---

१. काव्यमीमांसा, प्रस्तावना, पृष्ठ १२-१३।

२. त्रिपाठी, हिस्ट्री ऑफ़ कन्नौज, पृष्ठ ३०६।

३. "तस्यराज्ञो वहवो विद्वांसः", —प्रबन्धकोश, पृष्ठ ५४।

४. "ताम्बूलद्वयमासनं च लभते यः कान्यकुब्जेश्वरात्", —नैषधीयचरित, २, १५५

५. वाटर्स, १, ३४१।

६. "यत्रार्थे न तथानुरंजयति कविर्ग्रामीणगीर्गुम्फने।
शास्त्रीयासु च लौकिकेषु च यथा भव्यासुनव्योक्तिषु।
पंचालास्तव पश्चिमेन तं इमे वामा गिरां भाजनाः।
त्वदृष्टेरतिथीभवन्तु यमुनां त्रिस्त्रोतसं चान्तरा॥" —बालरामायण, १०, ८६।

७. गौडवहो, प्रस्तावना, पृष्ठ ३४।

८. कर्पूरमंजरी, १, १०।

९. विक्रमांकदेवचरित, १९, ८०।

१०. "अन्यः स सुहलस्ते ततोऽवन्ध्यतपण्डितः।
दूतो गोविन्दचन्द्रस्य कान्यकुब्जस्यभूभुजः॥" —श्रीकण्ठचरित, २५, १०२।

निपुण हुआ करते थे।[१] इन प्रमाणों के आधार पर यह कहा जा सकता है कि इस नगर की सब से बड़ी विशेषता इसका बौद्धिक विकास था।

कौशाम्बी

इस नगर का प्रथम उल्लेख वैदिक साहित्य में मिलता है। उदाहरणार्थ, शतपथ ब्राह्मण में प्रोतिकौसुरुविन्दि को 'कौशाम्बेय'[२] अर्थात् कौशाम्बी का निवासी कहा गया है। गोपथ ब्राह्मण से ज्ञात होता है कि अत्यन्त प्राचीन काल में ही यह नगर विद्या का केन्द्र था।[३] महाभारत तथा रामायण में इसकी उत्पत्ति की कथा वर्णित है। महाभारत के अनुसार उपरिकरवसु नामक कुरु राजवंश के शासक के कुशाम्ब नामक पुत्र ने इसकी नींव डाली थी।[४] रामायण में कौशाम्बी की स्थापना का श्रेय कुश के कुशाम्ब नामक पुत्र को दिया गया है।[५] अष्टाध्यायी के 'तेन निर्वृत्तम्'[६] सूत्र के अनुसार स्थान का नाम उसे बसाने वाले व्यक्ति के नाम के आधार पर रखा जाय। काशिका में इसका एक उदाहरण दिया गया है—'कौशाम्बेन निर्वृत्ता'—'कौशाम्बी नगरी' अर्थात् कौशाम्बी के संस्थापक कुशाम्ब थे।[७] पौराणिक साक्ष्य के अनुसार जब गंगा की बाढ़ के द्वारा हस्तिनापुर बहा दिया गया, उस समय भरतवंशी नरेश निचक्षु जो कि अर्जुन के पौत्र परीक्षित के पाँचवें वंशज थे, कौशाम्बी चले आये।[८] निचक्षु की सत्तरहवीं पीढ़ी में उदयन उत्पन्न हुए, जो कि एक महान् सम्राट् थे।[९] इस प्रकार पुराणों के अनुसार कौशाम्बी-नरेश उदयन एक भरतवंशी नरेश सिद्ध होता है। 'स्वप्नवासवदत्तम्' में भी उदयन को भरतवंशी शासक कहा गया है।[१०]

कौशाम्बी की विशेष प्रसिद्धि उदयन के काल से प्रारंभ होती है। इस समय यहाँ पर वत्स-राज्य की राजधानी थी। महापरिनिब्बानसुत्त के अनुसार जब गौतम बुद्ध ने कुशीनगर में मरने की इच्छा प्रकट की, उस समय उनके शिष्य आनन्द ने कहा था— "भगवन्, यह छोटा सा नगर आपके परिनिर्वाण के उपयुक्त नहीं है। **चम्पा, राजगृह,**

---

१. **"जित्वोर्वीं कान्यकुब्जाद्यां तत्रयं सत्यवेशयत्।**
चातुर्वर्ण्यं निजे देशे धर्म्यांश्चव्यवहारिणः॥" —**राजतरंगिणी, १, ११७।**

२. **शतपथ ब्राह्मण, १२, २, २, १३।**

३. **गोपथ ब्राह्मण, १, ४, २४।**

४. **महाभारत, आदिपर्व, अध्याय ६३।**

५. **"कुशाम्बस्तु महातेजा कौशाम्बीमकरोत्पुरम्।"**
—**रामायण, बालकाण्ड, सर्ग ३२, पंक्ति ११।**

६. **अष्टाध्यायी ४, २, ६८। द्रष्टव्य—अग्रवाल, पाणिनिकालीन भारतवर्ष, पृष्ठ ३९।**

७. **घोष, अर्ली हिस्ट्री ऑफ़ कौशाम्बी, प्रस्तावना, पृष्ठ १७।**

८. वही, पृष्ठ ४।

९. वही, पृष्ठ ११।

१०. "भारतानां कुले जातो विनीतो ज्ञानवांछुचिः।
तन्नार्हसि बलाद्धर्तुं राजधर्मस्य देशिकः॥" —अंक ६, १६।

श्रावस्ती, साकेत, कौशाम्बी तथा **वाराणसी** जैसे विशाल नगर हैं, जहाँ पर आपकी मृत्यु आपकी महानता के अनुकूल होगी।[१] इससे स्पष्ट होता है कि कौशाम्बी की गणना तत्कालीन ६ प्रसिद्ध नगरों में होती थी। यमुना के तट पर स्थित होने के कारण यहाँ पर वाणिज्य का महान् विकास हुआ। यही कारण है कि इसे लोग 'वत्स-पत्तन' कहते थे।[२] रिज़ डेविड्स के शब्दों में कौशाम्बी गौतमकालीन उत्तरी भारत का सब से प्रसिद्ध व्यापारिक केन्द्र था।[३] **मथुरा, पाटलिपुत्र, राजगृह, चम्पा** तथा **वाराणसी** आदि नगरों के साथ इसका घनिष्ठ व्यापारिक सम्बन्ध था। बौद्ध ग्रन्थों के अनुसार उज्जयिनी से राजगृह जाने वाले व्यापारिक मार्ग पर यह नगर स्थित था।[४] विनय-महावग्ग से विदित होता है कि कौशाम्बी तथा श्रावस्ती सुप्रसिद्ध वाणिज्य-पथ के द्वारा सम्बद्ध थे।[५] प्रतिष्ठान से साकेत को जाने वाले व्यापारिक मार्ग पर **उज्जयिनी, माहिष्मती, विदिशा, कौशाम्बी, साकेत, कपिलवस्तु, पावा, कुशीनगर** तथा **वैशाली** आदि नगर स्थित थे। सुप्रसिद्ध मार्गों के साथ इस रूप में सम्बन्धित होने के कारण कौशाम्बी उत्तर-पूर्व भारत में आयात तथा निर्यात का महान् केन्द्र बन गया। पालि ग्रन्थों से सूचना मिलती है कि यह सभ्य नागरिकों का निवासस्थान था। इसमें घोषित, कुक्कुट तथा पावारिय के समान धनिक व्यक्ति रहते थे।

बौद्ध काल में कौशाम्बी की महत्ता धार्मिक क्षेत्र में भी विशेष थी। यहाँ पर गौतम बुद्ध ने अनेक व्याख्यान दिया था, जिसके कारण इस नगर में उनके अनुयायियों की संख्या बढ़ गई थी। कौशाम्बी भिक्षुओं एवं भिक्षुणियों का भी निवासस्थान था। ये लोग विहारों में रहते थे। बौद्ध ग्रन्थों में **कुक्कुटाराम, घोषिताराम, पावरिकाम्बवन** तथा **बद्रिकाराम** आदि **कौशाम्बी** के प्रसिद्ध विहारों का उल्लेख मिलता है। घोषिताराम के भग्नावशेष कौशाम्बी के आधुनिक उत्खनन में उपलब्ध हुए हैं, जिनसे भिक्षुसंघ के धार्मिक जीवन पर प्रकाश पड़ता है। सम्राट् उदयन भी गौतम बुद्ध के अनुयायी थे। तिब्बत तथा पालि ग्रन्थों में उदयन के बौद्ध धर्म में दीक्षा लेने के सम्बन्ध में विभिन्न कथाएँ प्राप्त होती हैं। तिब्बत के ग्रन्थों के अनुसार एक बार गौतम बुद्ध वाराणसी से कौशाम्बी आये। उस समय उदयन एक आक्रमण के लिए तैयारी कर रहे थे। शान्ति के इस दूत को देखकर उदयन की क्रोधाग्नि प्रज्वलित हो उठी। वह समझ गया कि अहिंसा का यह पुजारी उसे आक्रमण करने से रोकेगा। उसने शीघ्र ही गौतम को मारने के लिए बाण चला दिया पर उनके प्रभाव के कारण यह हिंसा-निरोध की शिक्षा देता हुआ वायु में दूर निकल गया। इस घटना के कारण उदयन गौतम बुद्ध के प्रति विनम्रता

---

१. महापरिनिब्बानसुत्त।

२. घोष, महापरिनिब्बानसुत्त, प्रस्तावना, पृष्ठ १७।

३. बुद्धिस्ट इण्डिया, पृष्ठ १०४।

४. मललसेकर, १, ६९२।

५. वही, १, ६९३।

के कारण अवनत हो उठा तथा उनका मतावलम्बी बन गया।[१]

पालिसाहित्य के अनुसार बौद्ध संघ के विशिष्ट सदस्य पिण्डोल भारद्वाज ने उन्हें बौद्ध धर्म में दीक्षित किया था, न कि गौतम बुद्ध ने। इसके पूर्व वह बौद्ध धर्म के बहुत विरुद्ध था।[२] इस सम्बन्ध में पालि ग्रन्थों में कई कथाएँ उपलब्ध होती हैं। उदाहरणार्थ, एक बार आचार्य पिण्डोल कौशाम्बी में अपना सदुपदेश दे रहे थे। उस समय उदयन प्रगाढ़ निद्रा में मग्न था। इस अवसर का लाभ उठाकर राजकुल की महिलाएँ आचार्य के व्याख्यान को सुनने के निमित्त निकल पड़ीं। जब उदयन को यह ज्ञात हुआ, उस समय वह आगबबूला हो उठा। उसने पिण्डोल को बुलाकर उसे कठिन दण्ड दिया।[३] एक दूसरी कथा दिव्यावदान में आती है। इसके अनुसार उसकी भार्या सामावती बौद्ध धर्म में प्रबल आस्था रखती थी। उदयन को यह बहुत बुरा लगा। उसने सामावती के शिविर को जलवा दिया। रानी अपनी परिचारिकाओं के सहित उस अग्निदाह में भस्मीभूत हो उठी।[४] इसी प्रकार एक बौद्ध भिक्षु से अप्रसन्न होने के कारण उसने उसे मरवा डालना चाहा। यह भिक्षु अपनी प्राणरक्षा के निमित्त राजपुरुषों की दृष्टि बचाता हुआ श्रावस्ती भाग आया।[५] यही उदयन, जो कि बौद्ध धर्म का कट्टर शत्रु था, कालान्तर में गौतम का एक प्रिय अनुयायी सिद्ध हुआ।

उदयन की मृत्यु के उपरान्त से लेकर नन्दों के काल तक कौशाम्बी के इतिहास के विषय में अत्यल्प ज्ञात है। मज्झिम-निकाय के अनुसार उदयन के उत्तराधिकारी बोधि ने इस नगर में एक नवीन भव्य राजाप्रासाद का निर्माण किया। वह इसे गौतम के चरण-रज से पवित्र कराना चाहता था। इस कार्य के निमित्त उसने उन्हें आमन्त्रित किया। अपने शिष्यों के सहित गौतम बुद्ध कौशाम्बी में पधारे तथा इस नवनिर्मित राजप्रासाद में उन्होंने भोजन किया। इस पर बोधि ने अपने आपको कृतकृत्य समझा। भोजनोपरान्त गौतम ने उसे अपना उपदेश दिया, जिसे उसने बहुत श्रद्धापूर्वक सुना।[६] ये उपदेश बोधि-कुमार-सुत्त में संगृहीत हैं। पुराणों एवं पालि ग्रन्थों में बोधि के उत्तराधिकारियों के नाम उपलब्ध होते हैं पर उसके समकालीन नगर की समृद्धि के ऊपर उनसे कोई भी प्रकाश नहीं पड़ता। नन्दों के काल में कौशाम्बी उनके साम्राज्य में सम्मिलित था।

मौर्यों के शासन-काल में यह नगर प्रसिद्ध राजनीतिक, धार्मिक तथा व्यापारिक केन्द्र था। इसकी महत्ता के कारण ही अशोक ने कौशाम्बी में स्तम्भों के ऊपर अपने लेखों को उत्कीर्ण किया था। मौर्य-काल में सम्भवतः वह एक प्रान्त का अधिष्ठान था। कौशाम्बी-अभिलेख से ज्ञात होता है कि अशोक ने इस स्थान पर महामात्रों की नियुक्ति

---

१. घोष, अर्ली हिस्ट्री ऑफ़ कौशाम्बी, प्रस्तावना, पृष्ठ २१।
२. बुद्धिस्ट इण्डिया, पृष्ठ ७।
३. जातक, ४, ३७५।
४. दिव्यावदान, पृष्ठ ५३३।
५. वाटर्स, १, ३६६।
६. मज्झिम-निकाय, २, ९७।

की थी। लगभग इसी काल में नगर के भिक्षु-संघ में एक महान् भेद उत्पन्न हुआ, जिसको रोकने के लिए अशोक ने सक्रिय प्रयास किया। उसने एक आज्ञा निकाली, जिसके अनुसार संघैक्य का भंगकर्ता भिक्षु मठ की सदस्यता से वंचित तथा निष्कासित ठहराया गया।[१] अशोक की दूसरी पत्नी (तीवर-माता) कारुवाकी ने पुण्यार्जन के निमित्त इस नगर में आम्रवाटिका, आराम एवं दानगृह का निर्माण कराया था।[२]

मौर्यों के अध:पतन के उपरान्त यह नगर मित्रनामधारी राजाओं का प्रादेशिक राजनीतिक केन्द्र बना।[३] बहसतिमित्र (बृहस्पतिमित्र) का सम्बन्ध इसी राजवंश से था। इसकी एक मुद्रा कौशाम्बी से उपलब्ध हुई है, जिससे ज्ञात होता है कि वह यहाँ का एक स्थानीय शासक था।[४] इस नरेश का नाम पभोसा के गुहालेख में उत्कीर्ण मिलता है। इस लेख के अनुसार बृहस्पतिमित्र के मातुल अहिच्छत्रशासक आसाढसेन ने अर्हतों के निवास के निमित्त एक गुफा का निर्माण कराया था।[५] इस बृहस्पतिमित्र का नाम मथुरा के संग्रहालय में वर्तमान मोरा के लेख में प्राप्त होता है।[६] लिपि के आधार पर इस लेख की तिथि द्वितीय शताब्दी ई० पू० निर्धारित होती है, अतएव बृहस्पतिमित्र का काल यही रहा होगा। महाभाष्य (जिसकी रचना द्वितीय शताब्दी ई० पू० में हुई थी) से ज्ञात होता है कि इस समय कौशाम्बी वाणिज्य का एक विशिष्ट केन्द्र रहा होगा। पाणिनि के सूत्र २, १, १८ पर महाभाष्य में एक वार्तिक उपलब्ध होता है—'निरादय: क्रान्ताद्यर्थे पंचम्या:'' अर्थात जब किसी स्थान से प्रस्थान किया जाय, तो उसमें 'नि:' उपसर्ग के साथ पंचमी विभक्ति लगाई जाय, उदाहरणार्थ (१) निष्कौशाम्बि:—जो कि कौशाम्बी से चल चुका हो, (२) निर्वाराणसि:—जो वाराणसी से प्रस्थान कर चुका हो। इन उदाहरणों की एक ऐतिहासिक महत्ता है। इसका स्पष्टीकरण पतंजलि की दो टीकाओं से होता है। (१) पहली टीका पाणिनि के सूत्र ३, ३, १३६ पर की गई है—'यो यमध्वापरिमाणो गन्तव्यस्तस्य यद्वरम् साकेतादिति' अर्थात् साकेत से पाटलिपुत्र को जाने वाले मार्ग का जो भाग साकेत के समीप हो, उसके लिये काल सामान्य भविष्य होना चाहिये, उदाहरणार्थ भोक्ष्यामहे। (2) दूसरी टीका पाणिनि के सूत्र २, २, १८ पर मिलती है—''यो यमध्वा पाटलिपुत्राद्गन्तव्यस्तस्य यत्परम् साकेतादिति।'' साकेत से पाटलिपुत्र को जाने वाले मार्ग का जो भाग पाटलिपुत्र के समीप हो, उसके लिए

---

१. ''(दैवानं) (पि') ये आनपयति (।) कोसम्बियं महामात...समगे कटे। सन्धसि नो लहिये...संघे भाखति भिखु वा भिखुनि वा सेपि चा ओदातानि दुसानि सनंधापयितु अनावसासि आवासयि ये।'' सरकार, सेलेक्ट इंसक्रिप्शंस, पृष्ठ ७३।

२. ''अम्बा-वडिका वा आलभे व दानगृहे'', —सरकार, मज्झिम-निकाय, पृष्ठ ७२।

३. अल्टेकर, ज० न्यू० सो० इ० वही, पृष्ठ १३३।

४. वही, पृष्ठ १३४।

५. ''बहसतिमित्रस मातुलेन...आसाढसेनेन लेनं कारितम्'', —सरकार, सेलेक्ट इंसक्रिप्शंस, पृष्ठ ९८।

६. ज० रॉ० ए० सो०, १९१२, पृष्ठ १२०।

अनद्यतन भविष्य का प्रयोग किया जाये, उदाहरणार्थ—भोक्तास्महे। इन दोनों टीकाओं से स्पष्ट है कि साकेत और पाटलिपुत्र के बीच एक चालू मार्ग था। इसी मार्ग पर कौशाम्बी तथा वाराणसी स्थित थे। जब यात्री साकेत से चलकर कौशाम्बी से आगे निकल जाय (निष्कौशाम्बिः) तो ऐसी दशा में मोक्ष्यामहे का प्रयोग पतंजलि की दृष्टि में सम्मत है तथा जब वाराणसी के आगे निकल जाये (निर्वाराणसिः), तो ऐसी दशा में भोक्तास्महे का प्रयोग ठीक है।[१] साकेत से पाटलिपुत्र को जाने वाले मार्ग के साथ कौशाम्बी का यह सम्बन्ध पतंजलि के काल में उसका व्यापार-केन्द्र होना प्रतिपादित करता है।

ईसा की आदिम शताब्दी में कौशाम्बी कुषाण-राज्य में सम्मिलित था। १९३४ ई० में यहाँ पर गौतम बुद्ध की एक प्रतिमा उपलब्ध हुई। इस पर एक लेख मिलता है, जो कि कनिष्क के राज्यकाल के दूसरे वर्ष में उत्कीर्ण किया गया था।[२] सारनाथ के उत्खनन में बोधिसत्व की एक प्रतिमा प्राप्त हुई है। इस पर कनिष्क के राज्यकाल के तीसरे वर्ष का एक लेख उपलब्ध होता है। इन दोनों लेखों से स्पष्ट होता है कि दक्षिणपूर्व की विजय-यात्रा के सम्बन्ध में कनिष्क ने अपने शासन-काल के दूसरे वर्ष में कौशाम्बी तथा तीसरे वर्ष में वाराणसी को जीता था।[३] कौशाम्बी के भग्नावशेष पर स्थित गढ़वा नामक ग्राम में एक पाषाणखण्ड पर कुषाण-नरेश कनिष्क का एक उत्कीर्ण लेख प्राप्त हुआ है।[४] इससे सूचना मिलती है कि यह नगर कुषाण-साम्राज्य के अन्तर्गत था। कौशाम्बी से प्राप्त कनिष्क की एक मुद्रा से भी इसका समर्थन हो जाता है।[५]

कौशाम्बी के उत्खनन-क्रम से प्रतीत होता है कि कुषाणों के पश्चात् इस समृद्ध नगरी में नेव नामक शासक का आधिपत्य स्थापित हुआ और तदुपरान्त मघ वंश के भद्रमघ, वैश्रवण, भीमवर्मन, शिवमघ, शतमघ तथा विजयमघ आदि शासकों ने दीर्घ काल तक यहाँ राज्य किया। कुषाण-काल की भाँति मघ-काल भी राजनीतिक तथा सांस्कृतिक दोनों दृष्टियों से कौशाम्बी के लिए उत्कृष्ट काल रहा। खुदाई से प्राप्त अवशेषों में इस काल के स्मारकों का बाहुल्य है।[६] तत्पश्चात् पुश्वश्री नामक राजा का राज्यकाल प्रारम्भ हुआ, जिसके सिक्के कुछ अंशों में मघों की मुद्रा-परम्परा से प्रभावित प्रतीत होते हैं, यद्यपि इसके कुल एवं पितृत्व के विषय में कुछ निश्चयात्मक रूप से ज्ञात नहीं है।[७]

चौथी शताब्दी के पूर्वार्द्ध में समुद्रगुप्त की विजयों के कारण यह नगर गुप्त-साम्राज्य में सम्मिलित हो गया। यह इस समय का एक प्रसिद्ध केन्द्र था। यही कारण है कि

---

१. घोष, अर्ली हिस्ट्री ऑफ कौशाम्बी, प्रस्तावना, पृष्ठ १७-१८।
२. घोष, अर्ली हिस्ट्री ऑफ कौशाम्बी, प्रस्तावना, पृष्ठ ६४।
३. वही, पृष्ठ ६४।
४. निदेशक, कौशाम्बी उत्खनन-शिविर, प्रयाग विश्वविद्यालय के सौजन्य से प्राप्त सूचना।
५. वही।
६. वही।
७. वही।

समुद्रगुप्त ने अपने ऐतिहासिक दिग्विजय को चिरस्मरणीय बनाने के लिए यहाँ पर वर्तमान अशोकस्तम्भ के ऊपर तद्विषयक एक नवीन लेख उत्कीर्ण कराया था। डाक्टर जायसवाल का मत है कि समुद्रगुप्त के दोनों आर्यावर्त-युद्ध कौशाम्बी में हुए थे। पर इससे सहमत होना दुष्कर है क्योंकि इसको निर्धारित करने के निमित्त कोई निश्चित प्रमाण नहीं मिलता। गुप्त-काल में फाह्यान कौशाम्बी आया था। वह लिखता है कि सारनाथ से यह नगर १३ योजन (१०४ मील) दूर उत्तर-पश्चिम में स्थित था। उसने घोषिताराम का उल्लेख किया है। यह उस समय अच्छी दशा में था। इसमें अधिकतर हीनयान धर्म के अनुयायी रहते थे।[१]

गुप्तों के अध:पतन के उपरान्त कौशाम्बी की समृद्धि क्रमशः क्षीण होने लगी। सातवीं शताब्दी का चीनी यात्री य्वान् च्वांग यहाँ आया था। वह लिखता है कि नगर के अधिकांश विहार ध्वस्त हो चुके थे। यहाँ रहने वाले भिक्षुओं की संख्या पहले की अपेक्षा बहुत कम हो गई थी। उसने इस नगर में लगभग ६० फीट ऊँचा एक बौद्धमन्दिर देखा था। इसके भीतर गौतम बुद्ध की चन्दन की एक प्रतिमा विद्यमान थी। इसका निर्माण उदयन के अनुरोध पर किया गया था।[२] य्वान् च्वांग के आगमन के अवसर पर घोषिताराम विहार भग्नावशेष को प्राप्त हो चुका था। उसके अनुसार यह नगर के बाहर दक्षिणपूर्व के कोने पर बना हुआ था।[३] कौशाम्बी के आधुनिक उत्खनन के द्वारा चीनी यात्री के इस साक्ष्य का समर्थन हो चुका है। घोषिताराम के दक्षिणपूर्व की ओर ईंटों का दो मंजिला एक भवन था। वसुबन्धु इसी में रहते थे। उन्होंने इसी भवन में 'वेइ-शिह-लुन' (विद्यामात्रसिद्धिशास्त्र) की रचना की थी। इस ग्रन्थ में उन्होंने हीनयान के सिद्धान्तों का खण्डन किया था।[४] घोषिताराम के पूर्व की दिशा में एक आम्रवाटिका थी, जहाँ पर एक प्राचीन गृह था। सुबन्धु के अग्रज असंग इसी में रहते थे। उन्होंने यहाँ रहकर 'सियेन-यंग-शेंग-चिआओ-लुन' नामक ग्रन्थ की रचना की थी। वे महायान सम्प्रदाय के कट्टर अनुयायी थे। चीनी यात्री ने नगर के भीतर कुछ अन्य बौद्ध मन्दिरों एवं स्तूपों के भी विद्यमान होने का उल्लेख अपने यात्रा-विवरण में किया है।[५]

य्वान् च्वांग के आगमन के अवसर पर कौशाम्बी हर्ष के साम्राज्य में सम्मिलित था। हर्ष के ग्रन्थों में इस नगर का नाम आता है, उदाहरणार्थ प्रियदर्शिका तथा रत्नावली। प्रियदर्शिका में उसकी विजयों का वर्णन मिलता है। रत्नावली में पुरवासियों के सामाजिक एवं सांस्कृतिक जीवन पर प्रकाश डाला गया है। कालान्तर के ग्रन्थ कथासरित्सागर में कौशाम्बी के पूर्व रूप का वर्णन मिलता है—(अस्ति वत्स इति ख्यातो देश:। कौशाम्बी नाम तत्रास्ति मध्यभागे महापुरी)। पुष्यभूतियों के उपरान्त यह नगर

---

१. लेग्गे, ट्रैवेल्स ऑफ़ फाह्यान, पृष्ठ ७२।

२. वाटर्स, १, ३६८।

३. वही, १, ३६९।

४. वही, १, ३७०।

५. वाटर्स, १, ३६६।

चिरकाल तक कान्यकुब्ज-साम्राज्य में सम्मिलित था। कान्यकुब्जनृपति त्रिलोचनपाल के एक लेख में कौशाम्बी-मण्डल[१] का उल्लेख मिलता है। इससे ज्ञात होता है कि ग्यारहवीं शताब्दी में यह कान्यकुब्ज-साम्राज्य के अन्तर्गत एक शासन-क्षेत्र के रूप में विद्यमान था।

कौशाम्बी की पहचान कोसम नामक ग्राम से की जाती है, जो प्रयाग से ३० मील की दूरी पर स्थित है। इस पहचान के सम्बन्ध में निम्न तर्क दिये जा सकते हैं— (१) कोसम कौशाम्बी से निकला हुआ नाम विदित होता है। (२) फाह्यान ने अपने यात्रा-विवरण में लिखा है कि कौशाम्बी सारनाथ से १३ योजन अर्थात् १०४ मील दूर उत्तर-पश्चिम में स्थित था।[२] सारनाथ से कोसम की दूरी यही है। (३) कोसम के एक स्तम्भ-लेख में 'कौशाम्बी-पुरी' का उल्लेख मिलता है। इस लेख में इस नगर के सुवर्णकारों के मंगल के निमित्त प्रार्थना की गई है।'[३] इससे ज्ञात होता है कि इस लेख के प्राप्तिस्थान कोसम का ही पूर्व नाम कौशाम्बी था। (४) कोसम के समीप स्थित पभोसा नामक ग्राम से प्राप्त एक बालूदार प्रस्तरखण्ड के ऊपर भ्रष्ट संस्कृत में एक लेख मिलता है—'कौशाम्बीनगरबाह्य-प्रभासाचलोपरि।'[४] इससे ज्ञात होता है कि प्रभास (आधुनिक पभोसा) कौशाम्बी नगर के समीप था। पभोसा से कोसम की समीपस्थता कौशाम्बी के साथ उसकी एकता निर्धारित करती है। प्रयाग विश्वविद्यालय की ओर से की जाने वाली खुदाइयों में घोषिताराम के अवशेषों की प्राप्ति के उपरान्त कोसम के साथ इस नगर की पहचान के विषय में कोई भी संशय नहीं रह गया।

प्रयाग

प्राचीनता— हिन्दुओं के एक धार्मिक तीर्थ के रूप में प्रयाग की महत्ता अत्यन्त प्रारम्भिक काल से चली आ रही है। इसका प्रथम उल्लेख ऋग्वेद में मिलता है। इस ग्रन्थ के अनुसार यह एक पवित्र तीर्थ था, जहाँ पर सित एवं असित नदियाँ (गंगा एवं जमुना) एक-दूसरे से मिलती थीं। इसमें वर्णन मिलता है कि जो व्यक्ति दोनों नदियों के संगम के जल में स्नान करते हैं, वे स्वर्गलोक में उच्च स्थान प्राप्त करते हैं तथा आवागमन से उन्हें मुक्ति मिल जाती है (सितासिते सरिते यत्र संगमे तत्राप्लुतासो दिवमुत्पतन्ति। ये वै तन्वं विसृजन्ति धीरास्ते जनासो अमृतत्वं भजन्ते॥ ऋग्वेद १०, ७५)।

प्रयाग का वर्णन अन्य प्राचीन ग्रन्थों में भी मिलता है; उदाहरणार्थ महाभारत (वनपर्व, ८५, ६९-९७) तथा रामायण (२, ५४, ६)। महाभारत में इसे तीनों लोकों में सर्वश्रेष्ठ तीर्थ कहा गया है। इसके अनुसार सभी देवता मिलकर इसकी वन्दना करते हैं। वहाँ पर अत्यल्प दान करने पर भी महान् फल की प्राप्ति होती है। पवित्र संगम के जल

---

१. घोष, अर्ली हिस्ट्री ऑफ़ कौशाम्बी, ९९।

२. गाइल्स फाह्यान, पृष्ठ ३३।

३. कनिंघम, ऐंशेण्ट ज्याग्रफी, पृष्ठ ६५६।

४. घोष, अर्ली हिस्ट्री ऑफ़ कौशाम्बी, ९४।

में स्नान करने पर व्यक्ति अश्वमेध यज्ञ के फल को प्राप्त करता है तथा अपने पितरों का उद्धार करता है।[१] इस तीर्थ के दर्शन, श्रवण, नामस्मरण एवं यहाँ की मिट्टी के ग्रहण करने पर व्यक्ति सम्पूर्ण पापों से मुक्त हो जाता है। स्नान-माहात्म्य की विशेषता पर पुनः बल देते हुए महाभारत में कहा गया है कि प्रयाग के लोकविश्रुत संगम पर अभिषेक-क्रिया के द्वारा व्यक्ति राजसूय एवं अश्वमेध यज्ञ के पुण्य फल को प्राप्त करता है।[२] पुराण-साहित्य में जिसमें देश की प्राचीनतम परम्पराएँ भरी पड़ी हैं, प्रयाग का प्रचुर उल्लेख मिलता है। कूर्मपुराण में इसे देवभूमि कहा गया है। इसके अनुसार इस तीर्थ की रक्षा ब्रह्मा तथा अन्य देवता साथ मिलकर करते हैं ('तत्र ब्रह्मादयो देवाः रक्षां कुर्वन्ति संगतः' कूर्मपुराण, अध्याय ३६)। अग्निपुराण में कहा गया है कि तीन स्थानों पर गंगा नदी कठिनाई के साथ उपलब्ध होती हैं, (१) गंगा-द्वार, (२) प्रयाग तथा (३) गंगासागर।[३]

नाम की व्युत्पत्ति— प्रयाग नाम की उत्पत्ति 'यज्' धातु से हुई है, जिसका अर्थ 'यज्ञ करना' होता है। महाभारत के अनुसार यहाँ पर ब्रह्मा ने यज्ञ किया था, अतएव इसका नाम प्रयाग पड़ा।[४] शब्दकल्पद्रुम में प्रयाग नाम की व्याख्या करते हुए यहाँ पर होने वाले यज्ञों की बहुलता का उल्लेख किया गया है (प्रकृष्टो यागो यत्र, पृष्ठ २८७)। पुराणों के अनुसार प्रयाग 'प्र' तथा 'याग' शब्दों के संयोग से बना हुआ है। 'प्र' शब्द का अर्थ उत्कृष्ट होता है। पुराणों में 'प्र' शब्द की व्याख्या करते हुए कहा गया है कि सम्पूर्ण तीर्थों की समता में प्रयाग अधिक श्रेष्ठ है ('प्रभावात्सर्वतीर्थेभ्यः प्रभवत्यधिकं विभो',

---

१. "ततः पुण्यतमं नाम त्रिषु लोकेषु विश्रुतम्।
प्रयागं सर्वतीर्थेभ्यो प्रवदन्त्यधिकं विभो॥
एषा यजनभूमिर्हि देवानामभिसंस्कृता।
तत्र दत्तं स्वल्पमपि महद्भवति भारत॥" —महाभारत, वनपर्व, ८५, ७९-८०।

२. "श्रवणात्तस्य तीर्थस्य नामसंकीर्तनादपि।
मृत्तिकालम्भनाद्वापि सर्वपापैः प्रमुच्यते॥
तत्राभिषेकं यः कुर्यात्संगमे लोकविश्रुते।
पुण्यं स फलमाप्नोति राजसूयाश्वमेधयोः॥" —महाभारत, वनपर्व, ८५, ८०-८१
तुलनार्ह—
"पवित्रमृषिभिर्जुष्टं पुण्यं पावनमुत्तमम्।
गंगायमुनयोर्वीर संगमं लोकविश्रुतम्॥" —वही, वनपर्व, ८५, १८।

३. "सर्वत्र सुलभा गंगा त्रिषु स्थानेषु दुर्लभम्।
गंगाद्वारे प्रयागे च गंगासागरसंगमे॥" —अग्निपुराण, अध्याय १११।

४. "यत्रायजत् भूतात्मा पूर्वमेव पितामहः।
प्रयागमिति विख्यातं तस्माद्भरतसत्तम॥" —महाभारत, वनपर्व, अध्याय ८५, १९
नाम की व्युत्पत्ति के लिए द्रष्टव्य—मेरा अनुसन्धान-लेख, प्रयाग इन लीजेण्ड ऐण्ड हिस्ट्री, दी जर्नल ऑफ़ दी इलाहाबाद हिस्टारिकल सोसाइटी, पृष्ठ ७, जुलाई, १९६२ अंक।

मत्स्यपुराण, ११०, ११)। इनमें 'याग' शब्द को स्पष्ट करते हुए कहा गया है कि यहाँ पर यज्ञों के अनुष्ठान द्वारा महान् धार्मिक फलों की प्राप्ति होती है (प्रकृष्टत्वात्प्रयागोऽसौ; ब्रह्मपुराण, अध्याय १८)। प्रयाग को 'तीर्थराज' इसलिये कहा जाता था कि यह सभी तीर्थों में श्रेष्ठ था।[१]

प्रयाग का विस्तार—प्रारम्भिक भारतीय साहित्य में प्रयाग की सीमाओं को प्रयाग-मण्डल कहा गया है। मत्स्यपुराण के अनुसार प्रयाग की परिधि पाँच योजन के लगभग थी।[२] लोगों का विश्वास था कि प्रयाग-मण्डल में प्रत्येक पद-दान से अश्वमेध यज्ञ के फल की प्राप्ति होती है (प्रविष्टमात्रे तु तद्भूमाश्वमेधः पदे पदे, मत्स्यपुराण, १, ४५)। कूर्मपुराण में भी प्रयाग-मण्डल की सीमा पाँच योजन बताई गई है (पंचयोजनविस्तीर्णः ब्रह्मणः परमेष्ठिनः, २, ३५)। मत्स्यपुराण में प्रयाग-मण्डल को प्रजापति का क्षेत्र कहा गया है (एतत् प्रजापतेः क्षेत्रं त्रिषु लोकेषु विश्रुतम् १०४, ५)। पुराणों में प्रयाग की सीमाओं का वर्णन मिलता है। उदाहरणार्थ; मत्स्यपुराण के अनुसार प्रयाग-मण्डल प्रतिष्ठान से लेकर वासुकि-ह्रद तक होता हुआ कम्बलनाग, अश्वतरनाग तथा बहुमूलकनाग तक प्रसरित था।[३]

पुराणों के अनुसार प्रतिष्ठान प्रयाग-मण्डल की पूर्वी सीमा का निर्माण करता था। यह गंगा नदी के पूर्वी तट पर स्थित था। इसके स्थान पर आधुनिक झूँसी बसा हुआ है। इसको समुद्र-कूप भी कहते थे। प्रयाग का यह एक महत्वपूर्ण उपतीर्थ था (पूर्व पार्श्वे तु गंगायास्त्रिषु लोकेषु भारत। कूपं चैव तु सामुद्रं प्रतिष्ठानं च विश्रुतम्॥ मत्स्यपुराण, १०६, ३)। 'समुद्र-कूप' सागर अथवा सप्त सागर का प्रतिनिधि समझा जाता था। इस नाम के कूप अन्य धार्मिक नगरों में भी वर्तमान थे; उदाहरणार्थ, मथुरा के एक प्राचीन कुँएँ को लोग आज भी समुद्र-कूप (सात समुन्दरी कुँआँ) कहते हैं। यह राजकीय-संग्रहालय के प्रांगण में स्थित है। स्थानीय लोग इसे बड़ी श्रद्धा की दृष्टि से देखते एवं पूजा करते हैं।[४] मत्स्यपुराण में विविध दानों के सम्बन्ध में सप्त-सागर-महादान का उल्लेख मिलता है। यह दान समुद्र-कूप के समीप दिया जाता था।[५] वासुकि-ह्रद उत्तरी सीमा का निर्माण करता था। पश्चिमी सीमा का प्रतिनिधित्व कम्बलनाग तथा अश्वतरनाग करते थे। ये

---

१. "प्राधान्याद्राजशब्दवान्" —ब्रह्मपुराण, अध्याय २८।

तुलनार्ह—

"तथा सर्वेषु लोकेषु प्रयागं पूजयेद् बुधः।
पूज्यते तीर्थराजस्तु सत्यमेव युधिष्ठिर॥" —मत्स्यपुराण, १०९, १५।

२. "पंचयोजनविस्तीर्णः प्रयागस्य तु मण्डलम्।" —मत्स्यपुराण, १, ४, ५, ८।

३. "आप्रयागं प्रतिष्ठानाद्यत्पुरा वासुकेर्ह्रदात्।
कम्बलाश्वतरौ नागौ नागश्च बहुमूलकः॥" —वही, १, ४५, १०।

४. अग्रवाल मत्स्यपुराण : ए स्टडी, पृष्ठ १८२।

५. वही, पृष्ठ १८२।

दोनों यमुना-तट पर स्थित थे।[१] बहुमूलकनाग दक्षिणी सीमा का निर्माण करता था।[२] प्रमाणों के अभाव में कम्बल, अश्वतर तथा बहुमूलकनाग के स्थान की पहचान करना कठिन है।

यज्ञों का अनुष्ठान—नगर के धार्मिक जीवन के वैदिक यज्ञों के अनुष्ठान का प्राधान्य था। महाभारत में कहा गया है कि ब्रह्मा ने स्वयं यहाँ कई यज्ञों का अनुष्ठान किया था और इसी कारण यह प्रयाग के नाम से विख्यात हुआ।[३] इस ग्रन्थ में इसे 'यजन-भूमि' (यज्ञ-स्थली) कहा गया है।[४] अग्निपुराण के अनुसार प्रयाग में वेद एवं मूर्तिमान् हो उठे थे (तत्र वेदाश्च यज्ञाश्च मूर्तिमन्तः प्रयागके, अध्याय, १११)।

दान—इस नगर में दान का माहात्म्य विशेष रूप से माना जाता था। लोगों का विश्वास था कि जो व्यक्ति प्रयाग में दान देता है, वह स्वर्ग प्राप्त करता है तथा अपने दूसरे जीवन में वह सम्राट् होता है (अत्र दानाद्दिवं यान्ति राजेन्द्रो जायतेऽत्र च, अग्निपुराण, अध्याय १११)। राजवर्ग के द्वारा दान दिये जाने का उल्लेख य्वान् च्वांग के यात्राविवरण तथा राजतरंगिणी की पंक्तियों में उपलब्ध होता है। प्रयाग के पंचवर्षीय दान-वितरणोत्सव का वर्णन करते हुए वह लिखता है कि राजाज्ञा का पालन कर, श्रमण, ब्राह्मण, निर्ग्रन्थ, निर्धन तथा अनाथ दानग्रहण के लिए प्रयाग में एकत्र हुए थे। वहाँ संगम पर एक वर्गाकार हाता बनवाया गया, जो हजार फीट लम्बा तथा हजार फीट चौड़ा था। बीच-बीच में झोपड़ियाँ बनी थीं, जिनके अन्दर सोना, चाँदी, इन्द्रनील तथा महानील जैसे सुन्दर मोती आदि बहुमूल्य कोष जमा थे। रेशमी तथा सूती वस्त्र, सोने और चाँदी के सिक्के भाण्डार-गृहों में सुरक्षित थे। हर्ष एक महीने तक इन वस्तुओं का दान करते रहे। जब कोष रिक्त हो गया, तभी उन्होंने दानवितरण की क्रिया समाप्त की।[५]

राजतरंगिणी के अनुसार जयापीड नामक काश्मीर के शासक ने प्रयाग में ब्राह्मणों को एक कम एक लाख घोड़े दान में दिये थे। उन्होंने भविष्य में प्रयाग आकर दान देने वाले राजाओं के लिए एक मुद्रा पर लेख भी उत्कीर्ण कराया। इस लेख के अनुसार प्रयाग में किसी राजा के सम्पूर्ण एक लाख अश्वों के दान करने पर जयापीड की मुद्रा स्थानान्तरित हो जाती। राजतरंगिणी से विदित होता है कि भविष्य के सभी दानी नरेश ऐसा करने में पूर्णतया असमर्थ सिद्ध हुए। इस ग्रन्थ से यह भी सूचना मिलती है कि दान के क्षेत्र में जयापीड की तुलना करने में असमर्थ सिद्ध होने के कारण सभी अभिमानी नरेश लज्जित होकर प्रयाग में उस मुद्रा से शोधित जल को बड़े क्लेश के

---

१. ''विपुले यमुनातटे'', —वही, १०६, २७।
२. काणे, हिस्ट्री ऑफ़ धर्मशास्त्र, भाग ४, पृष्ठ ५९९।
३. महाभारत, वनपर्व, ८५, ८०।
४. महाभारत, वनपर्व, ८५, १९।
५. वाटर्स, १, ३६६।

साथ पीते थे।[१] विक्रमांकदेवचरित से ज्ञात होता है कि इसका रचयिता बिल्हण प्रयाग आया था। उसने अपने द्वारा अर्जित धन को यहाँ विभिन्न मतावलम्बियों को दान दिया था।[२] कूर्मपुराण में कहा गया है कि संगम की पवित्र भूमि में भोजन अथवा द्रव्य के रूप में दिये गये हुए दान का महद् फल इस लोक एवं परलोक में प्राप्त होता है।[३]

वेणी—दोनों नदियों के संगम को 'वेणी' कहा जाता था (तदेव वेणी विज्ञेया सर्वसौख्यप्रदायिनी, त्रिस्थलीसेतु, पृष्ठ ८)। गंगा, यमुना एवं सरस्वती का संगम मानने के कारण इसको 'त्रिवेणी' भी कहा जाता था। (स एव तीर्थराजोऽयं त्रिवेण्याः यत्र संगमः, त्रिस्थलीसेतु, पृष्ठ ८)। रघुवंश के तेहरवें सर्ग में संगम का मनोरम विवरण इस प्रकार उपलब्ध होता है—"अयि अनवद्यांगि! यमुना की तरंगों से भिन्न प्रवाह वाली गंगा की छटा को देखो। लगता है कि कहीं पर मोतियों की माला सुशोभित है जिसमें बीच-बीच में प्रभालेप से युक्त इन्द्रनील भी पिरोये गये हैं; कहीं पर सित पंकजों की माला सुगन्धित है जिसमें बीच-बीच में इन्दीवर की छटा निखर रही है; कहीं पर मानस झील के प्रेमी खगों की पंक्ति सुशोभित है जो कि गहरे भूरे रंग के पंखों वाले कलहंसों के संसर्ग के कारण द्विगुणित शोभा से युक्त हो उठती है; अन्य स्थल पर वह श्वेत चन्दन से चर्चित ऐसी भूमि की शोभा के तुल्य लगती है जिसके ऊपर काले चन्दन के लेप से सुशोभित पत्तियाँ फैला दी गई हैं; कहीं पर वह अपनी छाया से युक्त चन्द्रछटा जैसी लगती है; कहीं पर शरद् ऋतु ऐसे शुभ्र बादलों की पंक्ति के समान लगती है जिनके छिद्रों में नीला आकाश दृष्टिगोचर होता है और कतिपय स्थलों पर वह शिव के शरीर-तुल्य दिखाई देती है भस्मांगराग तथा कृष्ण उरग

---

१. **"सः विसृज्य भुवं स्वां स्वां भूपतीननुयात्रिकान्।**
प्रयागमगमत्सैन्यैः परिमेयैर्निजैः समम्॥
तत्रावशिष्टान्नुचित्य वाजिनः स मनोजवान्।
द्विजेभ्यो लक्षमेकोनं प्रददौ भूरिदक्षिणाम्॥
सम्पूर्णमन्योः लक्षं यः प्रदद्यादत्र वाजिनाम्।
तन्मुद्रयेयं मन्मुद्रा विनिवार्येत्युदीर्य च॥
श्रीजयापीडदेवस्येत्यक्षैररुपलक्षिताम्।
दिग्देशगामिनो मुद्रां गाङ्गस्य पयसो ददौ॥
तन्मुद्रांकन पयः पीत्वा गांगमद्यापिनिर्मलम्।
चित्ते प्रवर्धते तापो भूपानामभिमानिनाम्॥ —राजतरंगिणी, सर्ग ४, ३१४, १८।

२. **"धर्मस्येव व्युपरतकलेर्यत्र गीर्वाणसिन्धुः।**
स्त्रोतःकोशे विशति यमुनावेणिभंग्याः कृपाणः॥
तस्मिन्वारान्कान्ति न कृतिना तीर्थनाथे प्रयागे।
दत्ताविश्वादभुतगुणगणेर्जिता येन लक्ष्मीः॥"
—विक्रमांकदेवचरितम्, सर्ग १८, श्लोक ९१।

३. **कूर्मपुराण, अध्याय ३६।**

से सुशोभित है।''[१]

स्नान-माहात्म्य—संगम के जल में स्नान करना विशेष फलदायक माना जाता था। रघुवंश में वर्णन मिलता है कि जो व्यक्ति दोनों नदियों के संगम के जल में स्नान करते हैं, उन्हें परब्रह्म के वास्तविक ज्ञान के बिना ही मुक्ति मिल जाती है।[२] कूर्मपुराण के अनुसार संगम में स्नान करने वाले को स्वर्गलोक की प्राप्ति होती है तथा उसे फिर जन्म नहीं लेना पड़ता।[३] विष्णुधर्मोत्तर पुराण में कहा गया है कि सित एवं असित नदियों का जल देवताओं को भी दुर्लभ है। उनके संगम पर स्नान करने वाला व्यक्ति परब्रह्म को प्राप्त होता है।[४]

प्रयाग-वास—जनमत में प्रतिष्ठित था कि प्रयाग में मरने पर आत्मा को मुक्ति मिलती है। इस विश्वास के कारण देश के प्रत्येक कोने से लोग मरने के निमित्त प्रयाग आते थे। पद्मपुराण में कहा गया है कि जो व्यक्ति प्रयाग में अपना निवासस्थान बनाता है, वह सभी पापों से उसी प्रकार मुक्त हो जाता है जिस प्रकार राहु के शिकंजे से शशांक।[५] कूर्मपुराण के अनुसार प्रयाग में रहने के कारण मनुष्य के पितरों को सद्गति प्राप्त होती है, उसके सभी पाप विनष्ट हो जाते हैं तथा वह भवसागर पार कर जाता है।[६]

---

१. ''क्वचित्प्रभालेपिभिरिन्द्रनीलैर्मुक्तामयीयष्ठिरिवानुविद्धा।
अन्यत्र माला सितपंकजानामिन्दीवरैरुत्खचितान्तरेव॥
क्वचित्खगानां प्रियमानसानां कादम्बसंसर्गवतीव पंक्तिः।
अन्यत्र कालागरुदत्तपत्रा भुक्तिभुवश्चन्दनकल्पितेव॥
क्वचित्प्रभा चान्द्रमसी तपोभिश्छायाविलीनैः शवलीकृतेव।
अन्यत्र शुभ्रा शरदभ्रलेखा रंध्रेष्विवालक्ष्यनभप्रदेशाः॥
क्वचिच्च कृष्णोरगभूषणेव भस्मांगरागा तनुरीश्वरस्य।
पश्यानवद्यांगि विभाति गंगा भिन्नप्रवाहा यमुनातरंगैः॥''
—रघुवंश, सर्ग १३, श्लोक ५५-५८।

२. ''समुद्रपत्न्योर्जलसन्निपाते पूतात्मनामत्र जलाभिषेकात्।
तत्त्वावबोधेन विनापि भूयस्तनुस्त्यजां नास्ति शरीरबन्धः॥''
—रघुवंश, सर्ग १३, श्लोक ५८।

३. ''अत्र स्नात्वा दिवं यान्ति ये मृतास्तेऽपुनर्भवाः। —कूर्मपुराण, अध्याय ३६।

४. ''सिताऽसितेसरिच्छ्रेष्ठे यत्रास्तांसुरदुर्लभे।
यत्राप्लुतो नरः पापः परब्रह्माधिगच्छति॥'' —विष्णुधर्मोत्तर पुराण, अध्याय ८४।
तुलनार्ह—
''श्रुतिभिः परिपठ्यते सितासिते सरिद्वरे।
तत्रप्लुताङ्गा ह्यमृतं भवन्तीतिविनिश्चितम्॥'' —स्कन्दपुराण, ७, ५४।

५. ''एवं दृष्ट्वा तु तत्तीर्थं प्रयागे परमंपदम्।
मुच्यते सर्वपापेभ्यो शशांकइव राहुणा॥'' —पद्मपुराण, अध्याय ४४।

६. ''पितृणां तारकं चैव सर्वपापप्रणाशनम्।
यैः प्रयागो कृतो वासः उत्तीर्णो भवसागरः॥
गंगायमुनामासाद्य त्यजेत्प्राणाः प्रयत्नतः।
ईप्सितांल्लभते कामान्वदन्ति मुनिपुंगवाः॥'' —कूर्मपुराण, अध्याय ३६।

य्वान् च्वांग लिखता है कि बहुत प्रारम्भिक काल से ही सभी धर्मों के अनुयायी प्रयाग में रहते थे। इसमें कुछ बौद्ध मठ भी बने हुए थे जिनमें हीनयान मतावलम्बी रहते थे। वहाँ पर सैकड़ो देव-मन्दिर वर्तमान थे तथा निवासियों में अधिकांश बौद्धेतर धर्म के अनुयायी थे।[१]

आत्महत्या—प्रयाग में आत्महत्या अपवाद रूप में धर्मसंगत मानी जाती थी। लोकमत के अनुसार यह अभीष्ट का पूरक था।[२] आत्महत्या यहाँ पर तीन रूपों में की जाती थी—(१) वट-वृक्ष से कूद कर, (२) गंगा तथा यमुना के संगम के जल में डूब कर तथा (३) कायाक्लेश एवं कृत्रिम साधनों के द्वारा। य्वान् च्वांग ने वट-वृक्ष से कूद कर प्राणत्याग का उल्लेख किया है। इसके नीचे हड्डियाँ बिखरी रहती थीं।[३] पुराणों में वट-वृक्ष से कूद कर प्राणत्याग का वर्णन मिलता है।[४] पुराण-साहित्य में संगम के जल में डूब कर भी मरने का उल्लेख उपलब्ध होता है। लोगों का विश्वास था कि इस क्रिया के द्वारा अनेक आध्यात्मिक फलों की प्राप्ति होती है।[५] कायाक्लेश के द्वारा प्राणत्याग का उल्लेख य्वान् च्वांग ने किया है। उसने लिखा है कि स्थानीय नागरिक संगम की भूमि पर ऊँचे लट्ठे गाड़ते थे। उनकी चोटी पर चढ़ कर वे सूर्य को निरन्तर देखते रहते थे। सूर्यास्त के पश्चात् वे नीचे उतर आते थे तथा दूसरे दिन पुनः उसी क्रिया को प्रारम्भ करते थे। इस कठोर तपश्चर्या के द्वारा क्रमशः आत्मघात कर लेने में लोगों की असीम निष्ठा थी।[६] लौकिक कारणों से भी प्रयाग में आत्महत्या की जाती थी।

---

१. वाटर्स, २, ३६८।

२. ''गंगायमुनमासाद्य त्यजेत्प्राणान्प्रयत्नतः।
ईप्सितांल्लभते कामान्वदन्ति मुनिपुंगवाः॥'' —कूर्मपुराण, अध्याय ३६, पृष्ठ ३४६।

३. वाटर्स, २, ३७०।

४. ''वटमूलं समाश्रित्य यस्तु प्राणान्परित्यजेत्।
सर्वलोकानतिक्रम्य रुद्रलोकं स गच्छति॥''
—कूर्म०, अध्याय ३६, पृष्ठ ३४६; पद्म०, अध्याय ४४, श्लोक ११।

प्रयागवटशाखाग्रात पत्तनं च करोति यः।
महापापक्रियः स्वर्गे दिव्यान् भोगान्समश्नुते॥'' —ब्रह्मपुराण, अध्याय २८, ६।

५. ''सितासिते सरिते यत्र संगमे तत्राप्लुतासो दिवमुत्पतन्ति।
ये वै तन्वं विसृजन्ति धीरास्ते जनासो अमृतत्वं भजन्ते॥''
—ऋक् परिशिष्ट, ऋग्वेद १०, ७५, ५।

''जलप्रवेशं यः कुर्यात्संगमे लोकविश्रुते।
राहुग्रस्तो यथा सोमो विमुक्तः सर्वपातकैः।'' —कूर्मपुराण, अध्याय ३६, पृष्ठ ३५६।
''सितासितेसरिच्छ्रेष्ठे यत्रास्तांसुरदुर्लभे।
यत्राप्लुतो नरः पापः परं ब्रह्माधिगच्छति॥''
—विष्णुधर्मोत्तर महापुराण, अध्याय ८३, ४६।

६. वाटर्स, २, ३७१।

महाभारत में कहा गया है कि जिन्हें जीवन में कोई सुख नहीं मिलता था तथा अपनी मृत्यु निश्चित जान पड़ती थी वे यहाँ आत्महत्या करते थे (अध्रुवं जीवितं ज्ञात्वा, अनुशासन पर्व, २५, ६३)। अल्बरूनी लिखता है कि प्रयाग में आत्महत्या अधिकतर ऐसे व्यक्ति करते थे जो कि अपने जीवन से ऊब चुके थे, जो असाध्य रोग से पीड़ित होते थे अथवा जो अधिक वृद्ध या पंगु हो जाते थे।[१] प्रयाग में कभी-कभी राजवर्ग के लोग भी आत्महत्या करते थे। धंग, गांगेयदेव, रामपाल तथा चालुक्य-नरेश आहवमल्ल के भी उदाहरण मिलते हैं जिन्होंने प्रयाग में अग्नि में जल कर आत्म-हत्या की थी। अफसढ़ के लेख के अनुसार कुमारगुप्त नामक परवर्ती गुप्त नरेश ने प्रयाग में प्राणोत्सर्ग किया था।[२]

अन्य विश्वास—प्रयाग में लोग अपने सिर के बालों को मुड़ा देते थे। इस क्रिया को 'वपन' कहा जाता था ('प्रयागे वपनं कुर्यात्' त्रिस्थलीसेतु, पृष्ठ ८)। विधवाओं के लिए प्रयाग में आने वालों को मुड़ा देना अनिवार्य समझा जाता था ('अपतीनां प्रयागे वपनं कार्यम्' त्रिस्थलीसेतु, पृष्ठ २२)। सधवा स्त्रियाँ अपनी चोटी (वेणी) को कभी-कभी कटा कर संगम के जल से फेंक देती थीं। ऐसा विश्वास था कि इस क्रिया के द्वारा उनके सारे पाप विनष्ट हो जाते हैं तथा जन्मान्तर में भी उनकी सधवावस्था बराबर बनी रहती है (वेण्यां वेणीप्रदानेन सर्वपापं प्रणश्यतु। जन्मान्तरेष्वपि सदा सौभाग्यं प्रवर्द्धताम्॥ त्रिस्थलीसेतु, पृष्ठ २२)।

प्रयाग में लोग श्राद्ध भी करते थे। अग्निपुराण के अनुसार इससे अनश्वर फल की प्राप्ति होती है।[३] पुराणों में प्रयाग में पंचाग्निसाधन का उल्लेख मिलता है। पद्मपुराण में कहा गया है कि गंगा एवं यमुना नदियों के बीच जो व्यक्ति पंचाग्निसाधन करते हैं वे अपने पंचेन्द्रियों के साथ अहीनांग एवं विरोग सहस्रों वर्षों तक स्वर्गलोक में उच्च स्थान प्राप्त करते हैं।[४]

प्रयाग के उपतीर्थ— महाभारत के वनपर्व में प्रयाग के चार उपतीर्थों के उल्लेख मिलते हैं; उदहारणार्थ—प्रतिष्ठान, कम्बल, अश्वतर तथा भोगवती (प्रयाग सप्रतिष्ठानं

---

१. सखाऊ, १, १९९।

२. "शौर्यसत्यव्रतधरो यः प्रयागगतो धने।
अम्भसीव करीषाग्नौ मग्नः स पुष्पपूजितः॥" —का० इं० इं०, ३, लेख-संख्या ४२।
इस विषय पर द्रष्टव्य—मेरा लेख, दी सिटी ऑफ़ प्रयाग इन लीजेण्ड ऐण्ड हिस्ट्री, दी जर्नल ऑफ़ दी इलाहाबाद हिस्टारिकल सोसायटी, जुलाई, १९६२ अंक, पृष्ठ १०-११।

३. "प्रयागे संगमे दानं श्राद्धं जप्यादिचाक्षयम्॥" —अग्निपुराण, अध्याय १११।

४. "गंगायमुनयोर्मध्ये पंचाग्निं यस्तु साधयेत्।
अहीनांगो विरोगश्च पंचेन्द्रियसमन्वितः॥
यावन्ति रोमकूपाणि तस्य गात्रस्य देहिनः।
तावद्वर्षसहस्राणि स्वर्गलोके महीयते॥" —पद्मपुराण, अध्याय ४४।
द्रष्टव्य—काणे, हिस्ट्री ऑफ़ धर्मशास्त्र, भाग ४।

कम्बलाश्वतरावुभौ। तीर्थं भोगवती चैव वेदिरेषा प्रजापतेः॥—अध्याय ८५, ७६)। इनमें प्रतिष्ठान, कम्बल एवं अश्वतर का उल्लेख पहले ही किया जा चुका है। महाभारत के अनुसार भोगवती वासुकि-ह्रद के उत्तर में स्थित था। इसमें यज्ञों का अनुष्ठान एवं वैदिक मन्त्रों का उच्चारण निरन्तर हुआ करता था (तत्र वेदाश्च यज्ञाश्च मूर्तिमन्तो युधिष्ठिर, वनपर्व, ३५, ७७)। पुराणों में प्रयाग के अन्तर्गत कुछ उपतीर्थों के उल्लेख मिलते हैं; उदाहरणार्थ—उर्वशीपुलिन, निरंजन, हंसप्रपत्तन तथा उर्वशीरमण। मत्स्यपुराण के अनुसार जो व्यक्ति उर्वशीपुलिन में निवास करता है, उसे अपने पितरों के साथ स्वर्गलोक में चिरकाल तक निवास करने के निमित्त सुअवसर उपलब्ध होता है (षष्टिंवर्षसहस्राणि षष्टिवर्षशतानि च। सेव्यते पितुभिः सार्धं स्वर्गलोके नराधिप॥—मत्स्यपुराण, अध्याय १०६)। मत्स्यपुराण में निरंजन तीर्थ को देवताओं का निवासस्थान कहा गया है (तीर्थं निरंजनं नाम यत्र देवाः सवासवाः, अध्याय १०८)। मत्स्यपुराण के अनुसार हंस-प्रपत्तन गंगा के पूर्व तथा प्रतिष्ठान के उत्तर में स्थित था ('उत्तरेण-प्रतिष्ठानात् भागीरथ्यास्तु पूर्वतः। हंसप्रपत्तनं नाम तीर्थं त्रैलोक्यविश्रुतम्॥ अध्याय १०६, श्लोक ३२)। यह तीर्थ उस स्थान का द्योतक है जहाँ हिमालय से लौटने के अनन्तर हंस गंगा के तट पर रहने लगते हैं (मत्स्यपुराण—ए स्टडी, पृष्ठ १८२)। उर्वशीरमण वह स्थान था, जहाँ परम्परा के अनुसार पुरूरवा ने उर्वशी के साथ सम्भोग किया था। यह प्रतिष्ठान (झूँसी) के पूर्व में स्थित विशाल रेतीला मैदान ज्ञात होता है। (उर्वशीरमणे पुण्ये विपुले हंसपाण्डुरे; द्रष्टव्य मत्स्यपुराण-ए स्टडी, पृष्ठ १८३)। उपर्युक्त उदाहरणों से स्पष्ट है कि प्रयाग विविध धार्मिक कृत्यों से सम्बन्धित था तथा पवित्रता के लिए इसकी प्रसिद्धि विशेष रूप से थी।[१]

अयोध्या

यह भारत का एक अति प्राचीन नगर था। ऐतरेय ब्राह्मण (१२, ३, १) में इसका उल्लेख मिलता है। यह इसके वैदिक कालीन महत्व का परिचायक है। इसका एक दूसरा प्रसिद्ध नाम साकेत भी था। राइस डेविड्स ने इन दोनों को भिन्न नगर माना है, क्योंकि उनके अनुसार पालिग्रन्थों में ये दोनों नाम दो विभिन्न नगरों के लिए प्रयुक्त हुए हैं। उनके अनुसार ये दोनों लंदन एवं वेस्टमिंस्टर की भाँति समीपवर्ती नगर रहे होंगे।[२] परन्तु सहसा इस प्रकार के निष्कर्ष पर पहुँच जाना ठीक न होगा। आगे चल कर इंगित किया जायेगा कि इसे पतंजलि के महाभाष्य एवं कुछ अन्य ग्रंथों में साकेत भी कहा गया है। सरयू के तट पर वर्तमान मुद्रित एवं स्फीत कोसल नामक जनपद की विख्यात राजधानी के रूप में इसे इस ग्रन्थ में देखा गया है।[३]

---

१. प्रयाग के विषय में विस्तृत सूचनाओं के निमित्त द्रष्टव्यः—मेरा ग्रन्थ 'स्टडीज इन ऐंशेंट इंडियन हिस्ट्री ऐण्ड कल्चर' (प्रयाग इन लीजेंड एण्ड हिस्ट्री पृष्ठ १७४-२३३)।

२. बुद्धिस्ट इंडिया, पृष्ठ ३९।

३. "कोसलो नाम मुदितः स्फीतो जनपदो महान्।
निविष्टः सरयूतीरे प्रभूतधनधान्यवान्॥" —रामायण, बालकाण्ड, सर्ग ५, ५१।

इस नगर का प्राचीनतम वर्णन वाल्मीकि के रामायण में मिलता है। यह सही है कि इस वर्णन में यत्र-तत्र अतिशयोक्ति मिलती है, यथा—इसे बारह योजन लम्बा तथा तीन योजन चौड़ा कहा गया है। पर वाल्मीकि के अयोध्या विषयक इस साक्ष्य से इतना तो स्पष्ट है कि उनके समय में नगर-वास्तु का वैज्ञानिक रूप निर्धारित हो चुका था। उन्होंने रामायण में इस पुर का जो शब्द-चित्रण किया है, उससे इसके ठाट-बाट एवं वैभव की जानकारी मिलती है। इसके चतुर्दिक् एक गहरी खाईं (गंभीर परिखा) विद्यमान थी तथा सुदृढ़ किलेबन्दी के कारण शत्रुओं के लिए यह अगम्य (दुरासद) था। इसके चारों ओर सालवृक्षों की एक चहारदीवारी विद्यमान थी (सालमेखला)।[१] संभवतः इस प्रकार की व्यवस्था को ध्यान में रख कर मेगस्थनीज़ ने पाटलिपुत्र की सुरक्षा के विषय में 'टिंबर--पैलिसेड' (लकड़ी की चहारदीवारी) का उल्लेख किया था।[२]

नगर के परकोटे (प्राकार) में कपाटयुक्त तोरण-द्वार एवं अग्रतर सुरक्षा की दृष्टि से इसकी ऊँचाई पर यन्त्र, अस्त्र-शस्त्र और प्रक्षेपास्त्र (शतघ्नियाँ) एकत्र थे। भीतरी भाग में लम्बे और चौड़े राजमार्ग एक-दूसरे को समकोण पर काटते थे (सुविभक्त महापथ) एवं नगर-हाट पृथक्-पृथक् थे (सुविभक्तान्तरापणाम्)। प्रतिदिन उन पर जल का छिड़काव होता था तथा पुष्प बिखेरे जाते थे।[३] यह स्वच्छता-व्यवस्था से युक्त पुर वातावरण का परिचय देता है। अट्टालिकाएँ (विमानगृह), कूटागार एवं चित्रकारियों से युक्त भवन (सुनिवेशितवेश्म) पुर-शोभा के प्राण थे। गजशाला, अश्वशालाएँ, आयुधागार तथा सब प्रकार के शिल्पियों की प्रयोगशालाएँ एवं निवासगृह पुर के राजनीतिक एवं आर्थिक संघटन के प्राण थे। नगर-विषयक यह विशद वर्णन एक समृद्ध पुर एवं उसकी सामान्य विशेषताओं का व्यावहारिक परिचय प्रदान करता है। प्राकार के बाहर नागरिकों के मनोविनोद के लिए आम्रवन से यह घिरा हुआ था (उद्यानाम्रवणोपेता)।[४] यह व्यवस्था कौटिल्य के वनदुर्ग का स्मरण दिलाती है।

भारतीय परंपरा के अनुसार इच्छवाकु-वंशियों की राजधानी होने के कारण ही कालान्तर के ग्रन्थों में भी अयोध्या को राजधानी कहा गया है, उदाहरणार्थ—रघुवंश[५] एवं विक्रमांकदेवचरितम्।[६] वाल्मीकि के उक्त अयोध्या-वर्णन के अतिरिक्त इस पुर का सन्दर्भ संस्कृत एवं संस्कृतेतर साहित्य में जितना प्रचुर रूप में हुआ है उतना संभवतः किसी अन्य पुर का नहीं। यहाँ इन सभी का एकत्र उल्लेख न ही संभव है और न

१. रामायण, बालकाण्ड, सर्ग ५, पंक्ति २५।

२. रामायण, बालकाण्ड, सर्ग ५, श्लोक ८।

३. मेक्रिण्डिल, ऐंशेंट इंडिया (मेगस्थनीज़) २५ पृष्ठ ६८।

४. रामायण, बालकाण्ड, सर्ग ५, पंक्ति २४।

५. ''बहत्ययोध्यामनुराजधानीम्'' रघुवंश, सर्ग १३, ६१।

६. ''सीताभर्त्तुर्व्यरचयदसौ राजधानीमयोध्याम्'' विक्रमांकदेवचरित, सर्ग १८, श्लोक ९४।

आवश्यक ही। दूसरी बात यह भी है कि वे विवरण प्राय: परंपरित हैं तथा उनमें पारस्परिक विरोध एवं वैषम्य भी मिलता है। अतएव ऐतिहासिक दृष्टि से वे अश्रद्धेय हो जाते हैं।

संस्कृतेतर ग्रन्थों में पालि साहित्य उल्लेखनीय है, जिसमें इसके महाजनपद बुद्धकालीन दशा का छिटपुट उल्लेख मिलता है। पालि ग्रन्थों में अयोध्या के लिए अयोज्झा एवं अयुज्झनगर नाम आते हैं तथा इसे कोसल के समृद्ध नगर के रूप में देखा गया है। उनके अनुसार बुद्ध इस नगर में धर्म-प्रचारार्थ कई बार आ चुके थे। संभवत: उनके अयोध्या-संबंध की ओर लक्ष्य करते हुए मज्झिम-निकाय में उन्हें 'कोसलक' अर्थात् कोसल का निवासी (भगवापि कोसलको) कहा गया है। लगता है बुद्ध के काल में ही इस नगर पर बौद्ध प्रभाव पड़ चुका था। इस पुर को साकेत नाम से संबोधित करते हुए कहा गया है कि इसके सीमान्त पर अञ्जन और कालकाराम नामक विश्रामगृह बनाये गये थे। इस नगर में आगमन के अवसर पर वे इन्हीं में विश्राम किया करते थे। उनके प्रिय शिष्य आनन्द एवं अनिरुद्ध भी इनमें निवास कर चुके थे।

इस पुर का धनिक श्रेष्ठि कालक बुद्ध का प्रिय शिष्य था। उसकी पुत्रवधू चुलसुभद्द ने उनके प्रति असीम भक्ति एवं अटूट श्रद्धा के कारण उन्हें प्रीतिभोज के निमित्त आमंत्रित किया था। इस प्रार्थना को स्वीकार कर अपने प्रिय शिष्यों एवं अनुयायियों के साथ उसके घर पधार कर उन्होंने उसे कृतार्थ करने की अनुकम्पा की थी। भोजनोपरान्त गौतम ने उपदेश दिया, जिससे प्रभावित होकर कालक तथा उसके समस्त परिवार ने उनके धर्म में दीक्षा ली थी। साकेत धनी सेठों के लिए प्रख्यात था। इस नगर के एक सेठ ने जीवक नामक तत्कालीन सुप्रसिद्ध राजवैद्य को सोलह सौ कार्षापणों की थैली भेंट की थी।[१]

नन्द-मौर्य काल में भी अयोध्या का महत्व विविध साक्ष्यों से प्रमाणित होता है। कथासरित्सागर के अनुसार यहाँ नन्दों की एक सेना रहती थी।[२] मौर्यकालीन मुद्राएँ वहाँ से मिली हैं, जो इसके केन्द्रीय स्थान होने की ओर संकेत करती हैं। बनावट में वे अपने समकालीन आहत मुद्राओं से निकट साम्य रखती हैं तथा उन पर समान प्रतीक अंकित मिलते हैं—उदाहरणार्थ स्वस्तिक, मत्स्य एवं अर्द्धचन्द्र।[३]

इसकी शुंग-कालीन महत्ता धनदेव के अयोध्या के लेख से प्रमाणित होती है। इसके अनुसार वह पुष्यमित्र का छठा वंशज़ था। इस लेख में पुष्यमित्र शुंग को दो अश्वमेध यज्ञों का अनुष्ठान करने वाला (द्विरश्वमेधयाजिन) तथा कोसलाधिप (कोसल-नरेश) के रूप में संबोधित किया गया है। यह लेख अयोध्या में रामजन्मभूमि

---

१. मललसेकर, १, १०८६।

२. कथासरित्सागर (टॉनी का अनुवाद) १, ३६।

३. दी एज ऑफ इंपीरियल यूनिटी, पृष्ठ १७३।

के पास आधुनिक रानोपली के मन्दिर के चौखटे पर खुदा हुआ है। लेख का कुछ भाग मन्दिर के गर्भगृह की नींव में दबा हुआ है। फलतः यह लेख खण्डित हो गया है, जिससे शेष जानकारी होने से रह जाती है।[१] स्थानीय जनश्रुति यह है कि यहाँ कैकेयी का रनिवास (व्यक्तिगत आवासगृह) था और इस स्थान का मौलिक नाम रानीपल्ली था, जो कालान्तर में रानोपली नाम से विश्रुत हुआ।

यहाँ उल्लेखनीय है कि पुष्यमित्र शुंग के समकालीन पतंजलि ने अयोध्या को साकेत कहा है तथा इस पर बाख्त्री यवनों के आक्रमण का उल्लेख किया है (अरुणद् यवनः साकेतम्)। उन्होंने उसके एक यज्ञ में प्रधान पुरोहित का कार्य किया था। (इह पुष्यमित्रं याजयामः)। लगता है कि इस आक्रमण के कारण अयोध्या को पर्याप्त क्षति पहुँची। शुंगकालीन ग्रन्थ युगपुराण भी लिखता है कि बाख्त्री यवन साकेत (अयोध्या) तथा गंगा घाटी के अन्य नगरों पर आक्रमण करते हुए पाटलिपुत्र तक पहुँच गये और इस क्षेत्र में जितने जनपद थे, उनके नागरिकों में हाहाकार मच गया।[२] पतंजलि का अयोध्या-विषयक विवरण बड़ा ही महत्वपूर्ण है। उन्होंने इस नगर को 'सुकोशला' कहते हुए इस पुर के प्राकार (परकोटे) के आठ अवयवों का उल्लेख किया है (अव्यवश्चाष्ट)। इन अवयवों से तात्पर्य प्रामाणिक परकोटे के विविध वास्तुगत अंगों से हैं यथा—गोपुर (प्रधान नगर-द्वार), अट्टालक (बुर्ज़), प्रतोली (गौण नगर-द्वार), इन्द्रकोश (कंगूरा) एवं देवपथ (सुरपथ) आदि से है। पतंजलि के उक्त वर्णन में अयोध्या के उनके समकालीन प्राकार को पाटलिपुत्र—प्राकार का दृष्टान्त (व्याख्यायिनी) कहा गया है।[३] ऐसा प्रतीत होता है कि यवनों के तहस-नहस के उपरान्त पुष्यमित्र के अयोध्या का जीर्णोद्धार किया तथा एक नया प्राकार बनवाया, जिसका आदर्श पाटलिपुत्र का तत्कालीन प्रामाणिक प्राकार था। यहाँ यह भी उल्लेखनीय हो जाता है कि कालान्तर में कालिदास ने रघुवंश में अयोध्या के क्लेशकर विनाश एवं नये सिरे से जीर्णोद्धार की इस शुंगकालीन परंपरा का मार्मिक वर्णन किया है।[४]

शुंग-काल के उपरान्त भी विविध साक्ष्यों में किसी-न-किसी रूप में इसका नगरीय रूपांकन किया गया है। उदाहरणार्थ—कालिदास के पूर्वगामी प्रथितयशस भास के प्रतिमानाटक एवं अभिषेकनाटक में राम की उपलब्धियों का उल्लेख हुआ है। अभिषेकनाटक के मंगलाचरण में राम को रावण के कुल का विनाशक कहा गया है तथा लंका में उनकी उपलब्धियों का निरूपण करते हुए उनकी वन्दना की गई है (पायात् स वो निशिचरेन्द्र-कुलाभिहन्ता)। राम और लक्ष्मण को राज्यच्युत सुग्रीव को पुनः स्थापित

---

१. **सरकार, सेलेक्ट इंसक्रिप्शंस, १, १०८६।**

२. **युग पुराण, पृ० ३३ (मनकद-संपादित)।**

३. **पतंजलि, महाभाष्य, ४, ३, ६६ (कीलहार्न—संस्करण)।**

४. **रघुवंश, सर्ग १६, श्लोक १५-२२।**

करने का श्रेय प्रदान करते हुए उनकी तुलना हरिहर से की गई है।[१] वाशिष्टीपुत्र पुलुमावि के राज्यकाल के उन्नीसवें वर्ष के नासिक के गुहा-क्षेत्र में उसे राम एवं अम्बरीष-तुल्य तेजस्वी (रामाम्बरीषसमतेजस्य) कहा गया है।[२]

गुप्त-काल के चीनी यात्री फाह्यान (चतुर्थ शती ई०) ने इस नगर में विभिन्न मतावलंबियों के बीच सौहार्द की भावना देखा था।[३] समुद्रगुप्त के गया ताम्रलेख के अनुसार अयोध्या में उसका सैनिक शिविर (जयस्कन्धावार) विद्यमान था, जो कि बहुत बड़ी नौसेना, हस्तिसेना एवं अश्वसेना द्वारा सुरक्षित था।[४] कुमारगुप्त-महेन्द्रादित्य-कालीन फैजाबाद जनपद में विद्यमान करमदण्डा (अन्य नाम भराहीडीह) (गु० संवत् ११७-४३६ ई०) में अयोध्या के नागरिकों को धार्मिक एवं बुद्धिजीवी कहा गया है। वे स्वाध्याय, मंत्र, सूत्र, भाष्य एवं प्रवचन में पारंगत थे।[५] यहाँ इस नगर के बौद्धिक वातावरण की ओर संकेत है। रघुवंश में कालिदास (चौथी-पाँचवीं शती ई०) ने अयोध्या का परंपरित वर्णन करते हुए इसे इक्ष्वाकु-वंशियों की राजधानी कहा है, जिसके किनारे सरयू बहती है तथा जिसके तट पर यज्ञयूप गड़े दिखाई देते हैं।[६] यह नदी बहुत पवित्र मानी जाती है। लगता है कि उत्तर-कोसल की अयोध्या रघुवंशी-राजाओं की मानस धाय है।[७] इस ग्रन्थ में तत्कालीन एक जनविश्वास की ओर संकेत करते हुए कहा गया है कि राम विष्णु के अवतार थे तथा अयोध्या में दशरथ पुत्र (दाशरथी) के रूप में रावण के विनाश के लिए जन्म लिये थे।[८]

कुछ विद्वानों का ऐसा अनुमान है कि स्कन्दगुप्त के उपरान्त गुप्त सम्राटों ने अपनी राजधानी पाटलिपुत्र से अयोध्या में स्थानान्तरित कर दी थी। इस मत का आधार परमार्थ-कृत वसुबन्धु-चरित है, जिसके अनुसार अयोध्या के राजा विक्रमादित्य ने

---

१. ''इदानीं राज्यविभ्रष्टं सुग्रीवं रामलक्ष्मणौ।
पुनः स्थापयितुं प्राप्ताविन्द्रं हरिहराविव॥'' —अंक १, श्लोक ३।

२. सरकार, सेलेक्ट इंसक्रिप्शंस, पृष्ठ १९९।

३. लेग्गे, ट्रेवेल्स ऑफ फाह्यान, पृष्ठ ५४-५५।

४. सरकार, वही, पृ० २६५।

५. सरकार, सेलेक्ट इंसक्रिप्शंस, पृष्ठ २८४।

६. ''जलानि या तीरनिखातयूपा बहत्ययोध्यामनुराजधानीम्।
तुरंगमेधावमृथावतीर्णैरिक्ष्वाकुभिः पुण्यतरी कृतानि॥''
—रघुवंश, सर्ग १३, श्लोक ६१।

७. ''यां सैकतोत्संगसुखोचितानां प्राज्यैः पयोभिः परिवर्धितानाम्।
सामान्य धात्रीमिव मानसं मे संभावत्युत्तरकोशलानाम्॥''
—कालिदास, रघुवंश सर्ग, १३, ६२।

८. ''सोऽहं दाशरथिर्भूत्वां रणेभूमेर्बलिक्षमम्।
कारयिष्यामि शरैस्तीक्ष्णैस्तच्छिरः कमलोच्चयम्॥'' —रघुवंश, सर्ग १०, श्लोक ४४।

अपने पुत्र बालादित्य को अध्ययनार्थ बसुबंधु के पास भेजा था। उसके प्रभाव के कारण वह बौद्ध धर्म का संरक्षक बन गया। पुरुगुप्त की मुद्राओं पर उसकी उपाधि 'श्रीविक्रम:' अंकित मिलती है। इससे कुछ लोगों का अनुमान है कि उसने विक्रमादित्य की उपाधि धारण की थी तथा पुरुगुप्त 'विक्रमादित्य' का पुत्र बालादित्य नरसिंहगुप्त 'बालादित्य' रहा होगा। वसुबन्धु—शिष्य बालादित्य की शुद्ध पहचान उसी से करना ठीक होगा। वसुबन्धु का कार्य-कलाप अयोध्या था, जिसका उल्लेख ह्वेनसांग (श्विनच्वांग) ने भी किया है। इससे यह निष्कर्ष निकलता है कि स्कन्दगुप्त के उपरान्त गुप्त-राजधानी इसी नगर में विद्यमान थी।[१]

फाह्यान के अतिरिक्त चीनी यात्री ह्वेनसांग (श्विनच्वांग) भी अयोध्या आया था। उसने इसका चीनी नाम 'अयुधा' लिखा है, जिससे तात्पर्य इसके शुद्ध नाम अयोध्या से है। वह लिखता है कि लोग इसे सूर्यवंशी राम की कुल-राजधानी मानते थे। उसके अनुसार अयोध्या (साकेत) जनपद की परिधि ५००० 'ली' (१०० मील) तथा अयोध्यापुरी का विस्तार २० ली (३१/२ मील) के लगभग था। इस जनपद की प्रशंसा करता हुआ वह लिखता है कि यहाँ की जलवायु उत्तम थी तथा फल, फूल एवं अन्न आदि की दृष्टि से यह समृद्ध एवं संपन्न था। नागरिक सदाशय, धार्मिक एवं विद्याव्यसनी थे।[२]

विशेष रूप से उसने अयोध्या में बौद्ध प्रभाव पर अपना ध्यान केन्द्रित किया था। उसने असंग एवं वसुबन्धु के कार्य-कलाप का इसे केन्द्र-विन्दु माना है। उसके अनुसार वे गांधार क्षेत्र के मूल निवासी थे। उन्होंने इस नगर के अनुकूल वातावरण से प्रभावित होकर इसे अपना कार्य-क्षेत्र बना लिया था। उसने इस नगर में एक प्राचीन बिहार का उल्लेख किया है, जिसमें वसुबन्धु ने हीनयान एवं महायान दोनों ही संप्रदायों से संबंधित शास्त्रों की रचना की थी और सभी धर्मावलंबियों को धर्मोपदेश दिया था। उनसे आकृष्ट होने के कारण दूर-दूर से राजकुल के सदस्य, यशस्वी भिक्षु एवं हिन्दू मतावलंबी भी उसके व्याख्यान को सुनने के उद्देश्य से आया करते थे। इस नगर के लगभग ५ ली (१ मील) उत्तर में अशोक-निर्मित स्तूप भी वर्तमान था। परंपरानुसार बुद्ध ने तीन महीने तक इस स्थल पर अपना धर्मोपदेश दिया था। इसी कारण लोग इसे एक पवित्र स्थान मानते थे। अशोक द्वारा वहाँ स्तूप-निर्माण का यही कारण था।

वह लिखता है कि यह स्थान गंगा के तट पर स्थित था, परन्तु यह उल्लेख अशुद्ध है। उसका तात्पर्य सरयू से है, जो भारतवासियों की अति पवित्र नदियों की सूची में परिगणित होती थी। इससे लगभग ५ ली (१ मील) पश्चिम की ओर अशोक-

---

१. राय चौधरी, पो० हि० ऐ० इं०, पृष्ठ २८७।

व्यक्तिगत रूप से इस मत से मैं सहमत नहीं हूँ देखिए : मेरा ग्रन्थ "गुप्त सम्राट् और उनका काल", पृष्ठ ८१-८२।

२. वाटर्स, १, ३५४।

निर्मित एक अन्य स्तूप था, जिसमें उसके अनुसार बुद्ध की अस्थियाँ गर्भित थीं। इसके उत्तर की ओर एक प्राचीन बौद्ध मठ के अवशेष विद्यमान थे। इसमें सौत्रान्तिक मत के आचार्य श्रीलब्ध (शिह-ली-लो-तो) ने सौत्रान्तिक विभाषा-शास्त्र की रचना की थी।

नगर के पश्चिम लगभग ६ ली (१ मील) की दूरी पर एक आम्रवाटिका में एक प्राचीन बौद्ध मठ के ध्वंसावशेष विद्यमान थे, जो आचार्य असंग के धर्मोपदेश का एक अन्य केन्द्र रह चुका था। यहाँ पर अपने धर्मोपदेशों के अतिरिक्त उन्होंने तीन धर्म-ग्रन्थों की रचना भी की थी—(१) 'यू-क-शिह-तिन-लुन' (योगाचार भूमिशास्त्र), (२) 'चुअंग-येन-त-शेंग-चुंग-पियेग-फेन-पी-लुन' (मध्यान्तविभागशास्त्र)। परंपरानुसार उन्होंने इन्हें लिखने की प्रेरणा तुषित स्वर्ग जाकर मैत्रेय से ली थी।

इस आम्र-वाटिका में उत्तर-पश्चिम की दिशा में लगभग १०० पग चलने पर एक ओर अशोक-निर्मित स्तूप वर्तमान था जिसमें परंपरानुसार बुद्ध की अस्थियाँ गर्भित थीं। इसके समीप ही एक प्राचीन बौद्ध मठ के अवशेष भी थे। परंपरानुसार यह आचार्य असंग का निवास-स्थान था। वह वसुबंधु का अग्रज था, जो गांधार देश से आकर अयोध्या में रहने लगा था। वह पहले महाशासिक संप्रदाय का अनुयायी था, परन्तु कालान्तर में वह महायान धर्म का समर्थक हो गया था। इस चीनी यात्री ने असंग-शिष्य बुद्धसिंह का उल्लेख किया है जो एक पारंगत विद्वान् था। असंग अपने इस शिष्य को भ्राता तुल्य मानता था। असंग (ज्येष्ठ भ्राता), वसुबन्धु (कनिष्ठ भ्राता) एवं बुद्धसिंह (असंग-शिष्य)-तीनों हीं यशस्वी धर्माचार्य सिद्ध हुए, जिन्होंने धर्म-प्रचार के लिए अयोध्या को चुना था।

आगे वह लिखता है कि अयोध्या में असंग के निवास-स्थान से उत्तर-पश्चिम ४० ली (७ मील) की दूरी पर एक प्राचीन मठ विद्यमान था। इसका उत्तरी भाग गंगा के ठीक किनारे पड़ता था। स्पष्ट है कि ह्वेनसांग (श्विनच्वांग) ने यहाँ पुनः अशुद्ध उल्लेख कर दिया है। उसका वास्तविक तात्पर्य सरयू से था, जिसे लोग (विशेष रूप से अयोध्यावासी) अति पवित्र मानते थे। इस मठ के प्रांगण में एक ईंट का स्तूप बना हुआ था। परंपरानुसार यह वही स्थान है, जहाँ वसुबन्धु ने जो पहले हीनयान-मतावलंबी था अपने अग्रज असंग के एक शिष्य से महायान धर्म पर कुछ व्याख्यान सुनने के उपरान्त महायान धर्म में दीक्षा ग्रहण कर लीं थी। उसे अपने पूर्वकालीन महायान धर्म के कट्टरवादी विरोध पर इतना पश्चाताप हुआ कि इसके प्रायश्चित-स्वरूप अपनी जिह्वा को काटने पर उतारू हो गया। परन्तु इस समय अग्रज असंग ने उसे ऐसा करने से मना किया और अपना अग्रतर प्रयास महायान धर्म की विशेषताओं को प्रचारित करने का दायित्व सौंपा।

अपने अग्रज की आज्ञा का पालन करते हुए उसने अब आगे अपना समस्त जीवन महायान धर्म-संबंधी बहुमूल्य ग्रन्थों के पुनर्निर्माण और प्रचार कार्य में अर्पित कर दिया था। इन उपयोगी ग्रन्थों में एक 'शिह-ति-चिंगन' (दसभूमिक सूत्र) से संबंधित था।

उसने इस ग्रंथ पर एक विद्वतापूर्ण टीका ('शिह-ति-चुंग, लुंग) : 'दसभूमिक-सूत्रटीका' नामक) भी लिखी। उसने अपना शेष संपूर्ण जीवन अयोध्या में ही व्यतीत किया था, जहाँ अस्सी वर्ष की अवस्था में वह दिवंगत हुआ था।[१]

कालान्तर के ग्रन्थों में अयोध्या का वर्णन एक धार्मिक केन्द्र के रूप में मिलने लगता है। धार्मिक क्षेत्र में इसकी अबाधित महत्ता का कारण सरयू के तट पर इसकी स्थिति तथा इक्ष्वाकु-नरेशों, विशेषत: राम के जीवन के साथ इसका संबंध था। यही कारण है अयोध्या को 'इक्ष्वाकु-भूमि' तथा 'रामपुरी' भी कहते थे।[२] पुराणों में तो सात मोक्षदायिका पुरियों में उसे प्रथम स्थान प्रदान किया गया है। विष्णुधर्मोत्तर महापुराण के अनुसार यहाँ यज्ञों का अनुष्ठान हुआ करते थे।[३] नरसिंहपुराण के अनुसार अयोध्या में सरयू-तट पर पवित्र घाट बने हुए थे, जहाँ पर स्नान के निमित्त लोग बहुसंख्या में एकत्र हुआ करते थे। विक्रमांकदेवचरित के अनुसार सरयू के पवित्र जल में स्नान के लिए बिल्हण काश्मीर से अयोध्या आया हुआ था।[४]

जहाँ तक अयोध्या की पहचान का प्रश्न है, इस संबंध में हमारे समक्ष जो स्पष्ट प्रमाण पहले से ही उपलब्ध हैं, उन पर विचार कर लेना प्रासंगिक होगा। इन्हीं प्रमाणों में अयोध्या का रानोपली मंदिर का वह शुंगकालीन लेख है, जो इसके चौखटे पर खुदा हुआ है। पुष्यमित्र शुंग के छठे वंशज धनदेव के इस लेख में उसे 'कोशलाधिप' एवं दो अश्वमेध यज्ञों का अनुष्ठान करने वाला कहा गया है। प्रस्तर-निर्मित चौखटे पर उत्कीर्ण इस लेख का कुछ भाग मन्दिर के गर्भ-गृह के नीचे दब गया है। फलत: इस खण्डित लेख से पूर्ण जानकारी नहीं हो पाती। पर इतना तो स्पष्ट है कि पुष्यमित्र-शुंग-काल (द्वितीय शती ई० पू०) में यह एक ऐतिहासिक स्थान था। संभव है कि उसने अपने उस अश्वमेध-यज्ञ का संपादन इसी स्थल पर किया हो, जिसमें उसके समकालीन महाभाष्य-लेखक पतंजलि प्रमुख पुरोहित थे। इस ग्रन्थ में उनके पर्यवेक्षण में अश्वमेध-यज्ञ का उल्लेख हुआ है तथा वाह्लीक यवनों के आक्रमण के उपरान्त अयोध्या के पुनरुद्धार का सन्दर्भ भी आता है। इस साक्ष्य से स्पष्ट है कि यह स्थल शुंगकालीन अयोध्या का एक महत्वपूर्ण पुर-भाग था।

अन्य अभिलेखों में समुद्रगुप्त-कालीन गया का ताम्रलेख एवं कुमारगुप्त 'महेन्द्रादित्य'—कालीन करमदण्डा (गुप्त संवत् ११७=४३६ ई०) का शिलालेख

---

१. सन्दर्भ के लिए द्रष्टव्य : वाटर्स, ट्रैवेल्स ऑफ य्वान च्वांग इन इंडिया, जिल्द १, पृष्ठ ३५४-५९।

२. विविधतीर्थकल्प, पृष्ठ २४। देखिए : ला० बी० सी०, इंडोलॉजिकल स्टडीज़, पृष्ठ ७।

३. ''ब्रह्मघोषमहाघोषा द्विजवन्दोपशोभिता।
साज्यधूमोद्गमा येन वायुना नष्टकिल्विषा॥
सुगन्धितधूम विदीर्य सुरभीकृतमारुता॥'' —अध्याय २४०, पृष्ठ १०-१९।

४. विक्रमांकदेवचरित, १८, ९४।

उल्लेखनीय है। पहले इस बात को सन्दर्भित किया जा चुका है कि गया के ताम्रलेख में समुद्रगुप्त के सैनिक स्कन्धावार का उल्लेख मिलता है तथा फैजाबाद-जिले में स्थित करमदण्डा के लेख में अयोध्या के बौद्धिक एवं धार्मिक वातावरण का उल्लेख मिलता है। इस स्थान पर गाहड़वाल नरेश चन्द्रदेव का चन्दावती (वाराणसी, उ० प्र० का ताम्रलेख, वि० सं० ११५०-१०९२ ई०) विचारणीय है, जिसके अनुसार प्रतीहारों से कान्यकुब्ज (गाधिपुर) के विजय के उपलक्ष्य में उसने उत्तर-कोशल में स्थित अयोध्या में घर्घरा (घाघरा) एवं सरयू के संगम पर स्थित 'स्वर्गद्वार' नामक तीर्थ में स्नान करके (सरयू-घर्घरा-घमर्षणे स्वर्गद्वार-नाम्नि तीर्थे स्नात्वा) कठेहलीपत्तला (आधुनिक कठेहिर परगना, वाराणसी जनपद, उ० प्र०) में कतिपय ग्रामों को विक्रम संवत् ११५० (१०९२ ई०) में आश्विन-कृष्णपक्ष की अमावस्या (दिन सूर्यवार) के सूर्यग्रहण के अवसर पर ब्राह्मणों को दान किया था। उल्लेखनीय है कि अब भी यह तीर्थ (स्वर्गद्वार) अयोध्या में सरयू एवं घाघरा के संगम पर वर्तमान है, जहाँ स्नान करना स्वर्गदायक माना जाता है। इस तीर्थ के अतिरिक्त इस लेख में विष्णुहरि (हरिहर) के मन्दिर में सैकड़ों तुलाओं से तौले हुए (शतः तुलाभिः) सुवर्ण एवं रत्नजटित बहुमूल्य आभूषणों के दान का उल्लेख मिलता है। इस विजय के उपलक्ष्य में अयोध्या में हरिहर-मन्दिर की स्थिति कृष्ण (वासुदेवस्य) की पूजा का उल्लेख तथा काशी में आदिकेशव की प्रतिमा की स्थापना और उन्हें सुवर्ण-रत्न से विभूषित करने का विवरण प्राप्य है।[१] चन्द्रावती के इस लेख (११वीं शती ई०) से स्पष्ट है कि इसमें उल्लिखित उत्तरकोशल की राजधानी अयोध्या वर्तमान अयोध्या ही है, जहाँ 'स्वर्गद्वार' विषयक आध्यात्मिक परंपरा अब भी चली आ रही है और जो काशी का समीपस्थ एक अन्य पूज्य तीर्थ है।

ग्याहरवीं शताब्दी के उक्त लेख की चर्चा के उपरान्त यहाँ स्कन्दपुराण के अयोध्या माहात्म्य (१२-१३वीं शती ई०) का सन्दर्भन वांछनीय है, जिसमें इस पुरी के नाना स्थलों एवं उनके महत्व के उल्लेख मिलते हैं (२, ८, ६-१२); उदाहरणार्थ—भरतकुण्ड, चक्रहरितीर्थ, विघ्नेश्वर तीर्थ, वशिष्ठकुण्ड, लोमशतीर्थ आदि। इनके अतिरिक्त स्वर्गद्वार तीर्थ, सहस्त्रद्वार तीर्थ एवं गोप्तारघाट' के भी उल्लेख इसमें प्राप्य हैं, जो आज भी वहाँ वर्तमान हैं। यहाँ तक कि रामजन्म भूमि (जन्मस्थान, जन्मभूमि) का भी उल्लेख मिलता है, जिसे विघ्नेश्वर तीर्थ से पूर्व, वशिष्ठ कुण्ड के उत्तर एवं लोमश तीर्थ के पश्चिम में स्थित कहा गया है।[२]

इसके विशेष माहात्म्य का उल्लेख करते हुए कहा गया है कि रामजन्म-भूमि के दर्शन-मात्र से व्यक्ति व्रत, दान तपस्या एवं यज्ञादि क्रियाओं के बिना भी आवागमन के

---

१. सरकार, सेलेक्ट इंसक्रिप्शंस, जिल्द २, पृष्ठ २७६-७७।

२. ''विघ्नेश्वरात्पूर्वभागे वासिष्ठादुत्तरे तथा।
लौमशात्पश्चिमे भागे जन्मस्थानं ततः स्मृतम्॥''
—स्कन्द पुराण, २, अयोध्यामाहात्म्य ८, अध्याय १०, श्लोक १९।

बन्धन से मुक्त हो जाता है। रामनवमी (नवरात्र, नवमी दिवस) के अवसर पर इस अति पवित्र स्थल के दर्शनमात्र से ही तीर्थाटन करने वाले धर्मार्थी को राजसूय एवं अग्निष्टोम यज्ञों के संपादन तथा गोसहस्र (कपिलागोसहस्र) के दान के तुल्य फल प्राप्त होता है।[१] उल्लेखनीय है कि आज भी रामनवमी के अवसर पर सम्पूर्ण राष्ट्र अयोध्या में उमड़ पड़ता है तथा इसका पूर्ण वातावरण राममय हो जाता है। रामजन्म-भूमि-विषयक अद्यावधि विद्यमान अक्षुण्ण एवं निर्विवाद प्रचलित परम्परा एवं जन-स्मृति इसकी ऐतिहासिकता का परिचायक है।

■

---

१. ''नवमीदिवसे प्राप्ते व्रतधारी हि मानवः।
स्नानदानप्रभावेण मुच्यते जन्मबन्धनात्॥
कपिलागोसहस्राणि यो ददाति दिने दिने।
तत्फलं समवाप्नोति जन्मभूमेः प्रदर्शनात्॥
आश्रमे वसतां पुंसां तापसानां च यत्फलम्।
राजसूयसहस्राणि प्रतिवर्षाग्निहोत्रतः॥''

—स्कन्दपुराण, २, अयोध्या-माहात्म्य ८, अध्याय १० श्लोक १८-२५।

६

प्राच्य नगर

श्रावस्ती—यह कोसल का एक प्रधान नगर था (कोसलानं पुरी)।[१] प्राचीन ग्रन्थों में इसके लिए **सावत्थी**,[२] **चन्द्रपुरी**[३] तथा **चन्द्रिकापुरी**[४] नाम भी आते हैं। इसके नाम की व्युत्पत्ति के विषय में तीन वर्णन उपलब्ध होते हैं—(१) पहला वर्णन बौद्ध ग्रन्थों में प्राप्त होता है। इसके अनुसार यहाँ पर पहले सवत्थ नामक एक ऋषि रहते थे। उनके नाम के आधार पर इसका सावत्थी नाम उसी प्रकार पड़ा, जिस प्रकार काकन्द, माकन्द तथा कोसम्ब के नामों के आधार पर क्रमशः काकन्दी, माकन्दी तथा कोसम्बी नाम पड़े।[५] इस प्रकार नाम रखने के सम्बन्ध में कतिपय अन्य उदाहरण भी उपलब्ध होते हैं। उदाहरणार्थ बुद्धचरित में कपिलवस्तु के नाम की व्युत्पत्ति का कारण महर्षि कपिल का इसके साथ सम्बन्ध बताया गया है। (पुरं महर्षेः कपिलस्य वस्तुः)।[६] पाणिनि ने भी रहने वाले के नाम के आधार पर स्थान के नाम के पड़ने का उल्लेख किया है। (तस्य निवासः)।[७] (२) दूसरा वर्णन ब्राह्मण-ग्रन्थों में मिलता है; उदाहरणार्थ—महाभारत तथा हरिवंश। इनके अनुसार इस नगर के निर्माता श्रावस्तक नामक नरेश थे। इन्हीं के नाम पर इसका श्रावस्ती नाम पड़ा। श्रावस्तक पृथु की छठी पीढ़ी में उत्पन्न हुआ था।[८]

---

१. सुत्त-निपात, पृष्ठ १९०।

२. पपंचसूदनी १, पृष्ठ ५९।

३. जैन हरिवंश पुराण, पृष्ठ ७१७।

४. वही, पृष्ठ ७१७।

५. "सावत्थीति सवत्थस्स इसिनो निवासत्थानभूता नगरी, यथा काकन्दी माकन्दीति।" पपंचसूदनी १, पृष्ठ ५९। द्रष्टव्य-ला बी० सी०, आ० स० रि०, संख्या ५०, पृष्ठ ६-७।

६. बुद्धचरित, अध्याय १।

७. अष्टाध्यायी, ४, २, ६९।

८. "विश्वगश्वाः पृथोः पुत्रः पुत्रस्तस्मादार्दश्चजज्ञिवान्।
आर्द्रात्तु, युवनाश्वस्तु श्रावस्तस्य तु चात्मजः॥
तस्य श्रावस्तको ज्ञेयः श्रावस्ती येन निर्मिता।
श्रावस्तस्य तु दायादो बृहदाश्वो महाबलः॥"

—महाभारत, आदिपर्व, अध्याय २०१, ३-४।

"विष्टराश्वः पृथोः पुत्रः तस्मात् आर्द्रस्त्वजायत।
आर्द्रस्य युवनाश्वस्तु श्रावस्तस्य तु चात्मजः॥
यज्ञे श्रावस्तको राजा श्रावस्ती येन निर्म्मिता।
श्रावस्तस्य तु दायादो बृहदाश्वो महायशः॥" —हरिवंश, अध्याय ११, २१-२२।

पुराणों में इस नगर के संस्थापक का नाम श्रावस्तक के स्थान पर श्रावस्त मिलता है।[१] (३) तीसरा वर्णन पपंचसूदनी में मिलता है। इसमें कहा गया है कि मनुष्य के प्रतिदिन के जीवन में काम में आने वाली सभी प्रकार की वस्तुएँ यहाँ पर बहुसंख्या में प्राप्त होती थीं। यही कारण है कि इसका नाम सावत्थी (श्रावस्ती) पड़ा (सब्बम् एत्थ अत्थीति सावत्थी—अर्थात् जहाँ पर सब कुछ उपलब्ध है)।[२] रामायण[३] तथा वायुपुराण[४] में श्रावस्ती को उत्तर कोसल की राजधानी बताया गया है। यहाँ पर लव राज्य करते थे। दक्षिण कोसल की राजधानी कुशावती थी। यहाँ पर कुश का राज्य था।

श्रावस्ती अचिरावती नदी के तट पर बसा हुआ था, जिसकी पहचान आधुनिक राप्ती से की जाती है। महावग्ग के अनुसार इस नगर के निवासी श्रमण अचिरावती में स्नान करने के निमित्त आते थे।[५] 'महापरिनिब्बानसुत्त' में कहा गया है कि इसकी गणना तत्कालीन ६ सुप्रसिद्ध नगरों में होती थी। इसमें धनिक ब्राह्मण, क्षत्रिय तथा वैश्य रहते थे, जिनकी बौद्ध धर्म में असीम निष्ठा थी।[६] ललितविस्तर में इसे कोसल का

---

१. ''श्रावस्तश्च महातेजा वत्सकस्तत्सुतोऽभवत्।
निर्मिता येन श्रावस्ती गौडदेशे द्विजोत्तम॥''—मत्स्यपुराण अध्याय १२, श्लोक ३०।

२. पपंचसूदनी १, पृष्ठ ५९।

३. ''कोसलेषु कुशम् वीरम् उत्तरेषु लवं तथा।
अभिषिच्य महात्मानावुभौ रामः कुशीलवौ॥
कुशस्य नगरी रम्या विन्ध्यपर्वतरोधसि।
कुशावतीति नाम्ना सा कृता रामेण धीमता॥
श्रावस्तीति पुरी रम्या श्रावीता च लवस्य च।
अयोध्यां विजनां कृत्वा राघवो भरतस्तदा॥''
—रामायण, उत्तरकाण्ड, सर्ग १, २०-२२।

४. ''कुशस्य कोसलो राज्यं पुरी वापि कुशस्थली।
रम्या निर्मिता तेन विन्ध्यपर्वतसानुषु।
उत्तराकोसले राज्ये लवस्य च महात्मनः।
श्रावस्ती लोकविख्याता कुशवंश निबोधत॥''
—वायुपुराण, अध्याय ८८, १९७-९८। ब्रह्माण्डपुराण, मध्यभाग, उपोद्धातपाद ३, अध्याय ६३, १९९-२००।

''श्रावस्तश्च महातेजा वत्सकऽस्तत्सुतोऽभवत्।
निर्मिता येन श्रावस्ती गौडदेशे द्विजोत्तम॥''
—मत्स्यपुराण, अध्याय १२, श्लोक ३०।

५. इध सावत्थियम् जेतवने अनापिण्डिकस्य आरामे भिक्खुनियो अचिरावतिया नदिया वेसियापि सद्धिम् नग्गा एकतित्थे नहायन्ति।'' महावग्ग, पृष्ठ २९३।

६. दीघनिकाय, २, २२६।

सबसे प्रधान नगर कहा गया है।[१] समन्तपासादिका के अनुसार यह ५७ हजार कुलों का निवास-स्थान तथा कोसल-नरेशों की आय का प्रमुख साधन था (आयमुखभूता)।[२] इस नगर की परिखा, प्राकार एवं नगरद्वार के विषय में प्राचीन ग्रन्थों में यत्र-तत्र आकस्मिक उल्लेख मिलते हैं। उदाहरणार्थ, धम्मपदटीका में इसके उत्तर-द्वार का उल्लेख हुआ है।[३] फाह्यान[४] ने इसके दक्षिण-द्वार तथा ग्वान् च्वांग[५] ने इसके पूर्व-द्वार का उल्लेख किया है।

मज्झिम-निकाय में कोसल-नरेश प्रसेनजित पुण्डरीक नामक एक हाथी की पीठ पर बैठ कर नगर के बाहर निकलते हुए प्रदर्शित किये गये हैं।[६] इसी ग्रन्थ में एक दूसरे स्थान पर उक्त नरेश को बड़े घोड़ों के द्वारा खींचे जाते हुए रथ में आरूढ़ होकर नगर-द्वार से बाहर निकलता हुआ दिखाया गया है।[७] इससे ज्ञात होता है कि ये द्वार काफी चौड़े रहे होंगे। नगर की सड़कें पर्याप्त चौड़ी थीं। इन पर बड़ी सवारियाँ भली-भाँति आ-जा सकती थीं। संयुक्त-निकाय से निष्कर्ष निकलता है कि यहाँ के नागरिक हाथी (हत्थिखण्डम् आरोहेय्य), घोड़े (अस्सपिट्ठिम् आरोहेय्य) तथा पालकी पर चढ़ कर (पलंकम् आरोहेय्य) राजमार्गों पर निकलते थे।[८] इस नगर के बाहर से प्रति दिन अनेक श्रमण, साधु एवं संन्यासी आया करते थे। प्रसेनजित ने इनके भोजन की सुविधा के निमित्त एक राजकीय कोष्ठागार बनवा रखा था। इसमें से उन्हें घी, तेल तथा खाद्यपदार्थ उनकी आवश्यकता को दृष्टि में रखते हुए दिया जाता था।[९] सोहगौरा का ताम्रलेख (जिसमें श्रावस्ती के महामात्रों को आज्ञा दी गई है—श्रावस्तीयानां महामात्राणाम् शासनम्) एक ऐसा अभिलेख साक्ष्य है जिससे ज्ञात होता है कि राजकीय कोष्ठागार बनाने की प्रथा भारत में उस समय अधिक व्यापक थी। इस लेख में वंशग्राम तथा मनवसतिकड़ नामक ग्रामों का उल्लेख मिलता है, जिसमें राज्य की ओर से कोष्ठागार बने हुए थे।[१०] पपंचसूदनी में श्रावस्ती के उत्कर्ष का निरूपण करते हुए कहा गया है कि कोसल का यह प्रधान नगर सर्वदा रमणीक, दर्शनीय, मनोरम एवं धनधान्य से सम्पन्न था। इसमें सभी प्रकार के उपकरण वर्तमान थे। इसके वैभव को देखते हुए ऐसा

---

१. ललितविस्तर, अध्याय १।

२. समन्तपासादिका, पृष्ठ ६१४।

३. धम्मपदटीका, ३, पृष्ठ ३८०। ला० बी० सी०, आ० स० रि०, संख्या ५, पृष्ठ १६

४. बील, बुद्धिस्ट रेकर्ड, १।

५. वही, २, ४।

६. ''राजा पसेनदि—कोसलो एकपुण्डरीकं नागं अधिरूहित्वा सावत्थिया निय्याति''
—मज्झिम-निकाय, १, ११२।

७. वही, १, १४९।

८. संयुत्त निकाय, १, ९५।

९. इं० हि० क्वा०, १०, पृष्ठ ५६।

१०. सरकार, सेलेक्ट इंसक्रिप्शंस, पृष्ठ ८५।

प्रतीत होता था, मानो देवपुरी अलकनन्दा साक्षात् धरातल पर उतर आई हो।[१] संयुक्तनिकाय में प्रसेनजित के प्रासाद का भी उल्लेख हुआ है। यहाँ से प्रधान नगर-द्वारों की ओर चौड़े राजमार्ग जाते थे।[२]

इस नगर में तीन प्रसिद्ध स्थान थे—(१) जेतवन, (२) पूर्वाराम तथा (३) मल्लिकाराम। जेतवन एक उद्यान था, जो कि फाह्यान तथा ख्वान् च्वांग के यात्रा-विवरण के अनुसार नगर के दक्षिण-द्वार के समीप स्थित था। महावग्ग में कहा गया है कि जेतवन में रहने वाले भिक्षु अचिरावती नदी में स्नान करने के लिए आते थे।[३] इससे कहा जाता है कि यह उद्यान इस नदी के तट के समीप कहीं विद्यमान रहा होगा। बौद्ध ग्रन्थों से ज्ञात होता है कि इसका आरोपण, संवर्धन तथा परिपालन जेत नामक एक राजकुमार के द्वारा किया गया था।[४] जो स्थान राजगृह में वेणुवन तथा वैशाली में महावन का था, वही स्थान श्रावस्ती में जेतवन का था। इसके शान्तिमय वातावरण से प्रभावित होने के कारण नगर का अनाथपिण्डिक नामक व्यापारी इसे खरीदकर बौद्ध संघ को दान करना चाहता था। इसे खरीदने के निमित्त जेत को उसे असंख्य मुद्राएँ देनी पड़ीं। उसने इस उपवन में एक विहार का भी निर्माण किया, जिसे अनाथपिण्डिक-आराम कहा जाता था (सावत्थियं जेतवने अनाथपिण्डिकस्स आरामे)।[५] यह गौतम बुद्ध का प्रिय निवास-स्थान था। श्रावस्ती आने पर बहुधा वे यहीं विश्राम करते थे। उनका प्रवचन भी यहाँ कई बार हुआ था। गौतम बुद्ध के काल में यह कोसल का सबसे प्रसिद्ध धार्मिक भवन था। यही कारण है कि लोग इसे कोसल-मन्दिर कहते थे (सावत्थियं कोसलमन्दिरे)।[६] जेतवन के भीतर इस व्यापारी ने कुछ अन्य निर्माण भी किया था; उदाहरणार्थ—परिवेण (विश्रामगृह), कोट्ठक (कुठार), उदपान (कूप), पोक्खरणी (तालाब), मण्डप (चबूतरा) तथा विहार (निवास-गृह)।

इन निवास-गृहों में गन्ध-कुटी, करेरि-कुटी तथा कोसम्ब-कुटी उल्लेखनीय हैं। गन्ध-कुटी जेतवन के बीचोबीच बना हुआ था। (सो मज्झे गन्धकुटीं कारेसि)।[७] करेरि-

---

१. ''सव्वदा सव्वूपकरणं सावत्थियं समोहितं तस्मा सव्वं उपादाय सावत्थीति पवुच्चति। कोसलानं पुरं रम्मं दस्सनीयं मनोरमं दसहि सद्देहि अविवित्तं अन्नपानसमायुतं। बुद्धि वेपुल्ले पत्तं इदं फीतं मनोरमं अलकनन्दा व देवानं सावत्थीपुरं उत्तमंति। पपंचसूदनी, पृष्ठ ६०-५९।

२. संयुत्त निकाय १, १५।

३. ''सावत्थियं जेतवने अनाथपिण्डिकस्स आरामे भिक्खुनियो अचिरवतिया नदिया वेसियापि सद्धिम् नग्गा एकतित्थे नहायन्ति।'' —महावग्ग, पृष्ठ २९३।

४. ''तंहि जेतेन राजकुमारेन रोपितं संवद्धितं परिपालितं, सो च तस्स सामी अहोसि, तस्मा जेतवने ति वुच्चति।'' पपंचसूदनी, १, ६०।

५. सुत्त-निपात, पृष्ठ ११२।

६. वही, पृष्ठ ११२।

७. जातक, १, पृष्ठ ९२।

कुटी देखने में बहुत सुन्दर थी। इसके निर्माण में दृढ़ स्तम्भ लगाये यगे थे। दर्शक को आभास होता था, मानो कोई देवगृह सामने विद्यमान हो (थम्भानं उपरिकारिताय देवविमानकधाय करेरिकुटिकाय विहरति)।[१] इसके द्वार के सामने एक करेरि वृक्ष था। यही कारण है कि इसका यह नाम पड़ा (करेरि मण्डपो तस्सा कुटिकाय द्वारेथितो तस्सा करेरिकुटिका ति वुच्चति)।[२] कोसम्बकुटी के द्वार के सामने एक कोसम्ब-वृक्ष था। यही कारण है कि इसका नाम कोसम्बकुटी पड़ा (कोसम्बरुक्खस्स द्वारे थितत्ता कोसम्बकुटिका ति)।[३] ये तीनों गेह बहुत बड़े थे। यही कारण है कि सुमंगल-विलासिनी में इन्हें 'महागेह' कहा गया है (जेतवने...करेरिकुटि...कोसम्बकुटि... गन्धकुटि...महागेहानि)।[४] इन तीनों भवनों के निर्माण में शत सहस्र मुद्राओं का व्यय हुआ था (एक सत-सहस्स-निफ्फन्नम्)।[५] बौद्ध धर्म के प्रति श्रद्धा के कारण जेतवन में प्रसेनजित ने भी एक घर बनवाया था, जिसको बौद्ध ग्रन्थों में सलड़घर कहा गया है (तेसु सलड़घरम् राजा पसेनदिना कारितम्)।[६] अनाथपिण्डिक ने अपने द्वारा बनवाये हुए सभी भवनों को बौद्ध संघ को समर्पित कर दिया।[७] समर्पण की यह क्रिया बड़े समारोह के साथ सम्पादित हुई थी। इसमें उसे अठारह करोड़ मुद्राओं का व्यय करना पड़ा। इस स्थान पर उल्लेखनीय है कि इस घटना का अंकन भरहुत की कला में भी हुआ है।[८]

पूर्वाराम का निर्माण नगर के धनिक सेठ मिगार (मृगधर) की पुत्रवधू विशाखा ने कराया था। मिगार पहले आजीविकों का भक्त था पर कालान्तर में विशाखा के प्रभाव के कारण बौद्ध धर्म में उसकी भी आस्था उत्पन्न हो गई। यही कारण है कि बौद्ध ग्रंथों में उसे मिगारमाता कह सम्मानित किया गया है। इसीलिये पूर्वाराम को 'मिगार-मातु-प्रासाद' भी कहा जाता था। यह नगर के पूर्वी द्वार के पास स्थित था।[९] सम्भवत: इसीलिये इसका पूर्वाराम नाम पड़ा था। इसके निर्माण तथा समर्पण में लगभग २७ करोड़ मुद्राओं का व्यय हुआ था। यह लकड़ी (रुक्ख) तथा पत्थर (पासाण) के द्वारा बनाया गया था। इसमें दो मंजिल थे। ऊपरी मंजिल में ५०० कमरे बने हुए थे।[१०] मल्लिकाराम

---

१. सुमंगलविलासिनी, २, पृष्ठ ४०७। ला बी० सी०, आ० स० रि०, संख्या ५०, पृष्ठ २२-२३।

२. सुमंगलविलासिनी, २, पृष्ठ ४०७।

३. वही, पृष्ठ २, पृष्ठ ४०७।

४. वही, पृष्ठ २, पृष्ठ ४०७।

५. वही, पृष्ठ २, पृष्ठ ४०७।

६. वही, पृष्ठ २, पृष्ठ ४०७।

७. जातक, १, पृष्ठ ९२।

८. बरुआ, भरहुत, २, ३, १।

९. धम्मपदटीका, १, ३८४। द्रष्टव्य-ला बी० सी०, आ० स० रि०, संख्या ५०, पृष्ठ २५।

१०. वही, पृष्ठ ४१४।

का निर्माण मल्लिका नामक एक साम्राज्ञी ने किया था। यह एक विशाल भवन था, जिसमें कई कमरे थे (बहुसालाकता)।[१] नगर में आने वाले ब्राह्मण, परिव्राजक, बौद्ध भिक्षु, निर्ग्रन्थ सम्प्रदाय के अनुयायी तथा अन्य साधु एवं संन्यासी इस वन में विश्राम के निमित्त आश्रय पाते थे (ब्राह्मण निगन्थाचेलकपरिब्बाजकादयो च)।[२]

इस नगर में जैन, बौद्ध एवं ब्राह्मण धर्मों का विशेष प्रचार था। जैन इसे अपने तृतीय तीर्थंकर सम्भवनाथ तथा आठवें तीर्थंकर चन्द्रप्रभानाथ का जन्मस्थान मानते थे।[३] इस धर्म के प्रवर्तक महावीर अपने सिद्धान्तों के प्रचार के निमित्त यहाँ कई बार आ चुके थे। नागरिकों ने उनका हार्दिक सम्मान किया था। अनेक उनके अनुयायी बन गये। नगर के भीतर वैदिक यज्ञों का अनुष्ठान हुआ करता था। जिस समय प्रसेनजित राज्य कर रहे थे, उस समय श्रावस्ती में वेदविहित नियमों के अनुसार पशुओं का बलिदान चढ़ाया जाता था।[४] इसके उपकण्ठ पर स्थित मल्लिकाराम में सैकड़ों ब्राह्मण साधु जो कि धार्मिक विषयों पर वादविवाद में निपुण थे, आकर विश्राम करते थे।[५] बौद्ध ग्रन्थों से ज्ञात होता है कि श्रावस्ती का धार्मिक वायुमण्डल बौद्ध धर्म से अधिक प्रभावित था। इस नगर में गौतम बुद्ध के अनेक व्याख्यान हुए थे, जिनसे प्रभावान्वित होने के कारण प्राय: समस्त वर्गों के अनेक व्यक्तियों ने उनके धर्म को अपना लिया। नगर-श्रेष्ठि अनाथपिण्डिक उनका परम भक्त था। उसके घर में ५०० भिक्षुओं के निमित्त प्रतिदिन भोजन तैयार कराया जाता था।[६] गौतम बुद्ध के प्रति श्रद्धा के कारण श्रावस्ती-नरेशों ने दान-गृह बनवा रखा था, जहाँ पर भिक्षुओं को भोजन मिलता था।[७]

बौद्ध ग्रन्थों के अनुसार नगर के अन्य सम्मानित नागरिक तथागत के बहुत बड़े प्रशंसक थे। यहाँ पर बौद्ध धर्म के प्रचार की ओर संकेत करते हुए मिलिन्दपञ्हो में अतिशयोक्ति के साथ कहा गया है कि इसमें भिक्षुओं की संख्या ५ करोड़ थी। इसके अतिरिक्त नगर के लगभग ३ लाख ५७ हजार गृहस्थ उनके मतावलम्बी थे।[८] गौतम बुद्ध की मृत्यु के पश्चात् भी श्रावस्ती बौद्ध धर्म का एक विशिष्ट केन्द्र माना जाता था। उनके आनन्द जैसे प्रिय शिष्यों ने श्रावस्ती के नागरिकों को अपने सदुपदेशों से प्रभावित कर

---

१. सुमंगलविलासिनी, २, पृष्ठ ३६५।
२. वही, पृष्ठ ३६५।
३. जैन हरिवंश पुराण, पृष्ठ ७१७।
४. संयुत्त निकाय, १, पृष्ठ ७६।
५. वही, १, पृष्ठ ७८।
६. जातक, ४, ९१।
७. संयुत्त निकाय, १, पृष्ठ ७७।
८ ''नगरे महाराज पंचकोटिमत्ता अरियसावका भगवतो उपासकउपासिकायो सत्ताण्णासहस्सानि तीणि सतसहस्सानि अनागामि फले पतित्थिता ने सव्वेऽपि गिही न पव्वजिता।'' मिलिन्दपञ्हो, पृष्ठ ३४९।

बौद्ध धर्म में उनकी आस्था को जागृत किया।[१] दिव्यावदान से ज्ञात होता है कि श्रावस्ती में चार स्तूप थे, जिनका निर्माण सारिपुत्र, मौद्गल्यायन, महाकाश्यप तथा आनंद के सम्मान में किया गया था। अशोक धार्मिक यात्रा करता हुआ श्रावस्ती आया था। उसने जेतवन में वर्तमान इन चारों स्तूपों की वन्दना की थी।[२]

श्रावस्ती का अध:पतन कोसल-साम्राज्य के अध:पतन के साथ प्रारम्भ होता है। पाँचवीं शताब्दी तक इसकी शोभा अत्यधिक विलीन हो चुकी थी। इस समय का चीनी यात्री फाह्यान अपने यात्रा-विवरण में लिखता है कि यहाँ के नागरिकों की संख्या पहले की समता में अत्यल्प थी। सब मिलाकर केवल दो सौ परिवार ही रह गये थे। पूर्वाराम, जेतवन-विहार तथा नगर के अनेक विशाल सौध भग्नावशेष को प्राप्त हो चुके थे।[३] सातवीं शताब्दी के चीनी यात्री य्वान् च्वांग ने तो इसे पूर्ण रूप से विनष्ट एवं उजड़े हुए नगर के रूप में चित्रित किया है। उसके अनुसार नगर की दीवालों के भग्नावशेष की परिधि लगभग ३ मील थी।[४] इस नगर की पहचान राप्ती नदी के तट पर स्थित आधुनिक सहेत महेत से की जाती है।

वाराणसी— प्राचीन काल में काशी एवं वाराणसी पृथक् नाम माने जाते थे। काशी राष्ट्र का नाम था। इसकी राजधानी का नाम वाराणसी था।[५] जातकों में वाराणसी के लगभग आधे दर्जन नाम मिलते हैं; उदाहरणार्थ— **सुरुन्धन,**[६] **सुदस्सन,**[७] **ब्रह्मवर्द्धन,**[८] **पुष्पवती,**[९] **रम्मनगर**[१०] **(रम्यनगर)** तथा **मोलिनी**।[११] इन नामों में अधिकांश इसकी समृद्धि की ओर संकेत करते हैं। जातक ग्रन्थों में इसके लिए कासिनगर (जा०, ५, ५४) तथा कासिपुर (जा०, ६, १६५) नाम भी आते हैं। पतंजलि ने लिखा है कि वणिक वाराणसी के लिए जित्वरी नाम का प्रयोग करते थे ('वणिजो वाराणसीं जित्वरीत्युपाचरन्ति' महाभाष्य, २, ३१३)। जित्वरी से तात्पर्य यह हो सकता है कि इस नगर में पहुँचने पर जय की प्राप्ति होती थी। व्यांपारियों को यहाँ पूर्ण लाभ हुआ करता था (मोतीचन्द्र, काशी का इतिहास, पृष्ठ ५)। डॉक्टर अल्तेकर का मत है कि ये वाराणसी के अन्य नाम

---

१. **दीघ निकाय, १, २०४।**

२. **दिव्यावदान, पृष्ठ ३९४-९६।**

३. **लेग्गे, फाह्यान।**

४. **वाटर्स, २, ३७७।**

५. **''कासीरट्ठे बारानसियम्'', जातक संख्या ४।**

६. **वही संख्या ४५८।**

७. **वही, संख्या ५२५।**

८. **जातक संख्या ५३२।**

९. **वही, संख्या ५४२।**

१०. **वही, संख्या ४६०।**

११. **वही, संख्या ४४१।**

नहीं हो सकते। ये इसके नागरिकों के द्वारा उपाधि के रूप में प्रयुक्त किये जाते होंगे।[१] पर इस निष्कर्ष को निकालने के लिए कोई ऐतिहासिक प्रमाण नहीं मिलता। उपर्युक्त साक्ष्यों में इनका प्रयोग स्वतंत्र रूप में नाम के ही अर्थ में किया गया है। कई प्रसिद्ध भारतीय नगरों के अनेक नाम थे। ऐसी दशा में वाराणसी का बह्माख्य होना कोई आश्चर्यजनक नहीं है। इसका वाराणसी नाम पड़ने का कारण वरना तथा अस्सी नदियों के बीच इसकी स्थिति थी (वरणायास्तथा च आस्या मध्ये वाराणसी पुरी)।[२] इसके समर्थन में कनिंघम महादेय ने आइने अकबरी से एक उद्धरण देते हुए कहा है—"वाराणसी (जिसको लोग बनारस कहते हैं) एक विशाल नगर है, जो कि वरना तथा अस्सी नदियों के बीच स्थित है।"[३] मललसेकर का भी कहना है कि "वाराणसी नाम पड़ने के कारण वरना तथा अस्सी नदियों के बीच इसकी स्थिति है।"[४]

बौद्ध ग्रन्थों में वाराणसी का उल्लेख काशी जनपद की राजधानी के रूप में अनेक स्थलों पर हुआ है। काशी के शासक बहुत शक्तिशाली थे। भद्दकाल जातक में कहा गया है कि वे अपने आप को राजाओं का राजा (सब्बराजनम् अग्गराजा) मानते थे।[५] धोनसाख जातक में उन्हें सम्पूर्ण जम्बू-द्वीप का शासक (सकलजम्बुदीप) कहते हुए उनकी महानता की ओर संकेत किया गया है।[६] महावग्ग में काशिराज ब्रह्मदत्त (वाराणसियम् ब्रह्मदत्तो नाम कासिराजा) को विपुल धन का स्वामी (महद्धनो), भोग-विलास की सामग्री से परिपूर्ण (महाभोगो), शक्तिसम्पन्न (महद्बलो), बहुत बड़ी सेना का अधीश्वर (महावाहनो), दिग्विजयी (महाविजितो) तथा कोष एवं कोष्ठागार से परिपूर्ण (परिपुण्णकोस-कोष्ठागारो) कहा गया है।[७] काशी का समीपवर्ती ज़नपद कोसल था। दोनों जनपदों के नरेशों में परम्परागत शत्रुता थी। काशी के नरेशों ने प्रारम्भ में कोसल के राजाओं को कई बार नीचा दिखाया था। गुट्टिल जातक में इनकी राजधानी वाराणसी को भारत का सर्वश्रेष्ठ नगर बताया गया है।[८] भोजाजानीय जातक के अनुसार सभी समीपवर्ती नरेशों के लिए यह प्रलोभन का विषय था।[९] इसीलिये इस पर एक बार सात नरेशों ने घेरा डाला था।[१०] डॉक्टर राय चौधरी का कहना है कि प्राचीन

---

१. अल्तेकर, हिस्ट्री ऑफ़ बनारस, पृष्ठ १३।
२. द्रष्टव्य—राय चौधरी, पो० हि० ऐं० इं०, पृष्ठ ७४।
३. ऐंशेण्ट ज्याग्रफी, पृष्ठ ५०१।
४. मललसेकर, २, २७७।
५. जातक, संख्या ४६५।
६. वही, संख्या ३५३।
७. महावग्ग, १०, २, ३।
८. जातक, संख्या २४३।
९. वही, संख्या २३।
१०. वही, संख्या १८१।

बैबीलोन तथा रोम की भाँति यह नगर पड़ोसी राष्ट्रों के बीच सर्वदा झगड़े का कारण सिद्ध हुआ।[१]

छठी शताब्दी ईसा पूर्व के लगभग यह कोसल-साम्राज्य में सम्मिलित कर लिया गया। इसकी गणना भारतवर्ष के सुप्रसिद्ध नगरों में होती थी। आनन्द ने इसकी ख्याति के कारण ही इसे गौतम के परिनिर्वाण के योग्य बताया था। इसके चतुर्दिक् एक परिखा थी।[२] इसके अतिरिक्त यह एक उच्च प्राकार के द्वारा परिवेष्टित था, जिसमें चार दरवाजे लगे हुए थे। यदि यात्री रात्रि के समय देरी से पहुँचते थे, तो उन्हें दरवाजों के सामने सवेरे तक नगर के भीतर प्रवेश पाने के लिए प्रतीक्षा करनी पड़ती थी।[३] नगर के विभिन्न भागों में पृथक् जातियों एवं व्यवसायों के लोग रहते थे। बहेलियों तथा अन्य निम्न व्यवसाय वालों को नगर के बाहर रहना पड़ता था।[४] हत्थिपाल जातक में इस नगर को बारह योजन लम्बा कहा गया है।[५] इसमें अवश्यमेव अतिशयोक्ति है पर इतना तो स्पष्ट है कि यह नगर अधिक विस्तृत रहा होगा।

छठी शताब्दी ई० पू० से लेकर नन्दों के अभ्युदय-काल तक इस नगर के राजनीतिक इतिहास में कई परिवर्तन हुए। कोसल-नरेश महाकोशल ने (जो कि छठी शताब्दी ई० पू० के शासक थे) अपनी पुत्री का विवाह मगध-नरेश बिम्बिसार के साथ किया था। इस विवाह में उन्होंने वाराणसी के शतसहस्र मुद्राओं वाली आय को, जो कि करों के रूप में आती थी, मगध-नरेश को दहेज के रूप में दे दिया। महाकोशल के पुत्र प्रसेनजित ने अपने शासनकाल में मगध-नरेश को इस आय का प्रदान रोक दिया था। इस पर उसका समकालीन मगध-शासक अजातशत्रु अत्यन्त क्रुद्ध हुआ। इस कारण को लेकर दोनों में शत्रुता की नींव पड़ी, जो कि कई वर्षों तक चलती रही। इसमें अन्ततोगत्वा मगध विजयी हुआ। वाराणसी मगध-साम्राज्य में मिला लिया गया। कुछ वर्षों के उपरान्त मगध-नरेश ने सम्पूर्ण काशी का राज्य जीत लिया। इस प्रकार वाराणसी मगध-साम्राज्य का अंग बन गया।

चतुर्थ शताब्दी ईसा पूर्व के उत्तरार्द्ध में मगध पर नन्दों का आधिपत्य स्थापित हुआ। इनके साम्राज्य की पश्चिमी सीमा पंजाब तक फैली हुई थी। इससे ज्ञात होता है कि वाराणसी इन्हीं के साम्राज्य के अन्तर्गत था। मौर्यों के काल में यह नगर एक विशिष्ट केन्द्र था। इस नगर के उपकण्ठ पर स्थित सारनाथ में अशोक ने एक स्तूप का निर्माण किया। सम्भवत: यह ठीक उसी स्थान पर बनाया गया, जहाँ गौतम बुद्ध ने अपना

---

१. पो० हि० ऐं० इं०, पृष्ठ ९८।

२. जातक, संख्या १६४

३. वही, संख्या १५५।

४. जातक, संख्या १५५।

५. ''पाकारपरिक्खेपोद्वादसयोजनिको होति।'' —जातक, १, १२५।

प्रथम व्याख्यान दिया था।[१] अशोक ने सारनाथ में एक स्तम्भ का भी निर्माण करवाया था। इसमें उसकी एक आज्ञा उत्कीर्ण मिलती है, जिसके अनुसार बौद्ध संघ की एकता में भेद उत्पन्न करने वाला भिक्षु इसकी सदस्यता से वंचित घोषित किया जाता था। मौर्यों के उपरान्त यह नगर क्रमशः शुंगों एवं कण्वों के राज्य में सम्मिलित था।[२] प्रथम शताब्दी ईसवी के अन्तिम भाग में इस नगर पर कुषाणों का आधिपंत्य स्थापित हुआ। सारनाथ में बौद्ध प्रतिमा के ऊपर कनिष्क के शासन-काल के तीसरे वर्ष का एक लेख उपलब्ध होता है। इसके अनुसार महाक्षत्रप खरपल्लन तथा क्षत्रप वनस्पर इस नरेश के प्रतिनिधि के रूप में वाराणसी में शासन करते थे।[३] इस नगर के ऊपर कुषाणों का आधिपत्य सम्भवतः दूसरी शताब्दी के अन्त तक विद्यमान था।[४] कालान्तर में यह उन भारशिव राजाओं का अधिकार-क्षेत्र बना, जिन्होंने कुषाणों के राज्य को उखाड़ा था। वाराणसी में उनके द्वारा दस अश्वमेध यज्ञों का अनुष्ठान इसका परिचायक है कि यह नगर उनके राज्य के अन्तर्गत था।[५] चतुर्थ शताब्दी के उत्तरार्द्ध से लेकर छठी शताब्दी के उत्तरार्द्ध तक वाराणसी गुप्त-साम्राज्य में सम्मिलित था। तदुपरान्त यहाँ पर मौखरियों की राज्य-सत्ता स्थापित हुई। तत्पश्चात् सातवीं शताब्दी के प्रथमार्द्ध में इस नगर के ऊपर वर्द्धनों ने शासन किया। हर्षवर्द्धन के काल में चीनी यात्री य्वान् च्वांग यहाँ आया था। वह लिखता है कि यह नगर साढ़े तीन मील लम्बा तथा १ मील चौड़ा था। इसके विभिन्न भाग एक-दूसरे के समीप थे तथा इसकी जनसंख्या अत्यधिक थी। इसके नागरिक परम ऐश्वर्यवान् थे।[६]

राजनीतिक क्षेत्र के अतिरिक्त इस नगर की प्रसिद्धि व्यापारिक, बौद्धिक तथा धार्मिक क्षेत्रों में भी थी। प्रारम्भ से ही यह शिल्प एवं व्यवसाय का एक प्रतिष्ठित केन्द्र माना जाता था। वाराणसी कपड़े के लिए प्रसिद्ध था। मज्झिम-निकाय (२, ३, ७) में बनारसी कपड़े के लिए 'वाराणयेय्यक' शब्द का उल्लेख मिलता है। बौद्ध साहित्य में बनारसी वस्त्रों के लिए 'काशिक' वस्त्र, 'काशीकुत्तम' (जा०, ६, ४७) तथा 'कासीय' (जा० ६, ५००) शब्दों का प्रयोग मिलता है। वहाँ सूती, रेशमी तथा ऊनी तीनों प्रकार के कपड़े बनाये जाते थे। तुण्डिल जातक (जा०, ३, २८६) से ज्ञात होता है कि वाराणसी के पार्श्ववर्ती क्षेत्रों में कपास की अच्छी खेती होती थी। यहाँ की स्त्रियाँ महीन सूत कातने में दक्ष थीं (सुखुमसुत्तानि कन्तित्वा) (जा०, ६, ३३६)। महापरिनिब्बाण सुत्त (३, २९) में बनारस के नीले, पीले, लाल तथा सफेद रंग के

१. अल्तेकर, हिस्ट्री ऑफ बनारस, पृष्ठ १७।
२. "ये केन पि संघे भेतवे। ए चुं खो भिखू वा भिखुनि वा संघं भाखति से ओदातानि दुसानि संनधापयिया आनावासंसि।" —सरकार, सेलेक्ट इंसक्रिप्शंस, पृष्ठ ७५।
३. "महाक्षत्रपेन खरपल्लानेन सहाक्षत्रपेन वनस्परेण।" —वही, पृष्ठ १३३।
४. हिस्ट्री ऑफ़ बनारस, पृष्ठ १८।
५. वही, पृष्ठ १८।
६. वाटर्स, २, ४७।

वस्त्रों का उल्लेख मिलता है। पतंजलि ने काशी के रेशमी वस्त्रों की प्रचुर प्रशंसा की है। वे लिखते हैं कि प्राय: ऐसा देखा गया है कि नाप में बराबर होने पर भी काशी के वस्त्रों का मूल्य मथुरा के वस्त्रों के मूल्य से पृथक् हुआ करता है (एवं हि दृश्यते इह समाने आयामे विस्तारे पटस्यान्यौऽर्धोभवति काशिकस्यान्यो माथुरस्य; २, ४१३—कीलहार्न)। इस उल्लेख से स्पष्ट है कि बनारसी वस्त्र बनावट की दृष्टि से अन्य केन्द्रों के वस्त्रों से कहीं अच्छे थे और इस कारण उनका मूल्य अधिक हुआ करता था (मोतीचन्द्र, काशी का इतिहास, पृष्ठ ६१)। बौद्ध साहित्य में बनारसी कम्बलों का भी उल्लेख मिलता है। महावग्ग (८, २) के अनुसार काशी के एक नरेश ने जीवक को काशी का कम्बल उपहार के स्वरूप में दिया था। वाराणसी में सम्भवतया कसीदे का भी कार्य होता था। एक जातक (६, १४४) में 'कासिक-सूचीवत्थ' का उल्लेख मिलता है। इससे तात्पर्य काशी में किये गये हुए कसीदे के काम से हो सकता है (मोतीचन्द्र, काशी का इतिहास, पृष्ठ ४७)।

जातकों से विदित होता है कि वाराणसी के बहुमूल्य, रंगीन, सुगन्धित सुवासित, अनुलेपयुक्त, पतले एवं चिकने कपड़े विक्रय के लिए सुदूर भागों में भेजे जाते थे। ये वस्त्र युवकवर्ग तथा राजकुल में अत्यधिक प्रचलित थे। कामविलाप जातक में एक राजा की प्रवासित पत्नी वाराणसी का महीन वस्त्र पहने हुए दिखायी गई है।[१] यहाँ के अनेक प्रकार के रेशमी वस्त्रों का देश के विभिन्न भागों एवं वर्गों में व्यापक प्रचार था। इनकी लोकप्रियता की सूचना हमें जातकों से मिलती है। एक जातक में वैराग्य लेने की कामना करने वाले पति के मन को आकर्षित करने के लिए उसकी पत्नी चन्दन से सुवासित बनारसी रेशमी साड़ी पहनने की प्रतिज्ञा करती है।[२] तत्कालीन पुरोहित तथा अधिकारी भी बनारसी वस्त्रों के अत्यन्त प्रेमी थे। मिथिला के राजा जनक के दरबारी ब्राह्मण जातकों में काशी के वस्त्रों को पहने हुए उल्लिखित किये गये हैं।[३] इसी प्रकार देश के अन्य भागों में भी काशी के वस्त्रों का काफी प्रचार था। यही कारण है बनारसी कपड़े संख्यातीत गाड़ियों में लादकर विक्रय के लिए सुदूर देशों में भेजे जाते थे।[४]

वाराणसी काष्ठ-व्यवसाय का भी केन्द्र था। इस नगर के उपकण्ठ पर बसे हुए एक ग्राम में पाँच सौ बढ़ई रहते थे। वे घने जंगलों में घुस कर गृह-निर्माण में उपयोगी सिद्ध होने वाली लकड़ियों को काट लाते थे (गेहसम्भारदारुणि कोट्टेत्वा)। वे सब प्रकार की लकड़ियों पर काटछाट के कार्य में निपुण थे। (सब्ब-दारुसु सज्जं कत्वा)। वे एक मंजिल, दो मंजिल तथा कई मंजिलों वाले घरों के बनाने के कार्य में दक्ष थे (एकभूमिद्विभूमिकादि भेदे गेहे सज्जेत्वा) (जातक, ४, १५९; द्रष्टव्य-मोतीचन्द्र, काशी का इतिहास, पृष्ठ ४८)।

---

१. जातक, संख्या २९७।

२. वही, संख्या ४५७।

३. वही, संख्या ५४६।

४. वही, १, ४०४।

वाराणसी में गजदन्त व्यवसाय का भी विस्तृत प्रचार था।[१] एक जातक (२, १३९) में वाराणसी की ऐसी गली का उल्लेख मिलता है जहाँ हाथी दाँत से बनी चीज़ों की बाज़ार लगती थी (दन्तकारवीथि)। इसमें हाथी दाँत की चूड़ियाँ विक्रय के लिए सजी हुई थीं। वाराणसी के व्यापारी विक्रय के अनेक वस्तुओं में हाथी दाँत के बने हुए सामान भी देश के अनेक भागों में पहुँचाते थे। निर्यात के समान आयात का भी यह नगर प्रख्यात केन्द्र था। तण्डुनालि जातक में एक सहस्र मील की लम्बी यात्रा करने के पश्चात् वाराणसी में पहुँचने वाले एक अश्व-विक्रेता का उल्लेख मिलता है।[२] इस नगर के व्यापारियों के द्वारा अतुल धनराशि संचित की गई थी। इसका स्पष्ट ज्ञान जातकों से होता है। विडार-जातक में वाराणसी के एक सेठ को अस्सी करोड़ धन का स्वामी बताया गया है।[३]

आर्थिक क्षेत्र में इस नगर की प्रारम्भिक प्रतिष्ठा कालान्तर में भी विद्यमान थी। य्वान् च्वांग के अनुसार वाराणसी की बाज़ारों में विक्रय के निमित्त विविध भाण्ड सुसज्जित थे।[४] महायान धर्म के अभ्युदय के उपरान्त यह नगर मथुरा के समान ही गौतम तथा बोधिसत्वों की मूर्तियों के निर्माण का प्रतिष्ठित केन्द्र बन गया। सारनाथ से प्राप्त बौद्ध प्रतिमाएँ वाराणसी-केन्द्र की मूर्तिकला का परिचय देती हैं। गुप्त-नरेशों के शासन-काल में वाराणसी की तक्षण-कला में ब्राह्मण-प्रतिमाओं को भी स्थान दिया गया। इन प्रतिमाओं के मिलने का सब से सबल कारण यह है कि ब्राह्मण धर्म उस समय राजकीय धर्म था। वैदिक विधान में परम आस्था रखने वाले परमभागवत गुप्त नरेशों के शासनकाल में तक्षणकला के केन्द्र वाराणसी में ब्राह्मण-मूर्तियों का निर्माण अत्यन्त स्वाभाविक ही था।

बौद्धिक क्षेत्र में वाराणसी की प्रसिद्धि सर्वप्रथम तृतीय शताब्दी से प्रारम्भ हुई।[५] इस समय इसके उपकण्ठ पर स्थित सारनाथ के विहारों में बौद्ध साहित्य का पठनपाठन एवं अनुशीलन होता था। सातवीं शताब्दी का चीनी यात्री य्वान् च्वांग यहाँ के नागरिकों के विद्याप्रेम को देखकर आश्चर्यचकित हो उठा था।[६] इस समय सारनाथ में लगभग पन्द्रह सौ भिक्षु यहाँ के विहारों में विद्योपार्जन कर रहे थे।[७] वाराणसी में संगठित शिक्षा-संस्थाएँ नहीं थीं। यहाँ से प्राप्त गाहड़वाड़ **दानपत्रों** में कहीं भी किसी विद्यालय का उल्लेख नहीं मिलता।[८] यहाँ के विद्वान् पण्डित अपने घरों में ही विद्यार्थियों को

---

१. **जातक, १, ३२०।**

२. **जातक, संख्या ५।**

३. **वही, संख्या १२८।**

४. **वाटर्स, २, ४६।**

५. **हिस्ट्री ऑफ़ बनारस, पृष्ठ २३।**

६. **वाटर्स, २, ४७।**

७. **वही, २, ४७।**

८. **हिस्ट्री ऑफ़ बनारस, पृष्ठ २४।**

शिक्षा दिया करते थे। यह परम्परा मध्यकालीन भारत तक चलती रही। बर्नियर ने इसका उल्लेख किया है।[१] विद्या के केन्द्र होने के कारण प्रसिद्ध दार्शनिक अपने सिद्धान्तों के प्रत्यभिज्ञान एवं विज्ञापन के लिए वाराणसी आते थे। इस निमित्त शंकराचार्य को भी यहाँ आना पड़ा था।

धर्म के साथ वाराणसी का सम्बन्ध बहुत प्राचीन काल से चला आ रहा था। ऐसा प्रतीत होता है कि प्रारम्भ में यह वैदिक धर्म के प्रभाव से अछूता था। अथर्ववेद में एक इन्द्रजालिक अपने रोगी की व्याधि को काशी जाने का निर्देश करता है।[२] इससे काशी के प्रति घृणासूचक भाव व्यक्त होता है। यह घृणासूचक भावना इस बात का परिचय देती है कि इसका सम्बन्ध वैदिकेतर अवधारणाओं के साथ था। इस नगर के प्रधान देवता शिव प्रारम्भ में वैदिक देव-समूह में स्थान न पा सके थे। वायुपुराण में मेना एवं दक्ष के मुख से महादेव की जो निन्दा की गई है, उससे उनका वैदिकेतर देवता होना प्रतिपादित होता है। मेना अपनी पुत्री सती से कहती है कि तुम्हारे भर्ता महादेव तो आचाररहित हैं। उनके विश्वास तथा उनकी रीतिप्रथाएँ सब प्रकार से घृणित हैं।[३] यज्ञ के अनुष्ठान के निमित्त तैयारी करने वाले महादेव के श्वसुर दक्ष भी घृणा के भाव में कहते हैं—महादेव होते ही क्या हैं कि मैं उन्हें अपने यज्ञ में आमन्त्रित करूँ। इनके वंश, गोत्र, देश, वृत्ति एवं आचार आदि के विषय में कुछ भी पता नहीं चल पाता। ये बैल पर चढ़ते हैं, इनके गले में विष है तथा वर्णाश्रम-व्यवस्था के ये सर्वथा परे हैं। यदि ये ब्राह्मण होते तो इन्हें वेद एवं अन्य शास्त्रों का ज्ञान होता। ये क्षत्रिय भी नहीं कहे जा सकते क्योंकि ये लक्ष्यहीन विनाश करते हैं। यदि ये वैश्य होते, तो इस प्रकार दरिद्र नहीं होते। ये शूद्र भी नहीं कहे जा सकते, क्योंकि ये साँप का यज्ञोपवीत पहनते हैं। इनका स्मरण करना पापतुल्य है।[४] सती महादेव से पिता के द्वारा आयोजित यज्ञ को देखने की इच्छा प्रकट करती है। पति के पुर (वाराणसी) में यज्ञों को कभी न देख पाने

---

१. बर्नियर, ट्रैवेल्स इन मोगल एम्पायर, पृष्ठ ३४१।

२. ''गन्धारिभ्यो मूजवदभ्यः काशीभ्यो मगधेभ्यः। प्रैष्यंजनमिव शेवधिं तक्कमानं परिदद्मसि।''
—अथर्ववेद, ५, २२, १४।

३. ''मम पार्श्वे त्वनाचारस्तव भर्ता महेश्वरः। दरिद्रः सर्व एवेह अक्लिष्टं लभतेऽनघे॥''
—वायुपुराण, अध्याय १२, ३२।

४. ''किं वंश्यस्त्वेष किंगोत्रः किंदेशीयः किमात्मकः।
किंवृत्तिः किंसमाचारो विषादी वृषवाहनः॥ २८॥
न ब्राह्मणो भवत्येष यतो वेदं न वेत्त्यसौ।
शस्त्रास्त्रधारणात्प्रायः क्षत्रियः स्यान्न सोप्यथ॥ २९॥
क्षतात्सन्तारणात्क्षत्रं तत्क्वास्मिन्प्रलयप्रिये।
वैश्योऽपि न भवदेष सदा निर्धनचेष्टनः॥ ३२॥
शूद्रोऽपि न भवेत्प्रायो नागयज्ञोपवीतवान्।
एवं वर्णाश्रमातीतः कोऽसौ सम्यक् न कीर्त्यते॥'' ३३॥ —वायुपुराण, अध्याय ८८।

के कारण उसकी यह स्पृहा द्विगुणित हो उठती है।[१] यज्ञों का अभाव इस बात की सूचना देता है कि वाराणसी में वैदिक धर्म का प्रारम्भ में कोई भी प्रभाव नहीं था।

कालान्तर में शिव को भी वैदिक देवता माना गया तथा फलस्वरूप यह नगर वैदिक मतानुयायियों के लिए धार्मिक केन्द्र बन गया। वैदिक मतानुयायियों में वाराणसी को शिवपुरी कहा गया है[२] तथा इसकी गणना की सात मोक्षदायिका पुरियों में की गई है।[३] पौराणिक देव-समूह में उन्हें पंच-देवों की कोटि में आदरणीय स्थान प्रदान किया गया है। इनमें लोगों का विश्वास था कि शिव के भक्तों को वाराणसी में रहने के कारण लौकिक एवं पारलौकिक आनन्द मिलते हैं।[४] यहाँ पर अनेक शैव रहते थे। ग्वान् च्वांग ने लिखा है कि इनमें से कुछ लोग शिर को मुण्डित कराते थे तथा कुछ लम्बे केशों को समेट कर जटाजूट बनाते थे। कुछ लोग नंगे रहते थे तथा कुछ शरीर पर भस्म लगाते थे। वे पूजा, व्रत तथा नियम में संलग्न रहते थे। निर्वाण प्राप्त करना उनका प्रधान उद्देश्य था।[५]

अन्य धर्मों के अनुयायी भी इसे मुक्ति एवं मुक्ति का दायक मानते थे।[६] लोगों का तो यहाँ तक विश्वास था कि पापी से पापी व्यक्ति को भी वाराणसी में रहने के कारण परम आध्यात्मिक लाभ की प्राप्ति होती है। पद्मपुराण,[७] कूर्मपुराण[८] तथा लिंगपुराण[९] में स्पष्ट शब्दों में इसका उल्लेख किया गया है। जनमत में यह भी प्रतिष्ठित था कि वाराणसी में गंगा पश्चिम-वाहिनी हो जाती हैं।[१०] यही कारण है कि यहाँ पर गंगा-स्नान के महात्म्य ने लोगों के हृदय में विशिष्ट स्थान प्राप्त किया था।[११]

---

१. ''क्रतुं द्रष्टुं पितुर्यामि नैक्षि यज्ञो मया क्वचित्॥'' —वायुपुराण, अध्याय ८८, ३९।

२. ''यत्र नारायणो देवो महादेवो दिवीश्वरः।'' —वही, अध्याय ३३, पंक्ति १००।

३. ''अयोध्या मथुरा माया काशी कांची अवन्तिका।
पुरी द्वारावती चैव सप्तैते मोक्षदायिकाः॥''

४. ''मद्भक्तास्तत्र गच्छन्ति मामेव प्रविशन्ति च॥'' —पद्मपुराण, अध्याय ३३, पंक्ति १०२।

५. वाटर्स, २, ४७

६. ''भुक्तिमुक्तिप्रदं पुण्यं'' —अग्निपुराण, अध्याय ३३, ३८।

७. ''यदि पापी यदि शठो यदि वाधार्मिको नरः।
वाराणसीं समासाद्य पुनाति सकलं भुवम्॥'' —पद्मपुराण, अध्याय ३३, ३८।

८. ''स्त्रियः म्लेच्छाश्च ये चान्ये संकीर्णा पापयोनयः।
कालेन निधनं प्राप्ताः अविमुक्ते वरानने॥''
—कूर्मपुराण, अध्याय ३१, पृष्ठ ३२१।

९. ''कृत्वा पापसहस्त्राणि पिशाचत्वं वरं नृणाम्।
जैगीषव्यः परां सिद्धिं गतो यत्र महातपाः॥'' —लिंगपुराण, अध्याय ९२, ५३।

१०. ''वाराणस्यां विशेषेण गंगाविपथगामिनी।'' —पद्मपुराण, अध्याय ३३, पंक्ति ६९।

११. ''स्नानात्संसेवनाद्वापि न मोक्षः प्राप्यते यतः।
इह सम्प्राप्यते येन तत् एतद्विशिष्यते॥'' —लिंगपुराण अध्याय ९२, ४७।

लोग समझते थे कि यहाँ पर दान देने से महान् फल की प्राप्तिं होती है। यही कारण है कि देश के विभिन भागों से प्रायः प्रत्येक वर्ग के व्यक्ति यहाँ पर दान देने के लिए आते थे। राजतरंगिणी से विदित होता है कि काश्मीर के हर्ष नामक शासक ने पुण्यार्थ वाराणसी को अनेक मठों से विभूषित किया था।[१] गाहड़वाड़ राजाओं ने भी यहाँ ब्राह्मणों तथा तत्कालीन मन्दिरों को अनेक दान दिये थे।[२] दान के अतिरिक्त इस नगर में जप, तप, अध्ययन तथा अध्यापन भी धार्मिक दृष्टि से अत्यन्त महत्त्वपूर्ण समझा जाता था।[३] यहाँ पर वैदिक यज्ञों का अनुष्ठान भी होता था। काशी के एक अभिलेख से विदित होता है कि भारशिव नरेशों ने दस अश्वमेध यज्ञों का अनुष्ठान इस नगर में किया था।[४] डॉक्टर काशीप्रसाद जायसवाल का मत है कि इन यज्ञों का अनुष्ठान वाराणसी के आधुनिक दशाश्वमेध घाट पर हुआ था तथा इस घाट के नाम की व्युत्पत्ति का यही कारण है।

इस नगर के धार्मिक जीवन में एक और भी विशेषता थी। वह यह कि संन्यास लेने वाले व्यक्ति प्रायः वाराणसी में ही कालयापन के लिए आते थे। राजतरंगिणी से विदित होता है कि हर्ष नामक काश्मीर के एक शासक ने यहाँ पर संन्यास लिया था।[५] इस ग्रन्थ में मातृगुप्त नामक दूसरे काश्मीर-नरेश के काषायधारण तथा वाराणसीवास का उल्लेख मिलता है।[६] कल्हण ने एक अन्य शासक के सर्वसंन्यास तथा वाराणसीगमन का वर्णन किया है।[७] राजतरंगिणी में एक दूसरे स्थल पर कलश नामक सम्राट् को काशीवास की इच्छा प्रकट करते हुए चित्रित किया गया है।[८]

बौद्ध ग्रन्थों में वाराणसी के कुछ त्योहारों के भी उल्लेख मिलते हैं; उदाहरणार्थ—हस्तिमंगल, छत्रमंगल तथा सुराक्षण। लगता है कि हस्तिमंगल का आयोजन गज-पूजा के हेतु किया जाता था। गजपूजा एक प्राचीन भारतीय परम्परा थी। इसमें शुभ्र दन्त वाले

---

१. ''पूर्वा दिग्भूषिता तेन मठैः सुकृतकर्मठैः॥'' —राजतरंगिणी, सर्ग ७, पंक्ति २०२०।

२. अल्तेकर, हिस्ट्री ऑफ़ बनारस, पृष्ठ २८।

३. ''दत्तं जप्तं हुतं चेष्टं तपस्तप्तं कृतं च यत्।
ध्यानमध्ययनं ज्ञानं सर्वंतत्राक्षयं भवेत्॥'' —पद्मपुराण, अध्याय २२, १६।

४. ''दशाश्वमेधावभृथस्नातकानां भागीरथ्याममलजलमूर्द्धाभिषिक्तानां भारशिवानाम्।''
—ए० इं० ८, २६९।

५. राजतरंगिणी, सर्ग ८, १३।

६. पुण्यां वाराणसीं गत्वा कृतकाषायसंग्रहः।
सर्वं संन्यस्य सुकृती मातृगुप्तोऽभवद्यतिः॥'' —वही, सर्ग, ३, ३२०।

७. ''पुण्यां वाराणसीं गत्वा तस्माच्छमसुखोन्मुखः।
इच्छामि सर्वसन्यासं कर्तुं द्विजजनोचितम्॥'' —वही, सर्ग ३, २९७।

८. ''पुरं प्रतिष्ठां निष्पाद्य क्षिप्त्वा राजधुरं त्वयि।
वाराणस्यां गच्छामि नन्दिक्षेत्रेऽथवा पुनः॥'' —वही, सर्ग ७, ६४६।

हाथियों की पूजा की जाती थी, जिन्हें अच्छी तरह सजा दिया जाता था। इस समय राजप्रासाद तथा नागरिकों के घर खूब सजे होते थे। ब्राह्मण हस्तिसूत्र का पाठ करते थे (मोतीचन्द्र, काशी का इतिहास, पृष्ठ ४६)। छत्रमंगल राजकीय त्यौहार लगता है। इस अवसर पर सम्राट् अपने सुसज्जित राजप्रासाद में सिंहासन पर बैठता था जिसके ऊपर श्वेत छत्र टँगा रहता था। उसके मन्त्री, पुरोहित तथा कर्मचारी अच्छे वस्त्रों से सुशोभित हुआ करते थे (नानाविधवेसविलास-समुज्जले)। नागरिक अपने हाथों से भेंट की सामग्री लिये पंक्ति में खड़े थे (नानाविधपण्णकार-हत्थे)। इस समय नर्तकियाँ अपनी कला का प्रदर्शन करती थीं। लगता है कि यह उत्सव सम्राट् के जन्मदिवस-समारोह से सम्बन्धित था। डॉ० मोतीचन्द का अनुमान है कि यह त्यौहार राजा के सिंहासनारोहण अथवा विजयदशमी के अवसर पर मनाया जाता होगा (काशी का इतिहास, पृष्ठ ४६)। सुराक्षण मदिरोत्सव था। एक जातक (४, ७३) में वर्णन मिलता है कि एक बार ऐसे अवसर पर लोगों ने मात्रातीत मदिरा चढ़ा ली। नशा होने पर उनमें इतनी हाथापाई हुई कि कइयों के सिर लहू-लुहान हो गये (द्रष्टव्य—मोतीचन्द्र, काशी का इतिहास, पृष्ठ ४६)।

कपिलवस्तु—कपिलवस्तु बौद्ध काल का एक समृद्धिशाली नगर था। यहाँ पर शाक्य-नृपति शुद्धोधन की राजधानी थी। जिस स्थान पर यह नगर विद्यमान था, वहाँ पर महर्षि कपिल की तपोभूमि थी (पुरं महर्षेः कपिलस्य वस्तुः)।[1] इसका कपिलवस्तु नाम पड़ने का यही कारण था। पाणिनि के अनुसार रहने वाले के नाम के आधार पर उसके निवासस्थान का नाम पड़ना चाहिए। ('तस्य निवासः'—४, २, ६९)। इससे स्पष्ट है कि इस नगर का नाम कपिल के नाम के आधार पर पड़ा। इसके कतिपय अन्य नाम भी थे, उदाहरणार्थ— **कपिलपुर,**[2] **कपिलाह्वयपुर**[3] तथा **कपिलवस्तु।**[4] यह नगर हिमालय पर्वत के समीप स्थित था। यही कारण है कि इसकी नैसर्गिक छटा अन्वेक्षणीय थी। पालिग्रन्थों के अनुसार यह नगर सात प्राकारों के द्वारा परिवेष्टित था (सत्तहि पाकारेहि)।[5] इसकी ऊँचाई अठारह हाथ थी (अट्ठावसहट्ठुब्बेधम् पाकारम्)।[6] इस नगर के भीतर एक सन्थागार था, जो शक्यों का परिषद्-भवन था। इस सभागृह में शाक्य-गणराज्य के सम्मानित सदस्य एकत्र होकर नगर-शासन से सम्बन्धित सम्पूर्ण महत्त्वपूर्ण विषयों एवं जटिल समस्याओं के ऊपर विमर्श किया करते थे। कालान्तर में शाक्यों ने एक नवीन सन्थागार का निर्माण किया। उन्होंने इसका उद्घाटन गौतम बुद्ध के द्वारा कराया था। इस अवसर पर गौतम बुद्ध ने अपने समस्त शिष्यों के सहित इस

१. बुद्धचरित, अध्याय १, २।

२. सौन्दरनन्द, सर्ग १।

३. ''कपिलाह्वये शोभति जन्मभूमिः।'' —ललितविस्तर, अध्याय ३।

४. दिव्यावदान, पृष्ठ ९०। लाहा बी० सी०, इंडोलॉजिकल स्टडीज़, पृष्ठ १।

५. महावस्तु, २, ७५।

६. जातक, १, ६३। लाहा बी० सी०, इंडोलॉजिकल स्टडीज़, पृष्ठ ४।

सन्थागार में पदार्पण किया था। उनके सम्मान में सम्पूर्ण नगर के भीतर ख़ूब सजावट की गई तथा इसके चतुर्दिक् एक योजन तक दीपों के द्वारा प्रकाश किया गया। जब तक वे सन्थागार में थे, तब तक उनकी सुविधा के निमित्त शाक्यों ने नगर के भीतर शान्ति की पूर्ण व्यवस्था की थी।[१]

गौतम बुद्ध इस नगर में कई बार आये थे। इनके विश्राम के लिए शाक्यों ने नगर के समीप ही निग्रोधाराम नामक विहार का निर्माण कराया था। यहाँ पर वे पहली बार बीस हजार शिष्यों के सहित पधारे थे। पहले दिन आते ही उन्होंने वेस्सन्तर जातक की शिक्षा दी। दूसरे दिन उन्होंने नगर के विभिन्न भागों में भ्रमण किया तथा बहुतों को अपना शिष्य बनाया। राजप्रासाद के बहुत से सदस्यों (उदाहरणार्थ—नन्द तथा राहुल) ने उनसे बौद्ध धर्म में दीक्षा लीं थी। महल के भीतर उन्होंने अपनी पत्नी को चन्दकिन्नर जातक की शिक्षा दी थी। कपिलवस्तु में उनके इस बार के आगमन के अवसर पर लगभग ८० हजार शाक्य बौद्ध संघ के सदस्य बन गये। इस बढ़ती हुई संख्या को देखकर शुद्धोधन ने यह राजनियम बना दिया कि बिना माता और पिता की अनुमति से राज्य का कोई भी व्यक्ति बौद्ध धर्म में दीक्षा न ले।[२]

जब कोलियों तथा शाक्यों के बीच रोहिणी नदी के जल के बटवारे के प्रश्न को लेकर एक महान् विवाद खड़ा हुआ तथा इसके फलस्वरूप दोनों के बीच भीषण रक्तपात की आशंका उपस्थित हुई, उस समय इसे रोकने के लिए गौतम बुद्ध इस नगर में आये हुए थे। उन्होंने इन दोनों को (जो कि उनके बन्धु-बांधव लगते थे) उनके झगड़े की निरर्थकता तथा इसके सम्भावित दुष्परिणाम को समझाया। इसी अवसर पर उन्होंने फन्दन, दद्दम, लाटुकिक, रुक्खधम्म, बट्टक तथा अत्तदण्ड सूत्रों पर व्याख्यान दिया था।[३] जब कोसल के शासक विडुडभ ने कपिलवस्तु के ऊपर शाक्यों से अपने अपमान का बदला लेने के निमित्त आक्रमण किया था, उस समय भी गौतम बुद्ध उसे समझाने के लिए इस नगर में आये थे। इसके उपरान्त भी गौतम के इस नगर में कई बार आने का उल्लेख पालिग्रन्थों में मिलता है। अपने आगमन के इन अवसरों पर उन्होंने कालखेमक एवं घटाय को शिष्य बनाया तथा कई अमूल्य उपदेश भी दिये थे, जिनके विषय में उल्लेख बौद्ध साहित्य में उपलब्ध होते हैं। उनके उपदेशों से प्रभावित होने के कारण महाप्रजापति गौतमी, तिस्सा एवं भित्ता नामक कपिलवस्तु की शाक्य-महिलाओं ने सांसारिक जीवन का परित्याग कर दिया था।[४]

गौतम बुद्ध के काल में इस नगर की व्यापारिक महत्ता भी बहुत अधिक थी। महावस्तु के अनुसार यहाँ के नागरिक वाणिज्य के अत्यन्त प्रेमी थे।[५] पूर्व की दिशा में

---

१. मललसेकर, १, ५१८।
२. वही, १, ५१६-१७।
३. मललसेकर, १, ५१७।
४. वही, १, ५१८।
५. महावस्तु, १, १।

यहाँ से एक सीधा रास्ता वैशाली से होता हुआ राजगृह निकल जाता था तथा इसी प्रकार एक दूसरा रास्ता पश्चिम में श्रावस्ती की ओर जाता था।[१] पालिसाहित्य में इस नगर के निवासियों को 'कपिलवत्थवा' कहा गया है।[२] इसमें उनके सामाजिक एवं सांस्कृतिक जीवन का एक सुन्दर प्रतिबिम्ब उपलब्ध होता है। इस स्थान पर उल्लेखनीय है कि बौद्धकालीन प्रधान नगरों के विषय में आनन्द ने जो तालिका दी है, उसमें कपिलवस्तु का नाम नहीं मिलता पर इससे यह निष्कर्ष नहीं निकाला जा सकता कि यह इस काल का गौण नगर रहा होगा। पालिग्रन्थ, जिनके द्वारा बौद्धकालीन इतिहास के ऊपर प्रकाश पड़ता है, इसे एक समृद्धिशाली नगर के रूप में चित्रित करते हैं। गौतमबुद्ध की मृत्यु के उपरान्त कपिलवस्तु के शाक्यों ने उनके शरीर के अवशेष का एक भाग माँगा था और वे इसकी प्राप्ति में सफलीभूत भी हुए थे। उन्होंने अस्थि के प्राप्त भाग के ऊपर एक स्तूप का भी निर्माण किया था। वे इस स्तूप को आदर की दृष्टि से देखते थे तथा इसकी पूजा किया करते थे।[३]

कपिलवस्तु के पास ही लुम्बिनी ग्राम स्थित था, जहाँ पर गौतम बुद्ध का जन्म हुआ था। इस घटना के कारण लुम्बिनी की गणना शीघ्र ही बौद्ध धर्म के चार प्रधान तीर्थों में होने लगी। लुम्बिनी की एकता नेपाल की तराई में स्थित रुमिनदेई नामक स्थान से की जाती है। यहाँ पर अशोक का एक लेख प्राप्त हुआ है। इसके अनुसार अपने शासन-काल में बीसवें वर्ष (२५० ई० पू०) में वह लुम्बिनी आया हुआ था (वीसति-वसाभिसितेन अतन आगाच)।[४] इस अभिलेख में इसे गौतम की जन्मभूमि बताया गया है (बुधे जाते सक्यमुनी ति)।[५] अशोक ने लुम्बिनी के चतुर्दिक् एक पत्थर की दीवाल बनवाई (सिला-विगड़-भीचा-कालापित)[६] तथा यहाँ जिस स्थान पर गौतम का जन्म हुआ था वहाँ उसने एक शिलास्तम्भ स्थापित किया (सिला-धभे च उसणपिते)।[७] इस स्तम्भ पर उसने एक राजकीय घोषणा उत्कीर्ण की, जिसके अनुसार लुम्बिनी के निवासिनी को भूमि की उपज का केवल आठवाँ भाग कर के रूप में देना पड़ता था (अठ-भगिये-च)।[८] अशोक की आज्ञा के फलस्वरूप यात्रियों को लुम्बिनी में कर देने से मुक्ति मिल गई।[९] कपिलवस्तु से सम्बन्धित अशोक का दूसरा लेख निगालीसागर

---

१. मललसेकर, १, ५१९।

२. वही, १, ५१९।

३. वही, १, ५१९।

४. सरकार, सेलेक्ट इंसिक्रिप्शंस, पृष्ठ ७०।

५. वही, पृष्ठ ७०।

६. वही, पृष्ठ ७०।

७. वही, पृष्ठ ७०।

८. वही, पृष्ठ ७०।

९. ''लुमिन-गामे उबलिके कटे, वही, पृष्ठ ७०।

(निगलीवा, नेपाल की तराई में स्थित) नामक स्थान से प्राप्त हुआ है। इससे ज्ञात होता है कि अपने शासनकाल के चौदहवें वर्ष (२५६ ई० पू०) में वह कपिलवस्तु आया था। उसने शाक्यों के द्वारा निर्मित गौतम बुद्ध के स्तूप को आकार में द्विगुणित कराया था (देवानंपियेन पियदसिनलाजिन चोदस-वसाभिसितेन बुधस कोनाकमनस थुबे दुतियं वदिते)।[१]

कपिलवस्तु के विषय में, ललितविस्तर, सौन्दरनन्द काव्य तथा बुद्धचरित के द्वारा परिचय प्राप्त होता है। सौन्दरनन्द काव्य में इसे गौतम की जन्मभूमि कहा गया है। इस ग्रन्थ के अनुसार इस नगर के निवासियों को अनुचित कर नहीं देने पड़ते थे। यही कारण है कि यहाँ के नागरिकों की संख्या बहुत अधिक थी। ललितविस्तर में कहा गया है कि इसमें सुन्दर उद्यान, आराम तथा विहार बने हुए थे (उद्यान-आराम-विहारमण्डिता)।[२] यह धनधान्य से सम्पन्न था तथा इसमें शुद्धाशय एवं धर्मयुक्त व्यक्ति रहा करते थे।[३] नगर के भीतर सुन्दर शालाएँ तथा बाजारें सुशोभित थीं। इसके चतुर्दिक् कई उच्च प्राकार सुशोभित थे तथा एक परिखा भी थी। यहाँ पर लोगों को युद्ध-शिक्षा दी जाती थी (इष्वस्त्रशिक्षासु च पारगामिनो)।[४] सदाशय तथा कुलीन नरेश शुद्धोधन के राजत्वकाल में इस नगर की शोभा का बहुत बड़ा विकास हुआ था।[५] बुद्धचरित में इस नगर को 'पुराधिराज' अर्थात् श्रेष्ठपुर कहा गया है।[६] इस ग्रन्थ के अनुसार इसकी उपमा में तत्कालीन कोई भी नगर नहीं आ सकता था। इसकी समृद्धि को देखकर ऐसा आभास होता था कि यहाँ पर मानो लक्ष्मी विलास कर रही हों। (कृतस्मितेवातिरराज लक्ष्मीः)।[७] दरिद्रता का इस नगर में कहीं भी स्थान नहीं था।[८] नागरिक शालाओं के सौन्दर्य को देखकर ऐसा आभास होता था, मानो सरोवर में कमलों की पंक्तियाँ सुशोभित हों।[९]

शाक्य-गणराज्य के अधःपतन के कारण इस नगर की राजनीतिक महत्ता समाप्त हो गई। इसकी ख्याति अब केवल एक धार्मिक केन्द्र के रूप में ही अवशिष्ट थी। पाँचवीं शताब्दी में चीनी यात्री फाह्यान यहाँ आया था। उसके अनुसार इसकी जनसंख्या इस

---

१. ''लुमिन-गामे उबलिके कटे'', पृष्ठ ७१।

२. ललिविस्तर, अध्याय ३।

३. ''अन्येऽपि सत्वाः कपिलाह्वयेपुरे सर्वे सशुद्धाशयधर्मयुक्ता।:'' —वही, अध्याय ३।

४. वही, अध्याय ३।

५. ''शुद्धोधनो राजकुले कुलीनो नरेन्द्रवंशः सविशुद्धगात्रः।
ऋद्धश्च स्फीश्च निराकुलश्च सगौरवं सज्जनधार्मिकश्च।'' —वही, अध्याय ३।

६. बुद्धचरित, अध्याय १।

७. वही, अध्याय १।

८. ''रत्नप्रभोद्भासिनि यत्र लेभे तमो न दारिद्र्यमिवावकाशम्।'' —वही, अध्याय १।

९. वही, अध्याय १।

समय बहुत घट गई थी।[१] सातवीं शताब्दी के चीनी यात्री य्वान् च्वांग ने इस नगर को 'किल-पि-लो-फ-स्से-ति' कहा है। वह लिखता है कि गौतम बुद्ध के परिनिर्वाण के उपरान्त कपिलवस्तु में कई स्तूपों तथा विहारों का निर्माण किया गया था। उसने इस नगर का वर्णन एक विजन तथा त्यक्त स्थान के रूप में किया है। इसके भग्नावशेषों के बीच जंगली जानवर रहते थे, जिनके कारण यात्रियों को प्राणभय बना रहता था। यत्रतत्र कतिपय जीर्ण मठ एवं विहार दृष्टिगोचर होते थे, जिनमें रहने वाले श्रमणों की संख्या अत्यल्प थी।[२]

भारतीय पुरातत्त्व सर्वेक्षण विभाग (डॉ० के० एम० लाल) द्वारा हाल के वर्षों में (१९७३ ई० एवं आगे) किए गए उत्खनन-क्रम ने कपिलवस्तु के शुद्ध पहचान के विषय में नवीन प्रकाश डाला है। इसके अनुसार कपिलवस्तु का वास्तविक तादात्म्य आधुनिक पिपरहवा से करना चाहिए जो उत्तर प्रदेश के सिद्धार्थनगर जनपद के मुख्यावास नौगढ़ से २२ किलोमीटर उत्तर स्थित है। पिपरहवा से दो प्रकार की मुहरें प्राप्त हुई हैं। प्रथम प्रकार में 'देवपुत्रविहारे कपिलवस्तुस, भिक्खु-संघस' तथा दूसरे प्रकार में 'महाकपिलवस्तु-भिक्खुसंघस' लेख प्राप्त होते हैं। इनसे स्पष्ट है कि पिपरहवा प्राचीन कपिलवस्तु का आधुनिक प्रतिनिधि है।[३]

कुशीनगर— महत्ता के क्षेत्र में मल्लों की राजधानी तथा गौतम बुद्ध की निर्वाणभूमि कुशीनगर की गणना कपिलवस्तु एवं पावा के साथ की जा सकती है। साँची, भरहुत तथा अमरावती की कला में इस नगर की सुरक्षाभित्ति, परिखा तथा प्रधान नगर-द्वार का अंकन मिलता है। राजनीतिक केन्द्र होने के अतिरिक्त यह धार्मिक तथा व्यापारिक केन्द्र भी था। गौतम बुद्ध को यह नगर बहुत ही प्रिय था। बौद्ध ग्रन्थों के अनुसार इस कारण ही अनेक सुप्रसिद्ध नगरों के वर्तमान रहने पर भी परिनिर्वाण के लिए उन्होंने इसी नगर को चुना था। नगर की दक्षिण-पश्चिम दिशा में स्थित शालवन में उनका प्राणान्त हुआ, जिसके पश्चात् उनके प्रशंसक तथा अनुयायी मल्लों ने उनके दाहसंस्कार का सम्पादन बड़े ही आडम्बर तथा प्रदर्शन के साथ किया था। उनकी मृत्यु के अनन्तर कुशीनगर बौद्धों का तीर्थस्थान बन गया। व्यापारिक क्षेत्र में भी इसकी महत्ता पूर्णत: प्रतिपादित हो चुकी थी। पालिग्रन्थों से स्पष्ट है कि यह भारतवर्ष का एक प्रख्यात क्रयविक्रय केन्द्र था।[४]

फाह्यान के आगमन के समय यह नगर उजड़ चुका था। वह लिखता है कि शालवन (जहाँ गौतम बुद्ध की मृत्यु हुई) हिरण्यवती नदी के तट पर स्थित था।[५] य्वान्

---

१. लेग्गे, फाह्यान, पृष्ठ ६४।

२. वाटर्स, २, ४।

३. के०एम० लाल का अद्यतन लेख—''एक्लेसिऐस्टिकल स्ट्रक्चर्स ऐंड आर्ट आब्जेक्ट्स फ्राम ऐंशेंट कपिलवस्तु'' शीर्षक, पृ० १-३।

४. मललसेकर, १, ६५३।

५. लेग्गे, फाह्यान, पृष्ठ ७१।

च्वांग के अनुसार यह नगर (कु-शिह-न-क-लो अर्थात् कुशीनगर) रामग्राम से एक सौ पचास मील की दूरी पर पूर्व में स्थित था।[१] वह लिखता है कि इन दोनों नगरों को मिलाने वाला रास्ता काफी खतरनाक था। रामग्राम से कुशीनगर पहुँचने में कुछ दूर घने जंगल के बीच होकर तंग रास्ते से जाना पड़ता था। इस पर जंगली जानवरों के हमले का भय बराबर बना रहता था। इस चीनी यात्री के आगमन के समय नगर-प्राकार गिर चुका था।[२] इसके भीतर आबादी बहुत थोड़ी रह गई थी। घरों के खण्डहर तथा उनकी ईंटों की नीवें साफ दृष्टिगोचर होती थीं। उसके अनुसार नगर की परिधि दो मोल के लगभग थी।[३]

वह लिखता है कि इसके उत्तर-पूर्व कोने पर अशोकनिर्मित एक स्तूप था। इस स्थान पर चुन्द का मकान था, जहाँ गौतम बुद्ध ने भोजन किया जो कि उनके प्राणान्त का कारण सिद्ध हुआ था।[४] य्वान् च्वांग का यह कथन असमीचीन प्रतीत होता है। महा-परिनिब्बान-सुत्त एवं फाह्यान के अनुसार चुन्द पावा का नागरिक था। य्वान् च्वांग के अनुसार शालवन नगर के उत्तर-पश्चिम लगभग एक मील की दूरी पर अजितवती नदी के पश्चिमी तट के समीप स्थित था। लगता है कि उसके आगमन के समय हिरण्यवती नदी को अजितवती (जो कभी जीती नहीं जा सकती थी) कहते थे। शाल वृक्षों में चार बड़े आकार वाले थे। इनकी खाल सफेद तथा पत्तियाँ चमकीली थीं। इन्हीं के द्वारा घिरे हुए क्षेत्र के बीच गौतम बुद्ध की मृत्यु हुई थी। इस स्थान की पहचान कनिंघम ने आधुनिक 'माथाकुँवर कोट' (मृतक राजकुमार का दुर्ग) से किया था (दी ऐंशेंट ज्याग्रफी ऑफ इंडिया, पृष्ठ ३६४)। वहाँ पर ईंटों से निर्मित एक बड़ा चैत्य था, जिसमें एक मूर्ति रखी थी। इसमें वे परिनिर्वाण को प्राप्त तथा उत्तर की ओर सिर किये हुए लेटी अवस्था में दिखाये गये थे। इस चैत्य के समीप अशोकनिर्मित एक स्तूप था, जिसकी ऊँचाई दो सौ फीट के लगभग थी। इसके सामने एक पत्थर की लाट थी जिस पर उनके परिनिर्वाण की परिस्थितियों का वर्णन उत्कीर्ण किया गया था।[५] परन्तु तिथि एवं माह का कोई उल्लेख नहीं था।

इसके सन्निकट एक और स्तूप था, जहाँ सुभद्र की मृत्यु हुई थी। यह पहले ब्राह्मण मतावलम्बी था। एक सौ बीस वर्ष की अवस्था में उसने गौतम बुद्ध से बौद्ध धर्म में दीक्षा ली थी।[६] इसके बगल में एक अन्य स्तूप था। इस स्थान पर बुद्ध का शव सुवर्णनिर्मित सन्दूक में सात दिनों तक रखा गया था। इस काल में देवताओं ने इस रूप

---

१. वाटर्स, २, २७।
२. वही, १, २५।
३. वाटर्स, २, २६।
४. वही, २, २८।
५. वही, २, २८।
६. वही, २, ३०।

में पड़े उनके मृतक शरीर की वन्दना की थी।[१] तत्पश्चात् एक दूसरा स्तूप विद्यमान था। स्थानीय परम्परा के अनुसार अपने पुत्र की मृत्यु का संवाद सुनकर देवी महामाया स्वर्ग से उस स्थान पर उतरी थीं।[२]

नगर के उत्तर हिरण्यवती नदी के दूसरे तट पर गौतम बुद्ध का अन्त्यैष्टि संस्कार किया गया था। वहाँ पर भी एक स्तूप बना हुआ था। महापरिनिर्वाण सुत्त में इसे 'मुकुट बन्धन' कहा गया है। इस स्तूप का यह नाम इसलिए पड़ा था कि यहाँ मल्ल नरेशों का अभिषेक किया जाता था और इस अवसर पर उनके सिर पर मुकुट बाँधा जाता था (मुकुटबन्धन नाम मल्लान चेतियं)। इसकी पहचान रामाभार तालाब के पश्चिम तट पर स्थित एक विशाल स्तूप के खण्डहर से की जाती है, जो माथाकुँवरकोट से१ मील की दूरी पर स्थित है। इस स्थान की मिट्टी पवित्र मानी जाती थी।[३] जिस स्थान पर बुद्ध की अस्थियों का बटवारा भारतवर्ष के आठ नरेशों के बीच हुआ था, वहाँ अशोक के द्वारा निर्मित एक स्तूप था। इसके पास एक पत्थर की लाट थी जिस पर एक लेख उत्कीर्ण किया गया था।[४] इस पर भी बुद्ध के परिनिर्वाण की परिस्थितियों का उल्लेख किया गया था। ख्वान् च्वांग ने बौद्ध धर्म के उच्छेदन के निमित्त कुशीनगर में शशांक की कृतियों का उल्लेख किया है।[५]

पावा—मल्लों की एक दूसरी शाखा की राजधानी पावा में स्थित थी, जिसका संबंध जैन एवं बौद्ध धर्म—दोनों से ही था। यदि कुसीनारा बुद्ध के परिनिर्वाण के लिए प्रसिद्ध है, तो दूसरी ओर पावा चौबीसवें तीर्थंकर महावीर के परिनिर्वाण के लिए प्रसिद्ध है। दोनों ही नगरों में मल्लों की दो पृथक् शाखाओं की राजधानी थी। दीघनिकाय के पासादिकसुत्त तथा मज्झिमनिकाय के सामगामसुत्तत्त से ज्ञात होता है कि जैन तीर्थंकर महावीर (निगण्ठ नाटपुत्त) का देहावसान यहीं हुआ था।

जैन ग्रन्थों के अनुसार 'पावेय्यक मल्ल' (पावा के मल्ल) महावीर के शिष्य थे तथा उनका विशेष लगाव इस मल्ल राजधानी के साथ था। उन्होंने पावा में कई धार्मिक उपदेश दिए थे। परिशिष्ट पर्वन् के अनुसार महावीर का निर्वाण पावा में हुआ था, जहाँ उनका अन्तिम संस्कार सम्पन्न हुआ था। जिनप्रभसूरि के अनुसार भगवान् वर्द्धमान का निर्वाण पावा में ही अमावस्या की रात्रि में हुआ था (विविधतीर्थकल्प, पृष्ठ ३४)। बौद्ध ग्रन्थ मज्झिम निकाय तथा अट्ठकथा के अनुसार भी महावीर का देहावसान पावा में ही हुआ था। उनके अन्त्येष्टि संस्कार के अवसर पर मल्ल, लिच्छवि, कोशल एवं काशी नरेश पावा में उपस्थित थे।

---

१. वाटर्स, २, ३७।

२. वही, २, ३९।

३. वाटर्स, २, ३९।

४. वही, २, ४२।

५. वही, २, ४३।

यह नगर बौद्ध ग्रन्थों के अनुसार भोगनगर और कुसीनारा के मध्य स्थित था। भोगनगर भी मल्ल राष्ट्र का एक प्रसद्धि नगर था, जो वैशाली और पावा के बीच पड़ता था। कुसीनारा और पावा भी मल्ल राष्ट्र (मल्ल रट्ठ) के प्रसिद्ध नगर थे। सुमंगलविलासिनी में कहा गया है कि पावा से कुसीनारा तीन गावुत (गव्यूति) की दूरी पड़ता था (पावानगरतो तीणि गावुतानि कुसीनारा नगरं)। गावुत (गव्यूति) को सामान्यतः एक कोस की दूरी का वाचक माना जाता था। इस प्रकार इन दोनों नगरों के बीच की दूरी तीन कोस (६ मील) निर्दिष्ट होती है। परन्तु कभी-कभी गव्यूति (गावुत) को दो कोस का भी वाचक कहा गया है। इस प्रकार यह दूरी १२ मील निर्दिष्ट होती है।

इस नगर में बुद्ध कई बार रुक चुके थे। बौद्ध ग्रन्थों के अनुसार अन्तिम अवसर पर वे कर्मार-पुत्र चुन्द के निवास पर रुके थे, जो पावा के समीपस्थ आम्रवन में वर्तमान था। इस आम्रवन में मल्लों ने बुद्ध के निवास के निमित्त एक संस्थागार बनवाया था, जहाँ बुद्ध ने अपने अनुचरों के सहित प्रथम निवास किया था। इस अवसर पर उन्होंने अपना धर्मोपदेश दिया था। पावा में बुद्ध का यह अन्तिम आगमन था। इसके पूर्व इस नगर में आगमन के अवसर पर वे अजकलापक या अजकपालिय नामक चेतिय में विश्राम किए थे। लगता है कि पावा में यज्ञ-पूजा का इस समय प्रभाव था, क्योंकि अजकलाप नामक यक्ष को बकरे की बलि देने का उल्लेख बौद्ध ग्रन्थों में प्राप्य है।

अपने अन्तिम आगमन के अवसर पर बुद्ध ने कर्मार चुन्द के यहाँ उसके निमंत्रण में जो भोजन (सूकरमद्दव) ग्रहण किया, उसी के उपरान्त वे भयंकर रूप से अस्वस्थ हुए। इसी रुग्णावस्था में उन्होंने कुशीनगर के लिए प्रस्थान किया, जो कि पावा से दक्षिण-पश्चिम तीन गव्यूति की दूरी पर स्थित था। अपनी अस्वस्थता के कारण इतनी कम दूरी को तय करने में उन्हें बाईस स्थानों पर विश्राम करना पड़ा था। कुशीनगर पहुँचने के पहले उन्होंने काकुत्स्था नदी में स्नान भी किया था। इस मल्लपुरी (कुसीनारा) में उन्होंने शालवन में पड़ाव डाला था। पावा-कुशीनगर मार्ग व्यापारिक दृष्टि से भी उल्लेखनीय था। इस पर पाँच सौ शकटों के व्यापारियों के एक कारवाँ (सार्थ) को बुद्ध ने देखा था।

परंपरा के अनुसार कुछ लोग बिहार के नालन्दा जनपद के पावापुरी नामक स्थल का प्राचीन पावा का प्रतिनिधि मानते हैं, परन्तु इस मत को सही मानने में सब से बड़ी कठिनाई यह है कि यहाँ से कोई महत्वपूर्ण सामग्री अनुपलब्ध है। सर्वप्रथम अलेक्जेंडर कनिंघम ने पावा की पहचान आधुनिक पड़रौना से की थी, जो संप्रति उत्तर प्रदेश के इस नाम के एक नवीन जनपद का मुख्यालय है। लंका के बौद्ध ग्रन्थ दीपवंश एवं महावंश में इसे कुशीनगर से गंडक की ओर १२ मील उत्तर-पूर्व की दूरी पर स्थित निर्दिष्ट किया गया है। यह निर्देश आधुनिक पड़रौना अथवा पडरवन के विषय में चरितार्थ होता है, जहाँ कनिंघम ने २२० फीट लंबा, १२० फीट चौड़ा तथा १४ फीट ऊँचा एक टीला देखा था। इस स्थल पर खंडित ईंटें तथा कुछ बुद्ध मूर्तियाँ उन्हें प्राप्त हुई थीं।

पडरवन अथवा पडरबन का लघु नाम पर्वन, पवन अथवा पावा बन सकता है। जहाँ तक पावा और कुशीनगर के बीच काकुत्स्था नदी का प्रश्न है जहाँ बुद्ध ने अपनी पावा-कुशीनगर यात्रा में रुक कर स्नान किया था, कनिंघम के अनुसार इस नदी की पहचान आधुनिक बाढ़ी, बरही अथवा बन्धीनाला से की जा सकती है, जो ३६ मील के प्रवाह के उपरान्त आधुनिक छोटी गंडक अथवा हिरना नदी के बाएँ तट पर कसया (कुशीनगर) से ८ मील दूरी पर मिल जाती है (ऐंशेंट ज्यॉग्राफी ऑफ इंडिया पृष्ठ ३६७)।

कनिंघम के इस मत का समर्थन कई विद्वानों ने किया है, यथा—मोतीचन्द्र[१], भरत सिंह उपाध्याय[२], बी० पी० खेतान तथा कृष्णदत्त वाजपेयी।[३] इसकी सम्पुष्टि में इन विचारकों ने रूमिनदेई तथा वैशाली के बीच स्थित अशोक-स्तम्भों की ओर ध्यान आकृष्ट किया है। वैशाली (बसाढ़) से पश्चिम कुशीनगर की ओर बढ़ने पर चम्पारन जिले में स्थित रामपुरवा, लौरियानन्दनगढ़ तथा लौरिया अरराज के अशोक-स्तम्भ आज भी दृष्टिगोचर होते हैं। इससे लगता है कि कुशीनगर जाते समय ये केन्द्र इसी स्थल-मार्ग (वैशाली-कुशीनगर पथ) पर पड़ते थे। अशोक-स्तम्भों के उक्त स्थलों के उपरान्त बगहा घाट से नारायणी नदी को पार करने पर छितौनी घाट मार्ग में आगे पड़रौना पड़ता था, जो कुशीनगर (कसया) से १२ मील उत्तर-पूर्व गण्डक की ओर अवस्थित है। यह भौगोलिक स्थिति पावा की पहचान पड़रौना के सन्दर्भ में सही बैठती है।

इस स्थल से फ्रांसिस बुकानन एवं आर० एस० मार्टिन को पुरातत्त्वीय महत्व की कई प्राचीन वस्तुएँ प्राप्त हुई हैं। इनमें से कुछ बौद्ध धर्म से संबंधित हैं। इनके अतिरिक्त चरणचौकी पर पद्मासन मुद्रा में ध्यानावस्थित एक जिन प्रतिमा (दसवीं-ग्याहरवीं ई०) प्राप्त हुई थी, जिसके सिर पर त्रिछत्र का आवरण मिलता है। इससे आधुनिक पड़रौना का संबंध जैन एवं बौद्ध दोनों ही धर्मों से प्रतिभासित होता है। कृष्णदत्त वाजपेयी की इस स्थल पर वर्तमान टीलों पर कई प्रस्तर-प्रतिमाएँ मिली थीं, जिनमें एक तीर्थंकर-प्रतिमा उल्लेखनीय है जो पद्मासन मुद्रा में आसीन प्रदर्शित है। इसके दोनों ही ओर मालाधारीगण द्रष्टव्य हैं। उकेरियों से मंडित चरणचौकी पर विराजमान यक्षिणी अम्बिका की प्रतिमा उल्लेखनीय है, जो एक हाथ में शिशु तथा दूसरे में सनाल पद्म धारण किए हैं। शिव, कुबेर तथा कुछ अन्य हिन्दू प्रतिमाएँ भी यहाँ उपलब्ध हैं। इन उक्त प्रतिमाओं का समय ६५० ई० से ११०० ई० के बीच बैठता है।[४] पावा के मल्लों द्वारा अपने अस्थि-भाग पर निर्मित स्तूप, लगता है यहीं विद्यमान था जिसके अवशेषों का उल्लेख कनिंघम ने पहले ही किया था। पर्याणवग्ग (सुत्तनिपात, १०१०,१०१३) में

---

१. सार्थवाह, पृष्ठ १८।

२. बुद्धकालीन भारतीय भूगोल, पृष्ठ ३२२।

३. पुरातत्व, संख्या १६, पृष्ठ ४१-४४।

४. पुरातत्व, अंक १६, पृष्ठ ४३ 'पावा की पहचान।'

श्रावस्ती (सहेठ-महेठ) और वैशाली के बीच पड़ने वाले नगरों में कपिलवस्तु, कुसीनारा, पावा एवं भोगनगर (तमकूही से ६ मील पश्चिम में वर्तमान बदरगाँव नामक ग्राम) उल्लेखनीय हैं। इस भौगोलिक स्थिति से पावा का समीकरण आधुनिक पड़रौना से ही यथोचित लगता है।[1]

ए० सी० एल० कार्लाइल ने उक्त तादात्म्य के विषय में निम्नोक्त आपत्तियाँ की थीं। प्रथम तो यह कुशीनगर से पावा की जो दूरी (तीन गव्युति-६ मील) पालि ग्रन्थों में दी गई है, वह कुशीनगर-पड़रौना की दूरी से तालमेल नहीं खाती। दूसरे, वैशाली से कुशीनगर वाले पथ पर पड़रौना की भौगोलिक स्थिति चरितार्थ नहीं होती।[2] उनके अनुसार आधुनिक सठियाँव—फाजिलनगर के टीले पावा के वर्तमान प्रतिनिधि लगते हैं, जो कि उत्तर-प्रदेश के देवरिया जिले में कुशीनगर से १२ मील पश्चिम की ओर अवस्थित हैं। फाजिलनगर डीह पर स्थित प्राचीन स्तूप के अवशेष उस प्राचीन स्तूप के प्रतिनिधि हो सकते हैं, जिसमें पावा के मल्लों ने बुद्ध के अपने अस्थि-भाग को गर्भित किया था। राजबली पाण्डेय[3] तथा भिक्षु धर्मरक्षित[4] ने इसी मत का समर्थन किया था। राजबली पाण्डेय का अनुमान है कि सठियाँव का प्राचीन नाम चेतियग्राम रहा होगा। इसके नाम का चेतिय-भाग उस चैत्य (स्तूप) का द्योतक हो सकता है, जिसे 'पावेयक' मल्लों ने बुद्ध के देहावशेष-भाग को गर्भित करने के उद्देश्य से बनवाया था। सठियाँव की कुशीनगर से १२ मील की दूरी एवं दिशा सठियाँव-फाजिलनगर के ही विषय में चरितार्थ होते हैं।

इधर (१९७९ ई० में) गोरखपुर विश्वविद्यालय द्वारा इन युगल-स्थलों पर किए गए उत्खनन द्वारा नवीन प्रकाश पड़ा है। प्रथम महत्वपूर्ण तथ्य यह है कि सठियाँव का प्राचीन नाम चेतियग्राम नहीं हो सकता, जैसा कि राजबली पाण्डेय और उनके मतानुयायियों की अवधारणा है। इस उत्खनन—क्रम में एक गुप्त-कालीन मृण्मुद्रा प्राप्त हुई है, जिस पर श्रेष्ठिग्रामाग्रहार लेख अंकित मिलता है। इसमें पाँचवीं शताब्दी की गुप्त-लिपि का प्रयोग मिलता है। इसी श्रेष्ठिग्राम नाम से आधुनिक सठियाँव नाम उद्भूत है। इसके अतिरिक्त छह और मिट्टी की मुहरें इस स्थल के उत्खनन में उपलब्ध हुई हैं। इन सभी में गुप्त-कालीन ब्राह्मी लिपि का प्रयोग मिलता है। इस स्थान के नाम में श्रेष्ठि शब्द का प्रयोग और इतनी अधिक संख्या में (कुल सात) मुहरों का मिलना इसका व्यापारिक केन्द्र होना प्रमाणित करता है। पहले यह कहा जा चुका है कि कुशीनगर-पावा पथ पर सौदागरों का कारवाँ चलता रहता था, जैसा कि बौद्ध ग्रन्थों में इंगित है। वस्तुतः यह 'उत्तर-पथ' का वह भाग था, जो उत्तरी भारत का चालू व्यापारिक मार्ग था।

---

१. मोतीचंद, सार्थवाह, पृष्ठ १८।

२. आ० स० रि०, पृष्ठ १०१-१४।

३. गोरखपुर और उसकी क्षत्रिय जातियों का इतिहास, पृष्ठ १८।

४. कुशीनगर का इतिहास, पृष्ठ ७८।

इस साक्ष्य से यह भी प्रमाणित होता है कि फाजिलनगर का यह सीमान्त सन्निवेश एक विद्या-केन्द्र भी था, क्योंकि श्रेष्ठिग्राम के नामान्त में अग्रहार शब्द का प्रयुक्त होना यहाँ शिक्षा-संस्थान के चलाने के उद्देश्य से विद्वान् ब्राह्मणों को विशेष दान देने का भाव अभिव्यक्त करता है। युगल-स्थल सठियाँव-फाजिलनगर के डीहों का सर्वेक्षण एवं प्राथमिक उत्खनन द्वारा प्रमाणित होता है कि मूल काल में यहाँ कोई उल्लेखनीय नगर वर्तमान था। पहले इस बात का उल्लेख किया जा चुका है कि सठियाँव के स्थल पर वर्तमान टीले पावा नगर के अवशेषों का प्रतिनिधित्व करते हैं तथा आधा किलोमीटर उत्तर-पूर्व की ओर स्थित फाजिलनगर-डीह, इस पुर का वह भाग है, जहाँ 'पावेय्यक' मल्लों ने बुद्ध के देहावशेष के स्वकीय अस्थि-भाग को गर्भित करने के उद्देश्य से स्तूप का निर्माण किया जिसकी ईंटें भूतल पर इतस्तत: बिखरी देखी जा सकती हैं।

सठियाँव-डीह पर स्थित ग्राम के भीतर एवं बाहर कई 'रिंग-वेल्स' (मुदरी के कुँएँ) प्राप्य हैं। ग्राम के चतुर्दिक् भूतल पर पकी ईंटों से निर्मित भित्तियों के अवशेष दृष्टिगोचर होते हैं। स्थल के चतुर्दिक् पुष्करणियों के होने के साक्ष्य मिलते हैं, जिनमें से एक उत्तर-पूर्व एवं दूसरा दक्षिण की ओर अब भी विद्यमान हैं। युगल-स्थलों (सठियाँव एवं फाजिलनगर) के टीलों से प्राप्त पुरातत्वीय सामग्री प्राक् मौर्य काल से लेकर मध्य-काल तक उपलब्ध है, जिससे लगता है कि पावा नगर का यह ऐतिहासिक काल-सम्पुट है। पुरातत्वीय सम्पदा में मृण्मूर्तियाँ, उत्तरी काले चमकीले भाण्ड, कृष्ण-रक्त मृणभाण्ड, रक्त-भाण्ड, मनके, मुहरें एवं लौह उपकरण उल्लेखनीय हैं। यहाँ से प्राप्त अन्य पुरा-सम्पदा प्रभावोत्पादक हैं।

इससे प्रमाणित होता है कि गुप्त-काल में पावा एक समृद्धशाली नगर रहा होगा। उत्खनन-क्रम में वर्तमान सठियाँव-फाजिलनगर से कई गुप्तकालीन इष्टकानिर्मित भवनों के अवशेष, नागरिक शालाओं के चतुर्दिक् निर्मित नष्ट भित्तियों के प्रमाण, चबूतरे, देवालय का जगतीतल, मृण्मयी धार्मिक एवं लौकिक मूर्तियाँ, मिट्टी के खिलौने, पशु-आकृतियाँ, गुप्तकालीन ब्राह्मी लिपि (पाँचवीं शती ई०) में उच्चित्रित लेखों से युक्त मुहरें (जिनमें से कुछ में प्रचलन-कर्त्ता के नाम भी खुदे हुए हैं) तथा जन-सन्निवेश के स्वरूप पर प्रकाश डालने वाली कुछ अन्य प्राचीन वस्तुएँ भी उल्लेखनीय हैं।[१]

गुप्त-काल में इस स्थान के आसपास ऐतिहासिक महत्व के कतिपय अन्य स्थल भी उल्लेखनीय हो जाते हैं। इनमें सर्वप्रथम कहाँव (सलेमपुर-मझौली से दक्षिण-पश्चिम ५ मील दूर, देवरिया जनपद) का सन्दर्भन किया जा सकता है, जिसको सर्वप्रथम फ्रांसिस बुकानन, जेम्स प्रिंसेप, जनरल, कनिंघम, भगवानलाल इन्द्र जी एवं बूलर तथा कीलहार्न ने प्रकाश में लाया था। यहाँ गुप्तकालीन ईंटों के दो मन्दिरों को बूकानन ने देखा था, जो बनावट में भीतरगाँव तथा बोधगया के मन्दिरों की भाँति थे,[२]

---

१. हिस्ट्री ऐंड आर्क्यालोजी, जिल्द १, अंक १-२, पृ० ५३५-३९।

२. ईस्टर्न इंडिया, २ पृष्ठ ३६७।

परन्तु अब ये दोनों ही मन्दिर नष्ट हो चुके हैं। कनिंघम के आगमन के समय इनमें से एक का गर्भगृह (९ वर्ग फीट वर्गाकार) बचा हुआ था। ध्वंसावशेषों से लगता था कि यह मन्दिर बाहर से बारह फीट वर्गाकार था।[१]

इस स्थान पर (कहाँव, प्राचीन नाम ककुभग्राम, देवरिया जनपद) एक जैन स्तम्भ भी वर्तमान है जिस पर स्कन्दगुप्तकालीन एक लेख (गुप्त-संवत् १४१=४६० ई०) उत्कीर्ण है। इस लेख में इस वर्ष को 'शान्ते वर्षे' कहा गया है। इससे लगता है कि स्कन्दगुप्त के राज्यकाल का यह शान्तिमय काल था। इस समय तक हूण-आक्रमण से जनित क्षुब्ध वातावरण समाप्त हो चुका था। इसके उपलक्ष्य में मद्र नामक जैन मतावलंबी किसी नागरिक ने जैन स्तम्भ-ध्वज की स्थापना की थी। इस पर पाँच आदि जैन तीर्थंकरों (पंचेन्द्रान्) की नग्न मूर्तियाँ उत्कीर्ण हैं (आदिनाथ, शान्तिनाथ, नेमिनाथ, पार्श्वनाथ और महावीर)। पंचेन्द्र से संयुक्त इन्द्रशब्द से तात्पर्य जितेन्द्र (जिन स्वामी) से है। ये पाँच तीर्थंकर लेख के शब्दों में 'अर्हन पथ' की ओर ले जाते हैं। फ्रांसिस बुकानन के आगमन के समय यहाँ ऐसा ही एक और ध्वजस्तम्भ वर्तमान था, जो अब नष्ट हो चुका है। इससे यह स्थान जैन धर्म के केन्द्र के रूप में द्योतित होता है। इस लेख के मद्र के पूर्वजों के भी नाम अंकित हैं (सौमिल, भट्टिसोम एवं रुद्रसोम)। ये सभी जैन मतावलंबी थे। यह लेख देवरिया जनपद में (फाजिलनगर के आस-पास) जैन धर्म का भी प्रभाव द्योतित करता है। लगता है कि मध्य-काल में फाजिलनगर-सठियाँव मुसलमान आक्रमणकारियों के हमलों का शिकार भी हुआ था। इस समय वहाँ कोई दुर्ग भी निर्मित हुआ, जिस पर बने बुर्ज़ एवं अन्य वास्तुगत अंगों के भग्नावशेष यत्र-तत्र उपलब्ध होते हैं।[२]

वैशाली—यह भारत का एक प्रसिद्ध नगर था। इसका एक दूसरा नाम विशाला भी था।[३] रामायण के अनुसार अलम्बुषा नामक एक अप्सरा थी, जिसके गर्भ से इक्ष्वाकु नामक एक परम धार्मिक एवं पराक्रमी नरेश को विशाल नामक पुत्र उत्पन्न हुआ। इसी ने विशाला (वैशाली) की नींव डाली थी।[४] विष्णुपुराण[५] तथा वायुपुराण[६] में भी

---

१. आर्क्यालॉजिकल सर्वे रिपोर्ट, १, पृष्ठ ९४।

२. हिस्ट्री एण्ड आर्क्यालॉजी, जिल्द १, अंक १-२, पृष्ठ ३३५-३९।

३. रामायण, बालकाण्ड, सर्ग ४७।

४. ''इक्ष्वाकोस्तु नरव्याघ्र पुत्रः परमधार्मिकः।
अलम्बुषायामुत्पन्नो विशाल इतिविश्रुतः॥
तेन चासीदिह स्थाने विशालेति पुरी कृता।''
—वही, बालकाण्ड, सर्ग ४७, पंक्ति २२-२४।

५. ''ततश्चालम्बुषा नाम वराप्सरास्तृणविन्दुं भेजे।
तस्यामप्यस्य विशालो जज्ञे यः पुरीं विशालां निर्ममे॥'' —विष्णुपुराण, ४, १, ४९।

६. ''विशालस्य समुत्पन्ना विशाला नयनिर्मिता।'' —वायुपुराण, ८६ १७।

विशाल को ही इस नगर का जन्मदाता स्वीकार किया गया है। रामायण में विशाल के उत्तराधिकारियों का नामोल्लेख भी मिलता है। विशाल के पुत्र हेमचन्द थे, जो कि बहुत बलवान् थे। हेमचन्द्र के अनन्तर सुचन्द्र नामक प्रसिद्ध सम्राट् हुआ। सुचन्द्र के पुत्र धूम्राश्व थे तथा धूम्राश्व से सृंजय उत्पन्न हुए। सृंजय के पुत्र सहदेव बड़े ही पराक्रमी थे। सहदेव से कुशाश्व उत्पन्न हुए, जो परम धार्मिक थे। कुशाश्व के पुत्र सोमदत्त महातेजस्वी तथा प्रतापी थे। सोमदत्त के पुत्र प्रसिद्ध काकुत्स्थ हुए। जिस समय विश्वामित्र के साथ राम मिथिला जा रहे थे, उस समय नगर में काकुत्स्थ के पुत्र सुमति राज्य कर रहे थे। ये शत्रुओं के द्वारा अजेय एवं महातेजस्वी थे।[१] इस स्थान पर उल्लेखनीय है कि पुराणों में भी विशाल के उत्तराधिकारियों के ठीक ये ही नाम मिलते हैं।[२] मिथिला जाते समय राम ने गंगा के उत्तरी तट पर खड़े होकर दूर से वैशाली को देखा था।[३] रामायण के अनुसार यह नगर स्वर्ग के समान दिव्य तथा अत्यन्त रमणीय था।[४] इस ग्रन्थ में कहा गया है कि इक्ष्वाकु के प्रसाद से वैशाली के सभी नरेश महात्मा, दीर्घायु, वीर्यवान् एवं धार्मिक थे।[५]

वैशाली के शासकों के लिए 'वैशालिकाः नृपाः'[६] तथा 'वैशालिकाः भूभृतः'[७] शब्द प्राचीन ग्रन्थों में प्रयुक्त मिलते हैं। इस नगर का क्रमबद्ध इतिहास गौतम बुद्ध के काल से उपलब्ध होता है। इसके सम्बन्ध में राइस डेविड्स महोदय लिखते हैं कि गणराज्यों के समस्त क्षेत्र में वैशाली ही ऐसा नगर था, जिसकी छठी शताब्दी ईसा पूर्व के राजनीतिक

---

१. ''विशालस्य सुतो राम हेमचन्द्रो महाबलः।
सुचन्द्र इति विख्यातो हेमचन्द्रादनन्तरः॥
सुचन्द्रतनयो राम धूम्राश्च इति विश्रुतः।
धूम्राश्चतनयश्चापि सृंजयः समपद्यत॥
सृंजयस्य सुतः श्रीमान्सहदेवः प्रतापवान्।
कुशाश्व सहदेवस्य पुत्रः परमधार्मिकः॥
कुशाश्वस्य महातेजाः सोमदत्तः प्रतापवान्।
सोमदत्तस्य पुत्रस्तु काकुत्स्थ इति विश्रुतः॥
तस्य पुत्रो महातेजाः सम्प्रत्येष पुरीमिमाम्।
आवसत्परमप्रख्यः सुमतिर्नाम दुर्जयः॥''

—रामायण, बालकाण्ड, सर्ग ४७, १३-१७।

२. विष्णुपुराण, ४, १, ४९।

३. ''उत्तरं तीरमासाद्य सम्पूज्यर्षिगणं ततः।
गंगाकूले निविष्टास्ते विशालां ददृशुः पुरीम्॥'' —रामायण, बालकाण्ड, सर्ग ४, ५, ९।

४. ''विशालां नगरीं रम्यां दिव्यां स्वर्गोपमां तदा।'' —वही, बालकाण्ड, सर्ग ४५, ११।

५. ''दीर्घायुषो महात्मानो वीर्यवन्तः सुधार्मिकाः।'' —वही, बालकाण्ड, सर्ग ४५, १८।

६. विष्णुपुराण, १, ५९।

७. रामायण, बालकाण्ड, सर्ग ४५।

तथा सामाजिक जीवन के विकास में बहुत बड़ी देन थी। अवश्यमेव भारत का यह इस समय एक वैभवपूर्ण नगर रहा होगा।[१] आनन्द के प्रसिद्ध नगरों की तालिका में वैशाली का नाम नहीं मिलता, परन्तु इससे उसकी महत्ता में कोई कमी नहीं आती, क्योंकि यह नामावली अपूर्ण है। गौतम बुद्ध के काल में और भी ऐसे नगर थे, जो आनन्द के द्वारा गिनाये हुए नगरों की समकक्षता में भली-भाँति आ सकते थे। वैशाली में लिच्छवियों की राजधानी थी। इसकी जनसंख्या विशाल थी तथा इसमें अगणित प्रासाद, केलिवन तथा कामतड़ाग बने हुए थे।[२] इसके चतुर्दिक् एक दूसरे से एक गव्यूति की दूरी पर तीन दीवालें थीं। इन दीवालों में द्वार (गोपुर) बने हुए थे, जिनके ऊपर बुर्ज़ का निर्माण किया गया था।[३] ललितविस्तर में वैशाली को महानगर कहा गया है। इस ग्रन्थ के अनुसार यह नगर परम रमणीय, बहुत से मनुष्यों से परिपूर्ण तथा पुष्पवाटिकाओं एवं सरोवरों से युक्त था। इसमें हर्म्य, कूटागार तथा प्रासादों का निर्माण किया गया था, जिनमें गवाक्ष बने हुए थे।[४] इस नगर के बाहर एक प्राकृतिक वन था। इसकी सुविशालता के कारण इसे महावन की संज्ञा प्रदान की गयी थी। इनमें एक बहुत बड़ा विहार बना हुआ था, जो कि आकार में कूटागार के तुल्य था। इसीलिये इसे 'कूटागार-शाला' भी कहा जाता था।[५]

यह नगर जैन एवं बौद्ध धर्मों के साथ विशेष रूप से सम्बन्धित था। जैन धर्म के प्रवर्तक महावीर का जन्म इसी नगर में हुआ था। यही कारण है कि इसे जैन सूत्र में महावीर-जननी (विशाला महावीरजननी) तथा महावीर को 'वैशालिक'[६] अर्थात् वैशाली का रहने वाला बताया गया है। इनके जीवन के प्रारम्भिक ३० वर्ष यहीं बीते थे। महावीर ने यहाँ पर कई बार उपदेश दिया था, जिससे प्रभावित होने के कारण बहुत से लिच्छवि जैन धर्म के अनुयायी बन गये थे। गौतम बुद्ध को भी यह नगर बहुत प्रिय था। उनके यहाँ रुकने के दो प्रिय स्थान थे—(१) आम्रवाटिका जो कि नगर के उपकण्ठ पर एक शान्तिमय वातावरण में विद्यमान थी तथा (२) कूटागार-शाला जो कि महावन में बनी हुई थी। कूटागार-शाला में गौतम बुद्ध के कई प्रवचन हुए थे। यहाँ

---

१. बुद्धिस्ट इण्डिया, पृष्ठ ४१।

२. मललसेकर, २, ९४१।

३. ''वेसालीनगरम् गावुतगावुतन्तरे तिहि पाकारेहि परिक्खितम्, तिस स्थानेषु गोपुरट्टा-लोकयुत्तम्।''
—जातक, १, ५०४।

४. ''इयं वैशाली महानगरी ऋद्धा च स्फीता च क्षेमा च सुभिक्षा च रमणीया चाकीर्णबहुजनमनुष्या च विदर्द्दिनिर्यूहतो रणगवाक्षहर्म्यकूटागारप्रासादतलसमलङ्कृता च पुष्पवाटिका वनराजिसङ्कुसुमिता च अमरभवनपुरप्राकाश्या''।
—ललितविस्तर, अध्याय ३।

५. सुमंगलविलासिनी, १, पृष्ठ ३०९।

६. याकोबी, जैन सूत्र १ (प्रस्तावना ११)।

पर उनके उपदेशों से प्रभावित होने के कारण भद्दिय (जो कि एक लिच्छवि था) उनका शिष्य बन गया था।[१] लिच्छवि-वंश के कतिपय अन्य विशिष्ट व्यक्तियों ने भी उनसे बौद्ध धर्म में दीक्षा ली थी, उदाहरणार्थ—सीह (जो कि एक लिच्छवि-नायक था) तथा नन्द (जो कि एक लिच्छवि-मन्त्री था)। पुरवासियों में अनेक उनके परम भक्त थे। बहुत सी लिच्छवि-महिलाएँ भी गौतम बुद्ध के उपदेशों से अत्यन्त प्रभावित थीं। उदाहरणार्थ, वाशिष्ठी ने भिक्षुणी का जीवन स्वीकार किया था। नगर-वेश्या आम्रपाली ने भी, जिसे वैशाली के सामाजिक जीवन में सम्मानित स्थान प्राप्त था, गौतम के सदुपदेशों से लाभ उठाया था। अन्य मतावलम्बियों के साथ यहाँ पर उन्होंने धार्मिक विवाद भी किया था। जिस समय निर्ग्रन्थ सच्चक ने उन्हें शास्त्रार्थ के लिए चुनौती दी थी, उस समय वैशाली के पाँच सौ लिच्छवि उनके विवाद को सुनने के निमित्त एकत्र हुए थे।[२] उन्होंने इस नगर में एक बार पुराण कस्सप के भी मत का खण्डन किया था।[३] वैशाली के नागरिक अन्य धर्मों के भी अनुयायी थे। यहाँ पर लिच्छवियों के कई मन्दिर बने हुए थे, जहाँ प्रतिदिन प्रतिमाओं को पूजा चढ़ाई जाती थी तथा धार्मिक क्रियाओं का अनुष्ठान किया जाता था। वैशाली से अन्तिम बार प्रस्थान करते समय गौतम बुद्ध ने अपने शिष्य आनन्द से कहा था कि जब तक लिच्छवि इस नगर में वर्तमान अपने धार्मिक भवनों को आदर की दृष्टि से देखते रहेंगे, तब तक उनका सर्वदा उत्थान होता रहेगा।[४] इस नगर में रहने वाले श्रमण बहुत ही गम्भीर तथा संयम का पालन करने वाले थे। वे नंगे पाँव, सिर मुड़ाकर, साधारण वस्त्र पहने एवं हाथ में भिक्षा-पात्र लिये हुए भिक्षाटन के उद्देश्य से राजमार्गों पर घूमते रहते थे। इनका जीवन शान्तिमय था। ये अपना अधिकांश समय अध्ययन एवं ध्यान में बिताया करते थे।[५]

गौतम बुद्ध के काल में उत्तर-पूर्व भारत की महान् शक्तियों में वैशाली के लिच्छवियों की गणना होती थी। इनके काल में जितने महत्त्वपूर्ण शासन एवं विजय-सम्बन्धी कार्य सम्पन्न हुए, उनका केन्द्रबिन्दु यही नगर था। यहाँ एक विशाल सार्वजनिक भवन (सन्थागार) था, जिसमें लिच्छवियों की सभा होती थी। इसमें वे बहुमत के द्वारा विवादग्रस्त विषयों एवं राजनीति-विषयक जटिल समस्याओं का निर्णय करते थे। सभा के सभी सदस्यों का अधिकार तथा प्रभाव बराबर होता था। अवस्था की दृष्टि से इनमें कोई भी भेदभाव नहीं माना जाता था। इसको स्पष्ट करते हुए ललितविस्तर में कहा गया है कि ये सदस्य ज्येष्ठ, मध्य, वृद्ध तथा उच्च के प्रति कोई भी आदर नहीं दिखाते थे। प्रत्येक अपने आपको राजा अर्थात् समान अधिकार से युक्त

---

१. अङ्गुत्तर निकाय, २, १९०। लाहा बी० सी० इंडोलॉजिकल स्टडीज, पृष्ठ १०६-१०७।

२. मज्झिम-निकाय, १, २२७।

३. वही, ३, ६८।

४. महापरिनिब्बानसुत्त, से० बु० ई०, पृष्ठ ४।

५. वाटर्स, २, ७९।

एवं स्वतंत्र मानता था।[१] सभा का कोई भी सदस्य किसी दूसरे सदस्य के दबाव में नहीं था। परिणामस्वरूप इनमें विवाद बहुत अधिक हुआ करता था तथा काफी बहस के उपरान्त ये किसी निर्णय पर पहुँच पाते थे। सन्थागार में एक स्थाननिर्देशक भी होता था (आसन-पंजापक), जो सदस्यों को अपने-अपने जगहों पर बिठता था।[२] इस गणराज्य का समस्त शासन वैशाली के लिच्छवियों के नाम पर हुआ करता था (वैशालिकानां लिच्छविनां वचनेन)।[३] लिच्छवियों की एक कार्यकारिणी भी थी, जिसमें नव सदस्य थे। इनको जैन कल्पसूत्र में 'नवगणरायाणो' कहा गया है (नव मल्लई नव लेच्छई कासी कोसलस्य अट्ठारस विगणरायाणो)। महावीर की मृत्यु-तिथि को मनाने के लिए जब वैशाली में रात्रि के अवसर पर दीपकों के द्वारा प्रकाश किया गया, उस समय नव सदस्यों ने इस उत्सव में भाग लिया था। इन सदस्यों में चार के नाम जातकों में उपलब्ध होते हैं—(१) राजा (प्रधान), (२) उप-राजा (उप-प्रधान), (३) सेनापति तथा (४) भाण्डागारिक।[४] इन सबका निवासस्थान वैशाली का नगर था। यहाँ लिच्छवियों का एक तालाब था, जिसमें गण-राज्य के प्रधान को कार्यभार ग्रहण करने के पूर्व स्नान करना पड़ता था।[५] इसका कारण यह है कि वे इसके जल को बहुत पवित्र मानते थे। इस नगर में लिच्छवियों का अष्टकुलक नामक एक न्यायालय भी था। इसमें छोटे न्यायालयों के निर्णय में परिवर्तन के लिए याचिका प्रस्तुत की जाती थी। मगध-नरेश अजातशत्रु ने आपसी भेद के द्वारा लिच्छवियों को परास्त कर वैशाली को अपने राज्य में सम्मिलित कर लिया था। इसके उपरान्त इसकी प्रधानता का स्थान अचिराधिष्ठित नगर पाटलिपुत्र ने ले लिया।

बौद्ध ग्रन्थों के द्वारा वैशाली के सामाजिक जीवन के विषय में भी परिचय प्राप्त होता है। इसके नागरिक अनेक उत्सव मनाते थे, जिनमें 'सब्बरत्तिवार' अथवा 'सब्बरत्तिचार' विशेष रूप से उल्लेखनीय है। इस उत्सव में लोग रात भर जागते रहते थे। नगर के विभिन्न भागों में खूब गाना बजाना होता था।[६] इस नगर के प्रायः सभी उत्सवों में समस्त नागरिक भाग लेते थे तथा नृत्य एवं वाद्य का आयोजन किया जाता था।[७] लिच्छवि बहुत ही सुन्दर एवं स्वच्छन्द प्रकृति के थे। इनका जीवन बहुत ही आनन्दमय था। गौतम बुद्ध इनकी तुलना इन्द्रपुरी के देवताओं से किया करते थे। वे

---

१. "नोच्च-मध्य-वृद्ध-ज्येष्ठानुपालिता एकैक एव मन्यते अहं राजा अहं राजेति न च कस्यचिच्छिष्यित्वमुपगच्छति।" —ललितविस्तर, अध्याय २।

२. विनय पिटक (से०बु० ई०, भाग २०, पृष्ठ ४०८)।

३. महावस्तु, १, २५४।

४. "राजानो होंति तत्तका, ये व उपराजानो तत्तका,
सेनापतिनो तत्तका, तत्तका भण्डागारिका।" —जातक, १, ५०४।

५. "वैसालिनगरे गण-राजकुलानां अभिषेक-पोक्खरणिम्।" —जातक, ४, १४८।

६. संयुत्त निकाय, १, २०१। लाहा बी० सी०, इण्डोलॉजिकल स्टडीज़, पृष्ठ १२६।

७. संयुत्त निकाय, १, २०२।

सुन्दर वस्त्रों के प्रेमी, बाण चलाने में अत्यन्त प्रवीण तथा शिष्टाचार के उपासक थे।[१] यहाँ के नागरिकों का व्यवहार एक दूसरे के प्रति सहानुभूतिपूर्ण था। आपत्तिकाल में लोग एक दूसरे की सहायता करते थे। यदि किसी लिच्छवि के घर कोई उत्सव अथवा समारोह होता था, तो उसमें सभी लिच्छवि सम्मिलित होते थे। जब कोई सम्मानित व्यक्ति इस नगर को देखने की अभिलाषा से यहाँ आता था, तो वे सभी एक साथ नगर-द्वार पर उसका स्वागत कर अपनी उदारता तथा अतिथि-सत्कार का सुन्दर परिचय प्रदान करते थे।[२] संयुत्त निकाय के अनुसार लिच्छवि बहुत ही उद्योगी, पुरुषार्थी तथा सामरिक प्रवृत्ति के व्यक्ति थे। कभी-कभी वे विभिन्न अलंकारों तथा अच्छे वस्त्रों से सुसज्जित होकर हाथी, घोड़े, पालकी एवं अन्य वाहनों के द्वारा नगर के बाहर मनोविनोद के निमित्त निकलते थे। महावस्तु में कहा गया है कि एक बार वे ८४,००० वाहनों पर आरूढ़ होकर नगर के बाहर निकले थे।[३] अङ्गुतर निकाय के अनुसार लिच्छवि-नवयुवक अशिष्ट तथा उद्दण्ड थे। वे राजमार्ग पर चलती हुई सभ्य कुल की ललनाओं पर धूल फेंक देते थे। पुरसुन्दरियाँ उनके दुर्व्यवहार से ऊब उठती थीं। पर इस प्रकार के नवयुवकों की संख्या बहुत कम थी। इसमें कोई भी सन्देह नहीं है कि यहाँ के अधिकांश नागरिक सुसंस्कृत थे तथा एक दूसरे के प्रति उनका व्यवहार बहुत ठीक था।[४]

लिच्छवि विद्या के भी प्रेमी थे। वे विद्योपार्जन के निमित्त कठिन यात्रा करते हुए सुदूर भागों में निकल जाया करते थे। उदाहरणार्थ, महालि अध्ययन के लिए तक्षशिला गया था। नगर के भीतर भी शिक्षा-संस्थाएँ विद्यमान थीं। यहाँ के लोग कला में भी व्यसन रखते थे। विशेष रूप से वास्तुकला का इस नगर में पर्याप्त विकास हुआ।[५] यहाँ के कलाकार मन्दिर, राजभवन, मठ तथा विहार के निर्माण में परम दक्ष थे।[६] वैशाली के लिच्छवियों के आचार-सम्बन्धी नियम बहुत कड़े थे। वे आचरण की पवित्रता को बहुत अधिक महत्ता प्रदान करते थे। व्यभिचार के लिए कभी-कभी प्राणदण्ड दिया जाता था।[७] इस अपराध में पकड़ी हुई जो स्त्रियाँ भिक्षुणी हो जाती थीं, केवल उन्हीं इस दण्ड से मुक्ति दी जाती थी।[८]

हर्यकवंशी नरेशों के अध:पतन के उपरान्त वैशाली नन्दों, मौर्यों तथा शुंगों के राज्य में सम्मिलित था। इस कारण लिच्छवि चिरकाल तक दबे रह गये पर कालान्तर में पुन:

---

१. वाटर्स, २, ७९।

२. सुमंगलविलासिनी, पृष्ठ १०३।

३. महावस्तु, १, २५९। लाहा बी० सी० इंडोलॉजिकल स्टडीज़, पृष्ठ १२३।

४. वाटर्स, २, ७९।

५. ललितविस्तर, अध्याय ३।

६. से० बु० ई०, २०, १८९।

७. विनय पटिक, ३, २२५।

८. वही, २, २२५।

इनका अभ्युदय हुआ। तृतीय शताब्दी के उत्तरार्द्ध तथा चतुर्थ शताब्दी के प्रारम्भ में हम इन्हें बहुत शक्तिशाली पाते हैं। इस समय लिच्छवि-कन्या कुमारदेवी का विवाह चन्द्रगुप्त प्रथम से हुआ। इस नरेश की एक मुद्रा मिली है, जिसके मुखभाग पर कुमारदेवी का नाम एवं चित्र तथा पृष्ठ भाग पर 'लिच्छवि-दौहित्र' लेख उत्कीर्ण है। इससे ज्ञात होता है कि लिच्छवि बहुत प्रभावशाली व्यक्ति थे। उपर्युक्त वैवाहिक सम्बन्ध के कारण लिच्छवि-राज्य चन्द्रगुप्त प्रथम को प्राप्त हो गया था। यही कारण है कि उसकी शक्ति अकस्मात् बहुत अधिक बढ़ गई तथा उसने 'महाराजाधिराज' की उपाधि धारण की। गुप्तों के काल में वैशाली में तीरभुक्ति अर्थात् बिहार प्रान्त की राजधानी विद्यमान थी। यहाँ गुप्तवंशीय राजकुमार राज्यपाल के रूप में शासन करता था। चन्द्रगुप्त द्वितीय तथा कुमारगुप्त प्रथम के काल में इस नगर में राजकुमार गोविन्दगुप्त राज्यपाल थे। वैशाली (बसाढ़) से प्राप्त एक मुद्रा में गोविन्दगुप्त का नाम मिलता है (महाराजाधिराज-श्रीचन्द्रगुप्तपत्नी महाराजश्रीगोविन्दगुप्तमाता महादेवी ध्रुवस्वामिनी)। वैशाली से प्राप्त अन्य मुद्राओं पर उपरिक (राज्यपाल), युवराजपदीय-कुमारामात्याधिकरण (युवराज के मन्त्री का कार्यालय), बलाधिकरण (युद्ध-कार्यालय), तीरभुक्त्युपरिकाधिकरण (तीरभुक्ति के राज्यपाल का कार्यालय) तथा वैशाल्याधिष्ठानाधिकरण (वैशाली की सरकार का कार्यालय) आदि शब्द उत्कीर्ण मिलते हैं।[१] इससे कोई सन्देह नहीं रह जाता कि तीरभुक्ति का राज्यपाल इसी नगर में रहता था तथा उससे सम्बन्धित सभी महत्त्वपूर्ण कार्यालय इसी नगर में विद्यमान थे। बसाढ़ से प्राप्त अन्य मुद्राओं से ज्ञात होता है कि यहाँ निगम नामक व्यापारिक समितियाँ थीं, जिन्हें नगर-शासन में अधिकार प्राप्त था।[२]

चीनी यात्री फाह्यान गुप्तों के काल में वैशाली आया था। वह लिखता है कि इस नगर के उत्तर में एक बहुत बड़ा वन था, जिसमें दो मंजिलों वाला एक विहार वर्तमान था। इस विहार में गौतम बुद्ध रहते थे।[३] स्पष्ट है कि यहाँ फाह्यान का तात्पर्य महावन नामक अरण्य तथा इसमें स्थित कूटागार-शाला से है, जो कि गौतम के चरण-रज से कई बार पवित्र हो चुका था। नगर के भीतर एक विहार था, जिसे आम्रपाली नामक सुप्रसिद्ध वेश्या ने गौतम बुद्ध के प्रति श्रद्धा के कारण उनके रहने के लिए बनवाया था। फाह्यान ने वैशाली में तथा उसके आसपास तीन स्तूप देखे थे। इनमें से एक स्तूप उस स्थान पर बना हुआ था, जहाँ गौतम ने अन्तिम बार पर्यटन किया था। दूसरा, इस नगर से कुछ दूर उत्तर-पश्चिम में बना हुआ था। तीसरा, उस स्थान पर था, जहाँ गौतम ने संघ के सुसंचालन के लिए अनुशासन-सम्बन्धी नियमों का निर्माण किया था।[४]

---

१. राय चौधरी, पो० हि० ऐं० इं०, ४७३

२. मजूमदार, कारपोरेट लाइफ, ४५।

३. लेग्गे, फाह्यान, ७२।

४. लेग्गे, फाह्यान, ७५।

सातवीं शताब्दी में चीनी यात्री ह्वान् च्वांग भी वैशाली आया था। उसके यात्रा-विवरण में इस नगर के लिए (फे-शी-ली) नाम आता है। उसने लिखा है कि वैशाली-देश की परिधि लगभग एक हजार मील थी। यह एक बहुत उपजाऊ क्षेत्र था। विशेष रूप से यहाँ पर आम, केले तथा अन्य विभिन्न प्रकार के फल प्रचुर मात्रा में उपलब्ध होते थे। इस क्षेत्र के निवासी सच्चे, ईमानदार, अच्छे कामों में व्यसन रखने वाले, शिक्षा के प्रेमी तथा धार्मिक प्रवृत्ति के हुआ करते थे। वह लिखता है कि इस समय यह नगर काफी उजड़ चुका था। स्थान-स्थान पर खण्डहर दिखाई देते थे। इसमें रहने वाले नागरिकों की संख्या अब बहुत थोड़ी थी। इसके अनुसार वैशाली नगर की परिधि लगभग १४ मील थी। नगर के भीतरी भाग को इसने 'पैलेस-सिटी' (प्रासाद-नगर) कहा है। इसकी परिधि लगभग एक मील थी। चीनी यात्री का 'पैलेस-सिटी' से तात्पर्य नगर के उस भाग से है, जहाँ एकमात्र लिच्छवि शासक रहा करते थे। उसने नगर के भीतर वर्तमान कई स्तूपों एवं विहारों का उल्लेख किया है। ये स्तूप प्रायः उन स्थानों पर बने हुए थे, जो गौतम के जीवन के साथ सम्बन्धित थे। उसने वैशाली के एक ऐसे स्तूप का भी उल्लेख किया है, जिसमें आनन्द की अस्थियाँ गाड़ी गई थीं। यहाँ सारिपुत्र के भी संस्मरण में एक स्तूप बना हुआ था। ह्वान् च्वांग के यात्रा-विवरण में इस नगर के एक सरोवर का भी वर्णन मिलता है। परम्परा के अनुसार इस सरोवर का निर्माण बन्दरों ने गौतम बुद्ध के लिए किया था। इस सरोवर के समीप लगभग ५० फीट ऊँचा एक स्तम्भ था। इसके शीर्ष पर सिंह की एक मूर्ति थी। इसका निर्माण सम्भवतः अशोक के काल में किया गया था। सरोवर के पास ही पश्चिम में एक स्तूप था। जनश्रुति के अनुसार यहाँ पर पहले एक वृक्ष था। इसकी चोटी पर चढ़ कर बन्दरों ने गौतम के भिक्षापात्र में मधुदान दिया था। इस सरोवर के दक्षिण तट पर भी एक स्तूप था। इसके उत्तर-पूर्व में बन्दर की एक प्रतिमा थी। चीनी यात्री ने इस नगर में प्रसिद्ध बौद्ध-आचार्य विमलकीर्ति का भी घर देखा था, जो कि भग्नावशेष को प्राप्त हो चुका था। कहा जाता है कि उन्होने 'विमलकीर्ति-निर्देश' नामक एक ग्रन्थ की रचना की थी। ह्वान् च्वांग ने वैशाली की द्वितीय बौद्ध संगीति का भी उल्लेख किया है। इसमें सात सौ भिक्षु उपस्थित थे। चीनी यात्री के अनुसार गौतम के परिनिर्वाण के लगभग ११० वर्षों के उपरान्त यह संगीति हुई थी। वैशाली के भिक्षुओं ने विनय के नियमों के पालन में कुछ त्रुटि दिखाई, जिसके परिणामस्वरूप इसका आयोजन किया गया था। इसमें पाँच अर्हतों ने प्रमुख भाग लिया—(१) कोसल के यसोदा, (२) मथुरा के सम्भोग, (३) कन्नौज के रेवत, (४) वैशाली के शल तथा (५) पाटलिपुत्र के पुत्रसुमेरु। इस संगीति में वैशाली के वे भिक्षु, जिन्होंने विनय के नियमों के विरुद्ध कार्य करना प्रारम्भ किया था, बुलाये गये। सभा में उपस्थित सभी भिक्षुओं ने उन्हें धिक्कारा तथा ऐसा करने से रोका। विनय-सम्बन्धी नियमों की स्पष्ट व्याख्या की गई तथा उनके विरुद्ध आचरण की गणना एक बहुत बड़े धार्मिक दोष के रूप में होने लगी।[१]

---

१. वाटर्स, २, ६३-७९।

होये महोदय ने वैशाली की एकता छपरा में स्थित चिरान्द नामक स्थान से की है।[१] पर यह मत बिल्कुल निराधार है। कनिंघम महोदय का मत है कि यह नगर बिहार प्रान्त के मुजफ्फरपुर जिले में आधुनिक बसाढ़ नामक स्थान पर विद्यमान था। कई ऐतिहासिक प्रमाणों के द्वारा इस मत का समर्थन हो जाता है। डॉक्टर ब्लाख ने बसाढ़ में एक टीले पर खुदाई की थी, जिसे स्थानीय जनता 'राजा विशाल का गढ़' कहती है। यहाँ पर उल्लेखनीय है कि इस विशाल का सम्बन्ध तन्नामधारी उस नरेश के साथ है, जो कि साहित्यिक साधनों के अनुसार इस पुर का का संस्थापक था। बसाढ़ के उत्खनन में कुछ मिट्टी की मुहरें उपलब्ध हुई हैं, जिनमें से एक के ऊपर 'वैशाल्याम्-अरप्रकृति-कुटुम्बिनाम्' (अर्थात् वैशाली के गृहस्थ) शब्द उत्कीर्ण मिलते हैं। यहाँ से प्राप्त एक दूसरी मृत्तिका-निर्मित मुद्रा पर वैशाली नगर का नाम अंकित मिलता है (वैसालियें अनुसम्मान कटकारे)।[२] इससे स्पष्ट है कि वैशाली की पहचान आधुनिक बसाढ़ से करना पूर्णतया तर्कसंगत है।

पाटलिपुत्र— पाटलिपुत्र भारतवर्ष का एक प्रधान नगर था। प्राचीन ग्रन्थों में इसके लिए कतिपय अन्य नाम भी आते हैं, उदाहरणार्थ—**कुसुमपुर**,[३] **पुष्पपुर**,[४] **पुष्पवती**,[५] **पुष्पाह्वयपुर**,[६] **श्रीनगर**,[७] **पुष्पपुरी**,[८] **पाटलिपुत्र**,[९] **पाडलिपुत्त**,[१०] **पोलिबोथ्र**,[११] **पालिमबोथ्र**,[१२] तथा **प-लियेन-फु**।[१३] य्वान् च्वांग के यात्रा विवरण में पाटलिपुत्र नाम की व्युत्पत्ति के विषय में एक आख्यानात्मक विवरण उपलब्ध होता है। यह विवरण उसे भारतीय परम्परा के द्वारा प्राप्त हुआ होगा। इस विवरण के अनुसार कुछ नवयुवक छात्र वहाँ पाटलि वृक्ष के नीचे अपने एक मित्र का मिथ्याविवाह करने के निमित्त एकत्र हुए। इस वृक्ष का स्त्री नाम होने के कारण इसे उसकी काल्पनिक भार्या बनाया गया। विवाह समाप्त होने के उपरान्त इस मित्र को छोड़ कर अन्य सभी छात्र अपने-

---

१. ज० ए० सो० बं०, १९००, ७८।

२. आ० स० रि० १९०३-४, ११०। लाहा बी० सी० इंडोलॉजिकल स्टडीज़, पृष्ठ १०७-१०८।

३. वाटर्स, २, ८७।

४. युगपुराण, पृष्ठ ३३।

५. महावस्तु, ३, २३१।

६. ''पुष्पाह्वये क्रीडिता।'' —सरकार, सेलेक्ट इंसक्रिप्शंस, पृष्ठ २५६।

७. ए० इं०, १७, ३१०।

८. ''पुष्पपुरी नाम नगरी'', —दशकुमारचरित, पृष्ठ १।

९. दीघनिकाय, २, १६, १, २६।

१०. आवश्यकचूर्णि, २, १७९।

११. मेक्रिण्डिल ऐशेंण्ट इण्डिया (मेगस्थनीज़ ऐण्ड एरियन), पृष्ठ ६५।

१२. वही, ऐंशेंट इण्डिया (टालेमी), पृष्ठ १६९।

१३. बील, रेकर्ड्स ऑफ़ दि वेस्टर्न वर्ल्ड, १, ४।

अपने घर चले गये। वह पाटलि वृक्ष के नीचे रुक गया। संध्या हो जाने पर इस वृक्ष का देवता अवतरित हुआ। उसने इसे एक परम सुन्दरी कन्या भार्या के रूप में प्रदान किया। कालान्तर में इससे एक पुत्र उत्पन्न हुआ जिसके लिए पाटलि वृक्ष ने एक सुन्दर भवन का निर्माण किया। यही भवन आगे चलकर एक नगर का केन्द्रबिन्दु बन गया। पाटलि वृक्ष के पुत्र के घर के चतुर्दिक् इस नगर के बसने के कारण इसका नाम पाटलिपुत्र पड़ गया। ग्वान् च्वांग ने लिखा है कि इस नगर के राजप्रासाद के प्रांगण में बहुत से पुष्प खिले हुए थे। इसी कारण यह नगर कुसुमपुर नाम से भी विख्यात हुआ।[१]

पाँचवीं शताब्दी ईसा पूर्व से लेकर छठी शताब्दी ईसवी के उत्तरार्द्ध तक यह नगर भारतवर्ष के विविध राजनीतिक तथा सांस्कृतिक कार्यकलापों के साथ अविच्छिन्न रूप में सम्बन्धित था। बौद्ध साधनों (दीघनिकाय के महापरिनिब्बानसुत्त) के अनुसार लिच्छवियों के विनाश की तैयारी में अजातशत्रु ने सुनीध एवं वस्सकार नामक मन्त्रियों की सहायता से गंगा तथा सोन के संगम पर इस नगर का निर्माण एक दुर्ग के रूप में किया था।[२] कालान्तर में अजातशत्रु के पुत्र उदायी ने अपनी राजधानी राजगृह से पाटलिपुत्र में स्थानान्तरित की तथा उद्यान, सरोवर एवं भवन आदि विभिन्न प्रकार के निर्माणों के द्वारा इसे नगर का पूर्ण रूप प्रदान किया। यही कारण है कि युगपुराण में इस नगर की स्थापना का पूर्ण श्रेय उदायी को ही प्रदान किया गया है।[३] जैन परिशिष्टपर्वन[४] तथा वायुपुराण[५] में भी उदायी को इस नगर का वास्तविक जन्मदाता माना गया है। ग्वान् च्वांग के अनुसार राजगृह आग लग जाने के कारण ध्वस्त हो गया था जिसके परिणामस्वरूप मगध-साम्राज्य की राजधानी यहाँ से स्थानान्तरित कर पाटलिपुत्र में लायी गयी थी।[६] पर अधिक सम्भव यह है कि राजधानी का यह परिवर्तन पाटलिपुत्र की भौगोलिक सुस्थिति के कारण किया गया होगा। दीघनिकाय में कहा गया है कि

---

१. वाटर्स, २, ८७। द्रष्टव्य—पाटलिपुत्र इन ऐंशेण्ट इण्डिया, लेखक का अनुसन्धान-लेख, यूनिवर्सिटी ऑफ़ इलाहाबाद स्टडीज़, १९५७, पृष्ठ १९।

२. "सुनीध-वस्सकारा मगधमहामत्ता पाटलिगामे नगरं मापेन्ति वज्जीनम् पटिवाहाय"
—दीघनिकाय, १, १६, १, २६।

३. "उदायी नाम धर्मात्मा पृथिव्यां प्रथितो गुणैः।
गंगातीरे स राजर्षिः दक्षिणे स महानदे॥
स्थापयेन्नगरं रम्यं पुण्यारामजनाकुलम्॥" —युगपुराण, पृष्ठ ३१, पंक्ति ८१-८३

४. परिशिष्टपर्वन (जैकोबी), पृष्ठ ४२।

५. "उदायी भविता तस्मात्त्रयस्त्रिंशत्समा नृपः।
स वै पुरवरं राजा पृथिव्यां कुसुमाह्वयम्॥
गंगाया दक्षिणे कूले चतुर्थेऽब्दे करिष्यति॥"
—वायुपुराण, अध्याय ९९, श्लोक ३१३। यह श्लोक ब्रह्माण्डपुराण में भी मिलता है—ब्रह्माण्डपुराण, मध्य भाग, उपोद्धतपाद, ३, अध्याय ७४, श्लोक १३३।

६. वाटर्स, २, १६१-६३।

इस नगर में पहुँचने के लिए गौतम बुद्ध को गंगा नदी पार करना पड़ा था।[१] फाह्यान के यात्राविवरण[२] तथा विविधतीर्थकल्प के अनुसार यह नगर गंगा के तट पर स्थित था। महाभाष्य[३] तथा मुद्राराक्षस[४] में पाटलिपुत्र को सोन के तट पर वर्तमान माना गया है। इन प्रमाणों से स्पष्ट है कि प्राचीन काल में सोन नदी पाटलिपुत्र के अत्यन्त समीप गंगा में मिलती थी।

स्थापना के काल से ही इस नगर का सर्वांगीण विकास बड़ी शीघ्रता के साथ प्रारम्भ हुआ। गौतम बुद्ध के काल में ही यह भारत का महानगर माना जाता था।[५] उन्होंने इस नगर के अभ्युदय को दृष्टि में रखते हुए अपने शिष्य आनन्द से कहा था कि यह नगर निकट भविष्य में भारत का सबसे बड़ा नगर होगा।[६] तत्कालीन अनेक व्यापारिक मार्ग इस नगर से होकर जाते थे। यही कारण है कि यह वाणिज्य का एक महान् केन्द्र था। यहाँ देश के सुदूर भागों से मुहरबन्द माल की गाँठें निरन्तर आती थीं। प्रामाणिकता के लिए इन मुहरों को थोकविक्रेताओं के सामने तोड़ दिया जाता था। इसके उपरान्त थोकविक्रेता माल को फुटकरियों के हाथ बेच देते थे। मुहरों के इस प्रकार बराबर तोड़ी जाने के कारण पाटलिपुत्र पुटभेदन कहलाने लगा।[७] यहाँ के नागरिक गौतम बुद्ध के बहुत बड़े भक्त थे। उनके शिष्यों ने उनके निवास के लिए नगर के भीतर एक (आवस्थागार) बनवाया था। इसका उद्घाटन भी गौतम बुद्ध ने ही किया था।[८] इसी समय वाराणसी के एक पूँजीपति ने घोटमुखी नामक एक मठ का निर्माण पाटलिपुत्र में कराया था। इन भवनों में गौतम बुद्ध ने अनेक सारगर्भित व्याख्यान दिये, जिनसे प्रभावान्वित होने के कारण अधिकांश व्यक्तियों ने बौद्ध धर्म में दीक्षा ली थी। उनकी मृत्यु के पश्चात् उनकी मेखला (करधन) तथा उनका जलपात्र यहीं गाड़ा गया था।[९] उनके प्रति श्रद्धा के कारण इस नगर का एक द्वार गौतम द्वार कहलाने लगा। कहा जाता है कि अन्तिम बार वे इसी द्वार से नगर के बाहर निकले थे।[१०] पाटलिपुत्र के जिस घाट से उन्होंने अन्तिम बार गंगा नदी को पार किया था, वह भी इन्हीं के नाम पर गौतम-

---

१. दीघनिकाय, २, पृष्ठ ८९।

२. लेग्गे, फाह्यान, पृष्ठ ७७।

३. ''अनुशोणम् पाटलिपुत्रम्''—महाभाष्य, २, १, २, पृष्ठ ५१३। तुलनार्ह— ''अनुगंगम् हास्तिनपुरम्'', ''अनुगंगम् वाराणसी,'' महाभाष्य, २, १, २।

४. ''शोणं सिन्दूरशोणा मम गजपतयः पास्यन्ति शतशः'' —मुद्राराक्षस, ४, १६।

५. दिव्यावदान, पृष्ठ ५४४।

६. ''इदं अग्गनगरं भविस्सति'' —दीघनिकाय, २, १६, १, २६।

७. ''पाटलिपुत्तं पुटभेदनम्'' —वही, २, १६, १, २६।

८. विनयपिटक, १, २२६।

९. ''पाटलिपुत्र-नगरे करकम् कायबन्धनम्''—बुद्धवंश, अध्याय २८। लाहा बी० सी० इंडोलॉज़िकल स्टडीज़, पृष्ठ १३७।

१०. विनयपिटक, १, २२६।

तित्त्थ (गौतम तीर्थ) कहलाने लगा।[१]

मौर्यों के काल में यह नगर अपने अभ्युदय की पराकाष्ठा पर पहुँच चुका था। इसके विषय में परिचय यूनानी लेखक मेगस्थनीज़ की पंक्तियों द्वारा उपलब्ध होता है। वह लिखता है कि पाटलिपुत्र भारतवर्ष का सबसे प्रधान नगर है। उसने गंगा तथा सोन के संगम पर इसके सन्निवेश को स्वीकार किया है तथा इसे साढ़े नव मील लम्बा तथा पौने दो मील चौड़ा बताया है। उसके अनुसार इस नगर के चतुर्दिक् ६०० फीट चौड़ी एवं ४५ फीट गहरी खाई तथा एक ऊँची दीवाल थी, जिसमें ६४ द्वार एवं ५७० बुर्ज़ बने हुए थे। इस दीवाल में स्थान स्थान पर छिद्र बने हुए थे, जिसके द्वारा सैनिक नगर के भीतर से ही बाहर की शत्रु-सेना पर बाण चलाते थे। पुर के बीच में राजप्रासाद की स्थिति का निर्देश करते हुए यवनयात्री ने लिखा है कि यह भवन शूषा तथा एकबतना में बने हुए पारसीक सम्राटों के राजप्रासाद से भी अत्यधिक सुन्दर था। इस प्रांगण के चतुर्दिक् एक उद्यान था, जिसमें सुन्दर मछलियों से युक्त रमणीय सरोवर बने हुए थे। इसके स्वर्णजटित खम्भों का दृश्य नितान्त अनुपम था। महल के भीतर सुन्दर पर्यंक तथा बहुमूल्य धातुओं के द्वारा जड़े हुए बर्तन प्रयोग में लाये जाते थे। यहाँ के नागरिक बहुमूल्य वस्त्र एवं आभूषणों का प्रयोग करते थे।[२] मेगस्थनीज़ के अनुसार इस नगर के शासन के लिए एक सभा भी थी। इसे सार्वजनिक कार्य करना पड़ता था। अधिकांश विद्वानों ने कौटिल्य की एकता चाणक्य से निर्धारित की है, जो भारतीय परम्परा के अनुसार पाटलिपुत्र में चन्द्रगुप्त मौर्य के दरबार में रहता था। इस आधार पर यह कहा जा सकता है कि नगरशासन तथा दुर्गसन्निवेश के विषय में अर्थशास्त्र में जो परिचय दिया गया है, वह पाटलिपुत्र में प्राप्त कौटिल्य के अनुभवों पर आश्रित है। उन्होंने नागरक, गोप, स्थानिक, द्यूताध्यक्ष, गणिकाध्यक्ष, पण्याध्यक्ष तथा सुराध्यक्ष आदि नगर-पदाधिकारियों का जो उल्लेख किया है, वह उन अधिकारियों का द्योतक है जिनकी नियुक्ति मौर्यों ने अपनी राजधानी पाटलिपुत्र के शासन के निमित्त की थी। परिखा, प्राकार, राजमार्ग, भवन तथा राजप्रासाद आदि के विषय में कौटिल्य का व्यावहारिक ज्ञान इसी नगर पर आधारित ज्ञात होता है।

विनय-टीका के अनुसार पाटलिपुत्र में चार प्रधान द्वार थे। इन द्वारों के द्वारा अशोक के राजकोष में प्रतिदिन ४० लाख कार्षापण आया करते थे। यह आय उस शुल्क के द्वारा होती थी, जिसे बाहर से आने वाले व्यापारी नगर-द्वार पर चुंगी के रूप में देते थे। कौटिल्य के अर्थशास्त्र के अनुसार नगर के प्रधान द्वारों के समीप शुल्क-गृह बने होते थे, जहाँ बाहरी माल पर चुंगी वसूल की जाती थी। इस नरेश ने प्रजा के लाभ के लिए पाटलिपुत्र में महामात्रों की नियुक्ति की थी। ये महामात्र दो प्रकार के थे—(१) नगलक तथा (२) नगल-वियोहालक। इन दोनों की तुलना अर्थशास्त्र के नागरक एवं पौर-

१. दीघनिकाय, २, ८६।

२. मेक्रिण्डिल ऐंशेण्ट इण्डिया (मेगस्थनीज़), २५, पृष्ठ ६८।

व्यावहारिक से क्रमशः की जा सकती है। ये दोनों महामात्र नगर का न्यायशासन करते थे। ईर्ष्या, क्रोध, नैष्ठुर्य, क्षिप्रता, अनभ्यास, आलस्य तथा क्लान्ति आदि दुर्गुणों का परित्याग इन महामात्रों का वाञ्छनीय गुण माना जाता था।[१] पाटलिपुत्र की अशोककालीन प्रमुख घटनाओं में तृतीय बौद्ध संगीति विशेष रूप से उल्लेखनीय है। इसमें देश के विभिन्न भागों से बहुत से भिक्षु आये थे। इस संगीति में दो महत्वपूर्ण कार्य सम्पन्न किये गये—(१) त्रिपिटकों का संशोधन तथा (२) कथावत्थु की रचना। इस समय मोगलीपुत्त तिस्स तथा उपगुप्त नामक दो आचार्य इस नगर में रहते थे। मोगलीपुत्त तिस्स तृतीय बौद्ध संगीति के अध्यक्ष चुने गये थे। उपगुप्त अशोक के आध्यात्मिक आचार्य थे। इस नरेश के राज्यकाल में सभी महत्वपूर्ण योजनाएँ इसी नगर में बनाई गई थीं। अशोक के प्रायः सभी लेख (जो कि स्तम्भ तथा शिलालेख आदि पर उत्कीर्ण मिलते हैं) पहले यहीं तैयार किये गये थे तथा यहीं से ही सदाचार की शिक्षा देने के लिए बाहरी देशों को धर्मप्रचारक भेजे गये थे।

अशोक ने बौद्ध धर्म के प्रति श्रद्धा के कारण इस नगर में कुछ निर्माण भी कराया था, जिनका उल्लेख य्वान् च्वांग ने किया है। अपने आचार्य उपगुप्त की आज्ञा से उसने यहाँ पर सर्वप्रथम एक स्तूप बनवाया, जिसमें गौतम बुद्ध की अस्थियाँ गाड़ी गई थीं।[२] दूसरा महत्त्वपूर्ण निर्माण अशोकाराम विहार का संस्थापन था। अशोक के छोटे भाई तिस्स ने इसी विहार में दीक्षा ली थी तथा वे यहीं रहा करते थे। कतिपय साधनों के अनुसार तृतीय बौद्ध संगीति इसी विहार में हुई थी। इस विहार में बहुत से भिक्षु रहा करते थे, जिन्हें अशोक प्रतिदिन भोजन दिया करता था।

मौर्यों के अधःपतन के उपरान्त शुंगों ने पाटलिपुत्र में अपनी राजधानी स्थापित की थी। पुष्यमित्र शुंग के समकालीन लेखक पतंजलि ने इस नगर के प्राकारों एवं प्रासादों का उल्लेख किया है।[३] शुंग-काल में तक्षशिला, मथुरा तथा साकेत आदि नगरों की भाँति पाटलिपुत्र पर भी यवनों ने आक्रमण किया। युगपुराण के वर्णन से विदित होता है कि इन आक्रमणकारियों ने यहाँ के नागरिकों को बहुत अधिक पीड़ित किया, जिसके फलस्वरूप वे रक्षा के लिए व्याकुल हो उठे।[४] इस स्थान पर उल्लेखनीय है कि यह उपद्रव शीघ्र ही शान्त हो गया। इसका कारण यह था कि गृहयुद्ध के फलस्वरूप इन आक्रमणकारियों को नगर का घेरा छोड़ कर स्वदेश लौट जाना पड़ा।[५]

---

१. सरकार, सेलेक्ट इंसक्रिप्शंस, पृष्ठ ४५।

२. वाटर्स, २, ९१।

३. ''पाटलिपुत्रकाः प्रासादाः। पाटलिपुत्रकाः प्राकाराः।''

—महाभाष्य, भाग २ पृष्ठ ३२१ (कीलहार्न)।

४. ''ततः पुष्पपुरे प्राप्ते कर्दमे प्रथिते हि ते।
आकुलाः विषयाः सर्वे भविष्यन्ति न संशयः॥'' —युगपुराण, पृष्ठ ३३।

५. ''तेषामन्योन्यसम्भावद् भविष्यन्ति न संशयः।
आत्म-चक्रोत्थितं घोरं युद्धं परमदारुणम्॥'' —युगपुराण, पृष्ठ ५५।

शुंगों के अध:पतन के उपरान्त इस नगर को कुछ काल तक राजधानी बनने का गौरव नहीं प्राप्त हुआ। इस समय शकों की विभिन्न शाखाओं ने मथुरा एवं उज्जयिनी तथा कुषाणों ने पुरुषपुर में अपनी राजधानी स्थापित की। इस राजनीतिक परिवर्तन के कारण पाटलिपुत्र की महानता पर कुठाराघात हुआ, पर प्रतिभाशाली गुप्तनरेशों के चिरस्मरणीय शासन-काल में इसके उत्कर्ष का पुनरुज्जीवन हुआ। इसका परिचय फाह्यान के यात्रा विवरण के द्वारा प्राप्त होता है। वह लिखता है कि यह मध्य देश का सब से बड़ा नगर था। इसमें धन-सम्पन्न नागरिक रहते थे, जो कि बहुत ही उदार एवं धार्मिक प्रवृत्ति के थे। उसने विशेष रूप से वैश्यों की प्रशंसा की है। उसके अनुसार वैश्यों ने नगर के विभिन्न भागों में दानालयों की स्थापना की थी। इनमें दरिद्र, लूले, असहाय, निस्सन्तान, अपंग, रोगी एवं विधवाओं को नि:शुल्क भोजन, वस्त्र तथा प्रत्येक प्रकार की सहायता प्रदान की जाती थी। इसके नागरिक उत्सवों के बहुत बड़े प्रेमी थे।[१]

फाह्यान ने एक ऐसे उत्सव का उल्लेख किया है, जिसमें प्रतिमाओं का जुलूस निकाला जाता था। नगरवासी इस उत्सव को प्रति वर्ष वैशाख की अष्टमी को मनाते थे। जुलूस में सब से पहले चार पहिये का एक रथ निकलता था, जिसकी ऊँचाई लगभग बीस हाथ होती थी। इसे एक रंगीन रेशमी वस्त्र के द्वारा ढक दिया जाता था। इसके भीतर सोने, चाँदी तथा बहुमूल्य धातुओं की बनी हुई सुन्दर मूर्तियाँ रखी जाती थीं। रथ के ऊपर रेशम की ध्वजा, चाँदनी तथा कलँगियाँ भी लगी रहती थीं। इस प्रधान रथ के पीछे आकार एवं सजावट में एक दूसरे से विभिन्न बीस और रथ निकलते थे, जो कि अत्यधिक सुन्दर तथा भड़कीले हुआ करते थे। नियत तिथि पर आस-पास के साधु, संन्यासी एवं गृहस्थ सभी एकत्र होते थे। इनके साथ नर्तकों एवं गाने बजाने वालों की एक मण्डली भी होती थी। यह जलूस नगर के विभिन्न भागों में भ्रमण करता था। इस उत्सव को मनाने में बीस रात्रियाँ बीत जाती थीं। पूरी रात नगर में दीपक जलते रहते थे। इस समय वाद्य एवं संगीत के द्वारा आनन्द मनाया जाता था तथा देवताओं को पूजा की सामग्रियाँ चढ़ाई जाती थीं। फाह्यान लिखता है कि मध्य देश के अन्य नगरों में भी यह प्रथा विद्यमान थी।[२]

पाटलिपुत्र में मौर्यों का राजप्रासाद अब भी वर्तमान था। दर्शक को ऐसा आभास होता था कि मानो इसका निर्माण देवों ने किया हो। इसकी दीवालों एवं द्वारों में पत्थर चुनकर लगाये गये थे। इसमें जो सुन्दर नक्काशी तथा पच्चीकारी की गई थी, वह विश्व के किसी भी मानव से सम्भव नहीं थी। अशोक के द्वारा बनवाया हुआ स्तूप इस समय भी विद्यमान था। इसके बगल में एक विशाल मठ था, जिसमें महायान धर्म के अनुयायी रहते थे। यहाँ पर एक हीनयान मठ भी था। दोनों मठों में सब मिलाकर सात

---

१. गाइल्स फाह्यान, पृष्ठ ५९।

२. वही, पृष्ठ ६०।

सौ भिक्षु निवास करते थे। वे अध्ययन में निरन्तर संलग्न रहते थे तथा संयम, नियम एवं अनुशासन का पालन पूर्णरूप से करते थे। इन मठों में देश के विभिन्न भागों से बहुत से विद्यार्थी सन्मार्ग की खोज में आते थे। चीनी यात्री लिखता है कि इंनमें से एक मठ में मंजुश्री नामक ब्राह्मण आचार्य रहता था। वह एक बहुत बड़ा विद्वान् तथा शुद्धाचार वाला व्यक्ति था। सभी गुणवान श्रमण उसे बहुत श्रद्धा की दृष्टि से देखते थे। फाह्यान ने राधास्वामी नामक एक दूसरे विद्वान् का भी उल्लेख किया है। वह महायान धर्म का अनुयायी था। उसके महान् विवेक, स्पष्ट ज्ञान तथा आचरण की पवित्रता के कारण प्राय: सभी लोग उसे आदर की दृष्टि से देखते थे। यहाँ तक कि सम्राट् भी उसका सम्मान करता था। मुद्राराक्षस के द्वारा भी पाटलिपुत्र के विषय में आंशिक परिचय प्राप्त होता है। इस ग्रन्थ में इस नगर के प्राकार तथा नगर-द्वारों का उल्लेख हुआ है। जिस समय शत्रु-सेना नगर पर आक्रमण करती थी, उस समय इसकी रक्षा के लिए धनुषधारी योद्धा प्राकार के चतुर्दिक् खड़े हो जाते थे। नगर-द्वार के सामने भयंकर हाथियों का झुण्ड खड़ा किया जाता था, जो भीतर प्रवेश चाहने वाली शत्रु-सेना को रौंद डालता था। इस ग्रन्थ में राक्षस पाटलिपुत्र की रक्षा के निमित्त इस प्रकार की व्यवस्था के लिए अपने सहयोगियों को आज्ञा देता है।[१] इसके लेखक विशाखदत्त ने इस नगर के राजभवन के सुसज्जित द्वार का भी उल्लेख किया है।[२]

गुप्त नरेशों ने पाटलिपुत्र में बौद्धिक वायुमण्डल उत्पन्न कर रखा था। समुद्रगुप्त स्वयं एक बहुत बड़ा विद्वान् तथा विद्या का संरक्षक था। बुद्धिजीवियों की मण्डली में उसे कविराज की उपाधि मिली थी।[३] उसने बहुत से विद्वानों की नियुक्ति उच्च पदों पर की थी। उदाहरणार्थ, हरिषेण उनका महासन्धिविग्रहिक, दण्डनायक तथा कुमारामात्य था। दुर्भाग्यवश उसकी कोई भी कृतियाँ उपलब्ध नहीं हैं। उसके काव्य का सुन्दर परिचय देने वाली चिरस्मरणीय पंक्तियाँ अब केवल प्रयाग की प्रशस्ति में ही अवशिष्ट रह गई हैं। चन्द्रगुप्त विक्रमादित्य भी काव्य के बहुत बड़े प्रेमी थे। कथासरित्सागर में इन्हें पाटलिपुत्र का सम्राट् बताया गया है।[४] कनाड़ी लेखों में विक्रमादित्य (चन्द्रगुप्त) को 'पाटलिपुत्र-पुरवर-अधीश्वर' कहा गया है।[५] इससे स्पष्ट है कि इनकी राजधानी इसी नगर में विद्यमान थी तथा यह भारत का एक श्रेष्ठ पुर था। इनका सेनापति वीरसेन एक विद्वान् कवि था। उदयगिरि के एक गुहालेख में इसे व्याकरण, न्याय एवं

---

१. ''प्राकारं परितः शरासनधरैः क्षिप्रं परिक्रम्यतां।
द्वारेषु द्विरदैः प्रतिद्विपघटाभेदक्षमैः स्थीयताम्॥'' —मुद्राराक्षस, अंक २, १।

२. ''संस्कृतं राजभवनद्वारमिति'', वही अंक २।

३. ''विद्वज्जनोपजीव्यानेक-काव्य-क्रियाभिः प्रतिष्ठित-कविराज-शब्दस्य।'' —सरकार, सेलेक्ट इंसक्रिप्शंस, पृष्ठ २५९।

४. ''विक्रमादित्य इत्यासीद् राजा पाटलिपुत्रके'' —कथासरित्सागर, ६, ४, ३।

५. राय चौधरी, पॉलिटिकल हिस्ट्री ऑफ़ ऐंशेण्ट इण्डिया, पृष्ठ ५५६।

लोकनीति का मर्मज्ञ तथा पाटलिपुत्र का निवासी कवि कहा गया है।[१] वामन के 'काव्यालंकार-सूत्रवृत्ति' के अनुसार चन्द्रगुप्त का चन्द्रप्रकाश नामक पुत्र विद्वानों को आश्रयदाता था—

''सोऽयं सम्प्रति चन्द्रगुप्ततनयः चन्द्रप्रकाशो युवा।
जातो भूपतिराश्रयः कृतधियां दिष्ट्या कृतार्थश्रमः॥''

यहाँ पर उल्लेखनीय है कि अभिलेखों में चन्द्रगुप्त विक्रमादित्य के पुत्र कुमारगुप्त प्रथम की 'गुप्तकुलामलचन्द्र' तथा 'गुप्तकुलव्योमशशी' आदि उपाधियाँ अंकित मिलती हैं। उनकी ये उपाधियाँ 'चन्द्रप्रकाश' नाम से पर्याप्त साम्य रखती हैं। ऐसी दशा में वामन के चन्द्रप्रकाश की एकता पाटलिपुत्र-नरेश कुमारगुप्त प्रथम के साथ निर्धारित करना अधिक समीचीन होगा। इसके द्वारा विद्वानों का संरक्षण कोई आश्चर्यजनक घटना नहीं थी, क्योंकि यह तो वास्तव में उसके कुल में परम्परा के रूप में चला आ रहा था।

इस नगर में कुछ ऐसे भी विद्वान् रहते थे, जिनका सम्बन्ध गुप्तों के दरबार से नहीं था। यहाँ पर आर्यभट्ट का उल्लेख किया जा सकता है, जो कि ज्योतिषशास्त्र के परम धुरन्धर विद्वान् थे। उन्होंने पाटलिपुत्र में शिक्षा पाई थी तथा ज्ञानार्जन के निमित्त अपना सम्पूर्ण जीवन इसी नगर में बिताया था (आर्यभट्टस्त्विह निगदति कुसुमपुरेऽभ्यर्चितं ज्ञानम्)। कतिपय विद्वानों के अनुसार वात्स्यायन गुप्तकाल की विभूति थे। कामसूत्र में उन्होंने जिस नगर-जीवन का चित्रण किया है, वह पाटलिपुत्र पर आधारित होता है जो कि इनके काल का श्रेष्ठ पुर था।[२] कतिपय अन्य साक्ष्यों से ज्ञात होता है कि इस नगर में बौद्धिक वायुमण्डल की परम्परा गुप्तों के पहले से ही चली आ रही थी। उदाहरणार्थ, सुप्रसिद्ध साहित्यकार एवं दार्शनिक अश्वघोष कुषाण-काल में पाटलिपुत्र में रहता था। कालान्तर में चीन की एक परम्परा के अनुसार कनिष्क उसे यहाँ से अपनी राजधानी पुरुषपुर में ले गया था। राजशेखर की काव्यमीमांसा के अनुसार बौद्धिक क्षेत्र में इस नगर की ख्याति इसके और पहले से सिद्ध हो जाती है। इस ग्रन्थ में कहा गया है कि पाटलिपुत्र में विद्वानों की एक मण्डली रहती थी, जो ग्रन्थकारों की कृतियों की परीक्षा लेती थी। यहाँ के पण्डितों की सभा में उपवर्ष, वर्ष, पाणिनि, पिंगल, व्याडि, वररुचि

---

१. ''शब्दार्थन्यायलोकज्ञो कविः पाटलिपुत्रकः।''

—सरकार, सेलेक्ट इंसक्रिप्शंस, पृष्ठ २७२।

२. द्रष्टव्य—मेरा लेख, प्राचीन पाटलिपुत्र, हिन्दी अनुशीलन, पृष्ठ ५७, मार्च १९५८ ई० का अंक। गुप्त-काल में पाटलिपुत्र के तत्कालीन वैभव एवं ऐश्वर्य के विस्तृत परिचय के संबंध में मेरे अन्य पठनीय शोध-लेख—(१) ''पाटलिपुत्र इन गुप्ता एज, कृष्णदेव फेलिसिटेशन वाल्यूम'', जिल्द २, पृष्ठ ५१९-५२६, (२) ''ए फ्रेश इनवेस्टिगेशन ऑफ़ इम्पीरियल गुप्ता कैपिटल'' के० पी० जायसवाल कमेमोरेशन वाल्यूम, पृष्ठ ३६१-३७२ तथा (३) ''राजधानी का निर्धारण'', लेखक का सुप्रसिद्ध ग्रन्थ ''गुप्त-राजवंश और उसका युग'' पृष्ठ ६७२-६८२।

तथा पतंजलि आदि के ग्रन्थों की परीक्षा ली थी।[१]

गुप्त-काल में पाटलिपुत्र व्यवसाय एवं वाणिज्य का एक विशिष्ट केन्द्र था। आर्थिक क्षेत्र में इसके महत्ता का प्रधान कारण सुप्रसिद्ध व्यापार-मार्ग 'उत्तर-पथ' से इसका सम्बन्ध माना जा सकता है, जो पूर्व में ताम्रलिप्ति के बन्दरगाह से पश्चिम में पुष्कलावती तक जाता था। इस नगर के व्यापारियों ने सुदूर देशों के साथ वाणिज्य-सम्बन्ध स्थापित किया था। बोधिसत्वावदानकल्पलता में कहा गया है कि पाटलिपुत्र के व्यापारी माल के विक्रय के निमित्त विविध द्वीपों तक निकल जाया करते थे।[२] दशकुमारचरित में इस नगर के व्यापारिक वातावरण का एक सुन्दर चित्रण मिलता है। इस ग्रन्थ के अनुसार इस नगर की बाज़ारों में बहुमूल्य वस्तुएँ विक्रय के निमित्त केन्द्रित की गई थीं। इसके लेखक दण्डी ने इस नगर के लिए 'समस्तनगरी-निकषायमाणा' एवं 'मगधदेशशेखरीभूता' आदि विशेषणों का प्रयोग कर इसे भारत का सर्वोत्तम नगर स्वीकार किया है।[३]

गुप्तों के अध:पतन के उपरान्त पाटलिपुत्र की समृद्धि बड़ी शीघ्रता के साथ क्षीण होने लगी। सातवीं शताब्दी में ह्वान् च्वांग के आगमन के अवसर पर यह नगर भग्नावशेष को प्राप्त हो चुका था। यहाँ के कुछ भवन अच्छी अवस्था में थे, अन्यथा सभी प्राचीन मठ, देवमन्दिर तथा स्तूप धराशायी हो चुके थे। कुक्कुटाराम तथा अशोकाराम की केवल नींवमात्र ही दृष्टिगोचर हो रही थी। इस नगर में रहने वाले भिक्षुओं एवं भिक्षुणियों की संख्या अत्यल्प थी। जो स्तूप नष्ट होने से बच गये थे, उनका निचला भाग पृथ्वी के भीतर धँस गया था। ह्वान् च्वांग लिखता है कि इस नगर का भग्नावशेष एक विशाल क्षेत्र को घेरे हुए था, जिसकी परिधि लगभग १५ मील थी।[४]

इस नगर के विनाश का सबसे प्रधान कारण राजनीतिक था। गुप्तों के अध:पतन के पश्चात् अनेक आनुक्रमिक राजवंशों ने अपनी राजधानी पाटलिपुत्र के स्थान पर कान्यकुब्ज में स्थापित की थी। इस परिवर्तन के कारण इस नगर की महानता पर महान् कुठाराघात पहुँचा। इसके अध:पतन की क्रिया में आकस्मिक कारणों ने भी योग दिया था। चीनी साधनों के अनुसार इस नगर के विनाश का आकस्मिक कारण जलप्लावन था।[५] इस स्थान पर उल्लेखनीय है कि दीघनिकाय में भी जलप्लावन को पाटलिपुत्र के

---

१. ''श्रूयते च पाटलिपुत्रे काव्यकारपरीक्षा।
अत्रोपवर्षवर्षौ इह पाणिनिपिंगलाविह व्याडि:॥
वररुचि-पतंजलि इह परीक्षिता: ख्यातिमुपजग्मु:॥'' —काव्यमीमांसा, पृष्ठ ५८।

२. ''वणिजो द्वीपगामिन:''—बोधिसत्वावदानकल्पलता, ५, पल्लव ३५, पृष्ठ ५८५।

३. ''अस्ति समस्तनगरी निकषायमाणा शश्वदगण्यपण्यविस्तारित-मणिमणादिववस्तुजात-व्याख्यातरत्नाकरमाहात्म्या मगधदेशशेखरीभूता पुष्पपुरी नाम नगरी।''
—दशकुमारचरित, पृष्ठ १।

४. वाटर्स, २, ८७।

५. जर्नल ऑफ़ बिहार ऐण्ड उड़ीसा रिसर्च सोसाइटी, १९२०, पृष्ठ २९।

विलय का एक दैवी कारण माना गया है।[१] इसकी पुष्टि पुरातत्व साक्ष्य के द्वारा भी होती है। उत्खनन-प्रमाण के आधार पर सुप्रसिद्ध पुरातत्त्वेत्ता कनिंघम का मत है कि गंगा की बाढ़ के कारण यह नगर आधे मील की गहराई तक काट कर बहा दिया गया।[२]

पुरातत्त्व विभाग के द्वारा किये गये अन्वेषणों के आधार पर ज्ञात होता है कि प्राचीन पाटलिपुत्र आधुनिक पटना के समीप उस स्थान पर वर्तमान था, जहाँ कुमराहर तथा बुलन्दीबाग नामक ग्राम बसे हुए हैं। कुमराहर में डॉक्टर स्पूनर के द्वारा किये गये उत्खनन में मौर्यों के राजप्रासाद के एक विशाल सभामण्डप (हाल) का अवशेष प्राप्त हुआ है। मिली हुई सामग्री के आधार पर डॉक्टर स्पूनर का कहना है कि यह बनावट में पारसीक सम्राटों के द्वारा निर्मित पर्सिपोलिस के विशाल सभा मण्डल (हाल) के समान था। पाटलिपुत्र एवं पर्सिपोलिस के महलों में प्रयुक्त खम्भों की लम्बाई लगभग समान थी। मौर्यकालीन किसी सभा मण्डप के कुछ स्तम्भ कुमराहर में अब भी द्रष्टव्य है। ये चुनार के बलुएदार पत्थरों से तराश कर बनाए गए हैं तथा इन पर अशोक-कालीन लाक्षणिक चमकीली प्रभा (कान्ति) देखने को मिलती है। यह शतभुजी (सौ स्तम्भों से युक्त) सभामण्डप का स्मरण दिलाता है। अनुमानत: इसी सभा-मण्डप में अशोक-कालीन तृतीय बौद्ध संगीति संपन्न हुई थी। हाल ही में कुमराहर से एक शुंगकालीन स्तूप का एक वेदिका-स्तम्भ प्रकाश में आया, जो पटना संग्रहालय में प्रदर्शित है। इस पर शालभंजिका मुद्रा में यक्षिणी का दोमुखिया अंकन मिलता है। इसी प्रकार उभयमुखी यक्षिणी का शालभंजिका-मुद्रा में रूपांकन पटना के राजेन्द्रनगर नामक पुरभाग के एक शुंगकालीन वेदिका-स्तम्भ पर प्राप्य है, जो पटना संग्रहालय में प्रदर्शित हैं। पटना के कंकड़बाग नामक पुरभाग से एक शालवेदिका तथा पुराने डाकबंगले के प्रांगण में मौर्यकालीन अवशेष मिले हैं। इसके अतिरिक्त मौर्य, कुषाण तथा गुप्तकालीन कुछ मुद्राएँ भी उपलब्ध हुई हैं, जो सामयिक, राजनीतिक तथा आर्थिक दशाओं पर प्रकाश डालती हैं। फाह्यान के द्वारा उल्लिखित हीनयान एवं महायान मठों तथा कतिपय जैन मन्दिरों के भग्नावशेष भी प्राप्त हुए हैं, जिनके द्वारा इनके सम्बन्ध में मिलने वाले साहित्यिक उल्लेखों का समर्थन हो जाता है।[३]

नालन्दा—यह केन्द्र अपने विश्वविद्यालय के लिए विशेष रूप से प्रख्यात था। यदि हम इसे विश्वविद्यालय-नगर (यूनिवर्सिटी टाउन) की संज्ञा प्रदान करें, तो सम्भवत: इसमें कोई अत्युक्ति नहीं न होगी। य्वान् च्वांग के विवरण में इसके नाम की व्युत्पत्ति के विषय में एक उल्लेख मिलता है, जो बौद्ध परम्पराओं पर आधारित है।

---

१. "पाटलिपुत्तस खो आनन्द तयो अन्तराया भविस्सन्ति, अग्गितो वा उदकतो वा मिथुभेदा वा", दीघनिकाय, १६, १, २८।

२. जर्नल ऑफ़ बिहार ऐण्ड उड़ीसा रिसर्च सोसाइटी, १९२०, पृष्ठ ३०।

३. आर्क्यालाजिकल सर्वे ऑफ़ इण्डिया, १९३१, पृष्ठ १०२।

इसके अनुसार गौतम बुद्ध अपने एक पूर्व जन्म में इस क्षेत्र के सम्राट् थे। स्वभाव से वे उदार, सदाशय एवं दानशील थे। उनकी ख्याति चतुर्दिक् अथक दानी (न-अलम्-दा, अर्थात् दान से न सन्तुष्ट होने वाले) के रूप में प्रसिद्ध थी। इस कारण यह स्थान नालन्दा के नाम से प्रख्यात हुआ।[१] तारानाथ के अनुसार यहाँ पर गौतम बुद्ध के प्रिय शिष्य सारिपुत्र का जन्म हुआ था।[२] यही कारण है कि बौद्ध धर्म के अनुयायी इसे श्रद्धा की दृष्टि से देखने लगे।

नालन्दा के प्रथम उल्लेख जैन एवं बौद्ध साहित्य में उपलब्ध होते हैं। मज्झिम-निकाय (१, ३७७) के अनुसार यह राजगृह के पास एक छोटा सा ग्राम था। जैन ग्रन्थों में यह राजगृह के सीमान्त (बाहिर) क्षेत्र के रूप में वर्णित है। यहाँ पर महावीर ने १४ वर्षा-ऋतुएँ व्यतीत की थीं।[३] सूत्रकृतांग के अनुसार इसमें कई गृहस्थ रहते थे। इनमें सब से अधिक धनिक लेप नामक व्यक्ति था। वह अपरिमित धन का स्वामी तथा अतिथिपरायण था। बुद्ध के प्रति अगाध श्रद्धा के कारण वह उनका शिष्य बन गया था।[४] अशोक के काल के पूर्व वहाँ पर सारिपुत्र की स्मृति में एक स्तूप बनवाया गया था। अशोक ने इसके बगल में एक विहार का निर्माण किया था।[५]

फाह्यान के समय तक विद्या के केन्द्र के रूप में नालन्दा की कोई ख्याति न थी। उसने अपने विवरण में यहाँ पर किसी विश्वविद्यालय के वर्तमान होने का उल्लेख नहीं किया है। उसने नालन्दा का नाम 'नाल' लिखा है। वह लिखता है कि सारिपुत्र का जन्म एवं परिनिर्वाण यहीं पर हुआ था। जिस स्थान पर सारिपुत्र की मृत्यु हुई, वहाँ एक स्तूप बना हुआ था।[६] लगता है कि फाह्यान के द्वारा उल्लिखित इस स्तूप से तात्पर्य उस स्तूप से है, जो अशोक के पहले वहाँ पर निर्मित किया गया था।

फाह्यान के लगभग तीन शताब्दियों के अनन्तर जब य्वान् च्वांग नालन्दा आया, उस समय यहाँ पर एक अन्तर्राष्ट्रीय ख्याति का विश्वविद्यालय वर्तमान था। य्वान् च्वांग के अनुसार इस विश्वविद्यालय की स्थापना शक्रादित्य नामक नरेश के द्वारा की गई थी।[७] शक्र शब्द इन्द्र का पर्याय है तथा मुद्रा-साक्ष्य के अनुसार महेन्द्रादित्य कुमारगुप्त प्रथम की प्रिय उपाधि थी, अतएव शक्रादित्य तथा कुमारगुप्त प्रथम की एकता सम्भाव्य है। शक्रादित्य के उपरान्त बुधगुप्त ने इस विश्वविद्यालय की कलेवर-वृद्धि में सहयोग प्रदान किया। तत्पश्चात् तथागतगुप्त, बालादित्य, वज्र तथा हर्षादि ने नालन्दा में भवन

---

१. मुकर्जी, ऐं० इं० ए०, पृष्ठ ५५८।

२. वही, पृष्ठ ५५७।

३. वही, पृष्ठ ५५७।

४. लेग्गे, फाह्यान, पृष्ठ ८१।

५. वही, पृष्ठ ५५७।

६. वही, पृष्ठ ५५७।

७. वाटर्स, २, १६४।

बनवाये तथा विश्वविद्यालय को आर्थिक सहायता प्रदान की।[१] हर्ष ने वहाँ पर पीतल का एक विहार तथा उसके चतुर्दिक् एक दीवाल बनवाया था। उन्होंने वहाँ एक संघाराम का भी निर्माण किया, जिसमें ४० भिक्षुओं के दैनिक भोजन की व्यवस्था की गई थी।[२] जिस समय बालादित्य ने मठ बनवाया, उस समय नालन्दा में देश के प्रत्येक भाग से भिक्षु प्रभूत संख्या में एकत्र हुए। य्वान् च्वांग के आगमन के अवसर पर शक्रादित्य के द्वारा निर्मित विहार जीर्णावस्था को प्राप्त हो चुका था।[३]

इन नरेशों के द्वारा निर्मित भवन कई मंजिलों से युक्त थे। उनमें स्थान-स्थान पर शिखर बने हुए थे। नालन्दा से प्राप्त एक ताम्रलेख के अनुसार वहाँ कई विहार एक ही पंक्ति में बने हुए थे। उनके उत्तुंग शिखर गगनचुम्बी थे।[४] इत्सिंग भी लिखता है कि वहाँ के भवन अपनी ऊँचाई के कारण बादलों को छूते हुए से लगते थे।[५] नालन्दा के विद्यार्थियों को निःशुल्क भोजन, वस्त्र तथा शिक्षा दी जाती थी। य्वान् च्वांग के अनुसार भारतीय राजाओं ने इस विश्वविद्यालय को दो सौ ग्राम उसकी आर्थिक सहायता के लिए प्रदान किये थे।[६]

हर्ष के उपरान्त के भी कतिपय भारतीय नरेशों ने इस विश्वविद्यालय को आर्थिक सहायता प्रदान की थी। पूर्णवर्मा नामक सम्राट् ने गौतम बुद्ध की एक ताम्र-मूर्ति विश्वविद्यालय को दान में दिया था, जो ८० फीट ऊँची थी।[७] यशोवर्मदेव नामक सम्राट् के एक मन्त्री ने नालन्दा को इतना अधिक दान दिया था, जिससे इस विद्यालय के भिक्षुओं को कई वर्षों तक प्रतिदिन भोजन दिया जा सकता था। राधाकुमुद मुकर्जी ने इस यशोवर्मदेव की एकता कन्नौज-सम्राट् यशोवर्मदेव (७२८ ई०-७४५ ई०) से की है।[८] बंगाल के पाल नरेशों ने भी नालन्दा के विश्वविद्यालय में अभिरुचि ली थी। उदाहरणार्थ—देवपाल ने इसके कई अच्छे छात्रों को सम्मान प्रदान किया था। कल्याणमित्र चिन्तामणि नामक नालन्दा-छात्र ने महीपाल के राज्यकाल के छठे वर्ष में अष्टसाहसिका प्रज्ञापारमिता की एक प्रतिलिपि इस नरेश के प्रति श्रद्धा के कारण उसे प्रस्तुत की थी। गुर्जर प्रतिहार नरेश महेन्द्रपाल ने यहाँ पर एक स्तूप का निर्माण किया था।[९]

---

१. वाटर्स, २, १६४।

२. वही, २, १७०।

३. वही, २, १७०।

४. ''यस्याम्बुधरावलेहिशिखरश्रेणी विहारावली।
मालेवोर्ध्वविराजिनी विरचिता धात्रा मनोज्ञा भुवः॥'' —ए० इं०, २०, ४।

५. इत्सिंग, पृष्ठ १५४।

६. वाटर्स, २, १६४।

७. वाटर्स, २, १७४।

८. मुकर्जी, ऐं० इं० ए० पृष्ठ ५६२।

९. मुकर्जी, ऐं० इं० ए०, पृष्ठ ५६३।

इस विश्वविद्यालय को लब्धप्रतिष्ठ विद्वान् सुशोभित करते थे। ख्वान् च्वांग ने अपने समकालीन नालन्दा के आचार्यों का नामोल्लेख किया है। इस समय शीलभद्र इस विश्वविद्यालय के कुलपति के पद को सुशोभित कर रहा था। यह इस चीनी यात्री का आचार्य रह चुका था।[१] दुर्भाग्यवश शीलभद्र की कोई कृतियाँ उपलब्ध नहीं हैं। ख्वान् च्वांग ने धर्मपाल नामक आचार्य के नाम का उल्लेख किया है। वह शीलभद्र के पहले नालन्दा का कुलपति रह चुका था।[२] उसने आचार्य चन्द्रगोमिन् के व्याकरण के ऊपर संस्कृत में 'वर्ण-सूत्र-वृत्ति-नाम' नामक एक व्याकरण-टीका लिखी थी। उसने संस्कृत में चार ग्रन्थ लिखे थे, जिनका तिब्बती भाषा में अनुवाद किया गया था, उदाहरणार्थ—(१) आलम्बनप्रत्यय-ध्यान-शास्त्र-व्याख्या, (२) विद्यामात्र-सिद्धि-शास्त्र-व्याख्या, (३) शतशास्त्र-वैपुल्य-व्याख्या तथा (४) बलि-तत्त्व-संग्रह।[३]

ख्वान् च्वांग ने नालन्दा के कतिपय अन्य आचार्यों का भी उल्लेख किया है, उदाहरणार्थ—चन्द्रपाल, गुणमति, स्थिरमति, प्रभामित्र, जिनमित्र तथा ज्ञानचन्द्र। चन्द्रपाल बौद्ध धर्म के सिद्धान्तों के प्रवर्तन के लिए विख्यात था।[४] स्थिरमति अपनी यशस्विता के लिए प्रसिद्ध था।[५] उसने संस्कृत तथा बौद्ध ग्रन्थों का तिब्बती भाषा में अनुवाद किया तथा तिब्बत में उनका प्रचार भी किया।[६] प्रभामित्र अपनी बुद्धि कुशाग्रता के लिए विख्यात था।[७] जिनमित्र वादविवाद में पटु था।[८] ख्वान् च्वांग लिखता है कि नालन्दा के आचार्य न केवल अपने अध्यापन-कार्य के लिए विख्यात थे, अपितु नाना ग्रन्थों की रचना के कारण उनकी कीर्ति सर्वव्यापिनी थी। नालन्दा के प्रसिद्ध विद्वानों के नाम नवागन्तुकों तथा अभ्यागतों की सूचना के निमित्त विश्वविद्यालय के प्रधान द्वार पर उत्कीर्ण किये गये थे।[९]

इस विश्वविद्यालय में रुक कर ख्वान् च्वांग ने पर्याप्त अध्ययन किया था। परिणामतः उसकी गणना महायान शाखा के विशेष विद्वानों में होने लगी। 'जीवनी' के अनुसार एक बार उड़ीसा के हीनयान मतावलम्बियों ने हर्ष के सामने इस बात पर अपना खेद प्रकट किया कि उसने नालन्दा को (जहाँ विशेषतः महायान मतावलम्बी रहते थे) व्यर्थ ही प्रभूत दान दिया था। इस पर हर्ष ने उनके हृदय में महायान मत के

---

१. वाटर्स २, १६५।

२. वही, २, १६५ ।

३. मुकर्जी, ऐं० इं० ए० पृष्ठ ५७६।

४. वाटर्स, २, १६५।

५. वाटर्स, २, १६५।

६. मुकर्जी, ऐं० इं० ए० पृष्ठ ५७७।

७. वाटर्स, २, १६४।

८. वही, २, १६५।

९. वही, २, १६५।

प्रति श्रद्धा उत्पन्न करने के लिए नालन्दा के चार विद्वानों को बुलाया, जिनमें य्वान् च्वांग भी एक था। शेष तीन सागरमति, प्रज्ञारश्मि तथा सिंहरश्मि थे।[१] य्वान् च्वांग की विद्वत्ता की प्रशंसा को सुनकर कामरूप-नरेश भास्करवर्मा ने उसे अपने दरबार में आमन्त्रित किया था।[२]

नालन्दा विश्वविद्यालय के कतिपय आचार्यों ने चीन में बौद्ध धर्म का प्रचार किया था। इनमें प्रभामित्र, शुभाकरसिंह तथा धर्मदेव विशेष रूप से उल्लेखनीय हैं। प्रभाकर मित्र ६२६ ई० में चीन गया था। उसके निवास की सुविधा के निमित्त चीन-सम्राट् ने एक मठ का निर्माण कराया था। वह प्रभाकरमित्र की प्रतिभा से अत्यन्त प्रभावित था। उसके द्वारा चीनी भाषा में अनूदित कतिपय बौद्ध ग्रन्थ उपलब्ध हुए हैं।[३] शुभाकर सिंह आठवीं शताब्दी में चीन गया था। उसने वहाँ पर कतिपय भारतीय ग्रन्थों का चीनी रूपान्तर प्रस्तुत किया। धर्मदेव दसवीं शताब्दी में चीन गया था। उसने लोकप्रिय महायान ग्रन्थ 'सुखावतीव्यूह' का चीनी भाषा में अनुवाद प्रस्तुत किया।[४]

य्वान् च्वांग के वर्णन से लगता है कि इस विश्वविद्यालय में प्रवेश पाना दुष्कर कार्य था। वह लिखता है कि इसकी चहारदीवारी के प्रधान द्वारों के समक्ष पण्डितों की नियुक्ति की गई थी। उन्हें द्वार-पण्डित कहा जाता था। वे विविध विषयों के विशेषज्ञ हुआ करते थे। प्रवेश चाहने वाले विद्यार्थियों की योग्यता तथा प्रतिभा की परीक्षा लेने के लिए वे दार्शनिक विषयों तथा जटिल समस्याओं पर कड़े प्रश्न पूछते थे। समुचित उत्तर देने के उपरान्त ही उन्हें विश्वविद्यालय में प्रवेश की आज्ञा मिलती थी। य्वान् च्वांग लिखता है कि बीस प्रतिशत विद्यार्थी बड़ी कठिनता के साथ प्रवेश-परीक्षा में सफलीभूत हो पाते थे।[५] अधिकांश छात्र अनुत्तीर्ण होने के कारण निराश होकर लौट जाते थे।[६] चीनी यात्री के वर्णन से लगता है कि नालन्दा में लोग केवल उच्च अध्ययन के लिए आते थे।

यद्यपि प्रवेश-परीक्षा कड़ी थी, तथापि यहाँ छात्रों की कोई कमी नहीं थी। य्वान् च्वांग के आगमन के समय यहाँ पर दस हजार छात्र विद्योपार्जन कर रहे थे।[७] यहाँ के आचार्य तथा विद्यार्थी अपने नियमों तथा सिद्धान्तों के पालन के लिए प्रसिद्ध थे। चीन, कोरिया तथा तिब्बत के विद्यार्थी यहाँ पर पढ़ने के लिए आते थे। नालन्दा पहुँचने के लिए उन्हें मरुस्थलों, पर्वतों तथा जंगलों को पार करने में नाना कष्टों का सामना करना

---

१. जीवनी, पृष्ठ १६०।

२. वही, पृष्ठ १७०।

३. बागची, इण्डिया एण्ड चाइना, पृष्ठ ५०।

४. मुकर्जी, ऐं० इं० ए०, पृष्ठ ५७८।

५. वाटर्स, २, १६५।

६. वही, २, १६५।

७. वही, २, १६५।

पड़ता था।[१] वे बौद्ध ग्रन्थों की प्रतिलिपियों को प्रस्तुत करने तथा ज्ञानोपार्जन की क्रिया में निरन्तर संलग्न रहते थे।[२] ये विद्यार्थी स्वदेश जाकर नालन्दा की ख्याति को प्रसरित करते थे। विदेशी छात्रों की सुविधा की वहाँ पर पर्याप्त व्यवस्था थी। य्वान् च्वांग की सेवा के लिए दो व्यक्ति नियुक्त किये गये थे।[३] इस विश्वविद्यालय के अन्तर्राष्ट्रीय यश से प्रभावित होने के कारण जावा द्वीप के शासक बालपुत्रदेव ने नालन्दा में एक विहार बनवाया तथा अपने मित्र बंगाल के पाल-नरेश देवपाल से उसकी सहायता के लिए पाँच ग्राम दान में दिलवाया।[४]

इत्सिंग ने अपने विवरण में नालन्दा के कुछ विदेशी छात्रों के नाम गिनाये हैं, उदाहरणार्थ—**ताओ हि, हुई यिह, हुयेन चाओ, वू किंग, हुइ ताओ, ताओ शिंग, तंग** तथा **ताओ लिन**। ताओ हि महायान मतावलम्बी था। उसका संस्कृत नाम श्रीदेव था। उसने नालन्दा के विश्वविद्यालय को कई चीनी ग्रन्थों को समर्पित किया था। वह इत्सिंग के नालन्दा आने के पहले वहाँ से वापस लौट गया था। जिस कमरे में वह रहता था, उसका उल्लेख इत्सिंग ने किया है।[५] हुइ यिह कोरिया का निवासी था। वह नालन्दा में काफी दिनों तक था और उसकी मृत्यु वहीं पर हुई। उसने अपने हाथ के लिखे हुए कुछ ग्रन्थों को नालन्दा के विश्वविद्यालय को समर्पित किया था। इत्सिंग के अनुसार इन पुस्तकों के आवरण-पृष्ठ पर हुइ यिह का नाम लिखा हुआ था।[६] हुयेन चाओ चीन से तिब्बत होता हुआ नालन्दा आया था। उसने यहाँ बौद्ध दर्शन का पर्याप्त अध्ययन किया। चीन लौटने पर वहाँ के सम्राट् ने उसका सम्मान किया। उसने चीन-सम्राट् को अपनी भारतीय यात्रा के रोचक विवरण से पर्याप्त रूप में प्रभावित किया।[७] वूकिंग ने नालन्दा में योगशास्त्र का अध्ययन किया। उसकी मृत्यु वहीं पर हुई।[८] हुइ ताओ कुअंगचाऊ का भिक्षु था। उसने नालन्दा में दस वर्षों तक बौद्ध साहित्य का अध्ययन किया।[९] ताओ शिंग भारतवर्ष ६४९ ई० में आया था। उसका संस्कृत नाम

---

१. वाटर्स, २, १२।

२. इत्सिंग, पृष्ठ १७७।

३. व्राटर्स, २, १६५।

"नालन्दगुणलुब्धमनसा भक्त्या च शौद्धोधने।
नानाभिक्षुसंघवसतिर्तस्यां विहारः कृतः।
सुवर्णद्वीपाधिपमहाराजश्रीबालपुत्रदेवेन वयं विज्ञापिताः।
यथा मया श्रीनालन्दायां विहारः कृतः॥" —ए० इं० २७, ३१०।

४. पिछले पृष्ठ की पुष्पांकित पादटिप्पणी।

५. मुकर्जी, ऐं० इं० ए०, पृष्ठ ५७९।

६. वही, पृष्ठ ५८०।

७. बागची, इण्डिया एण्ड चाइना, पृष्ठ ७६।

८. मुकर्जी, ऐं० इं० ए०, पृष्ठ ५८०।

९. मुकर्जी, ऐं० इं० ए०, पृष्ठ ५८०।

चन्द्रदेव था।[१] तंग महायान मतावलम्बी था। वह समुद्र-मार्ग से भारतवर्ष आया था। सर्वप्रथम ताम्रलिप्ति में रुक कर उसने संस्कृत का अध्ययन किया। तदुपरान्त उसने नालन्दा में विद्योपार्जन किया।[२] ताओ लिन का भारतीय नाम शीलपुत्र था। उसने नालन्दा में 'कोश' का अध्ययन किया।[३]

इस विश्वविद्यालय में विमर्श तथा वाद-विवाद के द्वारा सठनपाठन होता था। य्वान् च्वांग के अनुसार इसके विद्यार्थी अध्ययन में इतने संलग्न रहते थे कि उन्हें दिन छोटा लगता था।[४] नालन्दा में पाठ्यक्रम उच्च श्रेणी का था। इस विश्वविद्यालय में न केवल बौद्ध धर्म की शिक्षा दी जाती थी, प्रत्युत ब्राह्मण ग्रन्थों का पठन-पाठन निरन्तर होता था।[५] वेद, हेतुविद्या, शब्दविद्या, चिकित्साशास्त्र, योगशास्त्र, न्याय, कोष, विभाषा तथा अर्थविद्या की इसमें शिक्षा दी जाती थी।[६] य्वान् च्वांग लिखता है कि नालन्दा में सभी महायान तथा अठारह शाखाओं से सम्बन्धित ग्रन्थों का अध्ययन करते हैं। इसके अतिरिक्त वे हेतुविद्या, शब्दविद्या, चिकित्साविद्या, अथर्ववेद, सांख्य तथा विविध विषयों का प्रगाढ़ अध्ययन करते थे।[७] य्वान् च्वांग ने वहाँ पर सब से पहले शीलभद्र से योगशास्त्र का अध्ययन किया। तत्पश्चात् उसने न्याय, हेतुविद्या, शब्दविद्या तथा पाणिनि की अष्टाध्यायी का अनुशीलन किया।[८] इन विषयों के अध्ययन के लिए बाहर से जो विद्यार्थी आते थे, वे नालन्दा के प्रवीण विद्वानों से अपनी शंकाओं का समाधान कराते थे।[९]

शिक्षा-कार्य की सरलता के लिए नालन्दा में एक बृहत् पुस्तकालय भी था, जिसमें सम्पूर्ण शास्त्रों के ग्रन्थ एकत्र थे। इन ग्रन्थों की प्रतिलिपि प्रस्तुत करने के लिए चीनी विद्यार्थी नालन्दा में रुकते थे। इत्सिंग ने नालन्दा में चार सौ पुस्तकों का प्रतिलेख प्रस्तुत किया था।[१०] वह यहाँ पर दस वर्षों तक रुका हुआ था। पुस्तकालय एक पृथक् भाग में बना हुआ था, जिसे धर्मगंज (धर्म की बाज़ार) कहते थे। इसमें तीन विशाल भवन बने हुए थे—(१) रत्नसागर, (२) रत्नोदधि तथा (३) रत्नरंजक। रत्नसागर ९ मंजिलों से युक्त था। इसमें अनमोल पुस्तकें रखी हुई थीं, उदाहरणार्थ—प्रज्ञापारमितासूत्र तथा

---

१. मुकर्जी, ऐं० इं० ए०, पृष्ठ ५८०।
२. वही, पृष्ठ ६८०।
३. वही, पृष्ठ ५८०।
४. जीवनी, पृष्ठ १२१।
५. अल्तेकर, ए० इ० ऐं० इं०, पृष्ठ १२३।
६. वही, पृष्ठ १२३।
७. जीवनी, पृष्ठ १२१।
८. वही, पृष्ठ १२१।
९. वाटर्स, २, १५४।
१०. अल्तेकर, ए० इ० ऐं० इं०, पृष्ठ १२३।

तान्त्रिक ग्रन्थ समाजगुह्य।[१]

छात्रों की सुविधा की यहाँ पर्याप्त व्यवस्था थी। प्रत्येक विद्यार्थी के रहने का स्थान नियत था। वहाँ वे अनुशासित एवं संयमित जीवन व्यतीत करते थे। उन्हें समय से स्नान एवं भोजन करना पड़ता था। इत्सिंग ने नालन्दा में स्नान-दृश्य का मनोरम वर्णन किया है। वह लिखता है कि 'नालन्दा-विहार' के पास दस सरोवर बने हुए हैं। पुजारियों को स्नान-समय की सूचना देने के निमित्त प्रत्येक प्रातःकाल घण्टा बजता है। हर व्यक्ति अपने साथ स्नान के लिए एक चादर ले आता था। कभी-कभी एक ही साथ हजार के लगभग विद्यार्थी विहार से निकलते थे तथा विभिन्न सरोवरों की ओर निकल जाते थे। वे सभी घर्षण स्नान करते थे।[२] आचार-संगठन के नियम कड़े थे तथा इन्हें भंग करने पर कठोर सजाएँ दी जाती थीं।[३]

विश्वविद्यालय के प्रांगण में सुन्दर मूर्तियाँ रखी हुई थीं। ख्वान् च्वांग लिखता है कि वहाँ पर गौतम बुद्ध, बोधिसत्व, अवलोकितेश्वर, हारिती तथा तारा की प्रतिमाएँ विद्यमान थीं।[४] इत्सिंग ने वहाँ गौतम बुद्ध तथा हारिती की प्रतिमाओं को देखा था।[५] नालन्दा के उत्खनन में कांस्य, ताम्र एवं प्रस्तरनिर्मित पुरुष एवं स्त्री-देवप्रतिमाएँ उपलब्ध हुई हैं। गौतम बुद्ध की मूर्तियों में सब से प्रसिद्ध एक कांस्य निर्मित मूर्ति है। इसमें बुद्ध खड़ी हुई मुद्रा में प्रदर्शित किये गये हैं। उनकी एक दूसरी प्रसिद्ध मूर्ति प्रस्तर निर्मित है। इसमें वे आसीन अवस्था में दिखाये गये हैं। बोधिसत्व-प्रतिमाओं में मैत्रेय, मंजुश्री तथा अवलोकितेश्वर की मूर्तियाँ उल्लेखनीय हैं। स्त्री-मूर्तियों में हारिती तथा तारा की प्रतिमाएँ प्रसिद्ध हैं। तारा की सब से सुन्दर मूर्ति कांस्य-निर्मित है। वह अठारह भुजाओं से युक्त, अलंकार सम्पन्न तथा प्रभामण्डल से परिवेष्टित दिखाई गई है। तन्त्रयान के प्रभाव के कारण यहाँ पर कतिपय नवीन मूर्तियाँ स्थापित की गयीं। इनमें से कुछ के उदाहरण उपलब्ध हुए हैं, यथा—(१) त्रैलोक्यविजय—यह देव, महेश्वर एवं गौरी का मर्दन करता हुआ दिखाया गया है, (२) हेरुक—यह मुण्डमाल धारण किये हुए प्रदर्शित किया गया है, (३) जम्भल—यह धन का बौद्ध देवता है तथा (४) मारीचि—यह त्रिभुज एवं अष्टभुज से युक्त है।[६] विद्वानों का अनुमान है कि दक्षिण-पूर्व एशिया की महायान बौद्धकला नालन्दा-कला से प्रभावित थी।[७]

---

१. मुकर्जी, ऐं० इं० ए०, पृष्ठ ५७४।

२. इत्सिंग, १०९।

३. वही, ६३।

४. वाटर्स, २, १७४।

५. इत्सिंग, ३७।

६. मुकर्जी, ऐं० इं० ए०, पृष्ठ ५८४।

७. मुकर्जी, ऐं० इं० ए०, पृष्ठ ५८५।

राजगृह—महाभारत एवं रामायण में इस नगर का द्वितीय नाम गिरिव्रज आता है। महाभारत में इसे पाँच पहाड़ियों से परिवेष्टित बताया गया है—

(१) वैराह, (२) वाराह, (३) वृषभ, (४) ऋषिगिरि तथा (५) चैत्यगिरि।[१] फाह्यान ने भी लिखा है कि यह नगर पाँच पर्वतमालाओं के द्वारा सुरक्षित था।[२] य्वान् च्वांग के अनुसार भी इसके चतुर्दिक् फैली हुई पर्वत-शृंखलाएँ प्राकार के उद्देश्य को पूर्ण करती थीं।[३] कौटिल्य के अर्थशास्त्र तथा महाभारत में छह प्रकार के पुरों के उल्लेख मिलते हैं— **धन्वदुर्ग, महीदुर्ग, गिरिदुर्ग, मनुष्यदुर्ग, मृद्दुर्ग तथा वनदुर्ग।**[४] गिरिव्रज को हम गिरिदुर्ग का उदाहरण मान सकते हैं। य्वान् च्वांग ने इसे गिरिनगर (माउण्टेन सिटी) कहा है।[५] रामायण के अनुसार गिरिव्रज के संस्थापक वसु नामक राजा थे।[६]

मगध की सब से पहली राजधानी राजगृह में वर्तमान थी। य्वान् च्वांग लिखता है कि यह पुरी मगध की प्राचीन राजधानी थी तथा ऊँचे पर्वतशृंग इसके बहिर्प्राकार थे।[७] गौतम बुद्ध के समय में राजगृह भारतवर्ष का एक प्रसिद्ध नगर था। पालिग्रन्थों में इसका मनोरम विवरण मिलता है। इनके अनुसार इस नगर की परिधि तीन मील के लगभग थी।[८] पालिसाहित्य में इस नगर को **चम्पा, श्रावस्ती, साकेत, कौशाम्बी** तथा **वाराणसी** आदि प्रसिद्ध नगरों की समकक्षता में ठहराया गया है। इसका सौन्दर्य नाना उपवनों तथा उद्यानों के कारण बढ़ गया था। इसमें बेलुवन नामक एक प्रसिद्ध उद्यान था, जिसे मगध-सम्राट् बिम्बिसार ने भिक्षुसंघ को दान में दिया था। नगर में अनेक जलाशय भी थे, जो नगर की शोभा के प्राण थे।[९]

---

१. **महाभारत, सभापर्व, अध्याय ५४, पंक्ति १२०।**

२. **गाइल्स, फाह्यान, पृष्ठ ४९।**

३. **वाटर्स, २, १५३।**

४. **''कथं विधं पुरं राजा स्वयमावस्तुमर्हति।
कृतं वा कारयित्वा वा तन्मे ब्रूहि पितामह॥
षड्विधं दुर्गमास्थाय पुराण्यथ निवेशयेत्।
सर्वसम्पत्प्रधानं च बाहुल्यं चाभिसम्भवेत्॥
धन्वदुर्गं महीदुर्गं गिरिदुर्गं तथैव च।
मनुष्यदुर्गं मृद्दुर्गं वनदुर्गं च तानि षट्॥''**

—महाभारत, शान्तिपर्व, अध्याय ८७-३-५।

५. **वाटर्स, २, १५३।**

६. **''असूतरजसो नाम धर्मारण्यं महामतिः।
चक्रे पुरवरं राजा वसुर्नाम गिरिव्रजम्॥''** **—रामायण, बालकाण्ड, सर्ग ३२, ७।**

७. **वाटर्स, २, १४८।**

८. **राइस डेविड्स, बुद्धिस्ट इण्डिया, पृष्ठ ३७।**

९. **राइस डेविड्स, बुद्धिस्ट इण्डिया, पृष्ठ ३७।**

इस नगर का सुन्दर वर्णन अश्वघोष-कृत 'बुद्धचरित' में मिलता है। यह नगर पर्वतों के द्वारा सुरक्षित (शैलैः सुगुप्तं), रमणीक (विभूषितं) तथा तपोधनों के चरण-रज से पवित्र (पूतं च शिवैस्तपोदैः) था। गौतम बुद्ध यहाँ के नागरिकों में प्रिय थे। बुद्धचरित में एक स्थान पर राजगृह के नागरिकों के द्वारा गौतम बुद्ध के स्वागत का मनोरम विवरण उपलब्ध होता है। इसके अनुसार इस अवसर पर कुछ हाथ जोड़ कर उनकी वन्दना करने लगे तथा कुछ ने श्रद्धाभाव से अवनत होकर उनके समक्ष अपने सिर को झुका दिया। लोगों ने स्निग्ध वचन के द्वारा उनका सम्मान किया। जो पुरवासी राजमार्गों के दोनों ओर खड़े थें उन्होंने मानपूर्वक अपनी श्रद्धा व्यक्त की।[१]

राजनीतिक केन्द्र होने के अतिरिक्त राजगृह भारत का एक सुप्रसिद्ध धार्मिक केन्द्र भी माना जाता था। धार्मिक क्षेत्र में इसकी ख्याति महाभारत-काल से चली आ रही थी। महाभारत में कहा गया है कि राजगृह में नाग-पूजा होती थी। वहाँ पर मणिनाग तथा स्वस्तिकनाग नामक दो पन्नगों के मन्दिर बने हुए थे।[२] राजगृह की पहाड़ियों को सिद्धों, यतियों तथा मुनियों का शरण भी बताया गया है।[३] इस नगर का बौद्ध धर्म से भी विशेष सम्बन्ध था। गौतम बुद्ध को यह नगर अत्यन्त प्रिय था। उन्होंने राजगृह में कई बार आकर वहाँ धार्मिक उपदेश दिये, जिससे प्रभावित होकर अधिकांश व्यक्ति बौद्ध संघ के सदस्य बन गये थे। कहा जाता है कि इस कारण यहाँ के नागरिक गौतम पर अनेक परिवारों के नष्ट होने का आरोप लगाने लगे।[४] बौद्ध धर्म से विशेष सम्बन्ध रखने के कारण ही राजगृह में बौद्धों की प्रथम सभा हुई, जिसमें उनके अनेक शिष्य एवं अनुयायी देश के सुदूर भागों से पधारे थे।

वाणिज्य के क्षेत्र में भी यह नगर प्रसिद्ध था। तत्कालीन अनेक व्यापारिक मार्ग राजगृह से होकर जाते थे। श्रावस्ती, कपिलवस्तु तथा कुशीनगर से इसका वाणिज्य-

---

१. "स राजवत्सः पृथुपीनवक्षास्तौ हव्यमन्त्राधिकृतौ विहाय।
उत्तीर्य गंगां प्रचलतरंगां श्रीमद्गृहं राजगृहं जगाम॥ १॥
तं प्रेक्ष्य योन्येन ययौ स तस्थौ यश्चात्र तस्थौ पथिसोऽन्वगच्छत्।
द्रुतं ययौ यः सदयं सधीरं यः कश्चिदास्ते स्म स चोत्पपात्॥ ५॥
कश्चित्तमानर्च यः जनः कराभ्यांसत्कृत्यकश्चिच्छिरसा बबन्दे।
स्निग्धेन कश्चिदचसाभ्यनन्दन्नैव जगामाप्रतिपूज्य कश्चित्॥ ६॥"
—बुद्धचरित, अध्याय, १०।

२. "अर्वुदः शक्रवापी च पन्नगौ शत्रुतापनौ।
स्वस्तिकस्यालयश्चात्र मणिनागस्य चोत्तमः॥" —महाभारत, सभापर्व, अध्याय २१, ९।

३. "एतेषु पर्वतेन्द्रेषु सर्वसिद्धसमालयाः।
यतीनामाश्रमश्चैव मुनीनां च महात्मनाम्॥
वृषभस्य तमालस्य महावीर्यस्य वै तथा।
गन्धर्वरक्षसां चैव नागानां च तथाऽलयाः॥" —वही, सभापर्व, अध्याय २१, १२-१४।

४. मललसेकर, २, ७२२-२४।

सम्बन्ध था। नागरिक सामूहिक जीवन के अत्यन्त प्रेमी थे। त्यौहार तथा समारोह के अवसरों पर वे एकत्र होते थे। पालिग्रन्थों में गिरग्गसमाज नामक एक ऐसे उत्सव का उल्लेख मिलता है, जिसका राजगृह में अत्यधिक प्रचार था।[१] कालान्तर में राजगृह का अधःपतन होने लगा। इसका कारण पाटलिपुत्र नगर का निर्माण था। मगध के नरेशों ने राजगृह के स्थान पर पाटलिपुत्र में राजधानी स्थापित की और इसके विकास के लिए अनवरत प्रयास किया। फलस्वरूप राजगृह की राजनीतिक महत्ता नष्ट हो गई। फाह्यान के आगमन के समय यह नगर उजड़ चुका था। उसके यात्राविवरण में राजगृह निर्जन तथा विविक्त स्थान के रूप में वर्णित है।[२]

सातवीं शताब्दी में ख्वान् च्वांग के आगमन के अवसर पर इसके भग्नावशेषों के बीच यत्र-तत्र विहार आदि दृष्टिगोचर हो रहे थे। इसके अतिरिक्त वहाँ पर कोई बस्ती नहीं थी।[३] उसने राजगृह का एक दूसरा प्रचलित नाम 'कुशाग्रपुर' ('कु-शे-क-लो-पु-लो' अर्थात् श्रेष्ठ कुशों वाला नगर) कहा है। वहाँ पर उत्तम कोटि की कुश घास उत्पन्न होती थी, अतएव इसका यह नाम पड़ा।[४] ख्वान् च्वांग ने राजगृह के कतिपय महत्त्वपूर्ण प्राचीन स्थानों का वर्णन किया है। वह लिखता है कि राजगृह के उत्तरी द्वार के बाहर समीप ही एक स्तूप बना हुआ था। देवदत्त एवं अजातशत्रु ने मिलकर मदोन्मत्त एवं भयंकर धनपाल नामक एक गंज को गौतम बुद्ध को मारने के निमित्त इस स्थान पर भेजा था। पर सामने आने पर उनके व्यक्तित्व से वह हाथी विनम्र हो गया तथा वापस लौट गया। इस घटना को चिरस्मरणीय बनाने के लिए इस स्तूप का निर्माण किया गया था।[५] इस कथन का उल्लेख पालिग्रन्थों एवं फाह्यान के विवरण में भी मिलता है।

इस स्तूप के उत्तर-पूर्व में एक और स्तूप बना हुआ था। वहाँ पर सारिपुत्र अश्वजित नामक भिक्षु से बौद्ध धर्म की प्रशंसा सुनकर अर्हत् हो गया था। इसके समीप ही वह स्थान था, जहाँ पर श्रीगुप्त ने गौतम बुद्ध को मारने के लिए गड्ढा बनवा रखा था। इसमें अग्नि प्रज्वलित की गई थी। श्रीगुप्त इस योजना में असफल सिद्ध हुआ। तदनन्तर उसने बुद्ध को धोखे से इस स्थान पर भोजन में विष दिया था। इस जगह को 'श्रीगुप्त का अग्नि-गर्त' कहा जाता था। वहाँ पर एक स्तूप का निर्माण किया गया था। इसके उत्तर-पूर्व में एक स्थान पर बिम्बिसार के अवैध पुत्र जीवक ने (जो अपने समय का सबसे बड़ा चिकित्सक माना जाता था) गौतम बुद्ध के लिए एक भवन का निर्माण कराया था। राजगृह आने पर बुद्ध इसमें कई बार विश्राम पा चुके थे। ख्वान् च्वांग के आगमन के समय यह भग्नावशेष को प्राप्त हो चुका था। इसके समीप जीवक का

---

१. मललसेकर, २, ७२३।
२. लेग्गे, फाह्यान, पृष्ठ ८०।
३. वाटर्स, २, ८६।
४. वही, २, ८७।
५. वाटर्स, २, १४७।

व्यक्तिगत निवास-स्थान बना हुआ था।[१]

राजगृह से उत्तर-पूर्व तीन मील दूरी पर 'गृधकूट-पर्वत-शृंग' (वल्चरपीक-माउण्टेन) स्थित था। इस चोटी का शीर्ष स्थान एक चबूतरे के आकार का था। गौतम बुद्ध को यह स्थान अत्यन्त प्रिय था। उन्होंने यहाँ पर कई बार उपदेश दिया था। बिम्बिसार ने बुद्ध की सुविधा के निमित्त धरातल से चोटी तक एक सड़क बनवा दी थी।[२] पालि साहित्य में 'गृधकूट' को 'गिज्झकूट' कहा गया है। कनिंघम ने इसकी पहचान आधुनिक शैलगिरि से की है।[३] य्वान् च्वांग लिखता है कि राजगृह के उत्तरी द्वार के पश्चिम में पि-पु-लो (विपुल) नामक एक पर्वत-शृंग था। विपुल-शृंग का उल्लेख महाभारत में भी हुआ है।[४] य्वान् च्वांग के अनुसार इस गिरि-चोटी पर गरम पानी के कई झरने थे। इनका जल स्वच्छ एवं स्वादिष्ट था। चर्म-रोग तथा पुराने रोगों से अच्छा होने के निमित्त सुदूर भागों के लोग इनमें स्नान करने के लिए आते थे।[५]

गरम झरनों के पश्चिम में पिप्पल (पि-पो-लो) नामक एक गुफा थी। इसमें गौतम बुद्ध ठहरा करते थे। य्वान् च्वांग के अनुसार विपुल नामक पर्वत-शृंग के ऊपर एक स्तूप था। वहाँ पर बुद्ध ने एक बार उपदेश दिया था।[६] य्वान् च्वांग के काल में वहाँ दिगम्बर सम्प्रदाय के लोग कठोर तपश्चर्या कर रहे थे। वे सूर्य की ओर उदय-काल से लेकर अस्त-काल तक निरन्तर देखते रहते थे।[७] चीनी यात्री लिखता है कि राजगृह के उत्तरी-द्वार की बाईं ओर लगभग आधे मील की दूरी पर एक गुफा थी, जहाँ देवदत्त ने समाधि ली थी। इसके समीप एक रक्तरंजित चट्टान थी। परम्परा के अनुसार किसी भिक्षु ने अर्हत् पद पाने के निमित्त यहाँ आत्महत्या कर ली थी।[८] इस नगर के उत्तरी द्वार के समीप एक उद्यान भी था। इसका स्वामी राजगृह का कलद नामक धनिक नागरिक था। गौतम बुद्ध के प्रति भक्ति के कारण उसने इस उपवन को उन्हें दान कर दिया था। उसने उनके निवास की सुविधा के निमित्त इस उद्यान में एक भवन बनवाया था।[९]

उपवन के पूर्व में अजातशत्रु-निर्मित एक स्तूप था। इसमें उसके भाग की गौतम बुद्ध की अस्थियाँ वर्तमान थीं। उद्यान के दक्षिण-पश्चिम की ओर एक मील की दूरी पर एक बड़ी गुफा बनी हुई थी। गौतम बुद्ध के पश्चात् इसमें १९९ बड़े अर्हतों की एक

---

१. वाटर्स, २, १५०।
२. वही, २, १५१।
३. ऐंशेण्ट ज्याग्रफी (कनिंघम), पृष्ठ ४६६।
४. महाभारत, सभापर्व, अध्याय ५४, पंक्ति १२०।
५. वाटर्स, २, १५४।
६. वही, २, १५४।
७. वही, २, १५५।
८. वही, २, १५६।
९. वही, २, १५८।

सभा हुई। इसका सभापति महाकश्यप था। इसमें त्रिपिटकों का संग्रह किया गया। इस संग्रह को 'सभापति-संग्रह' कहा गया। इसके पाँच मील पश्चिम की ओर अशोक के द्वारा निर्मित एक स्तूप था। वहाँ पर पहले उन भिक्षुओं की एक बृहत सभा हुई, जिन्हें महाकश्यप की सभा में बैठने के लिए स्थान नहीं मिला था। इन्होंने पाँच भागों में सूत्र-संग्रह किया, जिसे 'बड़ी सभा का संग्रह' कहा गया।[१] कलन्द के उपर्युक्त उद्यान के उत्तर की ओर २०० पद की दूर पर एक सरोवर था। इसका भी निर्माण कलन्द ने कराया था और इसलिए कलन्द सरोवर के नाम से यह प्रख्यात हुआ। इसके समीप ही अशोक का एक स्तूप तथा पत्थर का लगभग पचास फीट ऊँचा एक स्तम्भ था। इसके शीर्ष-स्थान पर एक गज-प्रतिमा बनी हुई थी। यह स्तम्भ लेखयुक्त था।[२]

गया—प्रयाग के समान गया भी मूलतः धर्म का केन्द्र माना जाता था। महाभारत में इसका वर्णन एक धार्मिक केन्द्र के रूप में किया गया है।[३] इस नगर के धार्मिक जीवन का सब से बड़ा महत्त्वपूर्ण अंग श्राद्धदान था। लोगों का विश्वास था कि गया में श्राद्ध के द्वारा पापी व्यक्ति ब्रह्महत्या, सुरापान, स्तेय, गुरुभार्यागमन तथा अनेक कठोर अपराधों से मुक्त हो जाता है।[४] राजतरंगिणी के वर्णन से लगता है कि गया में यात्रियों को श्राद्धशुल्क देना पड़ता था। इस ग्रन्थ से सूचना मिलती है कि हर्ष नामक काश्मीर के शासक ने वहाँ के यात्रियों को गया में श्राद्धशुल्क से मुक्त किया था।[५] अभिमन्यु नामक एक दूसरे काश्मीर के शासक ने पुण्यार्जन के निमित्त वहाँ के निवासियों को गया में श्राद्धशुल्क से मुक्त कराया था।[६] गया की धार्मिक महत्ता का वर्णन पद्मपुराण में किया गया है। इस ग्रन्थ के अनुसार गयावास के कारण व्यक्ति को अश्वमेध यज्ञ के फल की प्राप्ति होती है।[७] कूर्म पुराण में कहा गया है कि जो व्यक्ति गया में पिण्ड देता है, उसके

---

१. वाटर्स, २, १६०।

२. वाटर्स, २, १६२।

३. महाभारत, वनपर्व, अध्याय ८२, श्लोक ८१-९२।

४. "ब्रह्महत्या सुरापानं स्तेयं गुर्वंगनागमः।
पापं तत्संगजं सर्वं गयाश्राद्धाद्विनश्यति॥
असंस्कृता मृता ये च पशुचोरहताश्च ये।
सर्पद्रष्टा गयाश्राद्धान्मुक्ताः स्वर्गं व्रजन्ति ते॥"

—गरुडपुराण, अध्याय ८१, श्लोक १७-१८।

५. "हत्वा गयायां सामन्तमेकमन्यत् निवेश्य च।
काश्मीरकाणां चक्रे स श्राद्धशुल्कनिवारणम्॥"

—राजतरंगिणी, सर्ग ७, श्लोक १००८।

६. "काश्मीरकाणां यः श्राद्धशुल्कोच्छेता गयान्तरे।" —वही, सर्ग ६, पंक्ति ५०८।

७. "ततो गयां समासाद्य ब्रह्मचारी समाहितः।
अश्वमेधमाप्नोति गमनादेव भारत॥" —पद्मपुराण, अध्याय ३८, श्लोक २।

पितरों को सद्गति मिलती है।[१]

यह नगर बौद्ध धर्म का भी एक विशिष्ट केन्द्र माना जाता था। चीनी यात्री फाह्यान बौद्ध तीर्थों का पर्यटन करता हुआ यहाँ आया था। वह लिखता है कि उस समय यह नगर उजड़ चुका था। उसके विवरण में इसके पार्श्ववर्ती विभिन्न स्थानों के उल्लेख मिलते हैं जो गौतम बुद्ध के जीवन से सम्बन्धित थे। इस नगर से २०·ली (३¹/₂ मील) की दूरी पर वह स्थान पड़ता था जहाँ उन्होंने छह अनवरत वर्षों तक कठोर तपश्चर्या की थी। इससे पश्चिम की ओर तीन ली (आधे मील) की दूरी पर एक तालाब था जहाँ गौतम बुद्ध ने स्नान किया था। इससे दो ली (लगभग आधे मील) उत्तर वह स्थान जहाँ पर ग्रामकन्याओं ने दूध में पकी खीर उन्हें खाने को दी थी। इसी के समीप एक छायेदार वृक्ष के नीचे एक चट्टान थी जिस पर पूर्व की ओर मुँह कर उन्होंने वह खीर खाई थी।[२] जिस स्थान पर गौतम बुद्ध को सम्बोधि प्राप्त हुई थी, वहाँ फाह्यान के अनुसार तीन मठ बने हुए थे। इनमें भिक्षु रहते थे जिनके आचार-सम्बन्धी नियम काफी कड़े थे। उनकी जीवन-विधि आदर्श थी। निकटवर्ती ग्रामों के लोग उन्हें भोजन, वस्त्र, लकड़ी तथा दूध पहुँचाते थे जिससे उनके दैनिक आवश्यकताओं की पूर्ति हो जाती थी।[३]

य्वान् च्वांग निरंजना नदी को पार कर गया आया था। उसके अनुसार इसकी भौगोलिक स्थिति अच्छी थी पर इसकी नागरिकों की संख्या अत्यल्प थी। इसका नाम एक महान् ऋषि के नाम (गय) के आधार पर पड़ा था।[४] इनके वंशज एक हजार ब्राह्मण-परिवार इस नगर में रहते थे। समाज में ये बड़े ही आदर की दृष्टि से देखे जाते थे। इसके तीस ली (छह मील) उत्तर एक झरना था जिसका जल स्वच्छ तथा शुद्ध माना जाता था। नगर के दक्षिण-पश्चिम छह ली (लगभग एक मील) की दूरी पर एक पहाड़ था जिसे भारतवर्ष के लोग धर्म-गिरि (स्पिरिचुअल माउण्टेन) कहते थे। धर्म-लाभ के निमित्त वहाँ पर शासक-वर्ग भी सदा से आता था। इसकी चोटी पर सौ फीट ऊँचा पत्थर का एक स्तूप था जहाँ पर पहले गौतम बुद्ध ने रत्नमेघ-सूत्र का प्रवचन किया था।[५] इसी के समीप प्राग्बोधि पर्वत था जहाँ उन्होंने सम्बोधि की प्राप्ति के निमित्त कठोर तपश्चर्या करते हुए शरीर को गला डाला था। उसने उस स्थान का भी उल्लेख किया है जहाँ बुद्ध ने दूध की खीर खाई थी।[६]

---

१. ''सकृद्गयांभिगमनं कृत्वा पिण्डं ददाति यः।
पितरस्तारितास्तेन यास्यन्ति परमां गतिम्॥'' —कूर्मपुराण, अध्याय १८, पृष्ठ १३३।

२. लेग्गे फाह्यान, पृष्ठ ८७।

३. वही, पृष्ठ ८९।

४. वाटर्स, २, १११।

५. वही, २, ११२।

६. वही, २, ११२।

ह्वान् च्वांग ने बोधि-वृक्ष का भी वर्णन किया है जिसके चतुर्दिक् ईंट की बनी ऊँची तथा सुदृढ़ एक आयताकार दीवाल थी। इसके भीतर सुन्दर घास उगाई गई थी तथा दुर्लभ वृक्ष एवं अच्छे फूल पौदे आरोपित किये गये थे। इस चहारदीवारी का प्रधान द्वार पूर्व की ओर निरंजना नदी के सामने पड़ता था। इसके दक्षिणी द्वार से एक रास्ता पास के फूलों वाले सरोवरों की ओर जाता था। उत्तरी दरवाजे के पास एक बड़ा मठ था। बोधि-वृक्ष के दर्शनार्थ भारतीय नरेश, सामन्त तथा उच्च पदाधिकारी आते थे। इसके पास उनके द्वारा निर्मित स्तूप एवं देवालय उस समय वर्तमान थे।[१] बोधि-वृक्ष की चहारदीवारी के भीतर केन्द्रीय स्थान पर एक चबूतरा था जिसे वज्रासन, बोधिमण्डल अथवा बोधिमण्ड कहा जाता था। वज्रासन के ऊपर बोधि-वृक्ष (जो कि एक पीपल का पेड़ था) खड़ा था जिसकी ऊँचाई ५० फीट के लगभग थी। भारतीय सम्राट्, राजकुमार, उच्च पदाधिकारी, भिक्षु एवं उपासक अत्यन्त श्रद्धा के साथ इस वृक्ष को जल एवं दूध का स्नान कराते तथा फूल चढ़ाते थे। ऐसे अवसर पर गाना, बजाना, रोशनी तथा तरह-तरह की खुशियाँ की जाती थीं। बौद्ध धर्म के कुछ विरोधी नरेशों ने इस वृक्ष को नष्ट करने की चेष्टा की थी पर वे अपने प्रयत्न में विफल सिद्ध हुए। हाल ही में शशांक ने इसके विनाश के निमित्त चेष्टा की थी। उसने इसकी चहारदीवारी को तोड़ डाला था।[२] कुछ ही महीनों के पश्चात् मगध-नरेश पूर्णवर्मा ने इसके चतुर्दिक् एक नई दीवाल बनवाई जो कि इस चीनी यात्री के आगमन के समय वहाँ विद्यमान थी।[३]

बोधि-वृक्ष के समीप पश्चिम की ओर एक बड़ा मन्दिर था, जिसमें खड़ी अवस्था में ताँबे की एक बुद्ध-प्रतिमा स्थापित की गई थी।[४] इस वृक्ष के सन्निकट अशोक के द्वारा निर्मित सौ फीट ऊँचा एक स्तूप था। स्थानीय परम्परा के अनुसार घास काटने वाले के वेश में इन्द्र ने इस स्थान पर बुद्ध को बैठने के निमित्त एक घास का आसन दिया था।[५] इस स्तूप के समीप एक अन्य स्तूप था जहाँ काले रंग की चिड़ियों के झुण्ड ने गौतम को शुभ शकुन की सूचना दी थी।[६] ह्वान् च्वांग के अनुसार बोधि-द्रुम के पूर्व दो स्तूप वर्तमान थे। वहाँ पर बुद्ध की तपस्या को भंग करने के निमित्त मार ने विभिन्न आकर्षणों का प्रयोग किया था। अन्त में उन्हें विचलित करने के हेतु उसने अपनी तीन सुन्दर पुत्रियों (रति, अरति एवं तृष्णा) को भेजा था।[७]

---

१. वाटर्स, २, ११५।
२. वही, २, ११५।
३. वही, २, ११५।
४. वही, २, १२१।
५. वही, २, १२२।
६. वही, २, १२२।
७. वही, २, १२४।

बोधि वृक्ष की चहारदीवारी के बाहर चारों कोनों पर एक स्तूप बना हुआ था।[१] दक्षिण-पूर्व कोने पर वर्तमान स्तूप के पास एक सायादार वटवृक्ष तथा बौद्ध देवालय भी था जिसमें आसीन अवस्था में बुद्ध की प्रतिमा स्थापित की गई थी।[२] बोधि-द्रुम की चहारदीवारी के दक्षिणी द्वार के पास वर्तमान जिस सरोवर की पहले चर्चा की जा चुकी है, उसके सन्निकट एक अन्य जलाशय था। इसे लोग इन्द्रतटाक कहते थे। स्थानीय परम्परा के अनुसार जब गौतम बुद्ध को सम्बोधि की प्राप्ति हो गई, उस समय इन्द्र ने उनके प्रयोग के लिए इस जलाशय का निर्माण किया था। इसका जल बहुत ही स्वच्छ था।[३]

ह्वान् च्वांग ने अपने विवरण में समुद्रगुप्त के समकालीन सिंहल-नरेश मेघवर्ण के द्वारा निर्मित गया के महाबोधि संघाराम का उल्लेख किया है। यह तीन मंजिलों से युक्त मठ था जिसमें छह आँगन थे। इसके चतुर्दिक् चालीस फीट ऊँची दीवाल थी। इस मठ की भीतरी दीवालों पर कहीं-कहीं चित्रकारी का भी काम किया गया था। इसकी प्रसिद्ध प्रतिमाओं में एक बुद्ध-मूर्ति थी, जो सुवर्ण एवं रजत आदि बहुमूल्य धातुओं से निर्मित थी। इस मठ की चहारदीवारी के भीतर एक-स्तूप था, जिसमें गौतम बुद्ध की अस्थियाँ वर्तमान थीं। प्रत्येक वर्ष के अन्त में इस स्तूप के सम्मान में एक समारोह मनाया जाता था। ऐसे अवसर पर मठ में रोशनी की जाती थी तथा स्तूप पर फूल की मालाएँ चढ़ाई जाती थीं। इसमें उस समय एक हजार भिक्षु रहते थे जो महायान धर्म के अनुयायी थे। चीनी यात्री ने इस संघाराम की स्थापना की परिस्थितियों का भी उल्लेख किया है।[४] इत्सिंग ने इस मठ को 'वज्रासन-महाबोधिविहार' कहा है। वह लिखता है कि लंका के बौद्ध यात्रियों के विश्राम की सुविधा के निमित्त इसका निर्माण वहाँ के एक सम्राट् ने किया था।[५]

चम्पा—प्राचीन बिहार की समृद्धिशालिनी नगरी चम्पा अंग जनपद की राजधानी थी। अंग का उल्लेख अथर्ववेद (५, २२, १४) में मिलता है। गोपथ ब्राह्मण (२, ९) में अंग एवं मगध का एक साथ उल्लेख हुआ है। अष्टाध्यायी (४, १, १७०) में अंग का नाम वंग, कलिंग तथा पुण्ड्र आदि नामों के साथ उल्लिखित हुआ है। अंग के नाम की व्युत्पत्ति के विषय में रामायण (४७, १४) में एक आख्यानात्मक वर्णन मिलता है। इसके अनुसार शिव की क्रोधाग्नि से बचने के निमित्त कामदेव यहाँ भाग आया तथा अपने अंग का परित्याग कर अनंग (अंगरहित) हो गया। इस घटना के कारण यह क्षेत्र अंग के नाम से प्रख्यात हुआ। विनय पिटक (१, १७९) के अनुसार अंग देश में ८०

१. वाटर्स, २, १२६।
२. वही, २, १२५।
३. वही, २, १२७।
४. वही, २, १३६।
५. वही, २, १३७।

हजार ग्राम थे।

चम्पा के कतिपय अन्य नाम भी थे, उदाहरणार्थ— **चम्पावती, चम्पापुरी, चम्पानगर** तथा **चम्पामालिनी**।[१] दीघनिकाय के अनुसार इस पुरी की योजना महागोविन्द ने बनायी थी।[२] राइस डेविड्स ने इस नगर की एकता आधुनिक भागलपुर जिले में स्थित चम्पा नामक ग्राम से की है। उनका मत है कि इसके नाम की व्युत्पत्ति का आधार काश्मीर में स्थित चम्पा नाम का नगर था, जो इससे प्राचीन था।[३] परन्तु इस विचार से सहमत होना कठिन है, क्योंकि ऐसा मानने के लिए कोई ऐतिहासिक प्रमाण नहीं है। महाभारत (शान्तिपर्व, ३४, ३५) तथा हरिवंश (अध्याय ३१) में मिलने वाली एक अनुश्रुति के अनुसार लोमपाद के प्रपौत्र चम्प नामक सम्राट् के नाम के आधार पर इस पुरी का नाम चम्पा पड़ा। इस अनुश्रुति में ऐतिहासिक तत्त्व कितना है, इसके विषय में कुछ निश्चयात्मक रूप से कहना कठिन है। इस नगर का नाम पड़ने का एक सम्भावित कारण यह हो सकता है कि इसमें चम्पक वृक्षों का बाहुल्य था।[४]

दीघनिकाय (२, १४६) के अनुसार यह एक विशाल नगर था। जातकों में वर्णन मिलता है कि यह खाई तथा प्राचीर के द्वारा परिवेष्टित था। चम्पा नामक नदी अंग एवं मगध के बीच सीमा-निर्धारण करती थी।[५] पालिग्रन्थों के अनुसार इसमें 'गग्गरापोखरणी' नामक एक कासार था, जिसका निर्माण गग्गरा नामक साम्राज्ञी ने किया था। इस कासार के तट पर चम्पक वृक्षों का एक गुल्म था, जिसके कारण आसपास के क्षेत्र में सौरभयुक्त वायुमण्डल का प्राधान्य था।[६]

यह नगर महावीर तथा गौतम बुद्ध की कृतियों से सम्बन्धित था। गौतम बुद्ध के काल में यहाँ पर कुछ आचार्यों ने भी धर्म-प्रचार किया था; उदाहरणार्थ, **पुराण-कस्सप, मोक्खलि गोसाल, अजितकेसकम्बलिन, पकुधकच्चायन, संजयबेलट्ठिपुत्त** तथा **निगन्थनाथपुत्त**।[७] महावीर ने इस नगर में तीन वर्षा-ऋतुएँ बितायी थीं। जैनों के बारहवें तीर्थंकर वासुपूज्य की यह जन्मभूमि थी। यहाँ पर प्रभव एवं सयम्भव पधार

---

१. ला० बी० सी०, इण्डोलॉजिकल स्टडीज़, पृष्ठ ४९।

२. ''दन्तपुरं कलिंगानमस्सकानांच पोतनम्।
माहिस्मती अवन्तीनम् सोवीरांच रोरुकम्।
मिथला च विदेहानम् चम्पा अंगेसु मापिता।
वाराणसी च कासीनम् एते गोविन्द-मापितेति॥'' —दीघनिकाय, १९, ३६।

३. बुद्धिस्ट इण्डिया, पृष्ठ ३५।

४. इसका वास्तविक आधुनिक प्रतिनिधि नाथनगर है जो भागलपुर (बिहार) का समीपस्थ नगर है।

५. जातक, ४, ४५४।

६. मललसेकर, २, ७२४।

७. मज्झिम-निकाय, २, २।

चुके थे। सयम्भव ने यहाँ पर दशवैकासिक सूत्र का संकलन किया था।[१] जैन चम्पकश्रेष्ठिकथा (चम्पा में रहने वाले सेठ की कथा) के अनुसार यह नगर समृद्धावस्था में था। इसके अनुसार इस नगर में माला बनाने वाले, बढ़ई, जुलाहे, सुवर्णकार, जौहरी तथा गान्धिक आदि रहते थे।

चम्पा में गौतम बुद्ध कई बार आ चुके थे। वे गग्गरापोखरणी के तट पर रुकते थे।[२] उनके समय में इस नगर की गणना उत्तरी भारत के छह प्रधान नगरों में की जाती थी। इस नगर की श्रेष्ठता के कारण आनन्द ने गौतम बुद्ध के महापरिनिर्वाण के उपर्युक्त नगरों में इसकी गणना की थी। वाणिज्य के क्षेत्र में भी इसकी महत्ता का निर्देश प्राचीन ग्रन्थों में मिलता है। यहाँ के व्यापारी सुवर्णभूमि तक व्यापार के निमित्त निकल जाया करते थे। विद्वानों का कहना है कि चम्पा के ही नागरिकों ने इण्डोचीन में इस नाम के उपनिवेश की स्थापना की थी।[३]

गौतम बुद्ध के जीवन से सम्बन्धित होने के कारण यहाँ बौद्ध यात्री आया करते थे। चीनी यात्री फाह्यान भी तीर्थों का भ्रमण करता हुआ चम्पा आया था। वह लिखता है कि यह नगर पाटलिपुत्र से १८ योजन की दूरी पर स्थित था। उसके अनुसार यह गंगा नदी के दक्षिणी तट पर बसा हुआ था। उसके आगमन के समय इस नगर की विनासोन्मुखी क्रिया प्रारम्भ हो गई थी। उसने वहाँ पर स्तूपों एवं विहारों के वर्तमान होने का उल्लेख किया है।[४] ख्वान् च्वांग भी भारतीय सांस्कृतिक केन्द्रों का पर्यटन करता हुआ चम्पा आया था। वह इरणपर्वत से ३०० ली (५० मील) की दूरी समाप्त कर चम्पा पहुँचा। उसके अनुसार चम्पा-देश की परिधि ४०० ली (७० मील) तथा नगर की परिधि ४० ली (७ मील) थी। वह भी लिखता है कि यह नगर गंगा के दक्षिण तट पर स्थित था। उसके आगमन के समय यह पुर काफी विनष्ट हो चुका था। इसके मठ गिर चुके थे। उनके खण्डहरों में लगभग २०० हीनयान मतावलम्बी रहते थे। वह लिखता है कि इस नगर से १४० ली (२४ मील) की दूरी पर गंगा के दक्षिणी तट पर एक आकर्षक देव-मन्दिर वर्तमान था।[५]

मिथिला—बिहार की ललामभूता नगरी मिथिला विदेह की राजधानी थी। (वैदेहजनपदे मिथिलायां राजधान्याम्—दिव्यावदान, पृष्ठ ४२४)। शतपथ ब्राह्मण (१. ४, १) के अनुसार माधव विदेह ने इस प्रदेश को बसाया, अतएव इसका नाम विदेह पड़ा। जातक ग्रन्थों के अनुसार विदेह की परिधि ३०० योजन थी (त्रियोजनसतिके—जातक, ४, ३८६)। इसका द्वितीय नाम तीरभुक्ति (आधुनिक तिरहुत) था। तीरभुक्ति से

१. ला, बी० सी०, इण्डोलॉजिकल स्टडीज़, पृष्ठ ५०।
२. वाटर्स, २, १८२।
३. मललसेकर, २, ७२४।
४. लेग्गे, फाह्यान, पृष्ठ १००।
५. वाटर्स, २, १८१।

तात्पर्य दो नदियों (बड़ी गण्डक तथा बागमती) के तटों (तीर) के बीच की भुक्ति अर्थात् प्रदेश से था। प्राचीन अभिलेखों में भुक्ति शब्द का प्रयोग अन्य प्रदेशों के सम्बन्ध में भी आता है; उदाहरणार्थ, **पुण्ड्रवर्द्धनभुक्ति, कौशाम्बीभुक्ति, अहिच्छत्रभुक्ति** तथा **श्रावस्ती-भुक्ति।**

मिथिला का उल्लेख महाभारत में मिलता है। इस ग्रन्थ के अनुसार इन्द्रप्रस्थ से राजगृह जाते समय कृष्ण, भीम एवं अर्जुन के साथ मिथिला आये हुए थे (सभापर्व, पृष्ठ २०)। इस नगर का वर्णन जातक ग्रन्थों में भी आता है। रामायण (ग्रिफिथ का अनुवाद, ६८, पृष्ठ ९०) के अनुसार विश्वामित्र, राम एवं लक्ष्मण के साथ अयोध्या से मिथिला चार दिनों में पहुँचे थे। पुराणों के अनुसार निमि के पुत्र मिथि के नाम के आधार पर मिथिला नाम पड़ा (वायुपुराण, ८९, ६)। इस नगर के जन्मदाता होने के कारण इसका नाम जनक पड़ा (निमेः पुत्रस्तु तत्रैव...पुरीजननसामर्थात् जनकः स च कीर्तितः— भागवतपुराण, ९, १३, १३)।

जातकों में इसके वैभव का मनोरम विवरण उपलब्ध होता है। महाउम्मग जातक (संख्या ५४६) के अनुसार मिथिला के चतुर्दिक् तीन प्रकार की परिखाएँ विद्यमान थीं—(१) उदकपरिखा (जल से भरी हुई खाई), (२) कद्दमपरिखा (दलदल से भरी हुई खाई) तथा (३) सुक्ख परिखा (सूखी हुई खाई)। इसके चतुर्दिक् ऊँची दीवाल थी, जिसमें सुदृढ़ बुर्ज़ एवं द्वार बने हुए थे। नगर के भीतर सुन्दर राजमार्ग तथा मनोरम वाटिकाएँ एवं सरोवर निर्मित थे। इसके नागरिक काशी के रेशमी वस्त्र के प्रेमी थे। यहाँ के प्रासादों की छटा अन्वेक्षणीय थी तथा उच्चकुल की महिलाएँ सुगन्धित द्रवों एवं बहुमूल्य आभरणों से अलंकृत थीं (जातक, ६, ४६)। विदेहाधिपति जनक की धार्मिक एवं सांस्कृतिक कृतियों से इस नगर की शोभा का विस्तार द्विगुणित हो उठा था। इसके नागरिक सभ्य, सुसंस्कृत तथा सम्पन्न थे। वे उत्सवप्रेमी एवं धर्मपरायण तथा परोपकारसंलग्न थे। इसके राजमार्गों का निर्माण वैज्ञानिक पद्धति के अनुसार किया गया था (महाभारत, वनपर्व, २०६, ६-९)। रामायण के अनुसार यह नगर सुरम्य, शान्ति सम्पन्न एवं उच्च प्राकार के द्वारा परिवेष्टित था (ग्रिफिथ का अनुवाद, पृष्ठ ५१)।

वाणिज्य के क्षेत्र में बौद्ध काल में ही मिथिला की प्रतिष्ठा स्थापित हो चुकी थी। जातकों के अनुसार श्रावस्ती के व्यापारी गाड़ियों में भाण्डों को भर कर उनके विक्रय के निमित्त मिथिला आते थे। वहाँ वे माल बेंच कर स्थानीय वस्तुओं से अपनी गाड़ियों को भरते थे तथा इसी रूप में श्रावस्ती लौटते थे (जातक, ६, ३२)। बौद्धिक केन्द्र के रूप में इसकी ख्याति सुविशेष थी। यहाँ के शासक विद्यानुरागी तथा शास्त्रनिपुण थे। भारतीय परम्परा के अनुसार जनक दर्शन के प्रेमी एवं विद्वानों के आश्रयदाता थे। बौद्धकाल में मिथिला के एक शासक ने विद्योपार्जन के निमित्त चार आचार्यों को नियुक्त किया था (जातक, ६, ३३३)। मिथिला के नागरिक अध्ययनार्थ तक्षशिला आते थे। इस पुर के पिङ्गुत्तर नामक नवयुवक ने तक्षशिला में एक प्रवीण आचार्य से विविध विषयों का अनुशीलन किया था (जातक ६, ३४७)। यहाँ का ब्रह्मायु नामक नागरिक इतिहास,

व्याकरण एवं लोकायत का आचार्य एवं नाना गुणों (महापुरुषलक्षणानि) से युक्त था। (मज्झिम-निकाय, २, १३३)। यहाँ के दार्शनिकों में मण्डन मिश्र एवं गंगेश उल्लेखनीय हैं। वैष्णव कवि विद्यापति मिथिला की विभूति थे। इनके ललित एवं गेय पदों से मिथिला की अमराइयाँ आज भी गुंजित हो उठती हैं।

इस नगर का सांस्कृतिक वातावरण धार्मिक तत्त्वों से भी प्रभावित था। मज्झिम-निकाय में एक स्थान पर वर्णन मिलता है कि गौतम बुद्ध ने इस नगर में मखादेव एवं ब्रह्मायु सूत्रों का प्रवर्तन किया था (२, ७४, १३३)। यहाँ पर उल्लेखनीय है कि मिथिला में गौतम बुद्ध की कृतियों के प्रसार के विषय में बौद्ध ग्रन्थों में कम ही वर्णन मिलते हैं। इससे ज्ञात होता है कि उनके समय में इस नगर में ब्राह्मण धर्म का ही विशेष प्राधान्य था तथा बौद्ध धर्म का प्रचार कम हो सका था। प्राचीन ग्रन्थों में मिथिला-नरेशों को धर्मनिष्ठ बताया गया है। उदाहरणार्थ; साधिन नामक मिथिला-नरेश उपवास एवं विभिन्न व्रतों का अनुष्ठान करता था (जातक, ४, ३१५)। वहाँ के मघादेव नामक नरेश ने लौकिक वासनाओं के प्रति अनासक्ति के कारण प्रव्रज्या धारण की थी (जातक, १, १३७)। सुरुचि की पत्नी सुमेधा ने पुत्ररत्न की प्राप्ति के निमित्त आठ व्रतों (अट्ठ सीलानि) का अनुष्ठान किया था (जातक, ४, ३१५। लाहा बी० सी० इंडोलॉजिकल स्टडीज़, पृष्ठ ९८-९९)।

इस नगर के धार्मिक इतिहास के विषय में जनक का नाम विशेष रूप से उल्लेखनीय है। महाभारत में इनके द्वारा यज्ञों के सम्पादन के उल्लेख मिलते हैं (वनपर्व, १३२, १३४)। प्राचीन ग्रन्थों में इस नरेश को लौकिक आसक्तियों से पराङ्मुख बताया गया है। महाभारत में जनक के विषय में एक कथा आती है कि मिथिला का नगर किसी समय प्रबल अग्निदाह के कारण भस्मीभूम होने के सन्निकट आ गया। उस समय इस नरेश ने अनासक्ति के साथ कहा था, ''इस जलते हुई नगरी में मेरा कुछ भी नहीं जल रहा है'' (मिथिलायाम् प्रदीप्तायाम् न मे दह्यति किंचन्—महाभारत, १२, १७, १८-१९)। महाजनक जातक में भी इसी प्रकार का वर्णन मिलता है (मिथिलायाम् दह्यमानाय न मे किंचि अडह्यथ—जातक, ६, ५४-५५)। गौतम बुद्ध के समय में विदेह में गणराज्य वर्तमान था। यह वज्जिसंघ में सम्मिलित था। इस संघ के राजनीतिक प्रभाव की गणना उत्तरी भारत की बड़ी शक्तियों में की जाती थी। मिथिला की एकता आधुनिक जनकपुर से की जाती है।

ताम्रलिप्ति— यह नगर पूर्वी समुद्र-तट का सबसे बड़ा बन्दरगाह था। बौद्ध ग्रन्थों में इसे 'तामलित्त' कहा गया है। तोलेमी के अनुसार यह गंगा के मुहाने पर स्थित था।[१] विष्णुपुराण में इसे समुद्र-तट पर स्थित पुरी (समुद्रतटपुरी) कहा गया है।[२] फाह्यान चम्पा से पचास योजन की दूरी तय करता हुआ ताम्रलिप्ति आया था। इस नगर तथा

---

१. **मजूमदार, हिस्ट्री ऑफ़ बंगाल, पृष्ठ २९।**

२. **विष्णुपुराण, चतुर्थ अंश, अध्याय २४, ६४।**

उसके आसपास २२ मठ थे, जिनमें रहने वाले भिक्षु बौद्ध ग्रन्थों का अध्ययन करते थे। इस नगर का वातावरण बौद्ध धर्म से काफी प्रभावित था। बौद्ध सूत्रों की प्रतिलिपि करने के निमित्त वह इस नगर में दो वर्ष रुका हुआ था।[१] उसके अनुसार इस समय वह एक समृद्धिशाली बन्दरगाह था। स्वदेश वापस लौटने के निमित्त वह यहीं पर व्यापारियों के एक बड़े जहाज में बैठा था। यह जलपोत समुद्र-तट से होता हुआ चौदह दिनों की कठिन यात्रा के उपरान्त सिंहल पहुँचा। लोग ताम्रलिप्ति से सिंहल की दूरी सात सौ योजन बताते थे।[२] कालिदास के रघुवंश के अनुसार द्वीपान्तर (पूर्वी द्वीप-समूह) से हमारे देश में मसाले आते थे।[३] लगता है कि ये ताम्रलिप्ति के बन्दरगाह पर उतारे जाते थे।

ख्वान् च्वांग के विवरण में इस नगर का नाम तन-मो-लिह-ती (ताम्रलिप्ति) दिया गया है।[४] उसके अनुसार इस नगर की परिधि दो मील के लगभग थी। वह लिखता है कि यह समुद्रतट पर बसा हुआ था। भूमितल नीचा होने के कारण इसकी जलवायु नम थी। यह एक उर्वर प्रदेश था। वहाँ फल-फूल का प्राधान्य था। नागरिक साहसी पर कुछ उद्धत प्रकृति के थे। उनमें अधिकांश बौद्ध मतावलम्बी थे। इस नगर में दस मठ थे, जिनमें रहने वाले भिक्षुओं की संख्या एक हजार से ऊपर ही थी। इस नगर के उपकण्ठ पर अशोकनिर्मित एक स्तूप था।[५] इत्सिग लिखता है कि चीन से समुद्रमार्ग के द्वारा भारत आने वाले यात्री ताम्रलिप्ति के बन्दरगाह पर उतरते थे और यहाँ से स्वदेश वापस जाते थे। इत्सिग इसी बन्दरगाह पर उतरा था।[६]

दशकुमारचरित से ज्ञात होता है कि ताम्रलिप्ति के पोताश्रय से व्यापारी जहाजों में बैठकर सिंहल, यूनान, जावा तथा चीन को प्रस्थान करते थे।[७] बृहत्कथामंजरी के द्वारा इस नगर के वाणिज्यविपयर्कविकास के सम्बन्ध में सूचना मिलती है।[८] कालान्तर के ग्रन्थों में भी यह नगर विशिष्ट व्यापार-केन्द्र के रूप में वर्णित है। अभिधानचिन्तामणि के लेखक के अनुसार **तामलिप्त, तमालिनी, स्तम्बपुर** तथा **विष्णुगृह** आदि इस नगर के विभिन्न नाम थे।[९] त्रिकाण्डशेष में ताम्रलिप्ति के स्थान पर बेलाकूल तथा तमालिका नाम

---

१. लेग्गे, फाह्यान, पृष्ठ १००।
२. लेग्गे, फाह्यान, पृष्ठ १००।
३. ''अनेन सार्धं विहराम्बुराशेः तीरेषु तालीवनमर्मरेषु।
द्वीपान्तरानीतलवंगपुष्पैरपाकृता स्वेदलता मरुदिभः॥'' —रघुवंश, ६, ५७।
४. वाटर्स, १, १८९।
५. वही, १, १९०।
६. वही, १, १९०।
७. मजूमदार, हिस्ट्री ऑफ़ बंगाल, पृष्ठ २९।
८. बृहत्कथामंजरी, (चतुर्दारिका) लम्बक ५, श्लोक ७७।
९. मजूमदार, हिस्ट्री ऑफ़ बंगाल, पृष्ठ ३०।

दिया गया है।[१] इन ग्रन्थों से विदित है कि व्यापार के क्षेत्र में महान् प्रगति के कारण यह नगर चिरकाल तक वैभवपूर्ण केन्द्र के रूप में वर्तमान था। ताम्रलिप्ति की पहचान आधुनिक तामलुक से की जाती है।[२]

प्राग्ज्योतिषपुर— यह कामरूप का प्रधान नगर था। इस प्रदेश का द्वितीय नाम प्राग्ज्योतिष था। हेमचन्द्र के अभिधानचिन्तामणि (४, २२) में प्राग्ज्योतिष को कामरूप का दूसरा नाम बताया गया है (प्राग्ज्योतिषाः कामरूपाः)। प्राग्ज्योतिषपुर से तात्पर्य उस नगर से था, जो पहले (प्राक्) ज्योतिष का केन्द्र (ज्योतिषपुर) समझा जाता था। कामरूप का प्राग्ज्योतिष नाम वहाँ पर शाकद्वीपी ब्राह्मणों के आगमन के समय पड़ा। ये ब्राह्मण ज्योतिष के मर्मज्ञ थे। वे ग्रह-शान्ति के लिए अनुष्ठान (ग्रहयज्ञ) करते थे, अतएव उन्हें आचार्य अथवा दैवज्ञ कहा जाता था। उनकी कृतियों के फलस्वरूप ज्योतिषशास्त्र के साथ कामरूप का विशेष सम्बन्ध समझा जाने लगा।[३]

महाभारत एवं रामायण में प्राग्ज्योतिष का उल्लेख मिलता है। महाभारत के अनुसार इसकी सीमा पर किरात एवं चीन देश स्थित थे (सभापर्व, २५, १००२)। वहाँ के भगदत्त नामक सम्राट् ने महाभारत-युद्ध में भाग लिया था। उसकी सेना में चीनी सैनिक सम्मिलित थे (उद्योगपर्व, १८, ५८४)। वराहमिहिर (बृहत्संहिता, १४, ६) ने प्राग्ज्योतिष की गणना पूर्वी देशों के अन्तर्गत की है। अल्बरूनी ने इस क्षेत्र को कामरू (कामरूप) कहा है। उसके अनुसार यह पूर्वी भारत में स्थित था।[४] राजशेखर की काव्यमीमांसा में ताम्रलिप्ति, पुण्ड्र तथा प्राग्ज्योतिष का उल्लेख पूर्व के देशों में हुआ है (वारणस्यां पुरतः पूर्वदेशः, यत्र अंग-कलिंग-कोसल-तोशल-उत्कल-मगध-मुद्गर-मल्लवर्तक, सुह्म-ब्रह्मोत्तर प्रभृत्तयः जनपदाः)।[५]

कामरूप का उल्लेख प्रयाग की प्रशस्ति में भी हुआ है। इस अभिलेख में इसकी गणना समतट (बंगाल का समुद्रतट), डवाक (असम के नवगाँव जनपद में स्थित डबोक), नेपाल (आधुनिक नेपाल) तथा कर्त्तृपुर (कुमायूँ में स्थित कतुरिया राज) आदि समुद्रगुप्त के साम्राज्य के प्रत्यन्त (सीमान्त) नृपति-राज्यों की कोटि में हुआ है। प्रयाग की प्रशस्ति के अनुसार कामरूप का शासक समुद्रगुप्त की अधीनता स्वीकार करता था (सर्वकरदानाज्ञाकरणप्रणामागमनपरितोषितप्रचण्डशासनस्य)।

अफसढ़ के लेख में कामरूप के शासक सुस्थित्वर्मा का नामोल्लेख हुआ है। इस अभिलेख के अनुसार उत्तरगुप्त नरेश महासेनगुप्त ने उसे लौहित्य (ब्रह्मपुत्र) नदी के तट

---

१. मजूमदार, हिस्ट्री ऑफ़ बंगाल, पृष्ठ ३०।

२. द्रष्टव्य—लेग्गे फाह्यान (पादटिप्पणी), पृष्ठ १००।

३. सखाऊ, १, २०१।

४. लाहा बी० सी०, इंडोलॉजिकल स्टडीज़, पृष्ठ ७९।

५. काव्यमीमांसा, अध्याय १७।

पर परास्त किया था। इस कारण उसकी कीर्ति का गान इसके दोनों तटों पर होता था।[१] डॉक्टर राधाकुमुद मुकर्जी तथा फ्लीट का कहना है कि सुस्थित्वर्मा मौखरिवंशी नरेश शर्ववर्मा का पुत्र था, पर निधानपुर तथा नालन्दा के ताम्रलेखों के आधार पर अब यह सिद्ध हो चुका है कि वह असम का शासक एवं हर्षकालीन कामरूप-नरेश भास्करवर्मा का पूर्वज सम्राट् था।

य्वान् च्वांग के वर्णन में कामरूप (का-मो-लु-पो) का उल्लेख मिलता है। वह भास्करवर्मा के अनुरोध के कारण वहाँ आया हुआ था। उसके अनुसार इस क्षेत्र की परिधि १०,००० ली (सत्तरह सौ मील) एवं राजधानी १० ली (लगभग डेढ़ मील) थी। यह नम, उर्वरा शक्ति से सम्पन्न एवं निम्न धरातल वाला प्रदेश था। यहाँ की जलवायु उत्तम कोटि की थी। इसके निवासी कृष्ण वर्ण तथा लघु कद के हुआ करते थे। उनकी भाषा मध्य देश की भाषा से विभिन्न थी। वे सत्यवादिता एवं उच्च आचरण के लिए विख्यात थे। य्वान् च्वांग के वर्णन से लगता है कि यहाँ पर अभी तक बौद्ध धर्म का प्रचार नहीं हो सकता था। उसे वहाँ एक भी मठ दृष्टिगोचर नहीं हुआ। उसके अनुसार कामरूप के नागरिक कृष्णमतावलम्बी थे। उसने वहाँ पर कई ब्राह्मण-मन्दिरों के वर्तमान होने का उल्लेख किया है। वह लिखता है कि वहाँ का शासक भास्करवर्मा ब्राह्मण जाति का था। उसका एक द्वितीय नाम कुमार भी था। बाणभट्ट ने लिखा है कि भास्करवर्मा शिव का कट्टर भक्त था। य्वान् च्वांग के अनुसार वह नरेश विद्याप्रेमी और विद्वानों का संरक्षक था। यद्यपि वह बौद्ध मतावलम्बी नहीं था, तथापि श्रमणों को वह पर्याप्त आदर की दृष्टि से देखता था। वह लिखता है कि कामरूप के पूर्व में पर्वतमालाएँ थीं, जिन्हें पार करना कठिन कार्य था। इनमें बिच्छू तथा सर्पादि के काटने का भय बना रहता था। कामरूप के दक्षिण-पूर्व भाग में हाथियों का बाहुल्य था। युद्धादि में ये लाभदायक सिद्ध होते थे।[२]

कालिका पुराण (अध्याय ३८) के अनुसार प्राग्ज्योतिष का द्वितीय नाम कामाख्या था। यह कामाख्या देवी के मन्दिर के लिए प्रसिद्ध था। शाक्त इस मन्दिर को श्रद्धात्मक दृष्टि से देखते थे। य्वान् च्वांग तथा कामरूप-नरेश भास्करवर्मा के बीच जो संवाद हुआ, उसके अनुसार इस समय नगर में एक चीनी गीत लोकप्रिय थी।[३] विद्वानों का ऐसा अनुमान है कि प्राचीन प्राग्ज्योतिषपुर के स्थान पर आधुनिक गौहाटी नगर बसा हुआ है।[४]

■

---

१. "श्रीमत्सुस्थितवर्मयुद्धविजयश्लाघापदाकं मुहुः।
लौहित्यतटेषु...स्फीतं यशो गीयते॥" —अफसढ़ का लेख।

२. वाटर्स, २, १८६।

३. बागची, इण्डिया एण्ड चाइना, पृष्ठ १८।

४. वाटर्स, २, १९६।

७

पश्चिम भारत के नगर

विदिशा—इस नगर की गणना भारतवर्ष की प्रसिद्ध प्राचीन पुरियों में की जाती थी। पालिग्रन्थों में इसे **वेदिस,**[१] **वेदिसा**[२] तथा **वेदिसनगर**[३] कहा गया है। वायुपुराण में विदिशा का उल्लेख विदिशा नदी (आधुनिक वेस अथवा वेदिसा नदी) तथा वेत्रवती (आधुनिक बेतवा) के सम्बन्ध में हुआ है। ये दोनों नदियाँ पारियात्र पर्वत से निकलती थीं। इससे निकलने वाली अन्य नदियाँ परा, चर्मण्वती (चम्बल) तथा शिप्रा थीं, जिनका उल्लेख पुराणों में हुआ है।[४] ब्रह्माण्ड पुराण में विदिशा तथा वेत्रवती नदियों के नाम का उल्लेख **वर्णाशा, नन्दना, सदानीरा, महानदी, पाशा** तथा **चर्मण्वती** के साथ हुआ है।[५] लगता है कि विदिशा नदी के नाम की व्युत्पति का सम्बन्ध विदिशा नगर के साथ थां।

यह नगर पाटलिपुत्र से ५० योजन की दूरी पर स्थित था।[६] पाटलिपुत्र से उज्जयिनी जाने वाला मार्ग विदिशा होकर जाता था (उज्जेनिम् गच्छन्तो वेदिसनगरम् पत्वा)।[७] उज्जयिनी के राज्यपाल-पद को ग्रहण करने के निमित्त जाते समय अशोक विदिशा में रुका हुआ था। वहाँ उसने नगर-श्रेष्ठि देव की कन्या देवा के साथ विवाह किया। वह यौवनसम्पन्ना, परम सुरूपा एवं विविध गुणों से युक्त थी। (वेदिसनगरे देवानामकस्स सेट्ठिस्स घरे निवासम् उपगत्वा तस्स सेट्ठिस धीतरम् लक्खण-सम्पन्नाम् योब्बनपात्तम् वेदिसदेवीम् नाम कुमारिकाम् दिस्वा ताय पटिबद्धचित्तो मातापितूनम् कथापेत्वा तम् दिन्नम् पटिलभित्वा ताय सद्धिम् संवासम्

---

१. बरुआ, भारहुत-लेख, पृष्ठ १४।

२. वही, पृष्ठ ३।

३. समन्तपासादिका, पृष्ठ ७०।

४. ''परा चर्मण्वती चैव विदिशा वेत्रवत्यपि।
शिप्रा ह्यवन्ती च तथा पारियात्राश्रयाः स्मृताः॥'' —वायुपुराण, ४५, ९८।

५. ''वर्णाशा नन्दना चैव सदानीरा महानदी।
पाशा चर्मण्वतीनूपा विदिशा वेत्रवत्त्यपि॥'' —ब्रह्माण्डपुराण, २, १६, २८।

६. महाबोधिवंश, ९८-९९।

७. समन्तपासादिका, पृष्ठ ७०। लाहा बी० सी० इंडोलॉजिकल स्टडीज़, पृष्ठ १४९-१५०।

कप्पेसि)।[१] महाबोधिवंश के अनुसार इससे महिन्द नामक पुत्र एवं संघमित्रा नामक पुत्री उत्पन्न हुई। इस ग्रन्थ में उसे 'वेदिस-महादेवी' कहा गया है।[२]

इस नगर का प्रथम उल्लेख महाभारत में उपलब्ध होता है।[३] रामायण के अनुसार रामचन्द्र ने इस नगर को शत्रुघ्न को दिया था।[४] रघुवंश में वर्णन मिलता है कि शत्रुघ्न के दो पुत्र थे—(१) शत्रुघातिन् तथा (२) सुबाहु। उन्होंने शत्रुघातिन् को मथुरा में तथा सुबाहु को विदिशा में शासक नियुक्त किया था।[५] कालिदास के ग्रन्थों में इस नगर का प्रचुर उल्लेख मिलता है। मेघदूत के अनुसार यह वेत्रवती के तट पर स्थित तथा दशार्ण देश का प्रधान नगर था।[६] ललितविस्तर में दशार्ण की गणना जम्बूद्वीप के १६ जनपदों में की गई है (सर्वस्मिन् जम्बुद्वीपे षोडशजनपदेषु)।[७] मार्कण्डेय पुराण में दशार्ण देश के नाम की उत्पत्ति का कारण इस नाम की एक नदी को बताया गया है, जो कि इसके बीच होकर बहती थी।[८] दशार्ण नदी की पहचान आधुनिक दशान नामक नदी से की जाती है, जो कि वेत्रवती की एक सहायक नदी है। पेरिप्लस में दशार्ण क्षेत्र का उल्लेख (दसरेन) के नाम से किया गया है। इसके अनुसार यहाँ हाथी-दाँत की उत्तम कोटि की वस्तुएँ बनती थीं।[९] इससे प्रतीत होता है कि विदिशा हाथी-दाँत के व्यवसाय का एक केन्द्र रहा होगा। जातकों में भी दशार्ण जनपद का उल्लेख हुआ है। उनके अनुसार यहाँ तेज धार की तलवारें बनाई जाती थीं (दसण्णकम् तिखिणधारम् असिम—जातक, ३, ३३८)।

कालिदास के मालाविकाग्निमित्रम् से ऐसा प्रतीत होता है कि शुंगों के काल में यह नगर एक प्रसिद्ध केन्द्र समझा जाता था। जिस प्रकार मौर्यों के समय में उज्जयिनी उनके साम्राज्य की पश्चिमी राजधानी थी, उसी प्रकार शुंगों के काल में विदिशा उनके साम्राज्य की पश्चिमी राजधानी थी। यहाँ पुष्यमित्र का पुत्र अग्निमित्र उसके प्रतिनिधि के रूप में शासन करता था। बेसनगर के गरुड-स्तम्भ से ज्ञात होता है कि शुंगों के काल में इस नगर में भागवत (वैष्णव) धर्म का प्रचार था। इस पर उत्कीर्ण एक लेख के अनुसार तक्षशिला के यवनराज अन्तलिकित (अन्तिआलकिदास) का हेलिओडोरस नामक राजदूत शुंग-शासक कौत्सीपुत्र भागभद्र के दरबार में विदिशा आया हुआ था। वह भागवत मतावलम्बी था। उसने विदिशा में गरुड-स्तम्भ की स्थापना की थी, जिस

---

१. **महावंश-टीका, १, पृष्ठ ३२४।**
२. **महाबोधिवंश, ९८। ला०, बी०सी० इंडोलॉजिकल स्टडीज़, पृष्ठ १५४।**
३. **आदिपर्व, ११३, ४४४९।**
४. **उत्तरकाण्ड, अध्याय १२१।**
५. **रघुवंश, सर्ग १५, श्लोक ३६।**
६. **मेघदूत, श्लोक २५-२६।**
७. **ललितविस्तर, पृष्ठ २२।**
८. **मार्कण्डेय पुराण, ५७, २१-२५।**
९. **पेरिप्लस, पृष्ठ ४७।**

पर यह लेख उत्कीर्ण मिलता है (देवदेवस वासुदेवस गरुडध्वजे अयं कारिते इअ हेलिओदोरेण भागवतेन दियसपुत्रेण तख्खसिलाकेन योनदूतेन आगतेन महाराजस अन्तलिकितस सकासं रजोकोसीपुत्रस भागभद्रस त्रातारस वसेन चतुदसेन राजेन वधमानस)।[१]

यह गरुडस्तम्भ प्रस्तरनिर्मित है। यह ब्राह्मण धर्म से सम्बन्धित प्रथम प्रस्तर-स्मारक है। कला की दृष्टि से यह स्तम्भ महत्त्वपूर्ण है। अशोक-स्तम्भों के समान इस स्तम्भ पर भी पारसीक घण्टानुमा आकृति (पर्सिपोलिटन बेल) उपलब्ध होती है। यद्यपि इस स्तम्भ का स्थापत्य अशोककालीन स्तंभ-निर्माण-कला से प्रभावित है, तथापि इसमें कुछ नवीनताएँ भी परिलक्षित होती हैं। जहाँ अशोक के स्तम्भों का निचला भाग सादा और गोल है, वहाँ इस स्तम्भ का निचला भाग अलंकृत एवं आठ कोने का है। इसका मध्य भाग एवं ऊपरी भाग क्रमशः १६ और ३२ कोनों वाला है। यह विशेषता अशोक के स्तम्भों में नहीं मिलती। मालविकाग्निमित्रम् में विदिशा से सम्बन्धित कतिपय शुंगकालीन घटनाओं के वर्णन उपलब्ध होते हैं। इस नाटक में विदिशा-शासक अग्निमित्र तथा विदर्भ-राजकन्या मालविका की प्रणय-कथा का वर्णन मिलता है।[२]

भारहुत के लेखों के अनुसार विदिशा के बौद्ध मतावलम्बी नागरिकों ने यहाँ के स्मारकों के निर्माण में योगदान किया था। भारहुत स्तूप के एक उत्कीर्ण-लेख के अनुसार विदिशा-निवासी रेवतिमित्र की भार्या चम्पा देवी ने इसका निर्माण किया था (वेदिसा चपादेवाय रेवतिमितभारियाय पठमो थभो दानम्-बरुआ, भारहुत-लेख, पृष्ठ ३)। भारहुत के लेखों से विदिशा के कतिपय अन्य नागरिकों के द्वारा भी इस स्थान पर दान के विषय में सूचना प्राप्त होती है, उदाहरणार्थ, वेणिमित्र की भार्या वाशिष्ठी के द्वारा दान (वेदिसा वासिठिया वेलिमितभारियाय दानम्—भारहुत-लेख, पृष्ठ १४), आर्यमा के द्वारा दान (वेदिसा अयमाय दानम्—भारहुत-लेख, पृष्ठ १७) तथा भूतरक्षित के द्वारा दान (वेदिसातो भूतरक्षितसदानम्—भारहुत-लेख, पृष्ठ २०)।

इस नगर का वर्णन पुराणों में भी आता है। इससे निष्कर्ष निकलता है कि इसका धार्मिक वातावरण ब्राह्मण-धर्म से भी प्रभावित था। स्कन्दपुराण में इसे तीर्थस्थान कहा गया है।[३] गरुड पुराण के अनुसार इस नगर की छटा अन्वेक्षणीय (शोभाढ्यम्) थी। यह विविध बहुमूल्य धातुओं से सम्पन्न था (नानारत्नसमाकुलम्) तथा इसमें विविध प्रदेशों के निवासी रहते थे (नानाजनपदाकीर्णम्)। यह नगर धर्म का केन्द्र था (नानाधर्म-समन्वितम्)। इसके नागरिक ऐश्वर्य एवं विलास की सामग्री से सम्पन्न थे

---

१. सरकार, सेलेक्ट इंसक्रिप्शंस, पृष्ठ ९१।

२. मालविकाग्निमित्रम्, अंक ५।

३. लाहा, बी० सी०, इंडोलॉजिकल स्टडीज़, भाग ३, पृष्ठ १५१।

(सर्वसम्पत्समन्वितम्)।[१] इस नगर की एकता आधुनिक बेसनगर से की जाती है।

उज्जयिनी— उज्जयिनी भारतवर्ष में एक प्रधान नगर था। यह अवन्ती (मालवा) का सब से समृद्धिशाली नगर था। यही कारण है कि इसे **अवन्ती,**[२] **अवन्तिपुरी,**[३] तथा **अवन्तिका**[४] भी कहा जाता था। इसके कतिपय अन्य नाम भी थे, उदाहरणार्थ— **विशाला,**[५] **पद्मावती, भोगवती** एवं **हिरण्यवती**।[६] इसकी प्रसिद्धि सर्वप्रथम महाजनपद काल से प्रारम्भ हुई। इस समय यहाँ पर अवन्ति के प्रद्योतवंश की राजधानी वर्तमान थी। गौतम बुद्ध के काल (छठी शताब्दी ईसा पूर्व) में यहाँ पर चण्डप्रद्योत राज्य कर रहा था, जिसकी महान् शक्ति के कारण बहुत से समकालीन नरेश आतंकित थे। इस महत्त्वाकांक्षी नरेश की समस्त साम्राज्यवादी योजनाएँ इसी नगर में बनाई गई थीं। उसने वत्सराज उदयन को यहीं पर बन्दी बनाया था।[७] चण्डप्रद्योत के काल में यह नगर एक विशिष्ट सांस्कृतिक केन्द्र भी माना जाता था। इस समय यह एक वाणिज्यपथ के द्वारा उत्तर-पूर्व भारत के सुप्रसिद्ध व्यापारिक केन्द्रों के साथ घनिष्ठ रूप में सम्बन्धित था, उदाहरणार्थ— **कौशाम्बी, वाराणसी** तथा **पाटलिपुत्र**।[८] जातकों के अनुसार उज्जयिनी एवं वाराणसी के व्यापारियों के बीच एक बहुत बड़ी व्यापारिक एवं सांस्कृतिक प्रतियोगिता विद्यमान थी।[९] गौतम बुद्ध ने इस नगर में कई अवसरों पर प्रवचन दिया, जिससे प्रभावान्वित होने के कारण यहाँ के नागरिकों ने उनके द्वारा प्रवर्तित धर्म को अगाध श्रद्धा के साथ स्वीकार कर लिया। मौर्यों के शासन-काल में वह प्रान्त-अधिष्ठान

---

१. गरुडपुराण, अध्याय ७।

२. ''अवनती नाम नगरी मालवे भुवि विश्रुता।
बभूव तस्य नृपते पृथिवी कुकुदोपमा॥
हृष्टपुष्टजनाकीर्णा दृढ़प्राकारतोरणा।
दृढयन्त्रार्गलद्वारा परिखाभिरलंकृता॥'' —ब्रह्मपुराण, अध्याय ४१।

३. ''अवन्तिपुर्यां द्विजसार्थवाहो युवा दरिद्रः किल चारुदत्तः। —मृच्छकटिक, अंक १।

४. ''अयोध्या मथुरा माया काशी कांची अवन्तिका।
पुरी द्वारावती चैव सप्तैता भुक्तिमुक्तिदाः॥''
—कांचीमाहात्म्यम्, अध्याय १, पृष्ठ ५९।

५. काव्यमीमांसा, पृष्ठ ५५।

६. कथासरित्सागर (टॉनी का अनुवाद), २, २७५।

७. मेघदूत में उदयन के द्वारा प्रद्योत की प्रियदुहिता वासवदत्ता का उज्जयिनी से भगाने का भी उल्लेख मिलता है—
''प्रद्योतस्य प्रियदुहितरं वत्सराजोऽत्र जन्हे।'' —मेघदूत, ३२।
इस ग्रन्थ के अनुसार इस नगर में प्रद्योत के द्वारा लगाया हुआ एक तालवन था—
''हैमं तालद्रुमवनमभूदत्र तस्यैव राज्ञः।'' —वही, ३२

८. मललसेकर, १, ३४४।

९. जातक, २, २४८।

था। विन्दुसार के शासनकाल में अशोक यहाँ पर राज्यपाल के रूप में रहता था। इसी समय यहाँ पर महेन्द्र एवं संघमित्रा का जन्म हुआ था।[१] अशोक के शासनकाल में भी यहाँ पर मौर्य-राजकुमार राज्यपाल का कार्य करता था। इसका स्पष्ट उल्लेख उसने अपने एक अभिलेख में किया है।[२]

कालान्तर में प्रथम शताब्दी ईसा पूर्व के लगभग इसे विक्रम संवत् के प्रवर्तक शकारि विक्रमादित्य की राजधानी बनने का सुअवसर उपलब्ध हुआ। कतिपय विद्वानों का कथन है कि कविकुलकुमुदकलाधर कालिदास इसी विक्रमादित्य के आश्रित कवि थे। उन्होंने मेघदूत में उज्जयिनी का जो वर्णन किया है, वह इस आधार पर इसी काल का सिद्ध होता है, परन्तु मेरा व्यक्तिगत विचार यह है कि कालिदास गुप्त-कालीन थे तथा उनका उज्जयिनी-वर्णन गुप्त-कालीन स्थिति का द्योतक है (देखिए मेरा ग्रन्थ गुप्त राजवंश और उसका युग, पृष्ठ २१८-२८)। कालिदास के अनुसार उज्जयिनी स्वर्ग का एक कान्तियुक्त खण्ड था, जिसका उपभोग करने के निमित्त उत्कृष्ट आचरण वाले देवता अपने अवशिष्ट पुण्यों के प्रताप के कारण स्वर्ग को छोड़कर पृथ्वी पर उतर आये थे।[३] इस नगर में प्रतापी सम्राट् उदयन की कथा जानने वाले पण्डित रहा करते थे।[४] इनकी अगाध विद्वत्ता के कारण यह सम्पूर्ण जगत् की शोभा के तुल्य प्रतीत होता था।[५] मेघदूत में उज्जयिनी की चंचल नेत्रवाली स्त्रियों का भी उल्लेख हुआ है। इस ग्रन्थ में विरही यक्ष पवन से कहता है कि यदि उन लोल अपांग वाली सुन्दरियों ने तुझे एक बार नहीं देखा, तो तुम्हारा जीवन निस्सार है।[६]

यह नगर शिप्रा नदी के प्रातःकालीन कमलों की सुगन्धि के भार से युक्त वायु के कारण सुवासित हो उठता था। यह वायु पुरललनाओं के सुरति के पश्चात् शरीर के पसीने को सुखाकर उन्हें आह्लादित कर देता था। इसके शीतल स्पर्श के कारण हंस एवं सारस कूक उठते थे।[७] यहाँ के महलों में रहने वाली स्त्रियाँ अपने केशों को अगरु तथा

---

१. मललसेकर, १, ३४४।

२. ''उजेनिते पि च कुमाले'' —सरकार, सेलेक्ट इंसक्रिप्शंस, पृष्ठ ४४।

३. ''स्वल्पीभूते सुचरितफले स्वर्गिणां गां गतानाम्।
शेषैः पुण्यैः हृतमिव दिवः कान्तिमत्खण्डमेकम्॥'' —पूर्व मेघदूत, ३०।

४. ''प्राप्यावन्तीनुदयनकथाकोविदग्रामवृद्धान्।'' —पूर्व मेघदूत, ३१।

५. ''पूर्वोद्दिष्टामनुसर पुरीं श्रीविशालां विशालाम्।'' — ३१।

६. ''विद्युद्दामस्फुरितचकितैस्तत्र पौरांगनानां।
लोलापांगैर्यदि न रमसे लोचनैर्वंचितोऽसि॥'' —वही, २९।

७. ''दीर्घीकुर्वन् पटुमदकलं कूजितं सारसानां।
प्रत्यूषेषु स्फुटितकमलामोदमैत्रीकषायः॥
यत्र स्त्रीणां हरति सुरतग्लानिमंगानुकूलः।
शिप्रावातः प्रियतम इव प्रार्थना चाटुकारः॥'' —वही, ३३।

चन्दन आदि के घूटों से सुगन्धित करती थीं। इन स्त्रियों के पैरों में महावर भलीभाँति लगाये गये थे। इनके चिह्नों के द्वारा अटारियों की छत सुशोभित हो उठती थी।[१]

कालिदास के वर्णन से ऐसा प्रतीत होता है कि यहाँ पर शैव्र मतावलम्बी बहुसंख्या में रहते थे। उन्होंने नगर में विद्यमान महादेव के पवित्र धाम चण्डीश्वर का उल्लेख किया है, जहाँ पर शिवभक्त रहा करते थे।[२] उस समय यहाँ पर महाकाल का एक मन्दिर था, जहाँ संध्या के समय आरती उतारी जाती थी।[३] इस मन्दिर में वेश्याएँ नाचती थीं जिनके पैरों की किंकिणी के शब्द से मन्दिर गूँज उठता था। कवि के शब्दों में इन वेश्याओं के कटाक्ष भौरों की पंक्ति के समान काले तथा विषयुक्त थे। वे मन्दिर में प्रतिमा के सामने रत्नजटित डाँडीदार चँवर डुलाती थीं।[४] कविवर ने उज्जयिनी की निशाभिसारिका नायिकाओं का भी उल्लेख किया है। यक्ष पवन से कहता है कि जब तुम्हारे पहुँच जाने के कारण वहाँ घना अन्धकार छा जाय तथा फलस्वरूप इन प्रेमिकाओं को मार्ग न दिखाई दे, तो बीच-बीच में बिजली उसी प्रकार चमका देना, जिस प्रकार काली कसौटी पर सोने की लकीर चमकती है, परन्तु तुम गर्जन मत क़रना, नहीं तो वे घबड़ा उठेंगी।[५] मेघदूत में उज्जियनी की बाजारों का भी उल्लेख हुआ है, जिनमें रत्न, शंख मणि, मयूख तथा बहुमूल्य वस्तुएँ विक्रय के निमित्त सजाई गई थीं।[६]

---

१. ''जालोद्गीर्णैरुपचितवपुः केशसंस्कारधूपैः।
वन्धुप्रीत्या भवनशिखिभिर्दत्तनृत्योपहारः॥
हर्म्येष्वस्याः कुसुमसुरभिष्वध्वखिन्नान्तरात्मा।
त्यक्त्वा खेदं ललितनितापादरागांकितेषु॥'' —पूर्व मेघदूत, ३४।

२. पुण्यं यायास्त्रिभुवनगुरोर्धाम चण्डीश्वरस्य।'' —वही, ३४।

३. वही, ३६।

४. पादन्यासैः क्वणितरसनास्तत्र लीलावधूतैः।
रत्नच्छायाखचितबलिभिश्चामरैः क्लान्तहस्ताः॥
वेश्यास्त्वत्तो नखपदसुखान् प्राप्य वर्षाग्रविन्दून्।
आमोक्ष्यन्ते त्वयि मधुकरश्रेणिदीर्घान् कटाक्षान्॥'' —वही, ३७।

५. ''गच्छन्तीनां रमणवसतिं योषितां तत्र रात्रौ।
रुद्धालोके नरपतिपथे सूचिभेद्यैस्तमोभिः॥
सौदामिन्याः कनकनिकषच्छायया दर्शयोर्व्वीं।
तोयोत्सर्गस्तनितमुखरो मा स्म भूर्विक्लवास्ताः॥'' —वही, ३९।

६. ''हारास्तारांस्तरलघुटिकान् कोटिशः शंखशुक्तीः
शष्यश्यामान्मरकतमणीनुन्मयूखप्ररोहान्।
दृष्ट्वा यस्यां विपणिरचितान् विद्रुमाणांचभंगा—
न्संलक्ष्यन्ते सलिलनिधयस्तोयमात्रावशेषाः॥'' —वही, ३३।
विशद सूचना के लिए द्रष्टव्य—उज्जयिनी थ्रू दी एजेज़, पृष्ठ ५१-५३, लेखक का अनुसन्धान-लेख उत्तर-भारती, जिल्द ९, संख्या १, अप्रैल, १९६२।

प्रथम शताब्दी के उत्तरार्द्ध से लेकर चतुर्थ शताब्दी तक यहाँ पर शकों की राजधानी थी। टालेमी के विवरण में इस नगर के लिए 'ओज़ेन' (Ozene) शब्द आता है। उसके अनुसार यह एक समृद्धिशाली नगर था। पेरिप्लस के यात्रा-विवरण में भी इसके लिए 'ओज़ेन' (Ozene) शब्द का प्रयोग हुआ है। उसके अनुसार यह एक प्रसिद्ध व्यापारिक केन्द्र था। यहाँ के नागरिकों का वाणिज्य-सम्बन्ध **भृगुकच्छ, शूर्पारक, वाराणसी, पाटलिपुत्र, कौशाम्बी** तथा **मथुरा** आदि नगरों के साथ था। पेरिप्लस के अनुसार यहाँ से बहुमूल्य पत्थर, मखमल तथा सूती कपड़े भृगुकच्छ के बन्दरगाह के द्वारा पश्चिमी देशों को भेज दिये जाते थे।[१] द्वितीय शताब्दी के मध्य भाग अर्थात् रुद्रदामन के राज्यकाल में उज्जयिनी के शकों का राज्य बहुत ही विशाल था। जूनागढ़ के लेख के अनुसार इस राज्य में पूर्व एवं पश्चिमी **मालवा, माहिष्मती, आनर्त्त, सुराष्ट्र, भृगुकच्छ, श्वभ्र, सिन्धु, सौवीर, कुकुर, अपरान्त** तथा **निषाद** आदि विषय सम्मिलित थे।[२] इन शकों के राज्यकाल में उज्जयिनी में विशेष प्रकार की रजत-मुद्राएँ ढाली गईं, जिनका अनुसरण चन्द्रगुप्त द्वितीय ने काठियावाड़-विजय के उपरान्त किया।

पाँचवीं शताब्दी के प्रारम्भ में चन्द्रगुप्त द्वितीय ने शकों का अन्तिम संहार कर उज्जयिनी को गुप्त-साम्राज्य में सम्मिलित किया। कतिपय विद्वानों का मत है कि शूद्रककृत मृच्छकटिक गुप्तकालीन रचना है। इसके वर्णन से ज्ञात होता है कि गुप्तों के समय में यह नगर अत्यन्त समृद्धशाली था। इसके अनुसार इस पुर में विविध विहार, आराम, देवालय, सरोवर, कूप तथा यज्ञयूप वर्तमान थे, जिनके कारण इसकी शोभा अन्वेषणीय थी **(विहारारामदेवालयतडागकूपयूपैरलंकृतानगर्युज्जयिनी)**।[३] इस ग्रन्थ में उज्जयिनी के नागरिकों के सामाजिक एवं सांस्कृतिक जीवन के विभिन्न पहलुओं का एक सजीव वर्णन उपलब्ध होता है। नगर-वेश्या वसन्तसेना के भव्य प्रासाद का जो विवरण ग्रन्थकार ने प्रस्तुत किया है, वह बहुत ही मनोरम तथा प्राचीन वास्तु-सम्बन्धी महत्त्वपूर्ण सूचनाओं से परिपूर्ण है। लेखक ने उस विशाल भवन के बहिर्द्वार, विभिन्न प्रकोष्ठ, संगीतशाला, सोपान, गृहफलक तथा वातायन आदि का मूर्तिमान स्वरूप जिस सफलता के साथ उपस्थित किया है, वह परम श्लाघनीय है।

कथासरित्सागर में परम्परा के आधार पर विक्रमादित्यकालीन उज्जयिनी का वर्णन किया गया है। चन्द्रगुप्त द्वितीय की मुद्राओं के ऊपर 'श्रीविक्रम', 'सिंह-विक्रम', 'अजितविक्रम', 'विक्रमांक' तथा 'विक्रमादित्य' आदि उपाधियाँ अंकित मिलती हैं। इस आधार पर कथासरित्सागर के विक्रमादित्य की एकता चन्द्रगुप्त विक्रमादित्य के साथ करना ऐतिहासिक तथ्यों से रहित न होगा। इस ग्रन्थ के अनुसार उज्जयिनी का नगर पृथ्वी का भूषण था। वह अमृत के फेन के तुल्य धवल प्रासादों के विलक्षण

---

१. **पेरिप्लस, ४८।**

२. **सरकार, सेलेक्ट इंसक्रिप्शंस, पृष्ठ १७२।**

३. **मृच्छकटिक, अंक ९।**

सौन्दर्य द्वारा अमरावती को भी लज्जित कर रहा था।[१] काव्यमीमांसा के अनुसार, उज्जयिनी-नरेश विक्रमादित्य (चन्द्रगुप्त विक्रमादित्य) ने तो अपने अन्तःपुर में एकमात्र संस्कृत के ही प्रयोग की आज्ञा दे रखी थी।[२] ऐसा प्रतीत होता है कि शक-विजय के उपरान्त चन्द्रगुप्त द्वितीय ने उज्जयिनी को अपनी द्वितीय राजधानी बना ली थी। यही कारण है कि भारतीय परम्पराओं में उज्जयिनी के साथ उनका विशेष सम्बन्ध मिलता है। कनाड़ी जिले के कतिपय सामन्त, जो कि अपनी उत्पत्ति विक्रमादित्य से मानते थे, इस नरेश को '**उज्जयिनीपुरवर-अधीश्वर**' तथा '**पाटलिपुत्र-पुरवर-अधीश्वर**' कहते थे।[३] इस विक्रमादित्य से तात्पर्य चन्द्रगुप्त विक्रमादित्य से ही निकलता है, जिनके राज्य में पाटलिपुत्र एवं उज्जयिनी, दोनों ही नगर सम्मिलित थे। 'उज्जयिनी-पुरवर' शब्द से यह भी स्पष्ट है कि चन्द्रगुप्त विक्रमादित्य के काल में उज्जयिनी भारत का एक श्रेष्ठ नगर रहा होगा। यह अधिक सम्भव है कि मौर्यकाल के समान ही इस काल में भी साम्राज्य के पश्चिमी प्रान्तों पर नियन्त्रण स्थापित करने के लिए कोई राजकुमार उज्जयिनी में स्थायी रूप से निवास करता रहा हो।

गुप्तों के अधःपतन के उपरान्त भी उज्जयिनी की गणना भारतवर्ष के समृद्धिशाली नगरों में होती रही। सातवीं शताब्दी का चीनी यात्री य्वान् च्वांग उज्जयिनी आया था। वह लिखता है कि इस नगर (उ-शे-नी) की परिधि लगभग ३० ली (पाँच मील) थी। यह एक समृद्धिशाली तथा जनाकीर्ण केन्द्र था। इसके निवासियों की प्रथाएँ गुजरात के निवासियों की प्रथाओं से बहुत अधिक मेल खाती थीं। नगर के भीतर मन्दिर बहुसंख्या में बने हुए थे।[४] बाणभट्ट ने भी, जिसका काल यही (सातवीं शताब्दी) था, कादम्बरी में इसका वर्णन एक समृद्धिशाली नगर के रूप में किया है। इस ग्रन्थ के अनुसार यह नगर शिप्रा के तट पर स्थित तथा तीनों लोकों में श्रेष्ठ था (**सकलत्रिभुवन-ललामभूता**)।[५] इसके चतुर्दिक् एक गहरी खाई तथा एक ऊँचा प्राकार था। नगर के भीतर चित्रशालाएँ बनी थीं, जिनमें सुर, असुर, सिद्ध, गन्धर्व तथा विद्याधरों के चित्र बने हुए थे (सुरासुरसिद्धगन्धर्वविद्याधरोरगाध्यासिताभिश्चित्रशालाभिः)।[६] इस पुर के नागरिक परिहासपेशल, उज्ज्वल वेष वाले, वक्रोक्ति में निपुण, आख्यायिका एवं

---

१. ''अस्तीहोज्जयिनी नाम नगरी भूषणम् भुवः।
हसन्तीव सुधाधौतैः प्रासादैरमरावतीम्॥'' —कथासरित्सागर, ११, ३१।

२. ''श्रूयते चोज्जयिन्यां साहसांको नाम राजा, तेन च संस्कृतभाषात्मकमन्तःपुरं एवेति समानं पूर्वेण।'' —काव्यमीमांसा, अध्याय १०।

३. राय चौधरी, पॉलिटिकल हिस्ट्री ऑफ़ ऐंशेण्ट इण्डिया, पृष्ठ ५५६।
द्रष्टव्य—मेरा लेख, प्राचीन उज्जयिनी : एक ऐतिहासिक परिचय, पृष्ठ ७३, हिन्दुस्तानी, भाग २१, अंक १, १९६०।

४. वाटर्स, १, २५०।

५. कादम्बरी, १०२।

६. वही, १०२।

आख्यान के परिचय में चतुर, सम्पूर्ण लिपियों के ज्ञान रखनेवाले, महाभारत, पुराण एवं रामायण में अनुराग रखने वाले, कलाओं में पारंगत तथा वेदों में प्रेम रखने वाले थे। इसने अमृत के फेन के समान धवल उत्तुंग सौधों की विलक्षण कान्ति के द्वारा अमरलोक की शोभा को भी जीत लिया था।[१] कादम्बरी के अनुसार उज्जयिनी शाखानगर से युक्त था। शाखानगर उस उपनगर को कहते थे, जो कि मूलनगर के उपकण्ठ पर स्थित होता था। शिल्परत्न में कहा गया है कि शाखानगर उस सन्निवेश को कहते हैं, जो कि नगर की सीमा पर स्थित हो (नगरोपान्ते)।[२] शब्दकल्पद्रुम के अनुसार बढ़ी हुई जनसंख्या को स्थान देने के लिए मूलनगर के उपकण्ठ पर जो उपनगर (मूलनगरादन्यत् पुरम्) बसाया जाता है, वही शाखानगर है।[३]

उज्जयिनी का वर्णन कालान्तर के ग्रन्थों में भी मिलता है, उदाहरणार्थ, नवसाहसांकचरित। इस ग्रन्थ की रचना पद्मगुप्त ने दसवीं शताब्दी में की थी। कादम्बरी की भाँति इसमें भी कहा गया है कि उज्जयिनी के विलक्षण सौन्दर्य को देखकर देवपुरी अमरावती लज्जित हो जाती थी।[४] इस ग्रन्थ के अनुसार उज्जयिनी की परिखा काफी चौड़ी थी। दर्शक को ऐसा प्रतीत होता था, मानो नगर के चतुर्दिक् यमुना नदी बह रही हो। इस परिखा में कलहंसों के समूह गुंजार कर रहे थे तथा कमलों की पंक्तियाँ सुशोभित थीं।[५] ग्रन्थकार ने उज्जयिनी के वप्र तथा प्राकार का भी उल्लेख किया है। नगर के भीतर सुधाधौत गृह सुशोभित थे। इनकी कान्ति वरांगनाओं के निवास के कारण द्विगुणित हो उठी थी।[६] शिप्रा के तट पर विलासी नागरिकों के आमोद-प्रमोद के निमित्त लतागृह बने हुए थे।[७] स्थान-स्थान पर रमणीक उपवनों एवं सरोवरों का निर्माण किया था, जहाँ पर पुरवासी भ्रमण एवं जलक्रीड़ा के निमित्त आते थे।[८]

---

१. ''विजितामरलोकद्युतिरिवान्तीषूज्जयिनी नाम नगरी'' —वही, १०८।

२. शिल्परत्न, अध्याय ५।

३. ''मूलनगरेऽसम्मितस्य जनौघस्य मूलनगरस्य समीपेङ्केवा यदन्यत् पुरं क्रियते तत् शाखानगरम्।'' शब्दकल्पद्रुम, भाग ५, पृष्ठ ४४।

तुलनाई—

''आरम्भ मूलनगरादपरं नगरं हि यत्।
तदभिष्यन्दि रमणं शाखानगरमित्यपि॥'' —वही, भाग ५, पृष्ठ ४४।

४. ''अस्ति क्षितावुज्जयिनीतिनाम्ना पुरी विहास्यामरावतीव।''
—नवसाहसांकचरित, सर्ग १, १७।

५. ''आमंजुगुंजत्कलहंसपंक्तिर्विकस्वराम्भोजरजः पिशंगाः।
आभाति यस्याः परिखा नितम्बे सशब्दजाम्बूनदमेखलेव॥'' —वही, १, १८।

६. ''गृहाणि यस्यां सवरांगनानि।'' —वही, १, ४३।

७. ''शिप्रातटोद्यानलतागृहाणि।'' —वही, १, ५०।

८. ''उद्यानवापीपयसीवयस्याम्।'' —वही, १, ५०।

अल्बरुनी ने भी अपने यात्राविवरण में इस नगर का उल्लेख किया है। उसके अनुसार यह धारा से सात फरसाख (एक दूरीसूचक माप) पूर्व में स्थित था।[१] ब्रह्मपुराण में उज्जयिनी को महापुरी कहा गया है। इसके लेखक ने इस नगर के प्राकार, तोरण, अर्गलाद्वार तथा परिखा का उल्लेख किया है। इसके अनुसार नगर के भीतर रम्य चत्वर, सुन्दर राजमार्ग तथा वीथियाँ सुशोभित थीं। इसकी बाज़ारों में वणिकों की दुकाने थीं, जिनमें विविध भाण्ड विक्रय के निमित्त केन्द्रित किये गये थे।[२] सड़कों के दोनो ओर प्रासादों का निर्माण किया गया था, जिनके कारण पुर की शोभा अन्वेक्षणीय थी। नागरिक गीत, वाद्य तथा गोष्ठी आदि के द्वारा अपना मनोविनोद किया करते थे। यहाँ के सरोवरों में हंस, कारण्डव, चक्रवाक, सारस एवं बलाक आदि पक्षी तथा कुमुद एवं उत्पल आदि विभिन्न पुष्प सुशोभित थे।[३] इस पुर की ललनाएँ गुणाढ्य, सम्पूर्ण अलंकारों से विभूषित, प्रियदर्शना, विदग्धा, रूप एवं लावण्य आदि से संयुक्त नृत्य एवं गीत आदि में प्रवीण तथा कथा एवं आलाप में परम दक्ष थीं।[४]

यह नगर धर्म का भी एक महान् केन्द्र माना जाता था। भारत की सात मोक्षदायिका पुरियों में इसकी गणना होती थी। यहाँ पर प्रधान रूप से शिव की पूजा महाकाल के नाम से होती थी। लोगों का विश्वास था कि सम्पूर्ण कामों को पूर्ण करने वाले महाकाल त्रिलोचन शिव इस नगर की रक्षा करते हैं।[५] यहाँ पर महाकाल का एक प्रसिद्ध मन्दिर था, जिसकी प्रदक्षिणा का एक बहुत बड़ा भौतिक एवं आध्यात्मिक लाभ माना जाता था।[६] इस देवालय में नृत्य, स्तोत्र, गीत तथा वाद्य का आयोजन किया जाता था तथा नैवेद्य एवं उपहार इत्यादि विधिवत् चढ़ाये जाते थे।[७] इस नगर में शिवकुण्ड नामक एक जलकुण्ड भी था, जिसमें सम्पूर्ण पापों के प्रक्षालन के निमित्त लोग स्नान करते थे तथा

---

१. सखाऊ, १, २०२।

२. ''नानावणिक्समाकीर्णा नानाभाण्डसुविक्रिया।'' —ब्रह्मपुराण, अध्याय ४१, पंक्ति ५१।

३. ''अन्यैर्जलाशयैः पुष्पैः कुमुदोत्पलमण्डितैः।
पद्मैः सितेतरैः शुभ्रैः कह्लारैश्च सुगन्धिभिः॥'' —ब्रह्मपुराण, अध्याय ४१, ५९।

४. वही, अध्याय ४१।

५. ''तत्रास्ते भगवान्देवस्त्रिपुरारिस्त्रिलोचनः।
महाकालेति विख्यातः सर्वकामप्रदः शिवः॥'' —ब्रह्मपुराण, ४१, ६५।
तुलनार्ह—
''यस्यां वसति विश्वेशो महाकालवपुः स्वयम्।
शिथिलीकृत कैलासनिवासव्यसनो हरः॥'' —कथासरित्सागर, ११, ३२।

६. ''गत्वा शिवालयं पश्चात् कृत्वा तं त्रिःप्रदक्षिणम्।
अश्वमेधसहस्त्रस्य फलं प्राप्नोति मानवः॥'' —ब्रह्मपुराण, अध्याय ४१।

७. ''नैवेद्यरुपाहारैश्च गीतावादैः प्रदक्षिणैः।
दण्डवत्प्रणिपातैश्च नृत्यैस्तोत्रैश्च शंकरम्।
संपूज्य विधिवद्भक्त्या महाकालं सकृच्छिवम्॥'' —वही, अध्याय, ४०, ६७-७०।

उसके उपरान्त देवताओं तथा ऋषियों एवं पितरों का विधिपूर्वक तर्पण करते थे।[१] शिप्रा नदी के जल को लोग बहुत पवित्र मानते थे। लोगों की धारणा यह थी कि इसमें स्नान करने से मनुष्य सम्पूर्ण पापों से विमुक्त हो जाता है तथा उसे स्वर्गलोक में विविध भोगों की प्राप्ति होती है।[२] इस धार्मिक भावना से आकृष्ट होने के कारण लोग बहुसंख्या में यहाँ आया करते थे।

उज्जयिनी की गणना भारतवर्ष के प्रसिद्ध बौद्धिक केन्द्रों में भी हुआ करती थी। राजशेखर ने काव्यमीमांसा में लिखा है कि उज्जयिनी में विद्वानों की एक मण्डली रहती थी, जो प्रसिद्ध काव्यकारों की कृतियों की परीक्षा लिया करती थी। यदि यह मण्डली किसी लेखक की कृति पर अपनी स्वीकृति दे देती थी, तो वह लोगों के द्वारा विशिष्ट रचना मान ली जाती थी। राजशेखर के अनुसार इस विद्वन्मण्डली ने कालिदास, भर्तृमेण्ठ, भारवि, अमरु, हरिचन्द्र तथा चन्द्रगुप्त आदि के ग्रन्थों की परीक्षा ली थी।[३] भारतीय परम्परा के अनुसार बहुत से साहित्यकारों का सम्बन्ध उज्जयिनी के साथ था। एक भारतीय जनश्रुति तो **धन्वन्तरि, कालिदास, वराहमिहिर, क्षपणक, अमरसिंह, शंकु, वेतालभट्ट, घटकर्पर तथा वररुचि** आदि सभी विद्वानों को उज्जयिनी के विक्रमादित्य की सभा का नवरत्न मानती है।[४]

दशपुर—यह गुप्तकाल का एक प्रसिद्ध नगर था। इसका वर्णन कालिदास के मेघदूत में हुआ है, जिससे ज्ञात होता है कि इस ग्रन्थ का मेघ रामगिरि से विदिशा, उज्जयिनी एवं देवगिरि होता हुआ चर्मण्वती (चम्बल) को पार कर दशपुर में पहुँचा था। वहाँ से आगे बढ़ने पर मेघ के मार्ग में ब्रह्मावर्त्तदेश होते कुरुक्षेत्र पड़ा था। काव्यात्मक ढंग से इस पुर का सन्दर्भन करते हुए यक्ष द्वारा मेघ संबोधित किया गया है—"चर्मण्वती नदी पार करके तुम दशपुर की ओर बढ़ जाना और अपना रूप दिखाकर वहाँ की उन रमणियों को रिझाना, जिनकी काली-काली कटीली भौंहें ऐसी

---

१. ब्रह्म पुराण, अध्याय ४१।

२. "आस्ते तत्र नदी क्षिप्रा पुण्यानामेति विश्रुता।
तस्यां स्नातस्तु विधिवत् सन्तर्प्यपितृदेवताः॥
सर्वपापविनिर्मुक्ताः विमानवरमास्थिताः।
मुक्तः विविधान्भोगान्स्वर्गलोके नरोत्तमः॥" —ब्रह्मपुराण, अध्याय ४१, ७५-७६

३. "श्रूयते च उज्जयिन्यां काव्यकारपरीक्षा।
इहकालिदासमेंठौ अत्रामरुरूपसारभारवयः॥
हरिश्चन्द्रचन्द्रगुप्तौ परीक्षिताविह विशालायाम्॥" —काव्यमीमांसा, पृष्ठ ५५।

४. "धन्वन्तरिक्षपणकामरसिंहशंकु
वेतालभट्टघटकर्परकालिदासाः
ख्यातो वराहमिहिरो नृपतेः सभायां
रत्नानि नववररुचिर्विक्रमस्य॥"

ज़ान पड़ेंगी मानो उन्होंने कुन्द के फूलों पर मँडराने वाले भौंहों की चमक चुरा ली हो।[१] इसका अत्यन्त मनोरम तथा रमणीय वर्णन मन्दसौर की प्रशस्ति में उपलब्ध होता है। इसके अनुसार यह नगर विश्व में अग्रणी था। इसकी झीलों में कमल खिले थे तथा निरन्तर बत्तख तैर रहे थे। कूल पर स्थित वृक्षों से पुष्पों के गिर जाने के कारण जल विभिन्न रंगों से युक्त कान्ति को धारण कर रहा था। इन सरोवरों में कहीं पर राजहंस तैरते हुए दृष्टिगोचर हो रहे थे जिनका शरीर कमल की पंखुड़ियों के पराग से भूरा हो गया था तथा अन्यत्र कमल अपने पराग के कारण झुक गये थे। वहाँ की कमनीय वाटिकाओं में वृक्ष पुष्प-भार से अवनत थे। मतवाले भवरों की गुंजार तथा नगर-वधुओं की सुन्दर पद्गति से उपवनों की शोभा द्विगुणित हो उठती थी। भवनों की चोटी पर झण्डे लहरा रहे थे। उनमें रहने वाली कोमलांगी स्त्रियों तथा उच्च भव्य अट्टालकों के द्वारा उनका सौन्दर्य बढ़ गया था।[२] जिस समय इन घरों पर बिजली का प्रतिबिम्ब पड़ता था, उस समय उनकी कान्ति अनुपम हो जाती थी। ये अपनी ऊँचाई के कारण कैलाश पर्वत का स्मरण दिलाते थे। उनके प्रांगण में कदली वृक्ष आरोपित किये गये थे। वे सुन्दर चित्रों के द्वारा विभूषित थे तथा उनमें संगीत की प्रतिध्वनि सुनाई देती थी। रात्रि के समय चन्द्रमा की किरणों से सुशोभित इन भवनों के अनेक मंजिलों को देखने से लगता था, मानो ये पृथ्वी को फाड़कर एक ही समय ऊपर निकल आये हों।[३] यह नगर दो नदियों के द्वारा घिरा हुआ था। लगता था कि यौवन के उभाड़ से सुशोभित प्रीति तथा रति नामक स्त्रियाँ कामदेव का आलिंगन कर रही थीं। वहाँ के नागरिक सत्य, धैर्य, स्वाध्याय, कुशाग्र बुद्धि, विद्या, तप, क्षमा, दम, शम, व्रत आदि प्रशंसनीय गुणों से युक्त थे।[४]

कुमारगुप्त प्रथम के माण्डलिक (**गोप्ता**) विश्ववर्मा का यह नगर प्रधान अधिष्ठान था।[५] यह राजनीतिक कारण उसकी समृद्धि का मूल कारण प्रतीत होता है। मन्दसौर के अभिलेख से विदित होता है कि यह नगर व्यावसायिक केन्द्र भी था। इसके अनुसार लाट प्रदेश से तन्तुवाय-समिति के लोग इस प्रदेश में आये। वे पहले अकेले तथा

---

१. तामुत्तीर्य व्रज परिचितभ्रूलताविभ्रमाणां
पक्ष्मोत्क्षेपादुपरि विलसत्कृष्णशारप्रभाणाम्।
कुन्दक्षेपानुगममधुकर श्रीमुषात्मबिम्बं
पात्रीकुर्वन्दशपुरवधूनेत्रकौतूहलानाम्॥'' —मेघदूत, पूर्वमेघ, श्लोक ५१।

२. ''अजस्त्रगाभिश्च पुरांगनाभिर्वनानि यस्मिन्समलंकृतानि।
चलत्पताकान्यवलासनाथान्यत्यर्थशुक्लान्यधिकोन्नतानि॥''—सरकार, वही, पृष्ठ २९१।

३. सरकार, वही, पृष्ठ २९१।

४. ''स्वाध्यायवृत्तविनयस्थितिबुद्ध्युपेतैः।
विद्यातपोनिधिभिरस्मयितैश्च विप्रैः॥'' —सरकार, वही, पृष्ठ २९१-२९२।

५. ''वभूव गोप्ता नृप विश्ववर्मा।'' —सरकार, वही, पृष्ठ २९३।

तत्पश्चात् परिवार सहित वहाँ आये थे। वे कपड़ा बुनने के कार्य में दक्ष थे।[१] इसके अतिरिक्त वे अन्य कलाओं को भी जानते थे। उनमें से कतिपय धनुर्विद्या में पारंगत थे। उनके धनुष की टंकार कानों को सुख पहुँचाती थी। कुछ धार्मिक वचन कहने में प्रवीण, कुछ मधुर हितकारी वचन कहने में समर्थ, कुछ अत्यन्त विनययुक्त तथा कुछ कलाविद् थे।[२] कुछ ज्योतिषशास्त्र में मर्मज्ञ तथा कुछ युद्ध में धीर एवं शत्रुओं को नाश करने की शक्ति रखते थे। उनकी स्त्रियाँ सुन्दर थीं। वे अपने कुल की मर्यादा को अक्षुण्ण रखने वाले एवं सत्यव्रतधारी थे। घनिष्ठ व्यक्तियों के साथ वे सहानुभूति रखते थे। जो उनमें विश्वास करता एवं उनके संसर्ग में आता था, उसके वे लोग अनुगृहीत होते थे। वे लोग कोमल हृदय वाले एवं सच्चरित्र थे तथा पृथ्वी पर देवता के तुल्य थे।[३]

तन्तुवाय-समिति के लोगों द्वारा इस नगर में अद्वितीय भव्य सूर्य-मन्दिर का निर्माण किया गया था। उन्होंने अपनी दस्तकारी से इसके निर्माण के लिए धन एकत्र किया था। यह मन्दिर चौड़े एवं ऊँचे शिखर से युक्त था। यह शिखर चन्द्रमा की रश्मिधारा के तुल्य धवल तथा पर्वतशृंग का स्मरण दिलाता था।[४] कालान्तर में इस मन्दिर के कुछ भाग नष्ट हो गये। उस समय इसी तन्तुवाय समिति ने इसका जीर्णोद्धार किया था।[५] यह नगर इस सुन्दर मन्दिर के द्वारा उसी प्रकार विभूषित रहता था, जिस प्रकार स्वच्छ चन्द्रमा के द्वारा आकाश।[६] नक्षत्रों के द्वारा नभमंडल के तुल्य यह नगर पुरवासियों के द्वारा सुशोभित था।[७]

दशपुर[८] का उल्लेख वहपान के नासिक के गुहालेख, बृहत्संहिता, अमरकोश पादताडितकम्, मार्कण्डेयपुराण, स्कन्दपुराण, कादम्बरी आदि ग्रन्थों में भी हुआ है। इस नगर का आधुनिक प्रतिनिधि मन्दसौर (मध्य प्रदेश में इस नाम के जनपद का मुख्यावास) नामक स्थान है। यहाँ से कई गुप्त-कालीन लेख मिले हैं, जिनसे ज्ञात होता है कि इस पुर में औलिकर नामक माण्डलिक वंश सम्राट् गुप्त राजवंश की अधीनस्थता में राज्य करता था। इस नगर पर गुप्त-काल में कई आक्रमण हुए थे, जिनमें इसे काफी क्षति उठानी पड़ी थी। इसी वंश में सुप्रसिद्ध यशोधर्मा नामक मालव-नरेश (५३२ ई०) में हुआ था, जिसने हूण—आक्रान्ता मिहिरकुल को परास्त किया था।

---

१. सरकार, सेलेक्ट इंस्क्रिप्शंस, पृष्ठ २९४।

२. वही, पृष्ठ २९५।

३. वही, पृष्ठ २९५।

४. वही, पृष्ठ २९५।

५. वही, पृष्ठ २९५।

६. वही, पृष्ठ २९५।

७. वही, पृष्ठ २९२।

८. दशपुर-विषयक विस्तृत सूचनाओं के निमित्त द्रष्टव्य—चन्द्रभूषण द्विवेदी—प्रणीत ग्रन्थ 'दशपुर शीर्षक', पृष्ठ १६६।

वलभी— एक वैभवशाली नगर के रूप में वलभी का प्रथम आविर्भाव गुप्तकाल में हुआ। इस नगर की स्थापना भटार्क ने की थी। इसमें मैत्रकों की राजधानी प्रतिष्ठित थी। य्वान् च्वांग ने अपने विवरण में वलभी (फ-ल-पी) का उल्लेख किया है। उसके अनुसार वलभी-राज्य की परिधि लगभग १२०० मील तथा नगर की परिधि ६ मील थी। वह लिखता है कि यहाँ की उपज, जलवायु तथा निवासियों की वेशभूषा एवं जीवनविधि मालवा के तुल्य थी। यह एक उर्वर एवं सम्पन्न क्षेत्र था। वलभी-राज्य में लगभग १०० बौद्ध मठ वर्तमान थे। इनमें ६,००० भिक्षु रहते थे। ये सभी हीनयान मतावलंबी थे। य्वान् च्वांग ने इसमें ब्राह्मण-मन्दिरों के भी वर्तमान होने का उल्लेख किया है। उसके अनुसार वलभी में बौद्धेतर धर्मों के भी अनुयायी प्रचुर संख्या में वर्तमान थे। अशोक के द्वारा निर्मित स्तूप य्वान् च्वांग के आगमन के समय यहाँ विद्यमान था। उस अवसर पर वहाँ एक क्षत्रिय-नरेश राज्य कर रहा था। इस सम्राट् से उसका तात्पर्य ध्रुवसेन से है। वह कान्यकुब्जाधिपति हर्ष-शीलादित्य का दामाद था। वह संकुचित दृष्टिकोण का व्यक्ति तथा स्वभाव से उतावला एवं जल्दबाज था। बौद्ध धर्म में उसकी प्रगाढ़ आस्था थी।[१] य्वान् च्वांग के अनुसार वलभी के नागरिक अत्यन्त सम्पन्न थे। उनमें से बहुतेरे लखपति थे। इस नगर की बाज़ारों में सुदूर देशों से असाधारण वस्तुएँ विक्रय के निमित्त आती थीं।[२]

यह नालन्दा का प्रतिद्वन्द्वी पश्चिमी शिक्षा-केन्द्र था। वहाँ पर एक विश्वविद्यालय वर्तमान था, जो मैत्रक-नरेशों के दान के कारण आर्थिक दृष्टि से काफी समृद्ध था। इत्सिग लिखता है कि नालन्दा के समान वलभी में भी छात्रों को विशेषाध्ययन की क्रिया में तीन वर्ष लग जाते थे। उसके अनुसार शंका-समाधान के निमित्त देश के प्रत्येक भाग से जिज्ञासु वलभी आते थे।[३] वहाँ के विश्वविद्यालय का शिक्षा-संगठन नालन्दा के विश्वविद्यालय के शिक्षासंगठन से दो दृष्टियों से पृथक् था। प्रथम भेद यह था कि वलभी में यद्यपि धार्मिक विषयों की भी शिक्षा दी जाती थी, तथापि प्रधानता लौकिक विषयों को ही दी जाती थी; उदाहरणार्थ; नीति, वार्ता एवं चिकित्साशास्त्र।[४] यही कारण है कि वलभी-विश्वविद्यालय के स्नातकों की नियुक्ति शासन-सम्बन्धी उच्च पदों पर की जाती थी।[५] नालन्दा-विश्वविद्यालय में प्रधान रूप से धार्मिक विषयों की पढ़ाई होती थी। दूसरा अन्तर यह था कि जहाँ नालन्दा के विद्यार्थी महायान शाखा में विशेषज्ञता प्राप्त करते थे, वहाँ वलभी के भिक्षु हीनयान मत का विशेष अध्ययन करते थे। य्वान् च्वांग लिखता है कि वलभी के मठों में हीनयान

---

१. वाटर्स, २, २४६।

२. अल्तेकर, ऐं० टा० सि० गु० का०, पृष्ठ ५९।

३. इत्सिंग, १७७।

४. अल्तेकर, ए० इ० ऐं० इं०, पृष्ठ १२६।

५. इत्सिंग, १७७।

पुजारी रहते थे।[१]

इत्सिंग के अनुसार नालन्दा के समान वलभी के विश्वविद्यालय में भी विद्वानों के नाम इसके प्रधान द्वारों पर उत्कीर्ण किए जाते थे।[२] वलभी के जिन आचार्यों की प्रतिष्ठा देश में सर्वव्यापिनी थी, उनमें गुणमति एवं स्थिरमति उल्लेखनीय हैं। ये आचार्य अपनी विलक्षण प्रतिभा तथा विद्वत्ता के कारण अत्यधिक सम्मानित थे। व्वान् च्वांग लिखता है कि वलभी में इन दोनों विद्वानों के निवास के निमित्त एक सुन्दर विहार बना हुआ था।[३] यहाँ से प्राप्त धरसेन प्रथम के एक ताम्रलेख से ज्ञात होता है कि उसने इन दोनों विद्वानों के निवास के निमित्त एक सुन्दर विहार का निर्माण किया था।[४] कथासरित्सागर से ज्ञात होता है कि देश के नाना भागों के विद्यार्थी अध्ययनार्थ वलभी आते थे। इसके अनुसार वसुदत्त का पुत्र विष्णुदत्त, जो कि अन्तर्वेदी का निवासी था, अध्ययनार्थ वलभी आया था। उस समय उसकी अवस्था केवल १६ वर्ष की थी।[५] यहाँ पर उल्लेखनीय है कि यद्यपि विष्णुदत्त गंगा-घाटी का निवासी था तथा इस कारण नालन्दा एवं वाराणसी उसके लिए समीप पड़ते थे, तथापि वह अध्ययन के निमित्त वलभी आया था। यह घटना विद्या के क्षेत्र में इसकी प्रसिद्धि को प्रमाणित करती है। वलभी-नरेशों ने यहाँ के विश्वविद्यालय के पुस्तकालय को ग्रन्थोपचयार्थ प्रभूत द्रव्य दिया था।[६] वलभी-नरेश विद्वानों के संरक्षक थे। भट्टिकाव्य के अनुसार वलभी-सम्राट् श्रीधरसेन ने इस ग्रन्थ के लेखक भट्टि का संरक्षण किया था।[७].

भृगुकच्छ— भृगुकच्छ एक प्रसिद्ध प्राचीन भारतीय नगर था। यह कई अन्य नामों से प्रसिद्ध था, उदाहरणार्थ **भृगुपुर, भरुकच्छ, तथा भृगुतीर्थ**।[८] विदेशी लेखों में इस नगर को **बैरुगाजा**,[९] **बैरीगाजा**[१०] तथा **बैर्गोसा**[११] कहा गया है। भृगु के साथ इनके नाम

---

१. वाटर्स, २, २४६।

२. इत्सिंग, १७७

३. वाटर्स, २, २४६।

४. ''मया वलभ्यामाचार्यभदन्तस्थिरमतिकारित...विहारे'' —इं० ऐं०, ६, ११।

५. ''अन्तर्वेद्यामभूत्पूर्वं वसुदत्त इति द्विजः।
विष्णुदत्ताभिधानश्च पुत्रस्तस्योपजायत्॥
स विष्णुदत्तो वयसा पूर्णषोडशवत्सरः।
गंतुं प्रववृते विद्याप्राप्तये वलभीपुरम्॥'' —कथासरित्सागर, अध्याय ३२, ४२-४३।

६. ''सद्धर्मस्य पुस्तकोपचयार्थम्'' —इं० ऐं०, ७, ६७।

७. ''काव्यमिदं रचितं मया वलभ्यां श्रीधरसेननरेन्द्रपालितायाम्।''
—भट्टिकाव्य, सर्ग, २२, पंक्ति ६९।

८. अल्तेकर, ऐं० टा० सि० गु० का०, पृष्ठ ३३।

९. वही, पृष्ठ ३३।

१०. वही, पृष्ठ ३३।

११. स्ट्रेबो, ३, ११९।

के संबंध के ऊपर पुराणों में प्रकाश डाला गया है। इनके अनुसार भृगु ने यहाँ पर तपश्चर्या की थी। इस घटना के कारण लोग इसे तीर्थ (**भृगुतीर्थ**) मानने लगे।[१] परम्परा के अनुसार बलि ने अपने प्रसिद्ध यज्ञ का अनुष्ठान यहीं किया था। इसी स्थान पर उन्होंने अपने सम्पूर्ण राज्य को वामनवेषधारी भगवान् विष्णु को दान में दिया था।[२] लोगों के इस विश्वास के कारण इस नगर की महत्ता धार्मिक क्षेत्र में और अधिक बढ़ गई थी। प्रथम शताब्दी ईसवी में इसके तीर्थ के रूप में विद्यमान होने के विषय में एक अभिलेख-साक्ष्य मिलता है। नासिक के एक गुहा-लेख से ज्ञात होता है कि क्षत्रप-नहपान के दामाद उषवदात ने इस समय भृगुकच्छ में यात्रियों के विश्राम एवं सुविधा के निमित्त चतु:शालगृह तथा कुएँ और तालाब इत्यादि का निर्माण किया था (भरुकछे... चतुशालावसघ-प्रतिश्रय-प्रदेन आरामतड़ाग-उदपान-करेण)।[३] प्राचीन काल में कूप एवं तड़ाग के निर्माण का बहुत बड़ा माहात्म्य माना जाता था।[४]

भृगुकच्छ की प्रसिद्धि वाणिज्य के क्षेत्र में और भी अधिक थी। इसका कारण समुद्रतट पर इसका सन्निवेश था। पश्चिमी तट का यह सबसे बड़ा बन्दरगाह था। प्रथम शताब्दी ईसवी में उत्तर तथा मध्य भारत का समस्त आयात एवं निर्यात यहीं से होता था। बौधायन ने उत्तर भारत के निवासियों के सामुद्रिक व्यापार का उल्लेख किया है।[५] उनका यह संकेत भृगुकच्छ के सामुद्रिक व्यापार से हो सकता है। बूलर के अनुसार बौधायन का काल पाचवीं शताब्दी ईसा पूर्व था।[६] इससे निष्कर्ष निकाला जा सकता है कि इस समय तक यह नगर व्यापार-केन्द्र के रूप में ख्याति प्राप्त कर चुका था। इसकी पुष्टि बौद्ध धर्म-ग्रंथों से भी होती है। सुप्पारक जातक में भरुकच्छ के वणिकों की नौकायात्रा का उल्लेख मिलता है (भरुकच्छा पयातानं वणिजानं धनेसिनम्।

---

१. **''ततो गच्छेत् राजेन्द्र भृगुतीर्थमनुत्तमम्।**
यत्र देवो भृगुः पूर्वं देवमाराधयत्पुरा॥'' **—कूर्मपुराण, २, अध्याय ४१।**

२. **अल्तेकर, ऐं० टा० सि० गु० का०, पृष्ठ ३४।**

३. **सरकार, सेलेक्ट इंसक्रिप्शंस, पृष्ठ १६१।**

४. **''अथ कूपकर्तुस्तत्प्रवृत्ते पानीये दुष्कृतस्यार्द्धं विनष्यति॥ १॥**
तडागकृन्नित्यतृप्तो वारुणं लोकमश्नुते॥ २॥
''जलप्रदः सदा तृप्तो भवति''॥ ३॥ **—विष्णु संहिता, १९।**
अनाथं दुर्गतं विप्रं नाथवन्तमथापि वा।
उद्वाहयति यस्तीर्थे तस्य पुण्यफलं शृणु॥'' **—कूर्मपुराण, २, ३९, ७९।**

५. **''अथोत्तरतः ऊर्णाविक्रयः**
सीधुपानं उभयतोददिभर्व्यवहारः
आयुधीयकं समुद्रसंयानं इति।''
—द्रष्टव्य—अल्तेकर, ऐं० टा० सि० गु० का०, पृष्ठ ३४।

६. **अल्तेकर, वही, पृष्ठ ३४।**

नावाय विपणत्थाय...)।[१] इसके अनुसार बोधिसत्व ने सात सौ मित्रों के सात मणियों वाले समुद्र के लिए इस नगर से प्रस्थान किया था।[२] सुस्सोंदि जातक में इस नगर के व्यापारियों के द्वारा जलमार्गों से सुवर्णभूमि जाने का वर्णन उपलब्ध होता है **(तदा च भरुकच्छवणिजा नावाय सुवण्णभूमिं गच्छति)**।[३]

व्यापारिक केन्द्र के रूप में पेरिप्लस में भृगुकच्छ (बैरीगाज़ा) का उल्लेख विशेष रूप से हुआ है। इसके अनुसार यह उपयुक्त नौकाश्रय नहीं था। यहाँ जलपोतों को प्रवेश एवं प्रयाण की क्रिया में अनेक कष्टों का सामना करना पड़ता था।[४] पेरिप्लस का कथन है कि बाहरी देशों से इस नगर में मदिरा, कस्तीर, सीसा, सूक्ष्म वस्त्र, कटिसूत्र तथा सुवर्ण एवं रजतमुद्राएँ मँगाई जाती थीं। राजा के लिए बहुमूल्य बर्तन, संगीत-निपुण बालक, सुन्दर युवतियाँ तथा अनुलेप आदि का आयात भड़ौंच के बन्दरगाह से होता था। ताँबा, राँगा, मूँगा, पोखराज, संखिया, सुरमा तथा अच्छे से अच्छे रोगन भी यहाँ आते थे।[५] यहाँ से बाहर जाने वाली वस्तुओं में हाथीदाँत, रेशमी तथा सूती वस्त्र, मिर्च, बहुमूल्य पत्थर एवं मलमल उल्लेखनीय हैं।[६] जटामांसी, कुष्ठ, गुगुल, अकीक, लोहितांक, लिसियम एवं क्षौम वस्त्र आदि का भी निर्यात होता था।[७]

उत्तरी भारत के नगरों कें साथ इसका घनिष्ठ व्यापारिक सम्बन्ध था। यहाँ से एक व्यापार-पथ उज्जयिनी होता हुआ पाटलिपुत्र चला जाता था। उज्जयिनी से यहाँ लोहितांक, मलमल, मलय वस्त्र तथा अनेक प्रकार के कपड़े आते थे।[८] दक्षिण भारत के भी व्यापारी बाहरी देशों में भेजने के लिए यहाँ पर माल ले आते थे। सातवाहनों की राजधानी प्रतिष्ठान (पैठन) के साथ इसका वाणिज्य-सम्पर्क था। यहाँ से बीस दिनों की यात्रा के उपरान्त लोग प्रतिष्ठान पहुँचते थे। वहाँ से पूर्व की दिशा में दस दिनों के रास्ते पर तगर नामक व्यापारिक केन्द्र स्थित था।[९] पेरिप्लस के वर्णन से लगता है कि काबुल (काब्लीटिक) के व्यापारी विदेशों में भेजने के लिए अपना माल इस बन्दरगाह को पहुँचाया करते थे।[१०] तोलेमी ने काबुल के निवासियों को 'काबोलिटाई' कहा है।[११] इसकी एकता पेरिप्लस के '**काब्लीटिक**' से की जाती है।

---

१. जातक ४, १४०।
२. जातक ४, १४०।
३. वही, ३, १८८।
४. सार्थवाह (डॉ० मोतीचन्द्र) पृष्ठ ११७।
५. वही, पृष्ठ ११७।
६. पेरिप्लस, पृष्ठ ४२।
७. सार्थवाह, पृष्ठ ११७।
८. सार्थवाह, पृष्ठ ११७।
९. वही, पृष्ठ ११७
१०. अल्तेकर, ऐं० टा० सि० गु० का०, पृष्ठ ३४।
११. अल्तेकर, वही, पृष्ठ ३४।

प्लिनी के अनुसार भारतवर्ष के व्यावसायिक इस बन्दरगाह से रोम में विलास की अगणित सामग्री भेजते थे। रोम के नागरिकों में भारतीय वस्तुएँ बहुत ही लोकप्रिय थीं। इस लेखक ने अपने देशवासियों के अपव्यय की घोर निन्दा की है। इनकी विलासप्रियता के कारण रोम-साम्राज्य की एक करोड़ मुद्राएँ प्रतिवर्ष भारतवर्ष चली आती थीं।[१] य्वान् च्वांग ने अपने विवरण में इस नगर की समृद्धि की मुक्तकण्ठ से प्रशंसा की है। उसके अनुसार इसके ऐश्वर्य का स्रोत समुद्र था।[२] जातकों के अनुसार इस नगर के सामुद्रिक व्यापार के ऊपर अरबी डाकुओं की लूट के कारण महान् क्षति पहुँचाई गई।[३] सातवीं शताब्दी में इस नगर में एक स्थानीय राजवंश की राजधानी थी। इसके शासक दद्द द्वितीय के एक दानपात्र में इस नगर के प्राकार का उल्लेख हुआ है।[४] डॉक्टर अल्तेकर का मत है कि इस राज्य में नर्मदा एवं मही के बीच का प्रदेश सम्मिलित था।[५] इस नगर की एकता आधुनिक भड़ौंच से की जाती है।

प्रभास—प्रभास की गणना भारतवर्ष के धार्मिक नगरों में की जाती थी। इसका प्रथम उल्लेख महाभारत में मिलता है। इस ग्रन्थ में इसे उदधि-तीर्थ (**प्रभासे चोदधौ तीर्थं त्रिदशानां युधिष्ठिर**) कहा गया है। यह सौराष्ट्र का देवनगर माना जाता था (तीर्थं त्रिदशानाम्)।[६] इससे प्रतीत होता है कि धार्मिक क्षेत्र में इसकी महत्ता का कारण समुद्र-तट पर इसकी स्थिति थी। पश्चिम-तट पर स्थित नगरों में प्रारम्भ से ही इसकी विशेष ख्याति थी।[७] यहाँ पर लोग तपश्चर्या के साधना के निमित्त आया करते थे। महाभारत के अनुसार युधिष्ठिर प्रभास आये थे और बारह दिनों तक उन्होंने यहाँ कठोर तपश्चर्या की थी।[८] इस ग्रन्थ में इसे उत्तम तीर्थ तथा इसकी यात्रा को महान् फलों से युक्त माना गया है (**ततो गच्छेत् राजेन्द्र प्रभासं तीर्थमुत्तमम्**)।[९] परम्परा के अनुसार श्रीकृष्ण अर्जुन से मिलने के निमित्त इस तीर्थ में आए हुए थे।[१०] महाभारत के अनुसार यह आकर्षक एवं परम रमणीय स्थान था (सुपुण्यं रमणीयं च)।[११] श्रीकृष्ण एवं अर्जुन यहाँ पर विहार के

---

१. प्लिनी, नैचुरल हिस्ट्री, १२, पृष्ठ १८।

२. बील, २, पृष्ठ २५९।

३. अल्तेकर, वही, ३५।

४. वही, पृष्ठ ३५।

५. वही, पृष्ठ ३५।

६. महाभारत, सभापर्व, अध्याय ९४, ३।

७. ''समुद्रे पश्चिमे यानि तीर्थान्यायतनानि च।
तानि सर्वाणि गत्वा स प्रभासमुपजग्मिवान॥''
—वही, आदिपर्व, अध्याय २३९, श्लोक २।

८. ''समन्ततोऽग्नीनुपदीपयित्वा तेपे तपो धर्मभृतां वरिष्ठः।''—वही, वनपर्व, अध्याय ९४, १७

९. वही, वनपर्व, अध्याय ९४।

१०. अल्तेकर, ऐं० टा० सि० गु० का०, पृष्ठ ३०।

११. महाभारत, आदिपर्व, अध्याय २३९, २१।

निमित्त आये हुए थे (**तौ विहृत्य यथाकामं प्रभासे कृष्णपाण्डवौ**)।[१]

इसके उपरान्त प्रभास का उल्लेख नहपान के नासिक के गुहा-लेख में मिलता है। इसमें इसे पुण्यतीर्थ (**प्रभासे पुण्यतीर्थे**) कहा गया है।[२] इसके अनुसार नहपान ने ब्राह्मणों को द्विजकन्याओं को दान दिया था। (**ब्राह्मणेभ्यः अष्टभार्याप्रदेन**)।[३] पद्मपुराण में अलंकारयुक्त द्विजकन्याओं के दान को भौतिक एवं आध्यात्मिक फलों का प्रदायक बताया गया है।[४] अफसढ़ के लेख के अनुसार दामोदर गुप्त ने परम गुणसम्पन्न एवं विभूषणवती ब्राह्मणतरुणियों का पाणिग्रहण पुण्यार्जन के निमित्त सम्पन्न कराया था।[५] नासिक के लेख के अनुसार प्रभास आने के पूर्व नहपान ने ब्राह्मणों को भोजनदान, गोदान, सुवर्णदान एवं ग्रामदान किया था।[६] पुराणों में इन सभी प्रकार के दानों को अत्यन्त श्रेयस्कर बताया गया है।[७]

कालान्तर में यही नगर सोमनाथ के नाम से विख्यात हुआ। सर्वप्रथम अग्निपुराण में प्रभास का दूसरा नाम सोमनाथ दिया गया है (**तीर्थं चर्मण्वती सिन्धुः सोमनाथः प्रभासकम्**)।[८] इससे कहा जा सकता है कि लगभग तृतीय शताब्दी ईसवी में इसका यह

---

१. अल्तेकर, ऐं० टा० सि० गु० का०, पृष्ठ ३१।

२. सरकार, सेलेक्ट इंसक्रिप्शंस, पृष्ठ १६१।

३. वही, पृष्ठ १६१।

४. ''सालंकारां द्विजश्रेष्ठ कन्यां यच्छति यो नरः।
स गच्छेद् ब्रह्मसदनं पुनर्जन्म न विद्यते॥'' —पद्मपुराण, अध्याय २४, २२।

५. ''गुणवद्द्विजकन्यानां नानालंकारयौवनवतीनाम्।
परिणायितवान्स नृपः शतं निसृष्टाग्रहाराणाम्॥''
—का० इं० इं०, भाग ३, लेख-संख्या ४२, श्लोक १२।

६. सरकार, सेलेक्ट इंसक्रिप्शंस, पृष्ठ १६१।

७. उदाहरणार्थ भोजनदान के निमित्त निम्न श्लोक—
''अन्नं वारि द्विजश्रेष्ठ येन दत्तं महीतले।
तेन दत्तानि दानानि सर्वाणि च द्विजर्षभ॥'' —पद्मपुराण, अध्याय २४, ४१।
गोदान—
''सप्तद्वीपां महीं दत्त्वा यत्पुण्यं प्राप्यते द्विज।
तत्पुण्यं प्राप्णुयान्मर्त्त्यो धेनुं यच्छन् द्विजातये॥'' —वही अध्याय, २४, १३।
सुवर्णदान—
''तिलप्रमाणं स्वर्णं यो ब्राह्मणाय प्रयच्छति।
हरेर्निकेतनं याति युक्तं कोटिकुलरपि॥'' —वही, अध्याय २४, १८।
भूमिदान—
''क्षितिं सशस्यां यो दद्याद्ब्राह्मणाय द्विजोत्तम।
विष्णुलोके सुखं भुक्ते यावदिन्द्राश्चतुर्दश॥'' —वही, अध्याय २४, ३।

८. अग्निपुराण, अध्याय १०९, पंक्ति २०।

नाम पड़ चुका था।[१] कूर्म पुराण के अनुसार यहाँ पर एक शिव मन्दिर विद्यमान था।[२] डॉक्टर अल्तेकर का मत है कि इसकी स्थापना पहली शताब्दी ईसवी के लगभग हुई होगी, क्योंकि इसके पूर्व के ग्रन्थों में इसका उल्लेख कहीं भी नहीं मिलता।[३] शिवमन्दिर के निर्माण के कारण इस नगर की ख्याति धार्मिक क्षेत्र में विशेष रूप से बढ़ने लगी। इब्न-असीर के लेख से ज्ञात होता है कि तीर्थाटन करने वाले सहस्त्रों की संख्या में सोमनाथ आते थे। उनके अनुसार तीर्थ-सेवियों के क्षौर-कर्म के लिए यहाँ पर ३०० नाई लगे हुए थे।[४] इब्न-असीर के इस कथन में अतिशयोक्ति नहीं सिद्ध की जा सकती, क्योंकि सोलंकियों की राज्यसीमा पर वर्तमान बाहुलोड़ में यात्री-कर से प्रतिवर्ष ७२ लाख की आय हुआ करती थी।[५] इब्न-असीर के अनुसार सोमनाथ के शिवमन्दिर की आर्थिक सहायता के निमित्त भारतीय राजाओं ने कई ग्राम दान दिये थे।[६] इन ग्रामों में अधिकांश वलभी-शासकों एवं सोलंकियों के द्वारा दिये गये होंगे, जो कि शैवमतावलम्बी थे। मूलराज इस मन्दिर के दर्शनार्थ प्रतिवर्ष आया करता था।[७] प्रायः सभी वर्गों के लोग सोमनाथ के मन्दिर में दान चढ़ाया करते थे, जिसके फलस्वरूप इसकी समृद्धि प्रसिद्ध थी।[८] मुसलमान यात्रियों के लेखों से विदित होता है कि इस धार्मिक भवन में देश की अतुल धनराशि संचित थी। इसमें सुवर्ण-जटित खम्भे वर्तमान थे, जिनसे लगी हुई सोने की एक जंजीर थी। इसकी तौल २०० मन के लगभग थी। महमूद के द्वारा इस मन्दिर से लूट में प्राप्त हुई सम्पत्ति का मूल्य २ अरब दीनार के लगभग था।[९]

समुद्रतट पर स्थित होने के कारण यह नगर व्यापार एवं वाणिज्य का भी एक प्रतिष्ठित केन्द्र था। अल्बरुनी के अनुसार यह एक ऐसा बन्दरगाह था, जहाँ पर जहाज बहुत सरलता के साथ लग सकते थे।[१०] मेरुतुंग लिखता है कि एक बार भयंकर तूफान के कारण कतिपय जहाज इस बन्दरगाह में सुरक्षा के हेतु आकर लग गये। वनराज के पौत्र योगराज ने इनमें भरे हुए माल को लूट लिया।[११] बंदरगाह होने के कारण ही इसके

---

१. अल्तेकर, ऐं० टा० सि० गु० का०, पृष्ठ ३०।

२. ''अन्यच्च तीर्थप्रमुखं सिद्धवासमुदाहृतम्।
प्रभासमिति विख्यातं यत्रास्ते भगवान्भवः॥'' —कूर्मपुराण, अध्याय ३५।

३. अल्तेकर, ऐं० टा० सि० गु० का०, पृष्ठ ३०।

४. वही, पृष्ठ ३१।

५. वही, पृष्ठ ३१।

६. वही, पृष्ठ ३१।

७. वही, पृष्ठ ३१।

८. वही, पृष्ठ ३१।

९. वही, पृष्ठ ३१।

१०. वही, पृष्ठ ३१।

११. वही, पृष्ठ ३१।

नाम में पट्टण शब्द जुट गया (**सोमनाथपट्टण**)। शिल्प शास्त्रों के अनुसार पत्तन उस नगर को कहते हैं, जो कि समुद्रतट पर स्थित हो (अब्धितीरप्रदेशे)[१] तथा जहाँ पर विदेशों से माल आता हो (द्वीपान्तरागतवस्तुभिर्युक्तम्)।[२]

इस नगर के ऊपर कई बार विदेशी आक्रमण हुए। सर्वप्रथम १०२४ ई० में महमूद ग़ज़नी ने इसके ऊपर आक्रमण किया। हिन्दुओं ने शिव-मन्दिर की रक्षा के लिए। प्राणपण लगा दिये। युद्ध का निर्णय तीन दिनों तक नहीं हो सका। अन्त में सफलता मुसलमानों के हाथ रही। लगभग पचास हजार हिन्दू मारे गये। महमूद ने मन्दिर को बुरी तरह लूटा और ध्वस्त किया।[३] इस घटना के ३० वर्ष उपरान्त इसका पुनर्निर्माण कुमारपाल के राज्यकाल में प्रारम्भ हुआ। यह निर्माणकार्य २ वर्ष में पूर्ण हुआ। इसके उपरान्त कुमारपाल ने आकर इस मन्दिर में वर्तमान शिवमूर्ति की वन्दना की।[४] इस पुनर्निर्माण के १५० वर्ष पश्चात् इस नगर के ऊपर द्वितीय आक्रमण हुआ। १३०० ई० में अलफखाँ ने इस मन्दिर को ध्वस्त कर डाला।[५] अलफखाँ के लौट जाने के अनन्तर इसकी संस्कार-रचना जूनागढ़ के चूड़ाश्म सम्राट खेन्गार चतुर्थ (१२७९-१३३३ ई०) के संरक्षण में सम्पन्न हुई। उसके गिरिनार के लेख में इसका स्पष्ट उल्लेख मिलता है। (**श्रीप्रभासे सोमनाथ प्रसादकृत्**)। इसके उपरान्त भी मन्दिर के ऊपर तीन आक्रमण हुए—(१) १३९० ई० में मुजफ्फर खाँ का आक्रमण, (२) १४९० ई० में महमूद बेगद का आक्रमण तथा (३) १५३० ई० में मुज्ज़फर द्वितीय का आक्रमण। इसने इस मन्दिर को मसजिद में परिवर्तित कर दिया।[६]

इतिहासकार फरिश्ता के अनुसार महमूद के आक्रमण के समय यहाँ पर गुजरात की राजधानी थी। डॉक्टर अल्तेकर का मत है कि फरिश्ता का यह कथन ठीक नहीं है। उस समय गुजरात की राजधानी अणहिलपट्टण नामक नगर में विद्यमान थी।[७] इलियट के अनुसार जिस समय महमूद ने गुजरात के ऊपर आक्रमण किया, उस समय वहाँ के शासक भीमदेव प्रथम ने अपनी राजधानी अणहिलपट्टण को छोड़कर कच्छ में शरण ली थी।[८] पुरातत्त्ववेत्ताओं ने सोमनाथ की एकता आधुनिक वेरावल से की है।[९]

---

१. मानसार, अध्याय १०।

२. मयमत, अध्याय १०।

३. अल्तेकर, ऐं० टा० सि० गु० का, पृष्ठ ३१।

४. वही, पृष्ठ ३२।

५. वही, पृष्ठ ३२।

६. वही, पृष्ठ ३२।

७. वही, पृष्ठ ३२।

८. वही, पृष्ठ ३२।

९. वही, पृष्ठ २९।

गिरिनगर— गिरिनगर सौराष्ट्र का एक प्रसिद्ध प्राचीन नगर था। इसका यह नाम पड़ने का कारण एक सुन्दर पर्वत के समीप इसकी स्थिति थी।[१] इस पर्वत के दो नाम थे—(१) उज्जयन्त और (२) रैवतक। ये दोनों नाम स्कन्दगुप्त के जूनागढ़ के लेख[२] तथा कीर्तिकौमुदी[३] में आते हैं। इस पर्वत के कारण यह एक पवित्र तीर्थ माना जाता था। महाभारत में उज्जयनी को सुराष्ट्र का पुण्यगिरि कहा गया है। इस पर्वत का शिखर सिद्धों और मुनियों का निवासस्थान था।[४] इस गिरि के साथ श्रीकृष्ण का सम्बन्ध इसके तीर्थ होने का प्रारम्भिक कारण था।[५] स्कन्दपुराण में इसकी पवित्रता का एक दूसरा कारण दिया गया है। इसके अनुसार इस पर्वत पर शंकर ने कठोर तपश्चर्या की थी। तपस्या की समाप्ति के उपरान्त कैलाश जाते समय उन्होंने अपना वस्त्र वहीं छोड़ दिया, जिस कारण इसे लोग 'वस्त्रपथ' कहने लगे।[६] जैन मतावलम्बी भी इसे अपना तीर्थ मानते थे। इनके अनुसार बाईसवें तीर्थंकर नेमिनाथ की मृत्यु यहीं हुई थी।[७] गिरिनगर (गिरनार) से अशोक शासनादेशों के कई वाचन (शैलोत्कीर्ण) उपलब्ध हैं (प्रथम, द्वितीय, तृतीय, चतुर्थ, षष्ठ, अष्टम, दशम एवं चतुर्दश)। इस समय से बौद्ध लोग भी

---

१. अल्तेकर, ऐं० टा० सि० गु० का, पृष्ठ २०

२. ''इमाश्च या रैवतकाद्विनिर्गताः
पलाशिनीयं सिकता-विलासिनी।
समुद्रकान्ताः चिर-बन्धनोषिताः
पुनः पतिं शास्त्र-यथोचितं ययुः॥ २८॥
अवेक्ष्य वर्षागमजं महोद्गमं
महोदधेरुर्जयता प्रियेप्सुना।
अनेक-तीरान्तज-पुष्प-लोभितो
नदीमयो हस्त इव प्रसारितः''॥ २९॥

—सरकार, सेलेक्ट इंसक्रिप्शंस, पृष्ठ ३०५।

३. ''कथंचिदापृच्छ्य तमीशमार्थमाद्यन्नसौ रैवतकं जगाम।
तमुज्जयन्तापरसंज्ञमद्रिम॥''

—इस उद्धरण के लिए द्रष्टव्य—अल्तेकर, ऐं० टा० सि० गु० का०, पृष्ठ २०।

४. ''उज्जयन्तश्च शिखरो क्षिप्रं सिद्धकरो महान्॥
तत्र देवर्षिवीरेण नारदेनानुकीर्तितः।
पुराणः श्रूयते श्लोकः तं निबोध युधिष्ठिर॥
पुण्ये गिरौ सुराष्ट्रेषु मृगपक्षिनिषेविते।
उज्जयन्ते स्म तप्तांगो नाकपृष्ठे महीयते॥'' —महाभारत, ३, ८८, २५-२६।

५. अल्तेकर, ऐं० टा० सि० गु० का०, पृष्ठ २१

६. वही, पृष्ठ २१।

७. वही, पृष्ठ २१।

इसे पवित्र मानने लगे।[१]

रैवतक की ख्याति विहारभूमि के रूप में भी प्रारम्भिक काल से ही थी। महाभारत के अनुसार कृष्ण एवं पांडव (अर्जुन) मनोविनोद के निमित्त रैवतक पर आये थे।[२] इस ग्रन्थ में इस पर्वत पर नागरिकों के द्वारा एक सामूहिक उत्सव मनाने का उल्लेख मिलता है। इस समय वादकों ने विभिन्न प्रकार के बाजे बजाये। नर्तकों ने अपना नृत्य दिखाया। गायकों ने गीत सुनाये। स्त्री एवं पुरुष समुदाय के इस उत्साह के कारण रैवतक की शोभा द्विगुणित हो उठी।[३] कीर्तिकौमुदी में भी इस पर्वत पर नागरिकों के विहारार्थ एकत्र होने का उल्लेख मिलता है।[४]

पर्वत के समीप स्थित होने के कारण यह नगर राजधानी के लिए चुना गया। गिरिनगर की तुलना कौटिल्य के पर्वतदुर्ग के साथ की जा सकती है, जिसमें नागरिकों की सुरक्षा अधिक हो सकती थी (**पर्वतदुर्ग जनपदारक्षस्थानम्**)।[५] मौर्यों के काल में यहाँ पर सौराष्ट्र प्रान्त की राजधानी थी। चन्द्रगुप्त मौर्य के राज्यकाल में वैश्य पुष्यगुप्त तथा अशोक के काल में यवनराज तुषास्फ यहाँ पर राज्यपाल के रूप में रहते थे (मौर्यस्य राज्ञः चन्द्रगुप्तस्य राष्ट्रियेण वैश्येन पुष्यगुप्तेन कारितं अशोकस्य मौर्यस्य कृते यवनराजेन तुषास्फेनाधिष्ठाय)।[६] शकक्षत्रप रुद्रदामा के काल में भी यह सौराष्ट्र का अधिष्ठान (राजधानी) था (इहाधिष्ठाने पौरजानपदजनानुग्रहार्थं पार्थिवेन कृत्स्नानामानत-सुराष्ट्रानां)।[७] जब ईश्वरदत्त आभीर ने पश्चिमी क्षत्रपों से उज्जयिनी को छीन लिया, उस समय इन लोगों ने अपनी राजधानी गिरिनगर में स्थापित की।[८]

स्कन्दगुप्त के राज्यकाल में यहाँ पर सौराष्ट्र का राज्यपाल पर्णदत्त रहता था। जूनागढ़ के लेख से ज्ञात होता है कि यह स्कन्दगुप्त का एक अत्यंत सुयोग्य कर्मचारी था। उसने पर्णदत्त को सौराष्ट्र प्रान्त के लिए सब प्रकार से उपयुक्त

---

१. अल्तेकर, ऐं० टा० सि० गु० का०, पृष्ठ २१।

२. ''तौ विहृत्य यथाकामं प्रभासे कृष्णपाण्डवौ।
महीधरं रैवतकं वासायैवाभिजग्मतुः॥'' —महाभारत, १, २१८।

३. ''वादित्राणि च तत्रान्ये वादकाः समवादयन्।
ननृतुर्नर्तकाश्चान्ये जगुर्गेयानि गायकाः॥
एते परिवृताः स्त्रीभिर्गन्धर्वैश्च पृथक् पृथक्।
तमुत्सवं रैवतकं शोभायांचक्रिरे नृप॥'' —महाभारत, १, २१९।

४. अल्तेकर, ऐं० टा० सि० गु० का०, पृष्ठ २१।

५. अर्थशास्त्र, पृष्ठ ४१ (शास्त्री)।

६. सरकार, सेलेक्ट इंसक्रिप्शंस, पृष्ठ १७१।

७. वही, पृष्ठ १७४।

८. अल्तेकर, ऐं० टा० सि० गु० का०, पृष्ठ २१।

देखकर[१] उसे इसकी रक्षा का भार सौंपा।[२] जिस प्रकार वरुण को पश्चिमी दिशा का भार सौंप कर देवता लोग सन्तुष्ट हो गये, उसी प्रकार स्कन्दगुप्त इसे अपने साम्राज्य के पश्चिमी प्रान्त का रक्षक नियुक्त कर सन्तुष्ट हो गया था।[३] पर्णदत्त ने अपने पुत्र चक्रपालित को गिरिनगर का पुरपति नियुक्त किया। गुप्तों के उपरान्त इस नगर में वलभी के मैत्रकों का राज्यपाल रहता था। य्वान् च्वांग सातवीं शताब्दी में भारतवर्ष के विभिन्न स्थानों का पर्यटन करता हुआ वलभीराज्य में आया हुआ था। वह लिखता है कि गिरिनगर (**येन-चेन-त=उज्जयन्त**) के उपकण्ठ पर स्थित था।[४] वलभी के मैत्रकों के अध:पतन के उपरांत उनका गिरिनगर-राज्यपाल स्वतंत्र हो गया। उसने चूडाश्म वंश की नींव डाली। तदुपरान्त नवीं शताब्दी तक इस राजवंश की राजधानी गिरिनगर में प्रतिष्ठित थी।[५] नवीं शताब्दी के अन्तिम चरण में इस वंश के नरेशों ने अपनी नवीन राजधानी समीपस्थ नगर वामनस्थली में स्थानान्तरित की थी।[६]

गिरिनगर के उल्लेखनीय स्थानों में नेमिनाथ का भव्य मन्दिर आता था। इसका निर्माण बारहवीं शताब्दी में सिद्धराज जयसिंह (१०९४-११४३ ई०) के राज्यपाल सज्जन के द्वारा किया गया था। इसके निर्माण में काठियावाड़ की तीन वर्ष की आय लगाई गई थी। तदनन्तर कुमारपाल (११४४-११७४ ई०) के मन्त्री उदयन के पुत्र अम्बक ने मन्दिर के चतुर्दिक् सीढ़ियों का निर्माण कराया।[७] गिरिनगर का सबसे महत्त्वपूर्ण उल्लेखनीय स्थान सुदर्शन तटाक था। इसका निर्माण चतुर्थ शताब्दी ई० पू० में चन्द्रगुप्त मौर्य के काल में राज्यपाल पुष्यगुप्त के द्वारा किया गया। अशोक के प्रान्तपति यवन तुषास्फ ने सिंचाई की सुविधा के लिए इससे नालियाँ निकालीं (**प्रणालीभिरलंकृतम्**)।[८] शककक्षत्रप रुद्रदामा के काल में जलप्लावन

---

१. ''**सर्व्वेषु भृत्येष्वपि संहतेषु यो मे प्रशिष्यान्निखिलान्सुराष्ट्रान्।**
आं ज्ञातमेकः खलु पर्णदत्तो भारस्य तस्योद्वहने समर्थः॥''
—सरकार, सेलेक्ट इंस्क्रिप्शंस, पृष्ठ ३०२।

२. ''**एवं विनिश्चित्य नृपाधिपेन नैकानहो-रात्र-गणान्स्वमत्या।**
यः संन्नियुक्तोऽर्थनया कथंचित् सम्यक्सुराष्ट्रावनि-पालनाय॥''
—सरकार, वही, पृष्ठ ३०२।

३. ''**नियुज्य देवा वरुणं प्रतीच्यां स्वस्था यथानोन्मनसो बभूवुः।**
पूर्व्वेतरस्यां दिशि पर्णदत्तं नियुज्य राजा धृतिमांस्तथाभूत्॥''
—सरकार, वही, पृष्ठ ३०२।

४. वाटर्स, २, २४९।

५. अल्तेकर, ऐं० टा० सि० गु० का, पृष्ठ २१।

६. वही, पृष्ठ २१।

७. वही, पृष्ठ २२।

८. सरकार, सेलेक्ट इंसक्रिप्शंस, पृष्ठ १७१।

के कारण कासार के किनारे का बाँध टूट गया, जिससे नागरिकों में हाहाकार मच गया (पुनः सेतुबन्ध-नैराश्याद्हाहाभूतासु प्रजासु)।[१] प्रजा के इस कष्ट के निवारणार्थ रुद्रदामा के सुराष्ट्र-राज्यपाल पह्लव सुविशाख के द्वारा इसका पुनर्निर्माण किया गया (सुराष्ट्रानां पालनार्त्थंन्नियुक्तेन पह्लवेन सुविशाखेन)।[२] उसने पहले से तिगुना बड़ा एक दृढ़ सेतु का निर्माण किया। इससे सुदर्शन तटाक की शोभा द्विगुणित हो उठी (त्रिगुण-दृढ़तर-विस्तारायामं सेतुं विधाय... सुदर्शनतरं कारितमिति)।[३] ४५५ ई० में (गुप्त संवत् १३६ के भाद्रपद की षष्ठी को) यह बाँध पुनः टूट गया।[४] इसका कारण भीषण जलवर्षा थी। इसके फलस्वरूप कृषकों को बहुत बड़ी क्षति पहुँची।[५] उनके कष्ट का कोई पारावार नहीं था (विषाद्यमानाः खलु सर्वतो जनाः)[६] राजकीय हित एवं नागरिकों के लाभ को दृष्टि में रखते हुए (**राज्ञो हितार्थं नगरस्य**)[७] पुरपति चक्रपालित ने गुप्तसंवत् १३७ (४५६ ई०) में एक नवीन बाँध (सुदृढ़ सेतु) बनवाया था।[८] इस निर्माण के कारण स्थानीय निवासी दुर्भिक्षमुक्त हो गये। यह नवनिर्मित बाँध लगभग १०० हाथ लम्बा (आयामतो हस्तशतं समग्रं), ६८ हाथ चौड़ा (विस्तारतः षष्ठिरथापि चाष्टौ) था। इसे सात मनुष्यों के ऊँचाई के बराबर ऊपर उठाया गया था (उत्सेधोऽन्यत् पुरुषाणिसप्त)।[९] स्कन्दगुप्त-कालीन इस अभिलेख में सुदर्शन सरोवर के बाँध के पुनर्निर्माण के बृहत् वृत्तान्त को सुदर्शन-तटाक् ग्रन्थ रचना कहा गया है। ऐसा प्रतीत होता है कि मैत्रकों के काल से राजधानी के स्थानान्तरित होने के कारण सुदर्शन तटाक उपेक्षित होने लगा। सम्भवतः यही कारण है कि गुप्तकाल के उपरान्त इस सरोवर के इतिहास के विषय में किसी भी साधन से सूचना नहीं उपलब्ध होती।[१०] इस नगर की पहचान आधुनिक जूनागढ़ (**यवनगढ़**) से की जाती है।[११]

---

१. सरकार, सेलेक्ट इंसक्रिप्शंस, पृष्ठ १७४।

२. वही, पृष्ठ १७४।

३. वही, पृष्ठ १७४।

४. ''संवत्सराणामधिके शते तु त्रिंशदिभरन्यैरपि षड्भिरेव।
रात्रौदिनेप्रौष्ठपदस्य षष्ठे गुप्तप्रकाले गणनां विधाय॥'' —वही, पृष्ठ ३०५।

५. ''अथ क्रमेणाम्बुद-कालमागते निदाघकालं प्रविदार्य तोयदैः।
बवर्ष तोयं बहुसन्ततं चिरं सुदर्शनं येन विभेद चात्वरात्॥''
—सरकार, वही, पृष्ठ ३०५।

६. सरकार, सेलेक्ट इंसक्रिप्शंस, पृष्ठ ३०५।

७. वही, पृष्ठ ३०५।

८. वही, पृष्ठ ३०५।

९. वही, पृष्ठ ३०६।

१०. अल्तेकर, ऐं० टा० सि० गु० का०, पृष्ठ २२।

११. वही, पृष्ठ २०।

द्वारका— महाभारत तथा हरिवंश में कृष्ण को इस नगर का संस्थापक माना गया है।[१] यह नगर समुद्र के तट पर स्थित था।[२] हरिवंश में इसके परिमाण का वर्णन अतिशयोक्ति के साथ करते हुए कहा गया है कि यह नगर १२ योजन लम्बा तथा ८ योजन चौड़ा था।[३] इसके चतुर्दिक् एक ऊँचा प्राकार था, जो श्वेत वर्ण का था।[४] इसके चारों ओर एक गहरी खाई भी थी, जिसमें कमल खिले हुए थे तथा हंस एवं कारण्डव आदि तैर रहे थे।[५] जनसंख्या की विशालता के कारण नगर के भीतर कोलाहल मचा रहता था।[६] इसमें श्रेष्ठ प्रासादों का सन्निवेश किया गया था। ये भवन संगीत के द्वारा प्रतिध्वनित तथा पताकाओं से युक्त थे।[७] इनकी चोटियाँ अमृत के फ़ेन के समान धवल थीं।[८] इन भवनों के द्वारा द्वारकापुरी उसी प्रकार सुशोभित थी, जिस प्रकार सफेद बादलों के द्वारा आकाशमण्डल।[९]

पुर के भीतर सरोवर बने हुए थे, जिनमें सुगन्धियुक्त कमलों की पंक्तियाँ सुशोभित थीं। हंस तथा कारण्डव आदि के जल में तैरने के कारण इन तालाबों की शोभा और भी अन्वेक्षणीय थी। सरोवरों के किनारे वृक्षों का आरोपण किया गया था।[१०] नगर के भीतर आठ मार्ग तथा सोलह चत्वर थे।[११] द्वारका को देखने से ऐसा प्रतीत हो रहा था, मानो किसी आयत नेत्र वाली वनिता ने चारों ओर से अपने अंगों को सिकोड़ लिया हो।[१२] समुद्र-तट पर स्थित वह नगरी उसी प्रकार सुशोभित हो रही, जिस प्रकार स्वर्ग में इन्द्रपुरी।[१३] समुद्र के जलकणों से सिक्त होने के कारण द्वारका में शिशिर मारुत बह रहा

---

१. हरिवंश, विष्णुपर्व, अध्याय ५८, ६२।

२. ''भूषयन्ती समुद्रं सा स्वर्गमिन्द्रपुरी यथा।''
—हरिवंश, विष्णुपर्व, अध्याय ५८, पक्ति ९७।

३. ''अष्टयोजनविस्तीर्णामचलां द्वादशायताम्।'' —वही, अध्याय ९८, ५४।

४. वही, विष्णुपर्व, अध्याय ५८, पंक्ति १०५।

५. ''पद्मखण्डाकुलाभिश्च हंससेवितवारिभः।
गंगासिन्धुप्रकाशाभिः परिखाभिर्वृतां पुरीम्॥''
वही, अध्याय ९८, ११।

६. ''पृथिव्यां पृथुराष्ट्रायां जनौघप्रतिनादिता।'' —वही, अध्याय ९८, पंक्ति १०२।

७. वही, विष्णुपर्व, अध्याय ५८, पंक्ति ५९।

८. महाभारत, सभापर्व, अध्याय ५७, पंक्ति १९।

९. ''ददृशे द्वारका रम्या चारुमेघैर्द्यौरिव संवृता।'' —वही, अध्याय ९८, पंक्ति ७५।

१०. ''पद्माकुलजलोपेतैः रक्तसौगन्धिकोत्पलाः।
मणिमौक्तिकबालूकाः पुष्करिण्यः सरांसि च॥
तासां परमकूलानि शोभयंति महाद्रुमाः॥''
—महाभारत, सभापर्व, अध्याय ५७, पंक्ति ४२-४३।

११. हरिवंश, विष्णुपर्व, अध्याय ९८, पंक्ति २८।

१२. ''समंततः संवृतांगी वनितेवायतेक्षणा''। हरिवंश, विष्णुपर्व, अध्याय ५८, पंक्ति ९४।

१३. हरिवंश, विष्णुपर्व, अध्याय ५८, पंक्ति ६२।

था।[१] नागरिकों से युक्त वह पुरी तारों से खचित आकाश के समान रमणीय प्रतीत हो रही थी।[२]

इस नगर का परंपरित वर्णन शिशुपालवध में भी मिलता है। इस ग्रन्थ में कहा गया है कि समुद्र की ऊँची लहरें पुरी के प्राकार को अपनी ऊँचाई से जीतने के लिए दूर तक उठ जाती थीं और समीप आकर अपने अभीष्ट को न पाने के कारण लज्जित हो वहीं विलीन हो जाती थीं।[३] नगर के भीतर अप्सराओं के समान सुन्दर रमणियाँ झरोखों एवं अटारियों पर बैठ कर विहार करती थीं।[४] बाज़ारों में ढेरी के रूप में सामग्रियाँ रखी गई थीं।[५] दर्पणतल की भाँति स्वच्छ समुद्र के जल में नगर की अनुपम छटा की छाया पड़ रही थी।[६]

कृष्ण के द्वारा निर्मित तथा समुद्र-तट पर स्थित होने के कारण यह नगर धर्म का एक प्रतिष्ठित केन्द्र बन गया था। इसके धार्मिक माहात्म्य का वर्णन पुराणों में विशेष रूप से मिलता है। गरुड पुराण में कहा गया है कि द्वारका के सेवन से मनुष्य को आध्यात्मिक तथा भौतिक सुखों की प्राप्ति होती है।[७] स्कन्द पुराण के लेखक ने कहा है कि द्वारकावासी को सैकड़ों राजसूय यज्ञों की प्राप्ति होती है।[८] वराहपुराण के अनुसार इस नगर के धार्मिक जीवन में वैष्णव धर्म का प्राधान्य था।[९] हाल के वर्षों में डॉ० एस० आर० राव के निर्देशन में द्वारका में जो सामुद्रिक उत्खनन हुए हैं, उनसे ज्ञात होता है कि इस महापुरी के विषय में उपलब्ध साहित्यिक परंपराएँ (महाभारत, हरिवंश एवं पुराण-विषयक विवरण) ऐतिहासिक वृत्तान्तों पर आधारित है। द्वारका-तट के सन्निकट सामुद्रिक उत्खनन की क्रिया में डॉ० राव द्वारा प्राप्त विविध पुरावशेष (यथा, सुरक्षा-भित्ति के अवशेष, प्राकार-अट्टालक एवं जहाजी लंगड़ आदि के प्रमाण) इस नगर की ऐतिहासिकता पर नवीन प्रकाश डालते हैं।[१०] ■

---

१. ''ओघैः वारिराजस्य शिशिरीकृतमारुता।''
—हरिवंश, विष्णुपर्व, अध्याय ५८, पंक्ति १०२।

२. ''सतारका द्यौरिव सा द्वारका प्रत्यराजत।'' —वही, अध्याय ५८, पंक्ति १०४।

३. शिशुपालवध, सर्ग ३, ४०।

४. वही, सर्ग ३, ४३।

५. वही, सर्ग ३, ३८।

६. वही, सर्ग ३, ३५।

७. ''द्वारका च पुरी रम्या भुक्तिमुक्तिप्रदायिका।'' —गरुड पुराण, अध्याय ८१, पंक्ति ५।

८. ''अश्वमेधसहस्त्रं तु राजसूयशतं कलौ।
पदेपदेच लभते द्वारकां गच्छतो मरः।'' —स्कन्दपुराण, अध्याय २२०, २८।

९. ''द्वारकायां महाभागे वैष्णवानां सुखावहे।'' —वराह पुराण, पृष्ठ ८२५, पंक्ति ४५।

१०. द्रष्टव्य : रीसेंट ऐडवांसेज इन मैरीन आर्क्यालोजी, १९९१; रोल ऑफ यूनिवर्सिटीज़ ऐण्ड रिसर्च इंस्टीट्यूट्स इन मैरीन आर्क्यालोजी, १९९४, नेशनल इंस्टीट्यूट ऑफ ओशनोग्राफी, गोआ।

८

दक्षिण भारत के प्रधान नगर

कल्याण—यह दक्षिणी भारतवर्ष का एक प्रसिद्ध नगर था। पेरिप्लस ने इसे '**कल्लियेन**' कहा है। उसके अनुसार यह '**दखिनाबदेस**' (**दक्षिणापथ**) का व्यापारिक नगर था।[१] उसके आगमन के समय यहाँ पर विदेशी व्यापार निषिद्ध था। यहाँ लंगर डालने वाले विदेशी जहाजों की भड़ौंच भेज दिया जाता था, जो कि इसका समीपवर्ती बन्दरगाह था।[२] कन्हेरी और जुन्नर के गुहा-लेखों में कल्याण का नाम एक महत्त्वपूर्ण व्यापारिक केन्द्र के रूप में उल्लिखित है। इनमें इस नगर के धनिक सौदागरों और व्यावसायिकों का नामोल्लेख भी हुआ है।[३]

पेरिप्लस के समय में कल्याण में व्यापार-निषेध का एक विशेष कारण था। इस समय शक दक्षिणी भारतवर्ष में सातवाहनों को दबाते जा रहे थे। कल्याण सातवाहन-राज्य के विदेशी व्यापार का सब से बड़ा बन्दरगाह था। अतएव उनके राज्य को आर्थिक क्षति पहुँचाने के लिए कल्याण जाने वाले विदेशी जहाजों को शकों ने लूटना प्रारम्भ किया होगा। वे उन्हें पकड़ कर भड़ौंच ले जाते होंगे। उस समय भड़ौंच पर शकों पर आधिपत्य था। पेरिप्लस के अनुसार यह स्थिति **सरगनेस** (**शातकर्णि**) के पश्चात् की थी।[४] इस व्यापार-निषेध के कारण कल्याण की व्यापारिक महत्ता क्रमशः क्षीण होने लगी।

यही कारण है कि द्वितीय शताब्दी के लेखक तोलेमी के विवरण में पश्चिमी समुद्र-तट के बन्दरगाहों में कल्याण का नाम नहीं मिलता। द्वितीय शताब्दी के भारतीय अभिलेखों में भी इस नगर का नामोल्लेख नहीं है। इस समय के कार्ले के अभिलेख से निष्कर्ष निकलता है कि इस नगर के स्थान पर धेनुकाकटक महत्त्वपूर्ण व्यापार-केन्द्र बन गया था। इस लेख के अनुसार धेनुकाकटक में छह यूनानी सौदागर रहते थे। इसमें इस पुर के गान्धिकों का उल्लेख हुआ है। लगता है कि यूनानी सौदागर इस समय यहाँ से गन्ध-द्रवों को स्वदेश ले जाते थे। इस समय वहाँ उनकी माँग विशेष थी।[५]

---

१. **पेरिप्लस, पृष्ठ ४३।**

२. **वही, पृष्ठ ४३।**

३. **सार्थवाह, पृष्ठ १०३।**

४. **वही, पृष्ठ १०३।**

५. **सार्थवाह, पृष्ठ १०३।**

यज्ञश्री के समय में कोंकण को जीत कर सातवाहन शक्ति का पुनरुद्धार किया गया। फलतः कल्याण का व्यापार पुनः खुल गया। छठी शताब्दी का लेखक कास्मस इण्डिको प्लाइस्टस लिखता है कि कल्याण उस समय भारतवर्ष के छह प्रसिद्ध व्यापार केन्द्रों में एक था। वहाँ काँसा, लकड़ी और कपड़े का व्यापार होता था।[१] इस नगर की चालुक्यकालीन समृद्धि का वर्णन विक्रमांकदेवचरित में हुआ है। इसके लेखक बिल्हण ने लिखा है कि इस नगर में हर्म्य-पंक्तियाँ सुशोभित थीं। इसके उत्तुंग प्रासादों के कारण आकाश में अन्धकार छा गया था।[२] उनके किनारे के वृक्षों के प्रतिबिम्ब की शोभा पारिजात-श्री का स्मरण दिला रही थी।[३] नगर के सरोवर खिले हुए कमलों की पंक्तियों के कारण सुशोभित हो उठते थे।[४] पथिकों की प्यास को बुझाने के लिए कूप बने हुए थे (**प्रपा पिपासापरितापशान्तये**)।[५] वहाँ के भवनों पर पताकाएँ फहरा रही थीं (**यदीयसौधध्वजपट्टपट्टिकाः**)।[६] समुद्र के किनारे बसा हुआ यह नगर धनधान्य एवं नाना रत्नों से परिपूर्ण था। (**समुद्रवेलारतिरत्नसम्पदा**)।[७]

कांची—यह दक्षिण भारत का एक विशिष्ट नगर था। इसकी विशेष उन्नति पल्लवों के काल में हुई। प्रयाग की प्रशस्ति में कांची के पल्लव-नरेश विष्णुगोप का उल्लेख हुआ है। समुद्रगुप्त के दक्षिणापथ-अभियान में वह उसके द्वारा पराजित हुआ था। ख्वान् च्वांग के यात्रा विवरण में इस नगर का नाम (कन्-चिह-पु-लो=कांचीपुर) आता है। उसके अनुसार इस नगर की परिधि ५ मील (३० ली) थी। इसकी भूमि उर्वरा-शक्ति से संपन्न थी। फल एवं पुष्पादि का इस नगर में बाहुल्य था। इसके नागरिक उत्साहयुक्त, विश्वासपात्र एवं जनसेवक तथा विद्या के अनुरागी थे। उनकी भाषा एवं लिपि मध्य देश की भाषा एवं लिपि से विभिन्न थी।[८]

ख्वान् च्वांग के आगमन के अवसर पर इसमें एक सौ बौद्ध मठ विद्यमान थे। इनमें रहने वाले भिक्षुओं की संख्या दस हजार के लगभग थी। वे सभी स्थविर सम्प्रदाय के अनुयायी थे। इसमें अन्य धर्मों से सम्बन्धित मन्दिरों की संख्या ८० के लगभग थी। दिगम्बर सम्प्रदाय के अनुयायी उस समय इस नगर में वर्तमान थे। ख्वान् च्वांग लिखता है कि इस नगर में गौतम बुद्ध कई बार आ चुके थे। वहाँ जिन स्थानों पर उन्होंने अपना

---

१. सार्थवाह, पृष्ठ १०३।

२. ''यदुच्चहर्म्यावलिदीपसंपदा विभाव्यते कज्जलसंन्निभं नभः।''
—विक्रमांकदेवचरित, पृष्ठ १२।

३. ''जलाशया यत्र हसन्ति संततं नवेन्द्रनीलद्रवनिर्मलोदराः।'' —वही, पृष्ठ १२।

४. ''तटद्रुमाणां प्रतिबिम्बमालया सपारिजातामिव दर्शयंछ्रियम्।'' —वही, पृष्ठ १२।

५. वही, पृष्ठ १३।

६. वही, पृष्ठ १३।

७. वही, पृष्ठ १३।

८. वाटर्स, २, २२६।

व्याख्यान दिया था, उनमें अशोक ने स्तूपों का निर्माण किया था। इनमें एक स्तूप लगभग १०० फीट ऊँचा था।[१]

य्वान् च्वांग की जीवनी के अनुसार कांचीपुर दक्षिण भारत का एक बन्दरगाह था। वहाँ से लंका की समुद्र-यात्रा तीन दिनों में सम्पादित होती थी। लंका में दुर्भिक्ष आने के कारण इस द्वीप के ३०० बौद्ध भिक्षु कांची आये थे। वहाँ पर उनकी भेंट य्वान् च्वांग से हुई। उसने अपनी शंका-समाधान के लिए उनसे योग-शास्त्र पर कुछ प्रश्न पूछे। वह लिखता है कि इनका ज्ञान नालन्दा विश्वविद्यालय के कुलपति शीलभद्र के ज्ञान से निश्चयात्मक रूप से कम था। उनसें भेंट होने के पहले वह लंका जाकर योगशास्त्र का दूरतर अध्ययन करना चाहता था, क्योंकि उसने सुन रखा था कि वहाँ के श्रमण योगशास्त्र के विशेषज्ञ थे। पर अब उसने लंका-यात्रा के विचार का परित्याग कर दिया।[२]

इस नगर की प्रशंसा करते हुए पवनदूत के रचयिता धोयी ने लिखा है कि वह अमरावती के गर्व का हरण करने वाला तथा दक्षिणापथ का भूषण था।[३] पेरियपुराणम् के अनुसार इसके चतुर्दिक् एक सुदृढ़ प्राकार तथा गहरी परिखा विद्यमान थी। नगर की गन्दगी को बड़े नालों के द्वारा परिखा में गिराया जाता था।[४] इसके उपकण्ठ पर खुले मैदान में सैनिक शिविर बने हुए थे। इनमें सैनिकों को विभिन्न रण-पद्धतियों की शिक्षा दी जाती थी तथा उन्हें शस्त्राभ्यास में निपुण बनाया जाता था। नगर के सीमाप्रान्त पर गजशाला तथा तुरंगशालाएँ बनी थीं। इनके समीप ही कारखाने विद्यमान थे, जिनमें युद्ध के हथियारों का निर्माण किया जाता था। इनमें काम करने वाले कारीगरों के घर भी इसी पुर-भाग में बने थे।[५]

नगर के विभिन्न भाग जाति तथा व्यवसाय के अनुसार बसाये गये थे। ब्राह्मण, क्षत्रिय, वैश्य तथा शूद्र पृथक् पुर-भागों में रहते थे। राजमार्गों की चौड़ाई इतनी पर्याप्त थी कि उन पर विभिन्न वाहन सरलतापूर्वक आ-जा सकते थे। नगर में स्थान-स्थान पर रमणीक सरोवर वर्तमान थे, जिनके जल की शोभा प्रस्फुटित कमलों तथा तैरते हुए हंसों के कारण द्विगुणित हो उठती थी। सरोवरों के चतुर्दिक् सुन्दर वृक्ष लगे हुए थे। वहाँ के नागरिक गृह-प्रांगण में वृक्ष-वाटिकाएँ लगाते थे। इनमें कदली-वृक्षों एवं आम्र तरुओं का बाहुल्य था। राजमार्गों की शोभा इनके दोनों ओर बने हुए मंजिलों से युक्त प्रासादों के कारण निखर उठती थी। पुर-ललनाएँ छत की स्वच्छ वायु का आस्वादन करती थीं।

---

१. वाटर्स, २, २२६।

२. वही, २, २२७।

३. ''लीलागारैरमरनगरस्यापि गर्व्वं हरन्ति।
गच्छेः कांचीपुरमथ दिशो भूषणं दक्षिणस्याः॥'' —पवनदूत, १२।

४. अय्यर, टा० प्लै० ऐं० ड०, पृष्ठ ७०।

५. अय्यर, टा० प्लै० ऐं० ड०, पृष्ठ ७१।

घरों के निर्माण में लाल ईंटों का प्रयोग किया गया था।[१] कांचीपुराण में कहा गया है कि "इस क्षेत्र में ऐसा कोई भी कवि नहीं है, जो इस नगर के सौन्दर्य से प्रभावित न हो उठा हो। सभी कवियों ने मनोरम शब्दावलियों में इसकी छटा के निरूपण द्वारा अपनी कीर्ति को अक्षुण्ण बना दिया था।"[२]

कांची के पल्लव नरेश वैष्णव तथा शैव धर्म के अनुयायी थे, अतएव उनके काल में इन धर्मों का महान् विकास हुआ। कालान्तर में कांची की गणना भारत की सात मोक्षदायिका पुरियों में होने लगी। 'कांचीमाहात्म्यम्' नामक ग्रन्थ में इसे भारत का सर्वश्रेष्ठ धार्मिक नगर स्वीकार किया गया है।[३] ऐसा प्रतीत होता है कि इस ग्रन्थ की रचना दक्षिण भारतवर्ष में हुई थी। सम्भवतः इस प्रादेशिक भावना के कारण ही इसके लेखक ने भारत के धार्मिक नगरों में कांची को प्रथम स्थान प्रदान किया है।

यह नगर विद्या का भी केन्द्र था। दक्षिण भारत के नागरिक शिक्षार्थ कांची आया करते थे। सुप्रसिद्ध विद्वान् दिङ्नाग के जीवन का अधिकांश भाग विद्याध्ययन के निमित्त कांची में ही व्यतीत हुआ था।[४] कदम्ब-वंश के संस्थापक मयूरशर्मा की शिक्षा कांची में सम्पादित हुई थी।[५] पल्लव नरेशों के राज्यकाल में नगर के बौद्धिक विकास में दूरतर अभिवृद्धि हुई। इस राजवंश के शासक विद्वान् थे। 'मत्तविलासप्रहसन' का रचयिता महेन्द्रवर्मा प्रथम इसका ज्वलन्त उदाहरण है। पल्लव नरेशों के विद्याप्रेमी होने के कारण कांची में बौद्धिक वायु-मण्डल का वर्तमान रहना नितान्त स्वाभाविक ही था।

यह नगर कला का भी एक प्रतिष्ठित केन्द्र था। कला-प्रेमी कांची नरेशों में महेन्द्रवर्मा, नरसिंहवर्मा प्रथम (मामल्ल), नरसिंहवर्मा द्वितीय (राजसिंह) तथा नन्दिवर्मा उल्लेखनीय हैं। इनमें से प्रत्येक वास्तुकला की स्वतन्त्र शैली का जन्मदाता था; उदाहरणार्थ—महेन्द्र शैली, मामल्ल शैली, राजसिंह शैली तथा नन्दिवर्मा शैली। इनमें प्रथम दो शैलियों के देवालयों को एक ही विशाल चट्टान को तराश कर बनाया गया है तथा अन्तिम दो शैलियों के देवालयों को अलग से प्रस्तर-खण्डों को तराशने के उपरान्त उन्हें एक-दूसरे पर दृढ़ता के साथ बैठकर निर्मित किया गया। इन शैलियों में बने हुए मन्दिरों के उदाहरण मामल्लपुरम् तथा कांजीवरम् से उपलब्ध हुए हैं।

---

१. अय्यर, टा० प्लै० ऐं० ड०, पृष्ठ ७३।

२. वही, पृष्ठ ७७।

३. "अयोध्या मथुरा माया काशी कांची अवन्तिका।
पुरी द्वारावती चैव सप्तैता भुक्तिमुक्तिदाः॥
एतान्यन्यानि पुण्याणि क्षेत्राणि वसुधातले।
तेषु पुण्यतमा कांची कलिकल्मषनाशिनी॥"

—कांचीमाहात्म्यम्, अध्याय १, ५९-६०।

४. गोपालन, ए० हि० द० प०, पृष्ठ १५९।

५. वही, पृष्ठ १५९।

कांजीवरम् के मन्दिरों में कैलाशनाथ तथा वैकुण्ठ पेरूमल के मन्दिर प्रधान हैं। ये दोनों मन्दिर राजसिंह शैली के अन्तर्गत आते हैं। कैलाशनाथ के मन्दिर के तीन भाग हैं; **गर्भगृह, मण्डप** तथा **अन्तराल।** इन तीन भागों के निर्माण में सुन्दर सामंजस्य दृष्टिगोचर होता है। वैकुण्ठ पेरूमल मन्दिर विशाल पैमाने पर बना हुआ है। इसके भी तीन भाग हैं—गर्भगृह, मण्डप एवं अन्तराल। इन भागों में स्थापत्य-एकता का पुट मिलता है। इस मन्दिर का शिखर द्राविड़ शिखर का ज्वलन्त प्रतीक माना जाता है।

कावेरीपत्तन—यह दक्षिणी भारतवर्ष के उन नगरों की कोटि में आता था, जो पूर्वनिर्धारित सुव्यवस्थित योजना के अनुसार बसाये गये थे। तमिल ग्रन्थों में इसे **'कावेरीप्पुपट्टीनम्'** तथा **'कावेरीपट्टीनम्'** कहा गया है। यह समुद्रतट के समीप कावेरी के मुहाने पर स्थित था। इसका 'पट्टीनम्' नामांश इसका समुद्री बन्दरगाह होना प्रमाणित करता है। यह १० मील लम्बा तथा १० मील चौड़ा एक वर्गाकार नगर था।[१]

यह दक्षिणी भारत का विशिष्ट राजनीतिक, व्यावसायिक तथा व्यापारिक केन्द्र था। यहाँ पर चोल-नरेशों की राजधानी थी। इसकी भूमि प्राकृतिक साधनों से युक्त एवं उर्वराशक्ति से संपन्न थी। नदी एवं समुद्र-तट की सुविधा को देखकर चोलों ने इसे अपना प्रधान नगर बनाया होगा। एक तमिल-कवि ने इस नगर की प्रशंसा करते हुए कहा है कि यह एक ऐसा भू-भाग था, जिसके शान्तिमय इतिहास के पृष्ठों में दुर्भिक्ष, रोग एवं शत्रु आदि के भय के उदाहरण नहीं उपलब्ध होते।[२] एक दूसरे तमिल-कवि ने इसकी प्रशंसा में कहा है कि यदि समृद्ध एवं वैभवशाली कावेरीपत्तन का सम्पूर्ण आधिपत्य मुझे समर्पित कर दिया जाय, तब भी मैं अपनी प्रियतमा के वियोग में एक क्षण भी जीने को प्रस्तुत नहीं हूँ।[३] शिलप्पदिकारम् में इस नगर का एक दूसरा नाम **'पुहार'** दिया गया है।[४]

इस नगर के दो भाग थे—(१) **पट्टिनपाक्कम** तथा (२) **मरुवरपाक्कम।** पाक्कम शब्द से तात्पर्य उस स्थान से है, जो समुद्र-तट के समीप स्थित होता है, उदाहरणार्थ—**तुंगमपाक्कम** तथा **ईजमपाक्कम।** मरुवरपाक्कम समुद्रतट के समीप वाले भाग को कहते थे। पट्टिनपाक्कम वाला भाग इसके पश्चिम में स्थित था। इन दोनों भागों के बीच एक खुली चौड़ी जमीन थी, जिसमें बाज़ार लगती थी। यह नगर की केन्द्रीय बाज़ार थी। इसकी दूकानों में विविध वस्तुओं का विक्रय किया जाता था। प्रत्येक दूकान के सामने एक पताका फहराती थी, जिसके ऊपर विक्रय के निमित्त सुसज्जित वस्तुओं के नाम लिखे रहते थे। इस भाग की दूकानों के संमुख छायेदार वृक्ष आरोपित किये गये थे। गर्मी के दिनों में ग्राहकों को इनकी छाया के नीचे विश्राम मिलता था। इन वृक्षों के

---

१. अय्यर, टाउन प्लैनिंग इन ऐंशेण्ट डकन, पृष्ठ ८१।

२. वही, पृष्ठ ८२।

३. वही, पृष्ठ ९७।

४. मोतीचन्द्र, सार्थवाह, पृष्ठ १५७।

कारण बाज़ार की वायु स्वच्छ एवं स्वस्थ थी। इस हाट के केन्द्रीय भाग में एक मन्दिर बना हुआ था। इसे लोग नगर की शक्ति-देवी का मन्दिर मानते थे।[१]

पट्टिनपाक्कम में राजप्रासाद बना हुआ था। राजमहल के समीप राजकीय कर्मचारी, राजभृत्य तथा अमात्यों के घर वर्तमान थे। सम्राट् की प्रशंसा करने वाले सूत एवं चारण भी इसी पुर-भाग में रहते थे। मनोविनोद करने वाले नर्तक, संगीतज्ञ तथा नाटकों का अभिनय करने वाले अपनी वृत्ति एवं सामाजिक स्थिति के अनुसार इसमें निवास करते थे। राजप्रासाद से हट कर उसके चतुर्दिक् सभ्य, प्रतिष्ठित एवं धनिक नागरिकों के घर बने हुए थे। सैनिक शिविर एवं सैनिक पदाधिकारियों के निवासस्थान का निर्माण इस क्षेत्र में सुन्दर ढंग से किया गया था।[२]

मरुवरपाक्कम में व्यावसायिकों एवं व्यापारियों के घर बने हुए थे। इसके समुद्र-तट वाले भाग में ऊँचे चबूतरें बने हुए थे, जिन पर जहाजों से माल उतारा जाता था। राजकीय शुल्क-सम्बन्धी पदाधिकारी विदेशी माल पर चुंगी वसूल कर उन पर सिंह के पंजे से अंकित चोल-राजमुद्रा के द्वारा छाप लगा देते थे। तदनन्तर गोदामों में माल भरा जाता था। इसके पास ही यवनों एवं विदेशी व्यापारियों की बस्तियाँ बनी थीं। इसके अनन्तर शंख, मोती एवं बहुमूल्य आभूषणों को बेचने वाले व्यापारियों के घर बने थे। तत्पश्चात् चन्दन एवं स्नानचूर्ण बेचने वालों तथा रेशमी और सूती कपड़ा बेचने वाले जुलाहों की बस्तियाँ वर्तमान थीं। इसके समीप ही गल्ले की बाज़ार थी। तदपुरान्त मिठाई, मछली, तेल, नमक, पान तथा रस्सी का व्यापार करने वालों के घर बने थे। व्यावसायिकों की प्रयोगशालाएँ प्रायः उनके घर के पास बनी होती थीं। इस नगर के व्यवसायियों में लौहकार, ताम्रकार, बढ़ई, मूर्तिकार, चित्रकार, सुवर्णकार, बर्तन बनाने वाले तथा दर्जी आदि उल्लेखनीय हैं। प्रयोगशालाओं के घर के समीप वर्तमान होने के कारण व्यावसायिकों को पर्याप्त सुविधा थी।[३]

शिलप्पदिकारम् में इस नगर के सांस्कृतिक वातावरण का सुन्दर वर्णन उपलब्ध होता है। इसमें सार्वजनिक शिक्षागृह (पट्टिमण्डपम्) तथा न्यायालय (पावइमनरम्) बने हुए थे। इसके विविध केन्द्रों में शिव, सुब्रमण्य, बलदेव, विष्णु तथा इन्द्र के मन्दिर वर्तमान थे। इन मन्दिरों के प्रांगण में पुष्प एवं वृक्षवाटिकाएँ लगी हुई थीं, जिनके कारण इनकी शोभा अन्वेक्षणीय थी। इस नगर के राजमार्ग चौड़े एवं विशाल थे।[४]

इस नगर के भवन कई मंजिलों से युक्त थे। इनमें रहने वाली पुर-ललनाएँ वातायनों में बैठकर मेष, लावक एवं कुक्कुट-युद्ध देखतीं एवं इस प्रकार अपना मनोविनोद करती थीं। भवनों को पताकाओं से अलंकृत किया जाता था। वहाँ के विद्वान् पण्डित

---

१. **अय्यर, टाउन प्लैनिंग इन ऐंशेण्ट डकन, पृष्ठ ९०।**

२. **वही, पृष्ठ ८८।**

३. **वही, पृष्ठ ८६।**

४. **वही, पृष्ठ ९२।**

अपने घरों पर पताका लगा कर प्रतिद्वन्द्वी विद्वानों को शास्त्रार्थ के लिए ललकारते थे।[१]

शिलप्पदिकारम् में कावेरीपट्टीनम् के समुद्र-तट का रोचक वर्णन मिलता है। इसमें जलपोत की सुरक्षा के निमित्त पक्के दीपगृह बने थे। इनमें रात को तेज प्रकाश किया जाता था।[२] वहाँ पर रहने वाले विदेशी व्यापारियों के घरों पर फहराती हुई झण्डियों को देखने से आभास होता था, मानो वे उनके माल की सुरक्षा कर रही हों। मिठाई, चन्दन, फल, फूल एवं रंग आदि की दूकानों पर दीपक जगमगाते थे। मालगोदाम के रक्षकों के घरों में भी दीपकों के प्रकाश की व्यवस्था की गई थी। समुद्र तट पर माल से लदे हुए विविध देशों के जहाज लगे हुए थे। भिन्न-भिन्न भाषाओं के बोलने वाले विदेशी सौदागार इन जहाजों से स्वदेशी माल को उतारते तथा भारतीय माल को भरते हुए दृष्टिगोचर होते थे।[३] इस नगर के समुद्र-तट पर मछुओं के घर भी बने हुए थे। वे मछली मारते तथा नौका संचालन के द्वारा अपनी जीविका का उपार्जन करते थे। अवकाश के दिनों में वे भेड़ों की लड़ाई तथा नृत्य आदि के द्वारा अपना सामूहिक मनोविनोद करते थे।[४]

शिलप्पदिकारम् के अनुसार वहाँ के व्यापारियों की अतुल धनराशि महान् सम्राटों के लिए भी आकर्षण का स्रोत सिद्ध होती थी। विविध प्रकार के सुसज्जित माल देखने पर लगता था, मानो समस्त जगत् का ऐश्वर्य इस नगर में केन्द्रीभूत हो उठा हो। लोग यवनों की सम्पत्ति को देखकर ललच उठते थे। बन्दरगाहों में नाना देशों के नाविक सर्वदा दृष्टिगोचर होते थे। उनका व्यवहार उत्तम कोटि का था। समुद्र-तट के एक भाग में राजकीय गृह भी बने हुए थे, जिनमें राजकुल के सदस्य अपने दलबल के साथ अपना मनोविनोद करते थे।[५] शिलप्पदिकारम् में इस नगर के **समुद्री सार्थवाह (मानायिकन्)** तथा एक **स्थल-सार्थवाह (मासात्तुवान्)** का उल्लेख मिलता है।[६]

इस नगर के प्रधान द्वार का परिमाण विशाल था। इससे राजप्रासाद की ओर एक सीधा राजमार्ग जाता था। इसके दोनों ओर वृक्ष आरोपित किये गये थे। स्थान-स्थान पर उपवन एवं सरोवर बने हुए थे, जिनका उपयोग केवल राजकुल के सदस्यों के द्वारा किया जाता था। राजप्रासाद की दीवालों पर चूनाकारी की गई थी। इसके प्रांगण में देशी एवं विदेशी वृक्ष आरोपित किये गये थे।[७] इस राजप्रासाद में यवनों की नियुक्ति राजा के अंगरक्षक के रूप में की गई थी। किले के दरवाजों के पहरेदार भी सशस्त्र यवन थे।

---

१. **मोतीचन्द्र, सार्थवाह, पृष्ठ १५९।**
२. **वही, पृष्ठ १५९।**
३. **वही, पृष्ठ १५८।**
४. **वही, पृष्ठ १५९।**
५. **वही, पृष्ठ १५८।**
६. **वही, पृष्ठ १५६।**
७. **अय्यर, टाउन प्लैनिंग इन ऐंशेण्ट डकन, पृष्ठ ९५।**

टालमी के खाबेरी के बन्दरगाह से तात्पर्य कावेरीपत्तन से है।[१]

वंजी—चेरों की राजधानी वंजी की गणना दक्षिणी भारत की उन प्राचीन पुरियों में होती है, जो पूर्वनिर्धारित योजना के अनुसार बसाये गये थे। इसका एक अन्य नाम करुर अथवा करुवूर (क्रेंगनोर के समीप स्थित) था। इसका उल्लेख तोलेमी ने भी किया है। (मोतीचन्द्र, सार्थवाह, पृष्ठ १२१-२२)। इसके चतुर्दिक् एक उदक-परिखा विद्यमान थी, जिसमें मछलियाँ पाली गई थीं तथा कमल एवं विविध जलपुष्प खिले हुए थे। इन पुष्पों के नाना रंगों के सम्मिलित प्रतिबिम्ब के फलस्वरूप परिखा के जल में इन्द्र-धनुष की छटा आभासित हो रही थी। इस प्रकार की खाइ के कारण नगर-सौन्दर्य निखर उठता था।[२] इस नगर का प्राकार शास्त्रीय नियमों के अनुसार निर्मित किया गया था। इसकी नींव काफी गहराई तक दी गयी थी। अपनी अधिक चौड़ाई तथा प्रस्तर-निर्मित होने के कारण यह शत्रुओं के द्वारा अभेद्य था। यह इतना ऊँचा था कि इसे पार करना एक कठिन समस्या थी।[३] प्राकार की चोटी पर युद्ध-यन्त्र एकत्र किये गये थे। नगर पर जब बाहरी आक्रमण होता था, उस समय सैनिक ऊपर से ही इन यंत्रों के द्वारा नीचे की शत्रु-सेना पर आघात करते थे।[४] इस प्रकार की प्रथा उत्तरी भारतवर्ष में भी प्रचलित थी। अन्यत्र इस बात का उल्लेख किया जा चुका है कि कौटिल्य के अर्थशास्त्र एवं महाभारत में इस प्रकार की व्यवस्था के वर्णन मिलते हैं। नगर की अधिक सुरक्षा की दृष्टि से प्राकार एवं परिखा के बाहर चतुर्दिक् वन लगाया गया था। प्राचीन तमिल साहित्य में कृत्रिम वन के आरोपण द्वारा नगर की सुरक्षा का विधान मिलता है। इस प्रकार के वन को 'मिड़इ' कहा जाता था।[५] इसके तरुओं का काटना दण्डनीय था। इस वन में स्थान-स्थान पर सैनिक शिविर बने हुए थे।[६]

नगर प्राकार द्वारों से युक्त था। इसके समीप प्रहरी नियुक्त किये गये थे, जो पहरेदारी का काम कड़ाई के साथ करते थे। प्राकार के समीप वाले भाग को 'पुड़नकर' कहा जाता था।[७] इसमें मिश्रित जनसंख्या रहती थी। राजप्रासाद नगर के बीचोबीच वर्तमान था। राजमहल के समीप कुछ जलाशय बने हुए थे, जिनका प्रयोग एकमात्र राजकुल के ही सदस्य कर सकते थे। राजप्रासाद के पास विश्रामगृह, सभाभवन, पुष्पवाटिकाएँ एवं वृक्षवाटिकाएँ आरोपित की गई थीं। इन उद्यानों के कारण राजगृह का वातावरण स्वस्थ एवं शान्तिमय था। शासनकार्यों से श्रान्त सम्राट् अपने मनोविनोद तथा

---

१. ह्वीलर, रोम बियांड इम्पीरियल फ्रण्टियर्स, पृष्ठ १६०।
२. अय्यर, टाउन प्लैनिंग इन ऐंशेण्ट डकन, पृष्ठ ६३।
३. वही, पृष्ठ ६३।
४. वही, पृष्ठ ६३।
५. वही, पृष्ठ ६५।
६. वही, पृष्ठ ६५।
७. अय्यर, टाउन प्लैनिंग इन ऐंशेण्ट डकन, पृष्ठ ६०।

राजकुल के सदस्य विहारार्थ इन वाटिकाओं में आते थे। राजमहल के आसपास चार प्रधान सड़कें थीं, जिनके दोनों ओर ब्राह्मण, मन्त्री, सैनिक पदाधिकारी एवं राजकीय परिचारकों के घर वर्तमान थे।[१] राजप्रासाद के पीछे गजशालाएँ तथा अश्वशालाएँ बनी थीं। वहाँ पर प्रांगण बने हुए थे, जिनमें हाथियों एवं घोड़ों को विभिन्न गतिविधियों तथा रणपद्धतियों की शिक्षा दी जाती थी।[२]

नगर के भीतर स्वच्छता की पर्याप्त व्यवस्था की जाती थी। इसमें कई ढके नाले बने हुए थे, जिनका मुख परिखा से लगा होता था। घरों का गन्दा पानी इन नालों (तुम्बु) के द्वारा परिखा में बहा दिया जाता था।[३] इस प्रकार स्वच्छता-व्यवस्था की दिशा में नगर-परिखा उपयोगी सिद्ध होती थी। नगर के भीतर एक केन्द्रीय बाज़ार था, जिसे 'अकनकर' कहा जाता था।[४] इसमें ऊनी एवं सूती वस्त्र तथा इत्र, अनुलेप, आभूषण और दैनिक जीवन में प्रयोग में आने वाली वस्तुओं की दूकानें थीं। मणिमेखलै में इस नगर के व्यावसायिकों के नाम आते हैं; उदाहरणार्थ—रस्सी बनाने वाले, कुम्भकार, लौहकार, बढ़ई, पत्थर की मूर्तियाँ बनाने वाले, चमड़े पर काम करने वाले, सुवर्णकार तथा बाजा बनाने वाले। इस नगर में खुले मैदान थे, जहाँ पर नागरिक स्वच्छ वायु का सेवन करते थे।[५]

चेरों की इस राजधानी (वंजी) की पहचान अब भी विवाद का विषय है। कतिपय विद्वानों ने इसका तादात्म्य त्रिचनापल्ली के समीप आधुनिक करुर अथवा करुवूर से की है[६] तथा कुछ इसका समीकरण कोचीन पश्चिमी समुद्र-तट पर स्थित आधुनिक तिरुवंजिकुलम् से करते हैं।[७] सामान्यतया दूसरा मत अधिक शुद्ध माना जाता है।

मदुरा—इस नगर में पाण्डवों की राजधानी वर्तमान थी। इस नगर के स्थान पर आरम्भ में कदम्ब वृक्षों का एक सघन वन विद्यमान था। इस अरण्य में पूर्व में स्थित मणवूर नामक नगर को राजधानी बना कर पाण्ड्य नरेश पहले राज्य कर रहे थे। कालान्तर में इस वन को काट कर पाण्ड्वों ने एक सुरम्य नगर स्थापित किया तथा अपनी नवीन राजधानी मणवूर से यहाँ पर स्थानान्तरित की। यही नगर मदुरा के नाम से विख्यात हुआ।[८] इस नगर का दूसरा नाम कदम्ब वन भी था। इसका यह नाम पड़ने

---

१ अय्यर, टाउन प्लैनिंग इन ऐंशेण्ट डकन, पृष्ठ ६७।
२. वही, पृष्ठ ६७।
३. वही, पृष्ठ ६१।
४. वही, पृष्ठ ६६।
५. वही, पृष्ठ ६९।
६. मोतीचन्द, सार्थवाह, पृष्ठ १२१-२२।
७. र० च० मजूमदार, एज ऑफ इम्पीरियल यूनिटी, पृष्ठ २३३।
८. अय्यर, टाउन प्लैनिंग इन ऐंशेण्ट डकन, पृष्ठ २५।

का कारण कदम्ब वन के स्थान पर इसका निर्मित होना था।[१]

तिरुविड़ैयाड़ल पुराण में इस नगर की स्थापना के विषय में एक सुन्दर कथा मिलती है। इस कथा के अनुसार मणवूर का एक धनिक व्यापारी विदेश में अपने माल के विक्रय के उपरान्त घर वापस आ रहा था। जिस समय वह कदम्ब वन पहुँचा, काफी रात्रि हो गई। अतएव उसने अपने अनुयायियों एवं परिचारकों के साथ वहाँ पड़ाव डाल दिया। इस वन में उसने खिले हुए कमलों से युक्त एक सरोवर तथा उसके तट पर निर्मित एक भव्य मन्दिर देखा। इस स्थान की प्राकृतिक छटा पर वह मुग्ध हो उठा। दूसरे दिन मणवूर पहुँचने पर उसने सम्राट् से इस प्रदेश के नैसर्गिक सौन्दर्य की पर्याप्त प्रशंसा की।[२]

सम्राट् वणिक से कदम्ब वन में स्थित सरोवर एवं उसके दुकूल पर निर्मित देवालय के विषय में सुनकर प्रसन्न हुआ। उसने अपने साथियों तथा महत्त्वपूर्ण पदाधिकारियों के साथ उस प्रवेश का निरीक्षण किया। उसकी सुस्थिति से प्रभावित होने के कारण उसने देवकुल एवं तटाक के चतुर्दिक् एक नगर की स्थापना के निमित्त राजकीय कारीगरों को आज्ञा दी। विशेषज्ञों की सहायता से पुरनिर्माण की एक सुन्दर योजना बनाई गई तथा शुभ मुहूर्त में कार्यारम्भ किया गया।[३]

सर्वप्रथम वन के वृक्षों को धराशायी कर सम्पूर्ण प्रदेश की भली-भाँति सफाई की गई तथा उसे अच्छी तरह समतल बनाया गया। देवालय के चतुर्दिक् क्रमशः **पद्ममण्डपम्, अर्द्धमण्डपम्** तथा **नृत्तमण्डपम्** का निर्माण किया गया। पद्ममण्डपम् में मन्दिर के पुरोहित वैदिक मंत्रों का उच्चारण करते थे। अर्द्धमण्डपम् एक सुविशाल कमरा था, जिसमें धार्मिक उत्सव समारोह के साथ मनाये जाते थे। नृत्तमण्डपम् में देवदासियाँ विशेष अवसरों पर नृत्य करती थीं एवं उनकी नृत्यकला के दर्शनार्थ लोग एकत्र होते थे।[४]

मन्दिर के चतुर्दिक् एक दीवाल बनाई गई, जिसमें प्रत्येक दिशा में सुन्दर द्वार (गोपुर) निर्मित किये गये। नगर-भूमि में चौड़े एवं विशाल राजमार्ग पृथक् प्रयोजन के निमित्त बनाये गये; उदाहरणार्थ—गजमार्ग, रथमार्ग एवं पदातिमार्ग। चत्वरों के समीप सभा-भवन एवं देवालयों का निर्माण किया गया। नगर-रक्षा के निमित्त प्राकृतिक साधनों का सदुपयोग किया गया। पुर-सौन्दर्य में अभिवृद्धि तथा नागरिकों के जल एवं स्नान की सुविधा के निमित्त यथास्थान नवीन सरोवर बनाये गये। सुरक्षा के हेतु इसे प्राकार एवं परिखा के द्वारा परिवेष्ठित किया गया। राजप्रासाद नगर के दक्षिण-पूर्व भाग में बना हुआ था। यह पुर नागरिकों के स्वास्थ्य एवं सर्वांगीण उन्नति में सहायक था,

---

१. अय्यर, टाउन प्लैनिंग इन ऐंशेण्ट डकन, पृष्ठ २५।

२. वही, पृष्ठ २७।

३. अय्यर, टाउन प्लैनिंग इन ऐंशेण्ट डकन, पृष्ठ २८।

४. वही, पृष्ठ २८।

अतएव तिरुविड़ैयाड़ल पुराण में इसे अनुकूल नगर की संज्ञा दी गई है।[१]

इस प्रकार निर्मित मदुरा में पुरवासी सुखपूर्वक निवास करने लगे। पर कालान्तर में जलप्लावन के कारण सरोवर एवं देवालय को छोड़ कर नगर के अन्य भाग बहा दिये गये। बाढ़ के प्रकोप से बची हुई जनसंख्या अब मन्दिर के आस-पास की भूमि में रहने लगी तथा यह प्रदेश नड़वूर के नाम से प्रसिद्ध हुआ। कुछ समय के उपरान्त नड़वूर का पर्याप्त विकास हुआ। यह लघु क्षेत्र बढ़ती हुई जनसंख्या के लिए कम पड़ने लगा, अतएव नगर का विस्तार आवश्यक हो गया।[२]

विशेषज्ञों की सहायता से पुर की प्राचीन सीमाओं का पता लगाकर इसके नवनिर्माण की एक विशद योजना बनाई गई। इस निर्माण-योजना का केन्द्रबिन्दु प्राचीन शैव मन्दिर था। नवनिर्मित नगर वलयाकार था (अर्थात् वह आकार जो सर्प के द्वारा किसी पदार्थ के चतुर्दिक् अपने फन और पूँछ के सटा लेने पर बनता है)। यह नगर आलवाय नामक नवीन नाम से प्रसिद्ध हुआ। इसका क्षेत्रफल ८ वर्ग मील के लगभग था। इस नगर की उत्तरी सीमा वैकड़ नदी को छूती थी। यह नदी इस पुर की सुरक्षा के प्राकृतिक साधन का निर्माण करती थी। सुदूर दक्षिण का नगर होने के कारण इसके ऊपर उत्तर की ओर से आक्रमण का भय था। अतएव इसका उत्तरी द्वार आकार में छोटा रखा गया। इसकी समता में दक्षिणी द्वार विशाल था। इसका कारण यह है कि यह नगर दक्षिण की ओर से बाह्य आक्रमणों से सुरक्षित था।[३]

तमिल ग्रन्थों में मदुरा के उत्तरी द्वार के विषय में एक मनोरंजक कथा मिलती है। इसके अनुसार चोल नरेश काडुवेट्टि मदुरा के सुन्दरेश्वर के मन्दिर में पूजा चढ़ाने के निमित्त अपनी यात्रा में सब से पहले वैकइ नदी के उत्तरी तट पर पहुँचा। उस समय नदी में काफी बाढ़ थी। बड़ी कठिनाई के साथ वह इस नदी को पार करने में सफलीभूत हुआ। नदी के दक्षिणी तट पर उतरते ही मदुरा का उत्तरी द्वार पड़ता था। द्वार-रक्षकों ने चोल-नरेश को वहीं पर रोक दिया। जब उसने अपने आगमन का उद्देश्य उनसे स्पष्ट किया, उस समय उन्होंने उसे प्रवेश की आज्ञा दी। उसकी सवारियाँ इतनी बड़ी थीं तथा उसके अनुचर संख्या में इतने अधिक थे कि वे किसी प्रकार भीतर आ सके थे। नगर-प्राकार अपनी ऊँचाई के कारण दुर्लंघ्य था।[४]

परिखा एवं प्राकार के निर्माण के अनन्तर नगर के भीतर चौड़े राजमार्गों का निर्माण किया गया। इनके विन्यास के कारण पुर-भूमि कई भागों में विभक्त हो गई। सब से सुरक्षित पुर-भाग में राजप्रासाद बनाया गया। राजमार्गों के दोनों ओर नागरिक शालाएँ सुन्दर ढंग से सुशोभित थीं। मदुरैक्कांची के अनुसार नगर की चौड़ी सड़कें सरिता की

---

१. अय्यर, टाउन प्लैनिंग इन ऐंशेण्ट डकन, पृष्ठ २८।

२. वही, पृष्ठ ३१।

३. वही, पृष्ठ ३२।

४. अय्यर, टाउन प्लैनिंग इन ऐंशेण्ट डकन, पृष्ठ ३५।

भाँति तथा उनके दोनों किनारों पर बने हुए भवन नदी के तट पर विद्यमान वृक्षों के तुल्य सुशोभित थे। पृथक् जातियों के लोग पृथक् भागों में रहते थे। नागरिकों के लाभ के हेतु इसमें राजकीय जनता-स्नान-गृह, शिक्षालय, बाज़ारें, खेल के मैदान तथा व्यायामगृह बने हुए थे।[१]

नगर के भीतर दो प्रधान बाज़ारें थीं। एक बाज़ार दिन में तथा दूसरी रात में लगती थी। दिन में लगने वाली बाज़ार विभिन्न दूकानों से सुसज्जित थी। इनमें लकड़ी के हल्के तख्तों के पल्ले लगाये गये थे, जो धूप के तेज होने पर निकाल कर बाँस के लट्ठों के सहारे ऊपर लटका दिये जाते थे। इस प्रकार दूकानों के बाहर छाया बनी रहती थी। शाम होने पर इन तख्तों को उतार कर दरवाजों में लगा दिया जाता था। छोटे सौदागर और जुलाहे अपने माल को सड़कों की पटरियों पर फैला देते थे। राजप्रासाद के चतुर्दिक् अमात्यों, महत्त्वपूर्ण पदाधिकारियों, पुरोहितों तथा धनिक सेठों के घर बने थे।[२]

प्रधान राजमार्गों पर स्वच्छता की पर्याप्त व्यवस्था की गई थी। उनके दोनों ओर कूड़ाखाने बने हुए थे। नेडनलवाडुइ में इन्हें 'पूरिमम' कहा गया है। सड़कों के किनारों पर ढके नाले बने हुए थे, जिनके द्वारा घरों की गन्दगी नगर की परिखा में गिराई जाती थी। नगर-सीमाओं के समाप्त होते ही ग्रामीण दृश्य प्रारम्भ हो जाता था।[३] शिलप्पदिकारम् में नगर के सीमान्त प्रदेश के बाहर वर्तमान ग्रामीण वातावरण का रमणीक वर्णन उपलब्ध होता है। नगर की भीड़ तथा वहाँ के व्यस्त जीवन से ऊबे हुए व्यक्ति दिलबहलाव के लिए ग्राम के नैसर्गिक दृश्य का आश्रय लेते थे। उनके सरोवर लहलहाते खेत, वृक्ष-वाटिकाएँ तथा चतुर्दिक् छाई हुई हरियाली नगर के बुद्धिजीवी वर्ग तथा कवियों के प्रेरणा के स्रोत सिद्ध होते थे। ग्रामीण जनसंख्या को खाद्यान्न के विक्रय के निमित्त नगर की समीपस्थ बाज़ारें मिल जाती थीं।[४] इस प्रकार नगर-ग्राम सम्बन्ध अन्योन्याश्रित तथा सुमधुर था।

नगर-परिखा को पार करने के निमित्त उस पर यथास्थान पुल बने हुए थे। उनके निर्माण में लम्बे, चौड़े तथा वजनदार पत्थरों का प्रयोग किया गया था। इन पर हाथियों का झुण्ड चल सकता था एवं इनके टूटने का किसी प्रकार का भय नहीं था। नगर के दक्षिणी द्वार से प्रवेश करते ही इसका जो भाग पड़ता था, उसे 'अकनकर' कहा जाता था। पुर-प्राकार के बाहर का समीपवर्ती क्षेत्र 'पुड़नकर' नाम से प्रसिद्ध था। वेश्याओं एवं व्यभिचारिणी स्त्रियों को नगर के बाहर (पुड़नकर में) रहना पड़ता था। नागरिकों का आचार-स्तर उच्च था। व्यभिचार के अपराध में पकड़े हुए व्यक्तियों को अपमानित कर नगर के बाहर रहने के लिए बाध्य किया जाता था।[५]

---

१. अय्यर, टाउन प्लैनिंग इन ऐंशेण्ट डकन, पृष्ठ ३७।

२. वही, पृष्ठ ४२।

३. अय्यर, टाउन प्लैनिंग इन ऐंशेण्ट डकन, पृष्ठ ४३।

४. वही, पृष्ठ ४३-४४।

५. अय्यर, टाउन प्लैनिंग इन ऐंशेण्ट डकन, पृष्ठ ४४।

नगर के पूर्वी द्वार के सामने बाहर की ओर उद्यान बने हुए थे, जिनमें साधु, संन्यासी एवं धार्मिक प्रवृत्ति के व्यक्ति चिन्तन में संलग्न रहते थे। कभी-कभी इनका प्रवचन भी हुआ करता था, जिनको सुनने के निमित्त नागरिक एकत्र होते थे। नगर में पारंगत आचार्य रहते थे। वे अपने घर पर ही विद्यार्थियों को शिक्षा देते थे। वहाँ पर कुछ राजकीय शिक्षालय भी विद्यमान थे, जिनमें छात्रों को लौकिक विषयों पर शिक्षा दी जाती थी।[१]

यह नगर सुप्रसिद्ध वाणिज्य केन्द्र भी था। यह 'पत्तन' प्रकार का बन्दरगाह था, जिसका सम्बन्ध नदी-मार्ग एवं समुद्र-तट दोनों से ही था। इसमें रत्न के पारखी जौहरी लोग रहते थे। गुप्त-कालीन बृहत्कथा-श्लोक संग्रह में इसे पाण्ड्य-मथुरा कहा गया है।[२] काव्यात्मक ढंग से कहा गया है कि रत्न की ढेरियों से सजी वहाँ की दूकानों को देखने से लगता था, मानो जब अगस्त्य ऋषि ने समुद्र का समस्त जल का पान कर डाला उस समय सागर के समस्त मूँगे एवं मोतियाँ (अपनी विभिन्न आभाओं से युक्त) वहाँ की बाज़ारों में जमाकर दिए गए।[३] इसी प्रकार कालिदास ने रघुवंश में लिखा है कि पांड्य-नरेशों ने ताम्रपर्णी और समुद्र के संगम से जितने मोती एकत्र किए थे, वे सब उन्होंने रघु को वैसे ही सौंप दिए मानो अपना संचित यश ही उन्हें सौंप डाला था।[४] ताम्रपर्णी की पहचान मनार की खाड़ी में मिलने वाली पल्लम कोट्टा से होकर बहने वाली इस नाम की एक आधुनिक नदी से की जाती है, जो मोतियों के खजाने-कोश के लिए प्रसिद्ध है।

■

---

१. अय्यर, टाउन प्लैनिंग इन ऐंशेण्ट डकन, पृष्ठ ५९।

२. बृहत्कथा श्लोक संग्रह १८, २१५-१६।

३. ''तस्यामध्यासि भिन्नाभरत्नपंजरसंकुलम्। अगस्त्यपीतपानीय सागराकारमापणम्।''

—वही, १८, ३१५-१६

४. ''ताम्रपर्णीसमेतस्य मुक्तासारं महोदधेः।
ते निपत्य ददुस्तस्मै यशः स्वयमिव संचितम्॥'' —रघुवंश, ४, ४९-५०।

९

नगर-मापन

नगर-मापन—प्राचीन काल में नगर-निर्माण वास्तुकला का एक महत्त्वपूर्ण अंग माना जाता था। **दीघनिकाय**[१] में नगर-सन्निवेश के लिए नगर-मापन शब्द दो बार प्रयुक्त हुआ है। इस शब्द का उल्लेख कतिपय अन्य ग्रन्थों में भी आता है; उदाहरणार्थ—**महाउम्मग**[२] **जातक, महाभारत**[३] तथा **मिलिन्दपञ्हो**।[४] नगर-मापन के लिए कतिपय अन्य शब्दों का भी प्रयोग यत्र-तत्र मिलता है; उदाहरणार्थ—**नगर-निवेशन,**[५] **नगर-स्थापन,**[६] **नगर-विन्यास,**[७] **नगर-विनिवेश,**[८] **पुर-निवेशन,**[९] **पुरस्थापन**[१०] तथा **नगर-करण**।[११]

शिल्पिसंघ—जिस वास्तु मर्मज्ञ की संरक्षता में नगर के निर्माण का काम सम्पन्न होता था; उसे पालिसाहित्य में '**वत्थुविज्ञाचरिय**' (**वास्तुविद्याचार्य**) कहा गया है।[१२] महाभारत में नगर-मापन-सम्बन्धी प्रधान शिल्पी को **विश्वकर्मा** कहा गया है। इस

---

१. ''पाटलिग्रामे नगरं मापेन्ति।'' —दीघनिकाय, २, १६, १, २६।
''मिथिला च विदेहानम् चप्पा अंगेसु मापिता
वाराणसी च कासीनम् एते गोविन्द-मापितेति।'' —वही, १९, ३६।

२. ''नगरं वेदेहेन सुमापितम्।'' महाउम्मग, जातक, ६, ४४८।

३. ''नगरं मापयामासुः।'' —महाभारत, आदिपर्व, अध्याय १९९।

४. नगरं मापेतुकामो।'' —मिलिन्दपञ्हो, पृष्ठ ३२।

५. ''निवेश्य च पंचभिर्वर्षैर्भरतो राघवानुजः।''
—रामायण, उत्तर काण्ड, सर्ग १०१, पंक्ति ३१।
''वातविहित-गोपुर-प्राकार-निवेसनं पटिसंखारयति।''
—हाथीगुम्फा का लेख (सरकार, सेलेक्ट इंसक्रिप्शंस, पृष्ठ २०७)।

६. ''स्थापयेन्नगरं रम्यं पुण्यारामजनाकुलम्।'' —युगपुराण, पृष्ठ ३०।

७. ''नगरादीनां विन्यासं।'' मयमत, पृष्ठ ३८।

८. ''पुरस्य विनिवेशस्तु।'' —समरांगणसूत्रधार, पृष्ठ २३७।

९. वही, पृष्ठ ४४।

१०. वही, पृष्ठ ४४।

११. ''नगरं कारयेन्नृपः।'' युक्तिकल्पतरु, पृष्ठ २२।

१२. जातक, १, २९७।

ग्रन्थ में जहाँ द्वारका का वर्णन आता है, वहाँ स्पष्ट शब्दों में यह उल्लेख मिलता है कि इस नगर का निर्माण विश्वकर्मा ने किया था।[१] हरिवंश में विश्वकर्मा को शिल्पियों में श्रेष्ठ (**शिल्पमतां वर**) कहा गया है।[२] इस ग्रन्थ से भी विदित होता है कि द्वारिका का निर्माण विश्वकर्मा के ही पर्यवेक्षण में संपन्न हुआ था।[३] इसको कार्य में सहायता पहुँचाने के लिए कई सहायक शिल्पकार भी रहते थे। रघुवंश में नगर-मापन-संबंधी प्रधान एवं गौण शिल्पियों के समुदाय के लिए 'शिल्पिसंघ' शब्द का प्रयोग हुआ है। इस ग्रन्थ से ज्ञात होता है कि नाना शिल्पियों के समूह (शिल्पिसंघ) ने अयोध्या का पुनर्निर्माण किया था।[४]

शुक्रनीति में नगर-मापन सम्बन्धी शिल्पकारों का विभाजन तीन वर्गों में किया गया है—

(१) आराम-कृत्रिम-वनकारिणः— इस वर्ग के शिल्पकार तटाक तथा उद्यान के निर्माण में दक्ष थे,

(२) दुर्गकारिणः—इस वर्ग के शिल्पकार दुर्गविन्यास में निपुणं थे; तथा

(३) मार्गकाराः— इस वर्ग के शिल्पकार राजमार्गों के निर्माण में दक्ष थे।[५] विश्वकर्मा के सहायक शिल्पकारों के पारिभाषिक नाम शिल्पशास्त्रों में मिलते हैं। इनमें चार विशेष रूप से उल्लेखनीय हैं—(१) स्थपति, (२) सूत्रग्राही, (३) वर्धकि तथा (४) तक्षक। स्थपति के विषय में मानसार के लेखक का कहना है कि यह विश्वकर्मा का पुत्र (**विश्वकर्माख्य-नाम्नोऽस्य पुत्रः स्थपतिरुच्यते**) तथा नगर के निर्माण के कार्य में दक्ष (**स्थापनार्हः**) था।[६] मयमत में भी इसे निर्माण कार्य में प्रवीण (स्थापनार्हः) तथा वास्तुविद्या का पण्डित (**वास्तुविद्याब्धिपारगः**) कहा गया है।[७] आधुनिक '**थबई**' शब्द इसी 'स्थपति' शब्द का अपभ्रंश है।

स्थपति का उल्लेख भोज के ग्रन्थों में भी हुआ है। उनके अनुसार वह धीमान् (सुधीः), शास्त्रों का मर्मज्ञ (शास्त्रज्ञः), राजमार्गों के निर्माण में प्रवीण (रथ्याविभाग) तथा नगर-दीवाल (प्राकारनिवेशः), बुर्ज़ (अट्टालक), दुर्ग (दुर्गकर्म), योजना के

---

१. ''द्वारकामावृतां रम्यां सुकृतां विश्वकर्मणा।''

—महाभारत, सभापर्व, अध्याय ५७, पंक्ति ६।

२. हरिवंश, विष्णुपर्व, अध्याय ९८।

३. ''विश्वकर्मा च तां कृत्वा पुरीं शक्रपुरीमिव।''

—हरिवंश, विष्णुपर्व, अध्याय ६८, पंक्ति १११।

४. ''तां शिल्पिसंघाः प्रभुणा नियुक्तास्तथागतां संभृत्साधनत्वात्।
पुरीं नवीचक्रुरपां विसर्गात् मेघाः निदाघग्लपितामिवोर्वीम्॥'' —रघुवंश, १६, ३८।

५. शुक्रनीतिसार, अध्याय २, पंक्ति ३९०-९६।

६. मानसार, अध्याय २।

७. मयमत, अध्याय ५।

अनुसार पुरभूमि-वितरण (विभागस्थानकानि), राजप्रासाद (नृपतेर्वेश्म), अलग वर्णों को पृथक् पुरभागों में बसाने की क्रिया (चातुर्वर्णविभागः) तथा नगर-द्वार के निर्माण (विनिवेशः प्रतोलीनाम्) आदि वास्तुविषयों में दक्ष हुआ करता था।[१] अपराजितपृच्छा में भी स्थपति के विषय में इनसे साम्य रखने वाले गुणों का वर्णन मिलता है; उदाहरणार्थ—वास्तुविद्या में मर्मज्ञता (वास्तुविद्याविवोधकः), पुर-निर्माण के लिए उचित पुर-भूमि का संकलन (भूपरीक्षा) नाप-जोख के लिए यथास्थान किलों को गाड़ना (कीलिकारोपणादिकम्), विभिन्न प्रकार के महलों का निर्माण (प्रासादा विविधाकाराः), नगर-योजना बनाने में कुशलता (**चित्रादिकुशलः**) तथा बुद्धिमत्ता (महाप्राज्ञः)।[२]

सूत्रग्राही का काम नाप-जोख करना था। उसके मान के साधन सूत तथा दण्ड थे (**सूत्रदण्डप्रपातज्ञः**)।[३] सम्भवतः नापने की डोरी को धारण करने के कारण ही उसे सूत्रग्राही कहा जाता था। (सूत्रग्राहीति सूत्रधृत्)।[४] तक्षक वस्तुओं को मनोवांछित ढंग से काटने में कुशल माना जाता था। (**तक्षणात्तक्षकः स्मृतः**)।[५] वर्धकि जोड़ने के काम में निपुण था (**बृद्धिकृत वर्द्धकिः प्रोक्तः**)।[६] अपराजितपृच्छा में कहा गया है कि ये कारीगर पर्याप्त धन तथा समाज में प्रभूत आदर एवं सम्मान पाते थे।[७] इन शिल्पियों के द्वारा नगरमापन का कार्य पूर्वनिर्धारित योजना के अनुसार किया जाता था। महाभारत से विदित होता है कि इन्द्रप्रस्थ नगर की योजना उसके निर्माण-कार्य के पूर्व ही अच्छी प्रकार बना ली गई थी।[८] हरिवंश के अनुसार नगर की योजना विश्वकर्मा के द्वारा तैयार की जाती थी। इस ग्रन्थ में स्पष्ट शब्दों में कहा गया है कि द्वारका की योजना विश्वकर्मा

---

१. **''एतान्यंगानि जानीयाद्वास्तुशास्त्रस्य बुद्धिमान्।**
शास्त्रानुसारेणाभ्युदयं लक्षणानि च लक्षयेत्॥''
—समरांगणसूत्रधार, पृष्ठ २३५, श्लोक ४।

२. **''पुरप्राकारपरिखाप्रतोलीमार्गगोपुरम्।**
गृहं च राजवेश्माद्यं ज्ञायते सूत्रकर्मणा।'' **—अराजितपृच्छा, पृष्ठ ११८।**
तुलनार्ह—
''पुरप्राकारपरिखाप्रतोलीमार्गगोपुरम्।
वेश्मानि च राजवेश्मानि सभां शालां राजाश्वयोः॥'' **—वही, पृष्ठ ६।**

३. **मयमत, अध्याय ५।**

४. **मानसार, अध्याय २।**

५. **वही, अध्याय २।**

६. **मयमत, अध्याय ५।**

७. **''सर्वेषां कर्मकराणां धनं दद्याच्च सर्वतः।** **—अपराजितपृच्छा, पृष्ठ १२०।**
द्रष्टव्य—मेरा लेख, ज० यू० पी० हि० सो०, जिल्द ७ भाग १-२, पृष्ठ ८३।

८. **महाभारत, आदिपर्व, अध्याय १९९।**

ने बनाई थी।[१]

भूपरीक्षा—नगर-मापन के लिए सर्वप्रथम उपयुक्त भूमि का संकलन अनिवार्य था। **अपराजितपृच्छा,**[२] **मानसार**[३] तथा **मयमत**[४] में भूमि के चुनाव के लिए 'भूपरीक्षा' शब्द आता है। प्राचीन ग्रन्थों में पुरसन्निवेश के निमित्त प्रशस्त भूमि के विविध लक्षणों का निर्देश किया गया है। कौटिल्य का कथन है कि भरसक नदियों के संगम पर नगर का निर्माण किया जाय (**वास्तुकप्रशस्ते देशे नदीसंगमे**)।[५] अपराजितपृच्छा में भी कहा गया है कि नदियों का संगम पुर-मापन के हेतु सब से प्रशस्त भूमि है (**नदीनां संगमेषु**)।[६] कौटिल्य के अनुसार यदि नदियों का संगम प्राप्त न हो सके, तो पुरनिर्माण या तो नदी के तट पर अथवा पर्वत के किनारे किया जाये।[७] अपराजितपृच्छा में भी गिरि के पास पुर का बसाना सम्मत माना गया है। (**गिरिमाश्रिते**)।[८] महाभारत के अनुसार नदी-तट अथवा पर्वत् के उपकण्ठ पर बसे हुए पुर नागरिकों के स्वास्थ्य तथा मंगल के कारक सिद्ध होते हैं। (**सर्वसम्पत्प्रधानं च बाहुल्यं चाभिसम्भवेत्**)।[९]

शुक्रनीति में इस सम्बन्ध में निम्नलिखित लक्षण गिनाये गये हैं—(१) वह नाना प्रकार के वृक्षों, लताओं, पशुओं तथा पक्षियों से परिपूर्ण हो, (२) उसमें जल तथा अन्न प्रचुर मात्रा में उपलब्ध हों, (३) वह पर्वत के समीप ही स्थित हो, (४) उसके सन्निकट नदी तथा समुद्र वर्तमान हों तथा (५) वह सुरम्य हो।[१०]

---

१. हरिवंश, विष्णुपर्व, अध्याय ९८।

२. अपराजितपृच्छा, पृष्ठ १२०।

३. मानसार, अध्याय ४।

४. मयमत, अध्याय ३।

५. अर्थशास्त्र, प्रकरण २१, पृष्ठ ३१ (यौली-संस्करण)।

६. अपराजितपृच्छा, पृष्ठ ११३।

७. अर्थशास्त्र, प्रकरण २१, पृष्ठ ३१।
तुलनार्ह—
''नदीभिः पुलिनप्रान्तैर्विचित्रद्रुमशालिभिः।'' —समरांगणसूत्रधार, पृष्ठ ३०।

८. अपराजितपृच्छा, पृष्ठ ११३।

९. शान्तिपर्व, अध्याय ८७, पंक्ति ८।
—अधिक सूचना के लिए द्रष्टव्य—मेरा लेख, उत्तर-भारती, पृष्ठ ६४, जिल्द ८, संख्या २, १९६१।

१०. ''नानावृक्षलताकीर्णे पशुपक्षिगणावृते।
सुबहूदकधान्ये च तृणकाष्ठमुखे सदा॥
आसिन्धुनौगमाकुले नातिदूरे महीधरे।
सुरम्यसमभूदेशे राजधानीं प्रकल्पयेत्॥''
—शुक्रनीतिसार, अध्याय १, पंक्ति २१३-१४।

समरांगणसूत्रधार में भूमि के इन गुणों के अतिरिक्त खनिज पदार्थों की प्राप्ति को भी महत्ता प्रदान की गई है।[१] शुक्रनीति के उपर्युक्त निर्देशों का आधार वैज्ञानिक माना जा सकता है, क्योंकि सम्पन्न एवं रमणीय प्रदेश में रहने वाले ही सुखी हो सकते हैं, पर्वत के समीप स्थित होने के कारण ही पुर की अधिक रक्षा हो सकती है, नदी तथा समुद्र के पास होने पर ही वाणिज्य का विकास हो सकता है तथा वृक्षों की अधिकता के कारण ही वायुमण्डल की स्वच्छता सम्भव है। मानसार के रचयिता ने भी पुरसन्निवेश के लिए संकलित भूमि में तरुओं की बहुलता को अधिक महत्त्व दिया है। इसके अनुसार ऐसे स्थल पर निम्ब, अशोक तथा आमलक आदि उन वृक्षों की स्थिति स्पृहणीय है, जो वायु को शुद्ध बनाने में सहायक सिद्ध होते हैं।[२]

कभी-कभी भूमि का चुनाव शास्त्रीय निर्देशों के अनुसार किया जाता था। युक्तिकल्पतरु तथा अपराजितपृच्छा में इस विषय में कुछ शास्त्रीय निर्देश उपलब्ध होते हैं। इन ग्रन्थों के अनुसार विभिन्न जातियों के द्वारा भूमि, वर्ण, गन्ध, स्वाद तथा प्लवन (झुकाव) के आधार पर चुनी जाती थी। श्वेतवर्ण वाली भूमि ब्राह्मण के लिए उपयुक्त मानी जाती थी। इसी प्रकार रक्त, पीत तथा कृष्ण वर्ण की भूमि क्रमशः क्षत्रिय, वैश्य एवं शूद्र के लिए उचित समझी जाती थी।[३]

जिस भूमि से घी के तुल्य गन्ध आती थी, वह ब्राह्मण के लिए प्रशस्त थी। रक्तानुगन्धिनी, क्षारगन्धा तथा विष्टानुगन्धिनी भूमि क्रमशः क्षत्रिय, वैश्य एवं शूद्र के लिए शुभकर मानी जाती थी।[४] मधुरा, कषाया, क्षारस्वादा तथा कटुका भूमि क्रमशः ब्राह्मण, क्षत्रिय, वैश्य एवं शूद्र के निवासस्थान के हेतु श्रेष्ठ

---

१. ''वनोपवनवत्यद्रिसरित्कुंजमनोहरा।
देहिनो रमत्युर्वी या सा कान्तेति कीर्तिता॥
यस्यां सदैव जायन्ते कलधौतादिधातवः।
लक्षणानि च भूयांसि प्राहुः खनिमतीति ताम्॥''

—समरांगणसूत्रधार, पृष्ठ २९, श्लोक१४-१५।

२. मानसार, अध्याय ४।

३. ''सिता रक्ता च पीता च कृष्णा चैव क्रमात्मही।
विप्रादीनां हि वर्णानां सर्वेषामथवा हि ता॥'' —समरांगणसूत्रधार, पृष्ठ ४८।
तुलनार्हः—
''श्वेता च ब्राह्मणी भूमी रक्ता वै क्षत्रिया स्मृता।
पीतवर्णा भवेद्वैश्या शूद्री च कृष्णवर्णिनी॥'' —अपराजितपृच्छा, पृष्ठ १२३।

४. ''घृतगन्धा भवेद्विप्री राज्ञी रक्तानुगन्धिनी।
क्षारगन्धा भवेद्वैश्या शूद्री विष्टानुगन्धिनी॥'' —अपराजितपृच्छा, पृष्ठ १२३।

थी।[१] इन शिल्पशास्त्रीय संस्तुतियों में सामाजिक वर्गों के स्तरीकरण का प्रतिबिम्ब मिलता है। जहाँ तक भूमि के झुकाव का प्रश्न है, अधिकतर लोग पूर्वी झुकाव पसन्द करते थे। युक्तिकल्पतरु,[२] समरांगणसूत्रधार[३] तथा अपराजितपृच्छा[४] में भूमि के पूर्वी झुकाव को महत्त्व प्रदान किया गया है। इस प्रकार के निर्देश का वैज्ञानिक आधार स्पष्ट है। ऐसी दशा में सूर्य की प्रात:कालीन स्वास्थ्यवर्द्धक किरणें सरलतापूर्वक उपलब्ध हो सकती हैं।

कतिपय ग्रन्थों में दुर्गविधान के लिए अनुपयुक्त भूमि के लक्षणों का भी निरूपण किया गया है। मानसार के अनुसार जिस भूमि से दुर्गन्ध आती हो (**दुर्गन्धिनी**), जहाँ श्मशानभूमि रही हो (**शवगन्धा**), जहाँ पर कँटीली झाड़ियाँ विद्यमान हों (**सकण्टक-तरुणा**) तथा जो सर्पीली हो (**महासर्पाश्रिता**), वह त्याज्य है।[५] मानसार का यह निर्देश भी तर्कसंगत प्रतीत होता है।

बलिकर्मविधान—जातकों से विदित होता है कि वास्तुविद्याचार्य (विश्वकर्मा) नगरसन्निवेश की क्रिया के आरम्भ के पूर्व भूमि को शुद्ध करता था।[६] मत्स्यपुराण में इसके लिए '**वास्तुपूजा**' अथवा '**वास्तुशान्ति**' शब्द आते हैं (अध्याय २५२, श्लोक १७)। इस क्रिया का उल्लेख शिल्पशास्त्रों में भी प्राय: मिलता है। मानसार से विदित होता है कि भूमिशोधन के लिए पूजा चढ़ाई जाती थी, जिसे '**बलिकर्मविधान**' कहा जाता था।[७] अपराजितपृच्छा में इस पूजा को '**बलिविधान**' कहा गया है।[८] इसका प्रारम्भ किसी शुभ मुहूर्त्त में किया जाता था (**शुभे काले दिने चैव नगरं कारयेन्नृप:**)।[९] युक्ति—

---

१. "स्वादु: कषाया तिक्ता च कटुका चेत्यनुक्रमात्।
वर्णानां स्वादत: शस्ता सर्वेषां मधुरायंवा॥" —समरांगणसूत्रधार, पृष्ठ ३२।
तुलनार्ह—
"ब्राह्मणी मधुरास्वादा कषाया क्षत्रिया तथा।
क्षारस्वादा भवेद्वैश्या शूद्री स्यात्कटुका तथा।" —अपराजितपृच्छा, पृष्ठ १२८।

२. युक्तिकल्पतरु, पृष्ठ २७।

३. "प्रागीशानप्लवा।" —समरांगणसूत्रधार, पृष्ठ ३३।

४. "नीरोगा दानशीला च विशिष्टजनसेविता।
पूर्वप्लवा तु या भूमि: शोभना सा प्रकीर्तिता॥" —अपराजितपृच्छा, पृष्ठ १२३।
तुलनार्ह—
"पूर्वप्लवा धरा श्रेष्ठा: ह्यायु: श्रीबलवर्द्धिनी।" वही, पृष्ठ १२२।

५. "वास्तुशास्त्रविदां विधानं तदेवं स्याद्वर्जितम्।" —मानसार, अध्याय ४।

६. जातक, १, २९७।

७. मानसार, अध्याय ८।

८. अपराजितपृच्छा, पृष्ठ ११३।

९. युक्तिकल्पतरु, पृष्ठ २२।

कल्पतरु में कहा गया है कि नगर-मापन कराने वाले सम्राट् को अपने जन्म-लग्न में यह कार्य प्रारम्भ कराना चाहिये।[१] समरांगणसूत्रधार तथा अपराजितपृच्छा के अनुसार भी यह कार्य प्रधानत: विश्वकर्मा अथवा स्थपति को ही सम्पन्न करना पड़ता था (**स्थपतिश्च बलिं दद्यात् योजयेदिति शान्तिकम्**)।[२] वह इस अवसर पर शास्त्रों में पारंगत आचार्य की सहायता ले सकता था (**आचार्यै चागममैर्युक्ते**)।[३] विश्वकर्मा श्वेत माला तथा श्वेत वस्त्र धारण करता था (**शुक्लाम्बरधरो नित्यं शुक्लमाल्यानुलेपन:**)।[४] वह विघ्नविनाश, भूतप्रेतों के निवारण तथा निवासियों के स्वास्थ्यलाभ एवं मंगल के लिए ब्रह्मा, विष्णु, रुद्र, क्षेत्रपाल, दिग्पाल आदि देवताओं तथा योगिनी एवं कुमारी आदि देवियों की पूजा करता था। इसके पश्चात् सम्राट् के द्वारा भूमि, गाय, महिष, अश्व, गज, सुवर्ण तथा भोजन एवं वस्त्र आदि का दान दिया जाता था।[५] इस अनुष्ठान के उपरान्त स्थान पवित्र समझा जाता था तथा दुर्गविधान की क्रिया प्रारम्भ होती थी।[६]

नगर-चिह्न— भूमि संस्कार के पश्चात् प्रधान शिल्पकार अपनी बनाई हुई योजना के अनुसार समस्त पुर-भूमि में धातुनिर्मित कीलों को गाड़ देता था।[७] वह मजबूत धागों के द्वारा कीलों को एक दूसरे से मिलाता था। इन धागों के सहारे वह नगर-भूमि को रेखांकित कर देता था। इस प्रकार खींची गई हुई रेखाओं को अपराजितपृच्छा में '**नगर-चिह्नानि**' कहा गया है।[८] इस प्रकार विभिन्न पुरभाग जहाँ परिखा, प्राकार, प्रासाद, राजमार्ग तथा नागरिकों के घरों का निर्माण करना होता था, शिल्पियों के द्वारा निर्दिष्ट कर दिये जाते थे।

सुरक्षा के साधन— नगर-सन्निवेश करने वाले नगर को सर्वप्रथम सुरक्षा के साधनों से युक्त करते थे। सुरक्षा के दो साधन थे—(१) प्राकृतिक तथा (२) कृत्रिम। अर्थाशास्त्र से विदित होता है कि नदी, जल, पर्वत् प्रस्तरसमूह, मरुभूमि तथा अरण्य इसकी रक्षा के प्राकृतिक साधन थे।[९] इन साधनों में नदी एवं पर्वत का स्थान महत्त्वपूर्ण था।[१०] यही कारण है कि बहुधा अनेक प्राचीन नगर जलकूल पर स्थित थे।

---

१. ''यस्मिन् लग्ने भवेजन्म महीभर्तुर्म्महीतले।
तद्दण्ड-राजक्षेत्रेण राजा पत्तनमारभेत॥'' —युक्तिकल्पतरु, पृष्ठ २५।

२. समरांगणसूत्रधार, पृष्ठ ४४।

३. अपराजितपृच्छा, पृष्ठ ११३।

४. वही, पृष्ठ १२३।

५. ''भूमिदानं ततो दद्यात् गोमहिष्यश्वसंयुतम्।'' वही, पृष्ठ १४४।

६. ''निर्विघ्नं च भवेत्तत्र हेतुकादि: समर्चने।'' —अपराजितपृच्छा, पृष्ठ ११४।

७. ''आनीय कीलकं सूत्रं रोपयेच्च चतुर्दिशम्।'' —अपराजितपृच्छा, पृष्ठ १२३।

८. वही, पृष्ठ १२४।

९. अर्थशास्त्र, भाग २, अध्याय ३, पृष्ठ ५४ (शास्त्री-अनूदित)।

१०. शुक्रनीतिसार, अध्याय ४, पंक्ति ११-१२।

उदाहरणार्थ, प्राचीन अयोध्या का नगर सरयू के तट पर वर्तमान था,[१] मथुरा पुरी यमुना के किनारे स्थित थी[२] तथा द्वारका समुद्र के तट पर।[३] पर्वत् के द्वारा रक्षित नगरों में गिरिव्रज का उदाहरण प्रस्तुत किया जा सकता है। महाभारत के अनुसार यह नगर **वैराह, वाराह, वृषभ, ऋषिगिरि तथा चैत्य**[४] नामक पाँच महाशृंगों के द्वारा परिवेष्टित था।[५] इस कथन का समर्थन फाह्यान के यात्रा विवरण से होता है। उसने लिखा है कि गिरिव्रज पाँच पर्वतमालाओं के द्वारा सुरक्षित था।[६] प्राचीन ग्रन्थों में पर्वतमालाओं के द्वारा सुरक्षित नगर को गिरिदुर्ग कहा गया है; उदाहरणार्थ—महाभारत (शान्तिपर्व, अध्याय ८७) तथा मत्स्यपुराण (अध्याय २१७)। इस सम्बन्ध में गिरिदुर्ग को सबसे श्रेष्ठ दुर्ग कहा गया है (सर्वेषामेव दुर्गाणां गिरिदुर्गं प्रशस्यते; अध्याय २१७, श्लोक ७)। सुरक्षा के कृत्रिम साधनों में परिखा, प्राकार तथा अरण्य उल्लेखनीय हैं।

परिखा—इनमें सर्वप्रथम परिखा का निर्माण किया जाता था। अर्थशास्त्र[७] तथा महाभारत[८] की पंक्तियों के द्वारा इसका समर्थन हो जाता है। परिखा के बनाने के पूर्व जितनी भूमि में इसे बनाना होता था, उस पर चिह्न लगा लिया जाता था। इसको '**पारिखेयी भूमि**' कहते थे।[९] भारत के प्रायः सभी प्रसिद्ध नगरों के चतुर्दिक् परिखा के विद्यमान होने की सूचना मिलती है। **अयोध्या,**[१०] **लंका,**[११] **इन्द्रप्रस्थ,**[१२] **मथुरा,**[१३]

---

१. रामायण, बालकांड, सर्ग ५, पंक्ति १०।

२. ''यमुनातीरशोभिता'' हरिवंश, हरिवंशपर्व, अध्याय ५४, पंक्ति १२०।

३. हरिवंश, विष्णुपर्व, अध्याय ५८, पंक्ति १०२।

४. ''वैराहो विपुलो शैलो वाराहो वृषभस्तथा।
ऋषिगिरिस्तात शुभाश्चैत्यकपंचमाः॥'' —महाभारत, सभापर्व, अध्याय, २१, २।

५. ''एते पंचाः महाशृंगाः पर्वताः शीतलद्रुमाः॥
रक्षंतीवाभिसंहत्य संहतांगाः गिरिव्रजम्॥'' —वही, सभापर्व, अध्याय २१, ३।

६. गाइल्स, फाह्यान, पृष्ठ ४९।

७. अर्थशास्त्र (यौली), खण्ड १, पृष्ठ ३१।

८. महाभारत, आदिपर्व, १९९-२९-३१।

९. द्रष्टव्य, अष्टाध्यायी, ३, १, १७।

१०. ''दुर्गगम्भीरपरिखां दुर्गामन्यैर्दुरासदाम्।'' —रामायण, बालकाण्ड, सर्ग ५, पंक्ति २५।
''प्राकारपरिखोपेता सरयूतीरशोभिता।''
—विष्णुधर्मोत्तर, महापुराण, अध्याय १३, पंक्ति २।

११. सुन्दरकाण्ड, सर्ग २, पंक्ति २६।

१२. महाभारत, आदि पर्व, अध्याय १९९, पंक्ति ५७।

१३. ''प्रांशुप्राकारवसना परिखाकुलमेखला।''
—हरिवंश, हरिवंशपर्व, अध्याय ५४, पंक्ति ११६।

द्वारका,[१] **पाटलिपुत्र,**[२] **अवन्ति,**[३] **मदुरा**[४] तथा **वंजी**[५] परिखा के द्वारा परिवेष्टित किये गये थे। परिखा की संख्या कभी एक और कभी-कभी एक से अधिक भी हुआ करती थी। मेगस्थनीज़ के अनुसार पाटलिपुत्र के चतुर्दिक् केवल एक ही परिखा थी।[६] अर्थशास्त्र में परिखाओं की संख्या तीन बताई गई है। इस ग्रन्थ के अनुसार ये परिखाएँ एक दूसरे से एक दण्ड अर्थात् ६ फीट की दूरी पर बनी होती थी।[७] महाउम्मग जातक में भी मिथिला की परिखाओं की संख्या तीन बताई गई है।[८] समरांगणसूत्रधार में भी कहा गया है कि नगर के चतुर्दिक् तीन परिखाएँ बनाई जायँ।[९] ब्रह्मवैवर्त पुराण में सात परिखाओं का उल्लेख एक ही नगर के सम्बन्ध में किया गया है।[१०] अधिक दृढ़ता लाने के लिए परिखा के भीतर किनारे-किनारे ईंटों की चिनाई की जाती थी। मेगस्थनीज़ ने अपने यात्राविवरण में स्पष्ट शब्दों में लिखा है कि पाटलिपुत्र की परिखा में पकी ईंटें लगाई गई थीं।[११] अर्थशास्त्र में कहा गया है कि परिखा के मूल (अर्थात् निचले भाग) तथा उसकी दीवालों में समान परिमाण के पाषाण-खण्डों को तराश कर गढ़ी हुई ईंटों (पाषाणेष्टकाओं) की चिनाई की जाय।[१२] समरांगणसूत्रधार में भी इस प्रकार का निर्देश मिलता है।[१३]

परिखा का परिमाण—परिखा का परिमाण इस स्थल पर विशेष रूप से उल्लेखनीय है। मेगस्थनीज़ के अनुसार पाटलिपुत्र की परिखा ६०० फीट चौड़ी थी।[१४]

---

१. हरिवंश, विष्णुपर्व, अध्याय ९८, पंक्ति २२।
—ब्रह्मवैवर्त पुराण, अध्याय ७२, पंक्ति १३।

२. मेक्रिण्डिल, खण्ड २६, पृष्ठ ६८।

३. ''दृढयन्त्रार्गलद्वारा परिखाभिरलंकृता।'' —ब्रह्मपुराण, अध्याय ४१, पंक्ति ५०।
''आभाति यस्याः परिखा नितम्बे।'' —नवसाहसांकचरितम्, सर्ग १, अंक २५।

४. अय्यर, टाउन प्लैनिंग इन ऐंशेण्ट डकन, पृष्ठ ३८।

५. वही, पृष्ठ ६०।

६. मेक्रिण्डिल, खण्ड २६, पृष्ठ ६८।

७. ''तस्य परिखास्तिस्त्रो दण्डान्तराः कारयेत्।'' —अर्थशास्त्र (यौली), भाग १, पृष्ठ ३१।

८. जातक संख्या ५४६।

९. ''विधेयं परिखात्रयम्''
—समरांगणसूत्रधार, भाग १, पृष्ठ ४०। द्रष्टव्य—मेरा लेख उत्तर-भारती, पृष्ठ ६७-१९६१।

१०. ब्रह्मवैवर्त पुराण, अध्याय ७२, पंक्ति १५।

११. मेक्रिण्डिल, खण्ड २६, पृष्ठ ६८।

१२. ''पाषाणेष्टकाबद्धपार्श्वा वा'' —अर्थशास्त्र, (शास्त्री-सम्पादित) पृष्ठ ५१।

१३. ''एवं संशोध्य परिखात्रितयं परितोऽशभिः।
विधेयमिष्टकाभिर्वा सम्यग्बद्धतलं भवेत्॥''
—समरांगणसूत्रधार, भाग १, पृष्ठ ४०, श्लोक २१।

१४. मेक्रिण्डिल, खण्ड २६, पृष्ठ ६४।

अर्थशास्त्र में भी परिखा के परिमाण का उल्लेख मिलता है। इसके अनुसार पहली परिखा १४ दण्ड, दूसरी १२ दण्ड तथा तीसरी १० दण्ड विस्तीर्ण हो।[१] यदि इन तीनों परिखाओं की चौड़ाई उनके एक दण्ड के अन्तर वाली भूमि के साथ जोड़ दी जाय, तो जिस भूमि में परिखाओं का निर्माण किया जाता था (अर्थात् पारिखेयी भूमि), उसकी दूरी (१४ + १ + १२ + १ + १०) ३८ दण्ड यानी २२८ फुट निकलती है। अन्य प्राचीन ग्रन्थों में भी अधिक चौड़ी परिखाओं का उल्लेख आता है, उदाहरणार्थ, महाभारत,[२] हरिवंश[३] तथा नवसाहसांकचरित।[४] परिखा की गहराई उसकी चौड़ाई से कम होती थी। अर्थशास्त्र में कहा गया है कि परिखा की गहराई उसकी चौड़ाई से चतुर्थांश कम हो।[५] शुक्रनीति में कहा गया है कि परिखा की गहराई उसकी चौड़ाई की केवल आधी हो।[६] परिखा की गहराई का जो माप अन्य स्थलों पर मिलता है, उससे यह ज्ञात होता है कि यह परिखा की चौड़ाई के माप से बहुत ही कम था। उदाहरणार्थ, मेगस्थनीज़ ने पाटलिपुत्र की परिखा को जहाँ ६०० फुट चौड़ी बताया है, वहाँ उसकी गहराई केवल १५ फुट ही कहा है।[७] ऐसा प्रतीत होता है कि परिखा की आदर्श गहराई १५ फुट ही मानी जाती थी, क्योंकि पाणिनि के एक सूत्र के उदाहरण में काशिका में परिखा की गहराई (**त्रिपुरुषी**) तीन पुरुसा बताई गई है। इससे स्पष्ट है कि परिखा की गइराई को नापने में पुरुष अर्थात् पुरसा नामक मापक का प्रयोग किया जाता था। अर्थशास्त्र में परिखा की गहराई को नापने वाले इसी माप को **खातपौरुष** कहा गया है। इस खातपौरुष को अर्थशास्त्र में ८४ अंगुल यानी ५ फुट ३ इंच चौड़ा माना गया है। इस प्रकार त्रिपुरुषी परिखा की गहराई १५ फुट ९ इंच आती है।[८] हो सकता है कि यही परिखा की प्रामाणिक गहराई रही हो।

परिखा के भेद— परिखा तीन प्रकार की होती थी—(१) जल-परिखा, (२) पंक-परिखा तथा (३) रिक्त-परिखा। जल-परिखा को जातकों में 'उदक परिखा' अर्थात् पानी में भरी हुई परिखा कहा गया है।[९] अर्थशास्त्र में इस परिखा को **'तोयपूर्णा**

---

१. **''चतुर्दश द्वादशदशेति दण्डानुविस्तीर्णा।'' —अर्थशास्त्र (शास्त्री-सम्पादित), पृष्ठ ५१।**

२. **''सागरप्रतिरूपाभिः परिखाभिरलंकृताम्।''**
—महाभारत, आदिपर्व, अध्याय १९९, पंक्ति ५७।

३. **''गंगासिन्धुप्रकाशाभिः परिखाभिर्वृतां पुरीम्।''**
—हरिवंश, विष्णुपर्व, अध्याय ९८, पंक्ति २२।

४. **''सशब्दजाम्बूनदमेखलेव', —नवसाहसांकचरितम्, सर्ग १, पंक्ति ३६।**

५. **अर्थशास्त्र, भाग २, अध्याय ३, पृष्ठ ५५।**

६. **शुक्रनीतिसार, अध्याय १, श्लोक २४०।**

७. **मेक्रिण्डिल, खण्ड २६, पृष्ठ ६४।**

८. **पाणिनिकालीन भारतवर्ष, पृष्ठ १४४।**

९. **वही, पृष्ठ १४४।**

परिखा' कहा गया है।[१] परिखा का जल कभी-कभी स्थिर तथा कभी-कभी प्रवाहपूर्ण हुआ करता था। इसका जल प्रवाहपूर्ण उस दशा में होता था, जब कि उसके अग्रभाग को नदी से मिला दिया जाता था। वायु पुराण में कहा गया है कि परिखा के मुख को नदी से मिला दिया जाय।[२] ऐसी परिखा नदी के जल से ही परिपूर्ण हुआ करती थी। इस प्रकार के जल से भरी हुई परिखा को अर्थशास्त्र में **'सपरिवाहा'** परिखा कहा गया है।[३] दूसरे वर्ग की परिखा को जातकों में **'कद्दम (कर्दम) परिखा'** (दलदल से भरी हुई) कहा गया है।[४] इस प्रकार की व्यवस्था के कारण शत्रुओं के लिए परिखा को पार करना असम्भव था। तीसरे वर्ग की परिखा को जातकों में **'सुक्खपरिखा'** (सूखी हुई) कहा गया है।[५] महाउम्मग जातक से विदित होता है कि मिथिला में तीनों प्रकार की परिखाएँ विद्यमान थीं।[६]

परिखा-सम्बन्धी अन्य सूचनाएँ—परिखा के जल में कभी-कभी भयंकर जल-जन्तु भी छोड़ दिये जाते थे, जिससे शत्रु परिखा को पार नहीं कर सकें। कौटिल्य ने परिखा के जल में घड़ियालों के छोड़ने का उल्लेख किया है। इस प्रकार की परिखा को उन्होंने **'ग्राहवती'** परिखा कहा है।[७] महाभारत में भी कहा गया है कि परिखा के जल में घड़ियाल तथा नाक (नक्र) आदि भयंकर जलजन्तु छोड़ दिये जायँ।[८] तमिल ग्रन्थों के अनुसार वजी की जलपरिखा में मगर बहुत संख्या में छोड़े गये थे।[९] सुन्दरता के हेतु परिखा के जल में कमल तथा कुमुद आदि जलपुष्प लगाये जाते थे। यही कारण है कि कौटिल्य ने जलपरिखा को **'पद्मवती परिखा'** कहा है।[१०] रामायण में पद्म तथा उत्पल आदि के अलंकृत परिखाओं का उल्लेख किया गया है।[११] कभी-कभी जलपरिखा में हंस तथा कारण्डव आदि पक्षी भी सुन्दरता की अभिवृद्धि के लिए छोड़े जाते थे। हरिवंश के अनुसार द्वारका की परिखा में सौन्दर्य के प्राण कमल तथा हंस दोनों ही

---

१. अर्थशास्त्र, पृष्ठ ५१ (शास्त्री)।

२. ''स्त्रोतसीसहतदद्वारं निखातं पुनरेव च।'' —वायुपुराण, अध्याय ८, पंक्ति २०९।

३. अर्थशास्त्र, पृष्ठ ५१ (शास्त्री)।

४. पाणिनिकालीन भारतवर्ष, पृष्ठ १४४।

५. वही, पृष्ठ १४४।

६. जातक, संख्या ५४६। दत्ता, टा० प्लै० ऐं० इं०, पृष्ठ ९२।

७. अर्थशास्त्र, पृष्ठ ५१ (शास्त्री)।

८. ''आपूरयेच्च परिखां स्थानुनक्रझषाकुलाम्।''

—महाभारत, शान्तिपर्व, अध्याय ६९, पंक्ति ६८।

९. अय्यर, टाउन प्लैनिंग इन ऐंशेण्ट डकन, पृष्ठ ३३।

१०. अर्थशास्त्र, पृष्ठ ५१ (शास्त्री)।

११. ''परिखाभिः सपद्माभिः सोत्पलभिरलंकृताम्।'' —सुन्दर काण्ड, सर्ग २, पंक्ति २६।

सुशोभित थे।[१] नवसाहसांकचरिम् के अनुसार उज्जयिनी की परिखा में कमल की पंक्तियों के साथ-साथ हंसों के समूह भी सुशोभित थे।[२] तमिल-ग्रन्थों के लेखकों ने मदुरा की परिखा को इसी रूप में चित्रित किया है।[३] नगर-परिखाओं में कभी-कभी नालों (परिवाहों) का अशुद्ध जल भी गिराया जाता था। तमिल ग्रन्थों के अनुसार वंजी की परिखा में परिवाहों की गन्दगी गिराई जाती थी।[४]

वप्र— परिखा के निर्माण के उपरान्त वप्र (रैम्पर्ट) का निर्माण किया जाता था। परिखा को बनाते समय जो मिट्टी खोदी जाती थी, उसी के द्वारा वप्र का निर्माण किया जाता था। इसकी सूचना अर्थशास्त्र के द्वारा मिलती है।[५] समरांगणसूत्रधार में भी कहा गया है कि जो मिट्टी परिखा को बनाने के लिए खोद निकाली जाय, उसी के द्वारा वप्र का निर्माण हो **(परिखोत्खातया मृदा)**।[६] अर्थशास्त्र से विदित होता है कि वप्र-निर्माण के लिए मिट्टी परिखा से ४ दण्ड (२४ फुट) की दूरी पर इकट्ठी की जाती थी।[७] इस ग्रन्थ में कहा गया है कि मिट्टी को चौकोर बनाकर हाथियों एवं बैलों के द्वारा खुदवाकर भली-भाँति दबा दिया जाय।[८] समरांगणसूत्रधार में भी कहा गया है कि वप्र की मिट्टी को हाथियों एवं बैलों के द्वारा अच्छी तरह कुचलवा लिया जाये।[९] इस ग्रन्थ के अनुसार वप्र की ऊपरी सतह को ऐसी क्रिया के द्वारा भली-भाँति बराबर कर देना बहुत ही आवश्यक है।[१०] वप्र के ऊपर कँटीली तथा विषैली झाड़ियाँ लगाकर उसे शत्रुओं के लिए अगम्य बना दिया जाता था।[११] इस प्रकार की व्यवस्था का उल्लेख समरांगण-सूत्रधार में भी प्राप्त होता है।[१२] वप्र बनाते समय बाँस-बल्ली आदि की पाड़ बाँधने से

---

१. **''पद्मखंडकुलाभिश्च हंससेवितवारिभिः।''**
—हरिवंश, विष्णुपर्व, अध्याय ९८, पंक्ति २१।

२. **''आमंजुगुंजत्कलहंसपंक्तिर्विकस्वरांभोजरजःपिशंगाः।''**
—नवसहसांकचरितम्, सर्ग १, श्लोक २८।

३. **अय्यर, टाउन प्लैनिंग इन ऐंशेण्ट डकन, पृष्ठ ३४।**

४. **वही, पृष्ठ ६२।**

५. **''खाताद्वप्रं कारयेत्।'' —अर्थशास्त्र, पृष्ठ ५१ (शास्त्री)।**

६. **समरांगणसूत्रधार, पृष्ठ ४०।**

७. **''चतुर्दण्डावकृष्टं परिखायाः...वप्रं कारयेत्।'' —अर्थशास्त्र, पृष्ठ ५१ (शास्त्री)।**

८. **''हस्तिभिर्गोभिश्च क्षुण्णम्।'' वही, पृष्ठ ५१ शास्त्री)।**
—द्रष्टव्य, मेरा लेख, सम्मेलन-पत्रिक, कला-अंक, १९५८, पृष्ठ २७३।

९. **''सोत्संगं गजपृष्ठं वा गोत्रीयपदताड़ितम्।'' —समरांगणसूत्रधार, पृष्ठ ४०।**

१०. **''भूप्रदेशान् पुरा निम्नानापूर्य समतां नयेत।'' —वही, पृष्ठ ४०।**

११. **''कंटकगुल्मविषवल्लीप्रतानवन्तम्।'' —अर्थशास्त्र, पृष्ठ ५१ (शास्त्री)।**

१२. **''बाह्यभागं पुनस्तस्य विंदध्यात् सर्वतोदिशम्।**
द्रुममूलैर्लताजालैः कण्टकैरपि संवृतम्॥'' —समरांगणसूत्रधार, पृष्ठ ४०।

जो छेद (**वास्तुच्छिद्र**) होते थे, उन्हें अलग मिट्टी से भर दिया जाता था।[१] इस प्रकार जो वप्र तैयार होता था, वह अर्थशास्त्र के अनुसार ६ दण्ड (३६ फुट) ऊँचा तथा १२ दण्ड (७२ फुट) चौड़ा होता था।[२]

प्राकार— वप्र के ऊपर प्राकार अर्थात् परकोटे का निर्माण किया जाता था।[३] काशिका से विदित होता है कि वप्र के ऊपर जितनी भूमि में प्राकार बनाना होता था, उसे '**प्राकारीय देश**' कहा जाता था।[४] प्राकार नगर की सुरक्षा का अभिन्न साधन समझा जाता था। यही कारण है कि **इन्द्रप्रस्थ,**[५] **द्वारका,**[६] **मथुरा,**[७] **अवन्ति,**[८] **मदुरा**[९] तथा **कांची**[१०] आदि सभी विशिष्ट भारतीय नगर प्राकारपरिवेष्ठित थे। प्राकार तीन प्रकार के होते थे—(१) **पांसुप्राकार,** (२) **इष्टकाप्राकार** तथा (३) **प्रस्तरप्राकार**। पांसुप्राकार मिट्टी के द्वारा बना होता था।[११] महाभारत में इसी को मुद्दुर्ग कहा गया है।[१२] शिल्पशास्त्रों में भी पांसुप्राकार के द्वारा परिवेष्ठित नगर के मृद्दुर्ग शब्द आता है। बाद में **पांसुप्राकार** अथवा **मृद्दुर्ग** को ही **धूलकोट** कहने लगे।[१३] इष्टकाप्राकार में ईंटों की चिनाई की जाती थी। अर्थशास्त्र में इस प्रकार के प्राकार को '**ऐष्टक प्राकार**' कहा गया है।[१४] समरांगणसूत्रधार में कहा गया है कि प्राकार के निर्माण में ईंटों का प्रयोग किया जाय।[१५] जो ईंटें इस प्रकार के प्राकार में चुनी जाने के लिए बनाई जाती थीं, उन्हीं को पाणिनि ने '**प्राकारीया इष्टकाः**' कहा है।[१६] तीसरे प्रकार के प्राकार में पत्थर लगाये जाते थे। रुमिनदेई के स्तम्भलेख में पत्थर की दीवाल (**शिला-भित्तिका**) का उल्लेख

---

१. ''पांसुविशेषेण वास्तुच्छिद्रं वा पूरयेत्।'' —समरांगणसूत्रधार, पृष्ठ ५२ (शास्त्री)
२. ''षड्दण्डोच्छ्रितमवरुद्धं तद्विगुणविषकम्भम्।'' —वही, पृष्ठ ५२ (शास्त्री)।
३. ''वप्रस्योपरि प्राकारम्।'' —अर्थशास्त्र, पृष्ठ ५२ (शास्त्री)।
४. पाणिनिकालीन भारतवर्ष, पृष्ठ १४३।
५. ''प्राकारेण च सम्पन्ना दिवमावृत्य तिष्ठता।'' —महाभारत, आदिपर्व, अध्याय १९९, पंक्ति ५९।
६. ''प्राकारेणार्कवर्णेन पाण्डुरेण विराजिताम्।'' —वही, सभापर्व, अध्याय ५७, पंक्ति ९।
७. ''सा पुरी परमोदारा साट्टप्राकारतोरणा।'' —हरिवंश, हरिवंशपर्व, अध्याय ५४, पंक्ति ११५।
८. ''दृढ़प्राकारतोरणा।''—ब्रह्मपुराण, अध्याय ४१, पंक्ति ५९।
९. अय्यर, टाउन प्लैनिंग इन ऐंशेण्ट डकन, पृष्ठ ३८।
१०. वही, पृष्ठ ७०।
११. हरिवंश, हरिवंशपर्व, अध्याय ५४, पंक्ति ११६।
१२. महाभारत, शान्तिपर्व, अध्याय ८७।
१३. पाणिनिकालीन भारतवर्ष, पृष्ठ १४४।
१४. अर्थशास्त्र, पृष्ठ ५२।
१५. ''कुर्यात् प्राकारमुद्दामं यद्वा पक्वेष्टकामयम्।'' —समरांगणसूत्रधार, पृष्ठ ४१।
१६. पाणिनिकालीन भारतवर्ष, पृष्ठ १४३।

मिलता है।[१] तमिल ग्रन्थों से विदित होता है कि पाण्ड्यों की राजधानी मदुरा की दीवाल में पत्थर चुने गये थे।[२] तक्षशिला में प्रस्तरप्राकार के भी वर्तमान होने के प्रमाण मिलते हैं।

एक नगर में प्राकार की संख्या बहुधा एक ही होती थी पर बड़े नगरों में कई हुआ करती थी। इसका प्रमाण मेगस्थनीज़ है। पाटलिपुत्र के वर्णन के सम्बन्ध में उसने लिखा है कि यह नगर तीन प्राकारों के द्वारा परिवेष्टित था। जातकों के अनुसार वैशाली के चतुर्दिक् तीन प्राकार विद्यमान थे (तिहि पाकारेहि परिक्खितम्)।[३] अर्थशास्त्र में कई प्राकारों के बनाने का निर्देश किया गया है।[४] अर्थशास्त्र में दो प्राकारों के बीच की दूरी १२ से लेकर २४ हस्त (१८ फुट से लेकर ३६ फुट) तक दी गई है।[५] ये प्राकार बहुत ऊँचे हुआ करते थे। जातकों में प्राकार की ऊँचाई १८ हाथ (अट्ठारस हत्थ) दी गई है।[६] बाद के ग्रन्थों में भी प्राकार की अधिक उच्चता अनिवार्य मानी गयी है। शुक्रनीति में कहा गया है कि नगर-प्राकार इतने ऊँचे बनाये जायँ कि शत्रु उन्हें पार न कर सकें।[७] ब्रह्मवैवर्त पुराण के अनुसार नगर-प्राकार को २० हाथ (३० फुट) ऊँचा उठाया जाय।[८] कहीं-कहीं प्राकार की ऊँचाई केवल ९ हाथ रखी जाती थी।[९]

कौटिल्य का मत है कि प्राकार के बाहर की भूमि में लोगों के आने जाने को रोकने के लिए गहरे गड्ढे बनाये जायँ, लताजाल एवं कँटीली झाड़ियों का आरोपण किया जाय तथा ऊँचे टीले उठा दिये जायँ।[१०] समरांगणसूत्रधार में भी कहा गया है कि प्राकार के सामने वाली भूमि में लताजाल, द्रुममूल तथा काँटे लगा दिये जायें ताकि वहाँ कोई आ-जा न सके।[११] अर्थशास्त्र से विदित होता है कि प्राकार की चोटी पर नगर की रक्षा के लिए आक्रमणकारी यन्त्र रखे जाते थे। अर्थशास्त्र में इस प्रकार के यन्त्रों की तालिका

---

१. सरकार, सेलेक्ट इंस्क्रिप्शंस, पृष्ठ ७०।

२. अय्यर, टाउन प्लैनिंग इन ऐंशेण्ट डकन, पृष्ठ ३७।

३. जातक, १, ५०४।

४. अर्थशास्त्र, पृष्ठ ५२ (शास्त्री)।

५. "द्वादशहस्ताद...चतुर्विंशति हस्तादिति कारयेत्।" —वही, पृष्ठ ५२ (शास्त्री)।

६. पाणिनिकालीन भारतवर्ष, पृष्ठ १४५।

७. शुक्रनीतिसार, अध्याय १, पंक्ति ७४४। —दत्त, टा० प्लै०, ८७।

८. ब्रह्मवैवर्त पुराण, अध्याय १०३, पंक्ति १२०।

९. "प्राकार उत्तमः कार्यो नवहस्तैः समुच्छ्रितः।" —अपराजितपृच्छा, पृष्ठ १७३।

१०. "बहिर्जानुभंगिनीं त्रिशूलकूटवयातकण्टकम्प्रतिसराहिपृष्ठतालपत्रशृंगाटकश्वदंष्ट्रार्गलोपस्कन्दपादुकाम्बरीषोदयानकैः छन्नपथं कारयेत्।" —अर्थशास्त्र, पृष्ठ ५२ (शास्त्री)।

११. "बाह्यभागं पुनस्तस्य विदध्यात् सर्वतोदिशम्।
द्रुममूलैर्लताजालैः कण्टकैरपि संवृतम्।"
—समरांगणसूत्रधार, भाग १, पृष्ठ ४०, श्लोक २४।

मिलती है, उदाहरणार्थ—पाषाण (पत्थरों के टुकड़े), कुद्दाल (कुदार), कुठारी (कुठार), मुसृष्ठि (मूसर), मुद्गर (मुगदड़), दण्ड (डण्डा), शतघ्नी (सैकड़ों को मारनेवाला यन्त्र) तथा अग्निसंयोग (अग्नि फेंकने वाला यन्त्र)।[१] रामायण से विदित होता है कि अयोध्या का नगर शतघ्नी के द्वारा रक्षित था।[२] हस्तिनापुर की रक्षा शतघ्नी के द्वारा होती थी।[३] इन्द्रप्रस्थ नगर की दीवालों के ऊपर तरह-तरह के आक्रमणकारी यंत्र रखे गये थे तथा इनके प्रयोग में निपुण योद्धाओं की नियुक्ति की गई थी।[४] अपराजितपृच्छा में नगर की दीवाल के ऊपर इकट्ठा किये जाने वाले कुछ शस्त्रों के नाम आते हैं; उदाहरणार्थ—भैरव यन्त्र, भास्कर यन्त्र, महिषासुर यन्त्र तथा वाराह यन्त्र।[५]

अट्टालक—प्राकारों में बुर्ज़ों का निर्माण किया जाता था। प्राचीन ग्रन्थों में इन्हें 'अट्टालक' कहा गया है। ये अट्टालक नगर-प्राकार की चारों दिशाओं में विद्यमान होते थे। समरांगणसूत्रधार में कहा गया है कि प्रत्येक दिशा के नगर-प्राकार में बुर्ज़ बनाये जायँ।[६] अर्थशास्त्र के अनुसार दो अट्टालकों के बीच तीस दण्ड (१८० फुट) की दूरी होती थी।[७] अट्टालकों की संख्या के विषय में मेगस्थनीज़ के यात्राविवरण से सूचना मिलती है। उसने लिखा है कि पाटलिपुत्र के प्राकार में ५७० बुर्ज़ों का निर्माण किया गया था।[८] हरिवंश,[९] तथा मत्स्यपुराण[१०] से भी विदित होता है कि अट्टालकों की संख्या

---

१. **''तासुपाषाणकुद्दालकुठारीकाण्डकल्पनाः।**
मुसृष्ठिमुद्गरा दण्डचक्रयन्त्रशतघ्नयः॥
कार्या कार्मारिकाश्शूलावेधनाग्राश्चवेणकः।
उष्ट्रग्रीव्याऽग्निसंयोगाः कुप्यकुल्पे च योऽवधिः॥''
—अर्थशास्त्र, पृष्ठ ५४ (शास्त्री-सम्पादित)।

२. **''शतघ्नीशतसंकुलाम्।'' रामायण, बालकांड, सर्ग ५।**

३. **''शतघ्नीचक्रयन्त्रैश्च गुप्तामन्यैर्दुरासदाम्।''**
—महाभारत, आदिपर्व, अध्याय ९६, पंक्ति १०८।

४. **''विविधैरपि निविद्धैः शस्त्रोपेतैः सुसंवृतैः।**
शक्तिभिश्चावृतं विद्धि द्विजिह्वैरिव पन्नगैः॥
तल्पैश्चाभ्यसिकैर्युक्तं शुशुभे योधरक्षितम्।
आयासैश्च महाचक्रैः शुशुभे तत्पुरोत्तमम्॥''
—महाभारत, आदिपर्व, अध्याय १९९, श्लोक ३२-३३।

५. **अपराजितपृच्छा, पृष्ठ १८०।**

६. **''प्राकारेऽट्टालकास्तस्मिन् दिक्षु दिक्षु चतुर्दिशम्।''**
—समरागंणसूत्रधार, भाग १, पृष्ठ ४१, श्लोक ३१।

७. **''त्रिंशद्दण्डान्तरं च द्वयोरट्टालकयोर्मध्ये।'' —अर्थशास्त्र, पृष्ठ ५२ (शास्त्री)।**

८. **मेक्रिण्डिल, मेगस्थनीज़ ऐण्ड एरियन, खण्ड २६, पृष्ठ ६८।**

९. **हरिवंश, हरिवंश पर्व, अध्याय ५४, पंक्ति ११५।**

१०. **मत्स्यपुराण, अध्याय २१७, श्लोक ८।**

अधिक हुआ करती थीं। अर्थशास्त्र से ज्ञात होता है कि बुर्ज़ के ऊपर पहुँचने के लिए सीढ़ी (सोपान) का निर्माण किया जाता था। इसकी ऊँचाई बुर्ज़ की ऊँचाई के बराबर होती थी **(अट्टालकमुत्सेध...सोपानं कारयेत्)**।[१] बुर्ज़ की चोटी पर सैनिक नियुक्त किये जाते थे। जब दुर्ग पर शत्रु आक्रमण करता था, उस समय संहार इन सैनिकों का प्रधान कर्त्तव्य था।

गोपुर—नगर के प्राकार द्वारयुक्त होते थे। अर्थशास्त्र में नगरद्वार को गोपुर कहा गया है।[२] अमरकोश में भी नगरद्वार के लिए गोपुर शब्द आता है।[३] शिशुपालवध में भी पुरद्वार को गोपुर कहा गया है।[४] प्रधान नगरद्वारों की संख्या चार होती थी।[५] इनमें से प्रत्येक अलग-अलग चारों दिशाओं में वर्तमान होता था। पाणिनि के अष्टाध्यायी नामक ग्रन्थ से विदित होता है कि नगरद्वार का नाम उस दूसरे नगर के नाम पर पड़ता था, जो कि इसके समक्ष वर्तमान होता था **(अभिनिष्क्रामतिद्वारम्)**, उदाहरणार्थ—**'माथुरं कान्यकुब्जद्वारम्'** अर्थात् कन्नौज का वह दरवाज़ा जो मथुरा की ओर पड़ता था।[६] नगरद्वार के नामकरण का यह सिद्धान्त कालान्तर में भी विद्यमान था। मुगलों के काल तक नगरद्वार का नाम इसी सिद्धान्त पर पड़ता था, उदाहरणार्थ—दिल्ली का **'अजमेरी दरवाजा'**।[७]

अर्थशास्त्र में नगरद्वार के नामकरण के विषय में एक दूसरे सिद्धान्त का प्रतिपादन किया गया है। इसमें देवताओं के नाम पर पुर के चारों द्वारों को **ब्राह्मद्वार, ऐन्द्रद्वार, याम्यद्वार** तथा **सेनापत्यद्वार** कहा गया है।[८] यहाँ पर याम्यद्वार दक्षिण द्वार को कहा गया है, क्योंकि यम दक्षिणी दिशा का देवता माना जाता है। ऐन्द्रद्वार का प्रयोग पूर्वीद्वार के लिए किया गया है, क्योंकि इन्द्र पूर्व दिशा के देवता माने जाते हैं। अर्थशास्त्र में ब्राह्मद्वार से तात्पर्य उत्तर द्वार से है, क्योंकि लेखक ने ब्राह्मणों का निवासस्थान तथा ब्रह्मा के मन्दिर की स्थापना उत्तर दिशा में मानी है। अर्थशास्त्र में सेनापत्यद्वार का नाम उस कार्त्तिकेय के नाम पर रखा हुआ प्रतीत होता है, जो देवताओं के सेनापति माने जाते हैं। सेनापत्यद्वार का तात्पर्य पश्चिम द्वार से हो सकता है पर यह निश्चयात्मक रूप से तभी कहा जा सकता है, जब कि कार्त्तिकेय का पश्चिम दिशा के साथ संबंध स्पष्ट रूप से दिखाया जा सके।

---

१. अर्थशास्त्र, पृष्ठ ५२ (शास्त्री)।
२. अर्थशास्त्र, पृष्ठ ५३ (शास्त्री)।
३. ''पुरद्वारं तु गोपुरम्।'' —अमरकोश, पृष्ठ ७७।
४. शिशुपालवध, सर्ग १३, २७।
५. ''नगरस्य चतुसु द्वारेसु।'' —जातक, १, २६२।
६. डॉक्टर अग्रवाल, पाणिनिकालीन भारतवर्ष, पृष्ठ १४५।
७. डॉक्टर अग्रवाल, इ० नो० पा० पृष्ठ १४०।
८. ''ब्राह्मैन्द्रयाम्यसेनापत्यानि द्वाराणि।'' —अर्थशास्त्र, पृष्ठ ५६, (शास्त्री)।

प्रतोली— मेगस्थनीज़ ने लिखा है कि पाटलिपुत्र के प्राकार में ६४ द्वार वर्तमान थे।[१] इससे विदित होता है कि प्राकार में चार प्रधान द्वारों के अतिरिक्त गौण द्वार भी होते थे। अर्थशास्त्र में गौण नगरद्वार को प्रतोली कहा गया है।[२] महाभाष्य के अनुसार पाटलिपुत्र के परकोटे में 'प्रतोली-द्वार' बने हुए थे।[३] प्रतोली का उल्लेख कुमारगुप्त प्रथमकालीन बिलसद के लेख में भी हुआ है।[४] इसके बनाने की परम्परा मध्यकाल तक चली आ रही थी, क्योंकि पृथ्वीचन्द्रचरित (जो १५वीं शताब्दी का ग्रन्थ है) में 'प्रतोली-द्वार' का उल्लेख हुआ है।[५] प्रधान द्वार की चौड़ाई प्रतोली से अधिक हुआ करती थी। अर्थशास्त्र में कहा गया है कि प्रधान नगरद्वार (गोपुर) की चौड़ाई प्रतोली की छह गुनी हो (प्रतोली षट्तुलान्तरं द्वारं कारयेत्)।[६] नगरद्वार की ऊँचाई उतनी ही रहती थी जितनी कि प्राकार की, क्योंकि वे प्राकार में ही खोले जाते थे।

इन दरवाज़ों में कपाट लगे होते थे (**कपाटाः सर्वद्वारेषु**)।[७] नगर-द्वार के ऊपर बुर्ज़ बनाया जाता था। अर्थशास्त्र में कहा गया है कि नगरद्वार के ऊपर एक बुर्ज़ बनाया जाय, जो कि आकार में गोधा (घड़ियाल) के मुख के समान हो।[८] मेगस्थनीज़ के यात्रा-विवरण से भी विदित होता है कि पाटलिपुत्र के नगरद्वारों के ऊपर बुर्ज़ बने हुए थे।[९] इस प्रकार की प्रथा दक्षिणी भारत में भी विद्यमान थी। पाण्ड्यों की राजधानी मदुरा के नगरद्वारों में बुर्ज़ बने हुए थे।[१०] मत्स्यपुराण में पुरद्वार के ऊपर निर्मित बुर्ज़ के लिए '**अट्टालक-द्वार**' शब्द का उल्लेख मिलता है (अध्याय १३०)। इनमें सैनिक रहते थे। इनका काम आक्रमण के समय नगर की रक्षा करना था। मदुरा के नगरद्वारों के बुर्ज़ों में इस प्रकार के सैनिक रहते थे।[११] नगर-द्वार निश्चित समय पर खुलते तथा बन्द होते थे।[१२] रक्षा के निमित्त पुरद्वारों के समीप सैनिक नियुक्त किये जाते थे।[१३] इस प्रकार की

---

१. **मेक्रिण्डिल, मेगस्थनीज़ ऐण्ड एरियन, खण्ड २६, पृष्ठ ६६।**

२. **अर्थशास्त्र पृष्ठ ५३, शास्त्री।**

३. **पाणिनिकालीन भारतवर्ष, पृष्ठ १४५।**

४. **सरकार, सेलेक्ट इंस्क्रिप्शंस, पृष्ठ २७९।**

५. **प्राचीन गुर्जर-काव्य-संग्रह (पृथ्वीचन्द्रचरित), पृष्ठ ९४।**

६. **अर्थशास्त्र, पृष्ठ ५३, (शास्त्री)।**

७. **अपराजितपृच्छा, पृष्ठ १७३।**

८. ''प्राकारसमं मुखमवस्थाप्य त्रिभागगोधामुखं गोपुरं कारयेत्।''

—**अर्थशास्त्र, पृष्ठ ५३, (शास्त्री)।**

९. **मेक्रिण्डिल, मेगस्थनीज़ ऐण्ड एरियन, पृष्ठ ६६।**

१०. **अय्यर टाउन प्लैनिंग इन ऐंशेण्ट डकन, पृष्ठ २६।**

११. **वही, पृष्ठ २६।**

१२. **मेक्रिण्डिल, मेगस्थनीज़ ऐण्ड एरियन, पृष्ठ ६६।**

१३. **हरिवंश, हरिवंशपर्व, अध्याय ५४।**

व्यवस्था के कारण पुरद्वार के बीच में नगर के भीतर शत्रु का कोई भी व्यक्ति नहीं जा सकता था।

इन्द्रकोश तथा देवपथ— कौटिल्य के अनुसार प्रत्येक दो अट्टालकों (बुर्ज़ों) के बीच एक इन्द्रकोश हुआ करता था। यह एक प्रकार का कमरा था, जिसमें तीन धनुषधारी पहरेदारों के बैठने के लिए आसन बने होते थे **(त्रिधानुष्काधिष्ठानं... इन्द्रकोशं कारयेत्)**।[१] इन्द्रकोश के पीछे देवताओं के लिए एक मार्ग बनाया जाता था, जिसे अर्थशास्त्र में 'देवपथ' कहा गया है। यह आठ हाथ चौड़ा हुआ करता था (अष्टहस्तायतं देवपथं कारयेत्)।[२] प्राकार के विषय में कौटिल्य के पहले ही पाणिनि ने अष्टाध्यायी में देवपथ का उल्लेख किया है (देवपथादिभ्यश्य)।[३] रघुवंश में कालिदास ने देवपथ को सुरपथ कहा है **(क्वचित् पथा संचरते सुराणाम्)**।[४] पतंजलि ने महाभाष्य में पाटलिपुत्र के प्राकार के चार अंगों का उल्लेख किया है; उदाहरणार्थ— प्रतोली, अट्टालक, इन्द्रकोश तथा देवपथ।[५] पतंजलि के अनुसार अयोध्या के प्राकार में भी **प्रतोली** (गौण द्वार), **अट्टालक** (बुर्ज़), **इन्द्रकोश** तथा **देव-पथ** बने हुए थे। उनके शब्दों में ये विभिन्न भाग पाटलिपुत्र के प्राकार के विविध अंगों के दृष्टान्त थे **(पाटलिपुत्रस्य व्याख्यायिनी सुकोशला पाटलिपुत्रं चाप्यवयवश आचष्ट ईदृशा अस्य प्राकारा इति)**।[६] उन्होंने प्राकार के इन वास्तुगत अंगों को ''प्राकार-अवयव' कहा है।[७]

तरुओं का आरोपण— परिखा के बाहर नगर के चतुर्दिक् कभी-कभी तरु-समूह आरोपित किये जाते थे। रामायण से विदित होता है कि अयोध्या के चतुर्दिक् साल वृक्षों का वन **(सालमेखला)** था।[८] इस ग्रन्थ में कहा गया है कि लंका के चारों ओर तरुओं का एक वन था।[९] तमिल ग्रन्थों में मथुरा के चारों ओर घने वन के वर्तमान होने का उल्लेख मिलता है।[१०] लगता है कि अयोध्या की भाँति पाटलिपुत्र के चतुर्दिक् भी कोई सालमेखला थी तथा मेगस्थनीज़ ने इसी को भूल से लकड़ी की चहारदीवारी कहा है।

---

१. **अर्थशास्त्र, प्रकरण २१, पृष्ठ ३३ (यौली)।**

२. **वही, पृष्ठ ३३।**

३. **पाणिनि, ५, ३, १००।**

४. **रघुवंश, १३, १९।**

५. **पतंजलि, ३, ४, ६६।**

६. **वही, ३, ४, ६६।**

७. **लेखक का ग्रन्थ 'स्टडीज़ इन ऐंशेण्ट इंडियन हिस्ट्री एण्ड कल्चर', पृष्ठ ८७।**

८. **''उद्यानाम्रवणोपेतां महतीं सालमेखलाम्।''**

—रामायण, बालकाण्ड, सर्ग ५, पंक्ति २४।

९. **''शाद्वलानि च नीलानि गन्धवन्ति वनानि च।''** **—सुन्दरकाण्ड, सर्ग २, पंक्ति ११।**

१०. **अय्यर, टाउन प्लैनिंग इन ऐंशेण्ट डकन, पृष्ठ २५।**

नगरों का आकार— नगर-मापन की क्रिया में नगर के आकार पर भी पर्याप्त ध्यान दिया जाता था। प्राचीन ग्रन्थों के अध्ययन से विदित होता है कि नगरों के सात प्रामाणिक आकार माने जाते थे—**(१) चौकोर, (२) आयताकार, (३) वृत्ताकार, (४) समानान्तर चतुर्भुज का आकार, (५) अर्धचन्द्राकार, (६) भुजंगाकार** तथा **(७) त्रिभुजाकार**। य्वान् च्वांग के यात्रा विवरण से विदित होता है कि उसके आगमन के समय भारतवर्ष में चौकोर नगर वर्तमान थे।[१] युक्तिकल्पतरु में इसे नगर का श्रेष्ठ आकार माना गया है। इस ग्रन्थ के अनुसार जो राजा चौकोर नगर बनवाता है उसे चारों वर्गों की फल-प्राप्ति होती है।[२] मत्स्यपुराण में इसे शुभ आकार माना गया है।[३] आयताकार नगरों के विषय में सूचना प्राचीन महाकाव्यों (महाभारत तथा रामायण) से मिलती है। इनमें द्वारका[४] तथा अयोध्या[५] का जो वर्णन मिलता है, उनसे विदित होता है कि ये नगर आयताकार थे। मत्स्यपुराण में आयताकार नगर को नागरिकों के लिए मंगलदायक माना गया है।[६] ब्रह्माण्डपुराण में आयताकार नगर को प्रशस्त नगर कहा गया है।[७] वृत्ताकार नगर का उल्लेख मत्स्यपुराण[८] तथा मयमतम में मिलता है। इस ग्रन्थ के अनुसार वृत्ताकार पुर का सर्वश्रेष्ठ आकार है।[९]

भारतीय नगरों का आकार कभी-कभी समानान्तर चतुर्भुजतुल्य भी हुआ करता था। इसकी सूचना मेगस्थनीज़ के यात्राविवरण के द्वारा मिलती है। उसने लिखा है कि पाटलिपुत्र का आकार समानान्तर चतुर्भुज के समान था।[१०] ऐसा प्रतीत होता है कि अर्धचन्द्रकार नगर बहुसंख्या में वर्तमान थे। बहुधा अनेक प्राचीन ग्रन्थों में अर्धचन्द्राकार नगरों के उल्लेख मिलते हैं। उदाहरणार्थ—हरिवंश में मथुरा को अर्द्धचन्द्राकार कहा गया है।[११] मत्स्यपुराण में इस प्रकार के नगर की बहुत ही प्रशंसा की गई है। इसमें कहा गया है कि जो नगर नदी के तट पर स्थित होता है तथा जिसका आकार अर्धचन्द्र के समान होता है, वह सब प्रकार से श्रेष्ठ है।[१२]

---

१. वाटर्स, १, १४७।

२. ''चतुरस्त्रं चतुर्वर्गफलाय पृथिवीपते।'' —युक्तिकल्पतरु, पृष्ठ २३।

३. मत्स्यपुराण, अध्याय २१७, पंक्ति २४।

४. महाभारत, सभापर्व, अध्याय ५७।

५. रामायण, बालकाण्ड, सर्ग ५, ७।

६. ''आयतं...वा कारयेत्पुरम्।'' —मत्स्यपुराण, अध्याय २१७, पंक्ति २४।

७. ''आयतं दिव्यं प्रशस्तं तैः पुरं कृतम्।'' —ब्रह्माण्डपुराण, अध्याय ७, पंक्ति २१६।

८. मत्स्यपुराण, अध्याय २१७, पंक्ति २४।

९. मयमतम्, अध्याय १०, श्लोक १३।

१०. मेक्रिण्डिल, खण्ड २६ मेगस्थनीज़ ऐण्ड एरियन, पृष्ठ ६८।

११. ''अर्द्धचन्द्रप्रतीकाशा'', हरिवंशपर्व, अध्याय ५४, पंक्ति १२०।

१२. ''अर्द्धचन्द्रं प्रशंसन्ति नदीतीरेषु तद्वसन्।'' —मत्स्यपुराण, अध्याय २१७, पंक्ति २७।

अग्निपुराण[१] तथा समरांगणसूत्रधार[२] में धनुषाकार नगर का उल्लेख मिलता है। लगता है कि इन ग्रन्थों में अर्द्धचन्द्राकार ही धनुषाकार नगर कहा गया है। अग्निपुराण में कहा गया है कि धनुषाकार नगर पुरवासियों के लिए सुखमूलक तथा शान्तिप्रद होता है।[३]

अपराजितपृच्छा में भी धनुषाकार को नगर का शुभ आकार माना गया है।[४] नगरों का आकार कभी-कभी कुटिल भुजंग (वह भुजंग जो अपने शरीर को मंडल के समान बना लेता है) के समान भी होता था। मदुरा का आकार भी इसी प्रकार का था।[५] समरांगणसूत्रधार में इस प्रकार के नगर को **भुजंगकुटिल** कहा गया है।[६] युक्तिकल्पतरु में इसे **वर्तुल** तथा **वलयाकृत** कहा गया है।[७] विश्वकर्मप्रकाश में भी इसे वर्तुल कहा गया है।[८] त्रिभुजाकार में नगर को शास्त्रों में **त्र्यस्त्र**[९] तथा **त्रिकोण**[१०] कहा गया है। ऐसा प्रतीत होता है कि त्रिकोण नगर बहुत अधिक नहीं होते थे, क्योंकि नगरों का जिन ग्रन्थों में वर्णन मिलता है वहाँ त्रिकोण नगर का उल्लेख नहीं मिलता। केवल शिल्पशास्त्रों तथा पारिभाषिक ग्रन्थों में इसका उल्लेख मिलता है। दूसरे, जिन पारिभाषिक ग्रन्थों में त्रिकोण नगर का वर्णन आता है, उनमें से कुछ इस आकार के प्रतिकूल हैं। उदाहरणार्थ—युक्तिकल्पतरु में कहा गया है कि त्र्यस्त्र नगर तीनों वर्गों (**अर्थ, धर्म तथा काम**) के विनाश का कारण होता है।[११]

राजमार्गों का निर्माण— परिखा एवं प्राकार के निर्माण तथा नगर के आकार-निर्धारण के उपरान्त राजमार्ग के निर्माण की क्रिया प्रारम्भ होती थी। राजमार्ग के लिए प्राचीन ग्रन्थों में कभी-कभी राजपथ[१२] तथा महारथ्या[१३] शब्दों का प्रयोग किया गया है।

---

१. अग्निपुराण, अध्याय १०८, पंक्ति ९।

२. ''चापाकारे पुरे लोके निवसन् भवति ध्रुवम्।''

—समरांगणसूत्रधार, पृष्ठ ४४, पंक्ति १२२।

३. ''चापाभं...पुरारम्भे हि शान्तिकृत्।'' —अग्निपुराण, अध्याय १०८, पंक्ति १०।

४. ''वृद्धिदं पार्श्वदण्डं च श्रीपदं श्रीपुरं तथा।
रिपुमर्द्दनं रिप्वन्तं स्नाहं चैवाभयप्रदम्।'' —अपराजितपृच्छा, पृष्ठ १८१।

५. अय्यर, टाउन प्लैनिंग इन ऐंशेण्ट डकन, पृष्ठ ३३।

६. समरांगणसूत्रधार, पृष्ठ ४४।

७. युक्तिकल्पतरु, पृष्ठ २३।

८. विश्वकर्मप्रकाश, अध्याय ११, पृष्ठ १८७।

९. युक्तिकल्पतरु, पृष्ठ २३।

१०. विश्वकर्मप्रकाश, अध्याय ११, पृष्ठ १८७।

११. ''त्र्यस्त्रं त्रिशक्तिनाशाय।'' —युक्तिकल्पतरु, पृष्ठ २३।

१२. विष्णुसंहिता, अध्याय ७२, पंक्ति ३९।

१३. समरांगणसूत्रधार, पृष्ठ ३९।

इनकी संख्या नगर के विस्तार को देखकर निर्धारित की जाती थी। शुक्रनीति में कहा गया है कि पुर के परिमाण को देखकर ही राजा राजमार्गों की संख्या को निश्चित करे।[१] बड़े नगरों में बहुधा कई राजमार्ग होते थे। इसकी सूचना हरिवंश की पंक्तियों से मिलती है। इसमें कहा गया है कि द्वारका के मार्गों की संख्या आठ थी।[२] अपराजितपृच्छा में नव बड़े राजमार्गों के निर्माण का निर्देश मिलता है।[३] राजमार्गों को काफी चौड़ा बनाया जाता था। इसके दो उद्देश्य थे। पहला उद्देश्य तो यह था कि अधिक चौड़े होने पर ही राजमार्ग पर प्रकाश तथा वायु अच्छी तरह मिल सकता था। विष्णुसंहिता में स्पष्ट शब्दों में कहा गया है कि सूर्य एवं चन्द्रमा की किरणों तथा वायु के लिए राजमार्ग चौड़े बनाये जायें।[४] दूसरा उद्देश्य यह था कि राजमार्ग के अधिक चौड़े होने पर ही यातायात की सुविधा हो सकती थी।

कतिपय ग्रन्थों से राजमार्ग की चौड़ाई के विषय में सूचना मिलती है। अर्थशास्त्र में कहा गया है कि पुर का प्रधान राजमार्ग ४ दण्ड अर्थात २४ फुट चौड़ा रखा जाय।[५] शुक्रनीति में नगर के प्रधान राजमार्गों की चौड़ाई ३० हस्त (४५ फुट) बताई गई है।[६] ब्रह्माण्डपुराण में राजमार्ग की चौड़ाई इससे भी अधिक बताई गई है। इस ग्रंथ के अनुसार प्रधान राजमार्ग दस धनुष अर्थात् ४० हस्त (६० फुट) चौड़े बनाये जायँ।[७] इन राजमार्गों का बीच वाला हिस्सा ऊपर उठा होता था। शुक्रनीति में कहा गया है कि राजमार्ग का मध्य भाग कछुए की पीठ की भाँति ऊपर उठा हुआ हो।[८] इस प्रकार के निर्माण के कारण राजमार्ग के ऊपर जल का संचय नहीं हो सकता था। कभी-कभी राजमार्गों के दोनों ओर परिवाह (नाले) बनाये जाते थे, जिनके द्वारा नगर की गन्दगी बहा दी जाती थी।[९] तमिल ग्रन्थों के अनुसार मदुरा के राजमार्गों के दोनों ओर नाले बनाये गये थे। इनके द्वारा नगर की गन्दगी बाहर निकाल दी जाती थी।[१०]

---

१. ''पुरं दृष्ट्वा राजमार्गान् सुबहून् कल्पयेन्नृपः।''
—शुक्रनीतिसार, अध्याय १, पंक्ति ५३६। दत्त, टा० प्लै० एं० इं०, पृष्ठ ११६।

२. ''अष्टमार्गमहारथ्याम्।'' हरिवंश, विष्णुपर्व, अध्याय ९८।

३. ''नवमार्गकृता संख्या निर्मिता विश्वकर्मणा।'' —अपराजितपृच्छा, पृष्ठ १७२।

४. ''पन्थानश्च विशुध्यन्ति सोमसूर्यांशुमारुतैः।''
—विष्णुसंहिता, अध्याय २३, पंक्ति ४०। दत्त वि० टा० प्लै० एं० इं०, पृष्ठ १११।

५. ''चतुर्थदण्डान्तरा रथ्या।'' —अर्थशास्त्र, पृष्ठ ५४ (शास्त्री)।

६. शुक्रनीतिसार, अध्याय १, पंक्ति ५२०।

७. ''धनूंषि दशविस्तीर्णः श्रीमान् राजपथः कृतः।''
ब्रह्माण्डपुराण, (पूर्व भाग, अनुषंगपाद), अध्याय ७, पंक्ति २२५।

८. ''कूर्म्मपृष्ठामार्गभूमिः।'' —शुक्रनीतिसार, अध्याय १, पंक्ति ५४१।

९. ''कुर्यान्मार्गान् पार्श्वखातान्निर्गमार्थं जलस्य च।'' —वही, अध्याय १, पंक्ति ३२।

१०. अय्यर, टाउन प्लैनिंग इन ऐंशेण्ट डकन, पृष्ठ ६१।

कभी-कभी एक ही नगर में रथ, तुरंग, कुंजर तथा मनुष्यों के संचरण के लिए पृथक् मार्ग हुआ करते थे। अर्थशास्त्र में इस प्रकार के मार्गों के निर्माण का उल्लेख मिलता है। इस ग्रन्थ में **हस्तिपथ, रथपथ** तथा **पशुपथ** आदि के विभिन्न प्रकार के मार्गों का वर्णन मिलता है।[१] ब्रह्माण्डपुराण में भी **मनुष्यपथ, वाजिपथ** तथा **रथपथ** का पृथक् उल्लेख मिलता है।[२] हरिवंश में भी **रथमार्ग** तथा **मनुष्य-मार्ग** का अलग-अलग उल्लेख हुआ है।[३] इस प्रकार की व्यवस्था का कारण मार्गों पर भीड़ का रोकना था। शुक्रनीति से विदित होता है कि प्रतिवर्ष मार्गों की मरम्मत होती थी। इस ग्रन्थ में कहा गया है कि जहाँ कहीं मार्ग टूटे-फूटे हों, वहाँ पत्थरों के टुकड़ों को कूटकर अच्छी तरह भर दिया जाय।[४]

उपरथ्या तथा रथ्या— प्राचीन ग्रन्थों में **उपरथ्या** तथा **रथ्या** नामक मार्गों के भी उल्लेख मिलते हैं। ये मार्ग महारथ्या (राजमार्ग) से छोटे होते थे। समरांगणसूत्रधार में कहा गया है कि उपरथ्या आकार में महारथ्या का आधा होता था।[५] रथ्या नामक मार्ग उपरथ्या से भी छोटा होता था। इसकी चौड़ाई उपरथ्या की आधी होती थी।[६] बाद के ग्रन्थों में रथ्या शब्द रथमार्ग के अर्थ में प्रयुक्त हुआ है। मयमतम्[७] तथा शिल्परत्न[८] में रथ्या शब्द का प्रयोग मिलता है। इनसे रथमार्ग का ही बोध होता है। अष्टाध्यायी में विभिन्न प्रकार के मार्गों के नामकरण के विषय में एक बहुत ही विशिष्ट सूचना मिलती है। इसमें '**तद् गच्छति पथिदूतयोः**'[९] नामक एक सूत्र मिलता है। इसका भाव यह है कि मार्ग का नाम उस नगर का रखा जाय, जिस ओर यह जाता हो; उदाहरणार्थ—मथुरा की ओर जाने वाले पथ को **माथुरपथ** कहा जाता था।[१०]

चत्वर— राजमार्ग एक दूसरे को समकोण पर काटते थे। इनकी कटान से चौराहे बनते थे। प्राचीन ग्रन्थों में चौराहों के लिए **चत्वर,**[११] **चतुष्पथ,**[१२]

---

१. अर्थशास्त्र, पृष्ठ ५४ (शास्त्री)।

२. ''नृवाजिरथनागानामसम्बाधस्तुसंचरः।''

—ब्रह्माण्डपुराण (पूर्वभाग, अनुषंगपाद) २, अध्याय ७, पंक्ति २२६।

३. हरिवंश, विष्णुपर्व, अध्याय ३८, पंक्ति ३८।

४. ''मार्गान् सुधाशर्करैर्वा घटितान् प्रतिवत्सरम्।''

—शुक्रनीतिसार, अध्याय १, पंक्ति ५८६। दत्त बि० बि० टा० प्लै० ऐं० इं० पृष्ठ १३८।

५. ''उपरथ्या महामार्गस्यार्धम्। —समरांगणसूत्रधार, पृष्ठ ३९।

६. ''रथ्यास्तदर्धेन विधातव्याः।'' —वही, पृष्ठ ३९।

७. मयमतम्, अध्याय ९, पंक्ति ७९।

८. शिल्परत्न, अध्याय ५, पंक्ति १३७।

९. अष्टाध्यायी, ४, ३, ८५।

१०. पाणिनिकालीन भारतवर्ष, पृष्ठ १४५।

११. मृच्छकटिक, अंक १।

१२. अर्थशास्त्र, पृष्ठ १४५ (शास्त्री)।

शृङ्गाटक[१] शब्द आते हैं। हरिवंश में कहा गया है कि द्वारका में सुन्दर चौराहे बने हुए थे (समृद्धचत्वरती)।[२] इस ग्रन्थ में एक अन्य स्थल पर कहा गया है कि द्वारका में १६ चौराहे बने हुए थे (महाषोडशचत्वरम्)।[३] मृच्छकटिक में नगर के चौराहों को **'नगरचत्वर'** कहा गया है।[४] इस ग्रन्थ से विदित होता है कि नगर के चौराहे के पास बड़े-बड़े सेठ रहते थे। वहाँ उनकी दूकाने होती थीं। यही कारण है कि इस ग्रन्थ में नगरचत्वर को **'श्रेष्ठिचत्वर'** कहा गया है। चारुदत्त श्रेष्ठिचत्वर पर रहता था।[५] मृच्छकटिक से विदित होता है नगर के चौराहों पर देवी-देवताओं को पूजा चढ़ायी जाती थी।[६] यहाँ पर लोगों के द्वारा उपहार की सामग्रियाँ लायी जाती थीं।[७] कभी-कभी इन चत्वरों पर सभागृह बना रहता था, जहाँ नागरिक मनोविनोद के लिये एकत्र होते थे।[८] आज ही के समान प्राचीनकाल में भी चौराहे के दाहिने किनारे से होकर चलना वर्जित समझा जाता था, क्योंकि सवारियों से कुचल जाने का भय बना रहता था। दूसरी बात यह थी कि प्राचीन काल में चत्वर पूज्य समझा जाता था। शास्त्रों में पूज्य को बाईं ओर रखकर (अर्थात् उनके दायें से जाना) वर्जित माना गया है। विष्णुपुराण में कहा गया है कि जिस प्रकार देवालय, मांगलिक द्रव्य तथा पूज्य व्यक्तियों को बाईं ओर रखकर निकले, उसी प्रकार चौराहे को भी बाईं ओर रखकर न निकले (अर्थात् चौराहे के दाहिने किनारे से न चले)।[९]

हट्ट—नगर के प्रसिद्ध राजमार्गों तथा चत्वरों के किनारे-किनारे बाज़ारें होती थीं, जिन्हें हट्ट कहा जाता था। बड़े नगरों में बाज़ारों की संख्या बहुत अधिक हुआ करती थी। जिनमण्डव (जिनका समय १४३६ ई० है) के कुमारपालचरित के अनुसार अणहिलपट्टण नामक नगर में बाज़ारों की संख्या ८४ थी।[१०] पृथ्वीचन्द्रचरित में भी (जिसकी रचना १४२१ ई० में हुई थी) चौरासी (चउरासी) हट्ट के उल्लेख मिलते हैं—(१) नाणावटहटी, (२) जवहरीहटी, (३) सौगन्धीयाहटी, (४) फोफलिया, (५) सूत्रिया, (६) षडसूत्रिया, (७) धीया, (८) तेलहरा, (९) दन्तारा,

---

१. **''श्रृंगाटकचतुष्पथे''** **—अमरकोश, द्वितीय काण्ड।**

२. **हरिवंश, विष्णुपर्व, अध्याय ५८।**

३. **वही, अध्याय ९८।**

४. **मृच्छकटिक, अंक १।**

५. **''स खलु श्रेष्ठिचत्वरे प्रतिवसति।''** **—मृच्छकटिक, अंक २।**

६. **''गच्छ, त्वमपि चतुष्पथे मातृभ्यो बलिमुपहर।''** **—वही, अंक १।**

७. **''जनैश्चतुष्पथोपनीत उपहारः।''** **—वही ,अंक १, अध्याय ६५, पंक्ति ४।**

८. **''चतुष्पथे...कारयेत्सभाम्।''** **—अग्निपुराण, अध्याय ६५, पंक्ति ४।**

९. **''अपसव्यं न गच्छेच्च देवागारचतुष्पथान्।**
मांगल्यपूज्यांश्च तथा विपरीतान्न दक्षिणम्॥''
—विष्णुपुराण, अंश ३, अध्याय १२, श्लोक २६।

१०. आर्क्यालॉजिकल सर्वे...नार्दन गुजरात, (बर्गेस कजेंस), १९०३ लन्दन, पृष्ठ ३४।

(१०) वलीयार, (११) मणीयारहटी, (१२) दोसी, (१३) नेस्ती, (१४) गान्धी, (१५) कपासी, (१६) फडीया, (१७) फडीहटी, (१८) एरण्डिया, (१९) रसणीया, (२०) प्रवालीया, (२१) त्राम्बहटा, (२२) सोषहडा, (२३) पीतलगरा, (२४) सोनार, (२५) सीसाहडा, (२६) मोतीप्रोयाँ, (२७) सालवी, (२८) मीणारा, (२९) कुंआरा, (३०) चूनारा, (३१) तूनारा, (३२) कूटारा, (३३) गुलीयारा, (३४) परीयटा, (३५) घांची, (३६) मोची, (३७) सुई, (३८) लोहटिया, (३९) लोटारा, (४०) चीत्राहरा, (४१) सतूआरा, (४२) कागलीया, (४३) मद्यपहटी, (४४) वेश्या, (४५) पणगोला, (४६) गांछा, (४७) भाडभुंजा, (४८) बीबाहडा, (४९) त्राम्बडीया, (५०) भइंसायत, (५१) मलिन नापित, (५२) चोषानापित, (५३) पाटीवणा, (५४) त्रांगडीया, (५५) वाहीत्रा, (५६) काठवीठीया, (५७) चोषावीठीया, (५८) सूषडीया, (५९) साथरीया, (६०) तेरमा, (६१) वेगडीया, (६२) वसाह, (६३) सान्थूजा, (६४) पेरूआ, (६५) आटीआ, (६६) दालीआ, (६७) दउढीआ, (६८) मुंजकूटा, (६९) सरगरा, (७०) भरथारा, (७१) पीतलहडा, (७२) कंसारा, (७३) पत्रसागीआ, (७४) षासरीआ, (७५) मंजीठीया, (७६) साकरीया, (७७) साबूगर, (७८) लोहार, (७९) सूत्रहार, (८०) वणकर, (८१) तम्बोली, (८२) कन्दोई, (८३) बुद्धिहटी तथा (८४) कुत्रिकापणहटी।[१] इन नामों से स्पष्ट है कि पृथक् वस्तुएँ पृथक् बाज़ारों में बेची जाती थीं।

वास्तुविभाग (पुरभूमि का वितरण)— राज़मार्गों के निर्माण के उपरान्त नगर की भूमि विभिन्न भागों में इस़ दृष्टिकोण से विभाजित की जाती थी कि किस भाग में राजप्रासाद का निर्माण किया जाय, किस भाग में मन्त्रियों एवं पदाधिकारियों के गृहों का सन्निवेश हो, कौन सा भाग ब्राह्मणों के निवास के लिए छोड़ा जाय, किस भाग में क्षत्रिय बसाये जायँ तथा किस भाग में वैश्यों, शूद्रों एवं चण्डालों के घर वर्तमान हों। इस विषय को अर्थशास्त्र में '**वास्तुविभाग**' कहा गया है।[२] इस सम्बन्ध में अर्थशास्त्र, शुक्रनीतिसार, अग्निपुराण, युक्तिकल्पतरु, समरांगणसूत्रधार, अपराजितपृच्छा तथा मयमत में अलग-अलग युक्तियाँ मिलती हैं।

अर्थशास्त्र की युक्ति— नगर-सन्निवेश में राजप्रासाद की स्थिति पर विशेष रूप से ध्यान दिया जाता था। पुर के जिस भाग में राजप्रासाद का निर्माण किया जाता था, उसे पाणिनि ने अष्टाध्यायी में '**प्रासादीया भूमि**' कहा है (अर्थात् वह भूमि जहाँ राजमहल का निर्माण होगा 'प्रासादोऽस्यां भूमौ स्यादिति)।'[३] अर्थशास्त्र में नगर के केन्द्रीय भाग को प्रासाद के निर्माण के लिए सबसे उपयुक्त स्थान माना गया है। इसमें कहा गया है कि यह भाग पूरी भूमि का नवांश हो।[४] यह निर्देश ठीक ही मालूम होता है, क्योंकि

---

१. **प्राचीनगुर्जरकाव्यसंग्रह, (पृथ्वीचन्द्रचरित), पृष्ठ ९५।**

२. **अर्थशास्त्र, पृष्ठ ५५ (शास्त्री)।**

३. **पाणिनिकालीन भारतवर्ष, पृष्ठ १४३।**

४. **''नवभागे...वा कारयेत्।'' अर्थशास्त्र, पृष्ठ ५५ (शास्त्री)।**

अर्थशास्त्र की युक्ति

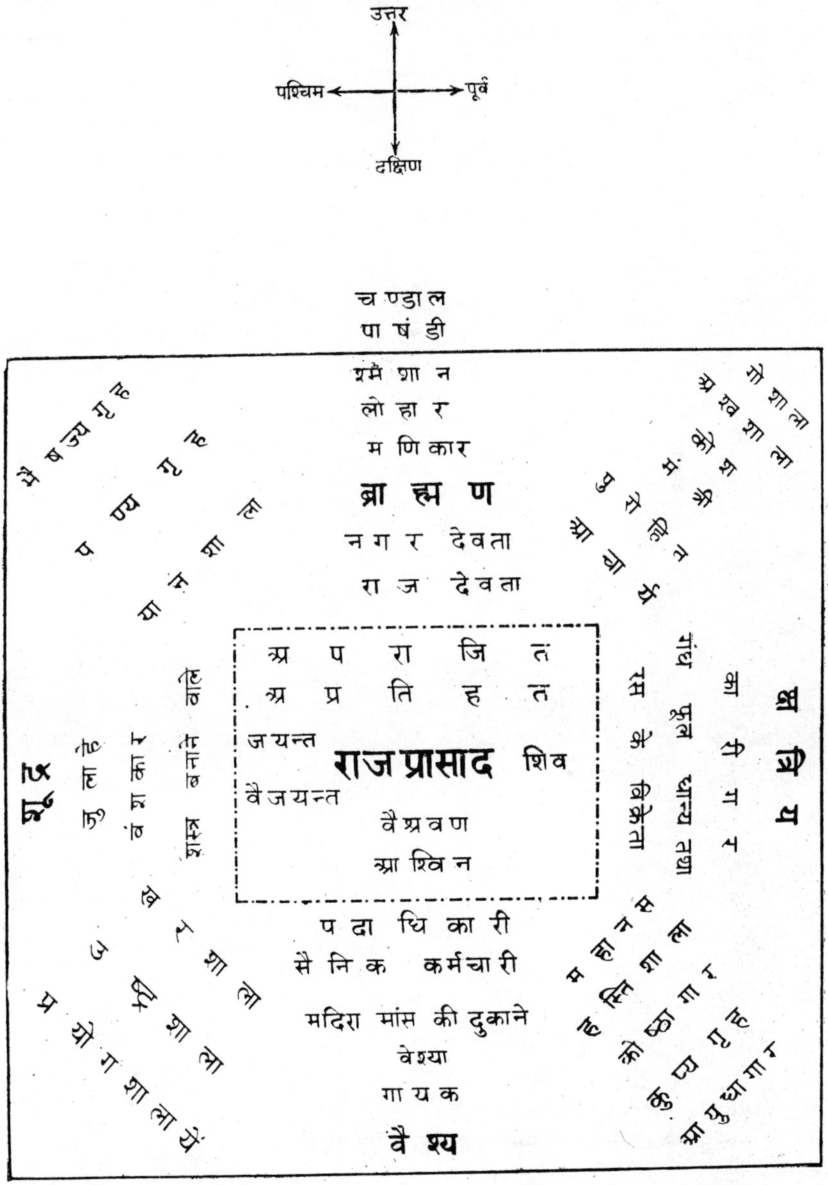

राजप्रासाद का प्रांगण बहुत अधिक भूमि घेरता था। कौटिल्य का कहना है कि राजप्रासाद की भूमि में ही **अपराजित, अप्रतिहत, जयन्त, वैजयन्त, शिव, वैश्रवण** तथा **आश्विन** आदि विभिन्न देवताओं के मन्दिर भी बनाये जायँ।[१] सम्भवतः राजा के मंगल को दृष्टि में रखते हुए इस प्रकार का निर्देश किया गया है।

अन्य भागों के विषय में कौटिल्य का मत इस प्रकार है—(१) केन्द्रीय भाग के ठीक उत्तर वाले पुर-भाग में राजदेवता एवं नगरदेवता के मन्दिर तथा ब्राह्मणों, मणिकारों एवं लोहारों के घर बने हों, (२) उसके उत्तर वाले भाग में श्मशान-भूमि बनाई जाय,[२] (३) केन्द्रीय भाग के दक्षिण वाले भाग में नगर के विशिष्ट पदाधिकारियों एवं सैनिक कर्मचारियों के घर, मदिरा तथा मांस की दूकाने, वेश्याओं, गायकों तथा वैश्यों के गृह विद्यमान हों,[३] (४) केन्द्रीय भाग के पूर्व के भाग में गन्ध, फूलों की माला, विभिन्न प्रकार के धान्य तथा रस आदि के बेचने वाले व्यापारियों, प्रधान कारीगरों एवं क्षत्रियों के घर बने हो,[४] (५) उसके और पूर्व वाले भाग में श्मशान का निर्माण किया जाय, (६) राजप्रासाद के पश्चिम वाले भाग में जुलाहे, वंशकार एवं शस्त्र बनाने वाले कारीगरों एवं शूद्रों के घर बने हों,[५] (७) केन्द्रीय भाग के उत्तरपूर्व वाले भाग में आचार्यों, पुरोहितों एवं मन्त्रियों के घर बनायें जायँ,[६] (८) उसके और उत्तरपूर्व वाले भाग में कोश, अश्वशाला तथा गोशाला बनी हो, (९) केन्द्रीय भाग के दक्षिणपूर्व वाले भाग में महानस (भोजनगृह), हस्तिशाला तथा कोष्ठागार आदि वर्तमान हों, (१०) उसके और दक्षिण-पूर्व वाले भाग में कुप्यगृह (जंगली वस्तुओं के संचय के लिए बनाया हुआ घर) तथा आयुधागार वर्तमान हों, (११) केन्द्रीय भाग के दक्षिण-पश्चिम वाले भाग में खर (गधे) एवं उष्ट्र (ऊँट) के रहने के लिए घर तथा प्रयोगशालाएँ (कर्मगृह) विद्यमान हों, (१२) केन्द्रीय भाग के उत्तर-पश्चिम की ओर स्थित भाग में यानशाला तथा रथशाला बनाई जाय,[७] (१३) उसके और उत्तर-पश्चिम वाले भाग में दूकाने (पण्यगृह) एवं औषधालय (भैषज्यगृह) बने हों,[८] (१४) पाषण्डियों तथा चण्डालों के घर श्मशान के बाहर बनाये जायँ।[९]

---

१. **''नवभागे...वा कारयेत्।'' अर्थशास्त्र, पृष्ठ ५५।**

२. **वही, पृष्ठ ५५।**

३. **वही, पृष्ठ ५५।**

४. **वही, पृष्ठ ५५।**

५. **वही, पृष्ठ ५५।**

६. **''तस्य पूर्वोत्तरं भागमाचार्यपुरोहितेज्यातोयस्थानं मन्त्रिणश्चावसेयुः।''**
—अर्थशास्त्र, पृष्ठ ५५।

७. **''पश्चिमोत्तरं भागं यानरथशालाः।''** **—वही, पृष्ठ ५५।**

८. **उत्तरपश्चिमं भागं पण्यभैषज्यगृहम्।''** **—वही, पृष्ठ ५५।**

९. **''पाषण्डचण्डालानां श्मशानान्ते वासः।''** **—वही, पृष्ठ ५६।**

शुक्रनीति की युक्ति— इस सम्बन्ध में शुक्रनीति में जो युक्ति मिलती है, वह कौटिल्य की युक्ति से कुछ अंशों में समान तथा कुछ अंशों में विभिन्न है। इन दोनों युक्तियों में समानताएँ इस प्रकार हैं—(१) जिस प्रकार कौटिल्य ने पुर के मध्य भाग में राजगृह का निर्माण उपयुक्त माना है, उसी प्रकार शुक्रनीति के रचयिता ने भी राजभवन का निर्माण नगर के बीच वाले भाग में श्रेष्ठ माना है।[१] (२) कौटिल्य के समान ही शुक्रनीति के लेखक ने भी एक जाति के लोगों को पुर के एक ही भाग में रखा है।[२] दोनों युक्तियों में विभिन्नताएँ इस प्रकार हैं—(१) अर्थशास्त्र में कई प्रकार के व्यावसायिकों को नगर के एक ही भाग में रखा गया है पर शुक्रनीति में कहा गया है कि यथाशक्ति एक प्रकार के ही व्यावसायिक नगर के एक भाग में अपने घर बनायँ।[३] (२) शुक्रनीति में गोशाला अश्वशाला, गजशाला, तथा सभागृह को पुर के मध्यभाग में रखा गया है[४] पर अर्थशास्त्र में पुर के दूसरे भागों में इनका निर्माण वांछनीय माना गया है। (३) अर्थशास्त्र की युक्ति बड़ी है। उसके द्वारा एक समग्र चित्र खिंच उठता है। पर शुक्रनीति की युक्ति अपेक्षाकृत छोटी है। (४) शुक्रनीति में विशिष्ट लोगों (प्रकृतय:), अधिकारियों (अधिकारिगण:), सेनापतियों (सेनाधिपा:), राजपुरुषों (गौल्मिकगणो) एवं जंगलों के अधिकारियों (आरण्यगण:) के घरों तथा पैदल सैनिकों (पदातीनाम्), अश्वारोहिणी सेना (साश्व:) तथा गजारोहिणी सेना (सगज:) के शिविरों को जहाँ राजमहल के पास क्रमानुसार स्थित माना गया है,[५] वहाँ अर्थशास्त्र में वे सभी राजगृह के पास नहीं रखे जाते हैं।

अग्निपुराण की युक्ति—अग्निपुराण में कहा गया है कि पहले विष्णु तथा शिव आदि देवताओं को भली-भाँति पूजा चढ़ायी जाय[६] तथा उसके उपरान्त विभिन्न वर्गों एवं वर्णों के निवासियों के रहने के लिए युक्ति बनाई जाय। अग्निपुराण की युक्ति इस प्रकार है—(१) पुर के उत्तर में ब्राह्मण, संन्यासी, सिद्ध तथा महात्माओं के घर बनाये जायँ।[७] (२) नगर के पूर्व में क्षत्रिय (पूर्वत: क्षत्रियान्), दक्षिण में वैश्य (दक्षिणे वैश्यान्) तथा पश्चिम में शूद्र (शूद्रांश्च पश्चिमे) बसाये जायँ। (३) नैर्ऋत (दक्षिण-पश्चिम) में नट, जुलाहे तथा कला आदि की शिक्षा देने वाले अपने निवासस्थान बनायँ। (४) वारुण (पश्चिम) दिशा में रथशाला तथा आयुधागार का निर्माण किया

---

१. शुक्रनीतिसार, अध्याय १, पंक्ति ४३४।

२. ''सजातीयगृहाणां हि समुदायेनपंक्तित:।'' —वही, अध्याय १, पंक्ति ५१४।

३. वही, अध्याय १, पंक्ति ५१५।

४. वही अध्याय १, श्लोक २१८।

५. शुक्रनीति, अध्याय १, श्लोक २५४-५६। दत्त, टा० प्लै०, १५२।

६. ''प्राच्य विष्णुहरार्कादीन्नत्वा दद्याद् बलिं वली।''
—अग्निपुराण, अध्याय १०६, पंक्ति ११।

७. ''ब्राह्मणा: यतय: सिद्धा पुण्यवन्तश्च चोत्तरे। —अग्निपुराण, अध्याय १०६, पंक्ति १६।

जाय।[१] (५) ईशान (उत्तर-पूर्व) में फल आदि के बेचने वाले वणिक अपने निवास-स्थान बनायें।[२] (६) पुर की आग्नेय (दक्षिण-पूर्व) दिशा में स्वर्णकारों एवं कर्मकारों के घर तथा सैनिक शिविर बनाये जायँ।[३] (७) पश्चिम दिशा में महामात्य, कोषपाल तथा शिल्पियों के घरों का निर्माण किया जाय।[४] (८) वैद्यों के घर नगर के प्रत्येक भाग में बने हों।[५]

युक्तिकल्पतरु की युक्ति— भोज की युक्ति (जो उनके युक्तिकल्पतरु नामक ग्रन्थ में मिलती है) भी अन्य युक्तियों से किंचित् विभिन्न है। कुछ प्रमुख विभिन्नताएँ इस प्रकार हैं—(१) पहले दी गयी हुई युक्तियों में जहाँ मन्त्रियों के घरों को राजभवन के पास रखा गया है, वहाँ भोज के ग्रन्थ (युक्तिकल्पतरु) में मन्त्रियों के घरों का निर्माण राजप्रासाद से बहुत दूर श्रेयस्कर माना गया है। उनका कहना है कि राजमहल के समीप रहने पर मन्त्री राजा के विरुद्ध षड्यन्त्र रच सकते हैं।[६] (२) जहाँ पूर्वकथित युक्तियों में विशिष्ट पदाधिकारियों के भवनों को नगर के प्रायः एक ही भाग में रखा गया है, वहाँ युक्तिकल्पतरु में उन्हें पृथक् पुरभागों में रखा गया है। भोज का कहना है कि एक ही भाग में स्थित होने पर वे राजा के विरुद्ध संगठन बना सकते हैं।[७] (३) भोज के अनुसार नगर के भीतर नृत्यशालाएँ तथा अध्ययनशालाएँ न बनायी जायँ, क्योंकि ऐसी दशा में शत्रु के दूत नगर के भीतर गुप्त (विद्यार्थी तथा कलाकार के) रूप में प्रवेश पा जाते हैं और इस प्रकार उन्हें राजा की शक्ति तथा दुर्बलताओं का अनुमान लगाने के लिए अवसर मिल जाता है,[८] पर कौटिल्य आदि ने राजधानी के भीतर नृत्यशाला अथवा अध्ययन-शाला के निर्माण का विरोध नहीं किया है। भोज का काल बाह्य आक्रमणों का काल था। अतएव वे मंत्रियों की भूमिका के प्रति सतर्क थे। राजप्रासाद के पास मंत्रियों के निवास के होने पर वे (प्रतिवेशत्व) राजमहल के भीतर होने वाले सभी भेद जान लेते थे तथा शत्रु से मिल कर राजा को गलत मंत्रणा (दुर्मन्त्र) दे सकते थे तथा इस प्रकार उन्हें षड्यंत्र का अवकाश मिल जाता था। कौटिल्य के केन्द्रीकरण के सिद्धान्त पर आधारित वास्तुविभाग-योजना तथा भोज के तद्विषयक विकेन्द्रीकृत योजना में अन्तर का

---

१. अग्निपुराण, अध्याय १०६।

२. ''फलाद्यादिविक्रयिणः ईशाने च वणिग्जनाः।''—अग्निपुराण, अध्याय १०६, पंक्ति १७।

३. ''पश्चिमे च महामात्यान्कोषपालांश्च कारुकान्।'' —वही, अध्याय १०६, पंक्ति २०।

४. वही, अध्याय १०६।

५. ''दिक्षुवैद्यान्... चतुर्दिशम्।'' —वही अध्याय १०६।

६. ''मंत्रिणः प्रतिवेशत्वं कदाचिदपि नाचरेत्।
तयोर्हि प्रतिवेशत्वे दुर्मन्त्रोऽपि जायते॥'' —युक्तिकल्पतरु, पृष्ठ २४, ६१।

७. वही, पृष्ठ २४।

८. ''न नृत्यशालास्तु पुरे न वाध्ययनशालिका।
तत्र शत्रुचरः स्थित्वा सर्व्वं वेत्ति वलावलम्॥'' —वही, पृष्ठ २४, श्लोक १६७।

संभावित कारण यही हो सकता है।

इस युक्ति में अन्य युक्तियों से जो समानताएँ मिलती हैं, वे इस प्रकार हैं—(१) म्लेच्छों एवं अन्त्यजों (निम्नवृत्ति वालों) को नगर के भीतर न बसाया जाय। उन्हें पुर के सीमाप्रान्त पर घर बनाने की आज्ञा दी जाय।[१] (२) नगर के मध्यभाग में (जहाँ कि राजप्रासाद स्थित होता है) बहुधा उन्हीं लोगों को रखा जाय, जिनके राजा के प्रतिकूल नहीं जाने की आशा रहती है; उदाहरणार्थ—सज्जन, मृदुभाषी तथा ज्योतिषी।[२] (३) पुर के मध्य भाग में हस्तिशाला का निर्माण न किया जाय। (४) पुर के सीमाप्रान्तों पर तुरंगशालाएँ न बनाई जायँ।[३] (५) सम्राट् को विदेशियों (देशान्तरगतान्) से सर्वदा सतर्क रहना चाहिए। उसे अपने हित की रक्षा के लिए अपनी राजधानी में उन्हें न रहने देना चाहिए (स्वपुरं रक्षयेद्राजा यदीच्छेदात्मनः श्रियम्)।[४] इस स्थल पर उल्लेखनीय है कि कौटिल्य ने भी विदेशियों (बाहरीकान्) को नगर के बाहर बसाने के लिए निर्देश किया है। उनके अनुसार वे पुर तथा राष्ट्र के लिए घातक सिद्ध होते हैं।[५] (६) युक्तिकल्पतरु के अनुसार संक्रामक तथा कठिन रोग से पीड़ित व्यक्तियों (महाव्याधि-पीड़ितान्) को नगर के भीतर नहीं रहने देना चाहिये।[६] (७) नगर के दरवाज़ों के पास पुर-रक्षा के निमित्त सैनिकों को नियुक्त करना चाहिए (गोपुरे सैनिकान् वीरान्)।[७] सम्राट् को अपनी राजधानी की शोभा सभा-गृह (मण्डप), तालाब (कासार) तथा उद्यान (कानन) आदि के निर्माण के द्वारा बढ़ानी चाहिए।[८]

समरांगणसूत्रधार की युक्ति— इस युक्ति में नव दिशाओं का नाम लिया गया है—(१) आग्नेय (दक्षिण-पूर्व), (२) दक्षिण, (३) ईशान (उत्तर-पूर्व), (४) पूर्व, (५) नैर्ऋत (दक्षिण-पूर्व), (६) वारुणी (पश्चिम), (७) वायु (उत्तर-पश्चिम), (८) कुबेर तथा (९) सौम्य। इनमें से प्रथम चार दिशाओं के सम्बन्ध में जो निर्देश अग्निपुराण में मिलता है, ठीक वही समरांगणसूत्रधार में भी प्राप्त होता है। इस दृष्टिकोण से दोनों ग्रन्थों की युक्तियों में बहुत बड़ी समानता मिलती है। अग्निपुराण के समान ही इस ग्रन्थ

---

१. **''प्रान्तेम्लेच्छान्त्यजा''** —**युक्तिकल्पतरु, पृष्ठ २४।**

२. **''मध्ये साधुमृदुभिषक् दैवज्ञान् वासयेदथ।''** —**वही, पृष्ठ २४।**

३. **''न मध्ये हस्तिनां वासो न प्रान्तो वाजिनस्तथा।''**

—**वही, पृष्ठ २४, पंक्ति ३२८।**

४. **वही, पृष्ठ २५, पंक्ति ३३२।**

५. **''न च बाहरीकान्कुर्यात्पुरराष्ट्रोपघातकान्।**
क्षिपेज्जनपदे चैतान्सर्वान्वा दापयेत्करान्।''

—**अर्थशास्त्र, प्रकरण २२, पृष्ठ ३४ (यौली)।**

६. **युक्तिकल्पतरु, पृष्ठ २५।**

७. **वही, पृष्ठ २४, पंक्ति ३२०।**

८. **''प्रपामण्डपकासार-काननाद्युपशोभितः।''** —**वही, पंक्ति २३।**

में भी कहा गया है कि (१) आग्नेय (दक्षिण-पूर्व) में प्रधानतः सुवर्णकारों एवं कर्मकारों के भवनों का विन्यास किया जाय।[१] (२) दक्षिण में वैश्यों के घर बनायें जायँ (वैश्यानां च दक्षिणे)।[२] (३) ईशान (उत्तर-पूर्व) में घी तथा फलादि के विक्रेताओं के घर बनायें जायँ[३] तथा (४) पूर्व में क्षत्रियों के घर वर्तमान हों।[४] अग्निपुराण के समान समरांगणसूत्रधार में भी कहा गया है कि वैद्यों के घर नगर की चारों दिशाओं में बनाये जायँ।[५] अन्तिम पाँच दिशाओं (नैर्ऋत, वारुणी, वायु, कुबेर तथा सौम्य) के सम्बन्ध में समरांगणसूत्रधार के जो निर्देश हैं, वे अग्निपुराण के निर्देश से पृथक् हैं। (१) नैर्ऋत (दक्षिण-पश्चिम) के सम्बन्ध में समरांगणसूत्रधार में कहा गया है कि इसमें प्रधानतः मछुए बसाये जायँ,[६] (२) वारुणी (पश्चिम में सैनिकों के गृह बने हों, (३) वायु (उत्तर-पश्चिम) में यतियों के गृह बनायें जायँ, (४) कुबेर में सभागृह तथा पुण्यशालाएँ बनी हों[७] तथा (५) सौम्य में विप्रों के घर वर्तमान हों।[८]

अपराजितपृच्छा की युक्ति—यह युक्ति अन्य युक्तियों की समता की छोटी है। इसके अनुसार ब्राह्मण अपने घरों को पूर्व की दिशा में बनायँ (ब्राह्मणाः पूर्व-वास्तव्याः)। इसी प्रकार क्षत्रिय लोग दक्षिण में (क्षत्रियाश्चैव दक्षिणे), शूद्र उत्तर में (प्रशस्ताश्चोत्तरे शूद्राः) तथा वैश्य लोग पुर-मध्य में (वैश्याः मध्ये च संकुलाः) अपने घर बनायँ।[९] सुवर्णकार, गन्धकार तथा दन्तकार एवं अन्य व्यावसायिक पृथक् पुर-भागों में बसाये जायँ।[१०] इसका सम्बन्ध व्यवसाय के केन्द्रीकरण के साथ है। इस ग्रन्थ के अनुसार भरसक चारों ही वर्णों के लोग नगर के भीतर बसाये जायँ, क्योंकि इससे पुर के भीतर सुख का वातावरण विद्यमान रहता है।[११] अर्थशास्त्र एवं शुक्रनीति की भाँति अपराजितपृच्छा का भी कथन है कि राजप्रासाद नगर के केन्द्रीय भाग में स्थित हो। इसके लेखक के अनुसार ताम्बूल, फल, पुष्प तथा माला आदि के विक्रेता

---

१. ''सुवर्णकारानाग्नेय्यां तथा बहून्युपजीविनः।
निवेश्येत् कर्मकारानन्यापि विधानवित्॥'' —समरांगणसूत्रधार, भाग१, पृष्ठ ४६।

२. समरांगणसूत्रधार, भाग १, पृष्ठ ४६।

३. ''घृतविक्रयिणो ये च फलविक्रयिणश्च ये।
निवेशिता प्रशस्यन्ते पुरस्येशानदिग्गताः॥'' —वही, भाग १, पृष्ठ ४६।

४. वही, भाग १, पृष्ठ ४६।

५. ''निधेया...वैद्या मख्याश्चापि चतुर्दिशम्।'' —वही, भाग १, पृष्ठ ४६।

६. ''कैवर्तान् नैर्ऋताशायाम्।'' —वही, भाग १, पृष्ठ ४६।

७. वही, भाग १, पृष्ठ ४६।

८. वही, भाग १, पृष्ठ ४६।

९. अपराजितपृच्छा, पृष्ठ १७९।

१०. वही, भाग १, पृष्ठ १७९।

११. ''चतुर्वर्णाश्च प्रकृतीरेकैकेषु पुरेषु च।
सर्वत्र वासयेच्च नागरांश्च सुखावहान्।'' —वही, पृष्ठ १७९।

विक्रय की सुविधा के हेतु या तो राजप्रासाद के प्रांगण के समीप अपनी दूकाने रखें अथवा जनाकीर्ण भागों में।[१] देवालयों का निर्माण चौराहों के पास **(देवस्थानानि चत्वरे)** किया जाय।[२]

मयमत की युक्ति— मयमत की युक्ति के कुछ निर्देश कौटिल्य की युक्ति के निर्देशों से मिलते जुलते हैं। वे इस प्रकार हैं—(१) राजप्रासाद का निर्माण पुर के मध्य भाग में किया जाय। जितनी भूमि में राजप्रासाद का निर्माण किया जाय, वह विस्तार में समस्त भूमि का सप्तांश हो।[३] (२) चण्डालों के घर नगर से दूर बनाये जायँ। वे लोग पुर की पूर्वी दिशा में एक कोस की दूरी पर अपने कुटीरों का निर्माण करें।[४] इस युक्ति के अन्य निर्देश इस प्रकार हैं—(अ) राजप्रासाद के पास के आग्नेय (दक्षिण-पूर्व) में अथवा ईशान (उत्तर-पूर्व) में सभागृह का निर्माण किया जाय। राजप्रासाद के उत्तर-पश्चिम अथवा दक्षिण में विष्णुमन्दिर का निर्माण किया जाय। सभागृह, राजप्रासाद तथा विष्णुमन्दिर के चारों ओर एक घेरा बनाया जाय, जिसे ब्राह्मण्डल की संज्ञा दी जाय।[५] (ब) ब्राह्मण्डल के बाहर चारों ओर की पुरभूमि को क्रमशः तीन और मण्डलों में बाँट दिया जाय—(१) दैव (२) मानुष तथा (३) पैशाच। दैव एवं मानुष-मण्डलों में प्रधानतः विप्रों के घर बनाये जायँ।[६] (स) पुर के अधिकांश भवन पैशाच-मण्डल में ही बनाये जायँ। इसमें सबसे पहले क्षत्रियों तथा वैश्यों के घरों का निर्माण चारों ओर किया जाय। उसके उपरान्त इस मण्डल की दक्षिण दिशा में गोशाला का निर्माण किया जाय तथा शूद्रों को बसाया जाय।[७] उत्तर की दिशा में वाटिका बनाई जाय तथा तेल बेचने वालों के घरों का निर्माण किया जाय।[८] पूर्व में कुम्भकारों एवं नापितों के घर बनाये जायँ। वायव्य (उत्तर-पश्चिम) में मछली मारने वाले घर बनायँ।[९] मयमत में पैशाच, दैव तथा मानुष-मण्डलों के विस्तार का कोई पारस्परिक अनुपात नहीं दिया गया है। पर ऐसा प्रतीत होता है कि पैशाच मण्डल अन्य दो मण्डलों (दैव एवं मानुष) से बड़ा था। यही कारण है कि इस ग्रन्थ की योजना में पैशाच मण्डलों में अन्य मण्डलों की अपेक्षा अधिक लोगों को रखा गया है।

---

१. ''ताम्बूलफलसंकीर्णं पुष्पमालादिसंकुलम्।
राजद्वाराग्रतश्चैव यतः स्याच्च जनाकुलम्॥'' —अपराजितपृच्छा, पृष्ठ १७९।

२. वही, पृष्ठ १७८।

३. ''त्रिचतुर्भागे नगरे।'' —मयमतम्, अध्याय ९।

४. ''चण्डालकुटीराणि पूर्वायां क्रोशमात्रे तु।'' —वही, अध्याय ९।

५. वही, अध्याय ९।

६. ''दैविकमानुषभागे विप्राणां स्याद् गृहश्रेणी।'' —वही, अध्याय ९।

७. मयमतम्, अध्याय ९।

८. ''तैलोपजीविनां चैवोत्तरदेशे गृहश्रेणिः तु।'' —वही, अध्याय ९, पंक्ति १८१।

९. ''मत्स्योपजीविनां वा स्याद् वासं वायव्यदेशे तु।'' —वही, अध्याय ८, पंक्ति १७९।

शिल्परत्न की युक्ति—अपराजितपृच्छा की युक्ति की भाँति यह युक्ति भी अन्य ग्रन्थों की योजनाओं की समता में छोटी है। इसके अनुसार नगर के प्रत्येक भाग में तालाब का निर्माण किया जाय (शस्तं सर्वत्र वाप्यादि)। उत्तर में पुष्पवाटिका (उत्तरे पुष्पवाटिका), दक्षिण में गणिकाओं के घर (दक्षिणे गणिकावाटं) तथा पूर्व में वणिकों के गृह वर्तमान हों (वैश्यानां वणिजां प्राच्यां)। पुर के बीचोबीच राजमहल का निर्माण करना चाहिये।[१] कुलालों का घर उत्तर-पूर्व[२] तथा मछुओं का घर वायव्य (उत्तर-पश्चिम)[३] में होना श्रेयस्कर है। तेल बेचने वालों का घर सौम्य में (तैलविक्रयिणां सौम्ये), धोबियों का पश्चिम में (रजकानां तु पश्चिमे) तथा कारीगरों का घर वायव्य में (वायव्ये कारुकादीनां) वर्तमान होना चाहिये।[४] चण्डाल नगर के बाहर कोस अथवा दो कोस की दूरी पर बसाये जायँ।[५]

पुरवर्धन—कभी-कभी नगरों का आकारवर्धन भी किया जाता था। इसकी आवश्यकता उस समय पड़ती थी, जब जनसंख्या की विशालता के कारण नगर छोटा पड़ने लगता था। हरिवंश से विदित होता है कि द्वारका का आकारवर्धन इन्हीं परिस्थितियों में किया गया था।[६] तमिल ग्रन्थों के द्वारा सूचना मिलती है कि मदुरा का विस्तार जनसंख्या की अधिकता के कारण किया गया था।[७]नगर का विस्तार तीन प्रकार से किया जाता था—(१) छोटा पड़ने वाले नगर को तोड़कर उसके स्थान पर एक बड़ा नगर बड़ी योजना के अनुसार बसाया जाता था, (२) पुराने नगर को ही चारों दिशाओं में बढ़ा दिया जाता था तथा (३) छोटा पड़ने वाले नगर को किसी सीमा पर एक उपनगर बसा दिया जाता था। इसमें उन लोगों को स्थान दिया जाता था, जो कि नगर में अधिक पड़ते थे। इस प्रकार के उपनगर को **'प्रत्यन्त नगर'** अथवा **'शाखानगर'** कहते थे। धम्मपद में इसका उल्लेख हुआ है। इसके अनुसार सीमान्तपुर (प्रत्यन्त नगर) भीतर तथा बाहर से खूब सुरक्षित हुआ करता है (नगरं यथा पच्चन्तं गुत्तं सन्तरबाहिरम्)।[८] कादम्बरी में शाखानगर का उल्लेख हुआ है। इसके अनुसार उज्जयिनी का नगर शाखानगर से युक्त था (**सशाखानगरेव**)।[९] क्षीरस्वामी की अमरकोश-टीका में कहा गया है कि मूल नगर में उपकण्ठ पर स्थित नगर शाखानगर कहलाता है।[१०] शिल्परत्न

---

१. शिल्परत्न, अध्याय ५।

२. "प्रागुदीच्यां कुलालानां।" —वही, अध्याय ५।

३. "जालिकानां तु वायव्ये।" —वही, अध्याय ५।

४. वही, अध्याय ५।

५. "क्रोशद्वये वा तस्यार्द्धे बहिश्चण्डालपक्कर्णम्।" —वही, अध्याय ५।

६. हरिवंश, विष्णुपर्व, अध्याय ९८।

७. अय्यर, टाउन प्लैनिंग इन ऐंशेण्ट डकन, पृष्ठ ३४।

८. धम्मपद, २२, १०, पृष्ठ १३९ (राहुल सांकृत्यायन द्वारा सम्पादित)।

९. कादम्बरी, पृष्ठ १०२।

१०. अमरकोश (हरदत्त शर्मा द्वारा सम्पादित), पृष्ठ ७४।

के अनुसार शाखानगर उस सन्निवेश को कहते हैं जो नगर की सीमा (नगरोपान्ते) पर स्थित हो।[१] शब्दकल्पद्रुम में कहा गया है कि बढ़ी हुई जनसंख्या को स्थान देने के लिए मूलनगर के उपकण्ठ पर जो उपनगर (मूलनगरादन्यत्पुरम्) बसाया जाता है, वही शाखानगर है।[२] तरु की शाखा की भाँति शाखानगर भी मूल नगर की एक शाखा था। **(मूलनगरस्य तरुस्थानीयस्य शाखेव)**।[३] यहाँ पर उल्लेखनीय है कि शाखानगर की भाँति ग्रामों की सीमा के पास भी छोटे-छोटे पुरवे हुआ करते थे। राजपूतों के लेखों में **'ग्रामैकदेश'** का उल्लेख मिलता है। इससे तात्पर्य उस छोटी बस्ती से है, जो ग्राम के उपकण्ठ पर स्थित हुआ करती थी।[४]

पहले प्रकार के आकारवर्धन का एक अत्यन्त सुन्दर उदाहरण हरिवंश में मिलता है। इस ग्रन्थ के अनुसार द्वारकापुरी की योजना इस नगर के संस्थापक श्रीकृष्ण ने स्वयं बनाई थी। विश्वकर्मा को यह योजना छोटी दीख पड़ी। उसने श्रीकृष्ण से पहले ही कहा था कि एक बड़ी योजना के अनुसार नगर का निर्माण किया जाय, नहीं तो कालान्तर में पुरवासियों की संख्या बढ़ जाने पर उसके छोटी पड़ जाने का भय है।[५] पर श्रीकृष्ण ने विश्वकर्मा की बात न मानी। कुछ काल के उपरान्त विश्वकर्मा की बात सही निकली। जनसंख्या के अधिक हो जाने पर सभी लोगों का उसमें अटना दुष्कर हो गया। फलतः द्वारका का विस्तार आवश्यक हो गया। इसके लिए नगर को गिराकर भूमि को समतल कर दिया गया तथा एक बड़ी योजना के अनुसार नवीन नगर का निर्माण प्रारम्भ किया गया। इस बार नगर की लम्बाई तथा चौड़ाई द्विगुण कर दी गयी।[६] जहाँ पहली योजना में केवल चार राजमार्ग रखे गये थे, वहाँ नई योजना में आठ राजमार्ग

---

१. शिल्परत्न, अध्याय ५।

२. ''मूलनगरेऽसम्मितस्य जनौघस्य मूलनगरस्य समीपेऽङ्के वा यदन्यत् पुरं क्रियते तत् शाखा-नगरम्।'' —शब्दकल्पद्रुम (देवनागरी-प्रकाशन), भाग ५, पृष्ठ ४४।
तुलनार्ह :—
''आरभ्य मूलनगरादपरं नगरं-हि यत्।
तदभिष्यन्दि रमणं शाखानगरमित्यपि॥'' —वही, भाग ५, पृष्ठ ४४।

३. वही, भाग ५, पृष्ठ ४४।

४. इण्डियन ऐण्टीक्वैरी, १८, पृष्ठ १३५।
—द्रष्टव्य, त्रिपाठी रमाशंकर, हिस्ट्री ऑफ़ कन्नौज, पृष्ठ ३४५।

५. ''सर्वमेतत् करिष्यामि यत्त्वयाभिहितं प्रभो।
पुरी त्वियं जनस्यास्य न पर्याप्ता भविष्यति॥
भविष्यति च विस्तीर्णा वृद्धिरस्यास्तु शोभना॥''
—हरिवंश, विष्णुपर्व, अध्याय ५८, पंक्ति ६४-६६।

६. ''अष्टयोजनविस्तीर्णामचलां द्वादशायताम्।
द्विगुणोपविशं च ददर्श द्वारकां पुरीम्॥''
—वही, विष्णुपर्व, अध्याय ९८, श्लोक २७।

रखे गये। जहाँ पूर्वनिर्मित पुरी में चत्वरों की संख्या ८ थी, वहाँ नवनिर्मित पुरी में चत्वरों की संख्या १६ थी।[१] इस प्रकार पुर के अधिक विस्तृत हो जाने पर लोग फैलकर सुखपूर्वक रहने लगे।[२]

दूसरे प्रकार के नगर-विस्तार का एक उदाहरण तमिल ग्रन्थों में मिलता है। इनके अनुसार मदुरा के मूल नगर के चतुर्दिक् उन पुरवासियों के घर बसाये गये, जिनको नगर के भीतर रहने के लिए स्थान नहीं मिलता था।[३] इस प्रकार का आकारवर्धन अधिक लोकप्रिय रहा होगा, क्योंकि यह पहले प्रकार से अधिक सरल तथा व्यावहारिक था। इसमें पुर को केवल बढ़ाने की आवश्यकता थी, न कि उसे गिराकर एक दूसरा नगर बनाने की। तीसरे प्रकार का आकारवर्धन भी अधिक लोकप्रिय रहा होगा, क्योंकि शास्त्रों में शाखानगर का उल्लेख अधिक हुआ है। ऐसा प्रतीत होता है कि शाखानगर मूलनगर के उत्तरपूर्व की दिशा में अधिकतर बनाये जाते होंगे, क्योंकि शिल्पशास्त्रों में कहा गया है कि नगर का विस्तार अधिक उत्तरपूर्व की दिशा में किया जाय।[४]

नवीकरण—कभी-कभी उजड़े हुए नगर को नये ढंग से बसाया जाता था। रघुवंश में अयोध्या के उजड़ने तथा उसके पुनः बसाने का मनोरम वर्णन उपलब्ध होता है। इस ग्रन्थ में नगर-देवी कुश के समक्ष अवतरित हो कहती हैं—हे राजन्! भगवान् राम के समय में मैं इतनी ऐश्वर्यशालिनी हो गयी थी कि मेरे सामने कुबेर की अलकापुरी भी फीकी लगती थी। पर आजकल तुम्हारे ऐसे प्रतापी सम्राट् के होने पर भी मेरी दशा अत्यन्त शोचनीय लगती है। जिस प्रकार सूर्यास्तकालीन सन्ध्या के समय बादल इधर-उधर छितराये हुए दृष्टिगोचर होते हैं, उसी प्रकार कोठे-अटारियों के टूट जाने के कारण मेरी निवासभूमि अयोध्या उदास लगती है। जिन राजमार्गों पर पहले रात्रि के समय चमकते हुए सुन्दर आभूषणों से युक्त अभिसारिकाएँ चला करती थीं, उन्हीं पर आजकल सियारने घूमा करती हैं जिनके मुख से चिल्लाते समय चिनगारियाँ निकलती हैं। अड्डों के टूट जाने से यहाँ के मोर अब वृक्षों पर जाकर बैठते हैं और मृदंग न बजने के कारण उन्होंने नाचना भी बन्द कर दिया है। अब वे उन जंगली मोरों के समान लगते हैं जिनकी पूँछें वन की आग से जल गई हों।[५]

नगर की जिन बावलियों का जल पहले जलक्रीड़ा करने वाली सुन्दरियों के हाथ के थपेड़ों से मृदंग के समान गम्भीर शब्द करता था, वह आजकल जंगली भैसों की

---

१. **हरिवंश, विष्णुपर्व, अध्याय ९८।**

२. **वही, अध्याय ९८। दत्त बि० बि०, टा० प्लै० ऐं० इं० पृष्ठ १७१-७२।**

३. **अय्यर, टाउन प्लैनिंग इन ऐंशेण्ट डकन, पृष्ठ ३४।**

४. **"पौराणां यद्वस्तु वर्द्धितुमिच्छेद्बहिस्तस्मात्।**
प्रागुत्तरदिशि वृद्धिः शस्ता पारतस्तु वा न्याय्या॥"

—मयमतम्, अध्याय २९, पंक्ति २२-२३।

५. **रघुवंश, सर्ग १६, श्लोक १०-१४।**

सींगों की चोटों से कान फोड़े डालता है। अधिक कुछ कहते नहीं बनता। पहले जिन सीढ़ियों पर सुन्दरियाँ अपने महावर लगे लाल पैर रखती चलती थीं, उन्हीं पर मृग मारने वाले बाघ अपने रक्त से सने लाल पैर रखते चलते हैं। चित्रों की दशा और भी बुरी है। जिन चित्रकारियों में दिखाया गया था कि हाथी कमल के ताल में उतर रहे हैं और हस्तिनियाँ उन्हें सूँड से कमल की डण्ठल तोड़ कर दे रही हैं, उन चित्रलिखित हाथियों के मस्तकों को सिंहों ने सच्चे हाथी का मस्तक समझ कर नखों से फाड़ दिया है। जिन विविध स्तम्भों में महिलाओं की आकृतियाँ अंकित हो गई थीं, आजकल उनका रंग उड़ गया है। उन खम्भों को चन्दन का वृक्ष समझ कर साँप उनसे लिपट गये हैं। उनकी केचुलें छूट कर उन मूर्तियों से सट गई हैं। उन्हें देखने से लगता है, मानो उन स्त्रियों ने स्तन ढकने के लिए कोई कपड़ा डाल लिया हो।[१]

जिन नागरिक शालाओं पर कभी मोती की माला के समान शुभ्र चाँदनी चमका करती थी उन पर अब चाँदनी के पुनः चमकने का कोई प्रश्न ही नहीं खड़ा होता क्योंकि बहुत दिनों से मरम्मत न होने के कारण कोठों के चूने का रंग काला पड़ गया है और उन पर जहाँ-तहाँ धास जम आई है। पहले उद्यान की जिन लताओं को धीरे से झुकाकर सुन्दरी स्त्रियाँ फूल उतारा करती थीं, उन्हीं लताओं को अब उत्पाती बन्दर झकझोर डालते हैं। आजकल अटारियों के झरोखों से न तो रात को दीपकों की किरणें निकलती हैं, न दिन में सुन्दरियों का मुख दिखाई देता है और न कहीं से अगरु का धुआँ ही निकलता है। अब वे झरोखे मकड़ियों के जालों से ढक गये हैं। यह सब देखकर क्लेश का कोई पारावार नहीं है। अब न तो सरयू के घाटों पर देवताओं के लिए बलि दी जाती है और न स्त्रियों के स्नान करने से उससे अंगराग आदि के गन्ध ही निकलती है। सरयू के तट पर बनी हुई बेंत की झोपड़ियाँ भी सूनी पड़ी रहती हैं। अतएव अब आप अपनी कुलराजधानी अयोध्या को पुनः बसावें। इस वर्णन में विनष्ट पुर के समग्र चित्र का प्रतिबिम्ब मिलता है।[२]

कुश ने उसकी प्रार्थना को सहर्ष स्वीकार कर लिया। अयोध्या के पुनर्निर्माण के विषय में उनकी प्रतिज्ञा को सुन लेने के पश्चात् वह अन्तर्धान हो गयीं। कुश ने अपनी राजधानी कुशावती को वेदपाठी ब्राह्मणों को सौंपकर शुभ मुहूर्त्त में अपने कुल की पुरातन राजधानी अयोध्या की ओर अपने दल बल के साथ प्रस्थान कर दिया। कुछ दिनों की यात्रा के अनन्तर वे सरयू के किनारे पहुँचे। वहाँ उन्हें बड़े यज्ञ करने वाले रघुवंशी राजाओं के द्वारा गाड़े हुए सैकड़ों यज्ञ-यूप दृष्टिगोचर हुए। अयोध्या की वाटिकाओं में फूले हुए वृक्षों की डालियों को हिलाते हुए तथा सरयू के पवित्र शीतल जल के स्पर्श से ठण्डे वायु ने आगे बढ़कर कुश का स्वागत किया। उन्होंने अपनी सेवा को आस-पास के स्थानों में टिका दिया। वास्तुविद्या के पण्डितों को एकत्र कर उन्होंने

---

१. रघुवंश, सर्ग १६, श्लोक १५-१७।

२. वही, सर्ग १६, श्लोक १८-२१।

इस पुर के पुनर्निर्माण का कार्य प्रारम्भ कर दिया। जिस प्रकार इन्द्र की आज्ञा से बादल जल बरसा कर निदाघ से तपी पृथ्वी को हरा-भरा कर देते हैं, उसी प्रकार कुश की राजकीय आज्ञा को प्राप्त कर कारीगरों ने अपने यन्त्रों की सहायता से अयोध्या का कायापलट कर दिया।[१] उन्होंने मन्त्रियों के निवास के लिए बहुत से भवन बनवा दिये। हाट नये ढंग से बना दिये गये। उनमें सुन्दर वस्तुएँ विक्रय के निमित्त सजा दी गयीं। अश्वशालाओं में घोड़े बाँध दिये गये। हथसारों के खम्भों से हाथी बँधे हुए थे। नवीन निर्माण के कारण अयोध्या फिर पहले जैसी सुन्दर प्रतीत होने लगी। लगता था, मानो विभिन्न आभरणों से सुशोभित कोई स्त्री खड़ी हो।[२] कुश इस पुरी में अब सुखपूर्वक रहने लगे। इस अनुपम आनन्द के सामने उन्हें न तो सुन्दर अप्सराओं से भरे स्वर्ग के स्वामी बनने की इच्छा रह गई और न तो असंख्य रत्नोंवाली अलकापुरी की ही।[३]

शास्त्रीय विवेचन की पुरातत्त्वसामग्री के साथ तुलना—जिन अनेक नगरों के वर्णन प्राचीन ग्रन्थों में यत्र-तत्र मिलते हैं, उनमें से कतिपय के भग्नावशेषों की पहचान पुरातत्त्वसुविज्ञों के द्वारा हो चुकी है। इन अवशेषों पर समय-समय पर उत्खनन हुआ है तथा अब भी हो रहा है। इस क्रिया में जो प्राचीन वस्तुएँ प्रकाश में लाई गयी हैं, वे पुरसन्निवेश पर महत्त्वपूर्ण प्रकाश डालती हैं। उनके द्वारा निम्न साहित्यिक उल्लेखों का समर्थन हो जाता है—(१) वप्र, प्राकार, अट्टालक तथा परिखा प्राचीन नगर के अभिन्न अंग थे। (२) वप्र मिट्टी का बना होता था। यह आकार में बहुत बड़ा होता था। भीटा के उत्खनन से प्रतिपादित हो जाता है कि पूर्वकाल में यहाँ मिट्टी के द्वारा बना हुआ एक विशाल वप्र वर्तमान था।[४] शिशुपालगढ़ में हाल ही में जो उत्खनन हुआ है, उससे भी यही विदित होता है कि इस स्थान पर बने हुए वप्र में मिट्टी का प्रयोग किया गया था। यह वप्र जमीन की सतह से लगभग २५ फीट ऊँचा था तथा इसकी चौड़ाई आधार पर लगभग ११० फीट थी।[५] (३) वप्र का निर्माण उस मिट्टी के द्वारा किया जाता था, जो पास की परिखा को बनाते समय निकाली जाती थी। शिशुपालगढ़ का वप्र इसी प्रकार बनाया गया था।[६] (४) प्राकार मिट्टी, ईंट तथा पत्थर तीनों के द्वारा बनाये जाते थे। मथुरा के चारों ओर मिट्टी के प्राकार (धूलकोट) के चिह्न अब भी

---

१. रघुवंश, सर्ग १६, श्लोक २२।

२. ''सा मन्दुरासंश्रयिभिस्तुरंगैः शालाविधिस्तंम्भगतैश्च नागैः।
पूर्वावभासे विपणिस्थपण्या सर्वांगनद्धाभरणेव नारी॥''

—वही, सर्ग १६, श्लोक ४१।

३. ''वसन्स तस्यां वसतौ रघूणां पुराणशोभामधिरोपितायाम्।
न मैथिलेयः स्पृहयांबभूव भर्त्रे दिवो नाप्यलकेश्वराय॥''

—वही, सर्ग १६, श्लोक ४२।

४. आ० स० रि०, १९११-१२ पृष्ठ ३०।

५. ऐंशेण्ट इण्डिया, संख्या ५, पृष्ठ ७४।

६. ऐंशेण्ट इण्डिया, पृष्ठ ७४।

अवशिष्ट रह गये हैं।[१] भीटा के उत्खनन से ज्ञात होता है कि इस स्थान पर बने हुए प्राकार में ईंटों की चुनाई की गई थी। ये ईंटें बहुत ही मजबूत थीं। उनकी लम्बाई २० इंच तथा चौड़ाई १२ इंच के लगभग थीं।[२] पुरातत्त्ववेत्ताओं का कहना है कि तक्षशिला में प्रथम शताब्दी ईसा पूर्व के लगभग जो विशाल भित्तिका वर्तमान थी, उसमें प्रस्तरखण्ड चुने गये थे।[३] (५) प्राकार की संख्या एक से अधिक भी हुआ करती थी। शिशुपालगढ़ की खुदाइयों से ज्ञात होता है कि यहाँ पर दो प्राकार विद्यमान थे।[४] (६) प्राकार बहुत बड़े हुआ करते थे। भीटा के प्राकार की मोटाई १२ फीट थी।[५] श्रावस्ती का प्राकार ३५ फीट से लेकर ५० फीट तक ऊँचा था। हड़प्पा का प्राकार ५०० गज लम्बा तथा ३०० गज चौड़ा था। तक्षशिला का प्राकार तो इससे भी बड़ा था। पुरातत्त्ववेत्ताओं के अनुसार इसकी लम्बाई ६००० गज (३ १/२ मील) थी।[६] (७) दो प्राकारों के बीच पर्याप्त अन्तर रहता था। शिशुपालगढ़ के प्राकारों के बीच की दूरी २६ फीट थी।[७] (८) शिशुपालगढ़ के प्राकारों में प्रत्येक दो फीट की दूरी पर छिद्र बने हुए थे।[८] ऐसा प्रतीत होता है कि सैनिक किले के भीतर से ही इन छिद्रों के बीच से शत्रु पर बाण छोड़ते थे। मेगस्थनीज़ ने लिखा है कि पाटलिपुत्र की दीवाल में छिद्र बने हुए थे, जिनके द्वारा किले के भीतर से ही बाण बाहर फेंका जाता था।[९] (९) राजगृह के अवशेषों से विदित होता है कि प्राकारों के ऊपर पहुँचने के लिए सोपान बने हुए थे।[१०] इस पुरातत्त्वसाक्ष्य के द्वारा कौटिल्य के उस निर्देश का समर्थन हो जाता है, जिसके अनुसार नगर के प्राकार के ऊपर पहुँचने के लिए सोपान का निर्माण आवश्यक है। (१०) नगर-प्राचीरों में दरवाज़े खुले होते थे। पुरातत्त्वसाक्ष्य से ज्ञात होता है कि शिशुपालगढ़[११] तथा तक्षशिला[१२] के प्राकार सचमुच ही द्वारयुक्त थे। (११) नगर-द्वार के सामने सैनिक रखे जाते थे। भीटा की खुदाइयों से ज्ञात होता है कि नगर के दरवाज़ों के पास भीतर की ओर सैनिकों के रहने के लिए कमरे बने हुए थे।[१३] तक्षशिला की खुदाइयों से भी विदित होता है कि

---

१. पाणिनिकालीन भारतवर्ष, पृष्ठ १४४।

२. आ० स० रि० १९११-१२, पृष्ठ ३०।

३. मार्शल, तक्सिला, भाग १, पृष्ठ ११३।

४. ऐंशेण्ट इण्डिया, संख्या ५, पृष्ठ ७५।

५. आ० स० रि० १९११-१२, पृष्ठ ४०।

६. मार्शल, तक्सिला, भाग १, पृष्ठ ११३।

७. ऐंशेण्ट इण्डिया, संख्या ५, पृष्ठ ७५।

८. ऐंशेण्ट इण्डिया, संख्या ५, पृष्ठ ७५।

९. मेक्रिण्डिल, मेगस्थनीज़ ऐण्ड एरियन, पृष्ठ २६।

१०. आ० स० रि० १९०५-०६, पृष्ठ ८९।

११. ऐंशेण्ट इण्डिया, संख्या ५, पृष्ठ ७५।

१२. मार्शल, तक्सिला, भाग १, पृष्ठ ११४।

१३. आ० स० रि० १९११-१२, पृष्ठ ३०।

इस प्रकार की व्यवस्था यहाँ पर भी की गयी थी।[१] (१२) सड़कें एक दूसरे को समकोण पर काटती थीं। तक्षशिला की सड़कें इसी प्रकार बनी हुई थीं।[२] (१३) राजमार्गों के किनारे नाले बनाये जाते थे। पुरातत्त्वसुविज्ञों का मत है कि तक्षशिला के कुछ मार्गों के किनारे-किनारे पत्थर के नाले बनाये गये थे, जिनके द्वारा नगर का गन्दा पानी बाहर बहाया जाता था। इन नालों का मुँह ऊपर से ढका हुआ था।[३] इस प्रकार स्पष्ट है कि पुरातत्त्वसामग्री तथा साहित्यिक सामग्री में काफी समानताएँ हैं। यह समानता इस बात का परिचायक है कि नगर-मापन के विषय में साहित्य के द्वारा जो परिचय प्राप्त होता है, वह ऐतिहासिक तथ्यों पर आधारित है।

■

१. मार्शल, तक्सिला, भाग १, पृष्ठ ११५।
२. वही, पृष्ठ १९८।
३. वही, पृष्ठ ९१।

१०

गृह-सन्निवेश

नगर-मापन के उपरान्त गृह-विन्यास की क्रिया प्रारम्भ होती थी। शिल्पशास्त्रों में स्पष्ट शब्दों में कहा गया है कि गृह-विन्यास के पूर्व ही नगर के परिखाओं, प्राकारों तथा विभिन्न मार्गों का निर्माण किया जाय, क्योंकि इस सिद्धान्त के प्रतिकूल कार्य करने पर आदर्श नगर-निर्माण असम्भव है।[१] यह निर्देश समीचीन होता है, क्योंकि घरों के पहले ही बन जाने पर राजमार्गों का निर्माण मनोनुकूल तथा व्यवस्थित रूप में नहीं हो सकता। ऐसी दशा में उनके टेढे-मेढ़े तथा कुरूप हो जाने की सम्भावना होती है। राजमार्गों के बन जाने के उपरान्त ही उनके किनारे-किनारे घर अच्छी तरह बनाये जा सकते हैं।

राजप्रासाद का सन्निवेश—प्राचीन ग्रन्थों में राजमहल के लिए **प्रासाद, राजप्रासाद, राजगृह, राजभवन, राजगेह** तथा **राजनिकेतन** आदि शब्द आते हैं। पुर के भीतर राजमहल का निर्माण बहुत महत्त्वपूर्ण माना जाता था, क्योंकि यह सम्पूर्ण नगर का केन्द्रबिन्दु था। राजप्रासाद के निर्माण के निमित्त सबसे पहले भूमि का चुनाव किया जाता था। पूर्व में परिच्छेद में इस बात का निर्देश किया जा चुका है कि पुर के केन्द्रीय भाग को उसके लिए उपयुक्त भूमि माना जाता था। जितनी भूमि में राजप्रासाद बनाना होता था, उसके किनारे-किनारे चिह्न लगा दिया जाता था। इसको काशिका में **'प्रासादीया भूमि'** कहा गया है। यह भूमि बहुत बड़ी हुआ करती थी। अर्थशास्त्र में कहा गया है जो भूमि राजप्रासाद के निर्माण के लिए चुनी जाये, वह विस्तार में नगर का नवांश हो। मयमत में नगर की सप्तांश भूमि इसके लिए उपुयक्त बताई गयी है। राजप्रासाद के निर्माण के लिएं काफी तैयारी की जाती थी; उदाहरणार्थ—ईंटें पका ली जाती थीं, जिन्हें काशिका में **'प्राकारीयाः इष्टकाः'** कहा गया है।[२] जंगलों से लकड़ियाँ इकट्ठी कर ली जाती थीं, जिन्हें काशिका में **'प्रासादीयां दारु'** कहा गया है।[३] निर्माण

---

१. **''नगरं विन्यसेदादौ पश्चात् गेहानि विन्यसेत्।
अन्यथा यदि कुर्वाणस्तदा न शुभमादिशेत्॥''**
—विश्वकर्मप्रकाश, अध्याय १३, पृष्ठ २२२। दत्त बि० बि०, टा० प्लै० ऐं० इं०, पृष्ठ २४८।

२. पाणिनिकालीन भारतवर्ष, पृष्ठ १४३।

३. वही, पृष्ठ १४३।

के कार्य में उन शिल्पियों की सहायता ली जाती थी, जो वास्तुविद्या के विशेषज्ञ होते थे। राजभवन में अधिक सौन्दर्य लाना तथा सुविकसित कला का रूप दिखाना इनका कर्त्तव्य था। राजमहल के निर्माण में काफी द्रव्य लगता था। खारवेल के हाथीगुम्फा के लेख के अनुसार उसके 'महाविजयप्रासाद' नामक महल के निर्माण में कई लाख मुद्राओं का व्यय हुआ था (महाविजयप्रासादं कारयति अठतिसाय सतसहसेहि)।[१] प्राचीन राजप्रासाद को सन्निवेश की दृष्टि से तीन भागों में बाँटा जा सकता है— (१) स्कन्धावार, (२) राजकुल तथा (३) धवलगृह।[२]

स्कन्धावार—स्कन्धावार सबसे बड़ा भाग था। इसके भीतर राजमहल के अतिरिक्ति हस्तिशाला, अश्वशाला, सैनिकगृह तथा अधीनस्थ नरेशों के शिविर भी सम्मिलित थे। हर्षचरित से विदित होता है कि हर्ष के स्कन्धावार के बहिर्भाग में सर्वप्रथम प्रवेश करते ही एक ओर गजशाला तथा दूसरी ओर तुरंगशाला थी।[३] उसके उपरान्त और अन्दर के विस्तृत क्षेत्र में यथास्थान राजा से मिलने की इच्छा रखने वाले राजाओं[४], सम्मानित व्यक्तियों[५] तथा विदेश से आये हुए दूतों के शिविर अलग-अलग पड़े हुए थे।[६] स्कन्धावार के बहिर्भाग में आपण का प्रमुख भाग भी सम्मिलित होता था। हर्षचरित में रुग्ण प्रभाकरवर्धन से मिलने के लिए हर्ष स्कन्धावार के भीतर बाज़ार के प्रधान रास्ते से जाते हुए प्रदर्शित किये गये हैं।[७] इस प्रकार विदित होता है कि स्कन्धावार के बहिर्भाग में बाज़ार का भी एक भाग सम्मिलित होता था। इसको देखते हुए हम यह कह सकते हैं कि स्कन्धावार का बहिर्भाग एक छोटा-मोटा नगर ही था।

राजकुल—स्कन्धावार के अन्तर्भाग में राजकुल का निर्माण किया जाता था।[८] राजकुल सम्राट् का राजभवन था।[९] इसके प्रधान द्वार पर पहरेदार नियुक्त किये जाते थे। इसके अन्दर सबको प्रवेश नहीं मिल सकता था। राजकुल कई कक्ष्याओं से युक्त होते थे। दशरथ के राजकुल में कई कक्ष्याएँ थीं।[१०] हर्ष के राजकुल में चार कक्ष्याएँ थीं।[११] ये

---

१. सरकार, सेलेक्ट इंसक्रिप्शंस, पृष्ठ २०८।
२. हर्षचरित : एक सांस्कृतिक अध्ययन, पृष्ठ २०३।
३. वही, पृष्ठ २०३।
४. "प्रतापानुरागतैर्नानादेशजैर्महामहीपालैः।" —हर्षचरित (फूहरर-सम्पादित), पृष्ठ ९७।
५. वही, पृष्ठ ९७।
६. "सर्वद्वीपान्तरागतैश्च दूतमण्डलैरुपास्यमानम्।" —वही, पृष्ठ ९७।
७. "स्कन्धावारमाससाद। प्रविशन्नेव च विपणि वर्त्मनि।" —वही, पृष्ठ २१४।
८. हर्षचरित : एक सांस्कृतिक अध्ययन , पृष्ठ २०४।
९. वही, पृष्ठ २०४।
१०. रामायण, अयोध्याकाण्ड, १७, २०।
११. हर्षचरित (फूहरर), पृष्ठ ११०।

कक्ष्याएँ बहुत विशाल हुआ करती थीं। सौन्दरनन्द में नन्द के महल की कक्ष्याओं को बहुत ही विशाल बताया गया है। द्वार पर खड़े गौतम बुद्ध से मिलने के लिए राजमहल के भीतर से जब नन्द चलते हैं, उस समय जल्दी बाहर न आ सकने पर वे कक्ष्याओं की विशालता को धिक्कारते हुए इस ग्रन्थ में दिखाये गये हैं।[१] प्रथम कक्ष्या में सम्राट् के व्यक्तिगत वाहन रखे जाते थे। सम्राट् हर्ष के राजकुल की प्रथम कक्ष्या में उनके राजकुंजर[२] तथा राजवाजि[३] की शालाएँ बनी हुई थीं। प्रथम कक्ष्या में सम्राट् का वाहन आ सकता था। रामायण में रामचन्द्र दशरथ की प्रथम कक्ष्या में रथ पर चढ़कर तथा बाकी दो में पैदल अन्दर जाते हुए प्रदर्शित किए गये हैं।[४]

राजकुल की दूसरी कक्ष्या में राजा का '**आस्थान-मण्डप**' स्थित था।[५] इसको हर्षचरित में '**आस्थान**', '**राजसभा**' तथा '**सभा**' भी कहा गया है।[६] कादम्बरी में इसके लिए 'सभामण्डप' शब्द आता है।[७] इस सभा में राजदरबारी एकत्र होकर आवश्यक विषयों पर परामर्श करते थे। राज्यवर्द्धन की मृत्यु के उपरान्त हर्ष ने इसी सभा में अपने प्रमुख कर्मचारियों से मन्त्रणा ली थी।[८] कादम्बरी में चन्द्रापीड के दरबारी आवश्यक परामर्श के लिए 'आस्थानमण्डप' में एकत्र होते हुए प्रदर्शित किये गये हैं।[९] इस ग्रन्थ में राजा शूद्रक की सभा भी 'आस्थानमण्डप' में दिखाई गई है।[१०] हर्षचरित में इस 'आस्थानमण्डप' को 'बाह्यास्थानमण्डप' भी कहा गया है।[११]

द्वितीय कक्ष्या में स्थित यह 'बाह्यास्थानमण्डप' उस 'आस्थानमण्डप' से विभिन्न था, जो राजकुल की चौथी कक्ष्या में वर्तमान था। इसको 'हर्षचरित' में 'भुक्तास्थान-मण्डप' कहा गया है। इस 'आस्थानमण्डप' में भोजन के उपरान्त राजा अपने इष्ट जनों के साथ वार्तालाप करता था। इसका 'भुक्तास्थानमण्डप' नाम पड़ने का यही कारण था।

---

१. ''**प्रासादसंस्थो भगवन्तमन्तः प्रविष्टमश्रौषमनुग्रहाय।**
अतस्त्वत्त्वरावानहमभ्युपेतो गृहस्यकक्ष्यामहतोऽभ्यसूयन्॥'' —**सौन्दरनन्द, ६, ८।**

२. ''**दूरादव्यक्तमिभधिष्ण्यागारमपश्यत्।''** —**हर्षचरित (फूहरर-सम्पादित), पृष्ठ १०२।**

३. ''**भूपालवल्लभैस्तुरंगैरारचितां मन्दुराम्।''** —**वही, पृष्ठ १०१।**

४. ''**स कक्ष्या धन्वभिर्गुप्तस्तिस्त्रोऽतिक्रम्य वाजिभिः।**
पदातिपरे कक्ष्ये द्वे जगाम नरोत्तमः॥''
—**रामायण, अयोध्याकाण्ड, १७, २०।**

५. ''**आस्थानमण्डपो महानदृश्यत।''** —**हर्षचरित (फूहरर), पृष्ठ १०२।**

६. **हर्षचरित : एक सांस्कृतिक अध्ययन, पृष्ठ २०५।**

७. **हर्षचरित : एक सांस्कृतिक अध्ययन, पृष्ठ २०५।**

८. **वही, पृष्ठ २०५।**

९. **वही, पृष्ठ २०५।**

१०. **वही, पृष्ठ २०५।**

११. **वही, पृष्ठ २०५।**

बाण हर्ष से मिलने के लिए इसी 'भुक्तावस्थानमण्डप' में आये थे।[१] 'बाह्यास्थानमण्डप' तथा 'भुक्तास्थानमण्डप' में स्थिति के अतिरिक्त एक और भी दृष्टि से विभेद था। 'बाह्यास्थानमण्डप' में सभी दरबारी एकत्र होते थे, अर्थात् यह सभा दरबारियों की आमसभा थी। पर 'भुक्तास्थानमण्डप' में राजा के मन्त्री, इष्ट-जन तथा सामन्त आदि ही आ सकते थे। इस दृष्टि से इस सभा को सम्राट् की खास सभा कहा जा सकता है। इस भेद का निर्देश करते हुए डॉक्टर अग्रवाल ने 'बाह्यास्थानमण्डप' तथा भुक्तास्थानमण्डप' की तुलना मुगलों के 'दर्बार-आम' तथा 'दर्बार-खास' से क्रमशः की है।[२]

धवलगृह— धवलगृह राजसभा के अभ्यन्तर भाग में वर्तमान होता था। बाण के अनुसार सम्राट् हर्ष का धवलगृह राजभवन की तीसरी कक्ष्या में विद्यमान था।[३] इसके द्वारपालों को '**अयन्तर-प्रतीहार**' कहा जाता था। धवलगृह के प्रधान द्वार को '**गृहावग्रहणी**' कहते थे।[४] इसका यह नाम पड़ने का कारण यह था कि यहाँ पर द्वारपाल बहुत कड़ा पहरा रखते थे। धवलगृह कई तलों का बना होता था। ऊपर की मंजिल पर पहुँचने के लिए सोपान बने होते थे। हर्षचरित से विदित होता है कि सम्राट् ऊपर की मंजिल में रहते थे। इस ग्रन्थ में हर्ष अपने पिता प्रभाकरवर्द्धन से मिलने के लिए कई बार ऊपर जाते हुए प्रदर्शित किये गये हैं।[५] रामायण में भी ऊपर जाकर राजाओं से मिलने का उल्लेख किया गया है। इस ग्रन्थ के अनुसार राम[६] तथा वशिष्ठ[७] दशरथ से मिलने के लिए ऊपर गये थे। धवलगृह के भीतर आँगन होता था, जिसके चारों ओर कमरे बने होते थे। इनको चतुश्शाल कहा जाता था।[८]

धवलगृह की ऊपरी मंजिल राजभवन में महत्त्वपूर्ण स्थान इसलिये रखती है कि सम्राट् तथा उनकी रानियों के निवास के कमरे वहीं बने होते थे। ऊपरी तल के एक ओर तीन कमरे होते थे—(१) प्रग्रीव, (२) सौध तथा (३) वासगृह। प्रग्रीव इन तीनों के मध्य में बना होता था तथा सौध एवं वासगृह इसके अगल-बगल बने होते थे। वासगृह की दीवालों पर चित्र बनाये जाते थे। इसी कारण इसे '**चित्रशालिका**' भी कहा

---

१. ''त्रीणि कक्ष्यान्तराणि चतुर्थेभुक्तास्थानमण्डपस्य।'' —हर्षचरित (फूहरर), पृष्ठ ११०।

२. हर्षचरित : एक सांस्कृतिक अध्ययन , पृष्ठ २०५-२०६।

३. हर्षचरित (फूहरर), पृष्ठ २१६।

४. ''गृहावग्रहणीग्राहिबहुवेत्रिणि।'' —हर्षचरित (फूहरर), पृष्ठ २१६।

५. हर्षचरित : एक सांस्कृतिक अध्ययन, पृष्ठ २०५-२०६।

६. ''स तं कैलासशृंगाभं प्रासादं रघुनन्दन।
आरुरोह नृपं द्रष्टुं सहसा तेन राघव॥''
—रामायण, अयोध्याकाण्ड, सर्ग ३, पंक्ति ७२-७३।

७. हर्षचरित : एक सांस्कृतिक अध्ययन, पृष्ठ २०८।

८. ''सिताभ्रशिखरप्रख्यं प्रासादमधिरुह्य च।
समीयाय नरेन्द्रेण शक्रेणेव बृहस्पतिः॥'' —वही, अयोध्याकाण्ड, ५, २२।

जाता था। सौध राजमहिषी के प्रयोग के लिए बना होता था। बीच का कमरा धवलगृह के ग्रीवास्थान पर स्थित होता था। यही कारण है कि इसे '**प्रग्रीवक**' भी कहा जाता था।[१] हर्षचरित में प्रग्रीवक में सम्राट् के बान्धवों की अंगनाएँ बैठी हुई चित्रित की गयी हैं।[२]

धवलगृह के ऊपर की मंजिल की दूसरी ओर प्रग्रीवक के सामने चन्द्रशालिका नामक कमरा बना होता था।[३] यह कमरा काफी खुला होता था। यह सम्भवत: चन्द्रिकासेवन तथा वायुसेवन के निमित्त बना होता था। हर्षचरित में रानी यशोमती इसमें बैठकर अपना दिलबहलाव करती हुई चित्रित की गई हैं।[४] इस कमरे में अलंकरण के निमित्त यथास्थान मूर्तियाँ बनाई जाती थीं। वासगृह तथा सौधगृह के ठीक सम्मुख दो बड़े दालान होते थे, जो चन्द्रशालिका के अगल-बगल होते हुए दूसरी ओर निकल जाते थे। कादम्बरी में इन्हीं को '**प्रासादकुक्षि**' कहा गया है। इनमें बैठकर सम्राट् संगीत तथा नृत्य आदि के द्वारा अपना मनोविनोद करते थे।[५]

पददेवताविन्यास— प्राचीन ग्रन्थों में यत्र-तत्र नागरिक शालाओं का भी वर्णन मिलता है। उनके लिए **आगार, अधिवास, वेश्म, गृह, शाला, सदन, हर्म्य** तथा **सौध** शब्दों का प्रयोग किया गया है। जिस भूमि में भवन बनाना होता था, उसे पहले इक्यासी भागों (पदों) में बाँट लिया जाता था। इस विभाजन को 'पदविन्यास'[६] कहा जाता था। यहाँ पर उल्लेखनीय है कि वास्तुभूमि को कभी-कभी चौंसठ (**चतुषष्ठिपाद**) अथवा सौ भागों (**शतपाद**) में विभक्त किया जाता था, पर इक्यासी भागों में विभाजन की प्रथा अधिक लोकप्रिय भी। मत्स्यपुराण में वास्तुभूमि को इक्यासी भागों (**एकाशीतिपद**) में बाँटा गया है (अध्याय २५३)। मयमतम् में भी वास्तुभूमि को इक्यासी भागों में विभक्त करने का उल्लेख किया गया है (चतु:षष्ठिपदे **चैकाशीतौ** सकलनिष्कले, अध्याय ७, ३२)। इन पदों में देवताओं को बिठाया जाता था। इसको 'पददेवताविन्यास'[७] कहते थे। इस सम्बन्ध में शिल्पशास्त्रों में जो वर्णन मिलता है, उसके अनुसार किनारे के बत्तीस पदों में बत्तीस देवता उत्तरपूर्व के कोने से क्रमश: बिठाये जाते थे। इनको ''द्वात्रिंशद्बाह्यदेवता' कहा जाता था। उनके नाम इस प्रकार हैं—(१) ईशान, (२) पर्जन्य, (३) जयन्त, (४) महेन्द्र, (५) आदित्य, (६) सत्य,

---

१. **हर्षचरित : एक सांस्कृतिक अध्ययन, पृष्ठ २०८।**

२. **''वान्धवांगनावर्गगृहीतप्रच्छन्नप्रग्रीवके।'' —हर्षचरित (फूहरर), पृष्ठ २१६।**

३. **हर्षचरित (फूहरर), पृष्ठ २१६।**

४. **हर्षचरित, एक सांस्कृतिक अध्ययन , पृष्ठ २०९।**

५. **वही, पृष्ठ २०८।**

६. **मानसार, अध्याय ६, पृष्ठ १९।**

७. **मयमत, अध्याय ७।**

पद-देवता-विन्यास

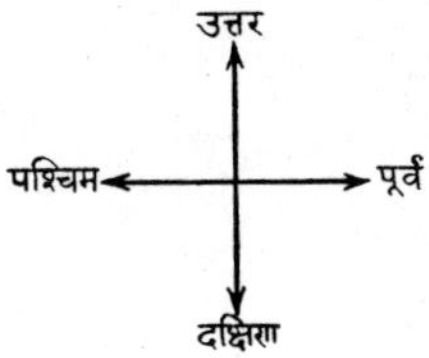
उत्तर
पश्चिम
पूर्व
दक्षिण

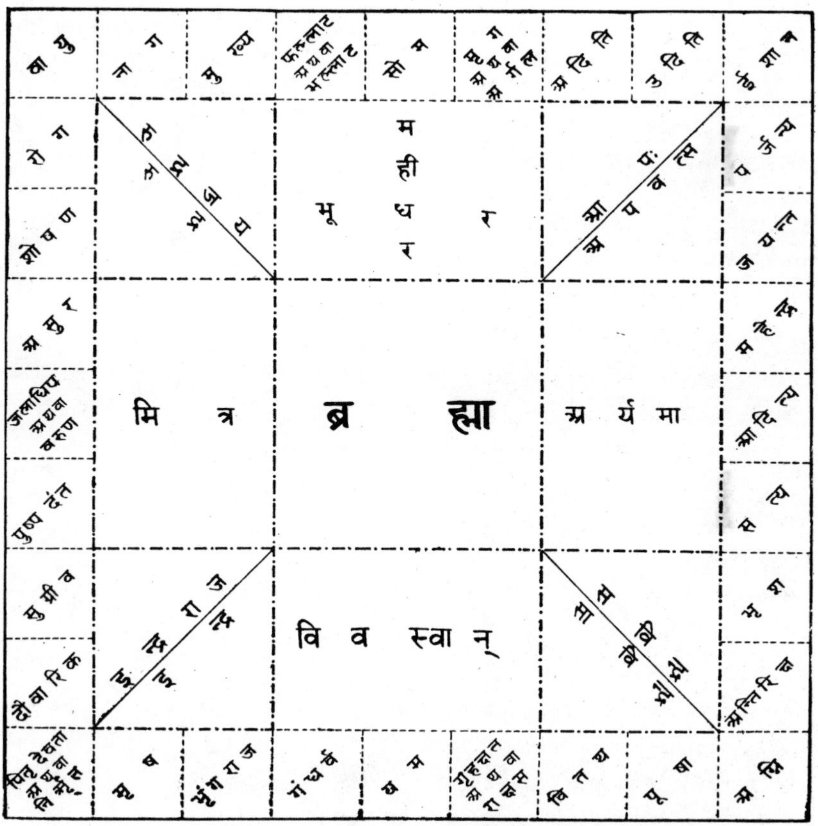
वायु
नाग
मुख्य
सोम
अदिति
उदिति
रोग
शोषण
असुर
पुष्पदंत
सुग्रीव
दौवारिक
मृग
भृंगराज
गंधर्व
यम
वितथ
पूषा
पर्जन्य
जयन्त
महेन्द्र
आदित्य
सत्य
भृश
अन्तरिक्ष
म ही ध र
भू ध र
मि त्र
ब्र ह्मा
अ र्य मा
वि व स्वा न्

ब्राह्मण-गृह-युक्ति

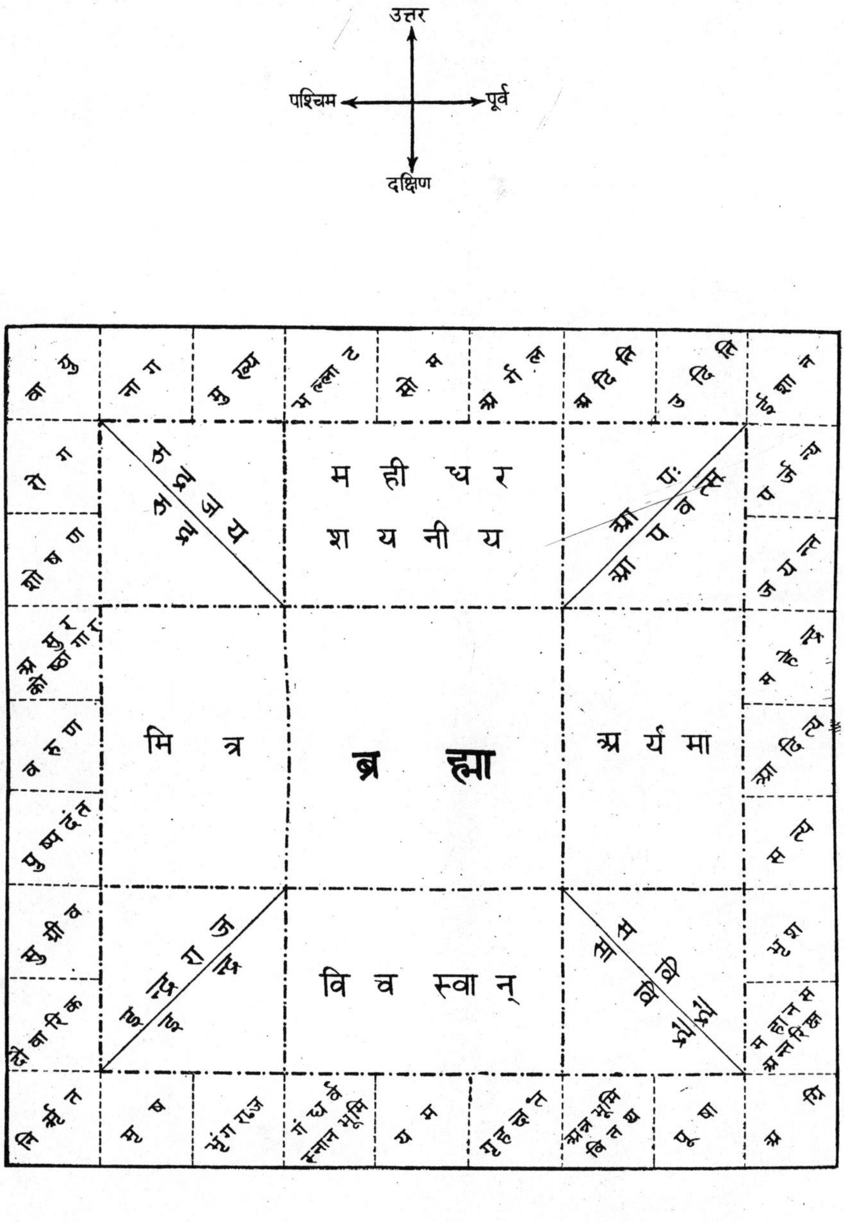

क्षत्रिय-गृह-युक्ति

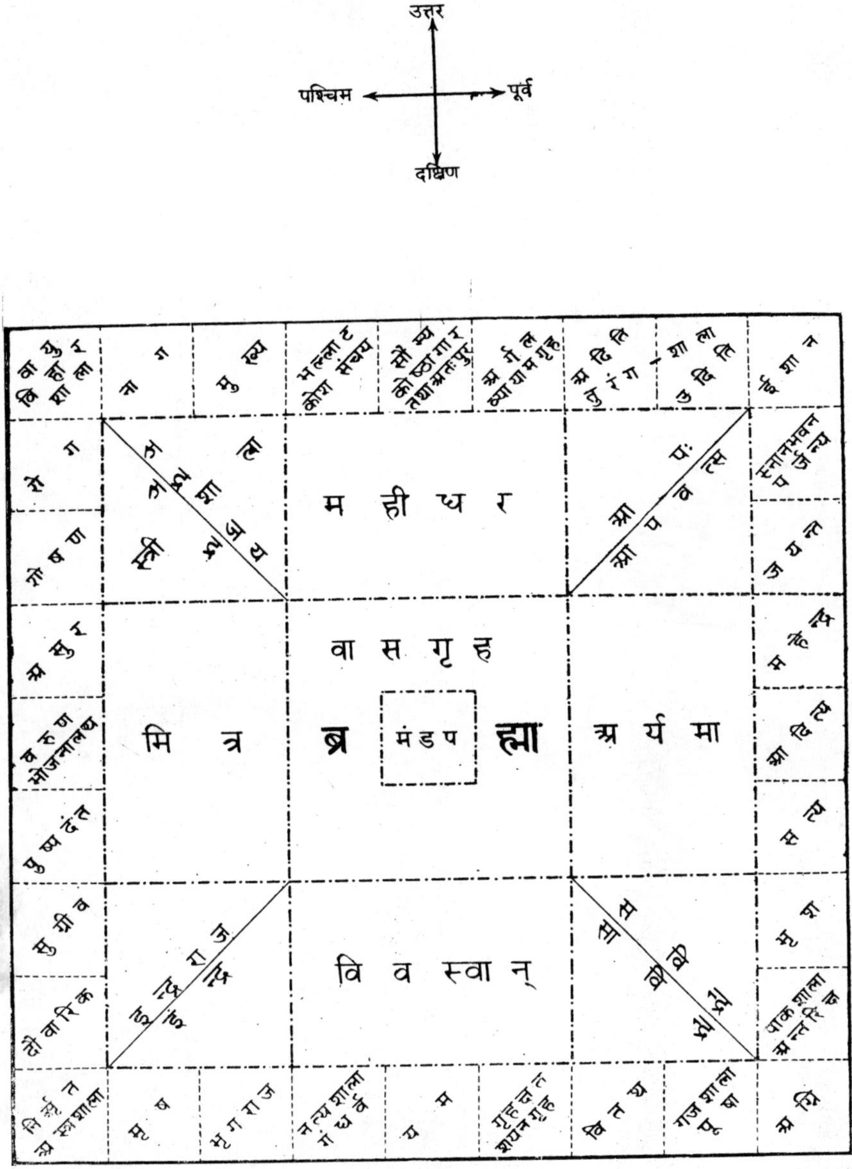
उत्तर
पश्चिम
पूर्व
दक्षिण
महीधर
वासगृह
मित्र
ब्रह्मा
मंडप
अर्यमा
विवस्वान्
आपवत्स
आपवत्स
सावित्र
सावित्र
रुद्रराज
रुद्र
भल्लाट
कोश संचय
सौम्य
कोष्ठागार
अर्गल
व्यायामगृह
अदिति
तुरंग-शाला
उदिति
ईशान
स्नानभवन
पर्जन्य
जयन्त
महेन्द्र
आदित्य
सत्य
भृश
पाकशाला
अन्तरिक्ष
अग्नि
पूषा
गजशाला
वितथ
गृहक्षत
शयनगृह
यम
नृत्यशाला
गंधर्व
भृंगराज
मृग
निर्ऋति
अस्त्रशाला
दौवारिक
सुग्रीव
पुष्पदंत
वरुण
भोजनालय
असुर
शोषण
रोग
नाग
मुख्य
वायु
विहार
शाला

(७) भृश, (८) अन्तरिक्ष, (९) अग्नि, (१०) पूषा, (११) वितथ, (१२) गृहक्षत अथवा राक्षस, (१३) यम, (१४) गन्धर्व, (१५) भृंगराज, (१६) मृष, (१७) पितृदेवता अथवा निर्ऋत, (१८) दौवारिक, (१९) सुग्रीव, (२०) पुष्पदन्त, (२१) जलाधिप अथवा वरुण, (२२) असुर, (२३) शोषण, (२४) रोग, (२५) वायु, (२६) नाग, (२७) मुख्य, (२८) भल्लाट, (२९) सोम, (३०) मृग अथवा अर्गल, (३१) अदिति तथा (३२) उदिति।[१] इनके भीतर की ओर उत्तरपूर्व के चार पदों में आप तथा आपवत्स नामक देवता, दक्षिणपूर्व के चार पदों में सविन्द्र तथा साविन्द्र नामक देवता, दक्षिण-पश्चिम के चार पदों में इन्द्र तथा इन्द्रराज नामक देवता एवं उत्तरपश्चिम के चार पदों में रुद्र तथा रुद्रजय नामक देवता बिठाये जाते थे। बीच के नव पदों को ब्रह्मा का स्थान माना जाता था। ब्रह्मा के उत्तर के ६ पदों में महीधर अथवा भूधर नामक देवता, दक्षिण के ६ पदों में विवस्वान नामक देवता, पश्चिम के ६ पदों में मित्र नामक देवता तथा पूर्व के ६ पदों में अर्यमा नामक देवता बिठाये जाते थे।[२] इस पदविन्यास की सहायता से शिल्पी भवनों की युक्तियाँ बनाते थे।

ब्राह्मणगृह-युक्ति—शिल्पशास्त्रों में कहीं-कहीं ब्राह्मण, क्षत्रिय, वैश्य तथा शूद्र जातियों के घरों के लिए अलग-अलग युक्तियाँ मिलती हैं। शिल्पशास्त्रों में एक स्थान पर **ब्राह्मणगृह की युक्ति** के सम्बन्ध में कहा गया है कि **भल्लाट, सोम, अर्गल** तथा **महीधर** नामक पदों में शयनागृह का निर्माण किया जाय। अन्तरिक्षपद में महानस, वितथपद में अन्नभूमि, असुरपद में कोष्ठागार एवं गान्धर्वपद में स्नानभूमि का निर्माण किया जाय।[३]

क्षत्रियगृह-युक्ति—इसके सम्बन्ध में शिल्पशास्त्रों का मत है कि अन्तरिक्षपद में पाकशाला, गृहक्षतपद में शयनगृह, वारुणपद में भोजनालय, निर्ऋतपद में अस्त्रशाला, वायुपद में विहारशाला, भल्लाटपद में कोशसंचय, सौम्यपद में कोष्ठागार, अर्गलपद में व्यायामगृह, पर्जन्यपद में स्नानभवन, गान्धर्वपद में नृत्यशाला, पूषापद में गजमन्दिर, अदिति तथा उदिति नामक पदों में तुरंगशाला, सौम्यपद में अन्तःपुर तथा मध्य (ब्राह्म)

---

१. मयमत, अध्याय ७।

२. वही, अध्याय ७।

३. ''गृहक्षते च माहेन्द्रे ब्राह्मणानां प्रकीर्तितम्।
महीधरे च सोमे च भल्लाटार्गलयोस्तथा॥
शयनीयं तु कर्तव्यं प्रशस्तं पूर्वतः शिखा।
नवद्वारकृतं कुर्यादन्तरिक्षे महानसम्॥
वितथे चान्नभूमिं च कोष्ठागारं तथासुरे।
स्नानभूमिं च गान्धर्वे सद्यः कुर्याद् विशेषतः॥'' —वास्तुविद्या, अध्याय ४, २१-२३।

पद में मण्डप का निर्माण किया जाय।[1]

वैश्यगृह-युक्ति—इसके विषय में शिल्पशास्त्रों का मत है कि भल्लाट तथा पुष्पदन्त नामक पदों में द्वार; यम, विवस्वान, गान्धर्व तथा गृहक्षतपदों में शयनगृह, वारुणपद में महानस, गान्धर्वपद में स्नानभूमि, असुरपद में कोष्ठागार तथा पैतृकपद में गर्भभूमि स्थित हो।[2]

शूद्रगृह-युक्ति—शूद्रगृह-युक्ति इससे विभिन्न थी। शिल्पशास्त्रों के अनुसार भल्लाट तथा महेन्द्र भाग में द्वार; सुग्रीव; पुष्पदन्त, मित्र तथा वारुणपद में शयनगृह, पूषापद में महानस, असुरपर में कोष्ठागार तथा गन्धर्वपद में स्नानभूमि का निर्माण किया जाय।[3]

पंक्तिबद्धता—इन युक्तियों के अनुसार जो भवन बनाये जाते थे, उनका निर्माण प्रायः एक ही पंक्ति में किया जाता था। मन्दसौर के लेख से ज्ञात होता है कि दशपुर के भवन एक ही पंक्ति में बने हुए थे। उनको देखने से ऐसा ज्ञात होता था कि मानो वे पृथिवी को फाड़कर एक ही साथ ऊपर निकल आये हों।[4] नालन्दा के भवन एक ही

---

१. **''पाकशालान्तरिक्षेऽग्नौशयनं गृहरक्षके।
अस्त्रशाला च निर्ऋतौ वरुणे भोजनालयः॥
विहारशाला वायौ स्यात् भल्लाटे कोशसंचयः॥
कोष्ठागारं तथा सौम्ये वा याम्येऽप्यर्गलेस्मृतम्॥
पर्जन्ये स्नानभवनमेशे होमार्चना गृहे।
नृत्यशाला तु गन्धर्वे गजशाला तू पूषणि॥
आदित्युदित्योस्तुरंगाणां स्त्रीणां सौम्ये च पश्चिमे।
मध्ये प्रपामण्डपं वा युक्तान्यच्चापि कारयेत्॥''—वास्तुविद्या, अध्याय ४, पृष्ठ १८।**

२. **''भल्लाटे पुष्पदन्ते च द्वारे वैश्यस्य पूजिते।
यमे विवस्वति प्रोक्तं गन्धर्वे च गृहक्षते॥
शयनीयं प्रकर्तव्यं विद्वद्भिः प्राकृशिरो भवेत्।
पूर्वे च वारुणे पन्थाः पूर्वोक्तं वा महानसम्॥
गन्धर्वे स्नानभूमिः स्याद् कोष्ठागारं तथासुरे।
पैतृके गर्भभूमिः स्याद् वास्तुविद्भरितीरितम्।'' —वही, अध्याय ४, २४-२६।**

३. **''भल्लाटे च माहेन्द्रे च द्वारे शूद्रस्य पूजिते।
सुग्रीवः पुष्पदन्तश्च मित्रोऽथवरुणस्तथा॥
यस्तत्र शयनीयं स्यात् सर्वेषामिति च स्थितिः।
महानसं च पूष्णि स्याद् कोष्ठागारं तथासुरे॥
स्नानभूमिं तु गन्धर्वे सदा कुर्य्याद् विशेषतः॥'' —वही, अध्याय ४, पंक्ति ५३-५८।**

४. **''प्रासादमालाभिरलंकृतानि धरां विदार्यैव समुत्थितानि।''
—सरकार, सेलेक्ट इंसक्रिप्शंस, पृष्ठ २९१।**

वैश्य-गृह-युक्ति

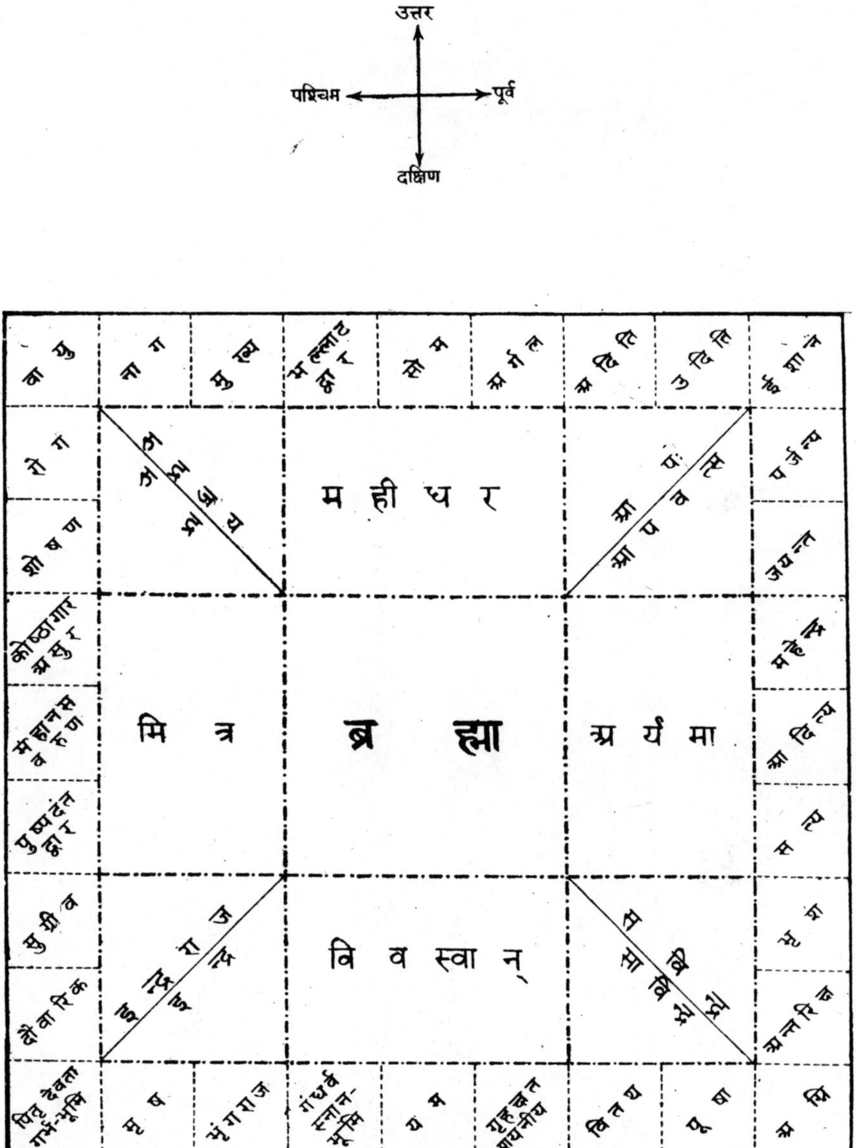

उत्तर
पश्चिम
पूर्व
दक्षिण
वायु
नाग
मुख्य
भल्लाट द्वार
सोम
अर्गल
अदिति
उदिति
ईशान
रोग
शोषण
कोष्ठागार असुर
महानस वरुण
पुष्पदंत द्वार
सुग्रीव
दौवारिक
पर्जन्य
जयन्त
महेन्द्र
आदित्य
सत्य
भृश
अन्तरिक्ष
महीधर
आप आपवत्स
मित्र
ब्रह्मा
अर्यमा
विवस्वान्
पितृ देवता गर्भ-भूमि
भृंगराज
गंधर्व स्नान-भूमि
यम
गृहक्षत शयनीय
वितथ
पूषा
अग्नि

शूद्र-गृह-युक्ति

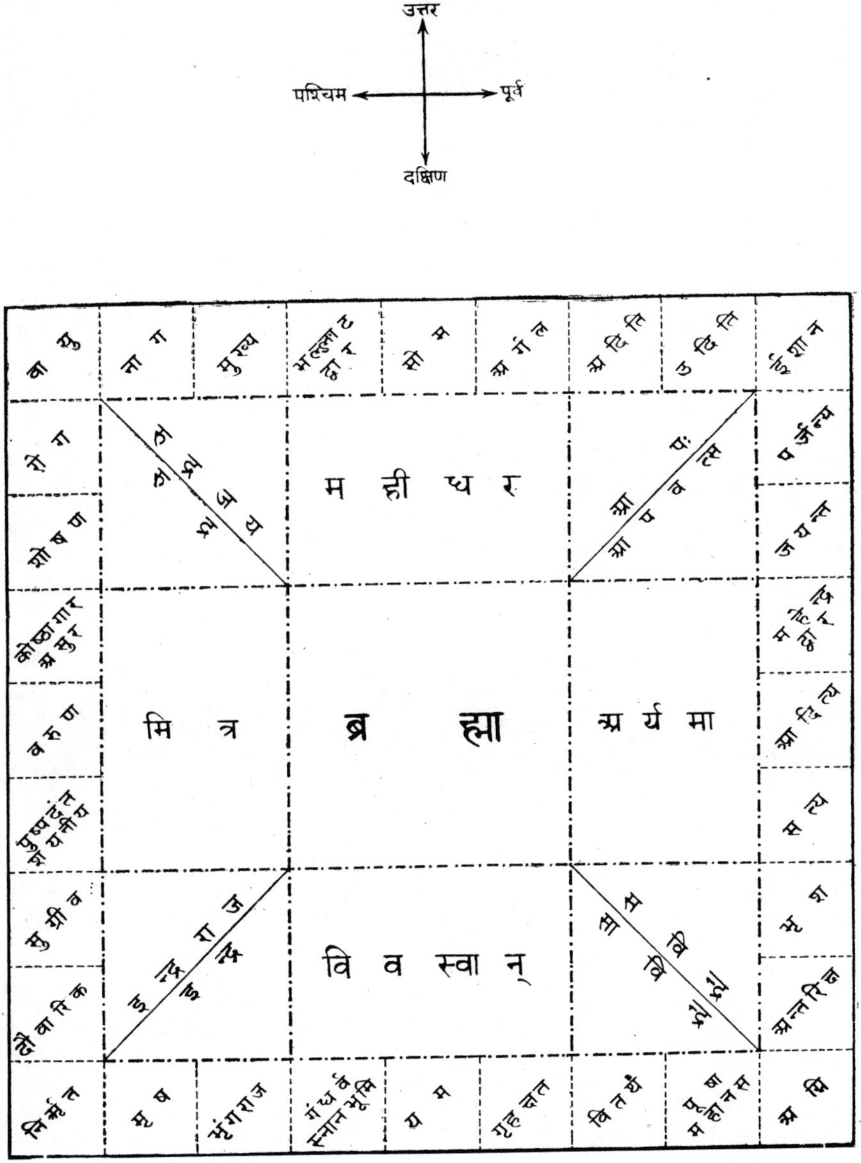

पंक्ति में बने हुए थे।[१] इन भवनों का **मुख राजमार्ग की ओर** होता था। शुक्रनीति में गया है कि यथासम्भव भवनों के मुख राजमार्ग की ओर बने हों (राजमार्गमुख स्युः),[२] क्योंकि इस प्रकार के निर्माण के कारण ही नगर में सौन्दर्य का समावेश सम्भव है।

द्विवासगृह—साधारणतः प्रत्येक नागरिकशाला में दो भाग होते थे—(१) बहिर्भाग तथा (२) अन्तःपुर। वात्स्यायन ने इसीलिये आदर्श नागरिकशाला को **'द्विवासगृह'** कहा है।[३] बहिर्भाग पुरुषों के लिए बना होता था तथा अन्तःपुर स्त्रियों के लिए। प्रत्येक भाग में कई कमरे होते होते थे (विभक्तकर्मकक्षम्)।[४] इनमें से प्रत्येक किसी उद्देश्य से बने होते थे। नागरिकशालाओं के सम्बन्ध में स्नान, शयन तथा भोजन के कमरों का प्रायः उल्लेख मिलता है। इन कमरों में द्वार बने होते थे। हरिवंश में कहा गया है कि मथुरा के भवनों में जो **द्वार** बने हुए थे, उनके कारण इस नगर का सौन्दर्य बहुत अधिक बढ़ गया था (सुसंवृतद्वारवती)।[५]

बहिर्द्वार—कमरों के द्वारों के अतिरिक्त भवन का एक बहिर्द्वार होता था, जिससे होकर घर के अन्दर प्रवेश किया जाता था। मृच्छकटिक में वसन्तसेना के भवन के बहिर्द्वार का एक बहुत ही सुन्दर वर्णन मिलता है। इस ग्रन्थ के अनुसार यह बहिर्द्वार अपने विलक्षण सौन्दर्य के कारण व्रीतराग का भी मन आकर्षित कर लेता था। उसके ऊपर भरपूर जल का छिड़काव किया गया था। मार्जनी से सफाई कर उसे खूब स्वच्छ कर दिया गया था। हरे रंग के लेप तथा सुगन्धित पुष्पों से सजाने के कारण वह चित्रित-सा प्रतीत हो रहा था। उस पर चमेली की मालाएँ लटकाई गयी थीं।[६] धनिक नागरिक के बहिर्द्वार के सामने एक **द्वारपाल** भी नियुक्त होता था।[७]

ऊँचाई—भवन की औसत **ऊँचाई** आदर्श मानी जाती थी। नारदसंहिता में कहा गया है कि यथासम्भव भवन की ऊँचाई न तो बहुत अधिक हो और न बहुत कम।[८] नगर के एक ही भाग में भवनों की समान उच्चता सौन्दर्य के निमित्त वाञ्छनीय मानी जाती थी।[९] भवनों में कभी-कभी शिखर बने होते थे। प्राचीन ग्रन्थों में शिखर के लिए

---

१. ''मालेवोर्ध्वविराजिनीविरचिता धात्रा मनोज्ञा भुवः।'' —ए० इं०, २०, पृष्ठ ४३।

२. शुक्रनीतिसार, अध्याय १, श्लोक २६७।

३. ''द्विवासगृहं कारयेत्'' —कामसूत्र, पृष्ठ ४२, सूत्र ४।

४. वही, पृष्ठ ४२, सूत्र ४।

५. हरिवंश, हरिवंशपर्व, अध्याय ५४, पंक्ति ११८।

६. मृच्छकटिक, अंक ४।

७. ''श्रोत्रिय इव सुखोपविष्टो निद्राति दौवारिकः।'' —वही, अंक ४।

८. ''नात्युच्छ्रितं नातिनीचं कुर्य्योत्सेधं यथारुचि।''—नारदसंहिता, अध्याय २९, पंक्ति १११।

९. ''शालादिभिर्न कर्त्तव्यं कुर्य्यात्तुङ्गनिम्नकम्।
समां शालां ततः कुर्यात्समं प्राकारमेव च॥''
विश्वकर्मप्रकाश, अध्याय २, पृष्ठ ४०। दत्त बि० बि०, टा० प्लै० ऐं० इं०, पृष्ठ २५२।

शृंग, अट्ट तथा **आश्रय** शब्द आते हैं। महाभारत के लेखक ने भवनों के निर्माण के सम्बन्ध में ऐसे शिखरों का उल्लेख किया है, जो सुधालेप के कारण पाण्डु वर्ण के लगते थे।[१]

सोपान— ऊपर जाने के लिए सीढ़ियाँ बनी होती थीं, जिन्हें **सोपान** कहा जाता था। ऐसे सोपानों का उल्लेख प्रायः मिलता है, जिनसे सरलतापूर्वक ऊपर जाया जा सकता था (सुखारोहणसोपानैः)।[२] यत्र-तत्र रत्नजटिल एवं मणिनिर्मित सोपानों के उल्लेख मिलते हैं (कांचनैर्मणिसोपानैः)।[३] नागरिक कभी-कभी इनसे होकर चन्द्रिकासेवन के निमित्त कोठे पर जाते थे।[४] भवनों को सुदृढ़ बनाने के लिए स्तम्भों का निर्माण किया जाता था। बुद्धचरित में शालाओं के वर्णन के सम्बन्ध में आयसस्तम्भ[५] तथा सुवर्णस्तम्भ[६] का उल्लेख हुआ है।

ध्वज— सुन्दरता के हेतु भवनों में कभी-कभी झण्डे लगाये जाते थे। इन्हें ध्वज, पताका तथा केतु कहा जाता था। महाभारत में द्वारका के भवनों के ऊपर पताकाओं के फहराने का वर्णन मिलता है।[७] रामायण के अनुसार अयोध्या के भवनों के ऊपर पताकाएँ फहरा रही थीं।[८] मन्दसौर के लेख में दशपुर के नगर के भवनों के ऊपर झण्डों के फहराने का उल्लेख मिलता है।[९] धनिक नागरिकों के भवनों के ऊपर सौन्दर्य के निमित्त कभी-कभी बन्दनवार भी सजाया जाता था।[१०]

स्वच्छ लेप— घरों में विशेष रूप से सौन्दर्य लाने के लिए उनके ऊपर **सफेदी** की जाती थी। महाभारत[११] एवं रामायण[१२] में हंस के समान जिन धौत गृहों का उल्लेख मिलता है, वे इसका परिचय देते हैं कि सफेदी के कारण भवन विशेष रूप से धवलित (उज्ज्वल) हो उठे थे। य्वान् च्वांग के यात्राविवरण से भी निष्कर्ष निकलता है कि नागरिकशालाओं में **सफेदी** चढ़ाई जाती थी।[१३] भवनों की **सफाई** के ऊपर बहुत अधिक

---

१. ''सुधापाण्डुशृंगैश्च'' महाभारत, सभापर्व, अध्याय ५७, पंक्ति ३८।
२. वही, अध्याय ३०, पंक्ति ८४।
३. वही, अध्याय ५७, पंक्ति ३३।
४. ''हर्म्यतलस्थितयोर्वा चन्द्रिकासेवनार्थम्।'' —कामसूत्र, पृष्ठ १७४, सूत्र १९।
५. बुद्धचरित, १४, १२।
६. सौन्दरनन्दकाव्य, १, १९।
७. ''समुच्छ्रितपताकानि परिप्लवनिभानि च।'' —सभापर्व, अध्याय ५७, पंक्ति १९।
८. ''पताकाध्वजशोभिताम्।'' —रामायण, भाग ५, सर्ग २, पंक्ति ३२।
९. ''चलत्पताकानि'' सरकार, सेलेक्ट इंसक्रिप्शंस, पृष्ठ २९१।
१०. ''तोरणैः कांचनैर्दिव्यैर्लतापंक्तिविराजितैः।'' —रामायण, भाग ५, सर्ग २, पंक्ति ३५।
११. आदिपर्व, अध्याय १९९, पंक्ति १३२।
१२. ''गृहैश्च गृहसंकाशैः शारदाम्बुदसन्निभैः।'' —रामायण, भाग ५, सर्ग २, पंक्ति ३३।
१३. वाटर्स, १, १४७।

ध्यान दिया जाता था। वात्स्यायन ने कहा है कि भवन के फर्श को अच्छी तरह साफ कर उस पर फूल बिखेर दिये जायँ।[१] घर की गन्दगी को नालियों के द्वारा बाहर निकाल दिया जाता था।

वातायन—भवनों में स्थान-स्थान पर **रोशनदान** या **खिड़कियाँ** बनी होती थीं। इनको वातायन (पाली में वातपान) कहा जाता था। मृच्छकटिक में उज्जयिनी के भवनों के वातायनों का उल्लेख किया गया है।[२] कालिदास ने अयोध्या के भवनों के वातायनों में बैठी हुई पुर-सुन्दरियों का वर्णन किया है।[३] जो वातायन तोरणों के मध्य में बने होते थे, उनका आकार गोल होता था। यही कारण है कि उन्हें गवाक्ष (अर्थात् बैल की आँख की भाँति गोल) कहा जाता था।[४] कालिदास ने गवाक्षों के झरोखे के द्वारा पुरसुन्दरियों के बाहर देखने का उल्लेख किया है।[५] कादम्बरी में भी गवाक्षों में स्त्रीमुख दिखाये गये हैं (गृहदेवताननानीव गवाक्षेषु वीक्षमाण:) ।[६] भारतीय कला में भी गवाक्षों से झाँकते हुए स्त्रीमुख का अंकन किया गया है, उदाहरणार्थ—गुप्तकला में। वातायनों में कभी-कभी किवाड़ लगे होते थे। मृच्छकटिक में अधखुले कपाट वाले वातायनों का उल्लेख मिलता है।[७] कादम्बरी में भी कपाटयुक्त वातायनों का वर्णन किया गया (विघटितकपाटप्रकटवातायनेषु)।[८]

उपकरण—नागरिक की आवश्यकताओं के अनुकूल **उपकरण** उनके घरों में विद्यमान होते थे। महावग्ग में प्रतिदिन के उपयोग में आने वाले उपकरणों के नाम मिलते हैं।[९] वात्स्यायन ने भी इनका उल्लेख किया है। उनके अनुसार नागरिक के शयनगृह में एक पलंग (शयनीय) पड़ी होती थी, जिसके ऊपर साफ तथा कोमल बिछौना बिछाया जाता था। यह बीच में थोड़ा दबा होता था। इसके दोनों (शिरोभाग एवं चरणभाग की) ओर तकिया लगी होती थी। शयनीय के पास प्रतिशय्यिका होती थी (जयमंगल टीका के अनुसार प्रतिशय्यिका उस पलंग को कहते थे, जो मसहरीदार होती थी—'बद्धवितानं शयनीयम्')। पलंग के शिरोभाग की ओर एक कूर्चस्थान होता था। जयमंगला टीका के अनुसार कूर्चस्थान उस निर्माण को कहते थे, जहाँ नागरिक बैठकर देवताओं की पूजा करता था ('देवतानुस्मरणार्थस्य स्थापनम्')। पास ही एक

---

१. ''विरचितविविधकुसुमम्।'' —कामसूत्र, पृष्ठ २२४, सूत्र ३।

२. ''स्फटिकवातायनमुखचन्द्रैः निध्यान्तीवोज्जयिनीम्।'' —मृच्छकटिक, अंक ४।

३. ''प्रासादवातायनसंस्थितानां नेत्रोत्सवं पुष्पपुरांगनानाम्।'' —रघुवंश, २४, ६।

४. हर्षचरित : एक सांस्कृतिक अध्ययन, पृष्ठ ८६।

५. ''पुरसुन्दरीणां मुखैः गवाक्षाः व्याप्तान्तराः।'' —रघुवंश, ७, ११।

६. हर्षचरित : एक सांस्कृतिक अध्ययन, पृष्ठ ८६।

७. मृच्छकटिक, अंक १०।

८. हर्षचरित : एक सांस्कृतिक अध्ययन , पृष्ठ २१०।

९. महावग्ग, ३, ५, ९ (से० बु० ई०, १३, ३०४)।

वेदिका होती थी, जहाँ पर नागरिक के शृंगार की विभिन्न सामग्रियाँ रखी रहती थीं—उदाहरणार्थ; रात्रि में लगाये जाने वाले अनुलेप, माला एवं मोम रखने का पात्र, सुगन्धित द्रवों के रखने की डिबिया, मुखवास को शुद्ध करने वाले चूर्ण की डिबिया तथा पनडब्बा। पान के थूक को नीचे गिराने के लिए फर्श पर बर्तन (पतद्ग्रह) रखा होता था। दीवाल पर (हाथीदाँत की) एक पट्टिका लगी होती थी, जिस पर वीणा, चित्र बनाने वाला फलक, पुस्तकें तथा फूलों की मालाएँ रखी जाती थीं। फर्श पर भी एक विछावन (आस्तरण) बिछा होता था। शतरंज का फलक (आकर्षफलक) तथा चौपड़ खेलने वाला फलक (द्यूतफलक) भी यथास्थान रखे जाते थे।[१]

गृह-वाटिका—गृह-प्रांगण के **उद्यान** में लगाया जाता था। इसमें तरह-तरह के वृक्ष लगाये जाते थे। यही कारण है कि कहीं-कहीं गृह-उद्यान को वृक्षवाटिका कहा गया है।[२] यहाँ पर उल्लेखनीय है कि गृहनिर्माण की क्रिया के प्रारम्भ के पूर्व ही गृह-प्रांगण में वृक्षों का आरोपण कर लिया जाता था। शिल्पशास्त्रों में कहा गया है कि इसके विरुद्ध कार्य करने पर गृह-शोभा के नष्ट हो जाने की आशंका है। गृह-विन्यास के पूर्व ही समुचित स्थानों पर वृक्ष आरोपित किये जा सकते हैं।[३] गरुडपुराण में न्यग्रोध, उदुम्बर, अश्वत्थ, प्लक्ष तथा शाल्मलि आदि वृक्षों का प्रासाद एवं नागरिक शालाओं के प्रांगण में आरोपण उचित एवं शुभ माना गया है।[४] वास्तुविद्या[५] तथा शिल्परत्न[६] में भी गृह-वाटिका में इनके लगाने का निर्देश मिलता है। उद्यान के भीतर हरित शाक,

---

१. **''ब्राह्ये च वासगृहे सुश्लक्षणमुभयोपधानं मध्ये विनतं शुक्लोत्तरच्छदं शयनीयं स्यात्, प्रतिशय्यिका च । तस्य शिरोभागे कूर्चस्थानम्। वेदिका च। तत्र रात्रिशेषमनुलेपनं माल्यं सिक्थकरण्डकम् सौगन्धिपुटिका मातुलुंगत्वचस्ताम्बूलानि च स्युः। भूमौ पतद्ग्रहः। नागदन्तावसक्ता वीणा, चित्रफलकं, वर्तिकासमुद्गको, यः कश्चित् पुस्तकः, कुरण्टकमालाश्च। नातिदूरे भूमौ वृत्तास्तरणम् समस्तकम्। आकर्षकफलकं द्यूतफलकं च॥''**
—कामसूत्र, पृष्ठ ४२-४३, सूत्र ५-१३।

२. **''तत्भवनमासन्नोदकं वृक्षवाटिका।''** **—कामसूत्र, पृष्ठ ४२, सूत्र ४।**

३. **''आदौ वृक्षाणि विन्यस्य पश्चात् गृहानि विन्यसेत्।**
अन्यथा यदि कुर्यात् तद् गृहन्नैव शोभनम्॥''
विश्वकर्मप्रकाश, अध्याय १३, पृष्ठ २२२।
—द्रष्टव्य दत्त बि० बि०, टा० प्लै० ऐं० इं०, पृष्ठ २४८।

४. **''अश्वत्थप्लक्षन्यग्रोधाः पूर्वादौ स्यादुदुम्बरः।**
गृहस्य शोभनः प्रोक्तः ईशाने चैव शाल्मलिः॥
पूजितो विघ्नहारी च स्यात्प्रासादस्य गृहस्य च॥''
—गरुडपुराण, अध्याय ४६, श्लोक ३८।

५. **वास्तुविद्या, अध्याय २, पंक्ति ६६-६९।**

६. **शिल्परत्न, अध्याय ३।**

औषधियों एवं वनस्पतियों के बीच आरोपित किये जाते थे।[१] वाटिका की शोभा बढ़ाने के लिए विभिन्न प्रकार के पुष्पों का आरोपण किया जाता था। वात्स्यायन ने मल्लिका, जाति, जया, नवमालिका तथा कुरण्टक आदि पुष्पों के आरोपण का उल्लेख किया है।[२] मनोविनोद के लिए भवनोद्यान के वृक्षों में पेंग मारने वाली झूला (प्रेंखादोला) लटकाई जाती थी।[३] बैठने के लिए स्थान-स्थान पर सुन्दर वेदी (स्थण्डिल) का निर्माण किया जाता था।[४] ग्रीष्म-ऋतु में विहार के लिए इसके भीतर केलिमन्दिर भी बनाये जाते थे, जिन्हें 'गूढ़मोहनगृह'[५] तथा 'समुद्रगृह'[६] कहा जाता था। गृह-उद्यान में छोटे-छोटे जलाशय भी बनाये जाते थे।[७] मेगस्थनीज़ ने चन्द्रगुप्त मौर्य के राजप्रासाद की वाटिका के भीतर विद्यमान सरोवरों का उल्लेख किया है।[८]

कारुचतुष्टय— गृह-सन्निवेश में निपुण कारीगरों को शिल्पी तथा कारु कहा जाता था। शिल्पशास्त्रों में इनका विभाजन चार वर्गों में किया गया है—(१) स्थपति, (२) सूत्रग्राही, (३) तक्षक तथा (४) वर्धकि।[९] इस स्थान पर उल्लेखनीय है कि ये कारीगर नगर-मापन का कार्य करते थे। यही कारण है कि पुर निर्माण के विषय में इन कारीगरों के नाम उनकी योग्यताओं के सहित मिलते हैं। स्थपति वास्तुविद्या का पण्डित हुआ करता था। गणित की जानकारी, चित्रों के बनाने का अभ्यास तथा शास्त्रों में निपुणता आदि की उससे आशा की जाती थी।[१०] तक्षक काटछाँट के कार्य में दक्ष था। वह छोटी-बड़ी आकृतियों को गढ़ना भली भाँति जानता था।[११] सूत्रग्राही स्थपति का दूसरा

---

१. **''सर्वौषधीनां च वीजग्रहणं काले वापश्च।'' —कामसूत्र, पृष्ठ २२८, सूत्र २८।**

२. **''मल्लिका जातीकुरण्टक...जपागुल्मानन्यांश्च बहुपुष्यान्।'' —वही, पृष्ठ २२५, सूत्र ७।**

३. **''स्वास्तीर्णा प्रेंखादोला वृक्षवाटिकायां सप्रच्छाया...च सुकुसुमेति।''**
—वही, पृष्ठ ४५, सूत्र १५।

४. **''वृक्षवाटिकायां च स्थण्डिलानि मनोज्ञानि कारयेत्।'' —वही, पृष्ठ २२५, सूत्र ७।**

५. **वही, पृष्ठ १७४, सूत्र १९।**

६. **रघुवंश, १९, ९।**

७. **''मध्ये कूपं वापीं दीर्घिकां वा खानयेत्।'' —कामसूत्र, पृष्ठ २२८, सूत्र ८।**

८. **मेक्रिण्डिल, ऐंशेण्ट इण्डिया, पृष्ठ ६६।**

९. **''स्थपतिः सूत्रग्राही तक्षकसंज्ञश्च वर्धकिः क्रमशः।**
स्वोचितकर्मणि दक्षाः ग्राह्यास्ते कारवश्चतुर्धेति॥''
—मनुष्यालयचन्द्रिका, अध्याय १, श्लोक ११।

१०. **''गणितज्ञः पुराणज्ञः आनन्दात्माप्यलुब्धकः।**
चित्रज्ञः सर्वदेशज्ञः सत्यवादी जितेन्द्रियः॥
अरोगी चाप्रमादी च सप्तव्यसनव्यवर्जितः।
सुनामा दृढ़बन्धुश्च वास्तुविद्याब्धिपारगः॥''
—मनुष्यालयचन्द्रिका, अध्याय १, श्लोक १५-१६।

११. **''तक्षणात्स्थूलसूक्ष्माणां तक्षकः स तु कीर्तितः।'' —वही, अध्याय १, श्लोक १८।**

सहायक शिल्पकार था। वह नाप-जोख के कार्य में कुशल था।[१] वर्धकि काष्ठशिल्प का विशेषज्ञ था। इसके अतिरिक्त वह जोड़ने के कार्य में भी प्रवीण था।[२] ये चारों शिल्पकार साथ मिल कर कार्य करते थे। शिल्पशास्त्रों में कहा गया है कि इन चारों शिल्पकारों की सहायता के बिना गृहनिर्माण का सम्पादन दुष्कर है।[३]

मुहूर्त—गृह-निर्माण शुभ मुहूर्त में प्रारम्भ किया जाता था। पुराणों में गृह-सन्निवेश की क्रिया का श्रीगणेश करने के सम्बन्ध में शुभ एवं अशुभ मुहूर्तों का उल्लेख प्राप्त होता है। उदाहरणार्थ—मत्स्यपुराण के अनुसार चैत्र मास में गृह-कार्य के आरम्भ करने पर आपत्ति, वैशाख में गोधन, ज्येष्ठ में मृत्यु, आषाढ़ में सद्भृत्यलाभ, भाद्र में विनाश, आश्विन में भार्यावियोग, कार्तिक में ऐश्वर्य, पौष में चौर-भय, माघ में गृह-दाह तथा फाल्गुन में पुत्र लाभ होता है।[४]

मानोपकरण— गृह-मापन के सम्बन्ध में नाप-जोख को प्रधानता दी जाती थी। शिल्पशास्त्रों की दृष्टि में सुव्यवस्थित पद्धति पर भवननिर्माण मान (नाप-जोख) के भाव में असम्भव है।[५] प्राचीन काल में शिल्पियों के द्वारा प्रयुक्त नाप-जोख (मानोपकरण) का उल्लेख मयमत में हुआ है। इसमें छोटा नाप परमाणु बताया गया है।[६] इससे बड़ा मान का उपकरण रथरेणु था। लम्बाई में यह परमाणु का आठ गुना था। मान के अन्य उपकरण अपने परिमाण के सहित निम्न तालिका में उल्लिखित हैं—

बालाग्र	=	८ रथरेणु	हस्त किष्कु	=	२ वितस्ति
लिक्ष	=	८ बालाग्र			
यूक	=	८ लिक्ष	प्राजापत्य	=	२५ अंगुल
यवा	=	८ यूक	धनुर्मुष्टि	=	२६ अंगुल
अंगुल	=	८ यवा	धनुर्दण्ड	=	४ हस्त
वितस्ति	=	१२ अंगुल	रज्जु	=	८ दण्ड

इन उपकरणों के द्वारा **ग्राम, पत्तन, नगर, निगम, खेट** तथा **वेश्म** आदि की नाप-जोख की जाती थी।[७]

---

१. **''सूत्रदण्डप्रमाणज्ञो मानोन्मानप्रमाणवित्।''**

—मनुष्यालयचन्द्रिका, अध्याय १, श्लोक १७।

२. **''बुद्धिकृत वर्धकिः प्रोक्तः।'' —वही अध्याय १।**

३. **''विना स्थपत्यादिचतुष्टयेन गृहादिकर्तुं न च शक्यतेऽस्मात्।''**

—वही, अध्याय १, श्लोक १४।

४. **मत्स्यपुराण, अध्याय २५३, पृष्ठ २९२ (से० बु० हि०, खण्ड १७, भाग २)।**

५. **''सर्व्वेषामपि वास्तूनां मानेनैव विनिश्चयः।**
तस्मान्मानोपकरणं वक्ष्ये संक्षेपतः क्रमात.॥'' —मयमत, अध्याय ५, पंक्ति १।

६. **''परमाणुरिति प्रोक्तं योगिनां दृष्टिगोचरम्।'' —वही, अध्याय ५, पंक्ति ४।**

७. **''नगरं निगमं खेटं वेश्मादीन्यपि मानयेत्।'' —वही, अध्याय ५, श्लोक ३-९।**

प्रशस्त भूमि—शिल्पशास्त्रों में गृहसन्निवेश के अनुकूल तथा अननुकूल भूमि-लक्षणों का निर्देश मिलता है। शिल्परत्न के अनुसार यदि गिरि घर के पूर्व में पड़ता हो, तो ऐसी दशा मे गृहनिर्माण निषिद्ध है, क्योंकि सूर्योदय के प्रकाश का प्रवेश भवन में दुर्लभ हो जाता है।[१] भोज के अनुसार मध्य स्थान में भूमि का समुन्नत तथा ईशान एवं पूर्व की ओर निम्न होना अनिवार्य है।[२] इस निर्देश का सम्भावित आधार स्पष्ट है। ईशान में निम्न होने के कारण सूर्योदय के प्रकाश की प्राप्ति अधिक हो सकती है। मध्य स्थान में उत्थापन के फलस्वरूप गृह-प्रांगण में जल-संचय नहीं हो सकता।

कतिपय प्राचीन ग्रन्थों में भूमि के चुनाव के विषय में शास्त्रीय विधान मिलते हैं। बृहत्संहिता के अनुसार सित, रक्त, पीत एवं कृष्णवर्णा भूमि क्रमशः ब्राह्मण, क्षत्रिय, वैश्य एवं शूद्र के लिए प्रशस्त है।[३] मत्स्यपुराण में भी श्वेत भूमि ब्राह्मण के लिए, रक्त क्षत्रिय के लिए, पीत वैश्य के लिए तथा कृष्ण शूद्र के लिए उपयुक्त बताई जाती है।[४] ऐसा प्रतीत होता है कि इस निर्देश का कारण विभिन्न जातियों के वस्त्रों का रंग-विभेद था। शास्त्रों में वेश के सम्बन्ध में ब्राह्मण, क्षत्रिय, वैश्य तथा शूद्र के लिए क्रमशः श्वेत, रक्त, पीत एवं कृष्णवर्ण संगत माना गया है।

मत्स्यपुराण में भूमि के चुनाव के विषय में एक अन्य शास्त्रीय विधान मिलता है। इसके अनुसार पहले डेढ़ गज लम्बा तथा डेढ़ गज चौड़ा एक गड्ढा बनाकर उसे गोबर से भली-भाँति लीप दिया जाय। तदुपरान्त मिट्टी के एक कच्चे पात्र में नवनीत रख कर गृहनिर्माणकर्ता उसे गड्ढे में बैठा दे। मृद्भाण्ड पर चार दीपक चारों दिशाओं का अलग-अलग सामना करते हुए जलाये जायँ। यदि पूर्व दिशा में दीपक अधिक तेज जलता हो, तो वह भूमि ब्राह्मण के लिए उपयुक्त है। यदि पश्चिम दिशा वाले दीपक में अधिक प्रकाश हो तो भूमि क्षत्रिय के लिए अनुकूल है। उत्तर वाले दीपक के अधिक तेज रहने पर भूमि वैश्य के लिए तथा दक्षिण दीपक के अधिक प्रकाशित होने पर शूद्र के लिए प्रशस्त है। यदि समस्त दीपों की ज्योति समान हो तो भूमि सभी वर्णों के लिए उपयुक्त है।[५]

निन्दिता धरा—शिल्पशास्त्रों में त्याज्य भूमि (निन्दिता धरा) का भी उल्लेख मिलता है। उदाहरणार्थ—मयमत के अनुसार ऐसी भूमि में गृह नहीं बनाना चाहिये

---

१. "प्राच्यो निषिद्धो हि गिरिः तच्छायाप्युदये रवेः।" —शिल्परत्न, अध्याय ३, पंक्ति ६५।

२. "ईशानपूर्वप्लवनो मध्यस्थानसमुन्नतः।
उत्तमः कीर्तितो देशो गुहाय नराय च॥"
—युक्तिकल्पतरु, अध्याय 'नगररचनाशास्त्र', पंक्ति १५६-५७।

३. "सितरक्तपीतकृष्णा विप्रादीनां प्रशस्यते भूमिः।"—बृहत्संहिता, अध्याय ५२, पंक्ति ९४।

४. मत्स्युपराण, अध्याय २५३, पृष्ठ २९३।

५. वही—(से० बु० हि०, खण्ड १७, भाग २)।

जिससे दधि, मधु, तैल, शव, मीन तथा पक्षी-तुल्य गन्ध निकलती हो (शवमीन-पक्षिगंधा), जहाँ कँटीली झाड़ियाँ अधिक हों (कंटकिद्रुमसंयुता), जहाँ पर चण्डाल रहते हों (चण्डालवासगच्छाया) तथा जहाँ चर्मकारों के घर अधिक संख्या में बने हों (चर्मकारालाश्रिता)।[१]

शास्त्रीय सामग्री की पुरातत्त्व साक्ष्य से तुलना—प्राचीन भारतीय नगरों के अवशेषों पर पुरातत्त्वविभाग के द्वारा जो उत्खनन-कार्य सम्पन्न हुआ है, उससे गृह-निर्माण पर प्रकाश पड़ता है। तक्षशिला की खुदाई में यहाँ पर बने हुए प्राचीन राजप्रासाद के भग्नावशेषों को प्रकाश में लाया गया। इनके द्वारा साहित्यिक उल्लेखों को समझने में निम्न दृष्टियों से सहायता प्राप्त होती है—(१) यह राजप्रासाद नगर के मध्य में स्थित था।[२] इस पुरातत्त्व-प्रमाण से स्पष्ट है कि अर्थशास्त्र तथा शुक्रनीति आदि ग्रन्थों में नगर के बीचोबीच राजप्रासाद बनाने का जो उल्लेख किया गया है, वह सचमुच ही व्यवहार में लाया जाता था। (२) इस राजप्रासाद के खम्भों में प्रस्तर-खण्डों का उपयोग किया गया था।[३] इस प्रमाण से बुद्धचरित के उस वर्णन का समर्थन हो जाता है, जिसके अनुसार कपिलवस्तु के राजमहल में पत्थरों के खम्भे लगे हुए थे। (३) तक्षशिला के राजप्रासाद में दो सभा-मण्डप (हाल) बने थे। पहला सभा मण्डप लगभग २७ फीट १० इंच लम्बा तथा २० फीट ५ इंच चौड़ा था। इसके निर्माण में प्रस्तरखण्डों का उपयोग किया गया था। यहाँ पर राजा के परमस्नेहभाजन तथा विश्वासपात्र व्यक्ति ही प्रवेश पा सकते थे। मार्शल ने इसकी तुलना मुगलों के 'दीवाने खास' से की है।[४] कक्ष्याओं का ठीक विभाजन का पता न लग पाने के कारण यह बताना दुष्कर है कि वह किस कक्ष्या में स्थित था, पर उसका संस्थान यही बताता है कि यह राजमहल के भीतर वाली किसी कक्ष्या (सम्भवत: तीसरी अथवा चौथी) में स्थित रहा होगा, क्योंकि अनेक कमरे जिनका कि राजा के व्यक्तिगत जीवन से सम्बन्ध था. इसके पास ही स्थित थे; उदाहरणार्थ—राजा का विश्रामगृह, स्नानगृह तथा दावत वाला कमरा।[५] दूसरे विशाल कक्ष (हाल) में राजा का दरबार लगता था। इसमें वह सम्मानित लोगों से मिलता था। यहाँ पर राज्य के महत्त्वपूर्ण विषयों पर दरबारी विचार करते थे। इसकी तुलना मार्शल ने मुगलों के 'दीवाने आम' से की है।[६] इसके भग्नावशेष राजमहल के दक्षिण दरवाजे के पास ही कुछ दूर हटकर मिले हैं। इससे विदित होता है कि यह सम्भवत: पहली या दूसरी कक्ष्या में स्थित रहा होगा। इस प्रमाण से विदित होता है कि राजमहलों में (बाण के ग्रन्थों में उल्लिखित) 'भुक्तावस्थानमण्डपम' (अर्थात् दीवाने खास)

---

१. **मयमत, अध्याय ३।**

२. **मार्शल, तक्सिला, भाग १, पृष्ठ १७२।**

३. **वही, भाग १, पृष्ठ १७२।**

४. **वही, पृष्ठ १७२।**

५. **वही, पृष्ठ १७२।**

६. **वही, पृष्ठ १७३।**

तथा 'आस्थानमण्डप' (अर्थात् दीवाने आम) के बनाने की परम्परा भारत में सातवीं शताब्दी के पहले से ही विद्यमान थी। (४) तक्षशिला के राजप्रासाद के दक्षिण-पश्चिम कोने पर सैनिकों के गृह तथा कुछ छोटे-बड़े कमरे बने हुए थे, जिनमें सम्राट् के व्यक्तिगत कर्मचारी तथा सेवक आदि रहते थे।[१] इससे उन साहित्यिक उल्लेखों का समर्थन हो जाता है, जिनके अनुसार राजमहल के चहारदीवारी के भीतर रक्षा के निमित्त सैनिकों का रहना अनिवार्य है। (५) इस राजमहल तथा उसके उत्तरी नगर-द्वार के बीच १५,००० वर्ग फीट के क्षेत्र में राज्य के प्रमुख पदाधिकारियों के भवन बने हुए थे।[२] इस स्थल पर उल्लेखनीय है कि कौटिल्य के अनुसार भी राजप्रासाद के समीप ही पुरोहितों तथा मन्त्रियों के घरों का निर्माण आवश्यक था।

पुरातत्त्व के द्वारा नागरिकशालाओं के सम्बन्ध में मिलने वाली शास्त्रीय सामग्री का समर्थन निम्न दृष्टियों से हो जाता है—(१) भवन सचमुच ही एक पंक्ति में बनाये जाते थे। नालन्दा की खुदाइयों में एक ताम्रलेख मिला है, जिससे विदित होता है कि इस नगर के घर एक ही पंक्ति में बनाये गये थे।[३] (२) घरों की नींव बहुत मज़बूत दी जाती थी। भीटा में जो घर बने हुए थे, उनकी नींव में कंकड़ तथा ईंटें डाली गयी थीं। तक्षशिला में १८ से लेकर २० फीट की गहराई तक घरों में नींव डाली गयी थी।[४] नागरिकशालाओं में पक्के फर्श बनाये जाते थे।[५] घरों के निर्माण में जिन ईंटों का प्रयोग किया गया था, वे काफी बड़ी होती थीं। १४ इंच लम्बी, ८ इंच चौड़ी तथा २¹/₂ इंच मोटी ईंटों के प्रयोग में लाये जाने का प्रमाण पुरातत्त्व के द्वारा मिलता है।[६] (३) भवनों के ऊपर लेप चढ़ाया जाता था। कौशाम्बी में ईंट की एक भीत के अवशेष प्राप्त हुए हैं, जिस पर बहुत ही गाढ़ा लेप (प्लैस्टर) चढ़ा हुआ मिलता है—(फलक ३५, आकृति १)। इस प्रकार की व्यवस्था मज़बूती लाने के लिए की जाती थी। (४) पुरातत्त्व ने नागरिक शालाओं में स्वच्छता की व्यवस्था पर महत्त्वपूर्ण प्रकाश डाला है। इस साक्ष्य के द्वारा इस विषय में जितना स्पष्ट ज्ञान होता है, उतना साहित्य से नहीं। उदाहरण के लिए नालियों को लिया जा सकता है, जिनसे घर की गन्दगी बाहर बहाई जाती थी। हस्तिनापुर में हाल में जो खुदाइयाँ हुई हैं, उनमें ईंटों की बनी हुई नालियाँ निकली हैं।[७] इसी प्रकार कौशाम्बी के उत्खनन में घर के अन्दर बनी हुई एक खुली नाली मिली है, जिसमें काफी बड़ी ईंटें लगायी गई हैं—(फलक ३२, आकृति १)

---

१. मार्शल, तक्सिला, भाग १ पृष्ठ १७२।

२. वही, पृष्ठ १४१।

३. ए० इं०, २०, ४८।

४. आ० स० रि०, १९१२-१३, पृष्ठ ३३।

५. वही, पृष्ठ ३३।

६. वही, १९०५-०६, पृष्ठ ६१।

७. ऐंशेण्ट इण्डिया, संख्या १०-११, पृष्ठ २६।

ढकी हुई नाली के भी उदाहरण मिलते हैं—(फलक ३४, आकृति १)। कभी-कभी एक ही भवन में कई नालियाँ बनी होती थीं। इनका मुँह बहुधा एक-दूसरे से मिला रहता था। मुँह के सामने एक गड्ढा रहता था, जिसमें सभी नालियों का गन्दा पानी एक ही स्थान पर एकत्र हो जाता था। इस प्रकार की नालियों के उदाहरण कौशाम्बी-उत्खनन में प्राप्त हुए हैं—(फलक ३३, आकृति १)। कभी-कभी पकी मिट्टी के पाइप की नाली (ड्रेन ऑफ पॉटरी पाइप) भी बनाई जाती थी। आकार में यह गोल होती थी। इसमें मिट्टी के परतें काफी मोटी तथा मज़बूत होती थीं—(फलक ३८, आकृति १) इस प्रकार की नाली के बनाने में कई लाभ थे। यह चारों ओर से बन्द रहती थी, जिसमें गन्दगी के फैलने का कोई भय नहीं रहता था। इसके बनाने में कम व्यय पड़ता रहा होगा।

स्वच्छता की व्यवस्था के लिए ये लोग कुछ और भी उपाय करते थे। मिट्टी के बड़े घड़ों को ले लिया जाता था। इसके नीचे की पेंदी में छेद बना लिये जाते थे और ये घड़े एक के ऊपर एक रख दिये जाते थे। सबसे निचले घड़े के नीचे ईंटं रखी रहती थीं। सबसे ऊपरी घड़े में मल तथा घर की गन्दगी छोड़ी जाती थी। जब घड़े भर जाते थे, तो ऊपर का मुँह बन्द कर दिया जाता था। गन्दगी अन्दर-ही-अन्दर सूखती रहती थी। ये घड़े सोख्ता (सोकेज जार्स) का कार्य करते थे। ऐसे घड़े तक्षशिला,[१] हस्तिनापुर[२] तथा कौशाम्बी की खुदाइयों से मिले हैं। कौशाम्बी से मिले हुए 'सोकेज जार्स' में घड़ों की संख्या ३ है। सबसे निचला घड़ा ईंटों के ऊपर रखा गया है—(फलक ३६, आकृति १)। कौशाम्बी में 'सोकेज जार्स' कभी-कभी घर के पृष्ठ भाग में रखे हुए मिलते हैं—(फलक ३७, आकृति १)। इस प्रकार की व्यवस्था और भी जगहों में प्रचलित रही होगी, क्योंकि साहित्य में भी गृह के पृष्ठ भाग में मलनिर्हरण के लिए उपाय बनाने का निर्देश किया गया है—(गृहपृष्ठे सदा वीथिर्मलनिर्हरणस्थलम्)।[३] राज्य की ओर से भी ऐसे घड़े सड़कों के किनारे तथा गलियों में एवं चत्वरों के पास रखे जाते थे।[४]

स्वच्छता-व्यवस्था के लिए वलयकूप (रिंगवेल) भी बनाये जाते थे। इसमें लगभग तीन फीट व्यास की मोटी परतों की चकरियाँ एक के ऊपर एक रख दी जाती थीं। इस प्रकार के वलय-कूप (रिंगवेल) तक्षशिला, हस्तिनापुर, कौशाम्बी, अहिच्छत्रा तथा राजघाट की खुदाइयों में काफी संख्या में मिलते हैं। इससे विदित होता है कि इनके बनाने की प्रथा सम्पूर्ण उत्तरी भारत में प्रचलित थी। इनमें चकरियों की संख्या अधिक हुआ करती थी। हस्तिनापुर के एक ही वलयकूप (रिंगवेल) में चकरियों की

---

१. मार्शल, तक्सिला, भाग १, पृष्ठ ९५।

२. एेंशेण्ट इण्डिया, संख्या १०-११, पृष्ठ २५।

३. शुक्रनीतिसार, अध्याय १, पंक्ति ५३४।

४. तक्सिला, मार्शल, भाग १ पृष्ठ ९४।

संख्या २५ तथा दूसरी में ४७ थी।[१] कौशाम्बी में जो वलयकूप (रिंगवेल) मिले हैं, उनमें चकरियों की संख्या २५ तक है—(फलक ३९ आकृति १)। कौशाम्बी के एक प्राचीन भवन के खण्डहर में एक ही जगह तीन वलयकूप (रिंगवेल) मिले हैं। इस प्रकार के निर्माण का एक विशेष कारण रहा होगा। पहले एक ही वलयकूप को प्रयोग में लाया गया होगा। भर जाने के पश्चात् उसके मुँह को ढक कर उसे सूखने के निमित्त छोड़ दिया गया होगा, इसी प्रकार एक के उपरान्त दूसरे के निर्माण की आवश्यकता प्रतीत हुई होगी। (फलक ४० आकृति १)।

■

---

१. **ऐंशेण्ट इण्डिया, संख्या ११-१२, पृष्ठ २५।**

११

प्राचीन भारत में नगर-शासन

नगर-प्रमुख—उपलब्ध साधनों से विदित होता है कि प्राचीन भारत में नगर-शासन राज्य की ओर से नियुक्त पदाधिकारियों तथा स्थानीय सभाओं, समितियों एवं समुदायों के द्वारा सम्पादित होता था। नगर के प्रमुख अधिकारियों को कौटिल्य ने '**नागरक**' कहा है। उसका कार्य नगर में होने वाले कार्यों का पर्यवेक्षण[१] था। उसे सरोवरों, राजमार्गों, गुप्त रास्तों, वप्र, प्राकार तथा परिखा आदि का प्रतिदिन निरीक्षण करना पड़ता था।[२] वह दूसरों की खोई अथवा उनके द्वारा भूली या छोड़ दी गई वस्तुओं की रक्षा करता था।[३] वह अपने उत्तरदायित्व को निभाने में किसी प्रकार की असावधानी नहीं दिखाता था।[४] कौटिल्य के 'नागरक' की पहचान अशोककालीन कलिंग-लेख के '**नगलक**' के साथ की जा सकती है।[५] नगर-प्रमुख की नियुक्ति की परम्परा भारतवर्ष में मौर्य-काल के उपरान्त भी विद्यमान थी। जातकों में पुर के प्रमुख राजपुरुष को 'नगरगुत्तिक' कहा गया है। नाम से भी स्पष्ट है कि उसका कार्य नगर की रक्षा करना था। एक जातक में वर्णन मिलता है कि किसी समय बोधिसत्व काशी के एक अछूत कुल में उपन्न हुए। वहाँ का सम्राट् उनकी योग्यता से बड़ा प्रभावित हुआ। उसने उनके गले में माला पहना कर उसे 'नगरगुत्तिक' नियुक्त कर दिया।[६] सम्भव है कि उस समय 'नगरगुत्तिक' के गले में माला पहनाने की प्रथा प्रचलित रही हो।[७] उना के अभिलेख में नगर-प्रमुख को '**द्रांगिक**' कहा गया है।[८] राजपूत-अभिलेखों में उसे '**पत्तनाधिकार पुरुष**' कहा गया है।[९]

---

१. "नागरको नगरं चिन्तयेत्।" —अर्थशास्त्र, प्रकरण ५६।

२. "नित्यमुदकस्थानमार्गभूमिच्छन्नपथवप्रप्राकाररक्षोवक्षणम्।" —वही, प्रकरण ५६।

३. वही, प्रकरण ५६।

४. वही, प्रकरण ५६।

५. हेमचन्द्र राय चौधरी, पो० हि० ऐं० इं०, पृष्ठ ३१७।

६. जातक, ३, २०।

७. मोतीचन्द्र, काशी का इतिहास, पृष्ठ ४५।

८. रमाशंकर त्रिपाठी, हिस्ट्री ऑफ कन्नौज, ३४३।

९. वही, पृष्ठ ३४३।

मनुस्मृति में नगर के प्रमुख अधिकारी को '**नगरसर्वार्थचिन्तक**' अर्थात् पुर में होने वाली प्रत्येक घटना की देखरेख करने वाला कहा गया है।[१] जूनागढ़ के अभिलेख में चक्रपालित का नामोल्लेख हुआ है, जो सौराष्ट्र पुर गिरिनगर का स्कन्दगुप्त-कालीन प्रमुख अधिकारी था। इस लेख के अनुसार उसके दो प्रधान कर्त्तव्य थे—(१) नगर की रक्षा[२] (२) दुष्टों का दमन।[३] इस पदाधिकारी से आशा की जाती थी कि उसका व्यवहार पुरवासियों के साथ सहानुभूति एवं आत्मीयता से परिपूर्ण हो। गिरिनगर का प्रधान अधिकारी चक्रपालित यहाँ के नागरिकों को पुत्र के समान मानता था तथा उनके दोषों को दूर करने की चेष्टा करता था।[४] इस अधिकारी के सार्वजनिक कार्यों की भी आशा की जाती थी, उदाहरणार्थ—चक्रपालित ने नागरिकों के लाभ के लिए सुदर्शनतटाक् का जीर्णोद्धार किया था। इस पद पर प्रायः बहुत योग्य व्यक्तियों की नियुक्ति की जाती थी। जूनागढ़ के लेख के अनुसार चक्रपालित सब प्रकार से योग्य तथा उसमें सम्पूर्ण वांछनीय गुण विद्यमान थे।[५] वह क्षमा, प्रभुत्व, विनय, नय, शौर्य, दाक्ष्य, दान तथा दाक्षिण्य आदि सद्गुणों का केन्द्रबिन्दु था।[६]

राजपुरुष—कौटिल्य के अर्थशास्त्र में नगर-शासन-सम्बन्धी कतिपय राजपुरुषों के नाम मिलते हैं; उदाहरणार्थ—**पण्याध्यक्ष, सुराध्यक्ष, सूनाध्यक्ष, गणिकाध्यक्ष,** तथा **नावाध्यक्ष। पण्याध्यक्ष** का प्रधान कर्तव्य नगर में बेंची जानेवाली वस्तुओं का मूल्य-निर्धारण था।[७] वह यह देखता था कि नगर के व्यापारी कहीं अनुचित प्रकार से अधिक लाभ उठाकर खरीदने वाले को ठग तो नहीं रहे हैं।[८] उसकी यह भी चेष्टा रहती थी कि जो वस्तु बेंची जाय, वह शुद्ध हो तथा उसमें किसी प्रकार की मिलावट न हो।[९] **सुराध्यक्ष** का प्रधान कर्तव्य राजकीय नियमों के अनुसार मदिरा के क्रय-विक्रय तथा प्रयोग का संचालन था। वह देखता था कि सुरालय (पानागार) में किसी प्रकार का झगड़ा तथा बेईमानी न होने पाय।[१०] **सूनाध्यक्ष** इस बात को देखता था कि मांस बेचने वाले हड्डियों को निकाल कर स्वच्छ मांस बेचते हैं अथवा नहीं।[११] यदि कोई व्यक्ति

---

१. "नगरे नगरे चैकं कुर्यात्सर्वार्थचिन्तकम्।" —मनुस्मृति, अध्याय ७, पंक्ति २४१।
२. "यः सन्नियुक्तो नगरस्य रक्षाम्।" —फ्लीट, का० इं० इं० ३, पृष्ठ ५९।
३. "अस्मिन्पुरे चैव शशास दुष्टान्" —वही, ३, पृष्ठ ५९।
४. "यो लालयामास च पौरवर्गान् स्वस्येव पुत्रान्सुपरीक्ष्य दोषान्।" —वही, ३, पृष्ठ ५९।
५. "स एव कार्त्स्येन गुणान्वितानाम् बभूव नृणामुपमानभूतः" —वही, ३, पृष्ठ ५९।
६. वही, ३, पृष्ठ ५९।
७. अर्थशास्त्र, प्रकरण ३४।
८. "स्थूलमपि च लाभं प्रजानामौपघातिकं वारयेत्" —वही, प्रकरण ३४।
९. वही, प्रकरण ४२।
१०. वही, प्रकरण ४२।
११. "मृगपशूनामनस्थिमांसं सद्योहतं विक्रणीरन्" —वही, प्रकरण ४३।

हड्डियों के साथ मांस बेंचता था, तो उसे दण्ड दिया जाता था।[१] यदि मांस के तौलने में कोई कमी करता था, तो उसे भी अर्थदण्ड दिया जाता था।[२] वह यह भी देखता था कोई कसाई बछड़ा, बैल या गाय को न काटे।[३]

गणिकाध्यक्ष का कर्तव्य गणिकाओं की आय का निर्धारण करना तथा उस पर कर लगाना था।[४] अनुचित व्यवहार के दोषी पाने पर वह गणिका तथा उसके साथ सम्बन्ध रखने वाले को दण्ड देता था। गणिका की इच्छा के विरुद्ध उसके साथ व्यवहार की इच्छा रखने वाले कामुक व्यक्ति को गणिकाध्यक्ष कठिन दण्ड देता था।[५] **नावाध्यक्ष** की नियुक्ति बन्दरगाहों में की जाती थी। उसका कर्त्तव्य विदेशी यात्रियों से शुल्क वसूल करना था।[६] राजकीय जलपोत से उतरने वाले नावाध्यक्ष को यात्रा-वेतन देते थे।[७] प्रमाणपत्र के प्रस्तुत करने पर ही विदेशी वणिकों को नगर-प्रवेश की आज्ञा मिलती थी।[८] जहाज से उतरने वाले जो यात्री व्यापार तथा बन्दरगाह के नियमों को भंग करते थे, उन्हें यह अधिकारी दण्ड देता था।[९] संदिग्ध आचरण वाले यात्री इसके द्वारा बन्दी बनाये जाते थे।[१०]

जनसंख्या—बड़े नगरों में जनसंख्या का विवरण सुरक्षित रहता था।[११] इस प्रथा के विद्यमान होने का प्राचीनतम प्रमाण मौर्य-काल में मिलता है। मेगस्थनीज़ ने पाटलिपुत्र में प्रजा के जीवन-मरण का ब्यौरा प्रस्तुत करने वाले पदाधिकारियों के होने का उल्लेख किया है।[१२] वे सर्वदा इस बात पर सतर्क रहते थे कि जन्म एवं मृत्यु का कोई लेखा सरकारी खाते में छूटने न पाय।[१३] कौटिल्य ने जनंसख्या-कार्यालय का उल्लेख किया है। उसने दो राजपुरुषों का उल्लेख भी किया है, जो जनगणना करते थे—(१) गोप तथा (२) स्थानिक। गोप नगर के दस, बीस अथवा चालीस कुलों के सदस्यों की गणना करता था।[१४] वह अपने अधिकार-क्षेत्र के प्रत्येक परिवार के पुरुषों

---

१. "अस्थिमतः प्रतिपातं दद्युः —अर्थशास्त्र, प्रकरण ४३।
२. "तुलाहीने हीनाष्टगुणम्" —वही, प्रकरण ४३।
३. "वत्सो वृषो धेनुश्चैषामवध्याः" —वही, प्रकरण ४३।
४. "भोगं दायमायव्ययमायतिं च गणिकायाः" —वही, प्रकरण ४४।
५. "अकामायाः कुमार्याः वा साहसो उत्तमो दण्डः" —वही, प्रकरण ४४।
६. "पत्तनानुवृत्तं शुल्कभागं वणिजो दद्युः" —वही, प्रकरण ४५।
७. "यात्रावेतनं राजनौभिः सपतन्तः" —वही, प्रकरण ३५।
८. "कृतप्रवेशाः पारविषयिकाः सार्थप्रमाणा वा विशेयुः" —अर्थशास्त्र, प्रकरण ४५।
९. "पण्यपत्तनचारित्रोपघातिकाश्च" —वही, प्रकरण ४५।
१०. वही, प्रकरण ४५।
११. 'मेक्रिण्डिल, खण्ड २७।
१२. वही, खण्ड २७।
१३. "दशकुलीं गोपो विंशतिकुलीं चत्वारिंशत्कुलीं वा। स तस्यां स्त्रीपुरुषाणाम् जातिगोत्र-नामकर्मभिः जंघाग्रमायव्ययो विद्यात्।" —अर्थशास्त्र, प्रकरण ५६।
१४. वही, प्रकरण ५६।

एवं स्त्रियों की जाति, गोत्र, नाम एवं व्यवसाय का ब्यौरा अपने खाते में दर्ज करता था। स्थानिक गोप से बड़ा पदाधिकारी था। उसके खाते में नगर के चारों भागों के निवासियों के नाम उल्लिखित रहते थे।[१] इन अधिकारियों को नगर के बाहर से आने वाले व्यक्तियों का भी नाम एवं पता सुरक्षित रखना पड़ता था। इसके लिये धर्मशालाओं के संचालकों को रुकने वाले यात्रियों का नाम तथा पता जनसंख्या-अधिकारियों के पास भेजना पड़ता था।[२] नागरिकों को भी अपने अतिथियों की सूचना उन्हें देनी होती थी।[३] इस प्रकार की व्यवस्था के कारण नगर में बाहरी आदमियों की संख्या तथा उनके सम्बन्ध में पूरा परिचय मिल जाता था।

नगरपालिका के कर्तव्य— नगर-शासन के लिए एक सभा होती थी, जिसे प्राचीन ग्रन्थों में 'पौर' कहा गया है। खारवेल के लेख,[४] दिव्यावदान,[५] रामायण[६] तथा कतिपय अन्य ग्रन्थों में 'पौर' का उल्लेख मिलता है। यहाँ पर जिस अर्थ में इस शब्द का प्रयोग किया गया है, उससे पुर-सभा का बोध होता है। यह सभा प्रधानतः सामूहिक लाभ की व्यवस्था करती थी। बृहस्पति के अनुसार यह नगर में 'शान्तिक कर्म' अर्थात् शान्ति की व्यवस्था करती थी। इसके अतिरिक्त 'पौष्टिक कर्म' अर्थात् नागरिकों के हित में कार्य करना इसका कर्त्तव्य समझा जाता था।[७] नगर-सभा के अन्य सार्वज़निक कार्यों में सभागृह, सरोवर, मन्दिर एवं विश्रामशाला का निर्माण तथा अनाथ एवं दरिद्रों की सहायता उल्लेखनीय है।[८] विदेशी लेखक मेगस्थनीज़ ने भी नगर-सभा का उल्लेख किया है। उसके अनुसार पाटलिपुत्र के शासन के लिए एक सभा थी, जिसमें ६ विभाग थे तथा प्रत्येक विभाग में ५ सदस्य थे। पृथक् उत्तरदायित्व के अतिरिक्त इन विभागों के कतिपय सामूहिक उत्तरदायित्व भी थे, उदाहरणार्थ, जनसाधारण के लाभ के लिए कार्य, सार्वजनिक गृहों का जीर्णोद्धार, बाजारों में मूल्य-नियन्त्रण, बन्दरगाहों का पर्यवेक्षण तथा मन्दिरों की देखभाल।[९]

जहाँ तक पृथक् उत्तरदायित्व का प्रश्न है, पहला विभाग औद्योगिक कला तथा दूसरा विदेशियों की सुविधा की देखरेख करता था। तीसरा प्रजा के जन्म एवं मरण का विवरण रखता था तथा चौथा वाणिज्य एवं व्यापार का संचालन करता था। पाँचवाँ

---

१. ''एवं दुर्गचतुर्भागं स्थानिकश्चिंतयेत्'' —वही, प्रकरण ५६।

२. वही, प्रकरण ५६।

३. वही, प्रकरण ५६।

४. ए० इं०, २०, ७१।

५. दिव्यावदान, पृष्ठ ४१०।

६. रामायण, अयोध्याकाण्ड, सर्ग १११, श्लोक १९।

७. बृहस्पतिस्मृति, ६, ३२।

८. ''सभाप्रपादेवतटाकारामसंस्कृतिः।
तथानाथदरिद्राणां संस्कारो यजनक्रिया॥'' —बृहस्पति, वीरमित्रोदय, पृष्ठ ४२५।

९. मेक्रिण्डिल, मेगस्थनीज़ ऐण्ड एरियन, खण्ड २६।

व्यावसायिक विकास का पर्यवेक्षण तथा छठा बाज़ारों में नाप-तौल की जाँच करता था।[१] नगर-सभा का एक कार्यालय होता था, जहाँ इसकी बैठक होती थी। प्रयाग के सन्निकट भीटा नामक स्थान में इस प्रकार के एक कार्यालय के भग्नावशेष प्राप्त हुए हैं।[२] नालन्दा से एक मुद्रा मिली है, जिस पर 'पुरिका' शब्द उत्कीर्ण मिलता है।[३] इससे यह निष्कर्ष निकाला जा सकता है कि नगर-सभा की एक मुद्रा भी होती थी, जिससे इस सभा के विशिष्ट लेख मुद्रित किये जाते थे।

न्याय-व्यवस्था—नगरों में न्याय-शासन का कार्य प्रधानत: राजकीय न्यायालयों द्वारा किया जाता था। मृच्छकटिक में नगर के न्यायालय को 'अधिकरणमण्डप' तथा न्यायाधीश को 'अधिकरणिक' कहा गया है।[४] अशोककालीन धौली के शिलालेख में नगर-न्यायाधीश को 'नगलवियोहालक' (नगर-व्यवहारक) कहा गया है।[५] इसकी तुलना अर्थशास्त्र के 'पौर-व्यावहारिक' से की जा सकती है।[६] नगर-न्यायाधीश के पद पर योग्य व्यक्ति की नियुक्ति की जाती थी। मृच्छकटिक में अधिकरणिक (नगर-न्यायाधीश) की योग्यता के विषय में कहा गया है कि उसे शास्त्रज्ञ, छलकपट को जानने में कुशल, वाग्मी, क्रोधरहित, शत्रु एवं मित्र दोनों के लिए समान, चरित्र देखने के अनन्तर ही उत्तर देने वाला, दुर्बलों का रक्षक, धूर्तों के लिए दण्ड का दाता, धार्मिक, निर्लोभी, वास्तविक रहस्य का प्रकाशक, दूसरों के हृदय को जानने में कुशल तथा राजा के क्रोध का निवारक होना चाहिए।[७] अधिकरणिक की सहायता के लिए कुछ और कर्मचारी भी होते थे; उदाहरणार्थ, मन्त्रणा प्रदान करने वाले कर्मचारी, दूत, गुप्तचर तथा मुहर्रिर आदि। इनसे युक्त उज्ज़यिनी के न्यायालय के गम्भीर दृश्य को देखकर चारुदत्त सहसा घबड़ा उठता है। उसे लगता है, जैसे अधिकरण उसे काटने दौड़ रहा हो। वह कहता है कि ओह! यह राजकरण (कचहरी) तो मुझे हिंसक जीवों से युक्त समुद्र सा लग रहा है। इसमें बैठे हुए चिन्तामग्न परामर्शदाता जलतुल्य तथा दूत लहरों एवं शंखों के समान प्रतीत होते हैं। इधर-उधर की विचरण करते हुए गुप्तचर नाक तथा घड़ियाल के समान लग रहे हैं। हाथी तथा घोड़ों के रूप में यह भयंकर जल-जन्तुओं से व्याप्त है। शब्द करने वाले कर्मचारी बगुले आदि हैं। लेखक भी विषैले सर्पों के समान बैठे हुए

---

१. मेक्रिण्डिल, मेगस्थनीज़ ऐण्ड एरियन, खण्ड २६।

२. आ० स० रि० १९११-१२, पृष्ठ ४७।

३. ए० इं०, २०, ७१।

४. मृच्छकटिक, अंक ९।

५. सरकार, सेलेक्ट इंसक्रिप्शंस, पृष्ठ ४१।

६. पो० हि० एं० इं०, पृष्ठ ३७१।

७. ''शास्त्रज्ञः कपटानुसारकुशलो वक्ता न च क्रोधन—
स्तुल्योमित्रपरस्वकेषु चरितं दृष्ट्वैव दत्तोत्तरः।
क्लीवान् पालयिता शठान् व्यथयिता धर्म्यो न लोभान्वितो
द्वार्भावे परतत्त्वबद्धहृदयो राज्ञश्च कोपापहः॥'' —मृच्छकटिक, अंक ९।

हैं। इसका तट नीति से जर्जरित होता हुआ प्रतीत हो रहा है।[१] अधिकरण में नगर के मुक़दमों के अतिरिक्त वे मुकदमे भी पुनः सुनवाई के लिए आते थे, जिनमें ग्राम के न्यायालय के द्वारा एक बार फैसला दिया जा चुका होता था। नगर-न्यायालय के निर्णय को दुहराने का अधिकार केवल राजा को ही था।[२]

मृच्छकटिक में नगर-न्यायालयों की कार्य-पद्धति का बहुत अच्छा वर्णन मिलता है। इस ग्रन्थ से विदित होता है कि व्यवहार-मण्डप के मुख्यद्वार के सामने एक दौवारिक नियुक्त रहता था। दण्डनायक की आज्ञा पाने पर वह घोषणा करता था कि कौन-कौन से लोग 'कार्यार्थी' अर्थात् मुकदमा दायर करना चाहते हैं।[३] इस घोषणा के उपरान्त वादी (अर्थिन्) न्यायालय में अपना वक्तव्य देता था। न्यायालय से सूचना मिलने पर प्रतिवादी (प्रत्यर्थिन्) निश्चित तिथि पर उपस्थित होता था। प्रतिवादी के उत्तर के पूर्व वादी को अपने कथन में परिवर्तन कर पूर्ण अधिकार दिया जाता था पर प्रतिवादी के उत्तर के पश्चात् उसे इसके लिए अनुमति नहीं मिलती थी।[४] न्यायालयों में प्रमाण भी लिया जाता था। बिना प्रमाण का निर्णय ठीक नहीं माना जाता था।[५] इसके लिए गवाही ली जाती थी। सभी प्रकार के मनुष्यों की गवाही ठीक नहीं मानी जाती थी। केवल तपस्वी, दानशील, कुलीन, सत्यवादी, ऋजु, पुत्रवान्, धर्मप्रधान तथा धनिक व्यक्तियों का प्रमाण ठीक माना जाता था।[६] स्त्री, बालक, वृद्ध, पाखण्डी, उन्मत्त तथा लूले एवं लँगड़े प्रमाण के अयोग्य माने जाते थे।[७] गवाह से सत्य की आशा की जाती थी। मेगस्थनीज़ ने लिखा है कि प्रमाण देने वाला व्यक्ति यदि झूठे बयान में पकड़ा जाता था, तो उसे अंगच्छेद की सजा दी जाती थी।[८] लोगों का विश्वास था कि गवाही में सत्य बोलने वाला साक्षी मरने पर श्रेष्ठ लोकों को प्राप्त करता है और इस लोक में उत्तम कीर्ति पाता है। ब्रह्मादि देवता भी सत्यवाणी से उसका सत्कार करते हैं।[९]

---

१. ''चिन्तासक्तनिमग्नमंत्रिसलिलं दूतोर्मिशंखाकुलम्
पर्यन्तस्थितचरनक्रमकरं नागाश्चहिंसाश्रयम्।
नानावाशककंकपक्षितरचितं कायस्थसर्पास्पदम्
नीतिक्षुण्णतटं च राजकरणं हिंस्रैः समुद्रायते॥'' —मृच्छकटिक, अंक ९, १४।

२. ''ग्रामे दृष्टः पुरे याति पुरे दृष्टस्तु राजनि'' —यौली नारद, ९, ११ (पादटिप्पणी)।

३. मृच्छकटिक, अंक ९।

४. नारद, २, ७।

५. वही, १, १४।

६. ''तपस्विनो दानशीलाः कुलीनाः सत्यवादिनः।
धर्मप्रधाना ऋजवः पुत्रवन्तो धनान्विताः॥'' —याज्ञवल्क्य, २, ६८।

७. याज्ञवल्क्य, २, ६८।

८. मेक्रिण्डिल, मेगस्थनीज़, खण्ड २७।

९. ''सत्यं साक्ष्ये ब्रुवन्साक्षी लोकानाप्नोति पुष्कलान्।
इह चानुत्तमाम् कीर्तिं वागेषा ब्रह्मपूजिता॥'' मनुस्मृति, ८, ८१।

नगर-न्यायालय में शपथ-ग्रहण की भी प्रथा प्रचलित थी। ब्राह्मण को सत्य, वैश्य को गऊ, बीज एवं सुवर्ण तथा शूद्र को सब पापों का शपथ लेना पड़ता था।[१] झूठा शपथ लेने वाला निन्दा तथा धिक्कार का भाजन बनता था। मृच्छकटिक में अधिकरणिक झूठा शाप लेने वाले शकार को फटकारता है कि अरे नीच! तू वेदों की शपथ ले रहा है, तब भी तेरी जिह्वा कट कर नहीं गिरती? तू मध्याह्न में सूर्य को देख रहा है तो भी तेरी दृष्टि विचलित नहीं हुई? प्रदीप्त अग्नि में तू हाथ दे रहा है, परन्तु तेरा हाथ दग्ध नहीं हुआ? तू निर्दोष चारुदत्त को चरित्रभ्रष्ट बता रहा है, तब भी तेरे शरीर का पृथ्वी हरण नहीं कर रही है?[२] चार प्रकार की दिव्य परीक्षाएँ प्रचलित थीं—(१) विष-परीक्षा, (२) जल-परीक्षा, (३) तुला-परीक्षा तथा (४) अग्नि-परीक्षा। मृच्छकटिक में चारुदत्त इन चारों दिव्य परीक्षाओं के प्रयोग के लिए प्रस्तुत दिखाया गया है।[३]

नगर-न्यायालयों में निर्णय देने के लिए मुकदमों की काफी छानबीन की जाती थी, ताकि व्यक्ति के साथ किसी प्रकार का अन्याय न हो जाय। इस सम्बन्ध में लिच्छवियों के गणराज्य की राजधानी वैशाली में एक बहुत बड़ी विशेषता थी। वहाँ पर एक ही मुकदमे को एक दूसरे से बड़े नगर के सात न्यायालय क्रमशः देखते थे। यदि उनमें सभी अभियुक्त को अपराधी पाते थे, तभी उसे दण्ड दिया जाता था।[४] पर इनमें से एक भी उसे यदि निर्दोष मानता था, तो वह अपराधमुक्त घोषित किया जाता था।[५]

यद्यपि न्यायाधीश अपने क्षेत्र में पूर्ण रूप से स्वतन्त्र था, तथापि राजकीय प्रभाव में आ जाने के कारण पक्षपातरहित निर्णय देना कभी-कभी उसे दुष्कर हो जाता था। मृच्छकटिक में प्रतिकूल निर्णय की आशंका रखने वाला राज्यश्याल शकार नगर-न्यायाधीश को राजा से पदच्युत कराने की धमकी देता है।[६] इस कारण वह दण्डनायक निर्दोष चारुदत्त को ही दण्ड देता है। सच्चे न्याय का इस प्रकार गला घुट जाने पर लोग उसे धिक्कारते हैं।[७] स्वयं चारुदत्त उसे फटकार लगता हुआ कहता है कि ऐसा

---

१. "सत्येन शापयेद्विप्रं क्षत्रियं वाहनायुधैः।
गोवीजकांचनैर्वैश्यं शूद्रं सर्वैस्तु पातकैः।" —वही, ८, ११३।

२. "वेदार्थान् प्राकृतस्त्वं वदसि, न च ते जिह्वा निपतिता
मध्याह्ने वीक्षसेऽर्कं, न तव सहसा दृष्टिर्विचलिता।
दीप्ताग्नौ पाणिमन्तः क्षिपसि, स च ते दग्धो भवति नो
चारित्र्याच्चारुदत्तं जलयसि, न ते देहं हरति भूः॥" —मृच्छकटिक, अंक ९, २१।

३. "विषसलिलतुलाग्निप्रार्थितं मे विचारे।" —वही, अंक ९।

४. जायसवाल, हिन्दू पॉलिटी, पृष्ठ ४९।

५. वही, पृष्ठ ४९।

६. मृच्छकटिक, अंक ९।

७. "दुर्ब्बलं नृपतेश्चक्षुर्नैतत् तत्वं निरीक्षते।" —मृच्छकटिक, अंक ९।

न्यायाधीश काक को श्वेत बता सकता है, न्याय को दूषित कर सकता है तथा सहस्त्रों निर्दोष व्यक्तियों की हत्या कर सकता है।[१]

अभियुक्त को मृत्युदण्ड प्रायः नगरों में ही दिया जाता था, क्योंकि इसके लिए वहीं पर व्यवस्था की जाती थी। मृत्युदण्ड के लिए जो तैयारियाँ की जाती थीं, उसका बहुत सुन्दर वर्णन मृच्छकटिक में मिलता है। इसके अनुसार चारुदत्त (जिसको शूली पर चढ़ाना था) को चण्डालों ने कनैल पुष्प की एक माला पहना दी[२] तथा उसके सारे शरीर में लाल चन्दन के थोप लगाकर एवं काले तिलों के चूर्ण से व्याप्त कर बलि के पशु के समान बना दिया।[३] इस अवस्था में चारुदत्त को वध्यस्थान की ओर ले जाते देखकर नागरिक आँखों में आँसू भर कर चिल्ला रहे थे कि तुम स्वर्ग प्राप्त करो।[४] प्रासादों के झरोखों से स्त्रियाँ अपने मुख को निकाल कर उसे देखती हुई 'हा चारुदत्त!' इस प्रकार विलापपूर्ण परनालों के समान आँखों से आँसू बरसा रही थीं। कभी-कभी इस प्रकार के अपराधी के साथ उदारता भी दिखाई जाती थी।[५] अशोक ने ऐसे अपराधियों को आत्मशुद्धि के लिए तीन दिन का विश्राम प्रदान किया था।[६] ब्राह्मणों को मृत्युदण्ड से कभी-कभी छूट दी जाती थी। मनुस्मृति में कहा गया है कि ब्राह्मण के वध से बढ़कर इस संसार में कोई पाप नहीं है। राजा को ब्राह्मण का वध मन से भी नहीं सोचना चाहिये।[७] पापी से पापी ब्राह्मण को नहीं मारना चाहिये। उसे समस्त धन के साथ केवल देश से बाहर निकाल देना चाहिये।[८] मृच्छकटिक में उज्जयिनी का न्यायाधीश मनु को प्रमाण मान कर अभियुक्त चारुदत्त को पहले देशनिष्कासन का दण्ड निर्धारित करता है।[९]

---

१. "ईदृशैः श्वेतकाकीयैः राज्ञः शासनदूषकैः।
अपापानां सहस्त्राणि हन्यते च हतानि च॥" —वही, अंक ९, ४१।

२. "दत्तकरवीरदामागृहीतआवाभ्यांबध्यपुरुषाभ्याम्॥" —वही, अंक १०।

३. "सर्वगात्रेषु विन्यस्तै रक्तचन्दनहस्तकैः।
पिष्टचूर्णावकीर्णश्च पुरुषोऽहं पशुकृतः॥" —वही, अंक १०।

४. "स्वर्गं लभस्वेति वदन्ति पौराः।" —वही, अंक १०।

५. "एताः पुनर्हर्म्यगताः स्त्रियो मां वातायनार्धेन विनिःसृतास्याः॥
हा चारुदत्तेत्यभिभाषमाणा वाष्पं प्रणालीभिरिवोत्सृजन्ति॥"
—मृच्छकटिक, अंक १०।

६. सरकार, सेलेक्ट इंसक्रिप्शंस, पृष्ठ ६०।

७. "न ब्राह्मणवधात् भूयान्धर्मो विद्यते भुवि।
तस्मादस्य वधं राजा मनसापि न चिन्तयेत्॥" —मनु, ८, ३८१।

८. "न जातु ब्राह्मणं हन्यात् सर्वपापेष्वपिस्थितम्।
राष्ट्रादेनं बहिर्कुर्यात् समग्रधनमक्षतम्॥" —वही ८, ३८०।

९. "अयं हि पातकी विप्रो न वध्यो मनुरब्रवीत।
राष्ट्रादस्मातु निर्वास्यो विभवैरक्षतैः सह॥" —मृच्छकटिक, अंक ९, ३९।

स्थानीय समितियों के कर्तव्य—इस स्थान पर उल्लेखनीय है कि नगर के न्यायालयों में बहुधा बड़े मुकदमे ही निर्णय के लिए आते थे। छोटे मुकदमों का फैसला प्राय: स्थानीय समितियों एवं समुदायों द्वारा किया जाता था। इनमें तीन विशेष रूप से उल्लेखनीय हैं—(१) श्रेणी, (२) पूग तथा (३) कुल। इन तीनों समितियों को अपने-अपने क्षेत्रों में निर्णय देने का अधिकार राज्य की ओर से प्राप्त था।[१] इन समितियों के प्रधान ही निर्णय देने का काम करते थे।[२] परिच्छेदान्तर में इस बात का उल्लेख किया गया है कि व्यावसायिक समिति को 'श्रेणी' कहा जाता था तथा इस समिति के कुछ रीतिरिवाज़ थे, जिन्हें स्मृतियों में श्रेणीधर्म कहा गया है। यह समिति श्रेणी-धर्म के अनुसार अपने सदस्यों के झगड़े का निपटारा करती थी। पूग, नगर में रहने वाली विभिन्न जातियों की समितियों को कहा जाता था।[३] कुल, सम्भवत: एक ही परिवार के सदस्यों के समूह को कहा जाता था। श्रेणी के समान पूग तथा कुल के भी निश्चित नियम थे, जिन्हें क्रमश: पूगधर्म तथा कुलधर्म कहा जाता था। इन विभिन्न धर्मों को राज्य की ओर से मान्यता प्राप्त थी।[४] इन्हीं के अनुसार ये समितियाँ अपने सदस्यों के झगड़ों में फैसला देती थीं। यदि कुल, जाति तथा श्रेणी के सदस्य अपने धर्म का पालन नहीं करते थे, तो राज्य उन्हें दण्ड देता था।[५]

स्वच्छता-व्यवस्था—नागरिकों के स्वास्थ्य की परीक्षा के लिए नगर के भीतर स्वच्छता की व्यवस्था की जाती थी। प्रधान राजमार्गों पर थूकना, मूत्रत्याग तथा पुरीषोत्सर्ग अपराध माना जाता था।[६] कौटिल्य ने नगर के भीतर सफाई को बहुत अधिक महत्ता प्रदान की है। उनका मत है कि यदि कोई व्यक्ति राजमार्ग पर गन्दगी इकट्ठा करने का प्रयत्न करे, तो उससे पण का आठवाँ भाग दण्ड के रूप में वसूल किया जाय।[७] सड़क पर मरे हुए मनुष्य अथवा जानवर का शरीर फेंकने वाले को कठोर दण्ड का भागी बनना पड़ता था।[८] अधिक सफाई की दृष्टि से मुर्दे नगर में उसी मार्ग से ले

---

१. ''नृपेणाधिकृता: पूगा: श्रेणयोऽथ कुलानि च॥'' —याज्ञवल्क्यय, २, ३०।

२. ''कुलश्रेणिगणाध्यक्षा: प्रोक्ता निर्णयकारका:।''
—बृहस्पतिस्मृति, पृष्ठ १६, पंक्ति १८५ (गायकवाड़-प्रकाशन)। द्रष्टव्य—मेरा लेख, सिविक ऐडमिनिस्ट्रेशन इन ऐंशेण्ट इण्डिया, उत्तर भारती, पृष्ठ ४५, जिल्द १०, संख्या १, १९६४।

३. ''पूगा: समूहा: भिन्नजातीनाम्।'' —मिताक्षरा।

४. मनु, ८, ४१।

५. ''कुलानि जाती: श्रेणीश्च गणान्जानपदानपि।
स्वधर्माच्चलितान्राजा विनीय स्थापयेत्पथि॥'' —याज्ञवल्क्य, १, ३६०।

६. याज्ञवल्क्य, १, १३४।

७. ''पांसुन्यासे रथ्यायामष्टभागो दण्ड:॥'' —अर्थशास्त्र, प्रकरण, ५८।

८. अर्थशास्त्र, प्रकरण ५८।

जाये जाते थे, जो कि इसके लिए निर्दिष्ट होता था।[१] शव को श्मशान पर ही जलाया जाता था, अन्यत्र जलाने पर दण्ड दिया जाता था।[२] जनता के स्वास्थ्य की रक्षा के लिए औषधालयों का निर्माण किया जाता था और इनमें औषधियों के नि:शुल्क वितरण की व्यवस्था की जाती थी। औषधियों के लाभ के लिए स्थान-स्थान पर राज्य की ओर से सुप्रसिद्ध जड़ी-बूटियों का आरोपण किया जाता था। अशोक ने अपने एक लेख में कहा है कि ''पशुओं एवं मनुष्यों के लिए लाभकारी औषधियाँ जहाँ-जहाँ नहीं थीं, वहाँ-वहाँ मैंने लगवा दीं।''[३] जनस्वास्थ्य को अधिक ठीक रखने के लिए चेष्टा की जाती थी कि अशुद्ध पदार्थ बाज़ारों में न बेंचे जायँ। जो लोग इस प्रकार के दोष में पकड़े जाते थे, उन्हें कठिन दण्ड दिया जाता था।[४] इस प्रकार की व्यवस्था के कारण नागरिक काफी सुरक्षा का अनुभव करते होंगे।

कर-व्यवस्था—नगर में वसूल किये जाने वाले करों में दो विशेष रूप से उल्लेखनीय हैं—(१) वाणिज्य-कर तथा (२) उद्योग-कर। वाणिज्य-कर बनियों से लिया जाता था। वाणिज्य-कर में चुंगी, माप तथा तौल पर लिया जाने वाला कर तथा बिक्री-कर उल्लेखनीय हैं। चुंगी को शुल्क कहा जाता था। शुल्क राजभाग के रूप में ग्रहण किया जाता था।[५] चुंगी लेने वाले पदाधिकारी को शुल्काध्यक्ष कहते थे। शुल्काध्यक्ष का कार्यालय नगर के प्रवेश-द्वार पर स्थित होता था। इसके कार्यालय के ऊपर एक ऊँची पताका लगी रहती थी।[६] सौदागरों से नाम, पता, बेचने वाली वस्तुओं की संख्या तथा तौल आदि पूछ लेने के उपरान्त शुल्काध्यक्ष उन्हें नगर के अन्दर जाने की आज्ञा देता था।[७] यदि कोई सौदागर शुल्क को बिना दिये हुए धोखा देकर निकल जाने का प्रयास करता था, तो उसे उचित कर का कई गुना दण्ड के रूप में देना पड़ता था। अर्थशास्त्र के अनुसार ऐसे सौदागर से उचित कर का आठ गुना दण्ड के रूप में वसूल किया जाय।[८] कभी-कभी नगर के बाज़ारों में भी व्यापारियों से शुल्क वसूल

---

१. **अर्थशास्त्र, प्रकरण ८५**

२. **''श्मशानादन्यत्र न्यासे दहने च द्वादशपणो दण्डः॥''   —वही, प्रकरण, प्रकरण ५८**

३. **''ओसुदानि च यानि मनुसोपगानि च पसोपगानि च यत् तत् नास्ति सर्वत्र हारापितानि च रोपापितानि च।''   —का० इं० इं०, पृष्ठ २।**

४. **अर्थशास्त्र, प्रकरण ३४।—द्रष्टव्य—मेरा लेख, सिविक ऐडमिनिस्ट्रेशन इन ऐंशेण्ट इण्डिया, उत्तर भारती, पृष्ठ ४९, जिल्द १०, संख्या १, अप्रैल, १९६३।**

५. **''राजभागः शुल्कमुदाहृतम्।''   —शुक्रनीति, अध्याय ४, प्रकरण २, १०८।**

६. **''शुल्काध्यक्षः शुल्काशालाध्वजं—महाद्वाराभ्याशे निवेशयेत्''**
—अर्थशास्त्र, प्रकरण ३९।

७. **वही, प्रकरण ३९।**

८. **''ध्वजमूलमतिक्रान्तानां चाकृतशुल्कानां शुल्कादष्टगुणो दण्डः''**
—अर्थशास्त्र, प्रकरण ३८।

करने के लिए राजपुरुष घूमते रहते थे। मृच्छकटिक में कहा गया है कि नगरों में व्यापारी तथा उनकी दूकान के आसपास शुल्क वसूल करने वाले राजकीय कर्मचारी वैसे ही चक्कर काटते हैं, जिस प्रकार भौंरे वृक्ष तथा उसके पुष्पों के चतुर्दिक् मँडराते हैं।[१] विष्णुस्मृति में कहा गया है जो माल स्वदेश से आता हो, उसका दसवाँ भाग चुंगी के रूप में लिया जाय। जो माल विदेश से आता हो, उसका बीसवाँ भाग चुंगी के रूप में लिया जाय।[२]

नगर में व्यवहार में आने वाले माप एवं तौल को भली-भाँति जाँचकर उन पर राजकीय मुहर लगाई जाती थी तथा इस रूप में उन्हें प्रमाणित किया जाता था। इसके लिए बनियों को कर देना पड़ता था। अर्थशास्त्र में इसे 'प्रातिवेधनिक कर' कहा गया है। इस ग्रन्थ के अनुसार यह कर केवल चारमासा था।[३] जो वणिक् अपने माप अथवा तौल पर मुहर नहीं लगवाता था, उसे साढ़े २७ पण का दण्ड लगाना कौटिल्य की दृष्टि में सम्मत था।[४] अर्थशास्त्र में विक्रय पर कर लगाने का उल्लेख किया गया है। इसके अनुसार तुला पर तौल कर बेंची जाने वाली वस्तु का बीसवाँ भाग कर के रूप में वसूल किया जाय[५] तथा जो वस्तुएँ गिन कर बेंची जायँ, उनका ग्यारहवाँ भाग कर के रूप में लिया जाय।[६] उद्योग-कर कारीगरों से लिया जाता था। यही कारण है कि अभिलेखों में इसे कारुकर (कारीगरों से लिया जाने वाला कर) कहा गया है। यह कर दो रूपों में लिया जाता था—(१) विष्टि अर्थात् बेगार के रूप में तथा (२) द्रव्य के रूप में। विष्टि छोटे कारीगरों से ली जाती थी—उदाहरणार्थ—कुम्हार, बढ़ई तथा लोहार। स्मृतियों में कहा गया है कि राजा छोटे कारीगरों से महीने में एक बार सार्वजनिक कार्यों में विष्टि ले सकता था।[७] पर बड़े कारीगरों से कर द्रव्य के रूप में लिया जाता था। इनमें सुनार, जुलाहे तथा शराब बनानेवाले आते थे। कौटिल्य के अनुसार शराब बनाने वाले पाँच प्रतिशत कर देते थे।[८]

---

१. ''वणिजा इव भान्ति तरवः पण्यानीव स्थितानि कुसुमानि।
शुल्कमि साध्यन्ते मधुकरपुरुषाः प्रविचरन्ति॥''
—मृच्छकटिक, अंक ७, श्लोक १।

२. ''स्वदेशपण्याच्च शुल्कांश्च दशमादद्यात्।
परदेशपण्याच्च विंशतितमम्॥'' —विष्णुस्मृति, अध्याय ३, पृष्ठ १२।

३. ''चतुर्मासिकं प्रातिवेधनिकं कारयेत्।'' —अर्थशास्त्र, प्रकरण ३७।

४. ''अप्रतिविद्धस्यात्ययः सपादः सप्तविंशतिपणः'' —वही, प्रकरण ३७।

५. ''विंशतिभागस्तुलामानम्'' —वही, प्रकरण ३५।

६. ''गण्यपण्यानामेकादशभागः'' —वही, प्रकरण ३५।

७. ''कारुकांछिल्पिनश्चैव शूद्रांश्चात्मोपजीविनः।
एकैकं कारयेत् कर्म मासि मासि महीपतिः॥'' —मनुस्मृति, ७, १३८।

८. ''अराजपण्याः पंचकं शतं शुल्कं दद्युः'' —अर्थशास्त्र, प्रकरण, ४२।

रक्षा-व्यवस्था—नागरिकों की रक्षा के लिए राज्य की ओर से कई प्रकार की व्यवस्थाएँ की जाती थीं, उदाहरणार्थ—चोरी से बचाव के लिए पहरेदारों की नियुक्ति की जाती थी। नगर के पहरेदारों को 'नगररक्षिन्' कहा जाता था।[१] ये रात्रि के समय कड़ा पहरा देते थे। मृच्छकटिक में कहा गया है कि काफी रात बीत जाने पर भी नगर के राजमार्गों पर पहरेदार घूमते रहते थे।[२] यदि ये चोर का पता लगाने में असमर्थ सिद्ध होते थे, तो इन लोगों को बहुत कड़ा दण्ड दिया जाता था।[३] नागरिकों की अधिक सुरक्षा की दृष्टि से कभी-कभी रात्रि के द्वितीय प्रहर में राजमार्गों पर चलना निषिद्ध घोषित कर दिया जाता था। अर्थशास्त्र में कहा गया है कि रात्रि के द्वितीय प्रहर के प्रारम्भ में भेरिवादन होता था तथा उसके उपरान्त तृतीय प्रहर के अन्त तक नागरिक घर के बाहर नहीं निकल सकते थे।[४] मृच्छकटिक से विदित होता है कि रात्रि के भ्रमण-निषिद्ध प्रहर में नगर-पदाधिकारियों के अतिरिक्त कोई भी व्यक्ति राजमार्गों पर नहीं चल सकता था।[५] केवल आवश्यक कार्यों तथा आकस्मिक घटनाओं के आ पड़ने पर ही नागरिकों को घर से बाहर निकलने का अधिकार दिया जाता था—उदाहरणार्थ, मृतक शरीर के साथ श्मशान-भूमि को प्रस्तुत व्यक्ति तथा रोगी को देखने के लिए जाने वाले चिकित्सक नहीं रोके जाते थे।[६] इस प्रकार के व्यक्तियों को यदि नगर के पहरेदार रोकते थे, तो उन्हें कड़ा दण्ड दिया जाता था।[७]

नगर के व्यापारियों की सुरक्षा का भार राज्य अपने ऊपर लेता था। एक जातक में स्पष्ट शब्दों में कहा गया है कि राजा व्यापारियों के कल्याण के लिए उनकी सुरक्षा की व्यवस्था करता था।[८] यह व्यवस्था उस समय नहीं रह जाती थी, जिस समय राजा के अभाव में चतुर्दिक् अराजकता का साम्राज्य फैल जाता था। रामायण में कहा गया है कि भूप-विहीन साम्राज्य में व्यापारी असुरक्षा का अनुभव करने लगते हैं तथा परिणाम-स्वरूप वे माल के साथ नगर के बाहर नहीं निकलते।[९]

नगरों की आग बुझाने के लिए कभी-कभी एक विभाग की नियुक्ति की जाती थी। इस विभाग में कार्य करने वालों को बस्ती के एक ही भाग में रहना पड़ता था।

---

१. मृच्छकटिक, अंक १।
२. "राजमार्गो हि शून्योऽयं रक्षिणः संचरन्ति च" —वही, अंक १।
३. अग्निपुराण, पृष्ठ ७९१ (मन्मथनाथ-अनूदित)।
४. अर्थशास्त्र, प्रकरण ५६।
५. मृच्छकटिक, अंक १।
६. अर्थशास्त्र, प्रकरण ५६।
७. वही, प्रकरण ५६।
८. जातक, ४, १३५।
९. "नाराजके जनपदे वणिजो दूरगामिनः।
गच्छन्ति क्षेममध्वानं बहुपण्यसमन्विताः॥" —बालकाण्ड, सर्ग ६७, २२।

सावधानी के लिए ये लोग पहले से ही जल से भरे हुए घड़ों को नगर के प्रधान राजमार्गों तथा चतुष्पथों पर बगल में एक ही स्थान पर रख देते थे।[१] आग बुझाने के कार्य में इन लोगों की सहायता नागरिकों को भी करनी पड़ती थी। जो नागरिक इस कार्य में सहायता नहीं करता था, उसे राजकीय दण्ड का भागी बनना पड़ता था। अर्थशास्त्र में कहा गया है कि ऐसे नागरिक को १२ पण का दण्ड दिया जाये।[२]

दैवी आपत्तियों के आ जाने पर राज्य नागरिकों की यथेष्ट सहायता करता था। महामारी के प्रकोप से पीड़ित, दीन एवं असहाय व्यक्तियों को राजकीय सहायता औषधि एवं द्रव्य के रूप में दी जाती थी।[३] दुर्भिक्ष के अवसर पर नागरिकों में दान का वितरण किया जाता था।[४] बाढ़-पीड़ितों को भी सहायता पहुँचायी जाती थी।[५]

जन स्वास्थ्य— जनस्वास्थ्य की रक्षा के विषय में कुछ महत्त्वपूर्ण विदेशी उल्लेख मिलते हैं। यूनानी राजदूत मेगस्थनीज़ लिखता है कि पाटलिपुत्र की नगरपालिका की दूसरी समिति विदेशियों के स्वास्थ्य की देख-रेख करती थी। जब वे बीमार पड़ते थे, तो उनके ओषधि की व्यवस्था करती थी। उनके मरने पर उनकी अन्तिम क्रिया का प्रबन्ध तथा सम्पत्ति को उनके सम्बन्धियों के पास पहुँचा देना इसी समिति का कर्त्तव्य था।[६] फाह्यान ने लिखा है कि ''देश के धनिक वैश्यों ने नगरों में चिकित्सालयों का निर्माण किया था। इनकी दीवालों पर संस्थापकों के नाम उत्कीर्ण किये जाते थे। इनमें दीन एवं असहाय व्यक्तियों को औषधियाँ निःशुल्क मिलती थीं।''[७]

हाट नियन्त्रण— हाट-नियन्त्रण नगर-शासन का अभिन्न अंग था। मेगस्थनीज़ लिखता है कि ''पाटलिपुत्र की सभा की चतुर्थ समिति का कार्य बाज़ारों का पर्यवेक्षण था। इसके सदस्य वहाँ की बाज़ारों में प्रयोग में आने वाले माप एवं तौल का समय-समय पर निरीक्षण करते थे। वे एक व्यापारी को केवल एक ही प्रकार की वस्तुओं को बेंचने देते थे।[८] कौटिल्य के द्वारा उल्लिखित पण्याध्यक्ष नामक कर्मचारी की चर्चा पहले की जा चुकी है, जो बाज़ारों में अपना कठोर नियन्त्रण स्थापित रखता था। उसका भी कार्य नाप-तौल की परीक्षा करना तथा धोखेबाज़ बनियों को दण्ड देना था।[९] इससे

---

१. ''असंपतिनो रात्रौ रथ्यासु,कपटव्रजास्सहस्त्रं तिष्ठेयुः चतुष्पथे द्वारे राजपरिग्रहेषु च।''
—अर्थशास्त्र, प्रकरण ५६।

२. ''प्रदीप्तमनभिधावतो गृहस्वामिनो द्वादशपणो दण्डः'' —वही, प्रकरण ५६।

३. वही, प्रकरण ७८।

४. वही, प्रकरण ७८।

५. वही, प्रकरण ७८।

६. मेक्रिण्डिल, मेगस्थनीज़, खण्ड २६।

७. गाइल्स, फाह्यान, पृष्ठ ५९।

८ मेक्रिण्डिल, मेगस्थनीज़, खण्ड २६।

९. अर्थशास्त्र, प्रकरण ३४।

लगता है कि मौर्य-काल से ही भारतीय बाज़ारों में राजकीय नियन्त्रण का कार्य बड़ी कड़ाई के साथ होना प्रारम्भ हो चुका था।

व्यवसाय नियन्त्रण— भारतीय नगर व्यवसाय के केन्द्रबिन्दु थे, अतएव शासन की दृष्टि से उद्योगधन्धों के ऊपर राजकीय नियन्त्रण आवश्यक था। मेगस्थनीज़ के अनुसार पाटलिपुत्र की सभा की प्रथम समिति नगर-व्यवसाय का पर्यवेक्षण करती थी।[१] कौटिल्य के अर्थशस्त्र में व्यवसाय के ऊपर नियन्त्रण रखने वाले राजपुरुषों के उल्लेख मिलते हैं; उदाहरणार्थ—सुराध्यक्ष, जिसके कार्यों का विवरण इस परिच्छेद के प्रारम्भ में दिया जा चुका है। राज्य औद्योगिक विकास के लिए प्रयत्न करता था। मेगस्थनीज़ लिखता है कि ''यदि कोई व्यक्ति किसी कारीगर को क्षति अथवा शारीरिक हानि पहुँचाता था, तो उसे मृत्युदण्ड दिया जाता था।''[२] कौटिल्य ने लिखा है कि राज्य व्यावसायिकों की सुरक्षा की व्यवस्था करता था।[३]

नगर-सीमा का रक्षण—सुरक्षा की दृष्टि से नगर-सीमाओं पर गहरी परिखा एवं उच्च प्राकार का निर्माण किया जाता था। इस बात का उल्लेख किया जा चुका है कि पाटलिपुत्र की परिखा ६०० फीट चौड़ी तथा ५५ फीट गहरी थी। प्राकार की चोटी पर नगर-रक्षा के हेतु विभिन्न शस्त्र एकत्र किय जाते थे। पुर पर आक्रमण के समय नगर-रक्षक प्राकार-शिखर पर से इन शस्त्रों को नीचे की शत्रु-सेना के ऊपर फेंकते थे।[४] कुछ रात्रि के व्यतीत हो जाने पर नगर के फाटक बन्द कर दिये जाते थे। जो यात्री रात में देर को पहुँचते थे, उन्हें फाटक पर रोक दिया जाता था। दूसरे दिन सूर्योदय होने पर उन्हें नगर-प्रवेश की आज्ञा मिलती थी। वाराणसी के नगर में इस प्रकार की व्यवस्था के होने का उल्लेख जातकों में मिलता है।[५] कौटिल्य ने अर्थशास्त्र में अन्तपाल (सीमारक्षक राजपुरुष) नामक कर्मचारी का उल्लेख किया है। वह नगर में आनेवाली विदेशी सामग्री का निरीक्षण करता एवं उस पर अपनी मुहर लगाता था। खोटी वस्तुओं के छिपाने पर वह अपराधी को आठ गुना दण्ड देता था। उत्तम कोटि की वस्तुओं के छिपाने पर उससे भी कड़ा दण्ड दिया जाता था। सन्दिग्ध आचरण तथा हानि पहुँचाने वाले व्यक्तियों को वह नगर में आने से रोकता था।[६]

धर्मशालाओं का प्रबन्ध— चीनी यात्री फाह्यान ने उत्तरी भारत के नगरों में धर्मशालाओं के विद्यमान होने का उल्लेख किया है। वहाँ पर रुकने वाले यात्रियों को किसी प्रकार का विश्राम-शुल्क नहीं देना पड़ता था। धर्मशालाओं की स्थापना बहुधा

---

१. मेक्रिण्डिल, मेगस्थनीज़, खण्ड २६।

२. वही, खण्ड २६।

३. अर्थशास्त्र, प्रकरण ३४।

४. अर्थशास्त्र, पृष्ठ ५६ (शामा शास्त्री-अनूदित)।

५. जातक, संख्या १६४।

६. अर्थशास्त्र, प्रकरण ३४।

धनिक वैश्यों के द्वारा पुण्यार्जन के निमित्त की गई थी।[१] कौटिल्य ने लिखा है कि धर्मशालाओं के व्यवस्थापकों को उनमें रुकने वाले यात्रियों का नाम, पता तथा अन्य विवरण अपने खाते में सुरक्षित रखना पड़ता था। इनमें अवांछित एवं अशुद्ध आचरण वाले व्यक्तियों को रुकने नहीं देते थे।[२] शुक्रनीति में धर्मशालाओं के सम्बन्ध में कुछ महत्त्वपूर्ण उल्लेख मिलते हैं। इस ग्रन्थ के अनुसार इनके संचालक इनमें विश्राम की इच्छा रखने वाले यात्रियों के नाम, कुल, जाति तथा पता आदि के विषय में प्रश्न पूछकर उनके सम्बन्ध में पहले पूरी जानकारी प्राप्त कर लेते थे। अपनी विवरण-पत्रिका में उनका पूरा ब्यौरा उल्लिखित कर लेने के पश्चात् उनको इनमें रुकने की आज्ञा देते थे। रात्रि में धर्मशालाओं के दरवाज़े बन्द हो जाते थे। द्वार-रक्षक इन पर कठोर पहरा देते थे। इनके व्यवस्थापकों को नगर के जनसंख्या-कार्यालय में यात्रियों के विषय में सूचना देनी पड़ती थी। इस प्रकार पुर में आने वाले नवागन्तुक सरकार को किसी प्रकार से भी धोखा नहीं दे सकते थे।[३]

गुप्तचर— नगर के पदाधिकारियों को गुप्त सूचना प्रदान करने के लिए गुप्तचरों की नियुक्ति की जाती थी। कौटिल्य का कथन है कि नगर के भीतर गुप्तचर अपने वेष को तीन प्रकार से बदल कर घूमें—(१) सिर मुँड़ा कर (मुण्ड:), (२) जटाजूट बाँधकर (जटिल:) तथा (३) तपस्वी का रूप धारण कर (तापसव्यंजना:)।[४] नीतिसार में भी कहा गया है कि जासूस (चर) तपस्वी, धूर्त, सौदागार तथा व्यवस्थापक का वेष बनाकर घूमें। बस्ती के प्रत्येक भाग में हर छोटी बड़ी बात की सूचना लेने के लिए उन्हें घूमना पड़ता था।[५] अपराधियों के मन में गुप्तचर का आतंक सर्वदा बना रहता था।[६] मृच्छकटिक में एक अपराधी नगर-गुप्तचर के भय से आतंकित दिखाया गया है।[७] नीतिसार में गुप्तचर को 'नृपतिचक्षु' कहा गया है।[८] इस उक्ति का कारण यह है कि वास्तव में इन्हीं के द्वारा सम्राट् प्रत्येक घटना का अवलोकन करता था।

जल-वितरण— नागरिकों की जल-प्राप्ति की सुविधा के निमित्त प्रत्येक नगर में सरोवर विद्यमान थे। तटाक-निर्माण एक पुनीत कार्य समझा जाता था। अफसढ़ के लेख से ज्ञात होता है कि उत्तर गुप्त नरेश आदित्यसेन की पत्नी श्रीमती कोणदेवी ने अपने

---

१. गाइल्स, फाह्यान, पृष्ठ ४५।

२. अर्थशास्त्र, प्रकरण ५६।

३. शुक्रनीतिसार, अध्याय २।

४. अर्थशास्त्र, प्रकरण ७।

५. ''तपस्विलिंगिनो धूर्ता: शिल्पपण्योपजीविन:'' —नीतिसार, १९, पंक्ति ३९।

६. ''चराश्चरेयु: परित: पिबन्तो जगतां मतम्'' —वही, १९, पंक्ति ४०।

७. ''नरपतिपुरुषाणां दर्शनाद्भीत:'' —मृच्छकटिक, अंक ७।

८. आदि पर्व, अध्याय १९९, श्लोक ७७। द्रष्टव्य—मेरा लेख, सिविक एडमिनिस्ट्रेशन इन ऐंशेण्ट इण्डिया, पृष्ठ ५५, उत्तर भारती, जिल्द १०, संख्या १, अप्रैल १९६३।

पुण्यार्जन के निमित्त सुन्दर जल से युक्त एक अद्भुत जलाशय का निर्माण किया था।[१] महाभारत के अनुसार इन्द्रप्रस्थ के नगर में सरोवर बने हुए थे; जो हंस, कारण्डव एवं चक्रवाक आदि पक्षियों से सुशोभित तथा सुगन्धिसम्पन्न कमलों से युक्त थे।[२] मालवा के नगर दशपुर के सरोवरों का जल तट पर उगे हुए वृक्षों के पुष्पों की सुगन्धि से सुवासित हो उठता था।[३] बाढ़ से रक्षा के निमित्त सरोवरों से चतुर्दिक् बाँध बने होते थे। इसका कम-से-कम एक ऐतिहासिक उदाहरण मिलता है। जब गिरिनगर के प्रसिद्ध तटाक सुदर्शन का बाँध टूट गया, उस समय नागरिकों को क्षति से बचाने के निमित्त रुद्रदामन ने अपने व्यक्तिगत कोष से इसका पुनरुद्धार किया था।[४]

उपर्युक्त उल्लेखों से स्पष्ट है कि प्राचीन भारतीय साहित्य एवं अभिलेखों में यहाँ की पुरातन नगर-शासन-पद्धति के विषय में महत्त्वपूर्ण सामग्री भरी हुई है। वे इस बात को स्पष्ट करते हैं कि विविध राजपुरुषों एवं राजकीय संस्थाओं के अतिरिक्त नगर की स्थानीय सभाओं एवं समितियों को अपने-अपने क्षेत्रों में प्रशासकीय अधिकार प्राप्त थे। वे सुसंगठित प्रतिनिधि संस्थाएँ थीं एवं उनके अपने रीतिरिवाज एवं कानून थे, जिन्हें शासन के विषय में राज्य की ओर से मान्यता प्राप्त थी।

■

---

१. "राज्ञा खानितमद्भुतं सुपयसा पेपीयमानं जलैस्तस्यैव
प्रियभार्यया: नरपते: श्रीकोणदेव्या सर:।" —अफसढ़ का लेख।

२. आदि पर्व, अध्याय १९९, श्लोक ७७।

३. सरकार, सेलेक्ट इंसक्रिप्शंस, पृष्ठ २९०।

४. वही, पृष्ठ १७४।

१२

नगरों का आर्थिक जीवन तथा संगठन

व्यवसाय— भारतीय नगर व्यवसाय के केन्द्रबिन्दु थे। अनुकूल परिस्थितियों में पड़ने के कारण उच्च व्यावसायिक संवर्धन तथा औद्योगिक केन्द्रीकरण ग्राम की अपेक्षा नगरों में ही सम्पन्न हुआ। यही कारण है कि एक ही नगर में विभिन्न प्रकार के व्यावसायिक बहुसंख्या में रहते थे। इन व्यावसायिकों के नामोल्लेख कतिपय प्राचीन ग्रन्थों में मिलते हैं। उदाहरणार्थ— रामायण में अयोध्या के प्रमुख व्यावसायिकों की एक तालिका मिलती है। इसमें जिन व्यावसायिकों के नाम आते हैं, वे इस प्रकार हैं—(१) सुनार (सुवर्णकारा:), (२) जौहरी (मणिकारा:), (३) कपड़े बुनने वाले (सूत्रकर्मविशेषज्ञा:), (४) कुम्हार (कुम्भकारा:), (५) हथियार बनाने वाले (शस्त्रोपजीविन:), (६) मोर की पूँछ से पंखा बनाने वाले (मायूरका:), (७) आराकस (क्राकचिका:), (८) मोतियों में छेद बनाने वाले (बेधका:), (९) रंगसाज (रोचका:), (१०) हाथीदाँत की चीज़ें बनाने वाले (दन्तकारा:), (११) चूना बनाने वाले (सुधाकारा:), (१२) गन्धी (गन्धोपजीविन:), (१३) कम्बल बुनने वाले (कम्बलकारका:), (१४) धूप बनाने वाले (धूपका:), (१५) शराब बनाने वाले (शौण्डिका:), (१६) दर्जी (तुन्नवाया:) तथा (१७) धोबी (रजका:)।[१] मिलिन्दप्रश्न में भी नगर-व्यावसायिकों की एक तालिका मिलती है। यह उपर्युक्त तालिका से अधिक बड़ी है। इसमें माला बनाने वालों (मालाकारा), सुनारों (सुवर्णकारा), चाँदी

---

१. ''मणिकाराश्च ये केचित्कुम्भकाराश्च शोभना:।
सूत्रकर्मकृतश्चैव ये च शस्त्रोपजीविन:॥
मायूरका: क्राकचिका: रोचका वेधकास्तथा।
दन्तकारा: सुधाकारास्तथा गन्धोपजीविन:॥
सुवर्णकारा: प्रख्यातास्तथा कम्बलधावका:।
स्नापकोच्छादका वैद्या धूपका शौण्डिकास्तथा॥
रजकास्तुन्नवायाश्च ग्रामघोषमहत्तरा:।
शैलूषा सह स्त्रीभिर्ययु: सहस्त्रश:॥''

—रामायण, अयोध्याकाण्ड, सर्ग ८३, श्लोक १२-१५।

पर काम करने वालों (सज्झकारा), शीशे पर काम करने वालों (सीसकारा), टिन पर काम करने वालों (तिपुकारा), लोहारों (लोहकारा), ताम्रकारों (वट्टकारा), पीतल का काम करने वालों (अयकारा), जौहरी (मणिकारा), कुम्हारों (कुम्भकारों), वेणु बनाने वालों (वेणुकारा), नमक बनाने वालों (लोणकारा), चर्मकारों (चम्मकारा), रस्सी बनाने वालों (रज्जुकारा), सूत बनाने वालों (सुत्तकारा), धनुष की प्रत्यंचा बनाने वालों (जियकारा), बाण तैयार करने वालों (उसुकारा), चित्रकारों (चित्तकारा), रँगरेजों (रंगकारा), धोबी (रजका), जुलाहों (तन्तुवाया), दर्जी (तुन्नवाया), गन्ध तैयार करने वालों (गन्धिका), रथ बनाने वालों (रथकारा), हाथीदाँत पर काम करने वालों (दन्तकारा), टोकरी बनाने वालों (विलिवकारा), तथा धनुष बनाने वालों (धनुकारा) के नाम आते हैं।[१]

इन विभिन्न व्यावसायिकों में सुवर्णकार, जौहरी, चित्रकार, रँगरेज, दर्जी, माला बनाने वाले, सुगन्धित द्रवों को तैयार करने वाले, जुलाहों तथा हाथीदाँत पर काम करने वाले विशेष रूप से उल्लेखनीय हैं। इसका कारण यह है कि नागरिकों के वस्त्र तथा शृंगार के विभिन्न प्रसाधन इन्हीं के द्वारा तैयार किये जाते थे। अर्थशास्त्र से सुवर्णकारों का नगर-जीवन के साथ विशेष सम्बन्ध स्पष्ट हो जाता है। इस ग्रन्थ में सुवर्णाध्यक्ष शब्द का उल्लेख मिलता है। इस पदाधिकारी का कार्य नगर में रहने वाले सुवर्णकारों के कार्य का पर्यवेक्षण था। इस पदाधिकारी के नगर-कार्यालय को कौटिल्य ने अक्षशाला कहा है।[२] कौटिल्य के इस साक्ष्य से स्पष्ट है कि नगरों में मौर्यकाल से ही अधिक सुवर्णकार रहने लगे थे, जिस कारण इनके कार्य का पर्यवेक्षण करने वाले पदाधिकारी की आवश्यकता प्रतीत हुई। सुवर्णकार अपने कार्य में बहुत ही दक्ष थे। उनका कार्य प्रधानत: आभूषणों का गढ़ना था। इसके अतिरिक्त वे बर्तन तथा कभी-कभी मूर्तियाँ भी बनाते थे। एक जातक में कहा गया है कि किसी सुवर्णकार ने एक राजा की आज्ञा पाने के उपरान्त उसकी सोने की मूर्ति बनाई थी।[३]

अलंकारप्रेमी नागरिकों के बीच में वर्तमान जौहरी के व्यवसाय का सुविकसित होना स्वाभाविक ही था। जौहरी का कार्य विभिन्न प्रकार के रत्नों की परीक्षा लेना था। वात्स्यायन ने रत्नपरीक्षा की गणना विशिष्ट चौंसठ कलाओं में की है, जिनका नागरिक जीवन से विशेष सम्बन्ध था। चित्रनिर्माण स्वतन्त्र एवं सुविकसित नगर व्यवसाय था। चित्रकारों के कार्य का एक बहुत ही सुन्दर वर्णन मृच्छकटिक में मिलता है। इस ग्रन्थ से विदित होता है कि उज्जयिनी के चित्रकार नाना पात्रों में रंग तथा चित्रनिर्माण की सामग्री को रखकर कार्य करने बैठते थे। नाटक के प्रथम अंक में विदूषक कहता है कि अन्दर के चतुःशाल के द्वार पर बैठा हुआ मैं सैकड़ों पात्रों को चित्रकार की भाँति छूकर रख

---

१. मिलिन्दपञ्हो, पृष्ठ ३२४।

२. "सुवर्णाध्यक्ष अक्षशालां कारयेत्।" —अर्थशास्त्र, प्रकरण ३१।

३. जातक, ५, २८२।

देता था।[१] रँगरेज वस्त्रों के ऊपर रँगाई का कार्य करता था। नागरिक जीवन में इसके कार्य की लोकप्रियता की सूचना वात्स्यायन के कामसूत्र से मिलती है। इन्होंने रँगरेजों के द्वारा काम में लाये जाने वाले विभिन्न प्रकार के रंगों का नामोल्लेख किया है।[२] जातकों में दर्जी का उल्लेख अनेक स्थलों पर मिलता है।[३] चुल्लवग्ग में एक स्थान पर दर्जी की अँगुली के ढक्कन (पटिग्गहो) का उल्लेख मिलता है, जिसका प्रयोग वह सीते समय सुई चुभने से बचने के लिए करता है।[४] उसी के द्वारा सिले हुए वस्त्र नागरिकों के द्वारा काम में लाये जाते होंगे।

मालाकार के व्यवसाय की लोकप्रियता का अनुमान कामसूत्र से लगाया जा सकता है। इस ग्रन्थ में माला को नागरिक के शृंगार का एक प्रिय साधन माना गया है।[५] सुगन्धित द्रवों में विशेषत: चन्दन का तेल तथा फूलों का सुगन्ध उल्लेखनीय है। इनके द्वारा शृंगार-प्रेमी नागरिक अपने वस्त्रों को सुगन्धित करता था। जुलाहे कताई तथा बुनाई का कार्य करते थे। इनके द्वारा बहुमूल्य ऊनी तथा सूती वस्त्र तैयार किये जाते थे। मन्दसौर के अभिलेख से विदित होता है कि इस प्रकार के कार्य में दक्ष जुलाहे दशपुर के नगर में रहते थे।[६] हाथीदाँत से चूड़ियाँ, आभूषण, बर्तन तथा विभिन्न प्रकार के सामान बनाये जाते थे। एक जातक में कहा गया है कि जिस प्रकार कुम्भकार मिट्टी के द्वारा किसी प्रकार की भी आकृति तैयार कर सकता है, उसी प्रकार हाथीदाँत से कारीगर मनोवांछित रूप गढ़ते थे।[७]

व्यवसाय की देखरेख के लिए नगरों में पदाधिकारियों की नियुक्ति की जाती थी। इस प्रकार के पदाधिकारियों का उल्लेख अर्थशास्त्र में मिलता है। वे इस बात को देखते थे कि विभिन्न प्रकार के उद्योग धन्धों के पालन करने वाले अपना कार्य सुचारु रूप से करते हैं अथवा नहीं।[८] कारीगरों का संरक्षण इनका कार्य था। यदि कोई व्यक्ति किसी कारीगर के कार्य अथवा उसकी आमदनी में बाधा डालने की चेष्टा करता था, तो ये अधिकारी उसे कठिन आर्थिक दण्ड देते थे।[९] मेगस्थनीज़ ने तो यहाँ तक लिखा है कि

---

१. ''चतुःशालकद्वारोपविष्टो मल्लकशतपरिवृत्तश्चित्रकार इवांगुलीभिः स्पृष्ट्वा''
—मृच्छकटिक, अंक १।

२. कामसूत्र, पृष्ठ ३३०, सूत्र १७।

३. जातक, ६, ३६६।

४. चुल्लवग्ग, ५, ११, ५। द्रष्टव्य—मेरा लेख, प्राचीन भारत में नगरों का आर्थिक जीवन तथा संगठन, पृष्ठ ६१-६३, हिन्दुस्तानी, भाग २२, अंक २, १९६१।

५. कामसूत्र, पृष्ठ ३२, सूत्र १६।

६. फ्लीट, गुप्त इंस्क्रिप्शंस, संख्या १८।

७. जातक, २, ८८।

८. अर्थशास्त्र, प्रकरण ७६।

९. ''कारुशिल्पिनां कर्मगुणापकर्षमाजीवं विक्रयं क्रयोपघातं वा सम्भूय समुत्थापयतां सहस्रं दण्डः।''
—अर्थशास्त्र, प्रकरण ७७।

यदि कोई व्यक्ति किसी कारीगर के हाथ को काटता अथवा उसे शारीरिक हानि पहुँचाता था, तो उसे मृत्युदण्ड दिया जाता था। मेगस्थनीज़ ने भी पाटलिपुत्र की एक ऐसी समिति का उल्लेख किया है, जिसके सदस्यों का कर्तव्य व्यवसाय का निरीक्षण तथा उनके विकास का प्रबन्ध था।[१] व्यवसाय के अधिक प्रचार के कारण भारतीय नगरों में कभी-कभी व्यावसायिक शिक्षा देने वाले आचार्य भी रहते थे।[२] इन आचार्यों की प्रयोगशालाओं में नवागन्तुक विद्यार्थी अपने बन्धुओं की आज्ञा पाने के उपरान्त मनोवांछित शिल्प में प्रवीणता प्राप्त करने के लिए आता था। आचार्य, विद्यार्थी को निःशुल्क शिक्षा देता था। वह अपने विद्यार्थी को पुत्र के समान मानता था तथा उसके भोजन एवं वस्त्र की व्यवस्था भी करता था।[३] विद्यार्थी से गृहपरिचर्या कराने वाला आचार्य तथा शिक्षासमाप्ति के पूर्व ही आचार्य के गृह लौट आने वाला विद्यार्थी दोनों ही समाज में घृणित दृष्टि से देखे जाते थे।[४] शिल्प की पूर्ण शिक्षा तथा आचार्य की अनुमति लेने के उपरान्त घर लौटने वाला विद्यार्थी शिल्प का विशेषज्ञ माना जाता था।[५] ऐसा प्रतीत होता है कि यह व्यावसायिक शिक्षा उच्चकोटि की थी। अजन्ता तथा बाघ की अनुपम चित्रकारियाँ, उत्खनन में उपलब्ध नाना प्रतिमाएँ, प्राचीन भवन, मन्दिर, मठ, विहार, स्तम्भ, गुफाएँ आभूषण तथा कला एवं शिल्प के अनेक उदाहरण इसके ज्वलन्त प्रतीक हैं।

श्रेणी—पुर के भीतर एक ही व्यवसाय के पालने करने वाले अपना संगठन बनाकर रहते थे। इस संगठन के लिए प्राचीन साहित्य में 'श्रेणी' शब्द आता है।[६] जातकों में १८ प्रकार की श्रेणियों के नाम मिलते हैं; उदाहरणार्थ—बढ़ई, सुवर्णकार, जुलाहे, चर्मकार, कुम्भकार, दन्तकार, रँगरेज, जौहरी, मल्लाह, सूपकार, नाई,

---

१. मेक्रिण्डिल, मेगस्थनीज़ ऐण्ड एरियन, खण्ड २६।

२. ''शिक्षकाभिज्ञकुशला आचार्यश्चेति शिल्पिनः।''
—बृहस्पतिस्मृति, पंक्ति ६९, पृष्ठ १३५ (गायकवाड़-प्रकाशन)।

३. ''स्वशिल्पमिच्छन्नाहर्तुं बान्धवानामनुज्ञया।
आचार्यस्य वसेदन्ते कृत्वा कालं सुनिश्चितम्॥
आचार्यः शिक्षयेदेनं स्वगृहे दत्तभोजनम्।
न चान्यत्कारयेत्कर्म पुत्रवच्चैनमाचरेत्॥''
—नारदस्मृति, शुश्रूषाभ्युगमप्रकरणम्, १७, १८।

४. ''शिक्षयन्तमदुष्टं य आचार्यं सम्परित्यजेत्।
वलाद्वासयितव्यस्स्याद्वधबन्धौ च सोऽर्हति॥'' —नारद, शुश्रूषाभ्युगमप्रकरणम्, १९।

५. ''गृहीतशिल्पः समये कृत्वाचार्य प्रदक्षिणम्।
शक्तितश्चानुमान्येनमन्तेवासी निवर्तते॥'' —वही, शुश्रूषाभ्युगमप्रकरणम्, २१।

६. ''एकेन शिल्पेन पण्येन वा ये जीवन्ति तेषां समूहः श्रेणी।'' —कय्यट, २, १, ५९।
तुलनार्ह—''श्रेणियो नानाजातीनां एक जातीय कर्मोपजीविनां संघाताः॥''
—मेधातिथि, २, ३०।

मालाकार, चित्रकार, तेली, कसेरा (कसकर), ग्वाले, टोकरी बनाने वाले तथा गन्धकार।[१] अभिलेखों में भी श्रेणी का उल्लेख मिलता है, उदाहरणार्थ—नहपान के नासिक के लेख में 'कोलीक श्रेणी' का उल्लेख मिलता है।[२] इसी प्रकार मन्दसौर के लेख में 'पट्टवायश्रेणी' (रेशमी सूत बनाने वाले कारीगरों के संगठन) का उल्लेख मिलता है।[३] महावस्तु में कपिलवस्तु की श्रेणियों का विशद उल्लेख मिलता है।[४] बृहस्पति ने व्यावसायिकों के श्रेणिबद्ध होने के दो कारण बताये हैं—(१) चोर, डाकुओं तथा अन्य मानवीय आपत्तियों से सुरक्षा तथा (२) सामूहिक लाभ।[५] व्यावसायिकों के इस संगठन में कतिपय प्रधान विशेषताएँ परिलक्षित होती हैं—(१) एक व्यवसाय के पालन करने वाले पुर के एक ही भाग में रहते थे। कतिपय प्राचीन ग्रन्थों में एक प्रकार के व्यावसायिकों के एक ही साथ रहने का विधान मिलता है, उदाहरणार्थ—अर्थशास्त्र[६] तथा अग्निपुराण।[७] जातकों में दन्तकारवीथि,[८] उप्पलवीथी[९] तथा रजकवीथि[१०] के उल्लेख मिलते हैं। दन्तकारवीथि का तात्पर्य उसे मार्ग से है, जिसके किनारे हाथी दाँत पर काम करने वाले रहते थे। इसी प्रकार उप्पलवीथी तथा रजकवीथि से उन मार्गों का बोध होता है, जिनके किनारे कमल बेचने वाले तथा कपड़ा धोने वाले रहते थे। जातकों में और भी अनेक केन्द्रों का उल्लेख मिलता है, जिनमें एक ही व्यवसाय के अनुयायी रहते थे। एक जातक से विदित होता है कि वाराणसी के उपकण्ठ पर एक ऐसी बस्ती थी, जिसमें केवल बढ़ई रहते थे (महावड्ढकिगामो)।[११] इसी प्रकार एक दूसरे जातक में लोहारों की बस्ती का उल्लेख मिलता है। (कम्मारगामो)।[१२] महावस्तु के अनुसार जेट्ठक को महत्तर कहा जाता था—उदाहरणार्थ—सुवर्णकारमहत्तर तथा

१. मजूमदार, कारपोरेट लाइफ़, पृष्ठ १८-१९।

२. सरकार, सेलेक्ट इंस्क्रिप्शंस, पृष्ठ १५८।

३. फ्लीट, गुप्त-लेख, संख्या १८।

४. द्रष्टव्य—सार्थवाह, मोतीचन्द्र, पृष्ठ १५३।

५. "ग्रामश्रेणिगणानांच संकेतः समयक्रिया।
बाधाकाले तु सा कार्य्या धर्मकार्य्ये तथैव च॥
चाटचौरभये बाधाः सर्वसाधारणाः स्मृताः।
तत्रोपशमनं कार्यं सर्वेनैकेन केनचित्॥" —बृहस्पति, १७, ५-६।

६. अर्थशास्त्र, प्रकरण २१।

७. अग्निपुराण, अध्याय १०६।

८. जातक, १, ३२०।

९. वही, २, ३२१।

१०. वही, ४, ८२।

११. जातक, ३, २८१।

१२. वही, ६, ५१४।

मणिकारमहत्तर।[१]

(२) श्रेणी का एक प्रधान होता था, जिसके लिए जातकों में 'जेट्ठक' शब्द प्रयोग हुआ है। एक जातक में बढ़ई, लोहार, जुलाहों तथा माला बनाने वालों के जेट्ठक का उल्लेख है।[२] जेट्ठक बहुत समृद्ध हुआ करता था।[३] वह समाज का एक सम्मानित व्यक्ति था। राजदरबार में भी वह आदर की दृष्टि से देखा जाता था।[४] इसका प्रधान कारण उसका पद एवं ऐश्वर्य ही माना जा सकता है।

(३) जेट्ठक का पद आनुवंशिक होता था। एक जातक में कहा गया है कि जब नाविकों की श्रेणी के प्रधान की मृत्यु हो गई, उस समय उसका पुत्र जेट्ठक बनाया गया।[५] इस स्थान पर यह भी उल्लेखनीय है कि व्यवसाय परम्परानुगत हुआ करता था। पिता के व्यवसाय का ही अनुसरण उसका पुत्र करता था। जातकों में इस प्रकार का उल्लेख कई स्थलों पर मिलता है। ऐसा होना अधिक व्यावहारिक भी था, क्योंकि पिता के शिल्प को पुत्र सरलता के साथ सीख सकता था।

(४) धर्मशास्त्रों में 'श्रेणी-धर्म' शब्द का उल्लेख मिलता है। श्रेणीधर्म का तात्पर्य उन नियमों से है, जो कि आर्थिक श्रेणियों में कानून के रूप में प्रचलित थे।[६] यह शब्द स्मृतियों में जिस सन्दर्भ में प्रयुक्त हुआ है, उससे सचमुच ही उपर्युक्त अर्थ का बोध होता है। उदाहरणार्थ—मनुस्मृति में कहा गया है कि "धर्मवित् राजा को चाहिये कि जातिधर्म, जनपदधर्म, कुलधर्म और श्रेणी-धर्म अर्थात् इन-इन संस्थाओं के रीतिरिवाजों की भली प्रकार छानबीन करके उनसे अविरुद्ध अपने राजकीय नियम और कानूनों की स्थापना करे"।[७] इस प्रकार का वचन नारदस्मृति[८] तथा याज्ञवल्क्यस्मृति[९] में भी मिलता है। इन ग्रन्थों में धर्म शब्द का प्रयोग रीति-रिवाजों अथवा नियमों के अर्थ में हुआ है। स्मृतियों में कहा गया है कि सम्राट् को श्रेणी के कानूनों को आदर की दृष्टि से देखना चाहिये। बृहस्पति ने इसका उल्लेख स्पष्ट शब्दों में किया है। उन्होंने अपने ग्रन्थ में एक स्थान पर कहा है कि श्रेणी के प्रधान 'श्रेणीधर्म' के अनुसार अपनी संस्था के सदस्यों के साथ जो व्यवहार करें (वह चाहे क्रूर हो अथवा उदार), राजा को उसका

---

१. महावस्तु, भाग २ पृष्ठ ५६३-४७७। द्रष्टव्य—मोतीचन्द्र, सार्थवाह, पृष्ठ १५२।
२. जातक, ३, ४०५।
३. वही, ३, २८१।
४. वही, ५, २८२।
५. वही, ४, १३६।
६. कारपोरेट लाइफ, पृष्ठ ३३।
७. "जातिजानपदान् धर्म्मान् श्रेणीधर्मांश्च धर्मवित्।
समीक्ष्य कुलधर्मांश्च स्वधर्मं प्रतिपादयेत्॥" —मनु, ८, ४१।
८. नारद, १०, २।
९. याज्ञवल्क्य, १, ३६०।

समर्थन करना चाहिये।[१] 'श्रेणीधर्म' (श्रेणी के द्वारा बनाये हुए नियमों) का पालन प्रत्येक सदस्य का धर्म समझा जाता था तथा इसका उल्लंघन बड़ा अपराध माना जाता था।[२] श्रेणी के सदस्य कभी-कभी अपने अधिकारी को चुनते थे। वे इस बात को देखते थे कि श्रेणी के नियमों का पालन विभिन्न सदस्यों के द्वारा किया जा रहा है अथवा नहीं। प्रायः शुद्ध विचार वालों, वेद के पण्डितों, धार्मिक तथा प्रवीण व्यक्तियों को ही यह अधिकार प्रदान किया जाता था।[३] व्यसनी, लालची तथा अयोग्य व्यक्ति इस कार्य से वंचित किये जाते थे।[४] इस प्रकार की व्यवस्था के कारण व्यावसायिक श्रेणियों के सदस्य परस्पर और भी दृढ़बद्ध थे।

(५) ये व्यावसायिक समितियाँ आधुनिक बैंक का भी काम करती थीं। वे द्रव्य तथा अग्रहारदान को सुरक्षित रखती तथा उस पर सूद देती थीं। निक्षेपकर्ता से व्यावहारिक समय भी निश्चित कर लिया जाता था, जिससे दोनों पक्षों में कोई भेद न हो। द्रव्य के सूद से मन्दिर में दीपक जलाना अथवा किसी निर्दिष्ट उद्देश्य की पूर्ति भी उसे करना पड़ता था। नासिक के एक लेख से विदित होता है कि यहाँ की एक 'कोलीक-श्रेणी' के पास शकक्षत्रप नहपान के दामाद उषवदात ने ३००० कार्षापण जमा किया था, जिसके सूद से भिक्षुसंघ के लिए 'चीवरमूल्य' तथा 'कृशान्न मूल्य' निकलता था।[५] इसी लेख से विदित होता है उषवदात ने नासिक की एक दूसरी 'कोलीक-श्रेणी' के पास ३००० कार्षापण जमा किया था, जिसके सूद से एक दूसरे भिक्षुसंघ के लिए 'चैवरिक मूल्य' तथा 'कृशन-मूल्य' (सागभाजी का खर्चा) निकलता था।[६] इन्दौर के एक लेख से विदित होता है कि इन्द्रपुर (अर्थात् इन्दौर) की एक 'तैलिक श्रेणी' के पास रुपया जमा किया गया, जिसके सूद से सूर्यमन्दिर में दीपक जलाने के लिए तेल का खर्चा चलाया जाता था।[७] दशपुर की 'पट्टवासय श्रेणी' के ऊपर सूर्यमन्दिर के पुनरुद्धार का भार था।[८]

व्यापारी—व्यावसायिक विकास के साथ ही वाणिज्य का भी विकास अवश्यम्भावी है, क्योंकि उत्पादित वस्तु का जब तक क्रय-विक्रय न हो, तब तक

---

१. बृहस्पति, १७, १८।

२. ''जातिश्रेण्यधिवासानां कुलधर्माश्च सर्व्वतः।
वर्जयन्ति च ये धर्म्मं तेषां धर्म्मो न विद्यते॥''—शान्ति पर्व, अध्याय ३६, श्लोक १९।

३. ''शुचयो वेदधर्म्मज्ञाः दक्षाः दान्ता कुलोद्भवाः।
सर्वे कार्यप्रवीणाश्च कर्तव्याः महोत्तमाः॥'' —बृहस्पति, १७, ९।

४. ''विवेषिणोव्यसनिनः शालीनालसभीरवः।
लुब्धातिवृद्धबालाश्च न कार्य्याः कार्यचिन्तकाः॥'' —वही, १७, ८।

५. एपिग्राफिआ इण्डिका, ८, ८२।

६. वही, ८, ८२।

७. फ्लीट, का० इं० इं०, ३, ७०।

८. वही, पृष्ठ ८१।

उसकी कोई भी सार्थकता नहीं है। ग्राम की अपेक्षा नगर, क्रय-विक्रय का अधिक उपयुक्त केन्द्र होता है। यही कारण है कि नगर-जनसंख्या में प्रायः व्यापारियों का प्राधान्य रहता है। यह विशेषता प्राचीन भारत के नगरों में भी देखने को मिलती है। जिन प्राचीन ग्रन्थों में नगर वर्णन मिलते हैं, उनमें बहुधा व्यापारियों का भी उल्लेख मिलता है। रामायण में अयोध्यावर्णन के प्रसंग में कहा गया है कि यह नगर अनेक देशों का वणिकों का केन्द्रबिन्दु था।[१] महाभारत में इन्द्रप्रस्थ को विदेशी वणिकों का निवासस्थान बताया गया है।[२] मिलिन्दपञ्हों में एक नगर के वर्णन के सम्बन्ध में फल बेचने वाले (फलिका), जड़ी बेचने वाले (मूलिका), भात बेचने वाले (ओदनिका), पूए बेचने वाले (पूविका), मछली बेचने वाले (मच्छिका) तथा मांस बेचने वाले (मांसिका) व्यापारियों का उल्लेख मिलता है।[३] इन्दौर के लेख में वहाँ के रहने वाले वणिकों का उल्लेख किया गया है। (इन्द्रपुरकवणिग्भ्याम्)।[४] नगर-व्यापारी तीन प्रकार के थे—(१) फेरीवाले, (२) फुटकर-विक्रेता तथा (३) थोक-विक्रेता।

फेरीवाले— फेरीवाले बहुत छोटे व्यापारी थे। उनके पास बहुत कम सामान होता था, जिसको लेकर वे नगर के विभिन्न भागों में घूमते थे। जातक-ग्रन्थों में फेरी वालों के प्रायः वर्णन मिलते हैं। एक जातक में गधे की पीठ पर माल लादकर घूमने वाले व्यापारी का उल्लेख मिलता है।[५] एक दूसरे जातक में अपने सामान को गाड़ी पर लादकर बस्ती के भीतर फेरी लगाने वाले वणिक् का वर्णन किया गया है।[६] इसी प्रकार एक अन्य जातक में एक युवती सिर पर फल की टोकरी रखे हुए उन्हें बेचने के लिए नगर के विभिन्न भागों में फेरी लगाती हुई निरूपित की गई है।[७] कभी-कभी फेरी वाले आपसी समझौता कर लेते थे। उसके अनुसार लोग यह निश्चित कर लेते थे कि अमुक पुरभाग में अमुक व्यक्ति फेरी लगायेगा।[८] इस प्रकार समझौते के कारण उनमें किसी प्रकार की प्रतियोगिता नहीं रह जाती थी।

फुटकर तथा थोकविक्रेता— फुटकर विक्रेताओं की दूकानें एक जगह होती थीं। ये छिटपुट सामान बेंचते थे। पर इसके विपरीत थोकविक्रेता बहुत बड़े व्यापारी हुआ करते थे। वे काफी माल एक ही बार में बेंच देते थे। अष्टाध्यायी में थोकविक्रेता के लिए 'क्रयविक्रयिक' शब्द आता है।[९] अर्थशास्त्र में थोकविक्रेता को

---

१. "नानादेशनिवासैश्च वणिग्भिरुपशोभिताम्।" —बालकाण्ड, सर्ग ५, पंक्ति २८।

२. "वणिजश्चाययुस्तत्र देशेदिग्भ्यो धनार्थिनः।" —आदिपर्व, अध्याय १८९, पंक्ति ७५।

३. मिलिन्दपञ्हो, पृष्ठ ३२४।

४. फ्लीट, का० इं० इं०, ३, ७०।

५. जातक, २, १०९।

६. जातक, १, २०५।

७. वही, ३, २१।

८. वही, १, १११।

९. पाणिनिकालीन भारतवर्ष, पृष्ठ २३०।

'विक्रीण'[१] तथा कहीं-कहीं 'वैदेहक'[२] भी कहा गया है। इस ग्रन्थ में फुटकर-विक्रेता के लिए 'वैय्यावृत्यकर' शब्द मिलता है।[३] कभी-कभी फुटकर-विक्रेता थोकविक्रेता के सामान लेकर दूसरे जगहों मे बेंचते थे। विक्रय में जो लाभ होता था, उसमें थोकविक्रेता फुटकर-विक्रेता को भाग देता था। इस प्रकार फुटकर-विक्रेता के व्यापार को अर्थशास्त्र में 'वैय्यावृत्यविक्रय' कहा गया है।[४] इस प्रकार का व्यापार अधिक व्यापक रहा होगा, क्योंकि इसमें फुटकर तथा थोकविक्रेता दोनों को ही सरलता थी।

सम्भूयसमुत्थान—कभी-कभी नगर के बड़े तथा छोटे व्यापारी साझापत्ती के सिद्धान्त पर कार्य करते थे। इस प्रकार के व्यापार को स्मृतियों में 'सम्भूयसमुत्थान व्यवहार' कहा गया है।[५] जातकों में ऐसे व्यापार का उल्लेख कई स्थलों पर हुआ है। कूटवणिज जातक से विदित होता है कि वाराणसी के दो व्यापारियों ने साझापत्ती के सिद्धान्त पर व्यापार करना प्रारम्भ किया था।[६] इसी जातक में श्रावस्ती के दो व्यापारियों के सहभागिता के द्वारा व्यापार करने का उल्लेख मिलता है।[७] महावणिज जातक[८] तथा बावेरु जातकों[९] के द्वारा भी संम्मिलित व्यापार की सूचना मिलती है। साझेदार प्रक्षेप में समान, अतिरिक्त तथा हीन अंश के अनुसार क्षय, व्यय तथा वृद्धि में भाग का निर्णय शान्तिपूर्ण ढंग से करते थे।[१०] साझेदारों में व्यवहार-सम्बन्धी आपसी समझौता भी होता था, जिसके लिए स्मृतियों में 'समय' शब्द का प्रयोग किया गया है। इस समझौते का पालन साझेदार का परम कर्तव्य था।[११] साझापत्ती को व्यापारियों के सामूहिक जीवन का एक महत्त्वपूर्ण अंग माना जा सकता है।

---

१. अर्थशास्त्र, प्रकरण ६४।

२. वही, प्रकरण ६४।

३. वही, प्रकरण ६४।

४. वही, प्रकरण ६४।

५. ''वणिक्प्रभृत्तयो यत्र कर्म सम्भूय कुर्वते।
तत्सम्भूयसमुत्थानं व्यवहारपदं स्मृतम्॥'' —नारद, ३, १।

६. जातक, १, ४०४।

७. वही, १, ४०४।

८. वही, २, ३०।

९. वही, ३, १२६।

१०. ''फलहेतोरुपायेन कर्म सम्भूय कुर्वताम्।
आधारभूतः प्रक्षेपस्तेनोत्तिष्ठेयुरंशतः॥
समोऽतिरिक्तो हीनो वा तत्रांशो यस्य यादृशः।
क्षयव्ययौ तथा वृद्धिस्तत्र तस्य तथाविधः॥'' —नारद, ३, २-३।

११. ''भाण्डपिण्डव्ययोद्धारभारसारान्ववेक्षणम्।
कुर्युस्तेऽव्यभिचारेण समये स्वे व्यवस्थिताः॥'' —वही, ३, ४।

सार्थ—जब एक नगर के व्यापारी दूसरे नगर में सामान बेंचने के लिए निकलते थे, उस समय वे अपना एक समूह बना कर चलते थे। इस समूह को सार्थ कहा जाता था। अमरकोश में सार्थ को यात्रा करने वाले पान्थों का समूह कहा गया है—(सार्थोऽध्वन्वृन्दम्)।[१] इसका एक नेता होता था, जिसे जातकों में 'सत्थवाह' कहा गया है।[२] महाभारत में भी सार्थ के नेता को **सार्थवाह** कहा गया है।[३] क्षीरस्वामी ने अमरकोश की टीका में कहा है कि जो पूँजी द्वारा व्यापार करने वाले पान्थों का अगुआ हो, वही सार्थवाह है।[४] सार्थ का वर्णन जातकों में प्रायः अनेक स्थलों पर मिलता है। जरुदपन जातक से विदित होता है कि गाड़ियों में भाण्डों को भरकर श्रावस्ती के व्यापारियों का एक लम्बा सार्थ निकला था।[५] गुट्टिल जातक के अनुसार वांराणसी के व्यापारियों ने उज्जयिनी के लिए अपना एक समूह बनाकर प्रस्थान किया था।[६] पण्डर जातक में भी इस प्रकार की व्यापार-मण्डली का उल्लेख मिलता है।[७] सुप्पारक जातक के अनुसार सात सौ व्यापारियों का एक लम्बा जत्था व्यापार के लिये बाहर निकला था।[८]

महाभारत के वनपर्व में एक महासार्थ का वर्णन मिलता है, जो जंगलों से होकर जा रहा था। इस महासार्थ में हाथी, घोड़े तथा रथों का बाहुल्य था।[९] उसमें गाय, खरोष्ट्र, अश्व तथा पैदल चलने वालों की बहुसंख्या थी।[१०] उसमें युवक, स्थविर, बालक तथा स्त्रियाँ भी सम्मिलित थीं।[११] विशालता के कारण वह महासार्थ मनुष्यों का समुद्र सा प्रतीत हो रहा था।[१२] सार्थमण्डल के सदस्य अत्यन्त समृद्ध थे[१३] तथा **सार्थिक** कहलाते थे।[१४] यात्राकाल में सार्थ का नेता ही सार्थ का स्वामी

---

१. अमरकोश, पृष्ठ १३३ (हरदत्त शर्मा—सम्पादित)।

२. जातक, १, ९८।

३. ''अहं सार्थस्य नेता वै सार्थवाहः शुचिस्मिते।'' —महाभारत, वनपर्व, ६१, १२२।

४. ''सार्थान् सधनान् सरतो वा पान्थान् वहति सार्थवाहः''
—अमरकोश, पृष्ठ २१७ (हरदत्त शर्मा-सम्पादित)।

५. जातक, २, २९४।

६. वही, २, २४८।

७. वही, ५, ७५।

८. वही, ४, १३६।

९. ''ददर्शाथ महासार्थं हस्त्यश्वरथसंकुलम्'' —महाभारत, वनपर्व, ६१, १०६।

१०. ''गोखरोष्ट्राश्वबहुलपदातिजनमसंकुलम्'' —वही वनपर्व, ६२, ९।

११. ''सार्थवाहं च सार्थं च जना ये चात्र केचन।
यूनः स्थविरबालाश्च सार्थस्य च पुरोगमाः॥'' —वही, वनपर्व, ६२, पंक्ति ३४-३५।

१२. ''योऽपि निर्जनेऽरण्ये सम्प्रातो यं जनार्णवः'' —वही, वनपर्व, ६१-१२।

१३. वही, वनपर्व, ६२, १७।

१४. वही, वनपर्व, ६२, ८।

होता था।[१] इस महासार्थ को जब हाथियों के समूह ने कुचलना प्रारम्भ किया, उस समय सार्थिकों में भगदड़ मच गई। खलबली के कारण चारों ओर भीषण जनरव मच गया।[२] इस शोरगुल का कारण सार्थिकों की महती संख्या ही मानी जा सकती है। सार्थिक, सार्थ में सामूहिक जीवन के पाने के कारण बहुत ही सुखी थी। वे मण्डली में बहुत बड़ी सुरक्षा तथा आनन्द का अनुभव करते थे। महाभारत में कहा गया है कि सार्थ, सार्थिक का उसी प्रकार मित्र है, जिस प्रकार घर पर गृहस्थ का मित्र उसकी भार्या है।[३]

निगम तथा श्रेष्ठी— व्यावसायिक समितियों के समान ही व्यापारिक समितियाँ भी होती थीं, जिन्हें निगम कहा जाता था। निगम के प्रधान को सेट्ठि (श्रेष्ठि) कहा जाता था। जातकों में श्रावस्ती के अनाथपिण्डिक तथा कौशाम्बी के घोषित एवं अन्य नगर-श्रेष्ठियों के नाम मिलते हैं। विशिष्ट अवसरों पर नगरश्रेष्ठि के साथ उसकी समिति के सम्मानित सदस्य भी प्रस्तुत रहते थे। जिस समय अनाथ-पिण्डिक जेतवन को बौद्ध विहार को दान में दे रहा था, उस समय उसके साथ उसकी समिति के ५०० व्यापारी उपस्थित थे। श्रेष्ठि अतुल धनराशि का स्वामी माना जाता था। एक जातक में किसी नगर-श्रेष्ठि को अस्सी करोड़ का स्वामी बताया गया है।[४] साकेत के श्रेष्ठि कालक की सम्पन्नता की ओर प्रकाश डालते हुए एक जातक में कहा गया है कि उसने जीवक नामक वैद्य की सेवाओं से प्रसन्न होकर इसे १६०० कार्षापणों की थैली भेंट की थी।

श्रेष्ठि का सम्मान व्यापारी और राजा दोनों ही करते थे। एक जातक के अनुसार उसका आदर राजा, नागरिक तथा जनपद के सभी लोग करते थे—(राजपूजितो नगरजनपदपूजितो)।[५] एक दूसरे जातक में यह दिखाया गया है कि जब एक श्रेष्ठि को प्राणदण्ड देना निश्चित किया गया, उस समय समस्त व्यापारी तथा नागरिक राजा के पास प्रार्थना करने के लिए उपस्थित हुए।[६] श्रेष्ठि भी सर्वदा अपनी समिति के सदस्य व्यापारियों के लाभ के लिए कार्य करता था।[७] वह राज्य के लिए भी उपकारी हुआ करता था। एक जातक में वर्णन मिलता है कि राजा के कल्याण के लिए किसी श्रेष्ठि ने अपना समस्त धन उसे अर्पित कर दिया था।[८] इसका पद सम्भवतः आनुवंशिक था, क्योंकि एक जातक में कहा गया है कि किसी श्रेष्ठि की मृत्यु के

---

१. **''तामुवाचनानवद्यांगी सार्थस्य महतः प्रभुः।**
सार्थवाहः शुचिर्नाम शृणु कल्याणि मद्वचः॥'' —महाभारत, वनपर्व, ६१, १२१।

२. **''हाहारवं प्रमुंचन्तः सार्थिकाः शरणार्थिनः''** —वही, वनपर्व, ६२, ८।

३. **''सार्थं प्रवसतो मित्रं भार्या मित्रं गृहे सतः।''** —महाभारत, वनपर्व, २९७, ४५।

४. जातक, १, ३४५।

५. जातक, ५, ३८२।

६. जातक, ६, १३५।

७. **''बहूपकारो...नेगमस्स च''** —विनयपिटक, १, २७३।

८. जातक, ५, १८५।

उपरान्त छठी पीढ़ी तक के उत्तराधिकारी उसके पद पर क्रमशः विद्यमान थे।[१] उसकी योग्यता, उपयोगिता तथा उच्च स्थान को देखते हुए कभी-कभी उसे शासनसमितियों में भी स्थान दिया जाता था। दामोदरपुर के लेख से ज्ञात होता है कि धृतिपाल नामक एक नगरश्रेष्ठि उस समिति का एक सदस्य था, जो कि कुमारामात्य वेत्रवर्मा को सहायता पहुँचाती थी।[२]

---

१. जातक, ५, ३८४।

२. एपिग्राफिआ, इण्डिका, १५, १३३।

१३

नगरों का सामाजिक एवं सांस्कृतिक जीवन

प्राचीन नगर-समाज को दो वर्गों में विभक्त किया जा सकता है—(१) उच्च वर्ग तथा (२) निम्न वर्ग। उच्च वर्ग में राजकुल, अधिकारिमण्डल, व्यावसायिक तथा धनिक श्रेष्ठि आदि उल्लेखनीय हैं। इस वर्ग का जीवन नगर के सांस्कृतिक जीवन का वास्तविक प्रतिनिधि था। इसके सदस्य सुशिक्षित एवं धनिक होने के कारण अधिक सभ्य थे। सम्भवतः इन्हीं के जीवन को लक्ष्य में रखते हुए वात्स्यायन ने आदर्श नागरिक जीवन (**नागरकवृत्त**) का वर्णन किया है। इनके सामाजिक जीवन कें निरूपण के सम्बन्ध में कतिपय विषयों का विवेचन इस परिच्छेद में विशेष रूप से आवश्यक है; उदाहरणार्थ—**अन्नपान, वेशभूषा, अलंकर-प्रसाधन, ललितकला, वाहन, मनोविनोद, उत्सव, पर्दा, स्वयंवरण** तथा कतिपय **लोक-विश्वास**। निम्न वर्ग में दास, चण्डाल, चोर, वेश्या तथा कुट्टनी आदि आते हैं। इनके जीवन की गणना नगर के घृणित जीवन में की जा सकती है, क्योंकि इनकी प्रथाएँ तथा नैतिक आदर्श शोचनीय थे।

अन्नपान—धनिक नागरिक का अन्नपान उच्च था। उसके घर में एक भोजनशाला बनी होती थी, जिसे **महानस** कहा जाता था। महानस में विभिन्न प्रकार के खाद्यपदार्थों का प्रसाधन एवं परिकल्पन किया जाता था। मृच्छकटिक में महानस का मनोरम वर्णन मिलता है। इस ग्रन्थ के अनुसार उसमें निर्धन मनुष्यों के जी को ललंचा देने वाली हींग तथा तेल की गन्ध आ रही थी। भाँति-भाँति के सुगन्धित उद्‌गारों के लिए हुए रसोईघर का धुआँ इसके विभिन्न द्वारों से निकल रहा था। इसमें रसोइया नाना प्रकार के व्यंजन बना रहा था। कहीं लड्डू (मोदक) बाँधे जा रहे थे तथा कहीं पूए बाँधे जा रहे थे।[१] नगर-समाज में शाकाहार का प्रचार विशेष था। फाह्यान ने सम्भवतः इस ओर ही संकेत करते हुए लिखा है कि सारे देश में कोई अधिवासी न हिंसा करता है, न मद्य पीता है और न लहसुन-प्याज ही खाता है। केवल चण्डाल ही ऐसा करते हैं। जनपद में लोग न तो सूअर और मुर्गी पालते हैं और न जीवित पशु ही बेंचते हैं।[२] शाकाहार में चावल, यव, गेहूँ, दाल, फल, दूध, घी तथा मक्खन बहुत अधिक प्रचलित थे। शालि,[३]

---

१. **मृच्छकटिक, अंक ४।**

२. **लेग्गे, फाह्यान, पृष्ठ ४३।**

३. **रघुवंश, १७, ५३।**

महाशालि,[१] कलम,[२] महाव्रीहि[३] तथा यवक[४] नामक चावलों का व्यापक प्रयोग था। पके हुए चावल को ओदन एवं भक्त तथा यव को यवागु कहा जाता था। मक्खन को लोग नवनीत[५] तथा हैयंगवीन[६] कहते थे। गुडविकार,[७] पयश्चरु[८] तथा मत्स्यण्डिका[९] आदि मोदकों का विस्तृत प्रचार था। एला[१०] तथा लवंग[११] नामक मसाले अत्यधिक प्रिय थे। भोजन को रुचिकर बनाने के लिए शाक[१२] (हरित) तथा भाजी[१३] (पक्व) आदि प्रयोग मैं लाये जाते थे। यद्यपि मांस-भक्षण गर्हित समझा जाता था, तथापि कतिपय वर्गों में इसका प्रचार वर्तमान था—उदाहरणार्थ, राजवर्ग इसका प्रेमी था। अशोक के प्रथम गिरिनार-लेख से विदित होता है कि उसके महानस में पहले (अर्थात् जब वह अहिंसावादी नहीं हुआ था) जानवर सैकड़ों की संख्या में एक ही बार काट डाले जाते थे।[१४] राजा के भोजनालय के सामानों में बाण ने शूकर के चमड़े के फीते से बँधे हुए बकरे, हरिण तथा चटकों के समूह का उल्लेख किया है।[१५] मांसाहार निम्न वर्ग का भी प्रिय भोजन था। भोजन में स्वच्छता को प्रधानता दी जाती थी। य्वान् च्वांग ने लिखा है कि प्रत्येक समय भोजन के पूर्व भारत के लोग मुख-प्रक्षालन करते थे। उच्छिष्ट तथा अवशिष्ट अखाद्य समझा जाता था। मृद्भाण्ड तथा काष्ठनिर्मित पात्र को एक बार के प्रयोग के उपरान्त फेंक दिया जाता था। स्वर्ण, रजत तथा लौह पात्रों की स्वच्छता अनिवार्य समझी जाती थी। भोजनोपरान्त शुद्धता के लिए दन्तमार्जन किया जाता था। शौच के उपरान्त एक दूसरे का स्पर्श वर्जित समझा जाता था।[१६]

---

१. पाणिनिकालीन भारतवर्ष, पृष्ठ १२०।
२. वही, पृष्ठ १२०।
३. वही, पृष्ठ १२०।
४. वही, पृष्ठ १२०।
५. मालविकाग्निमित्रम्, अंक ३, पृष्ठ ८७।
६. रघुवंश १, ४५।
७. ऋतुसंहार, ५, १६।
८. रघुवंश १०, ५१।
९. मालविकाग्निमित्रम्, अंक, पृष्ठ ६६।
१०. रघुवंश ५, ४७।
११. कुमारसम्भव, ८, २५।
१२. द्रष्टव्य, पाणिनिकालीन भारतवर्ष, पृष्ठ १२७।
१३. वही, पृष्ठ १२७।
१४. ''पुरा महानसम्हिदेवानांप्रियस प्रियदसिनो राज्ञो अनुदिवसं बहूनि प्राणसतसहसानि आरभिसु सूपाथाय।'' —का० इं० इं०, १, पृष्ठ १।
१५. हर्षचरित, पृष्ठ ११०।
१६. वाटर्स, १, १५२।

वेशभूषा—धनिक नागरिकों की वेशभूषा में पगड़ी, टोपी, कोट, दुपट्टा, पाजामा तथा जूता उल्लेखनीय हैं। राजवर्ग में पगड़ी का अधिक प्रयोग होता था। जिस वस्त्र की पगड़ी ये लोग बाँधते थे, उनमें विभिन्न प्रकार के बेलबूटे काढ़े ज़ाते थे तथा पत्तियों का काम किया जाता था।[१] साफे में झालरें लटकाई जाती थीं तथा उन्हें आभूषणों से युक्त किया जाता था।[२] राजा पगड़ी के ऊपर एक पट्ट बाँधते थे, जो सोने का बना होता था। बाण ने उसे उष्णीषपट्ट कहा है।[३] सजी पगड़ी का प्रयोग धनिक नागरिकों में भी व्यापक था।[४] गुप्तमुद्राओं से विदित होता है कि भारतीय नरेश पगड़ी के स्थान पर कभी-कभी टोपी भी पहनते थे।[५] शिरोभूषण के रूप में यह श्रृंगारप्रेमी नागरिकों के द्वारा भी धारण की जाती थी।[६] गुप्तमुद्राओं पर भारतीय शासक कोट पहने हुए अंकित किये गये हैं।[७] इससे ज्ञात होता है कि ये लोग कोट पहनते थे। बाण ने कोट के लिए 'चोलक' शब्द का प्रयोग किया है। इसको लोग सब प्रकार के नीचे वस्त्रों के ऊपर धारण करते थे।[८] कभी-कभी उत्तरीय वस्त्र के रूप में दुपट्टा धारण किया जाता था। राजकुल के लोग रेशमी वस्त्र का दुपट्टा ओढ़ते थे। बाण ने हर्ष को रेशमी वस्त्र का दुपट्टा (दुकूल) धारण किये हुए चित्रित किया है; उसके ऊपर राजहंस के जोड़े चित्रित किये गये थे।[९] इस पर रजकों ने तारागणों के चित्रों को बनाया था, जिसके कारण इसकी शोभा अन्वेक्षणीय थी।[१०] एक मुद्रा पर समुद्रगुप्त की उत्कीर्ण मूर्ति चूड़ीदार पाजामा पहने हुए दिखाई गई है।[११] इससे स्पष्ट होता है कि भारतीय नरेश पाजामा पहनते थे। बाण ने 'स्वस्थान' शब्द का उल्लेख पाजामे के अर्थ में किया है। यह एक तंग मोहरी का पाजामा होता था, जो पिंडलियों पर कसा रहता था।[१२] राजवर्ग के लोग रेशमी धोती पहनते थे। बाण ने हर्ष को दुकूल की धोती पहने हुए दिखाया है।[१३] धनिक नागरिक की धोती भी काफी बहुमूल्य तथा सुन्दर हुआ करती थी। कादम्बरी में एक नागरिक की धोती का उल्लेख किया गया है, जो अमृतफेन के समान धवल थी, जिस पर हंसमिथुन के चित्र सुशोभित

---

१. भारतीय वेशभूषा, पृष्ठ ६५।
२. वही, पृष्ठ ६६।
३. हर्षचरित : एक सांस्कृतिक अध्ययन, पृष्ठ १५५।
४. वही, पृष्ठ १५५।
५. एलन, गुप्त सिक्के, पृष्ठ ३८७।
६. भारतीय वेशभूषा, पृष्ठ २९५।
७. एलन, गुप्त सिक्के, प्लेट संख्या १।
८. हर्षचरित : एक सांस्कृतिक अध्ययन, पृष्ठ १५१।
९. ''परिधान राजहंस-मिथुन-लक्ष्मणि-सदृशे-दुकूले।'' —हर्षचरित, पृष्ठ १९८।
१०. ''सतारागणेनोपकृतेन।'' —हर्षचरित, पृष्ठ ५९।
११. एलन, वही, फलक ५।
१२. हर्षचरितः एक सांस्कृतिक अध्ययन, पृष्ठ १४८।
१३. वही, पृष्ठ १९८।

थे तथा जो वायु-वेग के कारण फड़फड़ा उठती थी।[१] गुप्तमुद्राओं पर भारतीय नरेश जूते पहने हुए दिखाये गये हैं। धनिक नागरिक भी जूते पहनते थे, जो आकार की दृष्टि से विभिन्न प्रकार के थे।[२]

पुरसुन्दरियों की वेशभूषा में साड़ी, लहँगा, चादर तथा चोली उल्लेखनीय हैं। साड़ी एँड़ी तक पहुँचती थी।[३] साड़ी कभी सकच्छ तथा कभी बिना कच्छ के ही हुआ करती थी।[४] लहँगा के पहनने की प्रथा प्रचलित थी।[५] सभ्य कुल की महिलाएँ अधिकतर चादर ओढ़ती थीं। बाण ने स्त्री-समाज में प्रयुक्त होने वाली एक चादर का उल्लेख किया है, जो विविध प्रकार के पुष्पों से अंकित थी तथा जो मन्द वायु के झोकों से तरंगित हो रही थी।[६] सिर किनारेदार ओढ़नियों से ढका जाता था।[७] शरीर के ऊपरी भाग को ढकने के लिए एक चोली रहती थी, जिसे 'कूर्पासक' कहा जाता था। इसमें आस्तीन कोहनियों से ऊपर रहती थी। कूर्पासक नाम पड़ने का यही कारण था।[८] बालरामायण से ज्ञात होता है कि पुरसुन्दरियों के समस्त वस्त्र बहुत ही सुन्दर हुआ करते थे। इसमें कहा गया है कि कान्यकुब्ज की ललनाओं की वेशभूषा चतुर्दिक् आदर्श समझी जाती थी।[९]

आभूषण— नागरिकों के अलंकार-प्रसाधन में आभूषण उल्लेखनीय हैं। पुरुषवर्ग में केयूर,[१०] अंगुलीयक[११] तथा वलय[१२] नामक आभूषण धारण किये जाते थे। आभूषणों का विशेष प्रचार प्रधानतः स्त्रीवर्ग में था। आभूषणों को बिना धारण किये हुए स्त्रियों

---

१. "अमृतफेनधवलेगोरोचनालिखितहंसमिथुनसनाथपर्यन्ते-चारुचमर-प्रनर्तितदशे।"
—कादम्बरी, पृष्ठ १९।

२. भारतीय वेशभूषा, पृष्ठ १७२।

३. वही, पृष्ठ ६९।

४. वही, पृष्ठ ८१।

५. वही, पृष्ठ १२५।

६. "बहुविधकुसुमशकुनिशत-शोभितापवन-चलितस्तनु-तरंगादितस्वच्छादंशुकात्"
—हर्षचरित, पृष्ठ ९६।

७. भारतीय वेशभूषा, पृष्ठ ८१।

८. हर्षचरित : एक सांस्कृतिक अध्ययन, पृष्ठ १५२।

९. "यो मार्गः परिधानकर्मणि गिरां वा सूक्तिमुद्राक्रमे।
भंगिर्याकवरीचयेषु रचनं यद्भूषणालीषु च॥
दृष्टं सुन्दरि कान्यकुब्जललना लोकेरिहान्यच्च यच्च-
छिक्षन्ते सकलासु दिक्षु तरसा तत्कौतुकिन्यः स्त्रियः।" —बालरामायण, १०, ९०।

१०. रघुवंश, ६, ६८।

११. कामसूत्र, पृष्ठ २९२, सूत्र २०।

१२. मेघदूत (पूर्व), २।

का पति के सामने आना दोषपूर्ण समझा जाता था।[१] वे बालों को तितर-बितर होने से बचाने के लिए उनके ऊपर जाली (जालिका) लगाती थीं। बाणभट्ट के अनुसार थानेश्वर की स्त्रियों में यह प्रथा विशेष रूप से प्रचलित थी।[२] कान में **कर्णाभूषण,**[३] **कर्णपूर**[४] तथा **बालिका**[५] नामक आभूषण धारण किये जाते थे। **मालिका,**[६] **मुक्तावली,**[७] **हार,**[८] तथा **यष्टि**[९] आदि का प्रयोग कण्ठाभूषण के रूप में किया जाता था। **केयूर**[१०] तथा **कटक**[११] का प्रयोग भुजबन्ध के रूप में होता था। करधनी को **रसना,**[१२] **मेखला,**[१३] **हेममेखला,**[१४] **कांची**[१५] तथा **कनककिंकिणी**[१६] कहा जाता था। इस स्थान पर उल्लेखनीय है कि आभूषणों को पहनने का अधिकार केवल सधवा को ही था। विधवा तथा प्रोषितभर्तृका आभूषण नहीं धारण करती थीं। पतिप्रवासिनी स्त्री अधिक से अधिक शंख की एक चूड़ी पहन सकती थी।[१७]

केशविन्यास— पुरललना के शृंगार-साधन का एक अभिन्न अंग केशविन्यास भी था। वह अपने बालों को पहले स्नान के द्वारा स्वच्छ कर लेती थी तथा उसके उपरान्त तेल से उन्हें सुगन्धित करती थी।[१८] इस क्रिया के पश्चात् वह अपने केश को काढ़ कर एक सुन्दर चोटी गाँछ देती थी। चोटी को वेणी कहा जाता था। वेणी प्रायः एक ही हुआ करती थी। कालिदास ने शकुन्तला को एक वेणी धारण किये हुए चित्रित किया है।[१९]

---

१. ''नायकस्य च न विमुक्ताभूषणां विजने सन्दर्शने तिष्ठेत।''
—कामसूत्र, पृष्ठ २२६, सूत्र १३।

२. हर्षचरित, पृष्ठ ८३।
३. रघुवंश, ६, ६५।
४. वही, ७, २७।
५. हर्षचरित, पृष्ठ २६१।
६. वही, पृष्ठ २६१।
७. रघुवंश, १३, ४८।
८. वही, ५, ७०।
९. ऋतुसंहार, १, ८।
१०. हर्षचरित, पृष्ठ २६१।
११. वही, पृष्ठ २६१।
१२. रघुवंश, ७, १०।
१३. ऋतुसंहार, ६, ३।
१४. वही, १, ६।
१५. रघुवंश, ६, ४३।
१६. ऋतुसंहार, १३, ३३।
१७. ''एकं शंखवलयं वा धारयेत्॥'' —कामसूत्र, पृष्ठ ३१५।
१८. ''शिरोरुहैः स्नानकषायवासितैः।'' —ऋतुसंहार, १, ४।
१९. ''धृतैकवेणिः'' —शाकुन्तलम्, अंक ७।

लम्बे केश वाली स्त्रियों के बाल प्राय: बिना वेणी के कमर तक लटकते रहते थे।[१] कभी-कभी खुले केशों को समेटकर माथे पर जूड़ा बाँधा जाता था। बाण ने इसी को **'ललाटजूटक'** कहा है।[२] केशपाश को सुसज्जित करने के लिए कभी-कभी जगह-जगह पर उसमें फूल खोंस दिये जाते थे। कालिदास ने केशपाश में मन्दार[३] तथा नवमल्लिका[४] पुष्पों के लगाने का उल्लेख किया है। स्त्रियाँ अन्य पुष्पों के द्वारा भी बालों को अलंकृत करती थीं।[५] शोक के अवसर पर केश-प्रसाधन निषिद्ध था।[६]

सुगन्धित द्रव— धनिक सुगन्धित द्रवों का प्रयोग करते थे। इनके द्वारा वस्त्रों को सुवासित किया जाता था। सौन्दरनन्द काव्य में कहा गया है कि कपिलवस्तु की स्त्रियाँ अपने वस्त्रों को सुगन्धित द्रवों के द्वारा वासयुक्त करती थीं।[७] ललितविस्तर में उल्लेख मिलता है कि पुरललनाएँ अपने वस्त्रों के ऊपर सुगन्धित तेल का छिड़काव करती थीं।[८] इस ग्रन्थ में ऐसे घड़ों का उल्लेख किया है, जिनमें सुगन्धित जल भरा गया था। वस्त्रों को सुवासित करने के लिए उन्हें भली-भाँति इसमें भिगो लिया जाता था।[९] तेल और सुरभियुक्त जल के अतिरिक्त अनुलेप का प्रयोग भी सुगन्धित द्रव के रूप में किया जाता था। सौन्दरनन्द में कहा गया है कि कपिलवस्तु की स्त्रियाँ पीसकर सुगन्धित अनुलेप तैयार कर रही थीं।[१०] विशेषत: चन्दन के अनुलेप को व्यवहार में लाया जाता था, क्योंकि चन्दन सुरभियुक्त हुआ करता है। उज्जयिनी की वेश्या वसन्तसेना के घर में चन्दन को घिस कर उसका सुगन्धित अनुलेप तैयार किया जा रहा था।[११] स्त्रियाँ अपने अवयवों को चन्दन के अनुलेप से चर्चित करती थीं।[१२] अन्य अनुलेपों में कालीयक का अनुलेप तथा कालागरु का अनुलेप उल्लेखनीय है। विशेषत: स्त्रियाँ कालीयक के अनुलेप से शरीर के विभिन्न भागों को चर्चित करती थीं।[१३] कभी-कभी एक ही समय कई अनुलेप चढ़ाये जाते थे, उदाहरणार्थ—चन्दन तथा कालागरु के अनुलेप।[१४]

---

१. ''शिरोरुहै: श्रोणितटावलम्बिभि:।'' —ऋतुसंहार, २, १८।

२. हर्षचरित : एक सांस्कृतिक अध्ययन,, पृष्ठ २०।

३. रघुवंश, ६, ६।

४. वही, ६, २३।

५. ''पुष्पावतंससुरभीकृतकेशपाशा:'' —वही, २, २२।

६. मालविकाग्निमित्रम्, अंक ५।

७. ''वासोऽङ्गना काचित् अवासयच्च'' —सौन्दरनन्दकाव्य, ४, २६।

८. ''दिव्यगन्धपरिवासिततैलपरिगृहीतानि'' —ललितविस्तर, १५, २१८।

९. ''विविधगन्धोदकपूर्णघटपरिगृहीतै:'' —वही, १५, २१८।

१०. ''काचित् पिपेषान्तर्विलेपनम्'' —सौन्दरनन्दकाव्य, ४, २६।

११. ''विशेषेण घृष्यन्ते चन्दनरस:'' —मृच्छकटिक, अंक ४।

१२. ''पयोधराश्चन्दनपंकचर्चिताम्'' —ऋतुसंहार, १, ९।

१३. ''गात्राणि कालीयकचर्चितानि'' —वही, ४, ५।

१४. ''कालागरुप्रचुरचन्दनचर्चितांगय:'' —वही, २, २२।

अनुलेप का प्रयोग मात्रा में किया जाना अधिक शोभनीय माना जाता था।[१] स्त्रियाँ कभी-कभी कालागरु के घूँटों से केशपाश तथा वस्त्रों को सुगन्धित करती थीं तथा इस रूप में प्रियतम से मिलने जाती थीं।[२] शृंगारिक नागरिक भी प्रिया की प्रसन्नता के लिए पुष्पों की माला धारण करते थे[३] तथा ताम्बूलसेवन के द्वारा मुखवास को सुगन्धित रखते थे।[४]

अंगराग—अंगराग भी स्त्रीसमाज के शृंगार का एक प्रिय प्रसाधन था। यह प्रथा स्त्री-समाज में विशेष रूप से व्यापक थी। अंगराग के लगाने की क्रिया को रंजन कहा जाता था। अंगराग पाँच स्थानों पर चढ़ाया जाता था—(१) नेत्र, (२), अधर, (३) दाँत, (४) पयोधर तथा (५) चरण। भरतमुनि ने नेत्र, अधर तथा दाँत पर अंगराग लगाने की क्रिया को क्रमशः **नेत्ररंजन, अधररंजन,** तथा **दंतरंजन** कहा है।[५] ऋतुसंहार में स्तनों पर चढ़ाये हुए अंगराग को स्तनांगराग कहा गया है।[६] इस ग्रन्थ में चरणों के ऊपर भी अंगराज के चढ़ाने का उल्लेख किया गया है।[७] दो प्रकार के अंगराग विशेष रूप से प्रचलित थे—(१) कुंकुमराग तथा (२) लाक्षारसराग। कालिदास ने स्तनों के ऊपर कुंकुमराग लगाने का उल्लेख कई स्थलों पर किया है।[८] ऋतुसंहार के विदित होता है कि कुंकुमराग गौरवर्ण का होता था—(**कुंकुमरागगौरैः**)।[९] लाक्षारस का अंगराग प्रायः अधर एवं चरणों पर लगाया जाता था। यह लाल होता था।[१०] लाक्षारसराग को अलक्तक राग भी कहा जाता था। कुमारसम्भव में कहा गया है कि पार्वती के ओठ अलक्तक से लाल थे—(**अलक्तकपाटलेन**)।[११]

ललितकला—ललितकला में निपुणता की गणना सभ्य नागरिक के लक्षण में होती थी। वात्स्यायन ने कला के क्षेत्र में प्रत्येक नागरिक का दक्ष होना आवश्यक माना है।[१२] उच्चकुल की महिलाएँ बहुधा कला-प्रवीणा होती थीं। ललितविस्तर से विदित

---

१. ''मात्रयाऽनुलेपनम्'' —कामसूत्र, पृष्ठ १७३, सूत्र १४।

२. ''शिरांसि कालागरुधूपितानि कुर्वन्ति नार्यः सुरतोत्सवाय'' —ऋतुसंहार, १, ५।

३. ''धूपं स्त्रजमिति गृहीत्वा'' —कामसूत्र, पृष्ठ ४५।

४. ''गृहीतमुखवासताम्बूलः कार्य्यान्यनुतिष्ठेत्'' —वही पृष्ठ ४५।

५. ''नेत्रयोरंजनं कार्यमधरस्य च रंजनम्।
दन्तानां विविधा रागाश्चतुर्णा शुल्कता तथा॥'' —नाट्यशास्त्र, २३, ३०।

६. ऋतुसंहार, ५, १२।

७. वही, १, ४।

८. ''पयोधरैः कुंकुमरागपिंजरैः'' —ऋतुसंहार, ५, ९।

९. वही, ६, ५।

१०. ''लाक्षारसरागलोहितैः...चरणैः'' —वही, १, ५।

११. कुमारसम्भव, ५, ३४।

१२. ''विविधशिल्पज्ञो'' —कामसूत्र, ३०२, सूत्र १२।

होता है कि राजकन्या, गोपा, कला में बहुत निपुण थी।[१] इस प्रकार की कुमारियों का विवाह प्रायः समान योग्यता वाले वर के साथ किया जाता था। गोपा के विवाह के अवसर पर उसके पिता कहते हैं—"मेरे कुल की परम्परा यह है कि कला में निपुण व्यक्ति के साथ ही पुत्री का विवाह किया जाय, न कि कला के ज्ञान से वंचित व्यक्ति के साथ। कुमार सिद्धार्थ कलाज्ञान से रहित हैं। ऐसी दशा में मैं अपनी कलानिपुणा पुत्री का उनके साथ कैसे विवाह कर दूँ?"[२]

संगीत—संगीत की गणना ललितकला में होती थी। इसका प्रचार नागरिकों में विशेष रूप से था। भारतीय शासक भी उसके प्रेमी थे—उदाहरणार्थ—समुद्रगुप्त। प्रयाग की प्रशस्ति में कहा गया है कि उसने संगीत के ज्ञान में निपुणता के कारण इन्द्र के गुरु नारद तथा तुम्बुरु को भी लज्जित किया था, जो कि संगीत के आचार्य माने जाते थे।[३] वात्स्यायान ने संगीत का ज्ञान प्रत्येक नागरिक के लिए अनिवार्य माना है।[४] नगरों में संगीत की शिक्षा देने के लिए कलाभवन बने रहते थे। मालविकाग्निमित्र में इस प्रकार के एक कलाभवन का उल्लेख मिलता है। इसके अनुसार गणदास नामक आचार्य संगीत की शिक्षा देते थे।[५]

संगीत में गीत के साथ-साथ वाद्य का भी सामंजस्य रहता था। वाद्यों में वीणा, वेणु तथा मृदंग अधिक प्रिय थे। भास के चारुदत्त नामक नाटक में वीणा को समुद्र से निकला हुआ रत्न बताया गया है।[६] कालिदास ने हृदयंगम ध्वनि करने वाली वीणा को विलासी अग्निवर्ण की गोद को अशून्य करनेवाली कहा है।[७] वेणु की प्रशंसा करते हुए वात्स्यायन ने लिखा है कि यह वाद्य प्रियतमा को आकर्षित करने का मूल मन्त्र है।[८] ललितविस्तार में कहा गया है कि पुरसुन्दरियाँ वेणु का अभ्यास करती थीं।[९] बुद्धचरित में सभ्य महिलाएँ संगीत के अवसर पर मृदंग बजाती हुई दिखायी गई हैं।[१०] इन वाद्यों के अतिरिक्त **भेरी, पणव** तथा **तूण** आदि का भी विस्तृत प्रचार था। ललितविस्तर में कहा गया है कि कपिलवस्तु की

---

१. ललितविस्तर, १२, पृष्ठ १४४।

२. "अस्माकं चायं कुलधर्मः शिल्पज्ञस्य कन्या दातव्या नाशिल्पज्ञस्येति कुमारश्च न शिल्पज्ञः...तत्कथमशिल्पज्ञायाहं दुहितां दास्यामि" —ललितविस्तर, १२, १४३

३. "व्रीडितत्रिदशपतिगुरुतुम्बुरुनारदादेः" —का० इं० इं०, ३, ६।

४. कामसूत्र, पृष्ठ ९२।

५. मालविकाग्निमित्रम्, अंक १।

६. "वीणा नाम समुद्रोत्थितं रत्नम्" —चारुदत्त, अंक ३।

७. रघुवंश, १९, १३।

८. "वंशं वादयतो या शब्दं शृणोति सा वश्या भवति" —कामसूत्र, पृष्ठ ३७९, सूत्र ४३।

९. "नार्यो मुदितमनाः प्रसन्नचित्ताः वेणुभ्यो मधुरमनोरमं रमन्ते"—ललितविस्तर, १३, १६२।

१०. "नारिकराग्राभिर्हतैः मृदंगैः" —बुद्धचरित, २, ३०।

स्त्रियाँ इनके वादन में परम निपुण थीं।[१] धनिक व्यक्तियों के घरों में संगीतशाला बनी होती थी, जहाँ विभिन्न वाद्यों का अभ्यास किया जाता था। वसन्तसेना के भवन की संगीतशाला का वर्णन करते हुए कहा गया है कि इनमें युवतियों के कोमलकरों से बजाये जाते हुए मृदंग मेघ के समान गम्भीर शब्द कर रहे थे। क्षीणपुण्या गगनतारिका के समान कांस्यताल के गिरने का शब्द भी हो रहा था। मधुकर की मधुर गुंजार के समान बाँसुरी अत्यन्त मधुरता के साथ बजाई जा रही थी।[२]

चित्रकला—चित्रकला को प्राचीन ग्रन्थों में **चित्रकर्म्मरचना,**[३] **चित्रकर्म्म**[४] तथा **आलेख्य**[५] कहा गया है। इसका ज्ञान सभ्य नागरिक का लक्षण माना जाता था। इसकी गणना वात्स्यायन ने चौंसठ कलाओं में की है।[६] चित्रकला की शिक्षा देने वाले आचार्य हुआ करते थे। उत्तररामचरित में अर्जुन नामक एक चित्रकार का उल्लेख मिलता है, जो कि चित्रकला की शिक्षा देता था।[७] नगरों में चित्रशालाएँ बनी होती थीं, जिनकी दीवालों पर तरह-तरह के चित्र बने होते थे। मालविकाग्निमित्रम् में इस प्रकार की एक चित्रशाला का उल्लेख मिलता है।[८] कादम्बरी में चित्रशालाओं के उल्लेख मिलते हैं; जिनमें देव, दानव, सिद्ध तथा गन्धर्वों के चित्र बने हुए थे।[९] नाट्यशास्त्र में चित्रशाला की दीवालों के ऊपर चित्र बनाने का वर्णन मिलता है। इसके अनुसार चित्रशाला की दीवालों को भली-भाँति साफ कर उन्हें बराबर बना दिया जाय तथा उन पर विभिन्न प्रकार के लेप चढ़ा दिये जायँ और इसके उपरान्त विभिन्न प्रकार के विषयों का चित्रण किया जाय।[१०] नागरिक चित्रनिर्माण का अभ्यास फलक पर करते थे, जिन्हें

---

१. ललितविस्तर, ५, ३०।

२. ''युवतिकरताडिता जलधरा इव गम्भीरं नदन्ति मृदंगाः।
क्षीणपुण्या गगनतारिका इव निपतन्ति कांस्यतालाः।
विरुतमिव मधुरं वाद्यते वंशः...प्रणयकुपिता—
कामिनीवांकारोपिता कररुहपरामर्शेन सार्यते वीणा।'' —मृच्छकटिक, अंक ४।

३. मुद्राराक्षस, अंक २।

४. कामसूत्र, पृष्ठ २९२, सूत्र २०।

५. वही, पृष्ठ ३२।

६. वही, पृष्ठ ३२।

७. ''आर्य! अर्जुनेन चित्रकरेणास्मदुपदिष्टम्'' —उत्तररामचरित, अंक १।

८. मालविकाग्निमित्रम्, अंक १।

९. कादम्बरी, पृष्ठ २१०।

१०. ''भित्तिष्वथ विलिप्तासु परिमृष्टासु सर्वतः।
समासु जातशोभासु चित्रकर्म्म प्रयोजयेत्॥
चित्रकर्म्मणि चालेख्याः पुरुषास्त्रीजनस्तथा।
लताबन्धाश्च कर्तव्याश्चरितं चात्मभोगजम्॥'' —नाट्यशास्त्र, अध्याय २, ७२-७४।

'चित्रफलक' कहा जाता था।[१] शाकुन्तल में दुष्यन्त अपनी वल्लभा का चित्रण फलक पर करते हुए दिखाये गये हैं। इसके सौन्दर्य को देखकर सानुमती कहती है कि जरा राजर्षि की चित्रकला की निपुणता को तो देखो। लगता है, जैसे मेरी सखी शकुन्तला सामने खड़ी है।[२] नागरिक के पास एक पेटी हुआ करती थी, जिसमें, विभिन्न प्रकार के रंग तथा चित्रनिर्माण के उपकरण भरे रहते थे। वात्स्यायन ने इसे प्रतोलिका कहा है। उन्होंने इसे प्रिया को उपहार के स्वरूप में देने का सन्देश दिया है।[३] चित्रकला के उपकरणों में वर्तिका एवं तूलिका उल्लेखनीय हैं। वर्तिका के द्वारा खाका खींचा जाता था तथा तूलिका के द्वारा लोग उसमें रंग भरते थे।[४] चित्र-निर्माण में विशेषतया लाल, पीला, नीला तथा श्वेत रंग प्रयुक्त होते थे।[५] चित्रकला में स्वाभाविकता तथा पूर्णता लाने के लिए चित्र की पृष्ठभूमि में प्राकृतिक विषयों को चित्रित किया जाता था। शाकुन्तल में दुष्यन्त प्रेयसी की चित्रभूमि पर मालिनी नदी, हंसमिथुन, पर्वतशृंखला तथा कृष्णमृग की जोड़ी को चित्रित करने की कामना करते हैं।[६]

यान—धनिक नागरिक पालकी, प्रवहण, रथ, घोड़े तथा हाथी का उपयोग यान के रूप में करते थे। पालकी को रघुवंश में '**चतुरस्त्रयान**' कहा गया है। इन्दुमती 'चतुरस्त्रयान' पर चढ़कर स्ययंवर में पतिवरण के लिए आयी थी। उसमें चार मनुष्य कन्धा लगाये हुए थे।[७] मृच्छकटिक से विदित होता है कि कुलीन नागरिक प्रवहण नामक गाड़ी पर बाहर निकलते थे। यह गाड़ी बैलों के द्वारा खींची जाती थी।[८] एक दूसरे प्रकार की भी गाड़ी प्रयोग में लायी जाती थी, जो आकार में आधुनिक शिकरम गाड़ी के तुल्य थी। मथुरा के अर्द्धचित्रों में इसका अंकन हुआ है। इसमें दो बैल ज़ोते गये हैं। उसके भीतर कई स्त्रियाँ बैठी हुई हैं तथा सामने गाड़ीवान हाथ में डण्डा लिये हुए बैलों को भगा रहा है। कहीं-कहीं खच्चरगाड़ियों का भी उल्लेख मिलता है। शिशुपालवध में दो खच्चरों के द्वारा जोती गयी एक ऐसी गाड़ी का वर्णन मिलता है, जो

---

१. शाकुन्तलम्, अंक ६।

२. "अहो एषा राजर्षेर्निपुणता। जाने सख्यग्रतो मे वर्तते।" —शाकुन्तलम्, अंक ६।

३. "प्रतोलिकानां...दानम्" —कामसूत्र, पृष्ठ २०४।

४. "उन्मीलितं तूलिकयेव चित्रम्।" —कुमारसम्भव, सर्ग ७।

५. "पीतासितारिक्तसितैः" —वही, सर्ग १५।

६. "कार्या सैकतलीनहंसमिथुना स्त्रोतोवहा मालिनी,
पादास्तामभितो निषण्णहरिणा गौरीगुरोः पावनाः।
शाखालम्बितवल्कलस्य च तरोर्निमातुमिच्छाम्यधः,
श्रृंगे कृष्णमृगस्य वामनयनं कण्डूयमानां मृगीम्।" —शाकुन्तलम्, अंक ६।

७. "मनुष्यवाह्यं चतुरस्त्रयानमध्यास्य कन्या परिवारशोभि।
विवेश मंचांतरराजमार्गा पतिंवरा क्लृप्तविवाहवेषा॥" —रघुवंश, ६, १०।

८. मृच्छकटिक, अंक ७।

तेजी से चलने के कारण बहुत आवाज़ पैदा कर रही थी।[१] रथ को स्यन्दन[२] तथा रथ पर चलने वाले को स्यन्दनारोह[३] कहा जाता था। वस्त्र, कम्बल तथा चर्मादि के द्वारा रथाच्छादन किया जाता था।[४] अश्वारूढ़ को अश्वारोह[५] तथा ग्रजारूढ़ को हस्त्यारोह[६] कहा जाता था। शिशुपालवध में अन्त:पुर की सुन्दरियों के भी तुरगारोहण का उल्लेख किया गया है।[७]

नगर-उद्यान—नागरिकों के मनोविनोद के लिए नगरों में उद्यान लगाये जाते थे। मृच्छकटिक में शीतलता तथा सौन्दर्य के कारण नन्दनवन का स्मरण दिलाने वाले नगर-उद्यान का उल्लेख मिलता है।[८] इस ग्रन्थ में पुष्पकरण्डक नामक एक दूसरी पुरवाटिका का वर्णन उपलब्ध होता है।[९] ललितविस्तर के अनुसार कपिलवस्तु के चतुर्दिक् अनेक उद्यान गौतम बुद्ध के मनोविनोद के निमित्त बनाये गये थे।[१०] रघुवंश से विदित होता है कि उज्जयिनी के युवकों एवं युवतियों के मनोविनोद का एक प्रिय साधन उद्यानगमन था।[११] वात्स्यायन ने उद्यानगमन को उद्यान यात्रा कहा है। कामसूत्र में उन्होंने विभिन्न प्रकार के आभूषणों से अलंकृत (स्वलंकृता:) तथा घोड़ों पर चढ़कर (तुरगाधिरूढा:) उद्यानयात्रा के लिए प्रस्तुत नागरिकों का उल्लेख किया है।[१२]

जलाशय—नगारिकों के मनोविनोद के लिए नगरों में जलाशय बने होते थे। महाभारत में कहा गया है कि इन्द्रप्रस्थ नगर में अनेक सरोवर थे, जिनमें कमल खिले हुए थे तथा हंस, कारण्डव एवं चक्रवाक आदि पक्षी तैर रहे थे।[१३] मन्दसौर के लेख से विदित होता है कि दशपुर नगर के जलाशयों का जल तट पर स्थित वृक्षों से गिरे हुए

---

१. "तूर्णं प्रणेत्रा कृतनादमुच्चकै: प्रणोदितं वेसरयुग्ममध्वनि।" —शिशुपालवध, १२, १९।
२. रघुवंश, १, ३६।
३. अमरकोश, २, क्षत्रवर्ग ८।
४. इं० नो० पा०, पृष्ठ १५०।
५. अमरकोश, २, ८।
६. वही, २, ८।
७. "तुरंगाधिरुहोऽवरोधिका:" —शिशुपालवध, १२, २०।
८. "यत्सत्यं लघूकरोतीव नन्दनवनस्य सश्रीकताम्।" —मृच्छकटिक, अंक ४।
९. "भो पश्च पश्य पुष्पकरण्डकजीर्णोद्यानस्य सश्रीकताम्।" —वही, अंक ७।
१०. "पञ्च चोद्यानशतानि समन्तान्नगरस्य प्रादुर्बभूवुर्बोधिसत्वस्य।" —ललितविस्तर, ७, ९५।
११. रघुवंश, ६, ३५।
१२. कामसूत्र, पृष्ठ ५३, सूत्र ४०-४१।
१३. "सरोभिरतिरम्यैश्च पद्मोत्पलसुगन्धिभि:।
हंसकारण्डवयुतैश्चक्रवाकोपशोभितै:॥" —महाभारत, आदिपर्व, अध्याय १९९, ७७।

पुष्पों के द्वारा विभिन्न रंग का हो गया था।[१] जलाशय में नागरिक जलक्रीड़ा करते थे। इनके जल से ग्राह आदि भयंकर जन्तु निकाल दिये जाते थे ताकि कोई दुर्घटना न हो।[२] जलक्रीड़ा के उपरान्त सरोवर के किनारे बैठकर नागरिक वाद्य एवं संगीत के द्वारा अपना मनोरंजन करते थे।[३]

द्यूत— द्यूत भी नागरिकों के मनोरंजन का प्रिय साधन था। मृच्छकटिक में एक जुआ खेलने वाला (आक्षिक) द्यूत की मुक्तकण्ठ से प्रशंसा करता हुआ कहता है कि जुआ खेलना मानो सिंहासनरहित राज्य प्राप्त करना है।[४] इस ग्रन्थ में एक दूसरे स्थान पर द्यूत, समस्त भौतिक सुखों की प्राप्ति का साधन माना गया है।[५] जुए के खेल में हारा हुआ उज्जयिनी का एक नागरिक जुआ खेलने की इच्छा को जैसे-तैसे रोकता हुआ कहता है कि कौड़ियों की आवाज़ मेरे मन को उसी प्रकार लुभा रही है, जिस प्रकार हाथ से राज्य निकल जाने वाले किसी राजा के हृदय में भेरी का शब्द युद्धादि के लिए लालसा उत्पन्न कर देता है।[६] मैं यद्यपि यह जानता हूँ कि जुआ सुमेरु शिखर से गिरने के समान हानिकर है, अत: नहीं खेलूँगा, तथापि कोकिल के कलकण्ठ से निकले हुए मधुर शब्द के समान पासे का शब्द मेरे मन को आकृष्ट कर रहा है। मैं तो द्यूत से अपने को हटाने में सर्वथा असमर्थ हूँ।[७] जैसे बन्धन से छूटी हुई गर्दभी दूसरों को ताड़ित करती है, वैसे ही मैं भी इस गर्दभी (जूए में प्रयुक्त कौड़ी आदि) से बुरी तरह पछाड़ा गया हूँ। इस शक्ति (कौड़ी) से मैं उसी प्रकार आक्रान्त हुआ हूँ, जिस प्रकार कि अंगराज कर्ण की शक्ति से घटोत्कच आक्रान्त हुआ था।[८] जूआ खेलने वाले को द्यूतकर, जूआ खेलने वालों के समूह को द्यूतकर-मण्डली तथा इसके अध्यक्ष को सभिक कहा जाता था।[९] यदि द्यूतकरों में किसी बात पर झगड़ा खड़ा होता था, तो सभिक

---

१. "तटोत्थवृक्षच्युतनैकपुष्पविचित्रतीरान्तजलानि भान्ति।
प्रफुल्लपद्माभरणानि यत्र सरांसि कारण्डवसंकुलानि॥"
—सरकार, सेलेक्ट इंस्क्रिप्शंस, पृष्ठ २९१।

२. "एतेन रचितोदग्राहोदकानां ग्रीष्मे जलक्रीडागमने विख्यातम्।"
—कामसूत्र, पृष्ठ ५३, सूत्र ४६।

३. "गीतानुरागं वारिमृदंगवाद्यम्।" —कामसूत्र, पृष्ठ ५३, सूत्र ४१।

४. "द्यूतं हि नाम पुरुषस्य असिंहासनम् राज्यम्" —मृच्छकटिक, अंक २।

५. "द्रव्यं लब्धं द्यूतेनैव दारामित्रं द्यूतेनैव" —वही, अंक २।

६. "ढक्काशब्द इव नराधिपस्य प्रभ्रष्टराजस्य।
जानामि न क्रीडिष्यामि कत्ताशब्दो मनो हरति॥" —वही, अंक २।

७. "जानामि न क्रीडिष्यामि सुमेरुशिखरपतनसन्निभं द्यूतम्।
तथापि खलु कोकिलमधुरः कत्ताशब्दो मनो हरति॥" —वही, अंक २।

८. नवबन्धनमुक्तयेव गर्दभ्या हा ताडितोऽस्मि गर्दभ्या।
अंगराजमुक्तयेव हा शक्त्या घटोत्कच इव घातितोऽस्मि शक्त्या॥" —वही, अंक २।

९. वही, अंक २।

द्यूतसम्बन्धी नियमों के अनुसार निर्णय देता था। मृच्छकटिक में जुए में हारा हुआ उज्जयिनी का नागरिक धनाभाव के कारण हारे हुए द्रव्य को जब चुकता करने में अपनी असमर्थता प्रकट करता है, उस समय सभिक उसे फटकारता है तथा शरीर को बेंचकर रुपया लौटाने का आदेश देता है।[१] जब नगर-वेश्या वसन्तसेना मध्यस्थता करती है, उस समय बड़ी कठिनाई से उसे मुक्ति मिल पाती है। वह सभिक को फटकार लगाती हुई कहती है कि अरे दुर्बल, तू तो नष्ट हो चुका। केवल कतिपय मुहरों के लिए पाँच इन्द्रियों वाले (ईश्वर की अनुपम रचना) मनुष्य को मार रहा है।[२] सभिक के अधिकार अधिक थे। असहाय अवस्था में पाने पर वह पराजित व्यक्ति को द्रव्यदान से मुक्ति का आदेश दे सकता था। मृच्छकटिक में जीता हुआ जुआड़ी हारे से कहता है कि यदि इस समय तू पाताल में अथवा इन्द्र की शरण में भी जाता है, तो भी सभिक को छोड़कर रुद्र भी तेरी रक्षा नहीं कर सकते।[३] द्यूत पर नियन्त्रण रखनें के लिए नगरों में द्यूताध्यक्ष नामक एक कर्मचारी रहता था, जिसके कार्यों का उल्लेख अन्यत्र किया जा चुका है।

पशुपक्षिपालन—नागरिकों के मनोविनोद का अन्य प्रिय साधन पशुपक्षिपालन था। महाभारत में कहा गया है कि पक्षियों का पालन दिलबहलाव के लिए किया जाता था।[४] धनिक व्यक्तियों के घरों में पक्षिशाला बनी होती थी; जिनमें शुक, सारिका, कोयल, काक, तीतर, चातक, मोर तथा हंस एवं कबूतर आदि पक्षी पाले जाते थे। उज्जयिनी-वेश्या वसन्तसेना के घर में एक पक्षिशाला बनी हुई थी, जिसमें सुनिर्मित पिञ्जरों में सुखपूर्वक बैठे हुए कबूतरों के जोड़े आलिंगन में रत होकर सुख का अनुभव कर रहे थे। पिंजरे में बैठा हुआ तोता दही-भात से पेट भरकर सूक्तिपाठ कर रहा था। सम्मान पाकर घमण्ड में रहने वाली मैना गृहदासी के समान बहुत बोल रही थी। नाना प्रकार के सरस फल खाने से मुदित कलकण्ठ कोकिल कूजन कर रही थी।[५] खूँटियों पर पिंजरे लटकाये गये थे। कहीं बटेर लड़ाये जा रहे थे, कहीं तीतरों से बातें की जा रही थीं, कही पालतू कबूतर भेजे जा रहे थे, कहीं भाँति-भाँति की मणियों से चित्रित-सा मयूर हर्षपूर्वक नाचता हुआ, सूर्य किरणों से सन्तप्त प्रासाद को अपने पंख

---

१. **''आत्मानं विक्रीय प्रयच्छ''** **—मृच्छकटिक, अंक २।**

२. **''दुर्वणोऽसि विनष्टोऽसि दशस्वर्णस्य कारणात्।**
पंचेन्द्रियसमायुक्तो नरो व्यापाद्यते त्वया॥'' **—वही, अंक २।**

३. **''यदि व्रजसि पातालमिन्द्रं शरणं च साम्प्रतं यासि।**
सभिकं वर्जत्विवैकं रुद्रोऽपि न रक्षितुं॥'' **—वही, अंक २।**

४. **''क्रीडनार्थं वा नराः वांछन्ति पक्षिणम्''** **—महाभारत, सभापर्व, अध्याय १३९, ६०।**

५. **''अन्योन्यचुम्बनपराणि सुखमनुभवन्ति पारावतमिथुनानि। दधिभक्तपूरितोदरो ब्राह्मण इव सूक्तं पठति पंजरशुकः। इयमपरासम्माननालब्धप्रसरेव गृहदासी अधिकं कुरकुरायते मदनसारिका। अनेकफलरसास्वादप्रहृष्टकण्ठाः कुम्भदासीव कूजति परिपुष्टा।''**
—मृच्छकटिक, अंक ४।

फड़फड़ाकर मानो हवा कर रहा था। एकीभूत चन्द्रमा की किरणों के समान राजहंस-युगल रमणियों के पीछे चलते हुए उनको मानो गतिशिक्षा दे रहे थे।[१] इन पक्षियों के पालन का उल्लेख कतिपय अन्य ग्रन्थों में भी मिलता है; उदाहरणार्थ—कालिदास ने यक्षपत्नी के घर मधुरवचना सारिका के पंजरस्थ होने का वर्णन किया है।[२] वात्स्यायन ने भी कहा है कि बोलने में प्रवीण शुक एवं सारिका आदि पक्षी नागरिकों के द्वारा पाले जायँ।[३] पशुओं में विशेषत: मेष, वानर तथा मृग आदि पाले जाते थे।[४] मनोविनोद के लिए पशुओं एवं पक्षियों के युद्ध का आयोजन किया जाता था। उद्यानयात्रा के सम्बन्ध में मेष-युद्ध, लावकयुद्ध तथा कुक्कुटयुद्ध का वर्णन मिलता है।[५] कामसूत्र में कुक्कुटयुद्ध को चौंसठ कलाओं में स्थान दिया गया है।[६] इस साक्ष्य से नागरिकों में इसकी लोकप्रियता स्पष्ट है।

आसवपान—आसवपान राजवर्ग का प्रिय व्यसन था। हर्षचरित से विदित होता है कि हर्ष के जन्म के अवसर पर थानेश्वर के दरबार में मदिरा की धारा बह रही थी।[७] राजकुल की स्त्रियाँ भी मदिरा का पान करती थीं, उदाहरणार्थ—मालविकाग्निमित्रम् में अग्निमित्र की भार्या इरावती मदोन्मत्ता दिखाई गई है।[८] कभी-कभी उच्च वर्ग के नागरिकों की स्त्रियाँ भी मद्यपान करती थीं।[९] मन्दसौर की प्रशस्ति में उदयकालीन सूर्य की लालिमा की तुलना मतवाली स्त्री के लाल कपोलों से की गई है।[१०] इससे भी यह निष्कर्ष निकलता है कि पुरललनाएँ कभी-कभी इसका प्रयोग करती थीं। दशकुमारचरित में मद्यपान का गुणानुवाद किया गया है।[११] इससे नागरिकों में आसव की लोकप्रियता स्पष्ट है। इस स्थान पर उल्लेखनीय है कि ब्राह्मणवर्ग तथा धार्मिक व्यक्तियों में यह प्रवृत्ति गर्हित समझी जाती थी। समस्त देश में मद्यपानगृह की शून्यता

---

१. ''आलम्बिता नागदन्तेषु पंजरपरम्परा:। योध्यन्ते लावका:। आलाप्यन्ते कपिंजला:। प्रेष्यन्ते पंजरकपोता:। इतस्ततो विविधमणिचित्रित इवायं सहर्षं नृत्यन् रविकिरणसन्तप्तं पक्षोत्क्षपैर्विधुवतीव प्रासादं गृहमयूर:। इत: पिण्डीकृता इव चन्द्रपादा: पदगतिं शिक्षमाणानीव कामिनीनां पश्चात्परिभ्रमन्ति राजहंसमिथुनानि'' —वही अंक ४।

२. ''पृच्छन्ती वा मधुरवचनां सारिकां पंजरस्थाम्'' —उत्तर मेघ, २५।

३. ''शुकसारिका प्रलपनव्यापारा:'' —कामसूत्र, पृष्ठ ४७, सूत्र २१।

४. वही, पृष्ठ २२९, सूत्र ३३।

५. ''तत्रैवानुभूयकुक्कुटलावकमेषद्यूतयुद्धै:'' —वही, पृष्ठ ५३।

६. वही, पृष्ठ ३२।

७. हर्षचरित, पृष्ठ १७८।

८. मालविकाग्निमित्रम्, पृष्ठ ४९।

९. रत्नावली, पृष्ठ ३८।

१०. ''क्षीवांगनाजनकपोलतलाभिताम्र:'' —सरकार, सेलेक्ट इंसक्रिप्शंस, पृष्ठ २९०।

११. दशकुमारचरित, पृष्ठ २१० (काले)।

का निर्देश करने वाले भक्त चीनी यात्री (ख्वान् च्वांग) का संकेत सम्भवतः इसी ओर है।[१] कभी-कभी नागरिक अपने मित्रों को मदिरा का प्रीतिभोज कराता था। इसको वात्स्यायन ने '**आपानक**' कहा है। इस अवसर पर विभिन्न रुचि एवं स्वाद वाली मदिराएँ पिलायी जाती थीं।[२] ये मदिराएँ प्यालों में भरी होती थीं, जिनके द्वारा इनका पान किया जाता था। इन प्यालों को चषक कहा जाता था। प्राचीन ग्रन्थों में विभिन्न पानों का उल्लेख मिलता है, उदाहरणार्थ—आसव,[३] वारुणी,[४] कादम्बरी,[५] नारिकेलासव[६] एवं पुष्पासव।[७] ख्वान् च्वांग के यात्राविवरण से भी स्पष्ट है कि नागरिक कई पानों का प्रयोग करते थे।[८]

मृगया— मनोरंजन के अन्य साधनों में मृगया भी उल्लेखनीय है। शाकुन्तल में इसे विनोद का सर्वोत्तम साधन कहा गया है। लेखक ने इसकी प्रशंसा करते हुए कहा है कि मृगया के कारण चर्बी कट जाती है तथा परिणामस्वरूप कटि-प्रदेश पतला एवं शरीर हल्का और उठाने योग्य हो जाता है। शिकार के अवसर पर भय तथा क्रोध की अवस्थाओं के कारण जीवों का विकारयुक्त चित्त दिखाई देता है। चलायमान लक्ष्य पर बाण का लग जाना धनुर्धारियों का महान् गुण है। व्यर्थ ही लोग मृगया की निन्दा करने लगते हैं। ऐसा मनोरंजन अन्यत्र कहाँ सम्भव हो ही सकता है।[९] दशकुमारचरित के लेखक ने भी मृगया की प्रशंसा करते हुए इसे सर्वश्रेष्ठ व्यायाम कहा है।[१०]

अभिनय—नागरिकों के विलास तथा कौतुक का प्रिय साधन नाटकों का अभिनय था। अभिनय का वास्तविक कार्य नाट्यशालाओं में किया जाता था। इन्हें प्रेक्षागृह तथा रंगशाला कहते थे। अभिनय का उद्देश्य सभ्यों का श्रुतिप्रसादन था। शाकुन्तल में सूत्रधार कहता है कि दर्शकों को प्रसन्न करना अभिनेता का वास्तविक कार्य है।[११] यही कारण

---

१. **वाटर्स, १, १७८।**

२. **''चषकहस्तः पाययेत्''** —**कामसूत्र, पृष्ठ १७४, सूत्र १५।**

३. **ऋतुसंहार, ४, ११।**

४. **कुमारसम्भव, ४, १२।**

५. **ऋतुसंहार, २, १६।**

६. **रघुवंश, १९, १२।**

७. **कुमारसम्भव, ३, ३८।**

८. **वाटर्स, १, १७८।**

९. **''मेदश्च्छेदकृशोदरं लघुभक्त्युत्थानयोग्यं वपुः।**
सत्वानामपि लक्ष्यते विकृतिमच्चित्तं भयक्रोधयोः॥
उत्कर्षः स च धन्विनां यदिषवः सिध्यन्ति लक्ष्ये चले।
मिथ्यैव व्यसनं वदन्ति मृगयामीदृग्विनोदः कुतः।'' —**शाकुन्तलम्, अंक २।**

१०. **दशकुमारचरित, पृष्ठ २०९ (काले)।**

११. **''किमन्यदस्याः परिषदः श्रुतिप्रसादनतः।''** —**शाकुन्तलम्, (प्रस्तावना)।**

है कि प्रयोग विज्ञान की सफलता का निर्धारण परिषद् के परितोष के द्वारा निर्धारित किया जाता था।[१] प्रेक्षागृह में नागरिक अत्यन्त शान्तिपूर्वक बैठते थे। शाकुन्तल में कहा गया है कि जिस समय इस नाटक का अभिनय हो रहा था, उस समय दर्शक चित्रलिखित के समान बैठे हुए थे।[२]

नृत्य—नृत्य नागरिकों के आमोद-प्रमोद का सामान्य साधन था। नगरों में नृत्य की शिक्षा देने वाले आचार्य हुआ करते थे। इन्हें नाट्याचार्य कहा जाता था।[३] मालविकाग्निमित्रम् में गणदास नामक एक आचार्य का उल्लेख मिलता है।[४] इस ग्रन्थ में सफल नाट्याचार्य के लक्षणों को बताते हुए कहा गया है कि जो नृत्य की शिक्षा तथा क्रिया दोनों में प्रवीण हो, वह विशेष रूप से सम्माननीय है।[५] राजकुल तथा सभ्य घरानों की कन्यांओं को नृत्य की शिक्षा विशेष रूप से दी जाती थी। ये नृत्य का अभ्यास व्यक्तिगत मनोविनोद के लिए करती थीं। सामूहिक मनोविनोद के लिए नर्तकियों तथा नर्तकों की मण्डलियाँ दर्शकों के सामने अपनी कला का प्रदर्शन करती थीं। दशकुमारचरित से विदित होता है कि नर्तकियों की कला का सम्मान नागरिकों में विशेष था।[६] मथुरा की कला में एक नर्तकी एक छोटे मण्डप में नृत्य करती हुई दिखाई गयी है। मण्डप के भीतर कई व्यक्ति बाजा बजाते हुए दिखाये गये हैं। मण्डप के सामने दर्शकों का एक समूह है। कुछ दर्शक प्रशंसा के भाव में अपने हाथ को ऊपर उठाये हुए हैं। कभी-कभी नगरों में नृत्यप्रतियोगिता भी हुआ करती थी। मालिवकाग्निमित्र में हरदत्त तथा गणदास नामक नाट्याचार्यों की नृत्यप्रतियोगिता का वर्णन किया गया है।[७]

गोष्ठी— समान विद्या, बुद्धि, शील, वित्त तथा अवस्था वाले नागरिक एक स्थान पर मिलते थे। उनके इस जमावड़े को गोष्ठी कहा जाता था। वहाँ पर ये लोग बौद्धिक चिन्तन के द्वारा अपना मनोविनोद करते थे। गोष्ठी में इन लोगों के द्वारा प्रायः काव्यसमस्या अथवा कलासमस्या पर विचार किया जाता था।[८] कभी-कभी इनमें काव्यरचना, काव्यसमस्या की पूर्ति, पुस्तकों का वाचन, भाषाओं एवं छन्दों का ज्ञान, नाटकों एवं आख्यायिकाओं का पठनपाठन, गीत, वाद्य, नृत्य एवं आलेख्य का अभ्यास

---

१. "आ परितोषाद्विदुषां न साधु मन्ये प्रयोगविज्ञानम्।" —वही, (प्रस्तावना)।

२. "अहो रागबद्धचित्तवृत्तिरालिखित इव सर्वतो रंगः।" —वही, (प्रस्तावना)।

३. मालविकाग्निमित्रम्, अंक १।

४. वही, अंक १।

५. "शिक्षाक्रियाकश्चिदात्मसंस्था संक्रान्तिरन्यस्य विशेषरूपा।
उभे च यत्साधु स शिक्षकाणां धुरि प्रतिष्ठापयितव्य एव।" —वही, अंक १।

६. दशकुमारचरित, पृष्ठ २१० (काले)।

७. मालविकाग्निमित्रम्, अंक २।

८. "समानविद्याबुद्धिशीलवित्तवयसां सह वेश्याभिरनुरूपैरालापैरासनवन्धो गोष्ठी। तत्र चैषां काव्यसमस्या कलासमस्या च।" —कामसूत्र, पृष्ठ ५१, सूत्र ३४-३५।

किया जाता था।[१] अफसढ़ के लेख में कहा गया है कि आदित्यसेन नामक उत्तरगुप्त वंशी मगध-नरेश गोष्ठियों में काफी परिहासशील था—(गोष्ठीषु पेशलतया परिहास-शील:)।[२] गोष्ठी में कलाओं का ज्ञान विशेष रूप से आवश्यक माना जाता था। कामसूत्र में कहा गया है कि यदि गोष्ठी के किसी शास्त्रज्ञान से रहित सदस्य को कलाओं का ज्ञान ठीक हो, तो वह गोष्ठी के भीतर सम्मान पाता है पर इसके प्रतिकूल शास्त्रों का अच्छा ज्ञान होने पर भी यदि वह कलाज्ञान से रहित हो, तो उसे गोष्ठी में सम्मान नहीं प्राप्त होता था।[३] संस्कृत एवं देशभाषा के बीच के मार्ग का अनुसरण करने वाला व्यक्ति गोष्ठी में अधिक प्रतिष्ठा पाता था।[४]

उत्सव—नागरिक निम्नलिखित उत्सवों को विशेष रूप से मनाते थे—(१) कौमुदीमहोत्सव, (२) दीपोत्सव, (३) वसन्तोत्सव, (४) शिवपूजा, (५) शालभंजिका, (६) रथयात्रा तथा (७) समाज। कौमुदीमहोत्सव नागरिकों का एक प्रिय उत्सव था। शरद् पूर्णिमा के अवसर पर इस उत्सव को मनाया जाता था। पाटलिपुत्र के नागरिक इस उत्सव को बहुत धूमधाम से मनाते थे।[५] 'कौमुदीमहोत्सव' नामक नाटक में इस उत्सव का उल्लेख मिलता है।[६] दीपोत्सव भारत का राष्ट्रीय पर्व था। प्रारम्भिक काल में यक्षाधिपति कुबेर की पूजा के निमित्त लोग इस उत्सव को मनाते थे।[७] यही कारण है कि इस उत्सव वात्स्यायन ने कामसूत्र में यक्षरात्रि कहा है।[८] कालान्तर में इस उत्सव के लिए दीपपूजा शब्द का प्रयोग होने लगा।[९] लोगों का विश्वास था कि इस अवसर पर लक्ष्मी का जागरण (लक्ष्मीप्रबोध) होता है।[१०] अल्बरुनी ने लिखा है कि भारत के लोग

---

१. ''मानसी काव्यक्रिया, काव्यसमस्यापूरणं, पुस्तकवाचनं, दुर्वाचकयोगा म्लेच्छित-विकल्पाः देशभाषाविज्ञानम्, अभिधानकोषः, छन्दोज्ञानम्, नाटकाख्यायिकादर्शनम्, प्रतिमाला, गीतम्, नृत्यम्, आलेख्यम्॥'' —वही, पृष्ठ ३२।

२. अफ़सढ़ का लेख, पंक्ति ४४।

३. ''ब्रुवन्नप्यन्यशास्त्राणि चतुःषष्टिविवर्जितः।
विद्वत्संसदि नात्यर्थं कथासु परिपूज्यते॥
वर्जितोऽप्यन्यविज्ञानैरेतया यस्त्वलंकृतः।
स गोष्ठ्यां नरनारीणं कथास्वग्रं विगाह्यते॥'' —वही, पृष्ठ १८२, सूत्र ५०-५१।

४. ''नात्यन्तं संस्कृतेनैव नात्यन्तं देशभाषया।
कथां गोष्ठीषु कथयंल्लोके बहुमतो भवेत्॥'' —वही, पृष्ठ ५८, सूत्र ५०।

५. ''कुसुमपुरे कौमुदीमहोत्सवः'' —मुद्राराक्षस, अंक ३।

६. कौमुदीमहोत्सव, अंक ५।

७. पी० के० गोड़े, भारतीय विद्या, १९४७, पृष्ठ ५५।

८. वही, पृष्ठ ६२।

९. वही, पृष्ठ ५५।

१०. पी० के० गोड़े, भारतीय विद्या, १९४७, पृष्ठ ५७।

इस उत्सव को बड़े समारोह के साथ मनाते थे।[१]

वसन्त के आगमन के अवसर पर वसन्तोत्सव मनाया जाता था।[२] इसके लिए कहीं-कहीं मधूत्सव शब्द भी आता है।[३] इस अवसर पर कामदेव की पूजा की जाती थी।[४] इस कारण कतिपय ग्रन्थों में इसे मदनोत्सव भी कहा गया है।[५] रत्नावली से विदित होता है कि कौशाम्बी के नागरिक मदनोत्सव बहुत ठाट-बाट से मनाते थे। इस अवसर पर मृदंग तथा चर्चरी (वाद्यविशेष) बजाये जाते थे।[६] कौशाम्बी-नागरिकों के द्वारा आयोजित इस उत्सव को महाराज उदयन अपने प्रासाद के कोठे पर चढ़कर देख रहे थे।[७] कभी-कभी इस उत्सव के आयोजन में राजकीय सहायता भी मिलती थी। रत्नावली में कहा गया है कि कौशाम्बी में एक बार महाराज उदयन ने अपने पदाधिकारियों के द्वारा मदनोत्सव का आयोजन किया था। इसको वे बड़ी उत्सुकता के साथ देख रहे थे।[८] इस अवसर पर शराब पीकर कौशाम्बी के युवक तथा युवतियाँ परस्पर आलिंगन करते हुए नाच रही थीं। युवतियों के हाथ में पिचकारियाँ थीं, जिनसे वे पुरजनों के ऊपर रंग फेंक रही थीं और इससे प्रेरित होकर वे भी नाच रहे थे।[९] इस समय मार्ग पर चलने वाले व्यक्तियों के ऊपर पीले रंग का अबीर फेंका जा रहा था। इस कारण राजपथ एवं गलियाँ पीली हो उठती थीं।[१०] रह-रह कर घड़ों में भरे हुए पीले रंग पथिकों के ऊपर फेंके जा रहे थे। लगता था, मानो कौशाम्बी का नगर पीला हो उठा हो।[११] इस अवसर पर नागरिक खूब शृंगार करते थे। रत्नावली में कौशाम्बी की वधुएँ इस अवसर पर विभिन्न प्रकार के सोने के गहने तथा फूलों की मालाओं को पहने हुए दिखायी गयी हैं।[१२]

रत्नावली के द्वारा मदनमहोत्सव के बारे में कुछ और महत्त्वपूर्ण सूचनाएँ इस प्रकार मिलती हैं—(१) कामदेव की पूजा नगर में स्थित कामदेव के उद्यान

---

१. सखाऊ, अल्बरुनीज़ इण्डिया, २, १८२।

२. शाकुन्तलम्, अंक ६।

३. वही, अंक ६।

४. ''चूतकलिकां गृहीत्वा कामदेवार्चनं करोमि।'' —मुद्राराक्षस, अंक ६।

५. वही, अंक ६।

६. रत्नावली, अंक १।

७. ''पुरजनप्रमोदमवलोकयितुं प्रासादाभिमुखं प्रस्थितो देवः'' —रत्नावली, अंक १।

८. ''पर्यत्सुको निजमहोत्सवदर्शनाय'' —वही, अंक १।

९. ''मधुमत्तकामिनीजनवयंग्राहगृहीतशृंगकजलप्रहारनृत्यन्नागरजनजनित-कौतूहलस्य'' —वही, अंक १।

१०. वही, अंक १।

११. ''कौशाम्बी...पीता विभाति'' —रत्नावली, अंक १।

१२. वही, अंक १।

(मकरन्दोद्यान) में की जाती थी।[१] (२) लाल अशोक के नीचे कामदेव की प्रतिमा स्थापित करने के उपरान्त पुष्प (कुसुमानि), कुंकुम एवं चंदन के रस आदि विभिन्न उपकरणों के द्वारा उसकी पूजा की जाती थी।[२] (३) इस अवसर पर पति का रहना भी आवश्यक था।[३] कामदेव की पूजा कर लेने के उपरान्त स्त्रियाँ पुनः पति की पूजा करती थीं।[४] सम्भवतः वे उसी पति को जन्मजन्मान्तर तक पाने के लिए ऐसा करती थीं। (४) अविवाहित युवतियों के कामदेव की अर्चना का उद्देश्य मनोनुकूल पति का पाना था। नाटक में सागरिका मनोवांछित पति की प्राप्ति के लिए कामदेव से प्रार्थना करती हैं[५] और कहती हैं कि हे देव! तुम्हारा दर्शन निष्फल न जाय।[६]

शिवरात्रि के अवसर पर शिव की पूजा बड़े समारोह के साथ की जाती थी। दशकुमारचरित में कहा गया है कि श्रावस्ती के नागरिक इसे बड़े प्रेम के साथ मनाते थे।[७] महाशिवरात्रि पर्व अवसर पर शिव-लिंग पूजा का भव्य शिल्पांकन खजुराहो की चन्देल-कालीन कला में प्राप्य है, जो सम्प्रति राष्ट्रीय संग्रहालय, दिल्ली में प्रदर्शित है। इस दृश्यांकन में स्त्री-पुरुष वाद्य बजाते पंक्तिबद्ध बड़े ही हर्षोल्लास के साथ शिव-लिंग पर पुष्प एवं जल चढ़ाते दृश्यांकित हैं (फलक १६, आकृति २)। शालभंजिका का उत्सव विशेष प्रकार से मनाया जाता था। शालवृक्षों के नीचे खड़े होकर नागरिक उसके पुष्पों को चुनते थे तथा एक दूसरे के साथ क्रीड़ा एवं विनोद करते थे। अवदानशतक में भी कहा गया है कि श्रावस्ती के नागरिक शालभंजिका का उत्सव बड़े समारोह के साथ मनाते थे। इसमें वर्णन मिलता है कि एक बार जब गौतम बुद्ध श्रावस्ती के जेतवन में ठहरे हुए थे, उस समय सारी श्रावस्ती में शालभंजिका का उत्सव मनाया जा रहा था। कई हजार व्यक्ति उसमें भाग लेने के लिए एकत्र हुए और पुष्पित शालवृक्षों के फूल चुनकर वे एक दूसरे के साथ क्रीड़ा और विनोद करते हुए इधर-उधर मन बहलाने लगे।[८] निदानकथा में शालभंजिका का मनोरम वर्णन मिलता है। इसमें कहा गया है कि "उन दोनों नगरों (कपिलवस्तु और देवहद) के बीच में लुम्बिनी वन नामक मंगल शालवन था, जो उभयनगरवासियों के उपभोग में आता था। उस समय मूल से लेकर फुनगी तक सारा वन फूलों से अकस्मात् लद गया था। शाखाओं और पुष्पों के बीच पंचरंगी तितलियाँ और नाना प्रकार के पक्षी मधुर स्वर से कूजते हुए विचर रहे थे। सारा

---

१. "कौशाम्बी...पीता विभाति"। —रत्नावली, अंक, १।

२. "रक्ताशोकपादपतलसंस्थापितस्य भगवतः कुसुमायुधस्य पूजा निवर्तयितव्या।" —वही, अंक १।

३. वही, अंक १।

४. वही, अंक १।

५. वही, अंक १।

६. "अमोघदर्शनो मे भविष्यति" —वही, अंक १।

७. दशकुमारचरित (काले), पृष्ठ १०९।

८. पाणिनिकालीन भारतवर्ष, पृष्ठ १६३।

लुम्बिनीवन रंग-बिरंगी लताओं के बन के समान या किसी वैभवशाली राजा के सुसज्जित हाट के समान हो गया था। उसे देखकर रानी मायादेवी के मन में शालवन की क्रीड़ा करने की कामना उत्पन्न हुई। अमात्य देवी के साथ शालवन में आये। रानी ने मांगलिक शाल के नीचे जाकर उसकी शाखा को पकड़ने की इच्छा की। शाल की शाखा भपारा दिये हुए बेंत के समान झुककर देवी के हाथ की पहुँच के भीतर आ गयी। उसने हाथ बढ़ाकर शाखा को पकड़ लया।''[१]

रथयात्रा के उत्सव का सुन्दर वर्णन फाह्यान ने किया है। उसने लिखा है कि ''वैशाख की अष्टमी को यात्रा निकलती है। चार पहिये के रथ बनते हैं। रथ बीस हाथ ऊँचा तथा सुन्दर आकार का होता है। ऊपर से सफेद चमकीला ऊनी कपड़ा मढ़ा जाता है। भाँति-भाँति की रँगाई होती है। देवताओं की भव्य मूर्तियाँ सोने, चाँदी तथा स्फटिक की बनती हैं। रेशम की ध्वजा तथा चाँदनी लगती है। चारों ओर कलँगियाँ लगती हैं। बीस रथ होते हैं। देखने में वे एक-से-एक सुन्दर और भड़कीले होते हैं। नियत दिन पर आसपास के यति तथा गृही इकट्ठा होते हैं और गाने बजाने वालों को साथ ले लेते हैं। बारी-बारी से नगर में प्रवेश करते हैं। इसमें दो रात्रियाँ बीत जाती हैं। गाना, बजाना तथा पूजन होता है। प्रत्येक जनपद में ऐसा ही होता है।''[२] फाह्यान के वर्णन से स्पष्ट है कि यह उत्सव देवताओं के सम्मान में मनाया जाता था।

देवताओं के सम्मान में कुछ और भी उत्सव किये जाते थे, उदाहरणार्थ—'समाज' जिसका उल्लेख वात्स्यायन ने किया है, इनके अनुसार प्रत्येक पक्ष में एक बार सरस्वती के मन्दिर के सामने समाज का आयोजन किया जाता था। इस अवसर पर नागरिक इकट्ठा होते थे तथा खूब गाना-बजाना होता था। यदि बाहर से नगर में नाटक खेलने वाले तथा नर्तक आ जाते थे, तो ऐसे अवसर पर उन्हें गाने-बजाने के लिए आमन्त्रित किया जाता था। 'समाज' के दूसरे दिन इन्हें पुरस्कार देकर या तो विदा कर दिया जाता था अथवा यदि इनका खेल अधिक जँचता था, तो आगे होने वाले 'समाज' के अवसर पर इन्हें अपनी कला को दिखाने के लिए रोक दिया जाता था। कभी-कभी समाज के अवसर पर गाने-बजाने वाली कई मण्डलियाँ सम्मिलित रूप में कला का प्रदर्शन करती थीं। इस उत्सव को देखने के लिए यदि बाहर से कोई सम्मानित व्यक्ति आता था, तो उसे आदरपूर्वक बैठने के लिए स्थान दिया जाता था।[३] यहाँ पर उल्लेखनीय है कि 'समाज' का उल्लेख अशोक के गिरिनार के प्रथम लेख में हुआ है (न च समाजो कतव्यो)। हाथीगुम्फा के लेख के अनुसार खारवेल ने 'समाज' के

---

१. पाणिनिकालीन भारतवर्ष, पृष्ठ १६३-६४।

२. गाइल्स, फाह्यान, पृष्ठ ५९-६०।

३. ''पक्षस्य मासस्य वा प्रज्ञातेऽहनि सरस्वत्या भवने नियुक्तानां नित्यं समाजः। कुशीलवाश्चागन्तवः प्रेक्षणकमेषां दद्युः। द्वितीयेऽहनि तेभ्यः पूजा नियतं लभेरन्। ततो यथाश्रद्धमेषां दर्शनमुत्सर्गो वा। व्यसनोत्सवेषु चैषां परस्परस्यैककार्य्यता। आगन्तूनां च कृतसमवायानां पूजनम्।''

—कामसूत्र, पृष्ठ ४९-५१, सूत्र २७-३३।।

आयोजन के द्वारा अपनी राजधानी के नागरिकों का मनोविनोद किया था (समाज-कारापनाहि च कीडापयति नगरि)।[१]

पर्दा—उच्च कुलों में पर्दे की प्रथा प्रचलित थी। रामायण में सीता को आकाशचारियों के द्वारा अगोचर बताकर इस प्रथा का समर्थन किया गया है।[२] इस ग्रन्थ के अनुसार केवल विवाह, स्वयंवर, पूजा तथा व्यसन के अवसर पर उच्च कुल की स्त्रियाँ बाहर निकलती थीं।[३] महाभारत के लेखक ने भी राजकुल की स्त्रियों को सूर्य तथा चन्द्रमा द्वारा अदर्शनीय बताकर पर्दे की प्रथा के प्रचार का समर्थन किया है।[४] स्वप्नवासवदत्तम् में पद्मावती नामक राजमहिषी को पर्दा करते हुए दिखाया गया है।[५] शाकुन्तलम् में शकुन्तला को दुष्यन्त के दरबार में अवगुण्ठनयुक्त पाते हैं।[६] ललित-विस्तर में गोपा नामक राजकन्या मुख का प्रतिच्छादन कर राजसभा में आती है।[७] प्राचीन समाज में इस प्रथा के विरुद्ध धीरे-धीरे जागृति होने लगी थी। ललितविस्तर में मन की शुद्धता को प्रधान तथा अवगुण्ठन को गौण बताकर इस प्रथा का खण्डन किया गया है।[८]

अनुरंजन—नागरिक कभी-कभी अपना विवाह स्वयं निश्चित करता था। वात्स्यायन के अनुसार कुछ प्रकार के लोग अपना विवाह स्वयं कर सकते थे—

(१) वह गुणवान व्यक्ति जिसका विवाह धनहीनता के कारण न हो पा रहा हो, (२) नीच कुल में जन्म तथा सामान्य गुणों के कारण जिसका कोई विवाह न कर रहा हो, (३) धनी होने पर भी पड़ोसी होने के कारण जिसका विवाह न हो पा रहा हो, (४) माता, पिता तथा भाई के ऊपर निर्भर रहने के कारण जिसका विवाह न किया जा रहा हो, तथा (५) कम अवस्था के कारण जिसका विवाह रुका हो। उनके अनुसार इस प्रकार के लोग उस कन्या के साथ विवाह कर सकते हैं, जिसके ऊपर वे बाल्यावस्था

---

१. सरकार, सेलेक्ट इंस्क्रिप्शंस, पृष्ठ २०७-२०८।

२. ''या न शक्या पुरा द्रष्टुं भूतैराकाशगैरपि।
तामद्य सीतां पश्यन्ति राजमार्गगता जनाः॥'' —रामायण ६, २३, ८।

३. ''व्यसनेषु च कृच्छ्रेषु नो युधे नो स्वयंवरे।
न क्रतौ न विवाहे च दर्शनं दुष्यति स्त्रियः॥'' —वही, ६, ११६, २८।

४. ''या नापश्यच्चन्द्रमा नैव सूर्यो रामाः काश्चितास्तस्मिन्नरेन्द्रे।
महावनं गच्छति कौरवेन्द्रे शोकेनार्ता राजमार्गं प्रपेदुः॥''
—महाभारत, १५, १६, १३।

५. स्वप्नवासवदत्तम्, अंक ६।

६. शाकुन्तलम्, अंक ६।

७. ''गोपा शाक्यकन्या न कंचन् दृष्ट्वा वदनं छादयतिस्म'' —ललितविस्तर, सर्ग १६।

८. ''ये कायसंवृता गुप्तेन्द्रियाः सुनिवृत्ताश्च।
मनःप्रसन्ना किं तादृशानां वदनं प्रतिच्छादयित्वा॥'' —वही, सर्ग १६।

से ही अनुरक्त हों।[१] उसे प्रभावित करने के लिए वह युवक उसके साथ पुष्पचयन करता था, माला गुहता था तथा विभिन्न प्रकार के खेल भी खेलता था।[२] समय-समय पर उसे वह मनोवांछित वस्तुओं को समर्पित भी करता था।[३] उसके मन में अधिक अनुराग पैदा करने के लिए वह उसे चित्ताकर्षक कथाएँ तथा आख्यान सुनाता था।[४] सुन्दर वस्त्रों से विभूषित होकर वह प्रेयसी के पास जाता था, क्योंकि युवतियाँ दर्शनीय व्यक्ति से अधिक प्रभावित होती हैं।[५] प्रियतमा के भावों एवं संकेतों के द्वारा उसके हृदय में वह प्रेम के बीजांकुरण को समझने की चेष्टा करता था।[६] कभी-कभी सामने आने पर उसकी व्रीड़ा से ही वह इस बात का अनुमान लगा लेता था।[७] शाकुन्तलम् में दुष्यन्त को अपनी हृदयवल्लभा के मनोभाव का ज्ञान हम इसी रूप में करते हुए पाते हैं।[८]

कभी-कभी युवती भी पतिप्राप्ति के लिए स्वयं चेष्टा करती थी। महाभारत में कहा गया है कि ऋतुमती होने के उपरान्त तीन वर्षों तक जिस युवती का विवाह उसके घर वाले न करें, वह स्वयं अपने पाणिग्रहण की चेष्टा करे।[९] वात्स्यायन के अनुसार निम्न परिस्थितियों में युवती पाणिग्रहण की चेष्टा कर सकती थी—

(१) गुणवती होने पर भी नीच कुल के कारण जिसका विवाह न हो रहा हो, (२) धन से रहित होने पर भी जो कुलीना हो, (३) जिसका विवाह समान वर्ण में न हो पा रहा हो, (४) जिसके माँ-बाप मर चुके हों, (५) जिसकी जाति एवं कुल श्रेष्ठ हों तथा (६) जो प्राप्तयौवना हो चुकी हो।[१०] इस प्रकार की युवती को स्वयंवरा अथवा

---

१. ''धनहीनस्तु गुणयुक्तोऽपि, मध्यस्थगुणो हीनापदेशो वा, सधनो वा प्रतिवेश्यो, मातापिताभ्रातृषु च परतन्त्रो, कालवृत्तिरुचितप्रवेशो वा कन्यामलभ्यत्वान्न वारयेत्। बाल्यात् प्रभृति चैनां स्वयमेवानुरंजयेत।'' —कामसूत्र, पृष्ठ २००।

२. ''तया सह पुष्पावचयं ग्रथनं दुहितृकाक्रीड़ायोजनम्।'' —वही, पृष्ठ २०१।

३. कामसूत्र, पृष्ठ २०२।

४. ''वर्धमानानुरागां वाख्यानके मनः कुर्वतीमन्वर्थाभिः कथाभिश्चित्तहारिणीभिश्च रंजयेत्।'' —वही, पृष्ठ २०३।

५. ''उदारवेशश्च स्वयमनुपहतदर्शनश्च स्यात्। युवतयो हि संसृष्टमभीक्ष्णदर्शनं च पुरुषं प्रथमं कामयन्ते॥'' वही, पृष्ठ २०३।

६. ''भावं च कुर्वतीमिंगिताकारैः सूचयेत्'' —वही, पृष्ठ २०३।

७. ''सम्मुखं न वीक्षेत्, तु तं वीक्षता व्रीडां दर्शयति'' —वही, पृष्ठ २०६।

८. शाकुन्तलम्, अंक २।

९. ''त्रीणिवर्षाण्युदीक्षेत कन्या ऋतुमती सती।
चतुर्थेत्वथ सम्प्राप्ते स्वयं भर्तारमर्जयेत्॥'' —महाभारत, १३, ४४, १६।

१०. ''मन्दापदेशा गुणवत्यपिकन्याधनहीना कुलीनापि समानैरयाच्यमाना मातृपितृविमुक्ता वा ज्ञातिकुलवर्तिनी वा प्राप्तयौवना पाणिग्रहणं स्वयमभीप्सेत्।'' —कामसूत्र, पृष्ठ २१३।

पतिंवरा कहा जाता था।[१] इसके द्वारा गुणवान्, शक्त एवं सुन्दर पति का वरण ठीक माना जाता था।[२] यदि वह अपनी जाति के किसी व्यक्ति का वरण करती थी, तो वह शास्त्रानुकूल एवं लौकिक समझा जाता था।[३]

लोकविश्वास—यहाँ पर नागरिकों के कतिपय प्रियविश्वास उल्लेखनीय हैं। इनको वास्तव में अन्धविश्वास ही कहा जा सकता है। उदाहरणार्थ—स्त्रियों के दक्षिण नेत्र का स्फुरण अशुभ समझा जाता था।[४] दुष्यन्त के दरबार में जब शकुन्तला की दाईं आँख फड़कने लगती है, उस समय वह अशुभ की आशंका करती है।[५] परन्तु इसके प्रतिकूल पुरुष के वामेतर अंग फड़कने पर शुभ माना जाता था। कण्व के आश्रम में दुष्यन्त अपने दाएँ अंग के फड़कने पर शुभ का अर्थ लगाते हैं।[६] पुरुषवर्ग के वामांग का स्फुरण अमंगल का सूचक समझा जाता था। मृच्छकटिक में चारुदत्त कहता है कि मेरी बाईं आँख फड़क रही है, भगवान् ही मेरा अब कल्याण करें।[७] चारुदत्त नामक नाटक में उसका नायक बाईं आँख के फड़कने पर चोर के द्वारा सन्धिविच्छेद की आशंका करता है।[८] यात्रा के समय कौए का बोलना (विरौति वायसः) तथा सर्प के द्वारा मार्ग को रोक लेना (पन्था सर्पेण रुद्धोऽयम्) अशुभ माना जाता था।[९] यदि हरिण मार्ग काट देता था, तो उस समय यात्रा स्थगित की जाती थी।[१०] शुभ अवसर पर ब्राह्मणों को दान दिया जाता था। बाण, जिस समय हर्ष से मिलने के लिए निकले थे, उस समय उन्होंने वित्तानुसार ब्राह्मणों को दान दिया था।[११] अनिष्ट से बचाव के लिए कवच (रक्षाकरण्ड) बाँधा जाता था।[१२] स्वप्न की व्याख्या की जाती थी।[१३] भाग्यचक्र के विधान को लोग मानते थे। मृच्छकटिक में संकटापन्न चारुदत्त अपने प्रारब्ध को दोष देता है। सामुद्रिक विद्या एवं ज्योतिष में लोगों का विश्वास था। भविष्यवक्ता इसके द्वारा अपनी जीविका का उपार्जन करते थे।[१४] शमप्रधान तपोधनों के दाहात्मक तेज में लोगों

---

१. अमरकोश, २, ७।
२. "सा तु गुणवन्तं शक्तं सुदर्शनं बालप्रीत्याभियोजयेत्" —कामसूत्र, पृष्ठ २१४।
३. वही, पृष्ठ ५८।
४. शाकुन्तलम्, अंक ५।
५. "किं मे वामेतरं नयनं स्फुरति" —वही, अंक ५।
६. "शान्तमिदमाश्रमपदं स्फुरति च बाहुः कुतः फलमिहास्य" —वही, अंक १।
७. "सव्यं मे स्पन्दते चक्षुः...स्वस्ति चास्मास्तु दैवतः" —मृच्छकटिक, अंक ९।
८. "वामं खलु तावत मेऽक्षि स्पन्दते। चौरः सन्धिं छिन्नत्तीव पश्यामि" —चारुदत्त, अंक ३।
९. वही, अंक ९।
१०. हर्षचरित, पृष्ठ १३५।
११. "दत्वा द्युम्नं यथाविद्यमानं द्विजेभ्यः" —हर्षचरित, पृष्ठ १३४।
१२. शाकुन्तलम्, अंक ७।
१३. वायुपुराण, अध्याय १९, श्लोक २४ तथा २६।
१४. अर्थशास्त्र, पृष्ठ ३०८, (शास्त्री-अनूदित)।

का अटल प्रत्यय था।[१] इन्द्रजाल[२] एवं शाप[३] में भी लोगों का विश्वास था।

दास-प्रथा— नगर-जीवन में दास-प्रथा के विद्यमान होने की सूचना मिलती है। मनु ने सात प्रकार के दासों का उल्लेख किया है—(१) ध्वजाहृत (युद्ध में जीता गया), (२) भक्तदास (जिसने आत्मसमर्पण कर दिया हो), (३) गृहज (दासी का पुत्र), (४) क्रीत (खरीदा हुआ), (५) दत्रिम (दूसरे स्वामी का दिया हुआ), (६) पैत्रिक (दास के वंशज) तथा (७) दण्डदास (दण्ड के रूप में बनाया हुआ दास)।[४] शास्त्रों के अनुसार दास के साथ दुर्व्यवहार करना अपराध समझा जाता था। कौटिल्य ने कहा है कि यदि स्वामी दास के साथ अनुचित व्यवहार करे, तो उसे दण्ड दिया जाय।[५] यदि दास ऋण को चुकता कर दे, तो स्वामी उसे स्वतन्त्र कर दे।[६] स्मृतियों में कहा गया है कि यदि दास स्वामी के प्राण को बचा ले, तो उसे राजा स्वयं मुक्त कर दे।[७] पर ऐसा प्रतीत होता है कि व्यावहारिक जीवन में स्वामी, दास के ऊपर काफी अत्याचार करता था। मृच्छकटिक में एक दास, स्वामी को अपने शरीर का अधीश्वर बताता है।[८] वह अपने दयनीय जीवन पर रोता हुआ दासता को धिक्कारता है।[९] जब स्वामी उससे वसन्तसेना की हत्या कराना चाहता है, उस समय वह कहता है कि चाहे आप मुझे मारें अथवा पीटें, मैं पाप न करूँगा।[१०] इससे विदित होता है कि दास की कोई स्वतन्त्रेच्छा नहीं थी तथा उससे स्वामी गलत से गलत काम ले सकता था। वह दास पाप से डरता हुआ कहता है कि मैं पूर्व जन्म के पापों से इस जन्म में दास बना हुआ हूँ। अब औरं अधिक अकार्य करके पाप मोल न लूँगा। मैं कदापि अनर्थ नहीं कर सकता।[११]

चण्डाल—समाज में चण्डालों का स्थान निम्न था। इन्हें शास्त्रों में अन्त्यज तथा प्रतिलोम विवाह से उत्पन्न कहा गया है।[१२] इनको लोग घृणा की दृष्टि से देखते थे।

---

१. शाकुन्तलम्, अंक २।

२. दशकुमारचरित, पृष्ठ २५।

३. शाकुन्तलम्, अंक ४।

४. ''ध्वजाहृतो भक्तदासो गृहजः क्रीतदत्रिमौ।
पैत्रिको दण्डदासश्च सप्तैते दासयोनयः॥'' —मनु, ८, ४१५।

५ अर्थशास्त्र, भाग ४, अध्याय १३ (शास्त्री)।

६. वही, भाग ३, अध्याय १३ (शास्त्री)।

७. ''स्वामीप्राणप्रदोभक्तः त्यागान्तन्निष्क्रियादपि'' —याज्ञवल्क्य, २, १८२।

८. ''प्रभवति भट्टकः शरीरस्य'' —मृच्छकटिक, अंक ८।

९. ''हन्त ईदृशो दासभावः'' —वही, अंक ९।

१०. ''ताडयतु भट्टकः, मारयतु भट्टकः, अकार्यं न करिष्यामि'' वही, अंक ८।

११. ''येनास्मि गर्भदासो विनिर्मितो भागधेयदोषैः।
अधिकं च न क्रीणिष्यामि तेनाकार्यं न करिष्यामि॥'' —वही, अंक ८, २५।

१२. ''शूद्रादायोगवः क्षत्ता चण्डालश्चाधमो नृणाम्।
वैश्याराजन्यविप्रासु जायन्ते वर्णसंकराः॥'' —मनु, १०, १२।

इन्हें नगर के बाहर अपना निवास स्थान बनाना पड़ता था। फाह्यान ने लिखा है कि जब वे नगर में प्रवेश करते थे, तो सूचना देने के लिए लकड़ी से ढोल बजाते थे, जिससे लोग उनके मार्ग से हट जायँ तथा स्पर्श बचाकर चलें।[१] य्वान् च्वांग के अनुसार मछुए, जल्लाद तथा नट आदि की गणना चण्डालों की कोटि में होती थी। वे अपने निवास-स्थान पर पहचान के लिए चिह्न लगा देते थे। उसने भी लिखा है कि उन्हें बस्ती के बाहर रहना पड़ता था तथा नगर में चलते समय इनको बाईं ओर दबक कर चलना पड़ता था।[२] बाण ने कादम्बरी में चण्डालों को अस्पृश्य बताया है। उसने एक परम सुन्दरी चण्डाल-कन्या के विषय में लिखा है कि वह न दिखाई देने वाली वस्तु के समान स्पर्शवर्जिता तथा चित्रलिखित वस्तु के समान दर्शनमात्र का फल थी।[३] जब इस सुन्दरी ने विदिशा के राजा शूद्रक के दरबार में प्रवेश किया, उस समय दरबारियों को सूचना प्रदान करने के लिए उसने सभा की फर्श पर बेंत की छड़ी (वेणुलता) से प्रहार किया था।[४] कादम्बरी से विदित होता है कि इनके रहने का ढंग गर्हित तथा घृणित था।[५]

वेश्या— वेश्याएँ प्रायः नगरों में अधिक रहती थीं। सामाजिक नियमों के अनुसार धन देने वाले सभी व्यक्तियों का सम्मान उसे करना पड़ता था। मृच्छकटिक में उसकी तुलना उस बावड़ी से की गई है, जिसमें द्विजवर तथा मूर्ख दोनों ही स्नान कर सकते हैं। उसे वह लता बताया गया है, जहाँ पर मयूर तथा कौए समान रूप बैठते हैं। उसकी तुलना उस नौका से की गई है, जहाँ पर ब्राह्मण, क्षत्रिय, वैश्य एवं शूद्र सभी बैठ सकते हैं।[६] इस ग्रन्थ में वेश्या के घर को युवकों का निवासस्थान कहा गया है। उसे मार्ग की लता के समान जनसम्पत्ति समझा जाता था। उसका शरीर पण्यभूत एवं धनहार्य था। प्रिय एवं अप्रिय की पाशविक मनोवृत्तियों एवं वासनाओं की तृप्ति उसे अपनी असहाय अवस्था के कारण करनी पड़ती थी।[७] धनलोभ के कारण गणिका अपने

---

१. गाइल्स, फाह्यान, पृष्ठ ४३।

२. वाटर्स, १, १४७।

३. ''अमूर्तामिव स्पर्शवर्जितामालेख्यगतामिव दर्शनमात्रफलाम्'' —कादम्बरी, पृष्ठ २५।

४. ''प्रविश्य च सा...वेणुलतामादाय नरपतिप्रबोधनार्थं...संस्कृतसभाकुट्टिममाजघान''
—कादम्बरी, पृष्ठ २५।

५. वही, पृष्ठ ४१-४२ (काले-अनूदित)।

६. ''वाप्यां स्नाति विचक्षणो द्विजवरो मूर्खोऽपि वर्णाधमः।
फुल्लां नाम्यति वायसोऽपि हि लतां या नामिता वर्हिणा॥
ब्रह्मक्षत्रविशस्तरन्ति च यया नावातयेवेतरे।
त्वं वापीव लतेव नौरिव जनं वेश्यासि सर्वं भज॥''
—मृच्छकटिक, अंक १, ३२।

७. ''तरुणजनसहायश्चिन्त्यतां वेशवासो विगणय गणिका त्वं मार्गजाता लतेव।
वहसि हि धनहार्थं पण्यभूतं शरीरं सममुपचर भद्रे सुप्रियं चाप्रियं च॥''
—वही, अंक १, ३१।

प्यार का भाजन दरिद्र को प्राय: नहीं बनाती थी।[१] सभ्य कुल की महिलाएँ वेश्याओं से दूर रखी जाती थीं। उच्च कुल के नागरिकों के अन्त:पुर में इनका प्रवेश निषिद्ध था।[२] वेश्यागामी को समाज निम्न दृष्टि से देखता था। यही कारण है कि मृच्छकटिक में न्यायाधीश के पूछने पर चारुदत्त नगरवेश्या के साथ अपना सम्बन्ध स्वीकार करने में लज्जा का अनुभव करता है।[३] इस ग्रन्थ में कहा गया है कि वेश्याएँ धन के लिए क्षण में हँसती तथा क्षण में रोती हैं। पुरुषों को तो वे बाहर से विश्वास दिलाती हैं पर भीतर उनके प्रति छल रखती हैं। इसलिए कुल और शील से युक्त मनुष्य को वेश्याओं का, श्मशान के पुरुषों की भाँति परित्याग कर देना चाहिये।[४] वे समुद्र की तरंगों के समान चंचल तथा सन्ध्याकालीन मेघों की पंक्ति के समान क्षणिक 'राग' (प्रेम) वाली होती हैं। ये पुरुष का धन लेकर उनको निस्तत्व लाक्षा (लाख) की भाँति छोड़ देती हैं।[५] ये हृदय में किसी अन्य को रखकर दृष्टि से किसी और को ही बुलाती हैं। ये मनसा, वाचा तथा कर्मणा छलमयी होती हैं, अतएव इनका विश्वास नहीं करना चाहिये।[६] जिस प्रकार कमलिनी शैल-शिखर पर नहीं उगती, गधे कभी घोड़े का कार्य नहीं करते तथा खेत में फेंका हुआ जौ धान नहीं बन सकता, उसी प्रकार वेश्याएँ भी पवित्र नहीं हो सकतीं।[७] मनु ने गणिका के द्वारा छूये हुए अन्न को अखाद्य कहा है।[८] गणिकाओं की गन्धर्वशालाओं में उच्च कुल की कन्या कलाज्ञान के लिए नहीं भेजी जाती थी।[९] दशकुमारचरित के लेखक ने वेश्याओं को दुष्ट कहा है।[१०]

कतिपय गणिकाओं का आचरण अपेक्षाकृत उच्च था। वैशाली की गणिका आम्रपाली तथा उज्जयिनी की सुप्रसिद्ध वेश्या वसन्तसेना को समाज उच्च दृष्टि से

---

१. ''हा धिक्। दरिद्रः खलु सः'' —चारुदत्त, अंक २।

२. मृच्छकटिक, अंक १।

३. ''आर्य! गणिका तव मित्रम्, —वही, अंक ९।

४. ''एता हसन्ति च रुदन्ति च वित्तहेतो विश्वासयन्ति पुरुषं न तु विश्वसन्ति।
तस्मान्नरेण कुलशीलसमन्वितेन वेश्याः श्मशानसुमना इव वर्जनीयाः॥''
—मृच्छकटिक, अंक ४, १४।

५. ''समुद्रवीचीव चलस्वभावाः संध्याभ्रलेखेव मुहूर्तरागाः।
स्त्रिया हतार्थाः पुरुषं निरर्थं निष्पीडितालक्तकवत् त्यजन्ति॥'' —वही, अंक ४, १५।

६. ''अन्यं मनुष्यं हृदयेन कृत्वा, अन्यं ततो दृष्टिभिराह्वयान्ति।
अन्यत्र मुंचंति मदप्रसेकमन्यं शरीरेण च कामयन्ते॥'' —वही, अंक ४, १६।

७. ''न पर्वताग्रे नलिनी प्रोहति न गर्दभा वाजिधुरं बहन्ति।
यवाः प्रकीर्णा न भवन्ति शालयो न वेशजाताः शुचयस्तथांगनाः॥ —वही, अंक ४, १७।

८. ''गणिकान्नं...विदुषां...जुगुप्सितम्'' —मनु, ४, २०९।

९. कामसूत्र, पृष्ठ २६४।

१०. दशकुमाचरित, पृष्ठ १११ (काले)।

देखता था। महावग्ग में आम्रपाली को नगर की शोभा कहा गया है।[१] इसी प्रकार मृच्छकटिक में वसन्तसेना को उज्जयिनी की वसन्तशोभा कहा गया है।[२] दरिद्र चारुदत्त में अनुरक्त होने के कारण वह सर्वथा अवचनीया थी।[३] वात्स्यायन ने लिखा है कि इस प्रकार की शीलरूपगुणान्विता वेश्या राजा तथा गुणवानों की मण्डली के द्वारा सर्वथा पूजित थी।[४] ललितविस्तर में शास्त्रों में निपुण तथा कलाओं में प्रवीण गणिकाओं का उल्लेख मिलता है। शुद्धोधन इसी प्रकार गणिकाओं के समान शास्त्रज्ञा एवं कलामर्मज्ञा पुत्रवधू की कामना करते हुए उपर्युक्त ग्रन्थ में दिखाये गये हैं।[५] राजशेखर ने काव्यमीमांसा में शास्त्रप्रहितबुद्धि वाली गणिकाओं का उल्लेख किया है।[६] नाटकों में भरतमुनि ने ऐसी वेश्याओं को संस्कृत में बोलने को कहा है।[७]

कुट्टनी— नगरों मे वेश्याओं के समान कुट्टनियाँ भी रहती थीं। प्राचीन ग्रन्थों में कुट्टनी को 'दूती' कहा गया है। दशकुमारचरित में इनके जीवन का विशद वर्णन मिलता है। नायक, दूती को सन्देशवाहिका बनाकर नायिका के पास भेजता था। नायक के गुणगान के द्वारा नायिका में नायक के प्रति प्रेम उत्पन्न करना इनका काम था।[८] कभी-कभी नायिका के द्वारा भी नायक के पास दूती भेजने का उल्लेख मिलता है।[९] दामोदरगुप्त के 'कुट्टनीमतम्' में कहा गया है कि दूती स्वभाव से चतुर, बातचीत करने में निपुण तथा दूसरे के चित्त को समझने में कुशल हुआ करती थीं।[१०] दशरूपक में दूती के सात भेद बताये गये हैं—(१) सखी, (२) दासी, (३) कारु (धोबिन), (४) धात्रेयी (दाई), (५) प्रतिवेशिका (पड़ोस में रहने वाली), (६) लिंगिनी (भिक्षुकी) तथा (७) शिल्पिनी (चित्रकारी आदि का ज्ञान रखने वाली)।[११] दूतीकर्मप्रकाश में तो दूती के इक्कीस भेद बताये गये हैं—(१) सखी, (२) विप्रश्निका, (३) चेटी, (४)

---

१. **महावग्ग, ५, ३०।**

२. **''वसन्तशोभेववसन्तसेना''** **—मृच्छकटिक, अंक १।**

३. **''दरिद्रपुरुषसंक्रान्तमना: खलु गणिका लोकेऽवचनीया भवति।''** **—वही, अंक २।**

४. **''आभिरभ्युच्छ्रिता वेश्या शीलरूपगुणान्विता।**
लभते गणिकाशब्दं स्थानं च जनसंसदि॥
पूजिता सा सदा राज्ञा गुणवद्भिश्च संस्तुता।
प्रार्थनीयाऽभिगम्या च लक्ष्यभूता च जायते॥'' **—कामसूत्र, पृष्ठ ४४, सूत्र २०-२१।**

५. **''शास्त्रेणविधिज्ञकुशला गणिका।''** **—ललितविस्तर, १२, १३९।**

६. **''गणिका...शास्त्रप्रहितबुद्धय:।''** **—काव्यमीमांसा, पृष्ठ ५३।**

७. **नाट्यशास्त्र, अध्याय १७, १९।**

८. **दशकुमारचरित, पृष्ठ ७८ (काले)।**

९. **वही, पृष्ठ ६२ (काले)।**

१०. **''चतुरा प्रगल्भवती परचित्तज्ञानकौशलोपेता''** **—कुट्टनीमतम्, पंक्ति १७५।**

११. **''दूत्यो दासी सखी कारुर्धात्रेयी प्रतिवेशिका।**
लिंगिनी शिल्पिनी स्वं च नेतृमित्रगुणान्विता॥'' **—दशरूपक, २, २९।**

स्वयंदूती, (५) शिल्पिनी, (६) विचित्रवदना, (७) गानवती, (८) धात्री, (९) कुमारिका, (१०) प्रासंगिनी, (११) मालिनी, (१२) स्खलिता, (१३) प्रतिवेशिनी, (१४) परिचित्तविशेषज्ञा, (१५) रजकी, (१६) चेष्टासंकेतकोविदा, (१७) सौचिकी, (१८) वेषधारिणी, (१९) मणिहारिणी, (२०) कथिनी तथा (२१) नापिकी।[१] लेखक ने लिखा है कि इनके रहस्यमय चरित्र को ब्रह्मा भी नहीं समझ सकते, मानव की तो बात ही नहीं।[२]

चौर—धनिकों का केन्द्र होने के कारण नगरों में चोरों का भी होना स्वाभाविक ही था। 'चारुदत्त' से विदित होता है कि नगरों के कुछ लोग चौर-कार्य का अभ्यास कला के रूप में करते थे। इस ग्रन्थ में 'चौर-विज्ञान' के एक विद्यार्थी का उल्लेख मिलता है।[३] चौर-वर्ग में यह कार्य घृणित नहीं समझा जाता था। मृच्छकटिक में अपने आचरण के समर्थन में एक चोर महाभारत से उसे अश्वत्थामा को उद्धृत करता है जिसने चोरी के साथ अपने शत्रुओं का वध किया था।[४] वह इसको जीविका का स्वाधीन मार्ग तथा सेवांजलि से श्रेयस्कर बताता है।[५] इस ग्रन्थ में चौर-कार्य को शौर्य कार्य कहा गया है।[६] नगरों में पुलिस का भय सर्वदा बना रहता था। चारुदत्त में उज्जयिनी के एक चोर को हम रक्षकों के भय से आतंकित पाते हैं।[७] इस नाकट में उसकी शंकित आत्मा का वर्णन भी किया गया है। सेंध लगाने के लिए वे एक नापने वाली रेखा तथा विशेष प्रकार का शस्त्र रखते थे।[८] सेंध के रास्ते से घर में प्रवेश करने के पूर्व स्कन्द, देव, खरपट तथा रात्रिगोचर देवों का नाम लेते थे।[९] मृच्छकटिक में एक चोर, छल एवं प्रताड़ना के क्षेत्र में अपनी दक्षता एवं कौशल पर गर्व प्रकट करता है।[१०] दशकुमारचरित में चोरों के कार्यकलापों का विशद विवरण उपलब्ध होता है।[११]

आदर्श नागरिक— कुट्टनी तथा चौरादि का जीवन बहुत ही गर्हित समझा जाता था, क्योंकि चरित्र-संगठन की उत्कृष्टता ही नगर-जीवन में सर्वथा सम्मानित थी। इनके तथा आदर्श नागरिक के जीवन में महान् अन्तर था। आदर्श नागरिक के चरित्र का

---

१. काव्यमाला, गुच्छक १३, (दूतीकर्मप्रकाश), श्लोक २-४।

२. "तच्चरित्रमिति ज्ञातुं ब्रह्मणापि न शक्यते।" —वही, श्लोक ५।

३. चारुदत्त, अंक ३।

४. "मार्गो ह्येष नरेन्द्रसौप्तिकवधे पूर्वं कृतो द्रौणिना।" —मृच्छकटिक, अंक ३।

५. "स्वाधीना वचनीयतापि तु वरं बद्धो न सेवांजलिः।" —वही, अंक ३।

६. "विश्वस्तेषु च वंचनापरिभवश्चौर्यं न शौर्यं हि तत्" —वही, अंक ३।

७. चारुदत्त, अंक ३।

८. वही, अंक ३।

९. "नमः खरपटाय नमो रात्रिगोचरेभ्यो देवेभ्यः।" —चारुदत्त, अंक ३।

१०. मृच्छकटिक, अंक ३।

११. दशकुमारचरित, पृष्ठ ५८ (काले)।

ज्वलन्त प्रतीक मृच्छकटिक में वर्णित चारुदत्त के व्यक्तित्व में प्राप्त होता है। वह दीनों के लिए कल्पतरु (दीनानां कल्पवृक्षः), अपने गुण रूपी फलों से नम्र (स्वगुणफलनतः), सज्जनों के लिए स्वजनतुल्य (सज्जनानां कुटुम्बी), शिक्षितों का आदर्श (आदर्शः शिक्षितानां), सज्जनों के लिए कसौटी (सुचरितनिकषः), शील रूपी वेला का समुद्र (शीलवेलासमुद्रः), परोपकारी (सत्कर्ता), किसी का अपमान न करने वाला (नावमन्ता), सद्गुणों का केन्द्र (पुरुषगुणनिधिः), कुशल (दक्षिण), उदार (उदारसत्व), अन्धों के लिए दृष्टि की भाँति (अन्धस्य दृष्टिरिव) तथा रोगी के लिए शारीरिक शक्ति के समान (पुष्टिरिवातुरस्य) था।[१] वसन्तसेना वेश्या होते हुए भी दरिद्र किन्तु गुणवान् चारुदत्त पर अनुरक्त थी।[२] इसमें हम उसके पवित्र चरित्र की सुन्दर झलक पाते हैं। चारुदत्त की पत्नी धूता आदर्श गृहिणी थी। वेश्या से सम्बन्ध रखने वाला पति भी उन्हें प्राणों से अधिक प्यारा था। सापत्न्यभाव उसमें शून्य था। यही कारण है कि वह प्रसन्नचित्ता थी तथा वसन्तसेना से प्रेम करती थी। वसन्तसेना भी स्वयं को धूता की दासी मानती थी।[३]

■

---

१. मृच्छकटिक, अंक १।

२. वही, अंक १।

३. ''अहं सिरिचारुदत्तस्य गुणणिज्जिदा दासी तदा तुम्हाणंपि।'' —वही, अंक ६।

१४

प्राचीन भारतीय कला में नगरीय रूपांकन

प्राचीन भारतीय कला में राष्ट्रीय जीवन की तीनों ही धाराओं[१] के प्रति शिल्पियों का समन्वयवादी दृष्टिकोण स्पष्ट रूप में परिलक्षित होता है। यही कारण है कि यदि एक ओर अरण्य एवं ग्राम-परिवेश से संबंधित दृश्यांकन वहाँ प्राप्य हैं, तो दूसरी ओर नगरीय रूपांकन की विशेषताएँ भी प्रतिबिम्बित होती हैं। समन्वयवादी एवं व्यापक दृष्टिकोण के अतिरिक्त पौराणिक एवं आख्यानात्मक विषय-वस्तु का यथोचित निरूपण भी इस दिशा में कारक सिद्ध हुए थे। यही कारण है कि नगरीय दृश्यांकन की मनोरंजक झाकियाँ प्रारंभिक भारतीय कला (यथा—साँची, भारहुत, मथुरा, पाटलिपुत्र, बोधगया, अमरावती, नागार्जुनीकोण्ड, नासिक, बेडसा एवं कोण्डाने आदि केन्द्रों की कला एवं स्थापत्य) में प्रारंभिक काल से ही उपलब्ध होने लगती हैं।

भारतीय कला के वर्ण्य-विषय का एक अन्य प्रेरक पक्ष चरितनिरूपण भी था। भरतमुनि ने नाट्यशास्त्र में कला-सन्दर्भ में चरित-निरूपण पर विशेष बल दिया है। इससे तात्पर्य महापुरुषों के जीवन एवं उनकी उपलब्धियों के विवरणों से है, जिन्होंने भारतीय समाज के विविध वर्गों को विशेष रूप से प्रभावित किया था। यह प्रवृत्ति कला के अतिरिक्त साहित्य में भी देखी जा सकती है। रामचरित, कृष्णचरित, बुद्धचरित एवं महावीरचरित आदि इसके उदाहरण हैं। अश्वघोष ने तो अपने प्रसिद्ध महाकाव्य का नाम ही बुद्धचरित रखा था, क्योंकि उनका लक्ष्य बुद्ध के जीवन एवं कृतित्व पर प्रकाश डालना था। उक्त कला-केन्द्रों के उच्चित्रणों में जातक कथाओं का निरूपण करते समय नगरों एवं नगर-जीवन से संबंधित दृश्यांकनों का होना स्वाभाविक ही था।

स्तूप-शिल्प में जातक-कथाओं के अंकन के संबंध में महावंश में कहा गया है कि इनका प्रचुर-निरूपण यहाँ वांछनीय है।[२] विशेष रूप से बेस्सन्तर-जातक की कथा का अंकन बौद्ध शिल्प का विषय होना चाहिए।[३] बुद्ध के जीवन की घटनाओं का दृश्यांकन करते समय राजगृह, वैशाली, कुशीनगर, श्रावस्ती एवं कौशाम्बी का रूपायन शिल्पियों द्वारा साँची, अमरावती, भारहुत, मथुरा, नासिक, पीतलखोरा एवं कार्ला तथा नासिक की कला के वास्तुगत अंगों में बहुशः प्राप्य हैं।

---

१. नगर, ग्राम एवं अरण्य-जीवन।

२. ये भुटयेन अकारेसि जातकानि ३०/८७।

३. वेस्सन्तरं जातकं तु वित्थारेन आकारिय ३०/३८।

बुद्ध-जन्म का निरूपण करते समय कपिलवस्तु का यदि एक ओर दृश्यांकन मिलता है, तो दूसरी ओर धर्म-प्रचार के विषय में कौशाम्बी, वैशाली, राजगृह एवं श्रावस्ती आदि के प्राकार, परिखा, उद्यान तथा नागरिक शालाओं के उत्कीर्णन स्तूप-कला के वर्ण्य-विषय बनाए गए। चूँकि संबंधित शिल्पियों ने इन नगरों को विभिन्न सन्दर्भों में व्यक्तिगत रूप से देखा था तथा उनमें से अधिकांश नगर-निवासी थे, अतएव इनमें उनके द्वारा शिल्पित नगरीय दृश्यांकन काल्पनिक नहीं, यथार्थ हैं। उदाहरण-स्वरूप विदिशा के दन्तकारों एवं संगतराशों का उल्लेख किया जा सकता है, जिन्होंने साँची के महास्तूप के तोरणों, वेदिकाओं एवं स्तूप-अंड, हर्म्मिका मेधि तथा वेदिका-स्तम्भों को आकारित किया था। सार्थवाहों एवं नगर-श्रेष्ठियों द्वारा स्तूप-निर्माण के प्रति प्रोत्साहन-प्रदान के फलस्वरूप बाजारों, राजमार्गों, श्रेष्ठि-चत्वरों, बहुमंजिलों से युक्त प्रासादों, वातायन एवं छज्जा आदि के रूपायनों का होना स्वाभाविक ही था। तोरणों की पट्टियों, वेष्ठनी एवं कोष्ठकों के अत्यन्त सीमित क्षेत्र में पूरे नगर के स्वरूप को कुशलतापूर्वक उभाड़ देना शिल्पियों की छेनी के कमाल के उदाहरण हैं।

भारतीय कला में नगरीय रूपांकन के विषय में सर्वप्रथम आनन्द कुमार स्वामी ने सुप्रसिद्ध ऐतिहासिक पत्रिका ईस्टर्न आर्ट[१] में दो पाण्डित्यपूर्ण लेख प्रकाशित किए थे। तदुपरान्त उनके इन लेखों को इन्दिरा गांधी नेशनल सेंटर फॉर आट्र्स, दिल्ली द्वारा १९९२ ई० में 'एसेज इन अर्ली इंडियन आर्किटेक्चर' शीर्षक ग्रन्थ के नाम से[२] प्रकाशित किया गया। ऊपर इस बात का निर्देश किया जा चुका है कि स्तूप-शिल्प में बौद्ध ग्रन्थ विशेष रूप से वेस्सन्तर जातक की कथा के रूपायन पर बल प्रदान करते थे। उल्लेखनीय है कि साँची की कला जो प्रारंभिक बौद्ध कला का दृष्टान्त है, इस तथ्य का ज्वलन्त उदाहरण है।

इस केन्द्र की कला के उच्चित्रित दृश्यांकनों में राजकुमार वेस्सन्तर के त्याग की उक्त जातक कथा का आलेखन करते हुए शिल्पियों ने वेस्सन्तर की राजधानी जेतुत्तर का निरूपण कई स्थानों पर किया है। उदाहरणार्थ, स्तूप-संख्या १ के मुख-भाग की मध्यवर्ती बड़ेरी के वाम पार्श्वभाग पर इस नगर का अंकन प्राप्य है। इस दृश्यांकन में प्रस्तर-प्राकार के ऊपर अट्टालक (बुर्ज़) एवं इन्द्रकोश (कंगूरे) तथा शिखरयुक्त गोपुर (प्रधान नगर-द्वार) का सुन्दर प्रदर्शन मिलता है। गोपुर का शिखरभाग कई मंजिलों से युक्त है जिनमें सशस्त्र पहरेदारों की नियुक्ति की व्यवस्था है। प्राकार के बाहर जलपरिखा उच्चित्रित है, जिसमें चुने हुए सनाल पद्म उसकी शोभा को विवर्द्धित करते हैं। नगर-द्वार से हाथ में घड़े लेकर पुर-सुन्दरियाँ परखिा से जल भरने के उद्देश्य से बाहर निकली देखी जा सकती है।[३] परिखा के तट पर नगरोद्यान का भी दृप्यांकन हुआ है। उसके जल में प्रफुल्ल पद्मों के बीच राजहंस नगर के बाहरी दृश्य की शोभा के

---

१. जिल्द २, १९३० एवं जिल्द ३, १९३१।

२. माइकेल डब्ल्यू० मीस्टर की भूमिका-सहित।

३. फलक २८, आकृति १ ।

प्राण से आभासित होते हैं। प्राकार के भीतर नगर का बाह्य रूप शिल्पांकित है। इसमें विविध छज्जों, अटारियों तथा वातायनों से युक्त नागरिक शालाएँ उच्चित्रित की गई हैं। इसके उच्चित्रण में जेतुत्तर का भव्य रूप बड़ी ही कुशलता के साथ शिल्पियों ने उभाड़ने का प्रयास किया है।[१]

इस नगर का द्वितीय भव्य रूप साँची स्तूप-संख्या १ के उत्तरी तोरण-द्वार के मुखभाग के निचली धरन के ऊपर शिल्पित है। कुछ समीक्षकों ने साँची की कला का सर्वोत्तम शिल्पांकन इसी उदाहरण को माना है। इसमें वेस्सन्तर-जातक की कथा का पूरा निरूपण दृष्टिगोचर होता है। इस उच्चित्रण में नगर-द्वार, अट्टालिकाओं, छज्जों पर बैठी पुर-सुन्दरियों एवं राजमार्ग पर चलते वाहनों के रूपायन प्राप्य हैं। राजकुमार वेस्सन्तर के जन्म से लेकर दान-पारमिता की घटनाओं का निरूपण करते हुए उसके निष्कासन, माता-पिता से विदा लेकर रथ में आरूढ़ होकर नगर से बाहर-निकलना तथा राजकीय हस्ती, घोड़ों और सर्वस्व दान एवं परित्याग का एकत्र निरूपण करने का प्रयास किया गया है। पूरे नगर का वास्तु-विन्यास तथा नागरिकों की वेशभूषा, अलंकार-प्रसाधन एवं अश्वयोजित रथों के उच्चित्रण साँची के शिल्पियों की छेनी के कुशल प्रयोग एवं तराशने की शैली के साक्ष्य हैं।[२] कंगूरों से युक्त प्रस्तर-प्राकार एवं उसके पृष्ठभाग में वेदिकायुक्त छज्जों में बैठकर नीचे के दृश्य को देखती पुर-सुन्दरियाँ प्रदर्शित की गई हैं। राजमार्ग पर हस्ति-पृष्ठ पर आरूढ़ राजकुमार जेतुत्तर एवं हाथियों के ही पीठ पर बैठे अनुचर शिल्पांकित हैं।

साँची-स्तूप (१) के पूर्वी तोरण (मध्यवर्ती बड़ेरी) पर शाक्य-राजधानी कपिलवस्तु के नगर-वास्तु का निरूपण करते समय शिल्पियों ने परिखा, प्राकार एवं पीछे की ओर नागरिक शालाओं का उच्चित्रण करते समय इसके बाह्य रूप को अंकित किया है। गोपुर (पुर-द्वार) से गौतम बुद्ध महाभिनिष्क्रमण के उद्देश्य से अश्वपृष्ठ पर आरूढ़ निकलते दृश्यांकित हैं। उनके पीछे सारथी छन्दक छत्रावरण करते देखा जा सकता है। नगर-प्राकार का एक लघुभाग एवं उसके बाहर नगरोद्यान भी शिल्पांकित है, जिसे शुद्धोधन ने सिद्धार्थ के विहारार्थ उन्हें समर्पित किया था। पुरद्वार से मटके एवं कमण्डलु हाथ में धारण किये ललनाएँ परिखा से जल-भरने के उद्देश्य से निकलती प्रदर्शित हैं। परिखा पर इसे पार करने के निमित्त पुल भी बना हुआ है। कपिलवस्तु से सिद्धार्थ के अभिनिष्क्रमण का दृश्य चार बार अंकित किया गया है। अट्टालिकाओं में बैठे नागरिक राजकुमार के बहिर्गमन को भावुकतापूर्ण मुद्रा में देखते रूपायित हैं। अन्तिम दृश्य में सारथी छन्दक उन्हें विदा कर लौटते उच्चित्रित है।[३]

---

१. फलक १ आकृति १।

२. फलक २, आकृति १, फलक ३, आकृति १।

३. फलक ४, आकृति १।

इस स्तूप के पूर्वी तोरण-द्वार के उत्तरी पार्श्व-स्तम्भ के पृष्ठतल पर शुद्धोधन की राजधानी एवं उनका राजाप्रासाद का भव्य रूप उच्चित्रित हैं। उकेरी का यह भाग चार अलंकरण-बंधों में विभाजित है। शीर्षस्थ अलंकरण-बंध में उनके राजप्रासाद के ऊपरी मंजिल पर चन्द्रशालिका आकारित है, जिसमें जातकों में वर्णित बुद्ध-जननी माया देवी के स्वप्न की घटना दिखाई गई है, जिसमें हाथी का रूप धारण कर त्रयस्त्रिंश स्वर्ग से बोधिसत्व उनकी कुक्षि में प्रविष्ट होने के उद्देश्य से अवतरित होते देखे जा सकते हैं। दूसरे अलंकरण-बंध में हाथियों की पीठ पर आरूढ़ शाक्य एवं उनके भवनों के उपरितल का निरूपण किया गया है। क्रमानुसार तृतीय अलंकरण-बंध में शुद्धोधन अपने दलबल के साथ प्रधान पुर-द्वार से अश्व-योजित रथ में आरूढ़ होकर बाहर निकलते दिखाए गये हैं। जुलूस में उनके अनुचर हस्तिपृष्ठ पर बैठे एवं पैदल आगे-पीछे चलते प्रदर्शित हैं। निचले भाग में एक प्रमदोद्यान शिल्पांकित है, जिसे शुद्धोधन ने राजकुमार सिद्धार्थ को विहारार्थ समर्पित किया था। पालि-साहित्य में इसे न्यग्रोध-उपवन की संज्ञा दी गई है। चतुर्थ एवं निम्नतल अलंकरण-बंध में वेदिका-युक्त बोधवृक्ष के समक्ष श्रद्धावनत उपासक स्थापित हैं।[१]

साँची की कला में धातु-युद्ध का निरूपण करते हुए बुद्ध की निर्वाणभूमि कुशीनगर का उच्चित्रण तीन स्थानों पर किया गया है। स्तूप-संख्या १ के दक्षिणी द्वार की निचली बड़ेरी के पृष्ठ-तल पर मल्ल-राजधानी कुशीनगर के वास्तुविन्यास का अच्छा अंकन किया गया है। इसके प्रस्तर-प्राकार तथा जल-परिखा को उच्चित्रित करते समय इसमें उगे सनाल प्रफुल्ल पद्म एवं बीच में तैरते राजहंस आकारित हैं। प्राकार के बीच में यथास्थान अट्टालकयुक्त नगर-द्वार बने हैं, जिनके समक्ष एवं ऊपर सशस्त्र रक्षक कुशीनगर के घेरे के समय पुर-रक्षा में संलग्न दिखाए गए हैं। नगर-द्वारों के समक्ष प्रदर्शित शत्रु-सेनाओं में हाथियों एवं रथ में बैठे आक्रान्ता सम्मिलित हैं, जो पुर-रक्षा के प्रयास को विफल करने में संलग्न हैं। युद्ध के दृश्य को कोठे-अटारियों में बैठे नागरिक देखते अंकित हैं। युद्ध के उपरान्त अपने अस्थि-भाग को रथों और हाथियों की पीठ पर बैठे राजा (वैशाली, राजगृह, अलकप्प, रामग्राम, पावा, कपिलवस्तु, पावापुरी आदि) विजय-मुद्रा में स्तूप-निर्माण के उद्देश्य से अपनी राजधानी की ओर वापस लौटते दिखाए गए हैं।[२] इस नगर के मुखभाग को प्रदर्शित करने में साँची के शिल्पियों का सफल प्रयास परमश्लाघनीय है।

साँची-स्तूप, संख्या १, के पश्चिमी तोरण की ऊपरी बड़ेरी के पृष्ठतल पर कुशीनगर के बहिर्मुख का निरूपण मिलता है। अस्थि-युद्ध के समय बुद्ध के शिष्य-नरेश अपने भाग की माँग रखते हुए इस नगर पर आक्रमण कर देते हैं। शत्रु-सेनाओं में हाथी एवं घोड़ों पर सवार नायक एवं पदाति सैनिक इस दृश्यांकन में दृष्टिगोचर

---

१. फलक ५, आकृति २।

२. फलक ६, आकृति १।

होते हैं। व्यक्ति-विशेष जिनके सिर पर छत्र का आवरण दृष्टिगोचर होता है, उनका तादात्म्य उन नरेशों से किया सकता है जिन्होंने बुद्ध का शिष्यत्व स्वीकार किया था। नगर-द्वार के समक्ष मल्ल-सेना के योद्धा नगर की रक्षा करते संलग्न हैं। इस रूपायन में नगर के प्रस्तर-प्राकार का एक भाग देखा जा सकता है जिसमें पत्थरों की चिनाई की गई है। प्राकार-शीर्ष पर कपिशीर्ष या इन्द्रकोश बने हुए हैं, जिनमें सशस्त्र योद्धाओं के बैठने तथा ऊपर से ही छिप कर आक्रामक सेना पर बाण चलाने की व्यवस्था थी। नगर-द्वार के ऊपर बने अट्टालकों में नियुक्त शस्त्रधारी योद्धा दृष्टिगोचर होते हैं। कोठे और अटारियों में बैठे मल्ल-सरदार नीचे के युद्ध के दृश्य को देखते प्रदर्शित हैं।[१]

साँची-स्तूप (१) के पश्चिमी तोरण-द्वार की मध्यवर्ती बड़ेरी के पृष्ठ-तल पर कुशीनगर के प्राकार, परिखा एवं अन्दर के भाग में बने गोलम्बर एवं आयताकार नागरिकशालाएँ आकारित हैं। साँची की कला में निरूपित प्रस्तरप्राकार के दृश्यांकन का यह सर्वोत्कृष्ट उदाहरण माना जा सकता है। समान आकार की गढ़ी हुई पत्थर की ईंटें एक दूसरे पर दृढ़ता के साथ न्यस्त हैं। इसकी तुलना हम कौटिल्य के अर्थशास्त्र के 'पाषाणेष्टका' से कर सकते हैं। प्राकार की ऊँचाई पर इन्द्रकोश (कंगूरों) के भव्य उदाहरण द्रष्टव्य हैं। ये भी अपने वर्ग के सर्वोत्कृष्ट दृष्टान्त के रूप में ग्रहण किए जा सकते हैं। इन्द्रकोश के इतने सुन्दर उदाहरण अन्यत्र दुर्लभ हैं। साँची की कला से लगता है कि वेसर शैली के भवन मौर्य-शुंग काल से ही लोकप्रिय थे। इसमें छत की बनावट बेलनाकार होती थी, जिसे शिल्पशास्त्रों में द्वयस्र कहा गया है। वस्तुतः वेसर शब्द इसी शब्द से समुद्भूत है। नगर के चतुर्दिक् अस्थियुद्ध के समय शत्रु-सेनाओं का उच्चित्रण द्रष्टव्य है। इस दृश्यांकन में हाथियों की पीठ पर बैठे बुद्ध के शिष्य-नरेश अस्थियों का अपना भाग हाथ में धारण किये स्तूप-निर्माण के उद्देश्य से बाहर निकलते देखे जा सकते हैं। यह शिल्पांकित दृश्य भी तत्कालीन नगर-वास्तु का सुन्दर परिचय प्रदान करता है।[२]

साँची-स्तूप (१) के उत्तरी तोरण के पश्चिमी स्तम्भ पर क्रमानुसार टंकित चौथे निम्न अलंकरणबंध में श्रावस्ती के बहिर्मुख के एक भाग का भव्य अंकन हुआ है। इस दृश्यांकन में इसका प्रमुख नगर-द्वार एवं नगर-परकोटे के पीछे नागरिकशालाएँ आदि रूपायित हैं। पुर-द्वार के मस्तक पर तिमंजिले शिखर की नक्काशी मिलती है। इसकी भी छत बेलनाकार बनी है, जो वेसर शैली का सुन्दर दृष्टान्त है। नगर-द्वार से कोसलाधिप एवं बुद्ध-शिष्य अश्वारूढ़ प्रसेनजित सजधज कर जेतवन में उनके दर्शनार्थ जाता रूपायित है। उसके पीछे पुर-द्वार से निकलते अश्व-पृष्ठ पर आरूढ़ अनुचर तथा आगे की ओर वाद्य बजाते हुए पदाति-गण रूपायित हैं। परकोटे के पीछे अट्टालिकाओं

---

१. फलक ७, आकृति १; फलक २७, आकृति १।

२. फलक ७, आकृति २।

में बैठे नागरिक राजमार्ग पर ठाटबाट के परिवेश से संपन्न जुलूस के दृश्य को देखते प्रदर्शित हैं।[१]

साँची-स्तूप (१) के पूर्वी तोरण के दक्षिणी पार्श्व-स्तम्भ पर आकारित एक दृश्यांकन में कोशल की राजधानी श्रावस्ती के नगर-वास्तु का एक भाग बहुत सुन्दर ढंग से आकारित है। कोशलाधिप प्रसेनजित अश्वयोजित रथ में आरूढ़ होकर बुद्ध की अस्थियों के स्वकीय भाग को स्तूप में गर्भित करने के निमित्त एक प्रमुख नगर-द्वार से अस्थि-पेटिका को हाथ में धारण कर बाहर निकलते दिखाये गये हैं। इस उच्चित्रण में शुंगकाल की शैली में पगड़ी बाँधे उनके अनुचर नगाड़े और अन्य अनुयायी वाद्यों को बजाते हुए उनकी सवारी के आगे चलते प्रदर्शित हैं। पूरे जुलूस का राजकीय ठाट-बाट एवं वैभव का वातावरण शिल्पियों ने बहुत सुन्दर ढंग से रूपायित किया है। आदर्श नगर-द्वार की निर्माण-शैली पर इस उकेरी द्वारा अच्छा प्रकाश पड़ता है। द्वार के मस्तक पर मंजिलों में विभाजित बुर्ज़ भी दिखाये गये हैं। सर्वोच्च बिन्दु पर वेसर शैली में निर्मित ढोलनाकार छत, जिसकी पीठ पर कलश दिखाई देते हैं, उच्चित्रित हैं। प्राकार के पीछे वाले भाग में नागरिकशालाओं की ऊपरी मंजिलों में वेदिकायुक्त छज्जे दृष्टिगोचर होते हैं जिनमें बैठे पुरवासी, राजमार्ग पर गतिशील एवं सज्जा से युक्त हाथियों की पीठ पर बैठे शोभायमान राजकीय पदाधिकारियों को देखते रूपायित हैं।[२]

नगरीय रूपांकन का समान दृश्य मगध-राजधानी राजगृह से संबंधित है, जो साँची-स्तूप (संख्या १) के पश्चिमी तोरण पर आकारित है। इस उच्चित्रण में मगध-नरेश अजातशत्रु अश्व-योजित रथ पर आरूढ़ होकर बुद्ध की अस्थियों के अपने भाग को स्तूप में गर्भित करने के उद्देश्य से प्रधान नगर-द्वार से निकलते प्रदर्शित है। पुर-द्वार पर शीर्षस्थ अट्टालकों का दृश्यांकन भी अपने धर्म का एक अच्छा दृष्टान्त माना जा सकता है। उनके ऊपर वेसर शैली में बना बेलनाकार छत शोभायमान है जिसकी पीठ पर कलश-सदृश प्रतीक निर्मित हैं। प्राकार के पीछे बनी नागरिकशालाओं की खिड़कियों, छज्जों और वेदिकाओं में बैठे पुर-नागरिक नीचे के दृश्य को देखते रूपायित हैं। इस जुलूस में हाथियों की पीठ पर बैठे अजातशत्रु के अनुचर एवं पदातिगण हर्षोल्लास के साथ पुर-द्वार की ओर धीरे-धीरे बढ़ते हुए बाहर निकलने के भाव में प्रधान राजमार्ग पर देखे जा सकते हैं। अजातशत्रु के रथ के आगे वाद्य बजाते बढ़ते हुए राजगृह-नागरिक उच्चित्रित हैं। अस्थि-कलश को गर्भित करने के समस्त वातावरण को राजगृह के वैभव की पृष्ठभूमि में साँची-शिल्पियों ने अति सीमित क्षेत्र में उच्चित्रित करने का सुन्दर प्रयास किया है।[३]

---

१. फलक ८, आकृति १।

२. फलक ९, आकृति १।

३. फलक १०, आकृति १।

जिन अन्य कला-केन्द्रों में नगर तथा नगर-जीवन की विशेषताओं का दृश्यांकन हुआ है, उनमें साँची का समकालीन कला-केन्द्र भारहुत उल्लेखनीय है। इस स्थान पर निर्मित स्तूप के एक शिला-पट्ट पर वहाँ की बाजार का उच्चित्रण करते कुछ दुकानों में व्यस्त क्रय-विकय के वातावरण का निरूपण हुआ है। इनमें से एक में कोई ग्राहक हाथ में एक बड़ा बर्तन लिये खड़ा है, जिसमें दुकानदार भाण्ड को उलट कर उसमें भरी सामग्री को खाली कर रहा है जिसे संबंधित व्यक्ति खरीदना चाहता है। क्रेता और विक्रेता दोनों ही शुंग-काल की लाक्षणिक पगड़ी सिर पर धारण किये हुए हैं। बगल में ही एक दूसरा व्यक्ति खड़ा अंकित है। उसके एक हाथ में बँहगी है, जिसके दोनों ही सिकहरों में दो बड़े मटके दिखाई देते हैं। इनके मुँह पर ढक्कन चिपकाए गए हैं। स्पष्ट है कि इनमें भरे माल की आपूर्ति दुकानदार के आदेश पर हुई थी। यह श्रमिक भी उसी शैली की पगड़ी बाँधे हुए है। स्पष्ट है कि सिर पर समान पगड़ी का बाँधना शुंग-काल की वेशभूषा का अंग था।[१] यह शिलापट्ट संप्रति भारतीय संग्रहालय कलकत्ता की शुंग-कालीन वीथिका में प्रदर्शित है।

भारहुत की एक दूसरी दुकान का उच्चित्रण इसी शिलापट्ट पर प्राप्त होता है। इसमें व्यापारी और बगल में उसका सहायक कर्मचारी देखे जा सकते हैं। यह दूसरा व्यक्ति दोनों हाथों से एक बर्तन को पकड़े एक गाँव से माल निकालता दिखाया गया है। दोनों के ही सिर पर शुंग-काल की शैली में बँधी पगड़ी दिखाई देती है। दूकानदार के सामने माल की बंद गाँठे हैं तथा नीचे की ओर केले की घौद रखी हुई है। उनके सामने दो व्यक्ति खड़े हैं जो संभवत: माल खरीदना चाहते हैं और तन्निमित्त आपस में राय-बाट कर रहे हैं।[२] उक्त में इन दोनों ही पार्श्ववर्ती दुकानों का एकत्र रूपांकन देखा जा सकता है।

मथुरा की समकालीन कला भी प्रचुर नगरीय दृश्यांकनों के लिए सुप्रसिद्ध है। उदाहरणार्थ—कंकालीटीला नामक इस नगर के एक स्थल पर १८९० ई० में फूहरर द्वारा प्राप्त वेदिका-स्तम्भ पर टंकित अलंकरण-बन्धों में कई ऐसे दृश्य हैं, जो राजकीय अन्त:पुर के श्रृंगारिक जीवन से संबंधित हैं। सर्वप्रथम वासुदेवशरण अग्रवाल ने इनके ऐतिहासिक महत्त्व की ओर ध्यान आकृष्ट करते हुए इनकी समता कुषाण-कालीन अश्वघोष-प्रणीत सौन्दरनन्द काव्य में वर्णित नन्द-सुन्दरी के विलासितापूर्ण जीवन से दिखाया है। एक स्थान पर इस ग्रन्थ में वर्णित है कि नन्द ने अपनी प्रिय भार्या सुन्दरी के साथ अपने प्रासाद के अन्त:पुर में बन्द होकर स्वच्छन्द कामुक जीवन बिताना आरंभ किया था। दोनों ही एक दूसरे के साथ उसी प्रकार संयुक्त थे, जिस प्रकार चक्रवाक्-मिथुन सतत एक दूसरे से अपृथक् होते हैं।[३]

---

१. **फलक ११, आकृति १।**

२. **फलक १२, आकृति १, फलक १३, आकृति १।**

३. **''प्रसादंसस्थो मदनैककार्यः प्रियासहायो विजहार नन्दः।**
स चक्रवाक्येव हि चक्रवाकस्तया समेतः प्रियया प्रियार्हः॥'' —सौन्दरनन्द, ४, १-२।

इस कुषाण-कालीन स्तंभ पर उच्चित्रित अलंकरण-बन्धों में नन्द-सुन्दरी द्वारा मदिरा-पान, प्रणयकुपिता सुन्दरी के साथ अनुनय-विनय करते नन्द एवं स्नानो-परान्त की शृंगार-रचना में संलग्न प्रसाधिकाओं का भव्य रूपायन हुआ है। एक अन्य अलंकरण-बन्ध में 'वेत्रासन' पर बैठी सुन्दरी के मण्डन का दृश्य उच्चित्रित है। एक अन्य मण्डन-दृश्य में सद्यःस्नाता सुन्दरी का नन्द स्वयं अपने हाथों से केश-प्रसाधन करते दर्शाए गये हैं। सुन्दरी के समक्ष एक प्रसाधिका शृंगार-पेटिका लिए अंकित है। इसकी तुलना 'वेणीप्रसाधन' से की जा सकती है जिसका वर्णन अश्वघोष ने सौन्दरनन्द में किया है। इसके नीचे वाले अलंकरण-बंध में नन्द-सुन्दरी के 'मधुपान' का दृश्य दिखाया गया है। दोनों ही एक आसन पर बैठे एक-दूसरे को मदिरा-पात्र का आदान-प्रदान करते रूपायित हैं। सुन्दरी अपने गले में पड़ी एक मोटी माला को बायें हाथ से पकड़े निरूपित है। इस प्रकार की गलमाल मथुरा के वेदिका-स्तम्भों पर उच्चित्रित सुन्दरियों के गले में लटकते बहुशः रूपायित हैं। सुन्दरी के केशविन्यास की शैली आधुनिक द्वितल-विभाजित केश-सज्जा की विधा का स्मरण दिलाता है।[१] कुषाण-काल की मथुरा-कला से ज्ञात होता है कि पुर-ललनाओं के केशविन्यास की यह एक लाक्षणिक शैली थी, जो तत्कालीन विभिन्न सामाजिक मुद्राओं को प्रदर्शित करने वाली यक्षिणी-प्रतिमाओं में भी देखा जा सकता है।

महलों के वातायनों में बैठी पुर-सुन्दरियों का निरूपण भारतीय साहित्य एवं कला का एक प्रिय विषय था। मथुरा की कला में वातायनों में बैठी ललनाओं के बाहर देखने का अंकन नगरीय रूपांकन का एक वांछित अंग था। उदाहरणार्थ—यहाँ से प्राप्त एक शुंगकालीन शिलापट्ट पर, जो सम्प्रति भारत कला भवन वाराणसी में प्रदर्शित है, एक सुन्दरी खिड़की से बाहर के दृश्य को निरखती उच्चित्रित है। उसके केशपास एवं अलंकरण की विधा मथुरा-कला की शुंगकालीन विशेषताओं से मेल खाती है।[२] मथुरा की कला का एक अन्य उल्लेखनीय उदाहरण एक चौमुखी प्रकाश-स्तम्भ है, जिसका एक खंडित भाग उपलब्ध है। यह तीन तलों में विभक्त है, जिनमें अलग-अलग दीपालय बने हुए हैं। इसमें एक ही समय कई दीपक एक साथ जलाये जा सकते थे। प्रत्येक में प्रकाश जलाने की व्यवस्था थी। लगता है कि इस प्रकार के प्रकाश-गृह नगर-चत्वर या किसी केन्द्रीय महत्वपूर्ण भाग में विद्यमान होते थे। इस दीपालय के द्वारा चारों ही दिशाओं में यथेष्ट प्रकाश को फैलाने का प्रबन्ध किया गया था।[३]

नगरीय जीवन के भव्य दृष्टान्त अमरावती की कला में भी देखे जा सकते हैं। उदाहरणार्थ—एक शिलापट्ट पर श्रावस्ती के सुप्रसिद्ध नगरोद्यान जेतवन विहार का

---

१. **फलक ५, आकृति १।**

२. **फलक १४, आकृति १।**

३. **फलक १५, आकृति १।**

उच्चित्रण मिलता है। इसमें बुद्ध की तीन कुटियाँ आकारित हैं—गन्धकुटी, कोसम्बकुटी एवं करोरिकुटी जहाँ श्रावस्ती-आगमन के समय बुद्ध निवास करते थे। उनके आसन के समक्ष आहत मुद्राओं के बिछाने का दृश्य प्राप्य है, जैसे कि साँची और भारहुत की कला में भी द्रष्टव्य है। बौद्ध परंपरा के अनुसार नगर-श्रेष्ठि अनाथ-पिण्डद ने राजकुमार जेत से इस उद्यान को क्रय करके बुद्ध को दान कर दिया था। शुंग-कालीन आहत मुद्राओं के ये सुन्दर उदाहरण हैं। दान-संबंधी एक लघु-लेख भी इस पर खुदा हुआ है। इस दृश्यांकन में तत्कालीन 'प्रवहण' (शिकरमगाड़ी) की उकेरी प्राप्य है, जिसका साहित्य में वर्णन हुआ है। इसके अतिरिक्त महासोपान के उदाहरण का भी इस पर अंकन मिलता है।[१]

अमरावती-स्तूप के एक खण्डित शिलापट्ट के दूसरे आधे के निचले भाग में चार लघु अलंकरण-बंधों में कुशीनगर के अस्थि-युद्ध से संबंधित चार दृश्य प्राप्य हैं। प्रथम कवाट में[२] में कुशीनगर को मल्ल-सैनिकों द्वारा चारों ओर से बाणों के द्वारा घेर लेने का दृश्यांकन प्राप्य है। द्वितीय कवाट (ब) की अन्त्येष्टि के अवसर पर नृत्य एवं वाद्य का रूपांकन मिलता है। तृतीय (स) में अस्थि-युद्ध रूपायित है एवं चतुर्थ (द) मे अस्थि-कलश को गजमस्तक पर रखे बुद्ध के शिष्य नरेशों द्वारा अपनी राजधानी की ओर प्रस्थान का विवरण प्राप्य है। इस शिलापट्ट पर न्यूनतम क्षेत्र में अस्थि-युद्ध की विभिन्न अवस्थाओं का भव्य शिल्पांकन प्राप्य है। अमरावती के एक अन्य शिला-पट्ट पर कोशल-नरेश प्रसेनजित हर्षित मुद्रा में अस्थि-कलश को लिये कुशीनगर के प्रधान द्वार से श्रावस्ती की ओर जाता दर्शाया गया है।[३]

यहाँ अमरावती का एक अन्य शिला-पट्ट भी उल्लेखनीय है, जिसमें वत्स-नरेश उदयन के कौशाम्बी-स्थित राजप्रासाद के वास-गृह का अंकन प्राप्य है। इसमें वह अपनी रानियों से क्रुद्ध दर्शायित है, जो उसको अंधकार में रख कर बुद्ध का उपदेश सुनने राजमहल से बाहर निकल गई थीं। घटना का पता चलने पर वे उसके वास-गृह में लौटती हैं तथा उससे क्षमा-याचना एवं अनुनय-विनय करती प्रदर्शित है। आग-बबूला उदयन बुद्ध को मारने के निमित्त बाण-चलाता निरूपित है, जो कि उनके अलौकिक व्यक्तित्व से पराभूत हो वापस लौटता देखा जा सकता है। शिवराम-मूर्ति इसके विपरीत व्याख्या करते हुए यहाँ रानी सामावती के कुचक्र में सम्मिलित होने के अपराध का ज्ञान होने पर उदयन द्वारा उस पर बाण चलाने की घटना से इस उच्चित्रण तादात्म्य करते हैं। सामावती क्षमायाचना करती नतमस्तक हो जाती है और फलस्वरूप उस पर फेंका हुआ बाण बिना उसे कोई क्षति पहुँचाये वापस लौटता दिखाया गया है। इस जातक कथा का आख्यानात्मक विवरण प्रस्तुत करते हुए अमरावती-शिल्पियों ने

---

१. **फलक १६, आकृति १, फलक १७, आकृति १ एवं २, फलक १८, आकृति २।**

२. **फलक १८, आकृति १ (अ)।**

३. **फलक १९, आकृति १।**

कौशाम्बी-राजाप्रासाद-स्थित उदयन के शयन-कक्ष को बहुत सुन्दर ढंग से तराशने का सफल प्रयास किया।[१]

अमरावती के ही तुल्य नागार्जुनीकोण्ड-स्तूप के उत्कीर्ण शिला-पट्ट शिल्पवैभव के निमित्त प्रख्यात हैं। इनमें से एक में गोलवृत्त के भीतर कपिलवस्तु में शुद्धोधन अपने दरबार में बैठे बालक सिद्धार्थ का जन्म-फल सुन रहे हैं। उनके सामने आसन पर वृद्ध ब्राह्मण भविष्यवक्ता असित हाथ में जन्म-कुण्डली धारण किये भविष्यफल का कथन करते अपनी दो उँगलियों से संकेत करता है कि बालक बड़ा होने पर महाचक्रवर्ती या महायोगेश्वर बनेगा। यह उच्चित्रण ठाटबाट एवं वैभव के वातावरण से युक्त राजकीय दरबार को रूपायित करता है।[२]

इसी क्रम में पीतलखोरा (पीतंगल्य) की कला में उच्चित्रित कपिलवस्तु का तोरण-द्वार भी उल्लेखनीय है, जो साँची के तोरणों का बारंबार स्मरण दिलाता है। इसके दो पार्श्व-स्तंभों के ऊपर तीन बड़ेरियाँ बनी हैं, जिनके सिरे दोनों ही छोर पर गोलाई में मुँड़े हुए हैं। बुद्ध अपने महाभिनिष्क्रमण के समय इस द्वार से बाहर निकलते दिखाए गए हैं। उनके सामने पूर्ण साज-सज्जा से अलंकृत कन्थक अश्व की बागडोर को हाथ से पकड़े सारथी छन्दक दिखाया गया है। इसके अतिरिक्त एक चामरधारी सेवक भी आगे चलता अंकित है। द्वार के पृष्ठभाग में कपिलवस्तु की अट्टालिकाओं का एक खण्डित दृश्य प्राप्य है, जिसमें उनकी ऊपरी मंजिल में वेदिकाओं का एक भाग दर्शाया गया है।[३]

दक्षिण भारत के इन कला-केन्द्रों के अतिरिक्त पश्चिमी घाट के भाजा, बेडसा, नासिक, कोन्डाने एवं कार्ला आदि की शैलोत्कीर्ण गुफाएँ भी उल्लेखनीय हो जाती हैं, जिनके मुहार पर भव्य प्रासादों के उच्चित्रण मिलते हैं। इनकी कला में साहित्य में वर्णित 'त्रिभूमिक' (तिमंजिला), 'चतुर्भूमिक' (चौमंजिला) एवं 'पंचभूमिक' (पंचमंजिला) महलों के उदाहरण देखे जा सकते हैं। स्तंभयुक्त बरामदों, जालीदार खिड़कियों (जालक वातायन) एवं रोशनदानों (गवाक्ष) की उकेरियों की इनमें भरमार मिलती है। प्रासादमुख के इन बहुल उच्चित्रणों के द्वारा प्राचीन महलों के विविध वास्तुगत अंगों का सुन्दर परिचय हमें प्राप्त होता है।

पुर-जीवन से संबंधित दृश्यांकन गांधार-कला में भी देखे जा सकते हैं। पाषाणिक शिल्पियों ने बुद्ध जीवन की घटनाओं से संबंधित कई नगरों का सलेटी रंग के पत्थरों पर गांधार शैली में निरूपण किया है, यथा—कपिलवस्तु (महाभिनिष्क्रमण), श्रावस्ती

---

१. फलक २०, आकृति १।

२. फलक २१, आकृति १।

३. फलक २२, आकृति १।

(नगर-श्रेष्ठि अनाथपिण्डद द्वारा जेतवन का दान) एवं कुशीनगर (अस्थियुद्ध)। इनसे संबंधित कुछ महत्त्वपूर्ण शिलापट्ट विविध संग्रहालयों में प्रदर्शित हैं। इलाहाबाद के संग्रहालय में इस प्रकार के एक शिलापट्ट पर राजगृह के मुखौटे का संक्षिप्त दृश्यांकन मिलता है। इस दृश्य में मगध-नरेश अजातशत्रु बुद्ध के स्वागतार्थ उपहार-सामग्री के साथ अपने अनुचरों-सहित नगर-द्वार से बाहर निकलते देखे जा सकते हैं। उत्तरीय वस्त्र, शिरोवेश एवं प्रदर्शित आकृतियाँ यूनानी जैसी लगती हैं। इस शिलापट्ट के ऊपरी अलंकरण-बंध में बड़ी माला-अंकित है, जिसकी तुलना अमरावती के लेखों में प्राप्य 'अब्जमाल' से की जा सकती है। इसमें यथास्थान सनालपद्म भी पिरोए गये हैं। यक्ष-सदृश आकृतियाँ माल्यभार का वहन करती गतिशील प्रदर्शित की गई है।[१] एक अन्य शिलापट्ट पर समान दृश्य अंकित है। अन्तर मात्र इतना ही है कि इसमें वेदिकायुक्त छज्जों पर बैठी सभी आकृतियाँ तत्परता के साथ राजमार्ग पर बुद्ध के स्वागतार्थ बढ़ते जुलूस को निहारती प्रदर्शित हैं।[२] गान्धार मूर्ति-शिल्प के अन्तर्गत आने वाले एक अन्य उच्चित्रण में राजगृह के नागरिकों के द्वारा महाभिनिष्क्रमण के पश्चात् इस नगर में प्रथम बार-बुद्ध के प्रवेश के अवसर पर उनके भव्य स्वागत में संलग्न नागरिकों के स्वागत का दृश्य प्राप्य है। इसमें मगधराज की इस राजधानी के दो द्वार शिल्पांकित हैं। प्रथम द्वार से निकलते दृश्य मगध-राज तथा उनके दरबारी अपने दोनों हाथों से भेंट की सामग्री से युक्त पात्र पकड़े आगे बढ़ते दिखाए गए हैं। उनका व्यावर्तनयुक्त उत्तरीय एवं पगड़ी यूनानी प्रकार की हैं। यहाँ तक कि इसमें अंकित पुरुषाकृतियाँ भी यूनानी लगती हैं, जब कि विषय-सामग्री पूर्णतः भारतीय है।

इस नगर-द्वार के पार्श्ववर्ती दूसरे गोपुर के बीच से होकर राजगृह-प्रवेश की दृष्टि से एक दूसरा नागरिक-जलूस हर्षोल्लास के साथ बुद्ध के अभिनन्दन के उद्देश्य से आगे बढ़ता दिखाया गया है।[३] गांधार-शैली का द्योतन करने वाले इन तीनों ही फलकों में कुल मिलाकर अश्वघोष-प्रणीत बुद्धचरित काव्य में वर्णित बुद्ध के राजगृह-प्रवेश एवं नागरिकों द्वारा उनके अभिनन्दन का निरूपण हुआ है। इस विवरण के अनुसार उनके आने का समाचार सुनकर स्वागतार्थ द्रुतगति से बढ़ते नागरिकों में कुछ दर्शन पाते ही उनकी वन्दना में संलग्न हो गये। कतिपय श्रद्धाभाव से उनके सामने अवनत हो अपने सिर को आगे झुका दिया। लोगों ने स्निग्ध वचन द्वारा उनका सम्मान किया। जो पुरवासी राजमार्ग के दोनों ओर खड़े थे, उन्होंने मानपूर्बक श्रद्धाभिव्यंक्ति की। वातायनों में बैठी पुर-ललनाएँ उनको अपलक निहारती रहीं। उक्त तीनों ही शिलापट्टों पर आकारित उच्चित्रणों में राजगृह-नागरिकों के हर्षोल्लास का वातावरण इनमें रूपायित है।[४]

१. फलक २३, आकृति १।

२. फलक २४, आकृति १।

३. फलक २५, आकृति १।

४. बुद्धचरित, अध्याय १०, श्लोक १, ५ एवं ६।

नगर-वास्तु से संबंधित साहित्यिक साक्ष्यों को समर्थन प्रदान करने वाले पुरातत्वीय साक्ष्यों में कौशाम्बी का हवाई मानचित्र भी उल्लेखनीय हैं, जो सम्प्रति इलाहाबाद विश्वविद्यालय के प्राचीन इतिहास, संस्कृति एवं पुरातत्व विभाग के कौशाम्बी-संग्रहालय में प्रदर्शित हैं। वायुयान से लिये गये कौशाम्बी के वर्तमान पुरावशेषों के इस मानचित्र से स्पष्ट है कि यमुना-तट पर स्थित यह नगर अर्द्धचन्द्राकार था।[१] शिल्पविदों ने इस प्रकार के आकार को नगर का श्रेष्ठ आकार माना है। उदाहरणार्थ, मत्स्यपुराण ने अपनी नगर-निर्वाण-योजना के अन्तर्गत नदी के तट पर स्थित अर्द्धचन्द्राकार नगर को पुर का सर्वश्रेष्ठ आकार स्वीकार किया है।[२] अग्निपुराण और समरांगणसूत्रधार में अर्द्धचन्द्राकार को ही धनुषाकार नगर पुरवासियों के लिए सुखमूलक तथा शान्तिप्रद माना है।[३] कतिपय प्राचीन नगरों के अर्द्धचन्द्राकार होने के शास्त्रीय प्रमाण भी उपलब्ध होते हैं। उदाहरणार्थ, यमुना-तट पर स्थित मथुरा का नगर अर्द्धचन्द्राकार था।[४]

विभिन्न कालों की कला में नागरिकों के द्वारा उत्सवों एवं पर्वों को समारोह के साथ मनाने के दृश्यांकन उच्चित्रित हैं, जो तत्संबंधी साहित्यिक विवरणों का समर्थन करते हैं।[५] उदाहरणार्थ—अमरावती की कला में एक स्थान पर श्रावस्ती के नागरिकों द्वारा शालभञ्जिका पर्व को बड़े ही समारोह के साथ मनाने का अंकन मिलता है, जिसकी ओर आनन्द कुमारस्वामी ने विद्वानों का ध्यान आकृष्ट किया था। उल्लेखनीय है कि यह निरूपण अवदान-शतक में प्राप्य उस साहित्यिक विवरण का पुरातत्वीय उदाहरण है जिसके अनुसार बुद्ध के जन्मदिन के अवसर पर नागरिक सालवन में 'शालभञ्जिकापर्व' को नगरोद्यान में मनाते थे। ऐसे एक अवसर पर गौतमबुद्ध स्वयं श्रावस्ती के जेतवन नामक स्थान पर पधारे थे।[६] उक्त अमरावती-शिलापट्ट के उच्चित्रित दृश्यांकन में इस उपवन में श्रावस्ती-नागरिकों के बीच स्वयं गौतम बुद्ध देखे जा सकते हैं।[७] इसके अतिरिक्त खजुराहो के दसवीं शताब्दी के किसी चन्देलकालीन शिव-मंदिर के प्रवेश द्वार के सिरदल पर नागरिकों द्वारा शिवरात्रि के पर्व को श्रद्धार्पूवक मनाने का दृश्यांकन प्राप्य है। यह शिलापट्ट (२३६.० × ४१.५ × ४३.० सेंटीमीटर) सम्प्रति राष्ट्रीय संग्रहालय दिल्ली में प्रदर्शित है (संग्रहालय-संख्या ८२.२२६/८६६/९४)। इस

---

१. फलक २६, आकृति १।

२. अर्द्धचन्द्रं प्रसंसन्ति नदीतीरेषु तदसन्, अध्याय २१७, पंक्ति २७।

३. अग्निपुराण, अध्याय १०८, पंक्ति १०।

४. अर्द्धचन्द्रप्रतीकाशा यमुनातीरशोभिता, हरिवंश, हरिवंशपर्व, अध्याय ५४, पंक्ति १२०।

५. यक्षाज, भाग १, फलक २१ आकृति ६।

६. ''तेन खलुपुनः समयेन श्रावस्त्यां शालभञ्जिका नाम पर्वं समुपस्थितम्'' अवदानशतक (बुद्धिस्ट संस्कृत टेक्सट्स, संख्या ७९ पृष्ठ १३४)।

७. कुमारस्वामी, वही, भाग १, फलक २१ आकृति ६१।

उच्चित्रण के केन्द्रीय भाग में शिवलिंग एक सुन्दर अधिष्ठान पर आकारित है। इसमें शिवरात्रि के पर्व के अवसर पर एकत्र नागरिक इसके दोनों ही ओर जलपात्र धारण किये क्रमानुसार धीरे-धीरे आगे बढ़ते शिवलिंग पर जल चढ़ाते रूपायित हैं। जुलूस में सम्मिलित कुछ नागरिक नृत्य-संलग्न एवं कतिपय ढोल, मृदंग एवं तुरही-सुदृढ़ वाद्य बजाते प्रदर्शित हैं।[१] उल्लेखनीय है कि शिवरात्रिपर्वसमारोह-विषयक यह परंपरा आज भी चली आ रही है।[२]

■

१. फलक १६, आकृति २।

२. भारतीय कला में नगरीय रूपांकन के विषय में द्रष्टव्य—फलक २९, आकृति १, फलक ३०, आकृति १, फलक ३१, आकृति १।

१५

उपसंहार

श्रम-विभाजन पर अवलम्बित नागरिक जीवन का विकास मूलतः उद्योग तथा व्यापार की वृद्धि का द्योतक है। ग्राम-समाज की अपेक्षा नागरिक समाज में विविधता, जटिलता तथा गतिशीलता अधिक होती है, जिसके परिणामस्वरूप चिन्तन-सरणि में भेद होना तथा बुद्धि का जागरूक होकर नई दिशाओं में खोज करना स्वाभाविक है। अतएव वैदिक काल के अन्त से नागरिक जीवन की प्रगति के साथ बौद्धिक एवं आर्थिक जीवन में भी प्रगति परिलक्षित होती है। विशेषानुसरण का सामाजिक क्षेत्र में कर्म-भेद तथा विद्या के क्षेत्र में शास्त्र-भेद के रूप में विकास दृष्टिगोचर होता है। ईसा पूर्व पाँचवीं शताब्दी से अनेक शास्त्रों का पृथक् धाराओं में उन्नत होना देखा जा सकता है; यथा, धर्मशास्त्र, अर्थशास्त्र, कामशास्त्र, वेदांगभूत शिक्षादि (विशेषतः व्याकरण), मोक्षप्रतिपादक अनेक समुदायों के आगम आदि। उनमें अर्थशास्त्र तथा कामशास्त्र का विकास विशेष रूप में नागरिक जीवन पर आधारित था। इसी प्रकार काव्य तथा कला की प्रगति का भी नागरिक जीवन से अंतरंग सम्बन्ध रहा है। उच्च शिक्षा तथा व्यावसायिक शिक्षा की उन्नति नगरों के विकास के कारण सम्भव हो सकी।

पूर्व विवेचन से स्पष्ट है कि ग्राम एवं नगर में भेद माना जाता था। पाणिनि ने ग्राम एवं नगर को विभिन्न जनसन्निवेश माना है—(प्रचां ग्रामनगराणाम्)।[१] मृच्छकटिक में ग्राम एवं नगर का पृथक् उल्लेख करते हुए दोनों की विभिन्नता को स्वीकार किया गया है।[२] शिल्पशास्त्र पुर तथा ग्राम की अलग परिभाषा देते हुए दोनों की विभिन्नता को प्रमाणित करते हैं। मानसार में नगर को वस्तुओं के क्रय-विक्रय करने वालों से परिपूर्ण (जनैः परिवृतं क्रयविक्रयकादिभिः), विभिन्न जातियों का निवासस्थान (अनेकजाति-संयुक्तम्) तथा कारीगरों का केन्द्र (कर्म्मकारैः समन्वितम्) बताया गया है।[३] मयमत में इसे क्रयविक्रय करने वाले वणिकों का निवास-स्थान (क्रयविक्रयैर्युक्तम्) कहा गया है।[४] इन ग्रन्थों के अनुसार नगर की चारों दिशाओं में चार द्वार होते हैं (दिक्षु

---

१. पाणिनिकालीन भारतवर्ष, पृष्ठ ७७।

२. "अहं न ग्रामान्तरं न नगरान्तरं वा गतः।" —मृच्छकटिक, अंक १।

३. मानसार, अध्याय ९।

४. मयमत, अध्याय १०।

चतुर्द्वारयुक्तम्) तथा उसमें सुन्दरशालाएँ बनी रहती हैं—(शालाढ्यम्)।[1] नगर की अपेक्षा ग्राम का सन्निवेश साधारण ढंग पर होता था। समरांगणसूत्रधार के अनुसार ग्राम में व्यापारी तथा व्यावसायिक बहुत कम हुआ करते हैं। इसमें प्रायः साधारण वित्त वाले लोग ही रहते हैं। ग्राम में बने हुए घरों की बनावट बहुत ही साधारण होती है।[2] नगर में रहने वाले स्वभाव-चतुर माने जाते थे। उनके वार्तालाप का ढंग तथा व्यवहार ग्रामवासियों से अधिक शिष्ट तथा अवसर के अनुकूल होता था। शाकुन्तल में 'नागरिकवृत्ति' का उल्लेख किया गया है। राजा, नाटक के पंचम अंक में विदूषक से कहता है कि हे सखे! तुम हंसपादिका (जो मुझसे रुष्ट है) को नागरिकवृत्ति के द्वारा प्रसन्न करो (सखे! गच्छ, नागरिकवृत्या सान्त्वयैनाम्)।[3] यहाँ पर नागरिकवृत्ति का अर्थ नगर में रहने वालों के विदग्धव्यवहार तथा उनकी वाग्पटुता से है।

कालिदास के मालविकाग्निमित्रम् में ग्रामनगर-भेद के विषय में एक बड़ा ही महत्त्वपूर्ण उल्लेख मिलता है। इस ग्रन्थ के प्रथम अंक में अभिनय के दोनों आचार्य हरदत्त और गणदास आपस में एक दूसरे को हराने की ठान कर राजदरबार में आते हैं। वे सम्राट् से कहते हैं कि हम दोनों के कलाज्ञान की परीक्षा आप स्वयं करने का कष्ट करें। आप ही बता सकेंगे कि हम दोनों में कौन बढ़कर है। इसी बीच महारानी धारिणी परिव्राजिका कौशिकी के साथ दरबार में आ पहुँचती हैं। सम्राट् परिव्राजिका का अभिवादन करते हुए उन्हें बैठाते हैं और उनसे निवेदन करते हैं कि इन दोनों आचार्यों में कौन अधिक योग्य है, इसका निपटारा आप ही कर दें। इस पर परिव्राजिका कहती हैं—''ठिठोली मत कीजिये महाराज! भला नगर के होते हुए भी रत्न की परख कहीं गाँव में की जाती है।''[4] इस सन्दर्भ से स्पष्ट है कि कला एवं संस्कृति की दृष्टि से ग्राम की अपेक्षा नगर का महत्त्व निश्चयात्मक रूप से हुआ करता था।

नगर, राग एवं लिप्सा का केन्द्र माना जाता था। निवृत्ति के प्रेमियों का कहना था कि प्रवृत्तिमूलक नगरजीवन में परमार्थ की प्राप्ति नहीं हो सकती। इसके लिए उपयुक्त स्थान अरण्य समझा जाता था, जिसमें लोकोत्तरपरायणता में विश्वास करने वाले रहते थे। पारमार्थिक बौधायन ने कहा है कि पुर में रहने वाले मनुष्य का नेत्र, वदन एवं शरीर कुण्ठित हो जाता है तथा फलस्वरूप वह सिद्धि-प्राप्ति के लिए अयोग्य हो जाता है।[5] शान्तिमय वातावरण में रहने वाला अरण्यवासी जब नगर में पहुँचता था, उस समय उसे नगर की चहलपहल पर घृणा होने लगती थी। शाकुन्तल में जब शार्ङ्गरव

---

१. मयमत, अध्याय १०, अध्याय १०।

२. समरांगणसूत्रधार, पृष्ठ ८६।

३. अभिज्ञानशाकुन्तलम्, अंक ५।

४. अलमुपालम्भेन! पत्तने सत्ति ग्रामे रत्नपरीक्षा।'' —मालविकाग्निमित्रम्, अंक १।

५. ''पुरेणुकुण्ठितशरीरस्तत्परिपूर्णनेत्रवदनश्च। नगरे वसन् सिद्धिमवाप्स्यतीति न तदस्ति॥''
—बौधायन, धर्मसूत्र, २, ३, ५३।

हस्तिनापुर में पहुँचता है, उस समय वह जनरव से घबड़ा कर अपने मित्र से कहता है कि "मित्र शारद्वत! मैंने माना कि यह महाभाग्यवान् राजा दुष्यन्त किसी तरह अपनी मर्यादा को नहीं छोड़ता तथा इसके नगर में रहने वाला कोई भी व्यक्ति पथभ्रष्ट नहीं है, तथापि बहुत दिनों से निर्जन स्थान में रहने की आदत पड़ जाने के कारण यह जनाकीर्ण नगर मुझे वैसे ही लगता है, जैसे मनुष्य को अग्नि की ज्वाला से आवेष्ठित धर दृष्टिगोचर होता है।"[१] शारद्वत भी शार्ङ्गरव की बात का समर्थन करता हुआ हस्तिनापुर के निवासियों की सांसारिकता पर घृणा प्रकट करता है तथा कहता है कि लौकिक सुख में लिप्त यहाँ के निवासियों को मैं उसी प्रकार देखता हूँ, जिस प्रकार स्नान किया हुआ मनुष्य तेल लगाये हुए मनुष्य को, पवित्र अपवित्र, जागता सोते हुए को तथा स्वतन्त्र परतन्त्र को घृणित दृष्टि से देखता हूँ।[२] पुर में आने पर कुछ ऐसा ही लगता है।[३]

भासकृत स्वप्नवासवदत्तम् में भी नगर-जीवन को प्रवृत्ति-प्रधान तथा अरण्य-जीवन को निवृत्तिप्रधान बता कर दोनों के भेद को स्पष्ट किया गया है। इस नाटक में कंचुकी राजपुरुषों को फटकारता हुआ कहता है—"हे! यहाँ तपोवन में भगदड़ मचाने की कोई आवश्यकता नहीं है। आप लोग राजा को कृपया कलंक से बचा लें। आश्रमवासियों के प्रति कठोर वचन का व्यवहार कभी भी नहीं करना चाहिये। ये मनस्वी नगर के परिभवों से बचने के लिए ही तो आकर वन में बसते हैं।"[४]

भारतीय नगर-जीवन में विशेष विकास सर्वप्रथम महाजनपदकाल में तत्कालीन राजनीतिक, सामाजिक एवं आर्थिक परिस्थितियों के कारण हुआ। इस समय से लेकर १०वीं शताब्दी ईसवी तक भारतवर्ष में अनेक नगरों का आविर्भाव हुआ, जिनमें अयोध्या, द्वारका, इन्द्रप्रस्थ, मथुरा, हस्तिनापुर, वाराणसी, तक्षशिला, कौशाम्बी, राजगृह, चम्पा, साकेत, श्रावस्ती, वैशाली, पाटलिपुत्र, उज्जयिनी, ताम्रलिप्ति, पावा, कुशीनगर, मिथिला, पुष्कलावती, भृगुकच्छ, गया, शाकल, प्रयाग, गिरिनगर, दशपुर, कान्यकुब्ज, थानेश्वर, वलभी, नालन्दा, प्रवरपुर, प्रभास, मदुरा, कांची, कावेरीपत्तन तथा कल्याण विशेष रूप से उल्लेखनीय हैं। ये नगर बहुत ही विशाल थे। विदेशी

---

१. "महाभागः कामं नरपतिरभिन्नस्थितिरसौ
न कश्चिद्वर्णानामपथमपकृष्टोऽपि भजते।
तथापीदं शश्वत्परिचितविविक्तेन मनसा
जनाकीर्णं मन्ये हुतवहपरीतं गृहमिव॥" —अभिज्ञानशाकुन्तलम्, अंक ५, ११।

२. "अभ्यक्तमिव स्नातः शुचिरशुचिमिव प्रबुद्ध इव सुप्तम्।
बद्धमिव स्वैरगतजनमिव सुखसंगिनमवैमि॥" —वही, अंक ५, १२।

३. "पुरप्रवेशादित्थंभूतः संवृत्तः" —वही, अंक ५।

४. "परिहरतु भवान् नृपापवादं न परुषमाश्रमवासिषु प्रयोज्यम्।
नगरपरिभवान् विमोक्तुमेते वनमभिगम्य मनस्विनो वसन्ति॥"
—स्वप्नवासवदत्तम्, अंक १।

यात्रियों ने अनेक भारतीय नगरों के विस्तार का उल्लेख बड़ी सावधानी के साथ किया है। मेगस्थनीज़ ने लिखा है कि पाटलिपुत्र का नगर साढ़े नौ मील लम्बा तथा पौने दो मील चौड़ा था। ग्वान् च्वांग के अनुसार कान्यकुब्ज ३ मील लम्बा तथा १ मील चौड़ा था। उसने अपने यात्राविवरण में लिखा है कि भृगुकच्छ तथा वलभी की परिधि क्रमश: ४ तथा ६ मील के लगभग थी। विस्तार के अनुकूल इन नगरों की जनसंख्या भी बहुत अधिक थी। यह दुर्भाग्य है कि विदेशी यात्रियों ने इस विषय में कुछ भी नहीं लिखा पर कौटिल्य ने अर्थशास्त्र में जनसंख्या-सम्बन्धी कर्मचारियों की नियुक्ति का निर्देश जिस ढंग से किया है, उससे यही प्रतिपादित होता है कि कम से कम प्रधान नगर सचमुच ही जनाकीर्ण थे। कतिपय प्राचीन ग्रन्थों में नगरों की जनसंख्या का उल्लेख काव्यात्मक रूप में किया गया है, उदाहरणार्थ— कुमारपालचरित के लेखक ने कहा है कि अणहिलपत्तन के नागरिकों की संख्या को गिनना वैसे ही असम्भव है, जैसे समुद्र की बूँदों की गणना असम्भव है। इस वर्णन से इतना तो अवश्य ही स्पष्ट है कि उपर्युक्त नगर में अधिक निवासी रहते होंगे, जिस कारण इस ग्रन्थ में ऐसा उल्लेख किया गया है।

शत्रुओं के आक्रमण से बचाव के लिए नगरों की सुरक्षा के साधनों से युक्त किया जाता था। उनके चारों ओर गहरी खाई खोद दी जाती थी। दृढ़ता के लिए उसके भीतर की दीवालों में प्राय: ईंटों की चुनाई की जाती थी—(विधेयमिष्टकाभिर्वा सम्यग्वद्धतलं भवेत्)।[१] परिखा की संख्या एक से अधिक हुआ करती थी। बड़े नगरों में तीन परिखाओं के बनाने के निर्देश मिलते हैं—(विधेयं परिखात्रयम्)।[२] इन परिखाओं की चौड़ाई बहुत अधिक हुआ करती थी। मेगस्थनीज़ के अनुसार पाटलिपुत्र की परिखा ६०० फीट चौड़ी थी। परिखा मे बहुधा पानी भरा जाता था। परिखा के मुख को लोग प्राय: नदी से मिला देते थे। इस कारण उसका जल सर्वदा बहता रहता था, जिससे उसके गन्दे होने का भय बहुत कम रहता था। सौन्दर्य के निमित्त परिखा के जल में पुष्प आदि लगा दिये जाते थे। नगर के नालों का गन्दा पानी परिखा में गिराया जाता था, जो जल के साथ बहुता हुआ नदियों में पहुँचता था।

परिखा के बनाते समय जो मिट्टी निकलती थी, उसके द्वारा परिखा के समीप ही एक चौड़ा एवं ऊँचा वप्र तैयार किया जाता था। दृढ़ता लाने के लिए इसमें ईंटों की चुनाई की जाती थी। वप्र के ऊपर ईंटों का एक ऊँचा प्राकार तैयार किया जाता था। इस प्रकार के प्राकार को ऐष्टकप्राकार कहा जाता था। कभी-कभी मिट्टी के द्वारा कच्चा प्राकार तैयार किया जाता था, जिसे शास्त्रों में पांसुप्राकार, पंकदुर्ग अथवा मृद्दुर्ग कहा गया है। मध्यकाल में इसी को धूलकोट कहा जाता था। प्राकारों में स्थान-स्थान पर ऊँचे बुर्ज़ (अट्टालक) बनाये जाते थे, जिसके ऊपर सैनिक रहते थे। नगर पर जब बाहरी

---

१. **समरांगणसूत्रधार, पृष्ठ ४०।**

२. **वही, पृष्ठ ४०।**

आक्रमण होता था, उस समय ये सैनिक बुर्ज़ के ऊपर से ही शत्रुसेना पर बाण फेंकते थे। प्राकारों में स्थान-स्थान पर प्रधान द्वार एवं गौण द्वार बने होते थे। प्रधान नगरद्वारों के नाम देवताओं के नाम पर अथवा उनके सामने पड़ने वाले नगरों के नाम पर रखे जाते थे। नगर-द्वार के समीप सैनिक नियुक्त किये जाते थे। नगर पर आक्रमण के समय वे शत्रुओं को द्वार के भीतर आने से रोकते थे। शान्ति के अवसर पर अमित्रों को भीतर न आने देना इन सैनिकों का कर्त्तव्य था। अधिक सुरक्षा के लिए परिखा के बाहर नगर के चतुर्दिक् कभी-कभी वन भी लगाया जाता था, जिसे प्राचीन साहित्य में वनदुर्ग कहा गया है।

राजमार्गों के निर्माण को भी प्रधानता दी जाती थी। एक ही नगर के भीतर राजमार्गों की संख्या अनेक होती थी। वे काफी चौड़े हुआ करते थे। बनावट में वे समानान्तर होते थे तथा एक-दूसरे को समकोण पर काटते थे। उनका मध्य भाग उठा होता था, जिसके कारण उनके ऊपर जल का संचय नहीं हो सकता था। दृढ़ता लाने के लिए इनमें ईंट तथा पत्थर कूट कर भर दिये जाते थे। शास्त्रों में इस प्रकार के राजमार्ग को कुट्टिममार्ग कहा गया है। नगरों के भीतर कभी-कभी मनुष्यों तथा वाहनों के संचरण के निमित्त अलग-अलग मार्ग बने होते थे। इस व्यवस्था का प्रधान उद्देश्य सड़क पर भीड़ का रोकना था।

एक जाति के नागरिक पुर के एक ही भाग में रहते थे। शिल्पशास्त्रों में स्पष्ट शब्दों में कहा गया है कि ब्राह्मण, क्षत्रिय, वैश्य एवं शूद्र नगर के अलग-अलग भागों में बसाये जायँ। इसी प्रकार एक ही व्यवसाय के पालन करने वाले भी बहुधा नगर के एक ही भाग में रहते थे। इसका कारण एक ही व्यवसाय का एक ही स्थान पर केन्द्रीकरण था। राजप्रासाद बहुधा पुर के मध्य भाग में अत्यन्त सुरक्षित स्थान पर बना रहता था। राजमन्त्री, पुरोहितों एवं प्रधान कर्मचारियों के घर राजप्रासाद के चतुर्दिक् व्यवस्थित ढंग पर बने होते थे। नगर के एक भाग के भवन एक ही पंक्ति में बने होते थे तथा उनकी ऊँचाई समान हुआ करती थी। इनका मुख राजमार्ग की ओर होता था। घर की गन्दगी को फेंकने की व्यवस्था घर के पृष्ठभाग की ओर की जाती थी। अधिक सफाई के लिए घरों की नालियाँ बनी होती थीं, जिनके द्वारा घर की गन्दगी बाहर बहा दी जाती थी। दो घरों के बीच काफी दूरी छोड़ी ज़ाती थी, ताकि गलियाँ सँकरी न हो जायँ। गलियाँ भी राजमार्ग की ओर खुलतीं थीं। एक ही घर में कई प्रकोष्ठ रहते थे। कभी-कभी एक ही घर में कई मंजिलें बनी होती थीं, जिससे ऊँचाई बढ़ जाती थी। नालन्दा के एक ताम्रलेख से विदित होता है कि इस स्थान पर बने हुए विहार गगनचुम्बी थे। घरों में खिड़कियाँ बनी रहती थीं, जिसके कारण प्रकाश एवं स्वच्छता का लाभ रहता था। अधिक दृढ़ता लाने के लिए ठोस नींव दी जाती थी। भवनों के ऊपर गाढ़ा स्वच्छ लेप चढ़ाया जाता था, जिस कारण वे सुधा के समान धौतवर्ण के लगते थे। उनमें छज्जे भी बने होते थे, जहाँ पर पुर-ललनाएँ बैठकर नगर का दृश्य लिया करती थीं।

नागरिकों का सामाजिक एवं सांस्कृतिक जीवन उच्च कोटि का था। उनका वस्त्र तथा भोजन विविध एवं श्रेष्ठ था। राजशेखर ने लिखा है कि कान्यकुब्ज की ललनाएँ जो वस्त्र पहनती थीं, वह समस्त भारत में आदर्श माना जाता था। वे अपनी वेशभूषा में सौन्दर्य लाने के लिए कण्ठाभूषण, कर्णपूर, केयूर, किंकिणी, अंगुलीयक तथा बहुमूल्य धातुओं के बने हुए अन्य आभरणों को प्रयोग में लाती थीं। वे अपने केशपाश को सुगन्धित करतीं तथा मन्दार एवं मल्लिका आदि पुष्पों के द्वारा सुसज्जित करती थीं। वे अपने नेत्र, ओष्ठ, चरण तथा शरीर के अनेक भागों को अंगरागों से रंजित करती थीं। नागरिक सुरभियुक्त तेल, चूर्ण तथा अनुलेपों को व्यवहार में लाते थे। आजकल के समान ही ताम्बूलसेवन प्राचीन नागरिकवर्ग में व्यापक था। धनिक नागरिक स्यन्दन, प्रवहण, पालकी, रथ, घोड़े तथा हाथी का उपयोग यान के रूप में करते थे। संगीत, चित्रकारी एवं ललितकला के अन्य विषयों का नगर में काफी प्रचार था। इनमें उद्यान बने होते थे, जहाँ सामूहिक रूप में नागरिक अपना मनोविनोद करते थे। इसको उद्यानयात्रा कहा जाता था। नगर के भीतर जलाशय भी बने होते थे, जो विभिन्न प्रकार के पुष्पों एवं हंस तथा कारण्डव आदि पक्षियों के कारण रमणीक लगते थे। द्यूत, पशुपक्षिपालन, मदिरा, नाटकों का अभिनय, नृत्य तथा उत्सव आदि नागरिकों के मनोविनोद के प्रिय साधन माने जाते थे। नगर-जीवन में दासप्रथा के भी वर्तमान होने की सूचना मिलती है। दासों की स्थिति समाज में बहुत ही शोचनीय थी। स्वामी, दास के शरीर का अधीश्वर माना जाता था। नगर-समाज में चण्डालों का स्थान निम्न था। वे स्पर्शवर्जित माने जाते थे। इसी प्रकार वेश्याजीवन घृणित माना जाता था। मृच्छकटिक में विदूषक चारुदत्त से कहता हैं कि "मैं ब्राह्मण आपके पैरों पर पड़कर कहता हूँ कि आप अपने को बहुत विघ्नों वाले इस वेश्यासंघ से हटा लें। गणिका तो जूते में पड़ी हुई कंकड़ी के समान है, जो एक बार घुसने के बाद बड़ी कठिनता से निकाली जाती है और मित्र! दूसरी बात यह है कि जहाँ वेश्या रहती है, वहाँ तो बुरे आदमी भी नहीं जाते, सज्जनों का तो कहना ही क्या?"[१]

नगरों के आर्थिक जीवन में व्यवसायों का प्रचार विशेष रूप से उल्लेखनीय है। जातक, महाभारत, रामायण तथा मिलिन्दपञ्हों आदि ग्रन्थों के द्वारा पुर के भीतर विभिन्न व्यवसायों के अनुसरण करने वालों की तालिका मिलती है। इनमें कुम्हार, कपड़े बनाने वाले, हथियार बनाने वाले, मोर की पूँछ से चीज़ें बनाने वाले, आराकस, छेद करने वाले, रंगसाज, दाँत की चीज़ें बनाने वाले, चूना पोतने वाले, गन्धी, सुनार, कम्बल बुनने वाले, धूप बनाने वाले, चमड़े पर काम करने वाले, पत्थर पर काम करने वाले तथा चित्र बनाने वाले कारीगर उल्लेखनीय हैं। जातकों से स्पष्ट है कि प्रारम्भिक काल में ही व्यावसायिक निपुणता प्राप्त हो चुकी थी। अन्य प्राचीन ग्रन्थों में भी ऐसी

---

१. **"तदहं ब्राह्मणो भूत्वेदानीं भवन्तं शीर्षेण पतित्वा विज्ञापयामि निवर्त्यतामात्मास्माद्-बहुप्रत्यवायाद्‌गणिकाप्रसंगात्। गणिका नाम पादुकान्तरप्रविष्टेव लेष्टुका दुःखेन पुनर्निराक्रियन्ते॥"** **—मृच्छकटिक, अंक ५।**

वस्तुओं के उल्लेख मिलते हैं, जिनको कि बहुत निपुण शिल्पी ही बना सकते थे। पुर के भीतर विभिन्न व्यवसायों के पालन करने वाले अपना संगठन बनाकर रहते थे। इस संगठन को श्रेणी कहा जाता था। श्रेणी का एक प्रधान होता था जो ज्येष्टक (जेट्ठक) कहलाता था। इसका पद आनुवंशिक होता था। श्रेणी के सदस्यों को अपनी संस्था के नियमों (श्रेणीधर्म) का पालन करना पड़ता था। व्यावसायिक समितियाँ आधुनिक बैंक का भी काम करती थीं।

व्यावसायिक विकास के कारण नगरों में वाणिज्य का विकास होना स्वाभाविक ही था। नगरों में तीन प्रकार के व्यापारी रहते थे—(१) फेरी वाले, (२) फुटकर-विक्रेता तथा (३) थोक-विक्रेता। इनमें थोक-विक्रेता बड़े तथा प्रथम दो छोटे व्यापारी थे। नगरव्यापारी कभी-कभी साझे में व्यापार किया करते थे, जिसको 'सम्भूयसमुत्थान' कहा जाता था। प्राचीनकाल में मार्गों पर चोर तथा डाकुओं का भय बना रहता था। यही कारण है कि व्यापारी बहुसंख्या में मिलकर अपना माल अन्य स्थानों में बेचने के लिए निकलते थे। इस प्रकार के व्यापारियों को सार्थिक, उनके मण्डल को सार्थ तथा नेता को सार्थवाह कहा जाता था। व्यावसायिक समितियों के समान ही व्यापारियों की भी समितियाँ होती थीं, जिनको 'निगम' कहा जाता था। इनके प्रधान को सेट्ठि (श्रेष्ठि) कहते थे। वह राज्य तथा नगर का एक बहुत ही समृद्ध तथा सम्मानित व्यक्ति होता था।

प्राचीन काल में उच्च शिक्षा के केन्द्र नगर ही थे। ऐसे नगरों में तक्षशिला, वाराणसी, उज्जयिनी, नालन्दा, पाटलिपुत्र, विक्रमशिला तथा वलभी विशेष रूप से उल्लेखनीय हैं। इन नगरों में देश के सुदूर भागों से विद्यार्थी पढ़ने के लिए केन्द्रित होते थे। मार्ग में विद्यार्थियों को बहुत बड़ी कठिनाइयाँ उठानी पड़ती थीं, क्योंकि रास्ते प्राय: जंगलों से भी होकर जाते थे। तक्षशिला जाते समय उत्तरपूर्व भारत के विद्यार्थियों को जंग़लों से होकर जाना पड़ता था। कभी-कभी देश के बाहर से भी विद्यार्थी पढ़ने के लिए इन नगरों में आते थे, उदाहरणार्थ—नालन्दा तथा विशेषतया विक्रमशिला के विश्वविद्यालय में तिब्बत तथा चीन से भी विद्यार्थी आते थे। य्वान् च्वांग (जो नालन्दा के विश्वविद्यालय में बहुत दिनों तक ठहरा हुआ था) चीन का ही रहने वाला था। विद्या के अन्तर्राष्ट्रीय केन्द्र होने के कारण ही विदेशी नरेशों ने भी नालन्दा के विश्वविद्यालय को आर्थिक सहायता दी थी। इसका कम-से-कम एक उदाहरण मिलता है। जावा के नरेश बालपुत्रदेव ने नालन्दा के अन्तर्राष्ट्रीय यश से प्रभावान्वित होने के कारण वहाँ पर विद्यार्थियों की सुविधा के लिए एक विहार बनवाया था। उपर्युक्त भारतीय नगरों में वेद, दर्शन, शिल्प, ज्योतिष, व्याकरण तथा चिकित्साशास्त्र आदि विविध विषयों की शिक्षा दी जाती थी। आदर्श नगरों में साहित्यिक गोष्ठियाँ हुआ करती थीं। बुद्धिसम्पन्न नागरिक इनमें एकत्र होकर ज्ञान के विविध विषयों पर तर्क-वितर्क किया करते थे। इनमें काव्यरचना, समस्यापूर्ति, भाषाओं तथा छन्दों का ज्ञान, नाटकों तथा आख्यायिकाओं का पठनपाठन हुआ करता था। नगरों के वायुमण्डल के इस प्रकार बौद्धिक होने के कारण उनमें शास्त्रार्थ हुआ करते थे। देश के सुप्रसिद्ध

दार्शनिक अपने सिद्धान्तों के विज्ञापन तथा स्वीकृति के लिए नगरों में ही आते थे। शंकराचार्य के इस उद्देश्य से वाराणसी में आने का प्रमाण मिलता है।

प्राचीन भारतीय नगरों का सम्बन्ध धर्म के साथ भी देखने को मिलता है। फाह्यान तथा ख्वान् च्वांग ने अपने समकालीन भारतीय नगरों में अनेक विहारों, स्तूपों, मन्दिरों तथा देवालयों के सन्निवेश का उल्लेख करते हुए उनके धार्मिक वातावरण का परिचय दिया है। प्राचीन काल में विराट् धार्मिक सभाओं का आयोजन भी नगरों में ही किया जाता था। हर्षवर्द्धन ने अपनी राजधानी कान्यकुब्ज में धार्मिक सभा बुलाई थी। नगरों में धार्मिक सभाओं के आयोजन का मूल कारण यह था कि वहाँ आगन्तुकों के ठहरने का प्रबन्ध सुविधा के साथ हो जाता था। कतिपय भारतीय नगर धर्म के बहुत ही प्रसिद्ध केन्द्र माने जाते थे, उदाहरणार्थ—प्रयाग, वाराणसी, अयोध्या, मथुरा, कांची, अवन्तिका, द्वारावती तथा प्रभास। प्रयाग में यज्ञ हुआ करते थे तथा प्रायः प्रत्येक वर्ग के लोग यहाँ पर आकर दान दिया करते थे। लोगों का विश्वास था कि इस नगर में मरने से स्वर्ग की प्राप्ति होती है। यहाँ पर आत्महत्या भी अपवाद रूप में प्रचलित थी। वाराणसी में अधिकतर शैव रहते थे। इनमें से कुछ लोग शिर को मुण्डित कराते थे तथा कुछ लम्बे केशों को समेटकर जटाजूट बाँधते थे। कुछ लोग नंगा रहते थे तथा शरीर पर भस्म लगाते थे। यहाँ पर संन्यास लेने के लिए प्रायः लोग आया करते थे। कृष्ण के जीवन से सम्बन्धित होने के कारण मथुरा में अधिकतर वासुदेव की पूजा होती थी। उज्जयिनी में महाकाल की पूजा का प्राधान्य था। गया में श्राद्धदान का माहात्म्य विशेष माना जाता था। सरयू के तट पर स्थित अयोध्या को लोग राम की पवित्र नगरी मानते थे। मोक्षदायिका पुरियों में इसे प्रथम स्थान प्राप्त था—

अयोध्या मथुरा माया काशी काञ्ची अवन्तिका।
पुरी द्वारावती चैव सप्तैता मोक्षदायिका॥

थानेश्वर भारत का धार्मिक केन्द्र उस कुरुक्षेत्र के कारण माना जाता था, जिसकी गणना (सरस्वती तथा दृषद्वती नामक पवित्र नदियों के बीच स्थित होने के कारण) पवित्र तीर्थ के रूप में होती थी। कृष्ण के द्वारा निर्मित पुरी मानने के कारण द्वारका को लोग पवित्र मानते थे। पश्चिमी समुद्रतट पर स्थित नगरों में प्रभास भी एक धार्मिक केन्द्र समझा जाता था। दक्षिण भारत में कांची की ख्याति धार्मिक क्षेत्र में विशेष रूप से थी। कुछ नगर ऐसे भी थे, जो विशेष रूप से जैनधर्म तथा बौद्धधर्म के केन्द्र माने जाते थे। इनमें कौशाम्बी, चम्पा, कुशीनगर, कपिलवस्तु, वैशाली, श्रावस्ती, राजगृह, साकेत एवं पावा विशेषरूप से उल्लेखनीय हैं। गौतम एवं महावीर के जीवन के साथ विशेष रूप से सम्बन्धित होने के कारण उनके धर्मों के अनुयायी इन्हें पवित्र केन्द्र मानते थे।

भारतीय नगर-जीवन का एक महत्त्वपूर्ण अंग नगर-शासन भी था। यह कार्य राजकीय कर्मचारियों, नगरसभा तथा स्थानीय समितियों एवं समुदायों के द्वारा सम्पादित होता था। नगर के प्रधान अधिकारी को कौटिल्य ने 'नागरक' कहा है। अन्य पदाधिकारियों के लिए प्राचीन ग्रन्थों में बन्धपाल, शुल्काध्यक्ष, पण्याध्यक्ष,

गणिकाध्यक्ष, पत्तनाध्यक्ष, गोप तथा स्थानिक नाम आते हैं। बन्धपाल नगर की बन्दिशाला का प्रधान अधिकारी होता था। शुल्काध्यक्ष नगर के व्यापारियों से कर वसूल करता था। पण्याध्यक्ष बाज़ारों में नापतौल का निरीक्षण करता था। गणिकाध्यक्ष गणिकाओं के आय-व्यय का निरीक्षण करता था। पत्तनाध्यक्ष बन्दरगाहों का प्रधान कर्मचारी था। गोप एवं स्थानिक, जनसंख्या-सम्बन्धी अधिकारी थे। नगर-सभा सार्वजनिक हित के लिए कार्य करती थी। श्रेणी तथा निगम आदि समितियों को अपने-अपने क्षेत्रों में शासन का अधिकार प्राप्त था। नगरों में पुलिस का कड़ा पहरा रहता था। स्थान-स्थान पर गुप्तचर भी नियुक्त किये जाते थे, जो नगर-पदाधिकारियों के कार्यों की सूचना राजा के पास पहुँचाते थे। न्यायशासन में किसी प्रकार का भेदभाव नहीं था। पुर के भीतर रक्षा, स्वच्छता की व्यवस्था तथा जनस्वास्थ्य का प्रबन्ध भली-भाँति किया जाता था।

इति

'सरस्वती श्रुतिमहतां महीयताम्'

■

सहायक ग्रन्थसूची

(क) मूलभूत संस्कृत, पाली तथा प्राकृत आदि ग्रन्थ

अमरकोश : सम्पादक—पण्डित शिवदत्त, प्रकाशक, निर्णयसागर मुद्रणालय, बम्बई, १९२९।

अग्निपुराण : सम्पादक—हरिनारायण आप्टे, आनन्दाश्रम मुद्रणालय, पुण्याख्यपत्तन, शालिवाहन, शकाब्द १८२२।

अर्थशास्त्र : सम्पादक—यौली, प्रकाशक—मोतीलाल बनारसीदास, बनारस, १९२३।

अभिज्ञानशाकुन्तलम् : सम्पादक—शारदारंजन रे, प्रकाशक—दी सिटी बुक सोसायटी, कलकत्ता, १९०८।

अष्टाध्यायी : सम्पादक—सतीशचन्द्र बसु, बनारस, १८९७।

आश्वलायन गृह्यसूत्र : सम्पादक—महामहोपाध्याय गणपति शास्त्री, गवर्नमेण्ट प्रेस, त्रिवेन्द्रम, १९२३।

उत्तररामचरितम् : सम्पादक—पी० वी० काणे, तृतीय संस्करण, बम्बई, १९२९।

कामसूत्र : सम्पादक—दुर्गाप्रसाद, निर्णयसागर, यन्त्रणालय, बम्बई, द्वितीय संस्करण।

काव्यमीमांसा : सम्पादक—सी० डी० दलाल तथा आर० अनन्त कृष्ण, बड़ौदा, १९१७।

कादम्बरी : सम्पादक—मथुरानाथ शास्त्री, प्रकाशक—निर्णयसागर यन्त्रणालय, बम्बई, १९४८।

काव्यप्रकाश : सम्पादक—हरदत्त शर्मा, पूना ओरियेण्टल सिरीज़, पूना, १९३५।

कुमारसम्भव : सम्पादक—भारद्वाज गंगाधर शास्त्री, प्रकाशक—विद्याविलास प्रेस, बनारस, द्वितीय संस्करण।

कथासरित्सागर : सम्पादक—पण्डित दुर्गाप्रसाद, निर्णयसागर, यन्त्रणालय, बम्बई, १९२०।

कूर्मपुराण : नीलमणि मुखोपाध्याय, कलकत्ता, १९९०।

गरुडपुराण : क्षेमराज श्रीकृष्णदास, बम्बई, १९०६।

गौतमधर्मसूत्र : सम्पादक—हरिनारायण आप्टे, आनन्दाश्रम यन्त्रणालय, पुण्याख्यपत्तन, १९१०।

चारुदत्त : सम्पादक—गणपति शास्त्री, त्रिवेन्द्रम, १९१४।

दशकुमारचरितम् : सम्पादक—काले, प्रकाशक ओरियेण्टल पब्लिशिंग कम्पनी, बम्बई, १९१७।

दिव्यावदान : सम्पादक—कावेल, कैम्ब्रिज, १८८६।

नाट्यशास्त्र : सम्पादक—रामकृष्ण कवि, ओरियेण्टल इंस्टीट्यूट, बड़ौदा, १९३४।

नारदस्मृति : सम्पादक—यौली, कलकत्ता, १८८५।

नवसाहसांकचरितम् : सम्पादक—पं० वामन शास्त्री, प्रकाशक—गवर्नमेण्ट सेण्ट्रल बुक डिपो, बम्बई, १८९५।

नैषधीयचरितम् : सम्पादक—महामहोपाध्याय पण्डित शिवदत्त, प्रकाशक—निर्णयसागर यन्त्रणालय, बम्बई, १९०७।

पपंचसूदनी : सम्पादक—आई० वी० हानर, लन्दन, १९३८।

पद्मपुराण : सम्पादक—विष्णुनारायण, पूना, १८९३।

पवनदूत : सम्पादक—सी० आर० चक्रवर्ती, प्रकाशक—संस्कृत-साहित्य-परिषद्, श्याम बाज़ार, कलकत्ता।

पराशरस्मृति : सम्पादक—महामहोपाध्याय चन्द्रकान्त तर्कालंकार, प्रकाशक—बैप्टिस्ट, मिशन प्रेस, कलकत्ता, १८९२।

प्रियदर्शिका : निर्णयसागर यन्त्रणालय, बम्बई, शालिवाहन शकाब्द, १८०६।

प्रतिमामानलक्षणम् : सम्पादक—फणीन्द्रनाथ बोस, प्रकाशक—मोतीलाल बनारसीदास, बनारस, १९२९।

बृहत्संहिता : सम्पादक—सुधाकर द्विवेदी, बनारस, १८९५।

बोधिसत्वावदानकल्पलता : सम्पादक—शरत्चन्द्रदास, प्रकाशक—वैप्टिस्ट मिशन प्रेस, कलकत्ता, १९१८।

ब्रह्माण्डपुराण : श्री वेंकटेश्वर प्रेस, बम्बई, १९०६।

ब्रह्मपुराण : क्षेमराज श्रीकृष्णदास, बम्बई, १९०६।

ब्रह्मवैवर्तपुराण : श्री वेंकटेश्वर प्रेस, बम्बई।

बौधायनधर्मसूत्र : सम्पादक—श्रीनिवासाचार्य, मैसूर, १९०७।

बुद्धचरितम् : कावेल, आक्सफोर्ड, १८९३।

भासनाटकचक्र : सम्पादक—सी० आर० देवधर, प्रकाशक—ओरियेण्टल बुक एजेंसी, पूना।

भट्टिकाव्यम् : सम्पादक—शारदारंजन रे, प्रकाशक—कुमुदरंजन रे, १७ भवानीदत्त लेन, कलकत्ता।

मार्कण्डेयपुराण : श्री वेंकटेश्वर प्रेस, बम्बई।

मुद्राराक्षस : सम्पादक—आर० के० ध्रुव, प्रकाशक—पूना ओरियण्टल बुक एजेंसी, तृतीय संस्करण, १९३०।

मालविकाग्निमित्रम् : सम्पादक—एस० कृष्णराव, मद्रास, १९३०।

मानसार : सम्पादक—डॉक्टर प्र० कु० आचार्य, प्रकाशक—आक्सफोर्ड यूनिवर्सिटी प्रेस।

मयमतम् : सम्पादक—गणपति शास्त्री, प्रकाशक—गवर्नमेण्ट प्रेस, त्रिवेन्द्रम्, १९१९।

मिलिन्दपञ्हो : सम्पादक—ट्रेकनर, लन्दन, १८८०।

मनुष्यालयचन्द्रिका : सम्पादक—गणपति शास्त्री, प्रकाशक—गवर्नमेण्ट प्रेस, त्रिवेन्द्रम, १९१७।

महाभारत : सम्पादक—विष्णुसुकथंकर, १९४२।

मनुस्मृति : सम्पादक—गंगानाथ झा, इण्डियन प्रेस, प्रयाग, १९३२।

मृच्छकटिक : सम्पादक—आर० डी० करमारकर, द्वितीय संस्करण, १९५०।

मत्स्यपुराण : सम्पादक—हरिनारायण आप्टे, प्रकाशक—आनन्दाश्रम-मुद्रणालय, पुण्याख्यपत्तन, १९०७।

महाभाष्य : सम्पादक—कीलहार्न, द्वितीय संस्करण, गवर्नमेण्ट सेण्ट्रल प्रेस, बम्बई।

याज्ञवल्क्यस्मृति : सम्पादक—नारायण शास्त्री, चौखम्बा संस्कृत सिरीज़ आफिस, बनारस।

युगपुराण : सम्पादक—डी० आर० मनकद, चारुतर प्रकाशन, वल्लभविद्या नगर, १९५१।

युक्तिकल्पतरु : सम्पादक—पण्डित ईश्वरचन्द्र शास्त्री, ओरियण्टल सिरीज़, कलकत्ता, १९१७।

रघुवंश : सम्पादक—शंकर पण्डित, प्रकाशक—गवर्नमेण्ट सेण्ट्रल बुक डिपो, १८९७।

राजतरंगिणी : दुर्गाप्रसाद, बम्बई, संवत् १९८४।

रत्नावली : सम्पादक—गिरीश विद्यारत्नयन्त्रालय, कलकत्ता, शकाब्द, १८२१।

रामायण : सम्पादक—टी० आर० कृष्णाचार्य, प्रकाशक—निर्णयसागर प्रेस, बम्बई, १९०५।

ऋतुसंहार : सम्पादक—वासुदेव लक्ष्मण शास्त्री, प्रकाशक—निर्णयसागर प्रेस, १९२२।

लिंगपुराण : श्री वेंकटेश्वर प्रेस, बम्बई।

ललित्तविस्तर : सम्पादक—आर० एल० मित्र, कलकत्ता, १८७७।

विक्रमांकदेवचरितम् : सम्पादक—बूलर, प्रकाशक—गवर्नमेण्ट सेण्ट्रल बुकडिपो, बम्बई, १८७५।

विष्णुधर्मोत्तर महापुराण : प्रकाशक—क्षेमराज कृष्ण प्रेस, बम्बई, १९३४।

वायुपुराण : सम्पादक—राजेन्द्र लाल मित्र, कलकत्ता, १८८०।

वराहपुराण : सम्पादक—पण्डित हृषीकेश शास्त्री, प्रकाशक—गिरीशविद्यारत्न प्रेस, कलकत्ता।

विष्णुसंहिता : सम्पादक—टी० गणपति शास्त्री, त्रिवेन्द्रम, १९२६।

विष्णुपुराण : श्री वेंकटेश्वर यन्त्रालय, बम्बई।

बृहस्पतिस्मृति : सम्पादक—के० पी० रंगास्वामी आयंगर, बड़ौदा, १९४१।

वसिष्ठ धर्मशास्त्रम् : सम्पादक—ए० ए० फूहरर, बम्बई, १८८३।

वास्तुविद्या : सम्पादक—गणपति शास्त्री, प्रकाशक—गवर्नमेण्ट प्रेस, त्रिवेन्द्रम, १९१३।

शिल्परत्न : सम्पादक—गणपति शास्त्री, प्रकाशक—गवर्नमेण्ट प्रेस, त्रिवेन्द्रम, १९२२।

शिशुपालवध : सम्पादक—पण्डित दुर्गाप्रसाद, निर्णयसागर मुद्रणयन्त्रालय, बम्बई।

सौन्दरनन्दकाव्य : सम्पादक—हरिप्रसाद शास्त्री, वैप्टिस्ट मिशन प्रेस, कलकत्ता, १९१०।

समरांगणसूत्रधार : सम्पादक—गणपति शास्त्री, प्रकाशक—बड़ौदा सेण्ट्रल लाइब्रेरी, १९२४।

स्वप्नवासवदत्तम् : सम्पादक—टी० गणपति शास्त्री, प्रकाशक—गवर्नमेण्ट प्रेस, त्रिवेन्द्रम, १९१२।

स्कन्दपुराण : प्रकाशक—क्षेमराज श्रीकृष्णदास, बम्बई, १९०९।

हर्षचरितम् : सम्पादक—ए० ए० फूहरर, प्रकाशक—गवर्नमेण्ट सेण्ट्रल प्रेस, बम्बई।

(ख) अनूदित ग्रन्थ

गरुडपुराण (सेक्रेड बुक्स ऑफ़ दी हिन्दूज़, भाग ९, सम्पादक—बी० डी० बसु, प्रकाशक—दी पाणिनि आफिस, भुवनेश्वरी, आश्रम, बहादुरगंज, प्रयाग १९११)।

जातक—(कावेल, कैम्ब्रिज, १९०५)।

मत्स्यपुराण, भाग १—(सेक्रेड बुक्स ऑफ़ दी हिन्दूज़, भाग १७ अनुवादक—ए तालुकेदार ऑफ़ अवध, प्रकाशक—दी पाणिनि ऑफिस, भुवनेश्वरी आश्रम, बहादुरगंज, प्रयाग, १९१६)।

मत्स्यपुराण, भाग २—(सेक्रेड बुक्स ऑफ़ दी हिन्दूज़, भाग २० अनुवादक—ए तालुकेदार ऑफ़ अवध, प्रकाशक—दी पाणिनि ऑफिस, भुवनेश्वरी आश्रम, बहादुरगंज, प्रयाग, १९१७)।

मिलिन्दपञ्हो—(सेक्रेड बुक्स ऑफ़ दी ईस्ट, भाग ३५, अनुवादक—रिज डेविड्स, प्रकाशक—आक्सफोर्ड यूनिवर्सिटी प्रेस, १८९०)।

शुक्रनीतिसार—अनुवादक—विनयकुमार सरकार, सम्पादक—बी० डी० बसु, प्रकाशक—दी पाणिनि आफिस, भुवेनश्वरी आश्रम, बहादुरगंज, प्रयाग, १९१४)।

(ग) विदेशी यात्रियों के विवरण

अल्बरुनीज़ इण्डिया, सखाऊ, पापुलर एडीशन, १९१४।

इण्डिया ऐज़ डिसक्राइब्ड इन क्लैसिकल लिटरेचर वेस्टमिंस्टर, १९०१।

इनवेज़न ऑफ अलेक्ज़ेण्डर, मेक्रिण्डिल, प्रथम संस्करण, वेस्टमिंस्टर, १८९३।

ऑन य्वान् च्वांग, वाटर्स, १९०५।

फाह्यान, लेग्गे आक्सफोर्ड, १८८६।

फाह्यान, गाइल्स, लन्दन, १८७७।

बुद्धिस्ट रेकर्ड, बील, लन्दन, १९०६।

मेगस्थनीज़ ऐण्ड एरियन, मेक्रिण्डिल, लन्दन, १८७७।

लाइफ़ ऑफ़ य्वान् च्वांग, बील, लन्दन, १९१४।

(घ) आधुनिक लेखकों के ग्रन्थ

अर्बनाइज़ेशन इन ऐंशेण्ट इण्डिया, विजयकुमार ठाकुर, अभिनव पब्लिकेशन्स, दिल्ली, १९८१।

अर्बन डिके इन इण्डिया, रामशरण शर्मा, मुंशी राममनोहर, दिल्ली, १९८७।

आर्किटेक्चर ऑफ दी हिन्दूज़, रामराज, लन्दन।

इण्डिया एज़ नोन टू पाणिनि—वासुदेवशरण अग्रवाल, प्रकाशक—लखनऊ विश्वविद्यालय , १९५३।

इण्डियन शिपिंग : राधाकुमुद मुकर्जी, लन्दन, १९१२।

इंडोलॉजिकल स्टडीज़ भाग ३, ला० बि० च०, गंगानाथ झा रिसर्च इंस्टीट्यूट, १९५४।

एजूकेशन इन ऐंशेण्ट इण्डिया : अल्तेकर, प्रकाशक—नन्दकिशोर ब्रदर्स, बनारस, तृतीय संस्करण, १९४८।

ऐंशेण्ट इण्डियन एजूकेशन : राधाकुमुद मुकर्जी, लन्दन, १९४७।

ऐंशेण्ट टाउंस ऐण्ड सिटीज़ इन गुजरात एण्ड काठियावाड़, अल्तेकर, प्रकाशक—ब्रिटिश इण्डिया प्रेस, मेजगाँव, १९२६।

कौटिल्य : नारायणचन्द्र वन्द्योपाध्याय, बानी प्रेस, कलकत्ता।

कारपोरेट लाइफ़ इन ऐंशेण्ट इण्डिया, मजूमदार र० च० प्रकाशक—कलकत्ता विश्वविद्यालय, १९२२।

टाउन प्लैनिंग इन ऐंशेण्ट इण्डिया, बि० बि० दत्त, कलकत्ता, १९२५।

डिक्शनरी ऑफ़ पाली प्रापर नेम्स, मललसेकर, लन्दन, १९३७।

डिक्शनरी ऑफ़ हिन्दू आर्किटेक्चर, आचार्य प्र० कु०, प्रकाशक—आक्सफोर्ड यूनिवर्सिटी प्रेस, लन्दन।

दी सिटी इन अर्ली हिस्टारिकल इण्डिया, ए० घोष, शिमला, १९८९।

दी वैदिक हरप्पन्स, भगवान सिंह, आदित्य प्रकाशन, नई दिल्ली, १९९५।

पेरिप्लस ऑफ़ दि ईरीथियन सी, स्काफ़, प्रकाशक—लांगमैंस ग्रीन ऐण्ड क०, लन्दन, १९१२।

पब्लिक ऐडमिनिस्ट्रेशन इन ऐंशेण्ट इण्डिया, प्रभानाथ बनर्जी, लन्दन, १९१६।

फ्रंटियर्स ऑफ दी इंड्स सिविलाइज़ेशन, संपादक—बी० बी० लाल एवं एस० पी० गुप्ता, प्रकाशन—बुक्स ऐण्ड बुक्स नई दिल्ली, १९८४।

बुद्धिस्ट इण्डिया : रिज़ डेविड्स, कलकत्ता, १९५०।

भारत की मौलिक एकता : वासुदेवशरण अग्रवाल, भारती भण्डार, प्रयाग।

भारतीय वेशभूषा : भारती भण्डार, प्रयाग, प्रथम संस्करण, संवत् २००७।

राष्ट्रकूटाज़ ऐण्ड देयर टाइम्स पूना, ओरियण्टल सिरीज़, संख्या ३६, पूना, १९३४।

लोकल गवर्नमेण्ट इन ऐंशेण्ट इण्डिया—रा० कु० मुकर्जी, आक्सफोर्ड प्रेस, १९२०, द्वितीय संस्करण।

वैदिक इण्डेक्स—मेकडानल, ऐण्ड कीथ, १९१२।

सिटीज, आर्ट्स ऐण्ड कामर्स अंडर दी कुषाणाज़, कामेश्वर प्रसाद, १९८४, आगम प्रकाशन, दिल्ली।

सेलेक्ट इंस्क्रिप्शंस, सरकार दिनेशचन्द्र, प्रकाशक—कलकत्ता विश्वविद्यालय, १९४२।

स्टेट इन ऐंशेण्ट इण्डिया : बेनीप्रसाद, इण्डियन प्रेस, १९२२।

सम ऐंशेण्ट इण्डियन सिटीज़, पिगट।

सार्थवाह, मोतीचन्द्र, विहार,-राष्ट्रभाषा-परिषद्, पटना, १९५३।

सोशल लाइफ़ इन ऐंशेण्ट इण्ढिया, हरेनचन्द्र चकलदार, कलकत्ता, १९२९।

हर्षचरित : एक सांस्कृतिक अध्ययन, वासुदेवशरण अग्रवाल, विहारराष्ट्र-भाषा-परिषद्, पटना, १९५३।

हिस्ट्री ऑफ बनारस : अल्तेकर, बनारस, १९३७।

हिस्ट्री ऑफ़ बंगाल : मजूमदार, भाग १, प्रकाशक—ढाका विश्वविद्यालय, प्रथम संस्करण, १९४३।

हिस्ट्री ऑफ़ इण्डिया : इलियट ऐण्ड डाउसन, लन्दन, १८७७।

हिन्दू पॉलिटी—जायसवाल, का० प्र० प्रकाशक—बंगलोर पब्लिशिंग कम्पनी, द्वितीय संस्करण, १९४३।

हर्प्पन सिविलाइज़ेशन, ग्रिगोरी एल० पोसेल, अमेरिकन इंस्टीट्यूट ऑफ इण्डियन स्टडीज़, नई दिल्ली, १९८२।

टाउन प्लैनिंग इन ऐंशेण्ट डकन—अय्यर।

उज्जयिनी इन ऐंशेण्ट इण्डिया : विमलाचरण ला, पब्लिश्ड बाई दी आर्क्यालॉजिकल डिपार्टमेण्ट, ग्वालियर, गवर्नमेण्ट, १९४४।

हिस्ट्री ऑफ़ इण्डियन ऐण्ड इण्डोनेशिन आर्ट, आनन्द के० कुमारस्वामी, लन्दन, एडवर्ड गोल्डस्टन, १९२७।

(ङ) अनुसंधान-पत्रिकाओं के लेख

आयरन ऐण्ड अर्बनाइज़ेशन इन अर्ली हाफ ऑफ दी फर्स्ट मिलेनियम बी० सी०, लेखन का अनुसंधान लेख, इण्डियन हिस्ट्री, कांग्रेस, अनामलाइनगर, १९८४।

ऐंशेण्ट इण्डियन विलेज ऐण्ड सिटी—ए रिलेशनल असेस्मेण्ट, लेखक का अनुसंधान—लेख प्रोफ़ेसर के० डी० बाजपेयी फेलिसिटेशन वाल्यूम, आगम प्रकाशन, दिल्ली १९८७।

ए फ्रेश इन्वेस्टीगेशन ऑफ दी इम्पीरियल गुप्ता कैपिटल, लेखक का अनुसंधान— लेख, के० पी० जायसवाल कमेमोरेशन वाल्यूम, पटना, १९८१।

किंग भोज 'ऑन सिटी आर्किटेक्चर', लेखक का अनुसंधान-लेख, जर्नल ऑफ इलाहाबाद हिस्टारिकल, सोसायटी, १९६४।

कौशाम्बी, इन ऐंशेण्ट इण्डिया, बि० च० ला, आ० स० रि, संख्या ६०।

गेम्स ऐण्ड ऐम्यूज़मेण्ट्स इन अष्टाध्यायी, इण्डियन कल्चर, १९४९, सितम्बर, वासुदेवशरण अग्रवाल।

टाउनप्लैनिंग ऐण्ड हाउस बिल्डिंग एन ऐंशेण्ट इण्डिया, इण्डियन हिस्टॉरिकल क्वार्टर्ली, के० रंगचारी, १९२७, भाग ३।

टाउन्स ऐण्ड सिटीज़ इन महाभाष्य, पी० वी० काणे, जर्नल ऑफ़ दि बाम्बे ब्रांच ऑफ़ दि रॉयल एशियाटिक सोसाइटी, दिसम्बर, १९५१।

नगरों का आर्थिक जीवन तथा संगठन, लेखक का अनुसन्धान-लेख हिन्दुस्तानी, भाग २२, अंक २, १९६१।

दी बृहत्कथाश्लोकसंग्रह ऑन मैरीन आर्क्यालोजी इन दी गुप्ता एज, लेखक का अनुसंधान-लेख संपादक—एस० आर० राव, रीसेंट ऐडवांसेज इन मैरीन आर्क्यालोजी, गोआ, १९९०।

दी सिटी ऑफ़ प्रयाग इन लीजेण्ड एण्ड हिस्ट्री, लेखक का अनुसन्धान-लेख, दी जर्नल ऑफ दी इलाहाबाद हिस्टारिक सोसाइटी, जुलाई १९६२।

द्रोणीमुख ऐण्ड लोथल, रोल ऑफ यूनिवर्सिटीज़ ऐण्ड रिसर्च इंस्टीट्यूट इन मैरीन आर्क्यालोजी, धारवाड़, संपादक—एस० आर० राव, गोआ—१९९४ (लेखक का अनुसंधान-लेख)।

पांचालाज ऐण्ड देयर कैपिटल, ऐट अहिच्छत्रा, बी० सी० ला, अ० स० रि०, सख्या ६८।

पाटलिपुत्र इन ऐंशेण्ट इण्डिया, लेखक का अनुसन्धान-लेख यूनिवर्सिटी, ऑफ़ इलाहाबाद स्टडीज़, १९५७।

पाटलिपुत्र इन दी गुप्ता एज, लेखक का अनुसन्धान-लेख कृष्णदेव फेलिसिटेशन वाल्यूम, जिल्द २, दिल्ली, १९९०।

पतंजलि ऐण्ड वाहीक ग्रामाज़: : वासुदेवशरण अग्रवाल, इण्डियन कल्चर, भाग ६, १९३९—४०।

प्राचीन भारत में नगर-शासन, हिन्दुस्तानी, जिल्द २४, अंक ३ तथा ४, १९६३, लेखक का अनुसन्धान-लेख।

प्राचीन उज्जयिनी : एक ऐतिहासिक परिचय, लेखक का अनुसन्धान-लेख, हिन्दुस्तानी, भाग २१, अंक १, १९६०।

प्राचीन भारत में नागरिक जीवन तथा साहित्य और शिक्षा : लेखक का अनुसन्धान-लेख, हिन्दी अनुशीलन, वर्ष १६, अंक १-२।

प्राचीन पाटलिपुत्र, लेखक का अनुसन्धान-लेख, हिन्दी अनुशीलन, भारतीय हिन्दी परिषद्, प्रयाग, मार्च १९५८ ई० का अंक।

प्राचीन भारतीय नगर-निर्माण-कला, लेखक का अनुसन्धान-लेख, सम्मेलन-पत्रिका, कला-अंक, १९५८।

ऋग्वेद ऐण्ड मोहनजोदड़ो, लक्ष्मणस्वरूप, इण्डियन कल्चर, १९३७।

श्रावस्ती इन इण्डियन लिटरेचर, डॉक्टर बी० सी० ला, आ० स० रि०, संख्या ५०।

सर्वाइवल्स ऑफ कौटिल्य ट्रेडीशन इन ऐंशेण्ट इण्डियन आर्किटेक्चर, उत्तर-भारती, जिल्द ११, संख्या १, अप्रैल, १९६४, लेखक का अनुसन्धान-लेख।

सिटी आर्किटेक्चर, लेखक का अनुसन्धान-लेख, उत्तर-भारती, जिल्द ८, संख्या २, अगस्त, १९६१।

सिटी आर्किटेक्चर ऐण्ड प्लैनिंग इन शुंग, एज़, लेखक का अनुसन्धान लेख, शुंग आर्ट इलाहाबाद म्यूज़ियम, इलाहाबाद, १९९१।

सिविक ऐडमिनिस्ट्रेशन इन ऐंशेण्ट इण्डिया, लेखक का अनुसन्धान-लेख, उत्तर-भारती, जिल्द १०, संख्या १, अप्रैल, १९६३।

सिटी आर्किटेक्चर ऐज़ डेप्क्टिेड इन अपराजितपृच्छा ऑफ़ भुवनदेव, लेखक का अनुसन्धान-लेख, जर्नल ऑफ दी यू० पी० हिस्टॉरिकल सोसायटी, १९५९, जिल्द ७, भाग १ तथा २।

सिटी आर्किटेक्चर, प्रोसीडिंग्स ऑफ इण्डियन हिस्ट्री कांग्रेस, त्रिवेन्द्रम सेशन, १९५८ (लेखक का अनुसन्धान-लेख)।

अर्ली इण्डियन आर्किटेक्चर, पैलेसेज़, (आनन्द के० कुमारस्वामी) ईस्टर्न आर्ट, जिल्द ३, १९३१।

अर्ली इण्डियन आर्किटेक्चर, सिटीज़ ऐण्ड सिटीगेट्स, आनन्द के० कुमारस्वामी, ईस्टर्न आर्ट, जिल्द २, १९३०।

उज्जयिनी थ्रू दी एजेज़, लेखक का अनुसन्धान-लेख, उत्तर-भारती, जिल्द ९, भाग १, अप्रैल, १९६२।

(च) पुरातत्त्व-सामग्री

इण्डस वैली सिविलाइज़ेशन, मार्शल, लन्दन, १९३१।

इण्डस सिविलाइज़ेशन, सर मार्टिमर ह्वीलर, प्रकाशक—कैम्ब्रिज यूनिवर्सिटी प्रेस, १९५३।

एक्सकैवेशंस ऐट तक्सिला, आ० स० रि० १९१५ : १६ पृष्ठ १—३९।

एक्सकैवेशंस ऐट पाटलिपुत्र, आ० स० रि० १९१२ : १३, पृष्ठ ५३—८७।

एक्सकैवेशंस ऐट तक्सिला, आ० स० रि० १९१२ : १३, पृष्ठ १—५३।

एक्सकैवेशंस ऐट भीटा, आ० स० रि० १९११ : १२, पृष्ठ २९—९५।

एक्सकैवेशंस ऐट कसया, आ० स० रि० १९०५ : ०६, पृष्ठ ६१—८६।

एक्सकैवेशंस ऐट कसया, आ० स० रि० १९०६ : ०७, पृष्ठ ४४—८६।

एक्सकैवेशंस ऐट सारनाथ, आ० स० रि० १९०७ : ०८, पृष्ठ ४३—८१।

एक्सकैवेशंस ऐट कसया, आ० स० रि० १९१० : ११, पृष्ठ ६३—७३।

एक्सकैवेशंस ऐट बसाढ़, आ० स० रि० १९०३ : ०४, पृष्ठ ८१—१२३।

एक्सकैवेशंस ऐट हड़प्पा, आ० स० रि० १९२८ : २९, पृष्ठ ७६—८३।

एक्सकैवेशंस ऐट सारनाथ, आ० स० रि० १९०७ : ०८, पृष्ठ ७३—८१।

दी मानुमेण्ट ऐट साँची, आ० स० रि० १९१३ : १४, पृष्ठ १—१०।

नालन्दा ऐण्ड इट्स एपिग्रैफिकल मैटिरियल्स, आ० स० रि०, १९४२, संख्या ६६।

नोट्स ऑन एक्सकैवेशंस ऐट कसया, आ० स० रि० १९०४-०५, पृष्ठ ४३—४९।

नालन्दा, आ० स० रि० १९३१, पृष्ठ ६७—९४।

तक्सिला, भाग १, सर जान मार्शल, कैम्ब्रिज यूनिवर्सिटी प्रेस, १९५१।

तक्सिला, भाग २, सर जान मार्शल, कैम्ब्रिज यूनिवर्सिटी प्रेस, १९५१।

तक्सिला, भाग ३, सर जान मार्शल, कैम्ब्रिज यूनिवर्सिटी प्रेस, १९५१।

ऐंशण्ट इण्डिया, संख्या ५।

ऐंशेण्ट इण्डिया, संख्या १०-११।

■

संकेत-शब्दावली

आ० स० रि०	:	आर्क्योलॉजिक सर्वे ऑफ़ इण्डिया रिपोर्ट।
इ० ऐ० नो० पा०	:	इण्डिया एज़ नोन टू पाणिनि।
इ० डि० क्लै० लि०	:	इण्डिया ऐज़ डिसक्राइब्ड इन क्लैसिकल लिटरेचर।
ए० इ० ऐं० इं०	:	एजूकेशन इन ऐंशेण्ट इण्डिया।
ऐं० टा० सि० गु० का०	:	ऐंशेण्ट टाउन्स एण्ड सिटीज़ इन गुजरात एण्ड काठियावाड़।
का० ला० ऐं० इं०	:	कारपोरेट लाइफ़ इन ऐंशेण्ट इण्डिया।
डि० पा० प्रा० ने०	:	डिक्शनरी ऑफ़ पाली प्रापर नेम्स।
रा० ऐं० दे० टा०	:	राष्ट्रकूटाज़ एण्ड देयर टाइम्स।
से० बु० ई०	:	सेक्रेड बुक्स ऑफ़ दी ईस्ट।
से० बु० हि०	:	सेक्रेड बुक्स ऑफ़ दी हिन्दूज़।
ज० रॉ० ए० सो०	:	जनरल ऑफ़ रॉयल एशियाटिक सोसाइटी।
ज० बि० उ० रि० सो०	:	जनरल ऑफ़ बिहार ऐण्ड उड़ीसा रिसर्च सोसाइटी।
टा० प्लै० ऐं० इं०	:	टाउन प्लैनिंग इन ऐंशेण्ट इण्डिया।

■

शब्दानुक्रमणिका

अ

आ

इ

ई

उ

ऊ

ए

ऐ

ओ

औ

क

ख

घ

च

थ

द

ध

न

प

फ

ब

भ

म

य

र

ल

व

श

ष

स

ह

क्ष

त्र

ज्ञ

फलक १

आकृति १ — जेतुत्तर, उत्तरी तोरण, साँची-संख्या-१ (बँड़ेरी की अन्तिम छोर)

फलक २

आकृति १ -- साँची-स्तूप संख्या १ (निचली बँड़ेरी, जेतुत्तर का दृश्यांकन)

फलक ३

आकृति १—साँची-स्तूप संख्या १ (जेतुत्तर)

फलक ४

आकृति १—साँची, स्तूप १, मध्यम बँड़ेरी, कपिलवस्तु का दृश्यांकन

फलक ५

आकृति १—कपिलवस्तु, मथुरा,
(राजप्रासाद, नन्द सुन्दरी मण्डन का दृश्यांकन)

आकृति २ :
कपिलवस्तु, साँची-स्तूप १

फलक ६

आकृति १—साँची-स्तूप १, दक्षिणी तोरण, निचली बड़ेरी पृष्ठ तल, कुशीनगर का रूपांकन

आकृति १—साँची १, पश्चिमी तोरण की ऊपरी एवं मध्यवर्त्ती बड़ेरियों का पृष्ठतल, अस्थियुद्ध एवं कुशीनगर का नगर-वास्तु-परिचय (आकृति १ एवं २)

फलक ८

आकृति १ — साँची-स्तूप (१), श्रावस्ती का बहिरूप

फलक ९

आकृति १—श्रावस्ती का मुहार, साँची-स्तूप-१, पूर्वी तोरण
(दक्षिणी पार्श्व-स्तम्भ पर अंकित दृश्यांकन)

फलक १०

आकृति १ — राजगृह का मुहार, साँची-स्तूप संख्या १, पश्चिमी तोरण

फलक ११

आकृति १—भारहुत की एक दूकान का दृश्य

फलक १२

आकृति १—भारहुत की एक अन्य दूकान

फलक १३

आकृति १ — भारहुत की पार्श्ववर्त्ती दूकानों का उच्चित्रण

फलक १४

आकृति १ —प्रासाद-वातायन में बैठी सुन्दरी, मथुरा

फलक १५

आकृति [illegible]—प्रकाश-स्तम्भ, मथुरा

फलक १६

आकृति १—श्रावस्ती, जेतवन, अमरावती

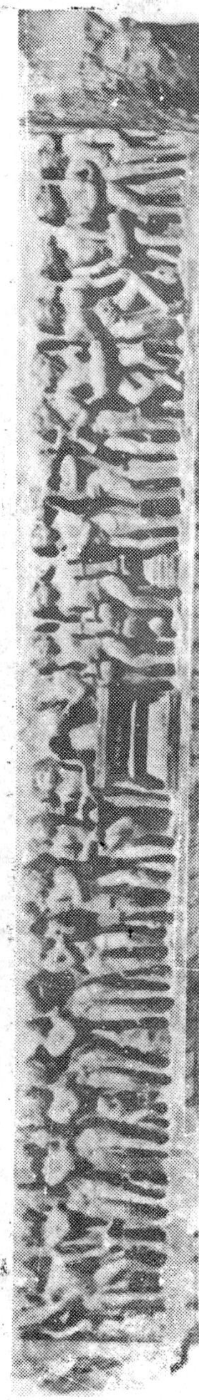

आकृति २—शिवरात्रि पर्व, शिवलिंग-पूजा, खजुराहो

फलक १७

आकृति १—श्रावस्ती, जेतवन उद्यान, अमरावती

आकृति २—श्रावस्ती, जेतवन, प्रवहण एवं महासोपान, अमरावती

फलक १८

आकृति १—कुशीनगर, अस्थियुद्ध, अमरावती

आकृति २—श्रावस्ती, जेतवन, अमरावती

फलक १९

आकृति १—श्रावस्ती, नगर द्वार, अस्थिकलश पकड़े हस्त्यारूढ़ प्रसेनजित, अमरावती (रेखांकन चित्र)

फलक २०

आकृति १ —कौशाम्बी-राजप्रासाद (शयन-कक्ष), अमरावती

फलक २१

आकृति १ -- कपिलवस्तु में शुद्धोधन का दरबार, नागार्जुनीकोण्ड

फलक २२

आकृति १---कपिलवस्तु का तोरण-द्वार, पीतलखोरा

फलक २३

आकृति १—राजगृह का बहिर्रूप, गांधार कला

फलक २४

आकृति १ —राजगृह, गांधार कला

फलक २५

आकृति १—राजगृह के गोपुर दृश्य एवं बुद्ध के स्वागत में संलग्न नागरिक, गांधार शैली

फलक २६

आकृति १—कौशाम्बी का हवाई-मानचित्र

फलक २७

आकृति १ — कुशीनगर का द्वार (शीर्षस्थ अट्टालक-सहित, पुनरुत्पादित रेखांकित चित्र), साँची

फलक २८

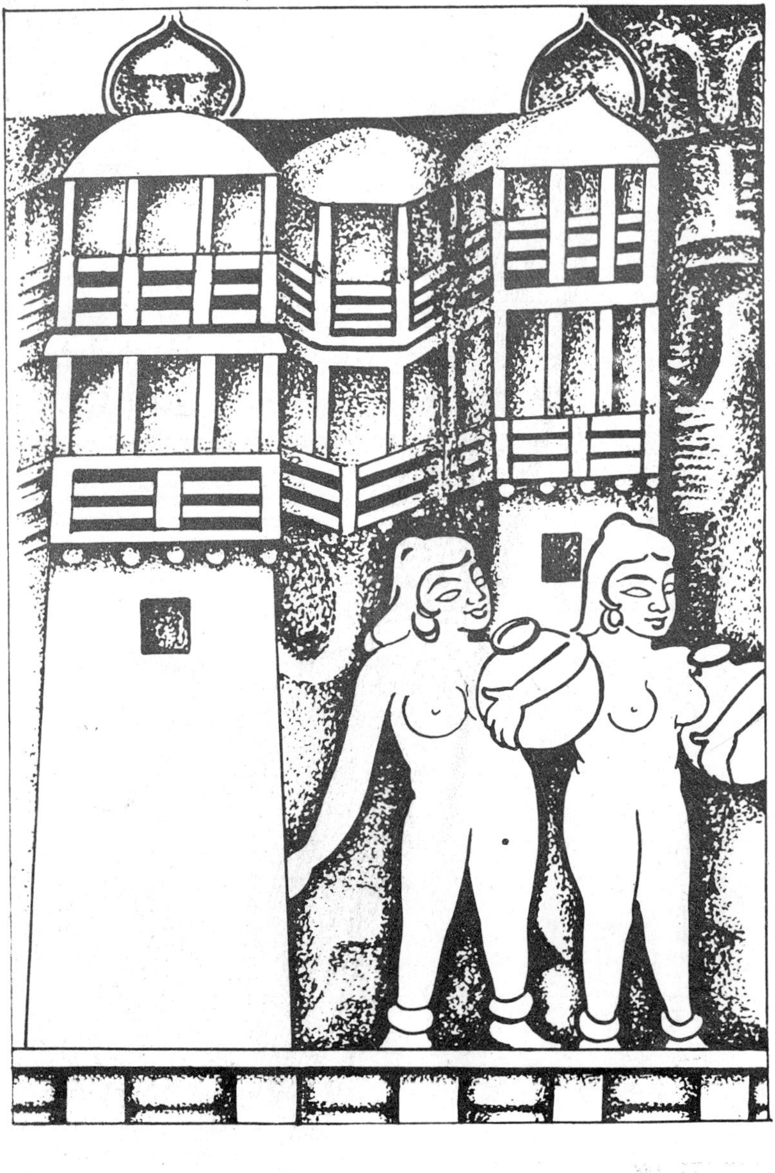

आकृति १—जेतुत्तर, नगर द्वार, परिखा से जल भरने नगर द्वार से निकलती कलशधारिणी पुरललनाएं, साँची (रेखांकन चित्र)

फलक २९

आकृति १ -- परिखा-भेद (१. उदक परिखा; २. कर्दम परिखा; ३. शुष्क परिखा) (रेखांकन चित्र)

फलक ३०

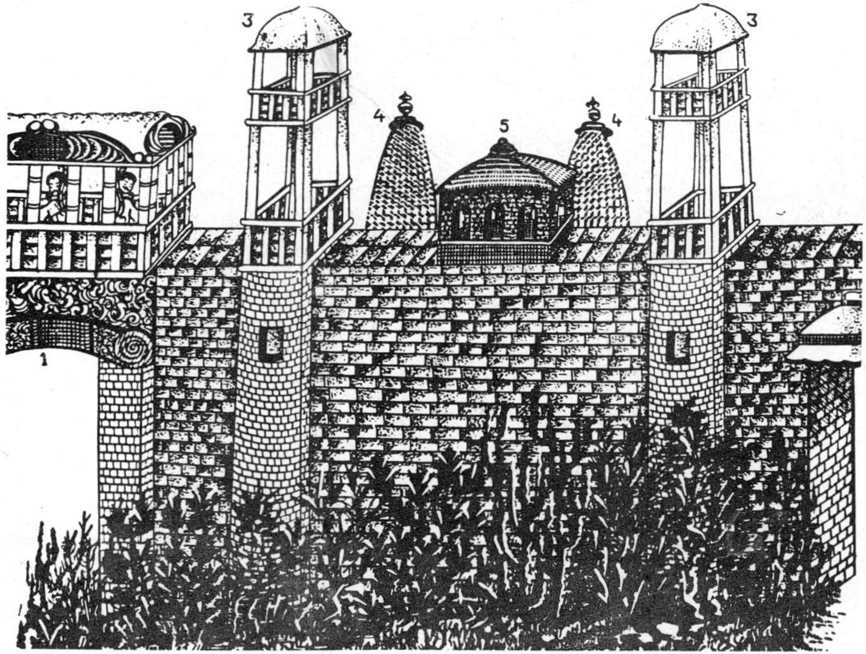

आकृति १ —प्राकार-अवयव (१. गोपुर, २. प्रतोली, ३. शिखर, ४. देवपथ, ५. इन्दकोश)
(रेखांकन चित्र)

फलक ३१

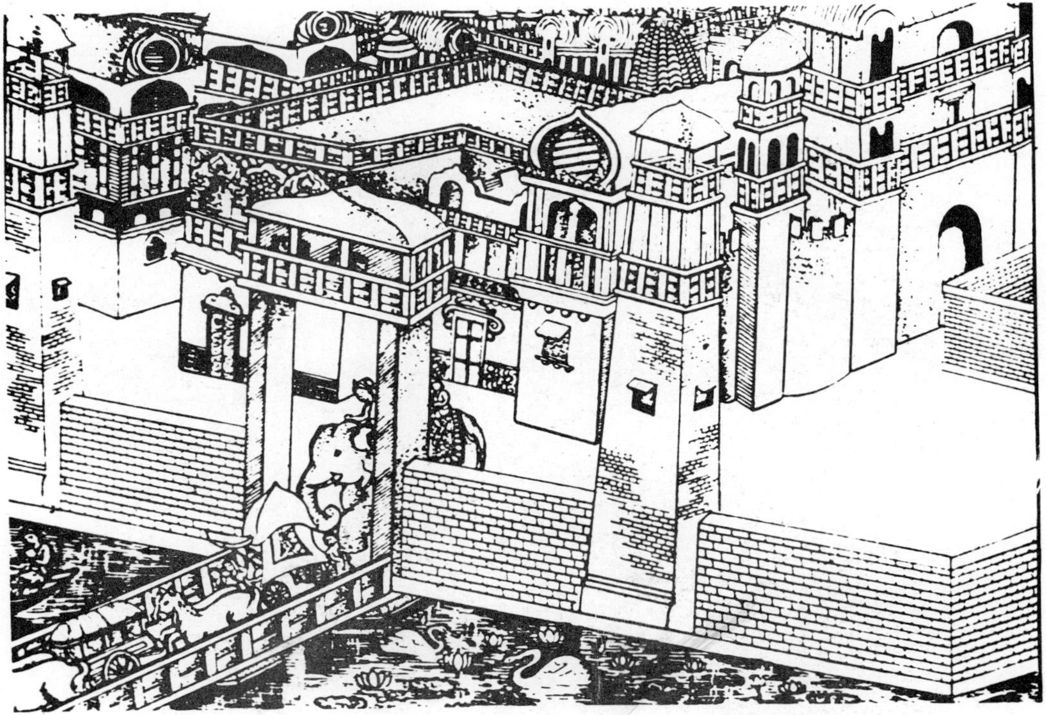

आकृति १ --नगर का मुहार, रेखांकन चित्र

फलक ३२

आकृति १ —खुली मोरी, कौशाम्बी

फलक ३३

आकृति १—मोरियों का संयोजन, कौशाम्बी

फलक ३४

आकृति १ —आच्छादित मोरी, कौशाम्बी

फलक ३५

आकृति १ — भित्ति के आधार पर चढ़ा पलस्तर, कौशाम्बी

फलक ३६

फलक ३७

आकृति १ —सोख्ता-कुण्ड, कौशाम्बी

फलक ३८

आकृति १—मृत-नलिका मोरी (ड्रेन आफ पाटरी, पाइप), कौशाम्बी

फलक ३९

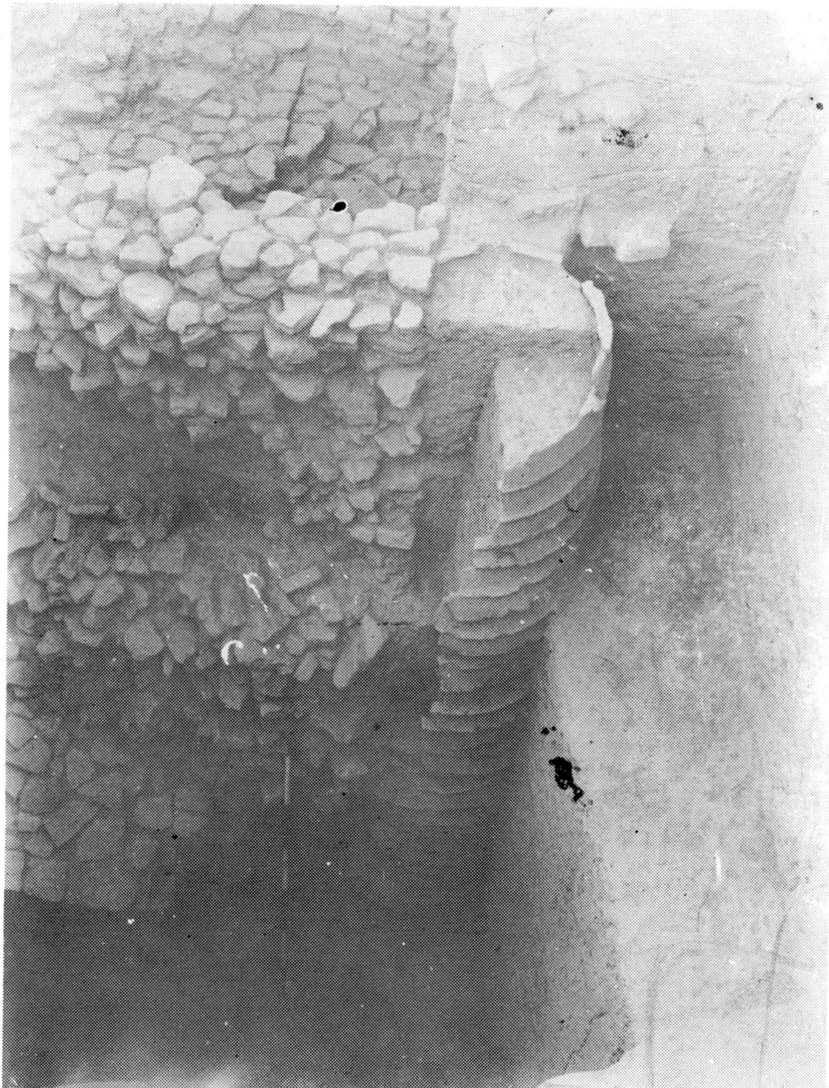

आकृति १ — वलय-कूप (रिंग वेल), कौशाम्बी

फलक ४०

आकृति १ —वलय-कूप (रिंग वेल), कौशाम्बी

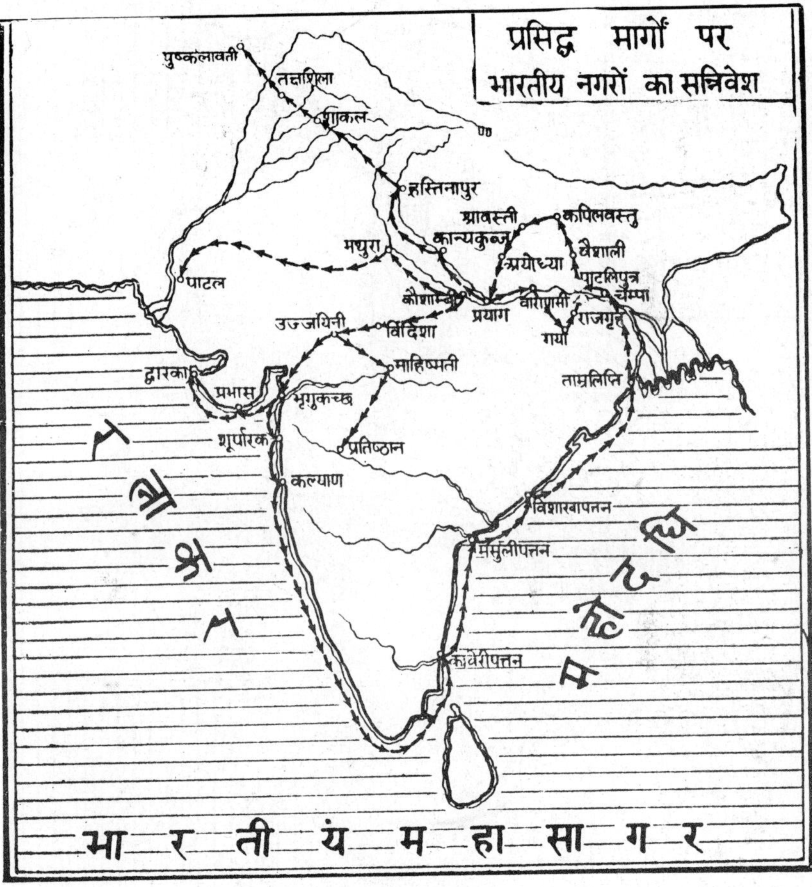

प्रसिद्ध मार्गों पर भारतीय नगरों का सन्निवेश

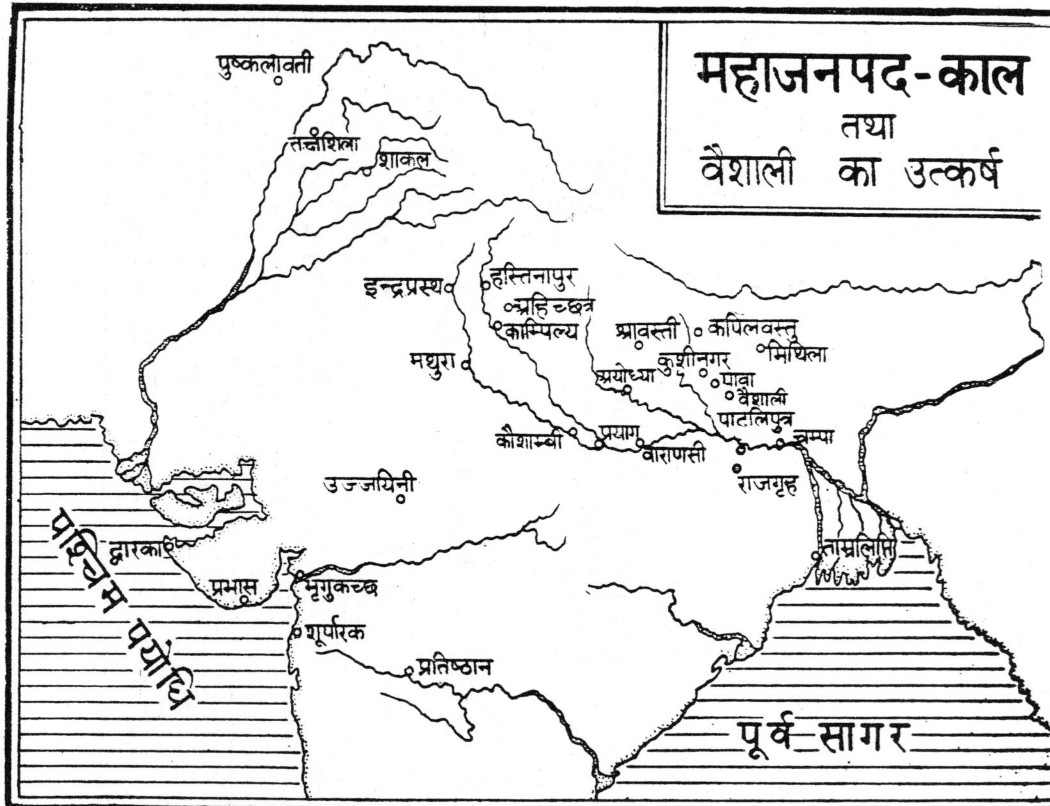
महाजनपद-काल
तथा
वैशाली का उत्कर्ष
पुष्कलावती
तक्षशिला
शाकल
इन्द्रप्रस्थ
हस्तिनापुर
अहिच्छत्र
काम्पिल्य
मथुरा
श्रावस्ती
कपिलवस्तु
मिथिला
कुशीनगर
अयोध्या
पावा
वैशाली
पाटलिपुत्र
चम्पा
कौशाम्बी
प्रयाग
वाराणसी
राजगृह
उज्जयिनी
द्वारका
प्रभास
भृगुकच्छ
शूर्पारक
प्रतिष्ठान
ताम्रलिप्ति
पश्चिम पयोधि
पूर्व सागर

पाटलिपुत्र का ऐश्वर्य - युग
पुष्कलावती
पुरुषपुर
प्रवरपुर
कनिष्कपुर
सिकन्दरिया
हस्तिनापुर
मथुरा
श्रावस्ती
कपिलवस्तु
पावा
कुशीनगर
वैशाली
पाटलिपुत्र
चम्पा
राजगृह
नवनगर
पद्मावती
दशपुर
इन्द्रपुर
विदिशा
उज्जयिनी
वलभी
गिरिनगर
प्रभास
माहिष्मती
श्रीपुर
दंतपुर
शूर्पारक
नासिक
प्रतिष्ठान
कल्याण
कलिंगनगर
टिण्डिज
सुवर्णगिरि
र त्ना क र
मसुलीपट्टण
म हो द धि
नेल्लोर
मुजिरिस
(अ र ब सा ग र)
(बं गा ल की खा ड़ी)
कांची
सोपत्मा
कावेरीपत्तन-(कावेरीपट्टिनम्)
मदुरा
कोमारी
सिंहल
भा र ती य म हा सा ग र

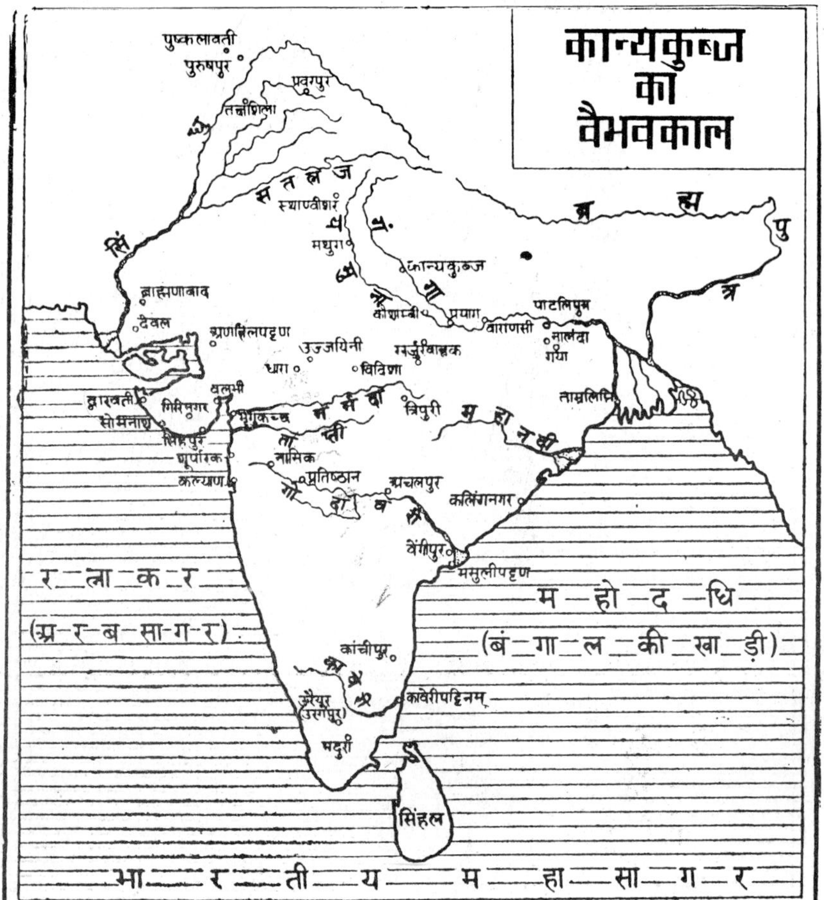
कान्यकुब्ज
का
वैभवकाल
पुष्कलावती
पुरुषपुर
प्रवरपुर
तक्षशिला
स त ल ज
स्थाण्वीश्वर
मथुरा
कान्यकुब्ज
ब्र ह्म पु त्र
ब्राह्मणाबाद
देवल
अणहिलपट्टण
उज्जयिनी
धारा
विदिशा
खर्जूरवाहक
कौशाम्बी
प्रयाग
वाराणसी
पाटलिपुत्र
नालंदा
गया
ताम्रलिप्ति
द्वारवती
गिरिनगर
वलभी
सोमनाथ
भृगुकच्छ
न र्म दा
त्रिपुरी
म हा न दी
सिंहपुर
ता प्ती
शूर्पारक
नासिक
कल्याण
प्रतिष्ठान
अचलपुर
गो दा व री
कलिंगनगर
वेंगीपुर
मसुलीपट्टण
र—त्ना—क—र
(अ—र—ब—सा—ग—र)
म—हो—द—धि
(बं—गा—ल—की—खा—ड़ी)
कांचीपुर
कावेरीपट्टिनम्
उरैयूर
(उरगपुर)
मदुरै
सिंहल
भा—र—ती—य—म—हा—सा—ग—र

प्राचीन भारत के कुछ प्रमुख नगर
पुष्कलावती
पुरुषपुर
प्रवरपुर
तक्षशिला
शाकल
सतलज
सिंध
हस्तिनापुर
इन्द्रप्रस्थ
मथुरा
अयोध्या
श्रावस्ती
कपिलवस्तु
कान्यकुब्ज
वैशाली
वाराणसी
पाटलिपुत्र
दशपुर
प्रयाग
नालन्दा
चम्पा
राजगृह
गया
उज्जयिनी
वलभी
द्वारका
गिरिनगर
भृगुकच्छ
नर्मदा
ताप्ती
महानदी
ताम्रलिप्ति
शूर्पारक
कल्याण
गोदावरी
कृष्णा
रत्नाकर
(अरब सागर)
महोदधि
(बंगाल की खाड़ी)
कांची
कावेरी
कावेरीपत्तन
मदुरा
सिंहल
भारतीय महासागर